IM SPIEGEL DER ZEIT

W0202406

IM SPIEGEL DER ZEIT

Erlebtes

Erfahrenes

Erforschtes

Reader's Digest

DEUTSCHLAND · SCHWEIZ · ÖSTERREICH

Die vier Kurzfassungen in diesem Band erscheinen mit Genehmigung der Autoren und Verleger. Dies gilt auch für Briefe, Zitate und Dokumente, die in leicht gekürzter Form wiedergegeben sein können.

Alle Rechte an Bearbeitung und Kurzfassung, insbesondere das der Übersetzung, Verfilmung und Funkbearbeitung, im In- und Ausland vorbehalten.

© 2009 Reader's Digest
– Deutschland, Schweiz, Österreich –
Verlag Das Beste GmbH,
Stuttgart, Zürich, Wien

940 / 636

Printed in Germany

ISBN Softcover: 978-3-89915-532-7
ISBN Hardcover: 978-3-89915-533-3

www.readersdigest.de

INHALT

Terri Irwin

Ein Leben für die WILDNIS

Steve war der unglaublichste Mann, dem ich je begegnet war – Krokodile mit der Hand fangen, um ihnen das Leben zu retten? Das gab's doch gar nicht! Tief in mir erwachte der Wunsch, mit diesem Burschen an einem großen Lagerfeuer zu sitzen und die ganze Nacht seinen Geschichten zuzuhören.

Terri Irwin

1

Der Zoo hieß „Queensland Reptile and Fauna Park“. Ich überquerte den Parkplatz und stellte mich auf eine Enttäuschung ein: Ich sähe eine Sammlung von Schlangen, Eidechsen und unglücklichen Kreaturen in Glaskästen, die mir bestimmt fürchterlich leidtäten, und ginge dann wieder.

Es war im Oktober 1991. Ich hieß Terri Raines, war eine 27-jährige Amerikanerin aus Oregon und reiste auf der eher aussichtslosen Suche nach einem neuen Zuhause für gerettete nordamerikanische Pumas durch Australien. Ein Reptilienpark hatte garantiert kein besonderes Interesse an Raubkatzen. Mit diesen pessimistischen Gedanken ging ich in der angenehmen Frühjahrswärme auf den Eingang zu. Aber die Aussicht, neue Tierarten kennen zu lernen, reizte mich doch.

Als ich durch das bescheidene Tor kam, überwältigte mich, was ich sah: Vor mir lagen die schönsten, gepflegtesten Gärten, die ich je gesehen hatte. Pfauen stolzierten umher, Kängurus streiften frei durch den Park, Palmen säumten die Fußwege – ein wahres Paradies.

Die Reptiliengehege waren makellos sauber, die Schlangen darin glänzten. Ich selbst nahm bei mir zu Hause gerettete Tiere auf und wusste um die Albträume, die Zoos zuweilen darstellen. Aber hier konnte ich an den Tieren keinerlei Anzeichen von äußeren Parasiten erkennen, kein altes Futter, das in den Käfigen verrottete, keine Exkremente oder abgestreifte Haut, die nicht weggeräumt worden waren. Daher machte mir der Rundgang richtig Spaß; ich erfuhr viel über Schlangen und fütterte die Kängurus. Es war ein großartiger strahlender Sonnentag.

„Die Vorführung im Krokodilgehege beginnt in fünf Minuten“, verkündete eine Stimme über die Lautsprecher. „In fünf Minuten.“

Bevor ich den Mann sah, bemerkte ich die Krokodile. Es waren verschiedene Arten: Alligatoren, Süßwasserkrokodile und ein großes Salzwasserkrokodil. Es sind faszinierende Geschöpfe, moderne Dinosaurier, die zu den ältesten Lebewesen der Erde gehören und sich seit Millionen Jahren nicht verändert haben.

Dann sah ich den Mann. Ein hochgewachsener, kräftig gebauter Mittzwanziger (tatsächlich war er im Februar jenes Jahres 29 geworden, sah aber jünger aus) in kakifarbenem Hemd und kurzen Hosen, barfuß, mit blondem Strubbelhaar, das unter einem für Australien so typischen großen Akubra-Hut herausschaute, und einer schwarzen Armbanduhr am Handgelenk. Er war so groß und muskulös, und er strahlte Freundlichkeit und Offenheit aus.

Aufmerksam lauschte ich mit etwa zwanzig anderen Besuchern seinem Vortrag. „Sie leben so lange wie wir oder noch länger. Unter Wasser können sie stundenlang die Luft anhalten“, erzählte er und näherte sich dabei mit einem Stück Fleisch dem Beckenrand. Das Salzwasserkrokodil sprang aus dem Wasser und riss es ihm aus der Hand. „Dieses männliche Krokodil verteidigt sein Revier. Und weibliche Krokodile werden richtig angriffslustig, wenn sie ihre Eier in Nestern ablegen.“ Er kniete sich neben das Tier, das soeben nach dem Fleisch geschnappt hatte. „Krokodile sind gute Mütter.“

Jeder Zentimeter dieses Mannes, jede Bewegung und jedes Wort ließen seine Leidenschaft für die Krokodile erkennen, zwischen denen er umherging, wobei er darauf achtete, dass die Zuschauer die Reptilien und nicht ihn bewunderten. Ich erkannte die Passion des australischen Tierpflegers, weil ich über Pumas genauso sprach wie er über Krokodile. Als ich hörte, dass es eine Sonderführung durch den Krokodilpark gab, war ich die Erste, die für eine Eintrittskarte anstand. Dieser Mann brannte vor Enthusiasmus, und ich wusste, dass uns etwas verband, dass wir verwandte Seelen waren.

Sein Name lautete Steve Irwin, und er sprach nun über das Paarungsverhalten der Krokodile: Die männlichen stupsen die weiblichen Tiere von oben bis unten so lange sanft in die Seite, bis diese paarungsbereit sind. Sie entwickeln eine echte Zuneigung zueinander.

Zueinander, aber nicht zu Steve. Ich sah, wie das stille dunkle Wasser explodierte und das riesige Salzwasserkrokodil fast die Knöpfe von Steves Hemd abriss, als dieser ihm präzise ein Stück Fleisch ins Maul legte. Das Geräusch der aufeinanderschlagenden Kiefer klang wie ein Gewehrschuss.

„Allein der Anblick eines Krokodils in freier Wildbahn versetzt so manchen in Angst und Schrecken“, fuhr Steve fort, während er an noch nicht ausgewachsenen Krokodilen vorbeiging. „Aber wenn man sich an ein paar einfache Regeln hält, sind diese kleinen Racker absolut keine Bedrohung für den Menschen. Wenn uns jedoch ein besonders freches kleines Krokodil gemeldet wird, das Leute bedroht, fahren mein Hund Sui und ich in einer Jolle raus und fangen das Tier, damit es nicht erschossen wird."

Dann beschrieb er, was er mit „fangen" meinte. Alle Zoobesucher, ich eingeschlossen, hingen wie gebannt an seinen Lippen.

„Wenn das Krokodil noch jung ist, das heißt ein Meter achtzig oder kleiner, dann fange ich es mit der Hand. Dazu sind wir nachts mit einem Starklichtscheinwerfer unterwegs, der hell über das Wasser leuchtet. Auf diese Weise kann ich die reflektierenden Augen des Krokodils erkennen, die direkt an der Wasseroberfläche hellrot glühen. Das Krokodil hält sich für unsichtbar, es kapiert nicht, dass mein Licht seinen Standort verrät."

Mit dem Motor im Leerlauf manövrierte Steve das Boot lautlos so nahe wie möglich an das Krokodil heran. Dann kroch er in den Bug, hielt den Scheinwerfer bis zum letzten Moment auf die Augen gerichtet und sprang schließlich ins Wasser. Er packte das Krokodil am Kragen, setzte den Schwanz des Tieres außer Gefecht, indem er ihn mit den Beinen umklammerte, und schlang seinen Körper um das sich windende und umherwerfende Tier. Im Wasser entwickeln Krokodile ungeheure Kräfte. Selbst ein noch nicht ausgewachsenes, etwa eins achtzig langes Tier konnte Steve problemlos auf den Flussgrund ziehen; es rollte und kämpfte und versuchte ihn abzuschütteln, indem es dort unten an Felsen und Baumstümpfen entlangschrammte. Aber Steve ließ nicht locker. Er wusste, dass er sich vom Flussgrund abstoßen, die Oberfläche erreichen, Luft holen, das Krokodil in die Jolle werfen und das nach ihm schnappende Tier auf den Boden drücken konnte.

„Ein Kinderspiel", schloss er.

Das war die unglaublichste Geschichte, die ich je gehört hatte. Und Steve war der unglaublichste Mann, dem ich je begegnet war – Krokodile mit der Hand fangen, um ihnen das Leben zu retten? Das gab's doch gar nicht! Tief in mir erwachte der Wunsch, mit diesem Burschen an einem großen Lagerfeuer zu sitzen und die ganze Nacht seinen Geschichten zuzuhören. Als die Führung zu Ende war, konnte ich nicht anders, ich musste mit ihm reden.

Steve hatte ein breites, ungezwungenes Lächeln und das größte Paar

Hände, die ich je gesehen hatte. Seitlich an seinem Gesicht und an seinen Armen entdeckte ich eine Reihe Narben. Er kam auf mich zu und begrüßte mich mit breitem australischem Akzent: „Tach, Kumpel."

An Liebe auf den ersten Blick hatte ich nie geglaubt. Aber mich überkam das seltsame Gefühl, dass mich das Schicksal in den kleinen Wildpark geführt hatte.

Steve redete mit mir, als hätten wir uns schon immer gekannt. Meine Freundin Lori machte ein Foto von uns und verewigte so den Augenblick, als Steve und ich uns das erste Mal gegenüberstanden. Es war schon spät, und der Zoo wollte seine Tore schließen, aber wir unterhielten uns immer weiter über seine Arbeit mit den Krokodilen und mein Engagement für die Pumas.

Bis ich hörte, wie Lori auf dem Parkplatz hupte. „Ich muss los", meinte ich zu Steve und lächelte betrübt. Ich empfand eine Verbundenheit mit diesem Mann, etwas, was ich bis dahin noch nie gefühlt hatte, und jetzt sollte ich gehen, ihn nie wiedersehen.

„Was fasziniert Sie so an Pumas?", fragte er, während er mich zum Ausgang begleitete.

Dafür gab es viele Gründe. „Ich glaube, es ist die Art, wie sie durch Zubeißen töten", erwiderte ich schließlich. „Sie können ein Tier überwältigen, das ihre eigene Körpergröße um ein Vielfaches übersteigt, es mit ihren Kiefern packen und ihm mit einem Biss das Genick brechen."

Steve grinste. „Genau das bewundere ich auch an Krokodilen. Sie sind die stärksten Spitzenprädatoren."

Spitzenprädatoren – das bedeutet, dass sowohl Pumas als auch Krokodile in der Nahrungspyramide ihres jeweiligen natürlichen Lebensraumes ganz oben stehen. An entgegengesetzten Orten der Welt teilten dieser Mann und ich dieselbe Passion.

„Rufen Sie im Zoo an, wenn Sie mal wieder in der Gegend sind", schlug Steve vor. „Ich würde mich sehr freuen, Sie wiederzusehen."

War es möglich, dass er dasselbe fühlte wie ich? Auf dem Weg zurück nach Brisbane war ich still und in Gedanken versunken. Keine Ahnung, wie ich es anstellen sollte, aber ich war entschlossen, ihn wiederzusehen. Am darauffolgenden Wochenende ging Lori mit Freunden tauchen, also ergriff ich die Gelegenheit und rief Steve an. „Was meinen Sie, könnte ich am Wochenende wieder kommen?"

„Aber klar doch. Ich kümmre mich um alles", lautete seine Antwort.

Ein paar Tage später fuhr ich mit klopfendem Herzen wieder die Küste entlang nach Norden. Da war auch schon das bekannte kleine Schild, der bescheidene Eingang. Und da war auch er, so voller Energie wie das Leben selbst – eins achtzig groß, breite Schultern, ein ebensolches Grinsen und ein warmer, herzlicher Händedruck. Unsere erste richtige Berührung.

Eine Sache wollte ich gleich zu Anfang abklären: Ich war mir nicht sicher, ob Steve gebunden war oder nicht, und so stellte ich ihm Fragen über seine Freunde und seine Familie.

Er lebe hier im Zoo, erzählte er mir, mit seinen Eltern und seiner Schwester Mandy. Seine Schwester Joy habe geheiratet und sei weggezogen. „Möchten Sie meine Freundin kennen lernen?“, fragte er.

Ich spürte, wie mir der Boden unter den Füßen weggezogen wurde, und musste schlucken. „Ja, gern.“

„Sui!“, rief er. „He, Sui!“

Und schon kam das kleine gescheckte Mädchen um die Ecke gesprungen – seine Hündin Sui.

„Hier, das ist meine Freundin.“ Er lächelte.

Die Würfel sind gefallen, dachte ich, jetzt gibt es kein Zurück mehr.

Wir verbrachten ein wunderschönes Wochenende zusammen. Von Sonnenaufgang bis Sonnenuntergang arbeitete ich an seiner Seite. Das hieß den ganzen Zoo harken, Blätter aufsammeln, auch den kleinsten Kängurukötel auflesen, Echsengehege ausspritzen und Schlangen sauber halten. Doch die Arbeit mit den Krokodilen war am spannendsten.

Am ersten Nachmittag meines Besuchs nahm Steve mich mit zu den Alligatoren. Wie süße kleine Welpen kamen sie aus ihren Becken – Welpen mit großen scharfen Zähnen und Froschaugen. Ich wusste nicht, was mich erwartete, aber mit Steve an meiner Seite fühlte ich mich vollkommen sicher. Schon bald fütterte ich die Alligatoren mit riesigen Brocken Fleisch, als hätte ich es mein Leben lang getan.

Für die Nacht hatte Steve mich in einem Motel ein paar Kilometer vom Zoo entfernt untergebracht. Ich traf seine Eltern und aß mit der ganzen Familie zu Abend.

Am nächsten Tag lud Steve mich nach Caloundra, einer nahe gelegenen Stadt, zum Essen ein. Er führte mich in ein Restaurant, in dem es ein Büfett mit Meeresfrüchten gab, die ich für mein Leben gern esse. Ich belud meinen Teller mit Garnelen, Krabben, Austern und allen anderen Köstlichkeiten. Wie ich im Nachhinein erfuhr, war Steve ein wenig besorgt, dass ich mehr verputzen könnte als er.

Als später beim Essen eine kleine Krabbe auf meinem Arm landete, beugte ich mich hinab und angelte sie mit der Zunge geschickt von meiner Haut. Ich schluckte sie hinunter – und merkte schlagartig, dass Steve mich anstarrte. Sein Blick war voller Wärme. Er lehnte sich vor und meinte liebevoll: „Menschenskind, Sie benehmen sich ja überhaupt nicht wie 'ne Lady!“

Ich prustete los vor Lachen. Offenbar hatte ich genau das Richtige getan. Ich erinnerte mich an den Rat meines Vaters: Egal worum es geht, bleib dir treu. Ganz offenkundig hatte das nun funktioniert.

Und dann war das Wochenende vorbei. Steve fuhr mich zurück nach Brisbane. Mein Herz schmerzte stark; es hatte mich arg erwischt. Als wir uns verabschiedeten, nahm er mich zum ersten Mal in die Arme, und ich fühlte seine ganze Kraft und Wärme. Aber es war vorbei. Ich kehrte auf meine Seite der Erdkugel zurück und hatte keine Ahnung, ob ich Steve Irwin je wiedersehen würde.

PUMAJUNGE ZU VERKAUFEN – diese drei Worte in den Kleinanzeigen einer der größten Zeitungen Oregons sprangen mir sofort ins Auge. Das war 1986; ich war 22 Jahre alt, lebte allein und führte ein Unternehmen für Begleitfahrzeuge von Schwertransporten, das ich von meinem Vater übernommen hatte.

Pumajunge, wie seltsam, dachte ich. Wie kann das möglich oder erlaubt sein, wo doch in Oregon Pumas in freier Wildbahn leben? Wie kann man sie wie Haustiere kaufen und verkaufen?

Ich versuchte, nicht mehr daran zu denken, aber es gelang mir nicht. Schließlich beschloss ich, mir das Ganze vor Ort anzusehen. Die Adresse war ein Privathaus in Hillsboro, einem kleinen Vorort im Westen der Stadt Portland. Der Besitzer kam heraus, um mich zu begrüßen – ein spindeldürrer Raucher mit Sonnenbrille und schütterem Haar.

„Ich komme wegen der Pumajungen“, erklärte ich.

„Hab nur noch eins übrig“, antwortete er und führte mich in eine Garage, wo eine kleine Transportbox für Haustiere an der Wand stand.

Als ich hineinblickte, starrte mich ein vollkommen abgemagertes Pumababy mit stumpfen, leblosen Augen an. Eine große kahle Stelle auf seiner Stirn zeugte davon, dass es mit aller Macht versucht hatte, aus dem Käfig zu entkommen. Ich sah, dass die Gelenke stark geschwollen waren, ein Zeichen für Rachitis, die Folge schlechter oder falscher Ernährung.

„Wie viel wollen Sie dafür haben?"

„Dreizehnhundert", antwortete er rundheraus.

Das war viel Geld für mich. „Vielen Dank für Ihre Mühe."

Ich fuhr wieder ab, wusste aber, dass ich irgendetwas unternehmen musste.

Eugene in Oregon ist eine wunderschöne naturnahe Stadt, die perfekte Umgebung für eine junge Schülerin wie mich, die Fußball spielte und ritt. Ich war das Nesthäkchen der Familie. Meine Schwester Bonnie war ausgezogen und hatte geheiratet, als ich sechs Wochen alt gewesen war. Meine Schwester Tricia kannte ich besser, weil sie erst geheiratet hatte, als ich sechs gewesen war. Im Grunde genommen wurde ich also als Einzelkind groß.

Meine Mutter war Lehrerin, mein Vater fuhr Schwerlaster und stellte Begleitfahrzeuge zur Verfügung, die Großraum- und Schwertransporte auf den Straßen absicherten. Auf einer seiner Fahrten sah er eines Tages ein Mittelsägerweibchen überfahren am Straßenrand liegen. Eine Schar Küken lief aufgeregt neben der Entenmutter auf und ab.

„Sieh mal", sagte er, als er an jenem Abend nach Hause kam. Er öffnete seine Jacke, und ein halbes Dutzend Entenküken purzelte heraus.

Ich war entzückt. Mittelsäger haben einen scharfen Schnabel mit Lamellen, die an eine Säge erinnern, und witzige „Frisuren", da ihre Federn am Hinterkopf waagerecht abstehen. Ich war damals acht Jahre alt, und in meinen Augen waren sie wunderschön.

Die kleine Entenschar war etwas ganz Besonderes für mich, weil wir keine Haustiere hatten. Wenn ich sie rief, kamen sie angetrippelt und liebkosten mich mit ihren Schnäbeln. Am liebsten hätte ich sie für immer behalten. Aber ich musste eine wichtige Lektion lernen, und mein Vater wählte mein Zimmer dafür.

„Sieh dich gut um", forderte er mich auf. In meinem Zimmer hatte ich alles, was ich gern mochte – mein schönes weiches Bett, meine Lieblingsspielsachen und große sonnenbeschienene Fenster. „Stell dir vor", fuhr er fort, „du müsstest dein Leben lang in diesem Zimmer bleiben. Wir würden dir dein Lieblingsessen bringen, du hättest einen eigenen Fernseher, aber du könntest hier nicht raus. Wärst du dann glücklich?"

Ich wusste, worauf er hinauswollte. „Vielleicht eine Zeit lang."

Also wilderten wir die Enten wieder aus. Danach überlegte ich mir, was dies für mich bedeutete. Unabhängig davon, wie schön der Ort war, an dem man lebte – man musste Erfahrungen sammeln und die Welt kennen lernen.

Schon bald danach sollte ich eine weitere Erfahrung machen, die eine Wende in meinem Leben darstellte. Auf unserem Schulgelände streunte ein Hund auf der Suche nach Futter umher; er war dreckig und abgemagert und schien kein Zuhause zu haben. In der Pause teilten ein paar Mitschüler und ich unser Essen mit ihm, und mit einem Mal empfand ich Verantwortung für ihn. Ich spürte, dass es nicht ausreichte, ihm nur Futter zu geben und dann zur Tagesordnung überzugehen. Ich wollte die Gewissheit haben, dass der Hund auf Dauer gut versorgt wurde.

„Wir müssen etwas tun, um ihm zu helfen“, wandte ich mich an meine Lehrerin.

„Die Schule hat den Tierschutzverein schon benachrichtigt“, erwiderte sie und versicherte mir, durch diese Institution hätten die Besitzer die größte Chance, ihren Streuner zurückzubekommen.

„Aber wenn sich niemand nach ihm erkundigt, wird er nach einer Weile eingeschläfert, nicht wahr?“, hakte ich nach.

Widerstrebend nickte meine Lehrerin. „Das nehme ich an, ja.“

„Dann reicht das also nicht aus.“

Meine Lehrerin seufzte und warf mir einen Blick zu, der besagte, dass sie für solchen Unfug eigentlich keine Zeit hatte. „Andere Möglichkeiten gibt es nun mal nicht, Terri.“

Ich habe nie erfahren, was aus dem streunenden Hund wurde. Aber damals fasste ich den Entschluss, vor keinem Problem zurückzuschrecken, wenn ich erst einmal erwachsen war. Ich würde mir die Mühe machen, es zu lösen. Der streunende Hund und die Entenküken waren nur kleine Ereignisse im Leben eines jungen Mädchens. Aber sie trugen maßgeblich dazu bei, dass ich zu der Person wurde, die ich heute bin.

Wenn du einem Tier hilfst, tu dein Allerbestes, um sicherzugehen, dass du ihm dabei nicht schadest. Und weiche keinem Problem mit einem Tier aus – löse es. Das waren die Lektionen, an die ich mich erinnerte, als ich den kranken, ausgemergelten Puma in seinem Haustierkäfig aus Plastik sah.

ALS ERSTES erkundigte ich mich bei der Naturschutzbehörde des Bundesstaates Oregon und erfuhr, dass das Halten eines Pumas absolut legal war, solange das Tier in Gefangenschaft geboren wurde.

„Sobald sie in Gefangenschaft sind“, erläuterte mir die Stimme am anderen Ende der Leitung, „unterliegen sie der Zuständigkeit der US-Landwirtschaftsbehörde.“

Ich rief auch dort an und fand schließlich heraus, dass es nur einen einzigen Beamten gab, der für ganz Nordkalifornien und die gesamten 250 000 Quadratkilometer des Staates Oregon zuständig war. Ich beschrieb ihm die Situation des Pumajungen.

„Das Einzige, was wir für das Tier tun können, ist eine Verwarnung auszusprechen und die Sache in ein paar Monaten nochmals zu prüfen.“

„Der Puma ist in ein paar Tagen tot“, warf ich ein.

„Es tut mir leid“, bedauerte der Beamte, „aber ich habe keine anderen Möglichkeiten.“

Ich verstand ihn und seinen Frust, so wenig ausrichten zu können. Doch ich fühlte mich an die Worte meiner Lehrerin über den streunenden Hund erinnert. Damals hatte ich mir geschworen, selbst die Lösung zu sein, wenn es keine andere Lösung gab. Und nun war ich erwachsen und verfügte über die entsprechenden Möglichkeiten. Ich fuhr wieder nach Hillsboro, legte das Geld auf den Tisch und nahm einen sehr kranken, erbarmungswürdigen Puma samt Käfig mit nach Hause.

Das erste Hindernis, das es zu überwinden galt, war meine Hündin Shasta, die ich heiß und innig liebte. Sie war zutiefst beunruhigt, als ich mit einem Pumababy in „ihrem“ Haus auftauchte. Aber schon bald hatten die beiden einen angespannten Waffenstillstand geschlossen.

Ich musste mir keinen Namen ausdenken, da sie – es handelte sich um ein Pumaweibchen – bereits den schönen Namen Malina trug. Malina schlief in der Garage; tagsüber spielte ich mit ihr im Hof und tollte mit ihr durchs Haus. Nach ein paar Tagen gesunder Ernährung erwachten ihre Lebensgeister wieder, und sofort begann sie sich wie ein Puma zu verhalten – eine gute, aber auch gefährliche Entwicklung.

Ihr Lieblingsspiel bestand darin, sich zu verstecken, bis ich ihr den Rücken zuwandte; dann sprang sie mich wild an und packte mich an den Beinen. Pumas sind hervorragende Schleichräuber, die ihrer Beute auflauern, und die Übungen des kleinen Kätzchens waren ganz putzig, solange ich mich nicht unvorsichtigerweise hinsetzte. Denn wenn ich Korrespondenz erledigte, fernsah oder mich aus anderen Gründen niederließ, schlich sich Malina auf dem Teppich lautlos auf ihren großen, weich gepolsterten Pfoten an, landete mit einem Satz auf meinem Rücken und umklammerte meinen Nacken mit ihrem Maul, als wäre ich ein Reh. Fest an mich gekrallt, stieß sie ein tiefes Knurren aus und weigerte sich loszulassen. Auf Dauer war das ziemlich beunruhigend.

Ich begann, intensiver und gezielter nachzuforschen, und erfuhr, dass es keine offiziellen Vorschriften für die artgerechte Haltung von Pumas gab. Verschiedene Regierungsstellen vertraten unterschiedliche Ansichten, und ich beschloss, mich an die strengsten Richtlinien zu halten. Ich errichtete einen 37 Quadratmeter großen, mit speziellem Maschendraht umzäunten Zwinger, der einen 15 Zentimeter dicken Betonboden aufwies. Dieses Miniatur-Fort-Knox in meinem Hof kostete mich ungefähr sechstausend Dollar. Dann ging es an die Möblierung. Als Höhle verwendete ich eine riesige Holzkiste, die am Boden festgeschraubt und mit einer großen Gummiplatte abgedeckt wurde. Ins Innere stellte ich einen großen Picknicktisch. Der Puma hatte seine Freude an der Holzkonstruktion und war in zwei kleinen Schritten auf dieser Aussichtsplattform. Zum Schluss wurde die Anlage noch zur Hälfte überdacht.

Das Geld wurde schnell weniger. Das Futter meines neuen „Haustiers“ kostete mich rund fünf Dollar pro Tag. Je größer Malina wurde, desto leidenschaftlicher frönte sie dem Springspiel. Statt sie auf meinem Kopf herumturnen zu lassen, versuchte ich es ihr abzugewöhnen. Ich ließ sie mit mir spielen, bis sie mich kniff oder mit ihren großen Tatzen packte, um mich zu beißen. Dann schimpfte ich sie aus und gab ihr einen kleinen Klaps auf die Nase. Als wir uns besser kennen lernten, begann Malina mich mehr zu respektieren.

Dennoch entwickelte sie schon bald ein starkes territoriales Verhalten in Bezug auf ihren Zwinger, und hier kam Shasta mir zu Hilfe. Regelmäßig inspizierte sie Malinas Gehege nach möglichen Fleischresten vom Abendessen. Malina schätzte diese Besuche nicht sonderlich, aber jedes Mal wenn sie versuchte, ihr Territorium zu verteidigen, bellte, knurrte und schnappte Shasta nach ihr und wies sie in ihre Schranken. Bald begriff Malina, dass nicht sie das Sagen hatte, und ließ von ihrer aggressiven Haltung ab.

Ich brachte ihr auch bei, an der Leine „Gassi zu gehen“. Sie fand Gefallen daran, und so nahm ich sie überallhin mit. Die Umzäunung des Tennisplatzes war hoch genug, dass ich Malina dort frei umherlaufen lassen konnte, und ich besorgte mir eine zehn Meter lange Leine und ging mit ihr sogar an den Strand. Obwohl die Strände in Oregon normalerweise menschenleer sind, kam uns mitunter doch jemand entgegen. Dann kroch Malina auf dem Bauch ins Strandgras, legte die Ohren

Wie alles begann: Dieses Foto schoss meine Freundin Lori an dem Tag, als Steve und ich uns das erste Mal begegneten.

Mit Malina bei einem unserer Ausflüge an den Strand

Gruppenbild mit Puma-Dame: Malina ist die wunderschöne Lady links im Bild.

seitlich an und harrte dort bewegungslos aus. Die anderen Strandbesucher gingen vorbei und grüßten mich, ohne zu ahnen, dass nur ein Meter von ihnen entfernt ein Puma im Gras kauerte.

Damit die Leute mehr über Pumas erfuhren, brachte ich Malina auch zu Feiern in Schulen und Universitäten oder zu Gemeindeveranstaltungen mit. Sie liebte es, saß in einem mit Seilen abgesperrten Bereich, schlug mit dem Schwanz dagegen und beobachtete die Menschen.

Ebenso begann ich sie zu Gerichtsverhandlungen mitzunehmen, denn ich habe mich Anwälten von Umweltschützern und anderen Personen angeschlossen, die gegen die Grausamkeit bestimmter Jagdmethoden wie Bärenhatz und Pumajagd mit Hunden zu Felde zogen. Malina mit in den Gerichtssaal zu bringen war nicht nur öffentlichkeitswirksam, sondern konfrontierte die Jäger auch direkt mit dem Tier, das sie verfolgten. Anstelle des zähnefletschenden, furchterregenden Dämons der Nacht, der ihrer Vorstellung nach ihren Kindern auflauerte, sahen sie einen bildschönen noblen Bewohner der Wildnis. Malina änderte die Einstellung der Leute. Ich sah es mit eigenen Augen.

Mit ihr begann meine Leidenschaft für Raubtiere. Nach einem Praktikum bei der Naturschutzbehörde erhielt ich eine Urkunde und war damit offiziell berechtigt, kranke oder verletzte Wildtiere aufzunehmen, gesund zu pflegen und später wieder auszuwildern. Ich hatte meine Bestimmung gefunden.

In meinem Hinterhof entstanden immer mehr Gehege. Ich kümmerte mich um alle möglichen Tiere von Füchsen über Rotluchse und Waschbären bis hin zu Opossums, schien aber eine besondere Ader für Raubtiere zu haben – bis auf Wölfe. Aber das hinderte mich nicht daran, auch ihnen zu helfen.

Eines Tages wurde ich gebeten, eine beeindruckende, aber extrem magere Timberwölfin aufzunehmen. Sie hatte gerade einen neuen Wurf Welpen, und obwohl der Zwinger zwei Meter breit, vier Meter lang und überdacht war, begann sie mit ihren Zähnen an der Umzäunung zu zerren, bis sie diese teilweise aus dem Betonboden gerissen hatte. Säugend und mit nur dreißig Kilo, vermutlich der Hälfte ihres normalen Gewichts, war sie noch in der Lage, ihre Behausung abzureißen. So würde ich sie nicht lange halten können.

Ich hatte keine großen Alternativen und dachte an den einzigen Ort, aus dem sie nicht entweichen konnte – mein persönliches Fort Knox.

Also tauschten Wolf und Puma die Plätze. Mutter Wolf lockte ich mit Futter weg, damit ich ihre Jungen untersuchen konnte. Die winzigen Welpen, deren Augen noch fest geschlossen waren, knurrten bedrohlich, als ich mich ihnen näherte. Sie hassten mich, ohne mich überhaupt zu sehen.

Auch Malina war mit ihrem neuen kleinen Gehege nicht zufrieden, aber ich war zu beschäftigt, um es zu bemerken. Außerdem sollten die Wölfe nur ein paar Tage bei mir bleiben, denn ich wollte sie einer Tierschutzgruppe übergeben, die sich auf Wölfe spezialisiert hatte. Am folgenden Wochenende fuhr ich die Tiere die Küste hinauf, wo ich sie erleichtert kundigeren Händen überließ.

Es war ein langer, anstrengender Tag gewesen, und so ging ich erst nach Einbruch der Dunkelheit zu Malina, um sie zu füttern und zu bürsten. Es war unsere allabendliche Beschäftigung. Sie setzte sich in dem kleinen Gehege auf ihre Kiste und senkte den Kopf, wie sie es immer tat, wenn ich sie bürstete und wenn sie gestreichelt werden wollte. Dabei stieß sie ihre Stirn gegen meine. Diese Berührung war alles andere als zärtlich, aber sie war ein Zeichen der Zuneigung, also stieß ich mit meinem Kopf zurück.

Doch als ich mich umdrehte, um das Gehege zu verlassen, sprang Malina mich ohne Vorwarnung an. Ich spürte, wie ihre starken Vorderläufe meine Schultern umschlangen und ihre oberen Zähne in meine Schädeldecke schlugen. Ihre unteren Fangzähne hakten sich fein säuberlich am Nacken direkt unter dem Schädelansatz ein.

Malina begann zuzubeißen. Ich fühlte, wie ihre Fangzähne durch meine Kopfhaut drangen und mein Kopf fast explodierte. Mit den Vorderläufen umklammerte sie meine Schultern wie ein Schraubstock. Ich schwang heftig zurück und schlug ihr mit der Bürste wie wild auf den Kopf. Aber sie ließ nicht locker. Der Druck war so stark, dass es mit Sicherheit gleich krachen würde.

„NEIN, NEIN, NEIN!“, schrie ich, so laut ich konnte.

Für einen kurzen Augenblick gab sie nach, sodass ich mich ihrem Griff entziehen konnte. Sie ließ sich zu Boden fallen, setzte aber direkt wieder zum Sprung an. Nun packte sie mich von vorn und biss mir in den Brustkorb. Ein weiteres Mal gelang es mir, sie wegzuschlagen und mich rückwärts zur Tür zu bewegen.

Ich spürte, wie mir das Adrenalin durch die Arme bis in die Fingerspitzen schoss, als ich hinter mich griff und an dem Riegel herumfummelte.

Malina den Rücken zuzudrehen wagte ich nicht. Schließlich gelang es mir, den Riegel zurückzuschieben, nach draußen zu gleiten und die Tür hinter mir zuzuknallen. Ich brach zusammen. Ich hatte keine Kraft mehr, und mir war speiübel.

Mit einem gewaltigen Knall krachte Malina gegen die gerade erst geschlossene Tür. Sie drehte sich um, warf mir einen giftigen Blick über die Schulter zu und zog sich missmutig in ihre Kiste zurück.

An jenem Abend lernte ich ein paar wertvolle Lektionen. Erstens: Sei sehr vorsichtig, wenn du allein mit Wildtieren arbeitest. Zweitens: Verlege niemals ein Tier, das sich an sein Gehege gewöhnt hat, in ein kleineres. Und drittens: Wildtiere sind und bleiben wilde Tiere. Du kannst mit ihnen arbeiten und ein gewisses Maß an gegenseitigem Respekt entwickeln. Aber du darfst niemals vergessen, dass sie wild sind.

Auf die körperlichen Anforderungen bei der Rettung von Wildtieren war ich einigermaßen vorbereitet, auf die damit verbundenen emotionalen Herausforderungen jedoch weniger. Die Art, wie manche Menschen wilde Tiere behandeln, übersteigt jede Vorstellung.

Ein von Hunden gehetzter Puma durchlebt ein unglaubliches Trauma. Aber statt die Jäger nur zu hassen, versuchte ich, von ihnen zu lernen. Ich besuchte Jagdausstellungen und sonstige einschlägige Veranstaltungen. Ich erfuhr, dass eine Pumamutter beim Herannahen eines Jägers auf einen Baum klettert und ihre Jungen von den Jagdhunden zerreißen lässt. Die Angst des Pumas vor den Menschen ist stärker als der Instinkt, seine Jungen zu schützen. Die Geschichten brachen mir das Herz, doch je mehr ich hörte, desto entschlossener setzte ich mich dafür ein, diesen Grausamkeiten Einhalt zu gebieten. Ich ging sogar zu Gerichtsverfahren, um mein Engagement zu demonstrieren, und forderte andere auf, es mir gleichzutun, besonders wenn es um wirklich verabscheuungswürdige Gewalttaten gegen wilde Tiere ging.

Bei einem denkwürdigen Verfahren verlegte der Richter die Verhandlung dreimal in immer größere Gerichtssäle, weil wir mit dreihundert Personen erschienen waren. Auf der Anklagebank saßen zwei Männer, einer in einem karierten Hemd, der andere mit einem langen wallenden Bart. Karohemd, der Haupttäter, war wegen Tierquälerei angeklagt. Er hatte seinen kleinen Sohn zu der Bärenjagd mitgenommen, wegen der er vor Gericht stand. Der Staat war in der Lage, die Jäger anzuklagen, weil sie ihre grausamen Handlungen auf Video aufgenommen hatten.

Die Aufzeichnung wurde im Gerichtssaal gezeigt: Wallebart und Karohemd trieben das Bärenjunge in die Enge, und um den Pelz nicht zu beschädigen, töteten sie es, indem sie ihm in die Augen stachen.

Der Anblick drehte einem schier den Magen um. Der kleine Bär kämpfte um sein Leben, aber Karohemd stach immer wieder zu, während das Tier sich verzweifelt wehrte und dabei schaurig schrie; es hörte sich fast so an, als riefe es immer wieder „Mama!". Während Karohemd und Wallebart unbeeindruckt auf ihren Bänken saßen, beobachtete ich von meinem Platz im Zuschauerraum aus, wie ein Hüne von Polizist in Tränen ausbrach und den Gerichtssaal verließ. Am Ende des Videos ließ Karohemd seinen neun Jahre alten Sohn triumphierend neben dem toten Bärenjungen posieren.

„Sie haben eindeutig eine Gefängnisstrafe verdient", wandte sich der Richter an Karohemd. „Aber leider sind die Gefängnisse mit Menschen überfüllt, die noch abscheulicher sind als Sie. Also verurteile ich Sie zu dreitausend Stunden gemeinnütziger Arbeit."

Aufgebracht bei dem Gedanken, dass dieser Mann am Ende womöglich nur ein bisschen Abfall am Straßenrand aufsammelte, sprach ich den Richter nach dem Verfahren an. Ich erzählte ihm, dass ich eine Pflegestation für Wildtiere betrieb und einen ehrenamtlichen Mitarbeiter gut brauchen konnte.

An seinem ersten Tag bei mir machte Karohemd den Eindruck, als habe er Angst vor mir. Er säuberte Gehege, fütterte die Tiere und arbeitete hart. Ich stellte ihm alle Fragen, die mir einfielen: wo er jage, wie er jage, warum er jage. Mir war, als habe ich es mit dem Bösen schlechthin zu tun. Einige Dinge konnte er gut, zum Beispiel schreinern und schwere Sachen heben. Er leistete seinen gemeinnützigen Dienst ab, aber am Ende konnte ich nicht sagen, ob diese Arbeit in ihm eine Veränderung bewirkt hatte oder nicht.

Die emotionale Achterbahnfahrt bei der Rettungsarbeit schien kein Ende zu nehmen. Ich nannte meine Einrichtung „Pumaland", um meinen Schwerpunkt hervorzuheben, aber ich wurde zu den unterschiedlichsten Einsätzen gerufen – in Tierarztpraxen, in der freien Natur, in Schulklassen oder Gerichtssälen. Irgendwie brachte ich alles unter einen Hut und führte dabei noch meine Begleitfahrzeugfirma. Mein Tag hatte 48 Stunden, und mein Leben war aufregend, aber anstrengend.

Nach einem besonders langen Tag im September 1991 erhielt ich aus heiterem Himmel einen Anruf meiner Freundin Lori. „Ich fahre nach

Australien, um im Great Barrier Reef zu tauchen. Willst du nicht mitkommen? Wir hätten bestimmt viel Spaß zusammen, und du könntest einen Urlaub gut gebrauchen."

Vieles sprach gegen diese Reise. In meinem Hof wimmelte es nur so von geretteten Tieren, die rund um die Uhr Pflege und Aufmerksamkeit verlangten. Und der Erfolg meiner Firma lag darin, jeden Tag vor Ort zu sein. Ich liebte meine Arbeit, aber vielleicht hatte Lori ja Recht. Ich übernahm mich pausenlos und pfiff schon lange aus dem letzten Loch.

Mit Anfang zwanzig war ich das erste Mal in Australien gewesen, hatte die Küste von Sydney nach Brisbane bereist und war von Flora und Fauna, der wilden Natur und den offenen, freundlichen Menschen absolut begeistert gewesen. Ich dachte auch an meine Pumas. Im Hinterkopf hegte ich die Hoffnung, dass sich meine Passion für die Rettungsarbeit mit meiner Liebe zu Australien verbinden ließe. Pumaland nahm von überall her Pumas auf: von zahmen, die man abgab, wenn sie zu gefährlich wurden, bis hin zu Jungtieren, die Jäger zu Waisen gemacht hatten. Ich konnte sie unmöglich alle selbst behalten und war auf der Suche nach verantwortungsbewussten Einrichtungen, die bereit waren, sie zu übernehmen. Ohne die leiseste Ahnung von den Einführungs- und Quarantänevorschriften Australiens stellte ich mir vor, dass es dort vielleicht Menschen gab, die Bildungs- und Öffentlichkeitsarbeit mit Wildtieren durchführten und Pumas aufnehmen konnten.

Wieder einmal nach Australien zu reisen schien mir also gar keine schlechte Idee zu sein. Wie hätte ich zu diesem Zeitpunkt wissen können, dass ich durch meinen Entschluss jenem Mann begegnen würde, der mein Leben verändern sollte?

2

Nachdem ich Steve in der Hitze von Queensland kennen gelernt hatte, kehrte ich im Herbst 1991 in ein kaltes, nebliges Oregon zurück. Malina und Pumaland erwarteten mich, und mein altes Leben hatte mich schon bald wieder fest im Griff. Aber die Welt hatte sich verändert. *Ich* hatte mich verändert.

Eine Woche verstrich, dann die zweite. In der dritten war ich mir ziemlich sicher, dass ich von meinem australischen Traummann nie wieder etwas hören würde. Aber es verging kein Tag, an dem ich nicht an ihn dachte – ihm galt mein erster Gedanke, wenn ich morgens die Augen aufschlug, und mein letzter, bevor ich abends einschlief. Nach vier Wochen vergeblichen Wartens auf einen Anruf aus Australien kam ich zu der Überzeugung, dass ich ihn vergessen musste.

Es war Mitte November, als spät am Abend das Telefon klingelte. „Tach, Kumpel", meldete sich die Stimme am anderen Ende der Leitung. „Ich bin's, Steve aus Australien. Wie geht's dir?"

Mir stockte der Atem. Als ich endlich wieder Luft holen konnte, stotterte ich: „Gut."

„In zehn Tagen fliege ich nach Oregon", verkündete er. „Ich würde dich sehr gern sehen."

„Steve, kennst du Thanksgiving, das amerikanische Erntedankfest? Da kommt die ganze Familie zusammen. Hättest du Lust, diesen Tag mit meiner Familie zu verbringen?"

Er schien das Zittern in meiner Stimme nicht zu bemerken. „Ja, total gern. Das wär toll."

„Schick mir deine Reise- und Flugdaten."

„Mach ich", versprach er und legte auf. So plötzlich, wie er da gewesen war, war er wieder weg.

ENDLICH war Thanksgiving, und ich erinnere mich, wie stolz ich meiner Familie meinen Freund aus Australien vorstellte. Nach einem fürstlichen Mahl verzogen sich die Männer ins Wohnzimmer, wo es Football im Fernsehen gab. Aber schon bald kam Steve in die Küche, unterhielt sich mit meinen Schwestern und meiner Mutter und lernte so die ganze Familie kennen. Das rechnete ich ihm hoch an, denn ich spürte, dass er im Grunde ziemlich schüchtern und überhaupt nicht in seinem Element war. Es war seine erste Reise in die Staaten und auch das erste Mal, dass er ernsthafte Absichten bei einer Frau hegte. Bislang hatten wir nur ein paar Tage zusammen verbracht, aber beide ahnten wir, dass sein Besuch mehr als nur ein unverbindliches Treffen war. Die Vorsehung schien uns füreinander bestimmt zu haben.

Wir fuhren überallhin. Ich zeigte ihm die schönsten und spektakulärsten Plätze, die der Pazifische Nordwesten der USA zu bieten hat, und alles drehte sich um Wildtiere. Von der Strandhütte meiner Eltern aus wanderten wir durch die Coastal Range, eine Gebirgskette, in der es Schwarzbären gab, und fuhren dann in den Osten des Bundesstaates, um Weißwedelhirsche, Kojoten und die Oregon-Gabelhornantilope zu beobachten – Tiere, die Steve noch nie gesehen hatte.

Viel zu schnell war unsere gemeinsame Zeit vorbei. Ich spürte den Druck in meinem Brustkorb, den ich kannte, seit Steve mir begegnet war, und der sich jedes Mal einstellte, wenn wir uns trennten. Es war ein körperlich spürbarer Schmerz, den ich nie zuvor empfunden hatte.

„Ich muss dich wiedersehen." Zum ersten Mal bekannte ich offen meine Gefühle für ihn. Als er seine Sachen packte, schmiedete ich bereits Pläne für meine nächste Reise nach Australien.

ANFANG JANUAR 1992 verließ ich die Kühltruhentemperaturen von Oregon, und bei meinem Anflug auf Brisbane überkam mich ein aufregendes Gefühl – der Eindruck, nach Hause zu kommen. Ich trat aus der Flughafenhalle, und da wartete Steve auf mich. Wie schön war es, ihn wieder in seinen gewohnten kurzen Hosen zu sehen, nachdem er sich in Oregon gegen die Kälte hatte dick vermummen müssen!

Als wir uns in den Armen lagen, spürte ich, wie wir zu einer Person verschmolzen. Voneinander getrennt waren wir nicht vollständig, aber zusammen war die Welt wieder in Ordnung.

Ich wohnte bei Steves Familie auf dem Zoogelände, und in den ersten Tagen fuhren wir nicht viel in der Gegend umher. Aber das hieß nicht, dass wir untätig herumsaßen. Bereits 24 Stunden nach meiner Landung zeigte Steve mir, wie ich an die Krokodilnester herankam, um die Eier einzusammeln, die dort sonst verfaulen würden. Er brachte mir bei, Giftschlangen zu füttern, die über einen großen Giftvorrat verfügten, und wie ich das Gehege der Kasuare betreten und die Futtereimer dieser Laufvögel herausholen konnte, ohne durch einen Tritt ihrer mit dolchartigen Krallen bewehrten Zehen zerfetzt zu werden.

Mit der Zeit lernte ich neben der Belegschaft, die eher einer großen Familie glich, Steves außergewöhnliche Eltern kennen. Sie hatten den Zoo vor einem Vierteljahrhundert gegründet. Sein Vater Bob kümmerte sich nach wie vor um die Buchhaltung, während seine Mutter den Kiosk betrieb. Steve selbst arbeitete Hand in Hand mit Wes, der gleichzeitig sein bester Freund war.

Die Arbeit machte mir sehr viel Spaß, aber wir hielten uns nicht nur im Zoo auf. Auf mich wartete eine Erfahrung, die mein Leben verändern sollte: Steve Irwin im australischen Busch.

Unser Ziel war der 1300 Kilometer nördlich von Brisbane an der

Küste verlaufende Burdekin River, der dem Zoo am nächsten gelegene Lebensraum des großen Salzwasserkrokodils. Der Fluss war nicht besonders erforscht, seine Krokodilpopulation weitestgehend unbekannt. Steve wollte sich einen Überblick über die dortigen Krokodile verschaffen, ihre Nistplätze orten und ihre Fortpflanzungsrate bestimmen.

Teile des Burdekin verliefen weitab jeglicher Zivilisation, und selbstverständlich waren gerade das die Gebiete, die wir ansteuerten. Wir mussten daher alles Notwendige mitnehmen; Steve belud den Geländewagen mit Treibstoff, Wasser, Nahrungsmitteln, Ersatzreifen, Ersatzteilen, mit einem Boot und einem Motor. Schlafsäcke mit eingerollter Matratze kamen auch mit, aber kein Zelt. Wir würden unter dem Sternenhimmel schlafen. Bei der Abfahrt erfuhr ich, dass wir 16 Stunden unterwegs sein würden.

Je weiter wir nach Norden gelangten, desto primitiver wurden die Straßen. Als wir endlich zum Burdekin abbogen, endete auch der einspurige Schotterweg, dem wir zuletzt gefolgt waren – aber immer noch lag eine zwei- bis dreistündige Fahrt mit Allradantrieb vor uns. Holpernd und ratternd drangen wir immer tiefer in den Busch vor. Steve erzählte mir von den Ureinwohnern, den Aborigines, die in diesem Gebiet lebten. Für ihn war die Landschaft ein lebendiges Gebilde, das nicht nur von der Geschichte der Menschen, sondern auch von der komplexen Wechselbeziehung zwischen Pflanzen, Tieren und Umwelt geprägt war. Er zeigte mir riesige, 150 Jahre alte Eukalyptusbäume, die Lebensräume für insektenfressende Fledermäuse, Papageien und die zur Familie der Kletterbeutler gehörenden Fuchskusus waren.

Nach stundenlanger Fahrt, bei der einem alle Knochen im Leib durchgerüttelt wurden, erreichten wir endlich den wunderschönen, von Teebäumen gesäumten Burdekin. An einer Gabelung, wo gewaltige schwarze Felsen den Fluss teilten, schlugen wir unser Lager auf.

Ich sage „wir", meine damit aber Steve. Er lud das Boot und dessen Motor ab, vertäute es am Ufer, rollte die Schlafsäcke aus und stellte die Behälter mit Treibstoff, Wasser und Nahrungsmitteln auf. Dann begann er, die Planen aufzuspannen. Jeder Handgriff saß; unzählige Male hatte er schon ein Lager aufgeschlagen. Ich sah ihm zu, wie er Seile festband, Knoten machte und die Planen spannte, als erwarte er einen Wirbelsturm. Es war heiß, mindestens 38 Grad im Schatten, aber Steve schien das nicht zu bemerken.

Derweil suchte sich Sui eine seichte Stelle am Ufer und sprang ins

Wasser. Steve warf ihr einen Blick zu, als wolle er abschätzen, ob die Gefahr bestand, von einem Krokodil geschnappt zu werden. Denn Krokodile sind perfekte Tarnkünstler und greifen aus dem Wasser heraus im Uferbereich an.

Steve kannte keine „Auszeit", ohne Verschnaufpause ging es sofort weiter. Wir schnappten uns Sui, sprangen ins Boot und fuhren flussaufwärts. Radjahgänse flogen auf und zeigten uns ihre dunklen Halsringe, als sie über uns hinwegzogen. Auf den Felsen in der Flussmitte saßen Kormorane und trockneten mit weit aufgespannten Flügeln ihr Gefieder. Die Landschaft hatte etwas Zauberhaftes, Unberührtes, als seien wir die ersten Menschen, die dieses Fleckchen Erde bereisten.

Steve kannte die Region wie seine Westentasche. Als Teil eines Programms zur Erhaltung und Hege von Krokodilen an der Ostküste hatte er in den Achtzigerjahren den Auftrag bekommen, „Problemkrokodile" zu entfernen. Krokodile spielen eine wichtige Rolle im ökologischen Gleichgewicht, was bedeutet, dass es überall dort, wo sie leben, auch sehr gute Fischgründe gibt. Und da Angler ihre bevorzugten Plätze nicht gern mit Krokodilen teilen, führt dies zwangsläufig zu Konflikten. In jenem Jahrzehnt fing Steve zahlreiche Krokodile aus dem Burdekin und siedelte sie um. Auch einige Exemplare im Zoo stammten aus diesem Fluss.

Burdekin-Krokodile unterscheiden sich äußerlich von anderen Salzwasserkrokodilen; sie sind etwas glatter und stromlinienförmiger, und viele von ihnen haben nur vier Nuchalplatten – die verknöcherten Schilde am Nacken –, während die meisten Salzwasserkrokodile sechs aufweisen. Als wir den Fluss hinauffuhren, wies Steve auf Rutsch- und Fußspuren von Krokodilen hin, die sich am Ufer gesonnt hatten.

Steve erklärte mir auch die soziale Hierarchie der Tiere. Jede Krokodilgruppe hat ihr eigenes Territorium. Die Weibchen halten sich zur Eiablage in einem bestimmten Gebiet auf, und dann gibt es die großen Männchen. Die noch nicht ausgewachsenen Tiere weichen in Randgebiete aus und gehen den starken, dominanten Artgenossen aus dem Weg. Bestimmte Bereiche dienen als „Krabbelstuben"; dort wachsen frisch geschlüpfte Jungen auf und fangen kleine Insekten, Fische, Frösche oder Vogelküken.

Wir kehrten ins Lager zurück. Steve schien jetzt etwas ruhiger zu sein, nachdem er den Fluss abgefahren, sich neu orientiert und bekannte Plätze wiedergesehen hatte. Kurz unterhalb des Lagers sprangen wir über die Felsbrocken, bis wir uns in der Mitte des Flusses befanden. Wir setzten uns nebeneinander auf einen der Felsblöcke; die Schatten lagen über dem Wasser, die Sonne stand tief. Wir blickten uns in die Augen und redeten über all die Dinge, die wir mochten. Da wusste ich mit Bestimmtheit, dass ich mich in Steve verliebt hatte. Bevor es dunkel wurde, sprangen wir wieder an Land.

„Nachtzeit ist Krokodilzeit“, erklärte Steve. „Es ist wichtig, das Wasser zu verlassen, bevor sie aktiv werden und auf Jagd gehen.“

Zurück im Lager, begann er zu kochen. Ich bot ihm meine Hilfe an, aber er winkte ab. „Meine Tour, meine Einladung.“

Ich setzte mich, beobachtete, wie der Fluss sich mit zunehmender Dunkelheit veränderte, und genoss die Düfte aus der „Küche“. Über mir hörte ich den leisen Flügelschlag von Flughunden. Zunächst waren es nur vereinzelte Tiere, dann Dutzende, und schließlich zogen sie zu Hunderten über die Kronen der Papierrindenbäume und Honigmyrthen. Sie waren unwirklich, unheimlich und wunderschön, wie sie über den Abendhimmel glitten.

Nach dem Essen legte Steve die Teller in die Abwaschschüssel. „Wir lassen sie einweichen und spülen später.“

Wir sprangen zurück ins Boot und fuhren wieder flussaufwärts. Es war Steves bevorzugte Zeit des Tages. Jetzt erst begriff ich, was er auf unserer Tour am Nachmittag getan hatte – er hatte sich die Stellen der Rutschspuren gemerkt. Während wir am helllichten Tag kein einziges Krokodil gesehen hatten, schwenkte Steve nun, kaum dass wir im Boot saßen, seinen Scheinwerfer über das tintenschwarze Wasser, und überall leuchteten Krokodilaugen hellrot auf und erloschen wieder, wenn sie bei unserem Näherkommen abtauchten. Mit einem Mal fühlte ich mich in der kleinen Jolle unsäglich schutzlos. Die schönen Teebäume, die am Tag so eindrucksvoll ausgesehen hatten, hingen jetzt schaurig über dem Wasser, tunkten und platschten ihre Blätter in das schwarze Nass. Auch Fische erwachten nun zum Leben. Im Dunkeln waren alle Geräusche um ein Vielfaches lauter.

Manche Krokodile ließen uns nahe herankommen. Steve war in der Lage, die Gesamtlänge eines Krokodils anhand von dessen Kopfgröße zu bestimmen. Er zeigte mir, wie ich den Scheinwerfer genau unter mein Kinn halten musste, damit ich direkt über den Strahl hinwegsehen und das Leuchten der Krokodilaugen auffangen konnte.

„Sieh nur“, flüsterte Steve aufgeregt, „da ist noch eins.“ Doch bei diesem Exemplar war etwas anders, nur ein einziges rotes Auge strahlte zurück. Vielleicht sei das andere herausgeschossen worden, mutmaßte Steve. „Es ist groß“, wisperte er, „vielleicht fünf Meter.“

Wir kamen noch näher heran. Da hustete der Motor plötzlich und ging mit einem schleifenden Geräusch ganz aus. Steve lehnte sich über den Bootsrand und griff bis zur Schulter ins Wasser, um die Schraube vom Grünzeug zu befreien.

Das rote Auge verschwand, das große Krokodil war untergetaucht. Wohin untergetaucht?, fragte ich mich. Ich befinde mich am Ende der Welt. Es ist Nacht. Ich bin von Krokodilen umzingelt. Der Motor wird nicht mehr anspringen. Einauge wird sich Steve schnappen und verspeisen, dann bin ich allein.

Doch nach einiger Zeit und mit gutem Zureden sprang der Motor schließlich wieder an.

Die Hitze hatte nicht nachgelassen, als wir ins Lager zurückkehrten; es herrschten immer noch gut über 32 Grad. Die von meinem Scheinwerfer angelockten Insekten klebten und zappelten in den Schweißströmen, die mir den Rücken hinunterliefen.

„Wie wär's mit einem kurzen Bad?“, schlug Steve vor. In meiner Vorstellung passten „Bad“ und „Krokodile“ nicht so gut zusammen, aber schon wateten wir in unseren kurzen Hosen und barfuß durch den Burdekin bis zu den runden Felsen in der Flussmitte. Steve sprang hinein. Als auch ich mich langsam ins tiefere Wasser vorwagte, blockierte er mir den Weg und bewegte sich vor mir auf und ab.

„Was machst du da?“

Er lachte. „Ich schirme dich ab. Das letzte große männliche Krokodil habe ich hier vor einem Jahr gefangen, aber man kann nie wissen, ob nicht ein anderes inzwischen seinen Platz eingenommen hat.“

NACH UNSERER RÜCKKEHR aus dem Busch stürzten wir uns direkt wieder in die Arbeit im Zoo. Ein mächtiger Baum hinter dem Haus der Irwins war vor einigen Jahren vom Blitz getroffen worden, und ein Wirrwarr von toten Ästen drohte über kurz oder lang auf das Gebäude zu stürzen. Steve hielt es für das Beste, den toten Baum zu fällen.

Ohne Sicherung und mit der Leichtigkeit eines Orang-Utans schwang er sich hoch oben als kleiner Punkt mit der Motorsäge von Ast zu Ast. Nachdem alle Äste am Boden lagen, musste als Letztes der dicke Baumstamm gefällt werden. Hierzu band Steve ein Seil in Zweidrittelhöhe um den Stamm und befestigte das andere Ende am Frontschutzbügel seines

Geländewagens. Meine Aufgabe war es, das Auto zu fahren, während Steve den Stamm an der Basis durchsägte. Als die Motorsäge aufheulte, rief er: „Jetzt!“ Ich legte den Rückwärtsgang ein, ließ die Kupplung los und fuhr in einem Winkel von 45 Grad zur berechneten Fallrichtung des Stammes hart an. Ächzend fiel der Baum um und schlug mit ohrenbetäubendem Krachen auf den Boden. Dann zersägte Steve das Holz, ich stapelte es. Diese Aktion hielt uns den ganzen Tag auf Trab. Als die langen Schatten des Nachmittags auf den Hof fielen, machte Steve den für ihn äußerst ungewöhnlichen Vorschlag: „Lass uns eine Pause einlegen.“

Wir setzten uns unter einen großen Feigenbaum und tranken kalte Limonade. Beide waren wir mit kleinen Holzstückchen, Blättern und Rinde übersät. Steves Haar war zerzaust, ein paar seiner Hemdknöpfe fehlten, und seine kurze Hose war zerrissen. Für mich war er der bestaussehende Mann, der mir je begegnet war.

Er blickte mich an. „Willst du mich heiraten?“

Beiläufig, nüchtern. Beinahe wäre mir das Glas aus der Hand gefallen. Zweige steckten in meinem Haar, mein Gesicht war dreckverschmiert. Ich hatte meinen Hut abgenommen, und meine Haare klebten am Kopf. Mein erster Gedanke war: Ich sehe fürchterlich aus. Mit dem zweiten, dritten und vierten Gedanken zählte ich alle Gründe auf, warum ich Steve Irwin unmöglich heiraten konnte.

Ruhig hielt er meinem Blick stand.

„Ja, sehr gern.“ Mit diesen drei Worten änderte sich mein Leben für immer.

„WAS SOLLEN wir machen?“, fragte mich Steve wenige Tage nach unserer Hochzeit. „Fahren wir wie geplant in die Flitterwochen oder gehen wir Krokodile fangen?“

Mein Kopf schwirrte noch vom Fest und dem Umstand, dass ich nun die Worte „mein Mann“ in ihrer grundlegendsten Bedeutung benutzen konnte. Die vier Monate zwischen dem 2. Februar 1992 – dem Tag, an dem Steve mich gefragt hatte, ob ich ihn heiraten wolle – und unserer Hochzeit am 4. Juni waren wie im Rausch vergangen.

Zunächst hatten wir sehen müssen, wie wir es schafften, möglichst viele australische Freunde und Familienangehörige bei der Hochzeit in den Vereinigten Staaten dabeizuhaben, denn keiner von uns hatte viel Geld. Am Ende kamen elf Gäste aus Australien.

Es war mehr als eine Hochzeit, es war ein Abschiednehmen von all denen, die ich jemals gekannt hatte. Ich lud sie alle ein – insgesamt vierhundert Personen.

Als bei der kirchlichen Trauung der Pfarrer das Ehegelübde vorlas, merkte ich, wie nervös Steve war; in seiner Anzugjacke schien es ihm die Luft abzuschnüren. Armer Steve, dachte ich, noch nie hatte er vor so vielen Menschen gestanden. „Es war die furchterregendste Situation meines Lebens", sollte er später behaupten. Und das sagte ein Mann, der mit Krokodilen in den Clinch ging!

Als wir gerade zu einer aufregenden Hochzeitsreise in den wunderschönen Pazifischen Nordwesten aufbrechen wollten, erreichte uns ein Anruf aus Australien. Steves Freund John Stainton war zu Ohren gekommen, dass ein Krokodil öfter zu nahe an menschliche Siedlungen herangekommen war und jemand auf das Tier geschossen hatte.

„Es ist groß, Steve, vielleicht vier oder fünf Meter", erläuterte John. „Es tut mir leid, dass ich dich gerade jetzt anrufe, aber sie knallen es ab, wenn es nicht umgesiedelt wird."

John war ein preisgekrönter australischer Dokumentarfilmer. Steve hatte ihn Ende der Achtzigerjahre kennen gelernt, als er John geholfen hatte, Werbespots mit Zootieren zu drehen. Aber Freunde waren sie erst 1990 geworden, als John für eine Brauerei eine nicht ganz ungefährliche Szene mit einem Krokodil drehen sollte.

Er hatte Steve angerufen. „Ein Typ soll einem anderen ein kühles Bier zuwerfen, aber ein Krokodil kommt aus dem Wasser und schnappt danach. Der Typ erwischt das Bier direkt vor dem aufgerissenen Maul des Krokodils. Hältst du die Idee für machbar?"

„Klar, Kumpel, überhaupt kein Problem", hatte Steve mit seiner üblichen Zuversicht geantwortet. „Unter einer Bedingung – die Hand vor dem Krokodil muss meine sein."

John war einverstanden gewesen und zum Zoo gekommen, um den Spot zu drehen. Zum ersten Mal hatte er Steve in dessen ureigenem Wirkungskreis erlebt und war beeindruckt gewesen. Noch mehr hatte ihn beeindruckt, dass es keinerlei Schwierigkeiten bei den Aufnahmen gegeben hatte. Nach Abschluss der Dreharbeiten hatte Steve ihm eine Reihe von Videokassetten mitgegeben, die er selbst aufgenommen hatte. Dazu hatte er einfach seine Kamera in einen Baum gehängt oder im Morast aufgestellt und gefilmt, wie er allein Krokodile fing.

Zu Hause in Brisbane hatte John sich die Kassetten angesehen. Später erzählte er mir, das Filmmaterial sei unglaublich gewesen. „Das lag an Steve. Er war wie geschaffen für die Kamera."

John hatte seine Kontaktleute beim Fernsehen angerufen und ihnen von dem sensationellen Material berichtet. Zwar war es nicht möglich gewesen, Steves Originalvideos zu verwenden, aber ein Programmleiter hatte John grünes Licht gegeben, eine eigene Reportage über Steve zu drehen.

Das war die Vorgeschichte von Johns Anruf in Oregon am Abend vor unserer Hochzeitsreise.

„Ich weiß, es ist nicht der beste Zeitpunkt", fuhr John fort, „aber wir könnten filmen, wie du das Krokodil rettest."

Steve sah mich fragend an – Flitterwochen oder Krokodil? Für ihn selbst stand die Antwort schon fest.

ZWEI WOCHEN nach unserem Jawort befanden Steve und ich uns elfhundert Kilometer nördlich von Brisbane an der Küste auf dem weitverzweigten Flusssystem des Cattle Creek. Mit von der Partie waren John Stainton, ein Tontechniker, ein Kameramann sowie Steves bester Freund Wes.

Das große Salzwasserkrokodil schwebte in ernsthafter Gefahr. Als wir eintrafen, entdeckten wir Patronenhülsen und andere Hinweise darauf, dass man in der Tat auf das Tier geschossen hatte. In seiner Jolle fuhr Steve die Wasserwege ab, fand die Gebiete, in denen sich das Krokodil aufgehalten hatte, prägte sich dessen Rutschspuren ein und suchte nach einem geeigneten Platz, um die Falle aufzustellen.

Am Ende des anstrengenden ersten Tages versammelten wir sechs uns müde um das Feuer. Als ich aufsah, waren fünf Augenpaare auf mich gerichtet. Da dämmerte es mir, dass ich als einzige Frau wohl für das Kochen zuständig war.

Die „Küche" bestand aus einer Ansammlung seltsamer, fremdartiger Utensilien wie einem Toasteisen und einem so genannten *camp oven*, einem schweren dickwandigen Topf mit Deckel. Beides war aus Gusseisen, aber ich hatte nicht die leiseste Ahnung, wie diese Geräte einzusetzen waren. Zum Glück kam Steve mir zu Hilfe und bereitete im Camp Oven einen Eintopf zu. Wie sich herausstellte, klappte es bestens, wenn er der Koch und ich seine Gehilfin war.

Am ersten Abend war ich gerade dabei, das Gemüse klein zu schneiden, als ein großer Buntwaran im Lager auftauchte. „Schnapp ihn dir!", forderte Steve mich auf. Ich nahm die Echse hoch, und während John und seine Mannschaft in Aktion traten, erzählte ich vor laufender Kamera alles, was ich über Buntwarane wusste. „Sie sind ausgezeichnete Kletterer und können bis zu zwei Meter lang werden.“ Ich sprach über ihr Jagdverhalten und ihre Ernährung, während der Star der Show ununterbrochen züngelte und mir seine gegabelte Zunge entgegenstreckte.

Als wir ausreichend Filmmaterial zusammenhatten, setzte ich den großen Waran wieder auf den Boden, und Steve streckte seinen Kopf ins Bild, um ein paar abschließende Worte zu sagen. „Außerdem sind seine Zähne so scharf wie die eines Tigerhais“, verkündete er genüsslich. „Sie können einen glatt in Streifen reißen.“

„Wie aufmerksam von dir“, hielt ich ihm lachend vor, als John mit dem Filmen aufhörte. „Hättest du mir das nicht sagen können, bevor ich das verdammte Ding hochgehoben habe?“

Steve entpuppte sich vor der Kamera als wahres Naturtalent. Seine Energie und Begeisterung waren ansteckend. Er war vollkommen locker und schaffte es – wie übrigens in seiner ganzen Karriere –, er selbst zu bleiben.

Aber es war nicht nur eine Filmexkursion, sondern auch unsere Hochzeitsreise. So fuhren Steve und ich manchmal einen Seitenarm hinauf, um allein zu sein. Wir sahen zu, wie die Glühwürmchen herauskamen; diese magischen kleinen Insekten leuchteten überall, im Gebüsch und in der Luft, und je dunkler es wurde, desto heller blinkten ihre blauen Lichter.

Ich war in einem Märchenland.

Die meiste Zeit arbeiteten wir jedoch, stellten Fallen auf und kontrollierten sie regelmäßig. Um erfolgreich Krokodile zu fangen, brauchten wir Frischfleisch als Köder. Hier war Suis Einsatz gefragt: Sie musste Wildschweine zusammentreiben. Wildschweine zählen nicht zu den heimischen Tierarten Australiens; sie kamen mit den ersten Europäern ins Land. Sie durchpflügen die Vegetation, räubern Nester von Frischwasserkrokodilen aus und fressen auch sonst alles, was ihnen in die Quere kommt, von Pflanzen bis hin zu Schildkröten.

Steve fing die Wildschweine ein und hielt sie in einem Pferch, bis er sie brauchte. Mit den Jahren waren er und Sui zu einem eingespielten Wildschweinejagdteam geworden. Da es keinerlei Möglichkeiten gab, große Fleischstücke mitzunehmen und zu lagern, machten wir uns im

Mein tapferer Steve im Smoking – unser offizielles Hochzeitsfoto ist ein Dokument mit Seltenheitswert! V. l. n. r.: meine Mutter Julia, Steves Vater Bob, das glückliche Brautpaar, Steves Mutter Lyn und mein Vater Clarence

So fühlte sich Steve am wohlsten in seiner Haut: in seinen typischen Kakisachen und mit seiner geliebten Hündin Sui irgendwo draußen in der Wildnis.

ersten Morgenlicht auf, um in ein paar nahe gelegenen Zuckerrohrfeldern Schweine zu jagen. Doch diese Felder sind gefährlich, denn Taipane, die drittgiftigsten Schlangen der Welt, folgen den Ratten dort hinein. Während wir auf der Suche nach Schweinen durch das Zuckerrohr streiften, konnten wir aber unmöglich den Boden nach Schlangen absuchen, also bewegten wir uns so schnell wie möglich voran.

Steve legte den Finger an die Nase und bedeutete mir damit, dass er Wildschweine roch. Ich zog die Luft ein und nahm einen intensiven moschusartigen Geruch wahr. Kurz darauf entdeckten wir Fährten, das Gestrüpp vor uns raschelte. „Vorne, Sui!“, wies Steve die Hündin im Flüsterton an. Sie sprintete los und verschwand vor uns in dem dichten Zuckerrohr. Steve rannte hinter ihr her. Plötzlich hörte ich überall um mich herum lautes Krachen – die Wildschweine kamen zurück.

Direkt vor mir schoss ein riesiger Keiler aus dem Busch, dicht gefolgt von Sui und Steve. Der Keiler hielt den Augenblick für gekommen, den Kampf aufzunehmen, und stellte sich seinen Verfolgern. Sui begann ihn anzukläffen. Mit seinen Hauern, die in einem seltsamen Winkel abstanden, stieß der Keiler nach der Hündin, die wie ein Boxer im Ring hin und her tänzelte und ihn dabei geschickt in Schach hielt.

Wie ein Blitz war Steve über dem Wildschwein. Er packte es an den Hinterläufen, hob es wie eine Schubkarre hoch und rollte es auf die Seite. Außer sich vor Freude sprang Sui auf und ab und bellte dabei aufgeregt und schrill. Das Schwein, das Steve so schnell zu Boden geworfen hatte, wog eindeutig mehr als er selbst.

„Komm schnell!“, rief er mir zu – ich sollte den Hund festhalten. Ich schnappte mir Sui. Auftrag ausgeführt.

JEDEN TAG fuhr Steve die Krokodilfallen ab. Jetzt hieß es warten. In der Zwischenzeit gab es die verschiedensten Tiere zu filmen: Wasserpythons, Giftschlangen, zahlreiche schöne Vögel, Koalas, Beutelratten und alle möglichen Echsenarten. Aber das große Krokodil blieb weiterhin unsichtbar.

Endlich fanden wir es. Aber als wir uns ihm näherten, tauchte es nicht unter. Entsetzt mussten wir feststellen, dass die Wilderer uns zuvorgekommen waren und es getötet hatten. Vermutlich war auf das Tier schon vor einiger Zeit geschossen worden. Krokodile sterben oft sehr langsam, denn sie besitzen die erstaunliche Fähigkeit, die Blutzufuhr zu einem verletzten Körperteil zu unterbinden. Doch das große Krokodil hatte den Kampf irgendwann aufgegeben und war schließlich an seiner Wunde gestorben. Es war riesig, um die viereinhalb Meter lang, dick und fett und in guter Verfassung.

Steve war außer sich und empfand den Tod des Krokodils als persönliches Versagen. Wir filmten das Tier und sprachen über das Geschehene, aber irgendwann hielt Steve es nicht mehr aus und entfernte sich von der Gruppe. Als ich zu ihm ging, hatte er Tränen in den Augen. Seine tiefe, unverfälschte Liebe zu den Krokodilen ließ ihn jedem einzelnen als Individuum begegnen. Der Tod dieses speziellen Krokodils ging ihm sehr nahe. Es war, als habe er einen Freund verloren, und das schürte seine Wut auf den Wilderer, der dieses prachtvolle Tier auf dem Gewissen hatte.

Steve wusste, dass sich noch ein zweites Krokodil in diesem Gebiet aufhielt und somit ebenfalls in Gefahr schwebte. „Wenn wir das fangen", meinte er entschlossen, „hat sich unsere Reise vielleicht doch noch gelohnt."

Am nächsten Morgen stand Steve als Erster auf und kontrollierte die Fallen. Das Lagerfeuer brannte bereits, als ich aus dem Schlafsack kroch. Dann hörte ich das Knattern des Bootsmotors und lief Steve entgegen zum Flussufer.

„Wir haben eins!", verkündete er atemlos. Im gesamten Lager brach hektisches Treiben aus. Die Filmcrew packte ihre Ausrüstung zusammen, und wir fuhren los, um das Krokodil zu retten, bevor die Patrone eines Wilderers es niederstreckte. Ich hatte keine Ahnung, was mich erwartete. In der Wildnis hatte ich Steve mit Krokodilen noch nie erlebt.

Als wir uns der Falle näherten, hörte das Tier den Bootsmotor und begann mit dem ganzen Körper hin und her zu schlagen. Im fahlen Morgenlicht sah ich ein großes schlammfarbenes Krokodil, das sich heftig im Netz wand.

Steve hatte die Falle an einen Baum gebunden. Das Krokodil saß darin fest, denn ihr Eingang war zugezogen worden, als der Gegengewichtssack heruntergefallen war. Zunächst befestigte Steve den Sack und stabilisierte dann die Falle, indem er schnell mehrere Knoten neu setzte, wobei er stets darauf bedacht war, den mächtigen Kiefern auszuweichen. Erst als er das Ganze für sicher genug hielt, widmete er sich der Filmcrew und mir. Er erklärte uns, dass das Krokodil vollständig aus der Falle befreit werden müsse, damit man es umsiedeln könne.

Die im Netz der Falle verhedderten Zähne und Krallen des Tieres mussten vorsichtig herausgelöst werden. Als wir uns dem Krokodil näherten, schoss mein Adrenalinpegel in die Höhe, meine Fingerspitzen kribbelten, und mein Mund wurde trocken.

Steve wies den Filmleuten die Plätze zu, von denen aus sie die günstigste Perspektive hatten, ohne Gefahr zu laufen, zwischen die Kiefer des Krokodils zu geraten.

„So", wandte er sich dann an mich, „du springst ihm auf den Kopf, und ich entferne das Netz."

Äh … wie bitte? Das musste ich falsch verstanden haben.

„Achtung!", rief Steve. „Jetzt!"

Also sprang ich auf den Kopf des Krokodils. Ich warf mich so flach wie möglich auf das Tier und schlang die Arme um seinen Kopf. Das Krokodil wehrte sich. Als es sich herumschwang, hielt ich mich verbissen oben an ihm fest und erwartete jeden Moment, seine Zähne in meinem Arm zu spüren. Schließlich gelang es mir, seinen Kopf nach unten zu drücken und ruhig zu halten.

Steve begann am hinteren Ende und rollte das Fischernetz unter dem riesigen Schwanz des Tieres auf. Die Hälfte der Körperlänge eines Krokodils macht der Schwanz aus. Danach legte Steve erst einen, dann den zweiten Hinterlauf frei. Er schob das Netz weiter hoch und war jetzt direkt unter mir zugange.

Ich rutschte von einer Seite des Krokodils auf die andere, hielt dabei aber weiterhin seinen Kopf mit beiden Armen umklammert, damit es sich nicht herumdrehen und nach Steve schnappen konnte. Dabei lief mir der Schweiß übers Gesicht und spülte das ganze aufgesprühte Insektenschutzmittel ab – ein Festmahl für die Mücken, doch ich bemerkte es kaum.

Mein Herz raste. Mit aller Kraft klammerte ich mich an das Tier, das mich abzuschütteln versuchte. Ich presste meine Wange gegen seinen Kopf und konnte so aus nächster Nähe oben auf seinem Schädel die Knochenplatten und Kalkablagerungen betrachten. Beim Ausatmen blies mir das Krokodil seinen warmen, geruchlosen Atem übers Gesicht und in meinen Pony. Ich schloss die Augen, um jeden Atemzug bewusst zu spüren – es war eine ganz besondere Erfahrung. Allmählich begann ich die spirituelle Verbindung zwischen Steve und diesen uralten Reptilien zu verstehen.

Ab und zu stieß das Krokodil ein gutturales Knurren aus. Obwohl sein

Maul durch das Netz teilweise in Schach gehalten wurde, war es äußerst respekteinflößend, so nahe an Kiefern zu liegen, die einen Druck von über zwei Tonnen ausüben konnten.

Steve raffte das Netz um den Kopf des Krokodils zusammen – der gefährlichste Teil des ganzen Unterfangens. Dazu übernahm er meinen Platz, schob dann seine beiden Hände unter das Netz, packte damit die Schnauze des Tieres und zog dessen Kopf aus der Falle.

Das Krokodil war jetzt frei, nur Steves Hände drückten sein Maul zusammen. Wir banden dem Tier die Schnauze zu und zogen ihm eine Augenbinde über, um es ruhig zu halten. Als Nächstes stellten wir fest, dass es ein Weibchen war, und vermaßen es. Das Tier war noch nicht einmal drei Meter lang, aber als ich auf ihm gelegen hatte, hatte ich das Gefühl gehabt, einen Drachen festzuhalten.

Seit über 65 Millionen Jahren gibt es Krokodile auf dieser Erde, die alle mehr oder weniger wie dieses hier ausgesehen haben. Sie entwickelten sich zu den komplexesten Spitzenprädatoren in ihrem Lebensraum. Ihre Lebenserwartung entspricht der unsrigen, und auch ihre Physiologie ähnelt überraschend stark der des Menschen: die gleiche Grundform eines Vierkammerherzens und eine Großhirnrinde. Ich bewunderte die 64 langen, sehr scharfen zapfenartigen Zähne. Hier lag ein Tier vor mir, das Tiere fangen und töten konnte, die viel größer waren als es selbst.

Welche Ironie, dachte ich, dass dieses Geschöpf, das an der Spitze der Nahrungspyramide steht, auf unsere Hilfe angewiesen ist.

Als wir mit dem Krokodil den Fluss hinauffuhren, spürte ich die Ehrfurcht, die Steve ihm entgegenbrachte. Er mochte Krokodile nicht nur, er liebte sie von ganzem Herzen.

Endlich fanden wir eine gute Stelle, wo wir das Tier wieder freilassen konnten. Wir trugen es auf eine Sandbank, befreiten es von den Seilen und der Augenbinde. Es glitt zurück ins Wasser.

„Von jetzt an wird es sich vor Booten fürchten“, erklärte Steve. „Es wird nie mehr in eine Falle gehen. Und es wird eine gesunde Angst vor Menschen haben. Das wird ihm das Leben retten.“

Im Rückblick betrachteten wir die Rettungsaktion am Cattle Creek immer als unsere Hochzeitsreise. Sie war aber auch der Anfang von Steves Filmkarriere. Er hatte die Gabe, Tiere in freier Wildbahn aufzuspüren, doch er war hinter ihnen her, um sie zu retten, nicht, um sie zu töten. So wurde der „Crocodile Hunter“ geboren, der Krokodiljäger.

3

Abgesehen vom Tod des großen Krokodils verbrachten wir wunderschöne Tage am Cattle Creek, und noch bevor wir wieder zurück im Zoo waren und das Filmmaterial gesichtet hatten, deutete einiges darauf hin, dass etwas Besonderes vollbracht worden war.

Wir freuten uns riesig, dass wir ein Krokodil hatten retten können, waren aber auch bitter enttäuscht, dass wir das andere verloren hatten. Steve ging der Verlust näher als mir. Ich war es nicht gewohnt, ihn bedrückt oder auf den Tod fixiert zu sehen. Aber immer wieder bat er mich, ihm zu versprechen, den Zoo weiterzuführen, sollte ihm je etwas zustoßen.

Schließlich gelobte ich ihm feierlich, mich um den Zoo zu kümmern. „Aber es wird dir nichts passieren“, sagte ich leichthin, „denn das Geheimnis eines großen Naturschützers liegt in einem langen Leben.“

Auf der Rückfahrt zum Zoo führten wir stundenlange Gespräche. Wir hatten keine Ahnung, ob unser Dokumentarfilm über den Cattle Creek etwas bewirken würde oder nicht, aber wir waren uns einig, dass wir durch unseren Zoo und unser gemeinsames Leben versuchen wollten, die Welt zu verändern. Natürlich war der Gedanke, dass uns dies gelingen könnte, völlig absurd. Aber unsere Liebe ließ das Unmögliche als das einzig Wahre erscheinen.

Während der Bearbeitung des Dokumentarfilms und noch vor seiner Ausstrahlung im australischen Fernsehen kristallisierte sich unser Lebenszweck immer deutlicher heraus. Von Steves Eltern übernahmen wir offiziell die Verantwortung für den Zoo, den sie 1970 als „Beerwah Reptile Park“ gegründet hatten. Wir wollten ihn jetzt einfach „Australia Zoo“ nennen, ihn ausbauen und größere Teile der Krokodilgehege der Öffentlichkeit zugänglich machen, damit mehr Leute diese wundervollen Tiere sehen und schätzen lernen konnten. Wir hatten große Pläne.

Um finanziell über die Runden zu kommen, mussten wir uns ins Zeug legen. Für uns war es ein erfolgreicher Sonntag, wenn wir hundert Besucher zählten; das bedeutete 650 Dollar Bruttoeinnahmen. Aber die Führung eines Unternehmens beschränkt sich nicht auf die Überwachung der Einnahmen, korrekte Buchführung und Qualitätssicherung. Zu einem Geschäftsplan gehört auch eine Zukunftsvision und harte Arbeit. Ich sah zu, wie Steve Bäume pflanzte, Erde aushob und Anlagen gestaltete. Er sägte sein eigenes Holz, um Gehege zu bauen, arbeitete von Sonnenaufgang bis Sonnenuntergang und stellte danach Scheinwerfer auf, um weiterzuschuften.

Einen Zoo zu haben bedeutete natürlich, mit Wildtieren zu arbeiten. Aber ich stellte fest, dass weitaus mehr dazugehörte. Steve hatte eine Ausbildung als Lkw-Mechaniker gemacht und konnte Bagger, andere Fahrzeuge und Maschinen reparieren, die zum Führen eines Zoos notwendig sind. Er zog Mauern hoch und goss Beton, entwarf Gehege und hatte dabei wie ein Innenarchitekt stets das Endergebnis seiner Arbeiten vor Augen. Sie mussten nicht nur robust und gut gebaut sein, sondern auch schön aussehen.

Ein Projekt war noch nicht abgeschlossen, da dachte er schon über das nächste nach. Der Tag schien nie genug Stunden zu haben, egal wie hart wir arbeiteten. Glücklicherweise hatten wir im Zoo eine bewundernswerte Bewohnerin, die uns immer wieder auf den Boden der Tatsachen zurückholte.

Harriet war eine Galapagos-Riesenschildkröte, die mich absolut faszinierte. Zusammen mit dem Schildkrötenexperten Scott Thompson verfolgten wir ihre Geschichte zurück und setzten eine erstaunliche Biografie zusammen, die zwar nie lückenlos nachzuweisen war, aber äußerst plausibel erschien. Wir glaubten, dass Harriet 1835 von dem berühmten englischen Naturforscher Charles Darwin höchstpersönlich aufgelesen und 1841 mit der Marinebark *HMS Beagle*, auf der Darwin sechs Jahre zuvor zu den Galapagosinseln gereist war, im Rahmen einer Vermessungsfahrt von England nach Australien gebracht worden war. Dem Botanischen Garten von Brisbane waren drei Galapagos-Schildkröten gestiftet worden, nachdem Darwin festgestellt hatte, dass sie in England, wo er sie 1835 ursprünglich hingebracht hatte, nicht gediehen.

Wie konnten wir feststellen, ob Harriet eine der drei Schildkröten Darwins war? In der Sammlung des Queensland Museum fand Scott Thompson eine Riesenschildkröte, die fälschlicherweise als Aldabra-Riesenschildkröte bezeichnet wurde. In ihren Panzer waren der Name Tom und das Jahr 1929 eingraviert. Damit hatten wir also möglicherweise zwei der drei Darwin-Schildkröten gefunden. Nach Augenzeugenberichten waren Harriet und Tom zusammen gesehen worden. Die dritte Schildkröte tauchte nie mehr auf, und man geht davon aus, dass sie irgendwo im Botanischen Garten begraben liegt. Harriet lebte weiter.

Steve und ich freuten uns sehr über diese Nachricht und waren stolz darauf, einen so hohen Gast in unserem Zoo zu beherbergen.

Trotz ihres beeindruckenden Lebenslaufs blieb Harriet ausnehmend bescheiden. Sie besaß den goldigen Charakter eines kleinen Hundes, liebte Hibiskusblüten und bevorzugte bestimmtes Gemüse. Von seinen Eltern hatte Steve folgendes Vorgehen übernommen: Alles, was du Tieren zu fressen gibst, sollte auch gut genug für dich selbst sein. So bekam Harriet den saftigsten Blattsenf, Kohl, Auberginen, Zucchini und sogar Rosen vorgesetzt.

Als Gegenleistung machte sie uns allen vor, wie man lange lebt: sich nicht zu sehr sorgen, alles gemütlich angehen lassen, immer wieder eine Pause einlegen und Blumen mampfen – eine Lehre, die Steve registrierte und auch begriff, aber nie so ganz umsetzen konnte. Er war ein Meteor, Harriet eher ein Berg. In dieser Welt brauchen wir beides.

WÄHRENDDESSEN war ich immer noch ein Neuling aus Oregon, der seinen Platz noch nicht so recht gefunden hatte. Steve wollte, dass ich mich mit Schlangen genauso wohlfühlte wie mit meinen Säugetieren. Da ich ab jetzt jeden Tag mit ungefähr 150 Schlangen in einem Land lebte, das die elf giftigsten Arten der Welt beheimatet, war es an der Zeit, an einer Schlangenschulung à la Steve teilzunehmen.

Er hatte genau die richtige Lehrerin für mich. „Darf ich dir Rosie vorstellen?" Eines Tages stand er mit einer wunderschönen Boa constrictor vor mir. Sie maß knapp zweieinhalb Meter und war so dick wie mein Arm. Ich war etwas aufgeregter, als ich zugeben wollte.

„Als Erstes müsst ihr euch kennen lernen", meinte Steve. Während er das Abendessen zubereitete, saß ich an einem Ende des Sofas, und Rosie lag zusammengerollt am anderen. Ich beäugte sie misstrauisch, sie tat bei mir das Gleiche. Doch als ich sie mit mehr Ruhe betrachtete, begriff ich, dass Rosie eigentlich mehr Angst vor mir hatte als ich vor ihr. Ab da begann ich die Gedankengänge einer Schlange zu verstehen, denn Schlangen sind sehr logische Wesen: *Wenn es größer ist als ich, habe ich Angst; wenn es kleiner ist, fresse ich es.* Glücklicherweise war ich für Rosie viel zu groß, um ihr als Imbiss zu dienen.

Zentimeterweise rutschte ich näher an sie heran. Zögernd streckte sie ihren Kopf vor, züngelte ein paarmal und glitt in meinen Schoß. Das war ein wichtiger Augenblick und eine großartige neue Erfahrung für mich. Dann machten wir Bekanntschaft miteinander. Ich streichelte ihre

Mit enormem körperlichem Einsatz schuftete Steve für den Ausbau des Zoos.

Höchstwahrscheinlich war Schildkrötendame Harriet um die halbe Welt gereist – vor über 150 Jahren! Sie war uns eine liebe Freundin und der Ruhepol des Zoos.

weiche, glatte Haut, während sie mich von oben bis unten beschnüffelte, und da Schlangen mit der Zunge riechen, war das eine recht kitzlige Angelegenheit. Als sie sich meinem Gesicht näherte, schreckte ich instinktiv zurück. Unglaublicherweise schien Rosie meine Angst sofort zu spüren und zögerte. Als ich mich entspannte, entspannte auch sie sich.

Mit der Zeit konnte ich Rosie um meine Schultern dulden. Bald machte ich den Abwasch, während ich sie um den Hals trug, und erledigte Schreibarbeiten, bei denen sie quer über dem Tisch lag. Wir begannen, die meisten häuslichen Aufgaben zusammen zu erledigen. Sie bevorzugte kleine Innenbereiche, wo sie sich sicher fühlte, wurde jedoch immer mutiger, je mehr sie mir vertraute.

Rosie liebte es, neue Sachen zu erkunden. Sie streckte den Kopf aus und ließ ihre Zunge über alles gleiten, was ich ihr zeigte. Bald brachten wir sie mit Zoobesuchern in Kontakt. Kindern machte das einen Heidenspaß. Manche Erwachsene hatten ihre Vorbehalte und Ängste, aber die meisten Kinder waren sehr offen. Sie lachten, wenn ihnen Rosie mit ihrer gespaltenen Zunge über die Wangen fuhr oder ihr Haar berührte.

Rosie wurde meine beste Freundin und meine Lieblingsschlange. Oft setzte ich sie als Therapeutin ein, um Menschen mit einer Schlangenphobie zu helfen, ihre Angst zu überwinden. Im Zoo wurde sie zu einer großartigen Schlangenbotschafterin, und ich wurde zu einer begeisterten Anhängerin der wunderbaren Welt der Schlangen.

Durch Rosies Einsatz beteiligte ich mich mehr am Tagesgeschehen im Zoo, und Steve übertrug mir einen eigenen Bereich: Ich sollte mich um frisch geschlüpfte Salz- und Süßwasserkrokodile kümmern. Es war Winter, als ich zum ersten Mal ihre Pflege übernahm. Ich musste mit dem Füttern vorsichtig sein, denn wenn Jungkrokodile bei zu niedrigen Temperaturen zu viel fressen, können sie die aufgenommene Nahrung nicht verdauen. Wie bei allen Reptilien hängt die Regulierung ihrer Körperfunktionen von der Umgebungstemperatur ab. Meine Aufgabe bestand darin, in ihren Räumen die Heizkörper aufzudrehen, ihre Wannen sauber zu halten und sie aufmerksam zu überwachen.

Ein allgegenwärtiges Thema bei der Leitung des Zoos waren die Finanzen. Obwohl wir zu den Subtropen gehören, wird es im Winter empfindlich kalt, und unsere Geldmittel waren nach wie vor knapp. Die für die Tiere geeignete Heizanlage kostete mehrere Hundert Dollar, die wir nicht hatten, und ich weiß noch, wie glücklich wir waren, als wir zwei Petroleumheizgeräte für nur 85 Dollar ergatterten. Sie konnten zwölf

Stunden am Stück brennen, sodass die Krokodiljungen und Echsen nicht unter den niedrigen Temperaturen leiden mussten.

Die Marketingabteilung des Zoos bestritt ich allein. E-Mail oder Faxgeräte gab es nicht, alles musste per Telefon erledigt werden. Steve besaß nicht einmal eine Schreibmaschine. Ablagesystem? Fehlanzeige. Die Irwins hatten eine einfache, aber wirksame Methode, die Übersicht über das Zoogeschäft zu behalten: einen Terminkalender. Ich benutzte einen Taschenrechner für die Gehaltsabrechnung und führte Karteikarten für unsere Geschäftskunden ein.

Damals war das Leben einfacher. Steves Schwester Mandy arbeitete bei uns; darüber hinaus beschäftigten wir drei Vollzeit- und einen Teilzeitmitarbeiter – das war die ganze Zoobelegschaft.

Obwohl wir so knapp bei Kasse waren, gab es zwei Posten, bei denen ich mehr als großzügig war. Sie hießen Shasta und Malina. Ich war entschlossen, meine beiden besten Tierfreunde, die ich bitterlich vermisste, aus Oregon nach Australien zu holen und an meinem neuen Leben im Zoo teilhaben zu lassen. Also stellte ich die entsprechenden Kontakte zum regionalen Zoo- und Aquarienverband für Australasien her und beantragte bei den verschiedenen Ministerien die Genehmigungen, um Puma-Dame Malina in den Zoo zu überführen.

Gleichzeitig arbeitete ich daran, auch meine Hündin Shasta nach Australien zu holen. Zeit, Bemühungen und Geld flossen in tierärztliche Untersuchungen, spezielle Transportkisten, eine viermonatige Quarantäne in Hawaii und weitere fünf Monate Quarantäne in Sydney. Die Quarantänekosten betrugen 26 Dollar pro Tag. Steve liebte seine Sui so sehr, dass er mich in meinem Vorhaben bedingungslos unterstützte.

Das Verfahren wollte kein Ende nehmen, und ich verbrachte meine Tage damit, mich mit der Bürokratie herumzuschlagen. Allmählich verzweifelte ich. Ich liebte mein Leben und den Zoo, aber in diesem aussichtslosen ersten Winter gab es Zeiten, in denen wir das Gefühl hatten, eine längst verlorene Schlacht zu schlagen.

Dann wurden unsere Dokumentarfilme im australischen Fernsehen ausgestrahlt. Der erste, der von der Krokodilrettung am Cattle Creek handelte, erregte einiges Aufsehen. Der Zoo weckte größeres Interesse, und auch um Steve selbst gab es einigen Wirbel. Wir beeilten uns, mehr Filme mit John Stainton zu drehen. Als diese dann ins Fernsehen kamen, war es wie ein Donnerschlag in Zeitlupe. Das Crocodile-Hunter-Fieber griff um sich.

Auch wenn der erste Dokumentarfilm ein Erfolg war und wir weitere drehten, sollte es noch Jahre dauern, bis wir mit unserer Filmarbeit einen finanziellen Gewinn erwirtschafteten. Aber eines Abends redeten Steve und ich darüber, was wir tun würden, wenn all unsere großen Pläne eines Tages Früchte tragen sollten.

„Sobald wir Geld mit dem Crocodile Hunter machen, brauchen wir einen Plan.“

An jenem Abend trafen wir eine Übereinkunft, die in unserer Ehe den Grundstein für unsere gemeinsame Arbeit legen sollte. Sämtliches Geld, das wir mit der Marke Crocodile Hunter verdienen würden, egal ob mit Dokumentationen, Spielzeug oder T-Shirts (wir wagten kaum daran zu denken, dass irgendwann auch Bücher und Spielfilme hinzukommen könnten), sollte direkt wieder in den Tierschutz fließen. Wir selbst würden für unsere Arbeit im Zoo ein Gehalt bekommen wie alle anderen auch. Aber alles, was wir darüber hinaus einnahmen, sollte dem Naturschutz zugutekommen, und zwar zu hundert Prozent.

Dank der Dokumentarfilme entwickelten sich die Zooeinnahmen von einem Rinnsal zu einem steten Strom. Noch vor ein paar Monaten waren 650 Dollar Gesamteinnahmen an einem Tag eine tolle Leistung gewesen. Als wir an einem Sonntag 3500 Dollar erzielten und diesen Rekord eine Woche später sogar auf 4500 Dollar steigerten, wussten wir, dass unser Geschäft im Aufwind war.

Alles klappte so gut, dass ich total schockiert war, als von der australischen Einwanderungsbehörde eine ernsthafte Verwarnung eintraf. Anscheinend war es nicht nur problematisch, Shasta und Malina in mein neues Zuhause zu holen, Schwierigkeiten gab es auch mit meiner eigenen Einwanderung.

Mit typisch bürokratischer Logik informierte mich das australische Konsulat in San Francisco, dass mein Antrag auf eine Daueraufenthaltsgenehmigung in Australien nur bearbeitet werden könne, wenn ich mich in den USA aufhielte. Es reichte nicht, dass ich mit einem Australier verheiratet war und in Vollzeit arbeitete, sodass ich dem Staat nicht auf der Tasche lag – um bleiben zu können, musste ich gehen.

Im Dezember 1992 flog ich mit gemischten Gefühlen zurück in die Staaten. Einerseits freute ich mich darauf, endlich meine Familie und Freunde wiederzusehen, andererseits trennte ich mich nur ungern von Steve.

Das Verfahren schien nicht viel Sinn zu ergeben. Zunächst musste ich mich in den USA blicken lassen und nachweisen, dass ich tatsächlich anwesend war, sonst würde ich niemals die Genehmigung erhalten, zurück nach Australien zu emigrieren. Aber die Person, der ich meine Anwesenheit beweisen sollte, war zu der Zeit selbst abwesend.

Schecks zur Deckung von Bearbeitungskosten gingen ebenso verloren wie Passfotos und Originalurkunden. Ich musste ärztliche Untersuchungen wie Blut- und Tuberkulosetests über mich ergehen lassen, ein polizeiliches Führungszeugnis beibringen – und erhielt als Antwort viele „Vielleicht“ und „Kommen Sie morgen wieder“. Das ganze Theater wäre fast amüsant gewesen, wenn ich Steve nicht so schmerzlich vermisst hätte.

Aus einem Monat wurden sechs Wochen. Wir versuchten, unsere Liebe mit Ferngesprächen am Leben zu halten, aber mir ging rasch auf, dass es Steves körperliche Gegenwart nicht ersetzte, wenn er mir am Telefon erzählte, der größte Netzpython sei gestorben oder die Buntwarane legten Eier. Es war frustrierend.

Als ich mein Visum nach fast zwei Monaten endlich in den Händen hielt, war es wie Weihnachten. An jenem Abend gab ich ein Fest für die ganze Familie im Restaurant meiner Schwester. Ich wusste, dass ich jeden Einzelnen vermissen würde, aber ich freute mich auf daheim. Mein Zuhause war nicht mehr Oregon, es war ganz einfach an Steves Seite.

Als ich wieder im Zoo eintraf, verliebten wir uns von Neuem.

WIR MUSSTEN einen Alligator in ein neues Gehege verlegen, und John kam, um dies zu filmen. Der Umgang mit dieser großen Krokodilart war noch recht neu für mich. Steve sprang in die alte Anlage und schnappte sich das ausgewachsene Alligatorweibchen, das sich, mit ihm im Schlepptau, sofort aufs Wasser zubewegte.

„Pack sie an den Hinterläufen!“, rief er mir zu.

Ich ergriff einen Hinterlauf sowie den Schwanz des Tieres und versuchte, sein Tempo zu verlangsamen. Steve warf sich zur Seite, um dem Vorwärtsdrang des Alligators entgegenzuwirken. Dabei verdrehte sich sein Knie, und ich hörte es böse knacken. Ich fühlte mich schrecklich – hätte ich das Tier besser festgehalten, hätte er sich vielleicht nicht das Knie verrenkt.

„Mach dir keine Gedanken“, tröstete er mich an jenem Abend, denn er spürte, dass ich mich schuldig fühlte. „Mein Knie macht mir schon seit der Highschool zu schaffen.“

Langeweile war für uns ein Fremdwort. Eines Morgens kam Steve, kurz bevor der Zoo öffnete, ins Haus gerannt. „Schnell, zieh dir was über!"

Ich folgte ihm zum Alligatorgehege und wollte meinen Augen nicht trauen: Zwei unserer ausgewachsenen Weibchen hatten beschlossen, um denselben Nistplatz zu kämpfen. Sie hatten sich ineinander verkeilt und in den Kopf der jeweils anderen verbissen. Beide bluteten, und keine wollte nachgeben.

„Komm!", rief Steve mir zu. „Wir müssen sie trennen!" Ich sollte auf den einen Alligator springen, er landete auf dem anderen. Sobald wir sie einigermaßen ruhiggestellt hatten, begann der unangenehme Vorgang, ihre Kiefer aufzustemmen.

Wir wurden mit Morast und Blut bespritzt, während Steve sich mit den Rivalinnen abmühte. Sie schienen entschlossen zu sein, sich gegenseitig umzubringen, und er war entschlossen, beide zu retten. Plötzlich ließen sie voneinander ab, gingen aber gleich darauf wieder aufeinander los. Wir mussten all unsere Kräfte aufbringen, um die beiden auseinanderzuhalten. Eine Zeit lang, die mir wie eine Ewigkeit vorkam, saßen wir jeweils auf einem blutigen Alligator im Morast und wussten, dass alles von vorn beginnen würde, sobald einer von uns sein Tier losließ. Es war früh am Morgen und der Zoo noch menschenleer.

Ich hatte das Gefühl, nicht viel länger durchhalten zu können. Schließlich schaffte es Steve, den Arm unter seinen Alligator zu zwängen und ihn herumzudrehen. Er sprang auf, schnappte sich einen Zaunpfahl und pflanzte ihn zwischen die beiden Tiere, um sie auseinanderzutreiben. Dann hielt er die Alligatoren in Schach, während ich lossauste, um Baumaterial zu holen, damit er eine provisorische Barriere errichten konnte.

Mit der Zeit lernte ich die Persönlichkeiten der verschiedenen Zookrokodile besser kennen, ganz besonders während der Nistzeit. Salzwasserkrokodile legen in der Brutzeit um die sechzig Eier. Lässt man diese alle im Nest, zerbrechen einige, und der Gestank verfaulter Eier wird unerträglich. Deshalb gehörte es zu den Aufgaben der Zoomitarbeiter, die Eier zu entfernen.

Mary, unser ältestes Krokodilweibchen, machte es uns leicht, da sie auf jeden losging, der sich ihr näherte, und dabei ihr Nest unbeaufsichtigt ließ. Cookie dagegen blieb beharrlich mitten auf ihrem Nest hocken und dachte nicht daran, es im Stich zu lassen. Steve musste sich gefährlich nahe an sie heranwagen, um sie wegzulocken. Jedes Mal wenn sie dann doch ihr Nest verließ, um mit einem Sprung auf Steve loszugehen, war es meine Aufgabe, mich von hinten anzuschleichen und in Windeseile so viele Eier wie möglich einzusammeln. Bei meiner ersten Plünderung ergatterte ich 66 Stück.

Die Krokodile des Zoos waren auch Filmstars. So trat Mary in einem Kinostreifen über das Surferleben in den Sechzigerjahren auf. Darin spielte Steve einen Surfer, der sein Brett an einem Flussarm entlangträgt, in dem ein Krokodil liegt.

Die tausend Dollar, die der kurze Filmauftritt von Steves Beinen vor dem Hintergrund furchterregender Krokodilzähne einbrachte, flossen in die Finanzierung einer großen Voliere mit Sitzstangen für Keilschwanzadler. Die Anlage nahm zwei verletzte Adler auf und diente ferner zu Bildungszwecken. Wir hielten unser Versprechen, jeden Cent, den der Crocodile Hunter einbrachte, in den Tierschutz zu stecken.

Als Steve den Bau der Adlervoliere beinahe abgeschlossen hatte, erhielten wir zum ersten Mal eine schlechte Presse. In einem australischen Sender wurde landesweit ein so genanntes Exposé über den Zoo, unsere Dokumentarfilme und Steve ausgestrahlt. Dem Bericht zufolge war seine Arbeit mit Wildtieren gestellt, er selbst war eine Art Taschenspieler, und was die Menschen auf dem Bildschirm sahen, waren alles nur Tricks.

Für Steve, der sich sein Leben lang für Wildtiere eingesetzt hatte und die Welt an seiner Leidenschaft teilnehmen lassen wollte, war die Sendung ein harter Schlag. Er war tief verletzt, und es tat mir weh, ihn so leiden zu sehen.

SHASTA war außer sich vor Freude, mich wiederzusehen. Nach endlosem Papierkram und neun Monaten Quarantäne kam sie endlich in Brisbane an. Ich holte sie am Flughafen ab. Als ich sie entdeckte, knurrte sie gerade einen Mitarbeiter des Flughafenpersonals an, aber sobald sie mich erkannte, veränderte sich ihr ganzer Ausdruck – es war ein magischer Augenblick.

Damals war in unserer Ehe ich diejenige, die über das meiste Bargeld verfügte. Nachdem ich mein Haus in Oregon und mein Unternehmen verkauft hatte, lagen 120 000 Dollar auf meinem Bankkonto. Wir wollten den Zoo vergrößern und hielten Ausschau nach angrenzenden Grundstücken. Ein knapper Hektar Land stand zum Verkauf, aber die

Eigentümer wollten 60 000 Dollar dafür haben. Wenn wir es kauften, würde sich der Zoo von eineinhalb auf zweieinhalb Hektar vergrößern. Zu jener Zeit war das ein riesiger Schritt für uns. Steve sorgte sich immer um die Zukunft.

„Versprich mir, dass du dich um den Zoo kümmerst, wenn mir etwas passieren sollte."

„Natürlich", versicherte ich ihm. „Das kann ich dir leicht versprechen. Aber dir wird nichts passieren. Mach dir keine Sorgen."

Steve war überzeugt, dass er keine vierzig werden würde. Darum war er so in Eile und wollte so viel wie möglich erreichen. Er war nicht traurig darüber, aber er hatte den starken Drang, etwas zu bewegen, bevor er ging.

An einem Abend war er ungewöhnlich nachdenklich. „Keines unserer kleinen Probleme ist wirklich wichtig", meinte er.

Ich stimmte ihm zu. „Wer fragt in hundert Jahren nach diesem einen Hektar Land? Wir müssen uns auf die wirklichen Veränderungen konzentrieren, die aus der Welt einen besseren Ort für unsere Kinder und Enkel machen."

Steve warf mir einen seltsamen Blick zu. Kinder? Wir hatten noch nie viel darüber geredet. Der Gedanke, weitere Dokumentarfilme zu drehen, einen Zoo zu führen und gleichzeitig eine Familie zu gründen, war einfach zu gewaltig. Aber an diesem Abend kamen wir überein, einen Teil meines gesparten Geldes in die Vergrößerung des Zoos zu stecken. Wir waren beide sehr glücklich mit dieser Entscheidung.

In jenen Monaten gelang es Steve auch, sich einen Platz in der Nachwelt zu sichern, allerdings auf eine Weise, die er nicht erwartet hatte. Bei Dreharbeiten paddelten wir für eine Aufnahme gerade an der Kamera vorbei, als Steve plötzlich ohne Vorwarnung aufsprang und über Bord hechtete.

Er verschwand unter Wasser, kam nach einer halben Ewigkeit mit einer großen blassen Schildkröte wieder hoch und hievte sie ins Boot. Sie hatte einen hellen Kopf mit einer beinahe rosafarbenen Nase und einer wunderschönen zarten Zeichnung. Ihre wässrigen Kulleraugen schraubten sich hoch und blickten Steve an.

„Wahnsinn! Bis jetzt habe ich diese Art erst einmal gesehen, und zwar mit meinem Vater", staunte er. Es stellte sich heraus, dass Steve mitten im Fluss eine neue Wasserschildkrötenart entdeckt hatte. Wir lichteten seinen Fund ab, vermaßen und wogen ihn.

Das Queensland Museum bestätigte, dass es sich um eine bislang unbeschriebene Unterart handelte, die für immer Steves Namen tragen sollte: *Elseya irwini* – Irwins Schnappschildkröte.

Da wir entschlossen waren, den Zoo um knapp einen Hektar zu erweitern, wollte Steve die ganze ursprüngliche Fläche dem Publikum öffnen. Bislang war der Krokodilpark ein eigenständiger Teil des Zoos mit separatem Eingang gewesen, der nur für die Krokodilshows zugänglich war. Aber nachdem der Besucherstrom aufgrund unserer Filme immer größer wurde, wollte er auch die Krokodile den Besuchern angemessen präsentieren.

Die feierliche Eröffnung des Krokodilparks war für die Weihnachtsferien geplant. Bis dahin mussten noch zusätzliche Fußwege, Rampen und Beobachtungstribünen angelegt sowie doppelte Zäune rund um die Gehege gezogen werden, damit das Publikum den Krokodilen nicht zu nahe kam. Es war sehr viel Arbeit.

Das ganze Frühjahr goss Steve wie wild Krokodilbecken mit Beton aus. Dann verteilte er die Tiere auf die einzelnen Gehege, sodass jedes Krokodil gut zu beobachten war. Fast vier Monate war er unermüdlich im Einsatz und verrichtete knochenharte Arbeit.

Am Ende hatte er vom Betongießen schlimme Verätzungen an Armen und Beinen und sein Handgelenk musste geschient werden. Aber er beklagte sich nie. In den Schulferien zu Weihnachten eröffneten wir den neuen Bereich, es war ein Riesenerfolg. Die Besucher strömten herein und zeigten sich begeistert, die Krokodile wie in freier Wildbahn zu erleben. Und als sie den Zoo wieder verließen, sahen sie Steves Lieblingstiere in einem neuen Licht.

4

Ich vermisste meinen Puma Malina so sehr, dass ich abermals den Versuch startete, sie nach Australien zu holen. Es traf mich hart, als ich erfuhr, dass der regionale Zoo- und Aquarienverband für Australasien meinen Antrag nicht unterstützte. Zudem sah eine dem Verband angeschlossene Expertengruppe, die im Rahmen des Artenschutzes darüber zu befinden hatte, welche Tiere für die Haltung in Zoos und die Aufnahme in Erhaltungsprogramme infrage kamen, keine Notwendigkeit, Pumas zu einer prioritären Art in Australien zu machen, da sie in ihren Lebensräumen in Amerika weitgehend nicht gefährdet seien.

Die Entscheidung dieser Stellen beunruhigte mich sehr. Das Überleben aller Spitzenprädatoren ist bedroht. Steht eine Raubsäugerart erst einmal auf der Liste gefährdeter Arten, ist es extrem schwierig, sie wieder davon zu streichen. Meiner Meinung nach war es besser, wenn sie gar nicht erst darauf landeten. Malina hätte gut als „Sprecherin" für alle Raubkatzen, von Sumatratigern bis zu Geparden, dienen können.

Da es also auf bürokratischem Weg zu lange dauerte, Malina nach Australien zu holen, musste ich für sie ein festes Zuhause in den Staaten finden. Zum Glück hatte ich in Oregon sehr gute Freunde bei einer Organisation, die kranke und verletzte Tiere pflegt und wieder auswildert. Sie erklärten sich bereit, Malina aufzunehmen und in einem wunderschönen Gehege unterzubringen, wo sie schattenspendende Bäume und Gras unter den Tatzen hatte. Steve begleitete mich, und wir filmten ihren Umzug in ihre neue Luxusbleibe.

Leider wurde Malina ungefähr ein Jahr nach ihrem Umzug krank. Der Tierarzt betäubte sie für eine gründliche Untersuchung und stellte fest, dass sie an Nierenversagen litt – Ursache war ein genetisches Problem oder einfach das Alter. So oder so, sie wachte nicht mehr auf.

Eines Abends bereitete ich gerade das Essen in unserem Haus auf dem Zoogelände zu und gab mich meinem Kummer hin, als ich Steve die Treppe heraufstürmen hörte. Mit weit aufgerissenen Augen stürzte er in die Küche.

„Ich weiß jetzt, was wir tun müssen!", stieß er vollkommen außer sich hervor. Er zog mich ins Wohnzimmer auf die Couch, nahm meine Hände und blickte mir entschlossen in die Augen. „Wir müssen Kinder kriegen."

„Äh, gut", antwortete ich überrascht.

„Nein, du verstehst mich nicht, du verstehst mich nicht!", erwiderte er aufgeregt und versuchte, mir seine Gedanken zu erklären. „Alles, wofür wir gearbeitet haben, der Zoo, alles, was wir aufgebaut haben, all unsere Anstrengungen, wilde Tiere zu schützen, das alles wird mit uns aufhören!"

Schon früher hatten wir darüber gesprochen, Kinder zu bekommen, aber aus irgendeinem Grund meinte er, es müsse genau jetzt sein.

„Wir *müssen* Kinder kriegen", betonte er. „Wenn wir Kinder haben, werden sie weitermachen, wenn wir nicht mehr da sind."

„Du weißt, dass es keine Garantie dafür gibt, dass unser Sohn später nicht Schuhverkäufer in Malaysia wird“, gab ich zu bedenken.

„Jetzt hör aber auf!“, entgegnete Steve. „Du weißt genauso gut wie ich, dass all unsere Kinder Tierschützer sein werden.“

Wir befanden uns hoch im Norden von Queensland auf einer unserer vielen schönen Reisen zur Kap-York-Halbinsel, wo wir viel Zeit mit Krokodilen in der Wildnis verbrachten. Kurz vor unserer Abreise hatte Steve eine Idee. „Ich will dir etwas zeigen“, sagte er, und wir fuhren los. Die ganze Zeit über war er ungewöhnlich still und bedrückt, und als wir an unserem Ziel ankamen, begriff ich warum.

Eine Krokodilfarm.

Sie war riesig. In einem einzigen Gehege dieser Farm hätte unser gesamter Zoo Platz gehabt. Die Brutbecken waren gewaltig, aber völlig überfüllt.

Als wir ankamen, ging Steve direkt zu den Krokodilgehegen. Darin gab es keine Zäune oder Absperrungen, die uns von den großen territorialen Männchen oder den nistenden Weibchen getrennt hätten. Die Brutbecken waren nur durch einen schmalen Pfad von der Breite einer Wagenspur voneinander getrennt. Diese Enge und das Gefühl der Schutzlosigkeit machten mich ganz nervös. Das war ein krasser Gegensatz zu dem vorsichtigen und respektvollen Umgang, den wir mit unseren Zookrokodilen pflegten.

„Siehst du die Knüppel da?“ Steve nahm einen aus einem ganzen Haufen heraus, der am Wegrand lag. „Damit prügeln sie auf die Krokodile ein.“

Als wir über den schmalen Weg zwischen den Becken gingen, mussten wir Schwanzschlägen von viereinhalb Meter langen Männchen und aggressiven nistenden Weibchen ausweichen. Jederzeit konnten wir aus jeder Richtung angegriffen werden. Wir gelangten zum „Kindergarten“ der Farm, wo die Eier nach dem Einsammeln ausgebrütet und die Krokodilbabys großgezogen wurden. Ich war nicht vorbereitet auf das, was ich da sehen sollte.

Das grausamste Kriegsgefangenenlager hätte nicht schrecklicher sein können. Steve und ich betraten einen großen Schuppen, in dem in langen Reihen Kisten mit Deckel standen. Aus Lautsprechern an der Decke dröhnte ohrenbetäubend laute Rock-’n’-Roll-Musik. Der Raum war vollkommen dunkel. Einer der Arbeiter schaltete das Licht an und machte einen Deckel auf.

In der Kiste befand sich mindestens ein Dutzend kleine Krokodile von etwa dreißig bis fünfzig Zentimeter Länge. Bis jetzt hatten sie ihr ganzes Leben in solchen Kisten verbracht. Sie duckten sich und zuckten zusammen, als das Licht ihre Augen traf.

Der Arbeiter schlug mit seinem Stock heftig auf die Tiere ein, um sie in die Ecken der Kiste zu treiben. Ich mobilisierte meine gesamte Willenskraft, um nicht laut Stopp! zu schreien und ihm den Stock aus der Hand zu reißen. War er noch ganz bei Sinnen? Steve schaute mich an und ich wusste, dass er den gleichen Drang verspürte wie ich. „Wir sind in ihrem Revier", murmelte er mir leise zu und meinte damit die Krokodilfarmer. Das Geschäft, das sie betrieben, war absolut legal.

Die kleinen Krokodile hatten keine Kraft mehr, sich zu wehren. Als sie still in ihren Ecken kauerten, warf der Arbeiter ihnen Fleischbrocken zu. Dann schloss er den Deckel der Kiste und überließ die Jungtiere wieder der Dunkelheit.

Das ist die Existenz von Zuchtkrokodilen in ihren ersten drei Lebensjahren: vollkommene Finsternis, ständig von brüllend lauter Musik beschallt, dann ein plötzlicher Lichtstrahl, Schläge und etwas zu fressen.

Wenn die Babys dann in das Becken der Halbwüchsigen verlegt werden, kommen sie in ein dichtes Gewimmel aus Krokodilleibern, die zwischen einem und eineinhalb Meter lang sind. In diesen stehenden, fauligen Bassins sahen Steve und ich Verletzungen, die von Kämpfen um Nahrung und Raum stammten: verstümmelte Gliedmaßen, tiefe Reißwunden an Kiefern und Schwänze, aus denen große Stücke herausgebissen worden waren. Besonders die vielen Geburtsfehler entsetzten mich: Knoten und Stümpfe, wo normalerweise ein Schwanz war, oder Schwimmflossen anstelle von Füßen.

Nach sechs elenden Jahren bekamen die Zuchtkrokodile eine Kugel in den Kopf gejagt. In einer anderen Ecke der Farm wurden die Kadaver verarbeitet. Die Häute wurden verschickt, um Kleidung zu verzieren, und das Fleisch wurde als so genanntes Buschfleisch verkauft.

Ich habe Steve in unzähligen Situationen erlebt, die ihm große körperliche und emotionale Kraft abverlangten. Die Härten des Buschs ertrug er ohne Klagen. Aber an diesem Tag auf der Krokodilfarm sah ich, dass er alle Kraft brauchte, um mit anzusehen, wie die Tiere, die er so liebte, auf solch sadistische, unmenschliche Weise behandelt wurden.

Ich begriff nicht, warum Krokodilfarmen in einem Land erlaubt waren, das sich für ein Verbot des Walfangs und gegen den Handel mit

Bärengalle einsetzte. Es war mir unverständlich, wie jemand stolz Stiefel aus Reptilienhaut tragen konnte, wenn man bedachte, unter welch grausamen Bedingungen diese Haut gewonnen wurde.

Als ich die Farm verließ, war ich erschüttert und verwirrt. „Warum hast du mich hierhergebracht?", wollte ich von Steve wissen. Aber ich kannte die Antwort auch so. Er hatte es mir zuliebe getan. Es ist viel einfacher, über etwas zu reden, was man selbst gesehen und erlebt hat.

„Die Zucht ist das Übel", führte er aus, „nicht die Menschen, die damit zu tun haben. Nicht alle von denen sind grausame Monster. Diese Typen schlagen die Krokodile, weil sie Angst vor den Tieren haben oder weil man es ihnen gesagt hat."

Er erzählte mir, dass auf Krokodilfarmen sehr viel Verhaltensforschung betrieben wird, wissenschaftliche Studien durchgeführt und Filme über die Tiere gedreht werden. „An diesen Orten findet man eben sehr viele Krokodile auf einmal vor."

„Aber man kann doch hier überhaupt kein natürliches Verhalten beobachten", wandte ich ein.

Steve nickte finster. Auf der Farm hatten wir Weibchen gesehen, die ihre Nester verteidigt hatten und geschlagen worden waren, damit sie sich fügten. So etwas würde in der freien Wildbahn nie geschehen. Auf der Farm gab es einige der größten Krokodile, die ich je gesehen hatte. Es waren wunderschöne Tiere, die in erbärmlichen Zuständen lebten.

Die Betreiber von Krokodilfarmen verteidigten erbittert ihre Existenz und ignorierten alle Bemühungen, die Vermarktung von Krokodilen zu kontrollieren und zu regulieren oder Alternativen wie Ökotourismus zu unterstützen. Ein paar von ihnen beschrieben sich selbst in der Öffentlichkeit arrogant als „Krokodilschützer". Ich fand das unverschämt, denn Krokodile für Geld zu töten hat nichts mit Tierschutz zu tun.

Wir fuhren wieder ab, und unterwegs schwieg Steve eine lange Zeit.

Ich hörte ein leises Ausatmen, und obwohl ich sein Gesicht in der Dunkelheit nicht sehen konnte, wusste ich, dass er weinte.

DER CROCODILE HUNTER wurde immer bekannter, und wir fanden heraus, dass auch Leute in Übersee auf Steve aufmerksam geworden waren. Dann sah Peter Jennings, der angesehene Nachrichtenmoderator des US-Fernsehsenders ABC, zufällig einen unserer Dokumentarfilme. Er stellte regelmäßig seine „Person der Woche" vor und beschloss nun, Steve diese Ehre zukommen zu lassen.

Als Amerikanerin wusste ich, was diese Anerkennung bedeutete. Steve freute sich zwar darüber, doch er blieb bescheiden. Endlich fand seine harte Arbeit ein wenig Bestätigung. Es dauerte eine Weile, aber dieser erste kurze Auftritt im amerikanischen Fernsehen führte in den USA zu einem gesteigerten Interesse an unseren Dokumentationen: Der Discovery Channel, das Maß aller Dinge in Sachen Dokumentarfernsehen in den Staaten, klopfte bei uns an.

Unsere Partnerschaft hatte sich dahin gehend entwickelt, dass ich mich immer mehr um die geschäftliche Seite des Unternehmens kümmerte, sowohl im Zoo als auch bei unseren Filmprojekten. Ich erinnere mich an mein allerersten Treffen mit den Programmchefs des Discovery Channel. Ich fuhr zu den Studios in Bethesda, Maryland, dem eleganten, modernen Hauptsitz des Senders, der Mitte der Neunzigerjahre zu einem der am schnellsten wachsenden Kabelkanäle der Welt avancierte.

Das Gebäude, die große Stadt und die Männer in Anzügen schüchterten mich ein. Ich wusste nicht, was von mir erwartet wurde, und hätte mich selbst in den Hintern treten können, dass ich keine komplette Präsentation vorbereitet hatte. Also tat ich das Einzige, womit ich mich auskannte: Ich sprach über wilde Tiere, unsere Liebe zu ihnen und unseren Einsatz für ihren Schutz.

„Ich freue mich sehr, die Gelegenheit zu haben, mit Discovery in Kontakt zu treten", schloss ich. „Steve und ich haben Ihren Sender immer schon sehr geschätzt. Sie machen hervorragende Sendungen. Wir würden wirklich gern mit Ihnen zusammenarbeiten."

Dann ging das Licht aus und wir blickten alle auf einen riesigen Fernsehschirm, um uns eine Dokumentation über den Krokodiljäger anzusehen. Als sie zu Ende war, ging das Licht wieder an, und es war deutlich zu spüren, dass die Programmchefs ein bisschen zögerlich waren, was Steve anging.

Maureen, eine Produzentin, ergriff als Erste das Wort. „Wissen Sie, Terri, es gibt ein bestimmtes Format für Dokumentationen", erläuterte sie vorsichtig. „Im Mittelpunkt steht nicht der Moderator, sondern vielmehr das Thema der Sendung."

Maureen hatte Recht. Damals bestanden Tierdokumentationen zu achtzig Prozent aus wilden Tieren, nur zwanzig Prozent entfielen auf den Moderator. Und ich hatte ihnen gerade eine Dokumentation gezeigt, in der Steve in fast jeder Einstellung zu sehen war.

„Ich bin sicher, wenn Sie nur einen unserer Filme bringen würden", flehte ich, „hätte er sehr gute Quoten."

Maureen schenkte mir ein geduldiges Lächeln. Alle anderen im Raum nickten bedächtig. Dann standen sie alle gleichzeitig auf.

Das war's dann wohl, dachte ich.

Doch das Ganze nahm eine interessante Wende. Discovery hatte eine Tochterfirma, den kleinen Sender Animal Planet. Dessen Produzenten zeigten eine andere Reaktion auf unseren Film.

„Wir möchten Ihre Dokumentationen senden, alle, und zwar im gleichen Format, wie sie in Australien ausgestrahlt wurden", teilte uns der Geschäftsführer von Animal Planet voller Begeisterung mit.

Verkauft! Dass unsere Filme in Amerika gezeigt werden sollten, war ein großer Erfolg. Und es war erst der Anfang.

„Dateline" ist eine Nachrichtensendung des amerikanischen Kanals NBC, die jeden Abend zur Hauptsendezeit Millionen Menschen sehen. Daher war es also eine sehr gute Nachricht, als der Produzent uns darüber informierte, dass man einen Beitrag über Steve bringen und ihn in Queensland drehen wolle.

„Wir möchten ihn vor Ort erleben, im Busch", teilte mir der Produzent am Telefon mit. Außerdem hatten sie vor, in zwei völlig verschiedenen Umgebungen zu filmen.

Wir entschieden uns für das Wüstengebiet von Queensland, wo einige der giftigsten Schlangen der Erde leben, und die Mangrovensümpfe von Kap York – Krokodilterritorium.

„Super!", antwortete Dateline. „Perfekt!"

Allerdings war der Moderator eine Frau, die präsentabel aussehen musste und deshalb einen Generator für ihren Föhn brauchte. Und ein Wohnmobil, weil man schließlich nicht von ihr verlangen konnte, auf dem Boden zwischen Skorpionen und Spinnen einen Schlafsack auszurollen. Dieser Dreh bedeutete also ein paar zusätzliche Ausgaben. Aber der Beitrag über uns in der Sendung wäre gut für den Tierschutz und unseren Zoo. So kratzten wir das Geld zusammen und machten uns mit dem Dateline-Team auf in den Busch.

Überall hielten wir Ausschau nach Inlandtaipanen, den giftigsten Schlangen der Welt – ohne Erfolg. Bis sich Steves sechster Sinn einschaltete. Nach tagelanger ergebnisloser Suche verkündete er eines Morgens um halb sechs: „Schnell, steht auf, wir müssen los!"

Unsere Moderatorin war ganz aufgeregt. Für diesen Augenblick war sie um die halbe Welt gereist. „Wohin fahren wir?“

„Raus in die Black Soil Plains“, antwortete Steve. „Um halb acht werden wir dort einen Inlandtaipan sichten.“

Die Moderatorin sah ein wenig überrascht aus. Selbst ich zog Steve auf. „Ja klar, um halb acht. Wir werden um Punkt halb acht einen Inlandtaipan sehen, genau.“

Aber schon waren wir unterwegs. Suchend ließ Steve seine Augen über die Landschaft wandern, während ich die Temperatur (und die Uhr) kontrollierte. Halb acht verstrich, ohne dass etwas passierte.

Während sich alle ein wenig über ihn lustig machten, grinste Steve nur gutmütig, bevor sich auf seinem Gesicht langsam Entschlossenheit breitmachte. Und ungelogen: um 7.32 Uhr entdeckte er einen Inlandtaipan. An diesem Morgen filmten wir sogar zwei. Von da an betrachtete das NBC-Team Steve mit neuem Respekt. Dieser Typ sagt, wir werden um halb acht eine Schlange sehen, und liegt nur um zwei Minuten daneben? Ungläubig blickten sie auf ihre Uhren und schüttelten den Kopf.

Wir brachen unsere Zelte ab und fuhren Richtung Norden ins Krokodilland. Der Lakefield-Nationalpark ist einer meiner Lieblingsplätze in Australien, und für Steve war es der schönste Ort der Erde. Er bot den Leuten von NBC alles, was sie wollten. Wir sahen zahlreiche Salzwasserkrokodile, und Steve entdeckte sogar eines, das unter einem überhängenden Ast abgetaucht war. Wir konnten über den Ast kriechen und das prächtige, dreieinhalb Meter lange Tier von oben filmen.

Eine Woche lang waren wir mit Dateline auf Krokodiljagd. Nur kurze Zeit später fanden Steve und ich uns in einer vollkommen fremden Umgebung bei einem Bankett in Los Angeles wieder, einer Preisverleihung für Sendungen aus dem Kabelfernsehen.

Steve war als Moderator des Dokumentarfilms „Die tödlichsten Schlangen der Welt“ nominiert, musste sich aber letztlich geschlagen geben. Nach der Preisverleihung wurden wir zu einer After-Party geschleust, die absolut nicht unsere Welt war. Alle Männer trugen Smoking, Steve hatte seine Kakisachen an. Jeder trank, rauchte und plauderte, Steve tat nichts dergleichen. Wir wurden getrennt, und ich sah, dass er weiter hinten im Raum ziemlich klaustrophobisch wirkte. Ich schlängelte mich zu ihm durch.

Bei Dreharbeiten in Tasmanien zeigte ein Wallaby keinerlei Scheu vor uns.

„Warum gehen wir nicht einfach wieder auf unser Zimmer?", flüsterte ich ihm ins Ohr. Der Vorschlag passte gut in unseren Plan, eine Familie zu gründen.

Als wir nach Queensland zurückkehrten, stellte ich fest, dass ich schwanger war. Steve war außer sich vor Freude. Wir nannten das Leben, das in mir heranwuchs, Igor. Beide waren wir sicher, dass es ein Junge sein würde.

Unsere erste Dokumentation mit Igor „an Bord" führte uns nach Tasmanien, und dabei erlebten wir eine Tragödie epischen Ausmaßes. Die große Insel vor der Südküste Australiens verfügt über eine einzigartige Flora und Fauna sowie spektakuläre gemäßigte Regenwälder. Aber kaum waren wir angekommen, wurden Steve und ich zu gestrandeten Walen gerufen, eine Erfahrung, die uns sehr naheging.

In einem entlegenen Gebiet auf der Westseite der Insel war eine Schule Pottwale gestrandet, zunächst ein großes Männchen, im Laufe der folgenden 24 Stunden dann weitere 34 Wale, darunter Kälber und tragende Weibchen.

Das Stranden von Walen ist eines der herzzerreißenden Mysterien der Tierwelt und kaum erforscht. Aber als wir sahen, wie die Tragödie an diesem tasmanischen Strand ihren Lauf nahm, waren wissenschaftliche Erklärungen sowieso ohne Belang.

Ich fühlte mich so hilflos, konnte nur da sein und zusehen, wie die riesigen, wunderbaren Meeressäuger kläglich verendeten. Es war kalt, und die See war zu rau, um ihnen mit einem Boot zu Hilfe zu kommen. Wir schlangen die Arme um die sterbenden Tiere, sprachen mit ihnen und sahen ihnen in die Augen, um ihren Schmerz und ihre Not zu teilen. Körperlich, emotional und auch spirituell war dies ein sehr anstrengender Tag.

Ich fragte mich, wie das Baby in mir dieses Ereignis erlebt haben mochte. Die sterbenden Wale hatten gesungen und sich so untereinander verständigt. Steve und ich unterhielten uns über ihre gestrandeten Leiber hinweg. Was bekam Baby Igor mit? Durch unsere Erlebnisse und Erfahrungen formten wir allmählich unseren eigenen kleinen Tierschützer, noch bevor er das Licht der Welt erblickt hatte.

Doch Igors Ausbildung hatte gerade erst begonnen. Wir verließen den Strand, um im Landesinneren Schlangen aufzuspüren.

Steve entwickelte einen großen Beschützerinstinkt für mich. „Was immer du tust, fass keine dieser Schlangen an“, ermahnte er mich. „Hier in Tasmanien sind alle giftig. Du musst vorsichtig sein.“

„Keine Angst“, beruhigte ich ihn.

Aber es war schwieriger als gedacht, nur zuzusehen. Immer wieder durfte Steve sich mit einer wunderschönen Giftschlange anlegen, während das Team drehte. Auch ich wollte Action haben!

Ein paar Tage später stießen wir bei einer Wanderung durch den Busch auf eine riesige Tigerschlange. Steve drehte sich um und bedeutete dem Kameramann zu filmen. Wir näherten uns der Schlange, als sie aus dem Fluss trank. Sie hob leicht den Kopf, sie wusste, dass wir da waren. Schlangen haben keine Ohren und hören nichts, stattdessen spüren sie die Schwingungen und Vibrationen des Erdbodens. Mein Herz begann zu rasen, aber ich hatte mich entschieden. Ich wusste, dass wir nur eine Einstellung mit dieser Schlange haben würden.

Ich watschelte mit meinem schwangeren Körper hinter die Schlange und packte sie am Schwanz. Sie war riesig, aber langsam und sanft, genau so, wie ich es erwartet hatte. Ich erzählte vor der Kamera alles über Tigerschlangen – dass sie dreißig Junge auf einmal zur Welt bringen können und dass die tasmanische Art besonders ist, weil sie sehr niedrige Temperaturen auszuhalten vermag.

Als ich die Schlange wieder losließ, sah ich schuldbewusst zu Steve. Er sagte kein Wort. Ich bin nicht ganz sicher, ob er mir böse war. Wahrscheinlich begriff er, dass ich trotz meiner Schwangerschaft noch immer die alte Terri war.

Vielleicht lag es an meinem Zustand, aber ich war noch empfindlicher als vorher, was Grausamkeit gegen Tiere anbelangte. Als wir nach Neuseeland fuhren, um gegen den Walfang zu protestieren, sahen wir eine Dokumentation über Wale, die in dem Versuch, ihre Weibchen und Jungen zu schützen, Walfangschiffe angriffen. Wale haben Familienstrukturen, Verhaltensweisen und Gewohnheiten, die unseren sehr ähneln. Mitten in dieser sehr emotionalen Arbeit in Wellington spürte ich zum ersten Mal, wie sich das Baby bewegte. Schon bald tanzte es Tag und Nacht.

Als Nächstes filmten wir Haie vor der Küste von Queensland, anschließend brachen wir zu den Galapagosinseln auf, meiner letzten großen Reise vor der Geburt.

Als wir dort ankamen, blieben wir zunächst auf dem Boot. Die Hitze traf mich völlig unvorbereitet. Mir war so heiß, dass ich dringend eine Abkühlung benötigte. Steve und John schafften es irgendwie, etwas kühlendes Eis zu besorgen. Sie wechselten sich ab, meinen gigantischen Bauch mit Waschlappen voller Eiswürfel zu kühlen. Ich war besorgt, weil sich das Baby den ganzen Tag lang nicht bewegt hatte. Aber am nächsten Tag war alles wieder in Ordnung; wahrscheinlich hatte Igor einfach nur alle viere von sich gestreckt und versucht, sich abzukühlen, genau wie wir alle.

Meine letzten Dreharbeiten während der Schwangerschaft führten mich wieder vor die australische Küste, dieses Mal für eine Dokumentation über Haie. Ich war so rund und schwer, dass ich fast nicht mehr mit dem Boot aufs Meer fahren konnte; die Wellen machten mir unglaublich zu schaffen. Bei meiner allerletzten Tour lag ich die meiste Zeit auf der Seite und hielt meinen enormen Bauch.

Steve kannte die Haie inzwischen sehr gut. „Die großen Tigerhaie tauchen um elf Uhr auf“, verkündete er. Und so war es auch: Sie erschienen auf die Minute genau. Ich saß im Boot und beobachtete, wie die riesigen Haie uns umkreisten. Sie mussten über vier Meter lang sein, und einige waren sogar länger als das Boot. Schnell fand ich heraus, dass ich mit meinem großen Bauch im Ungleichgewicht war und aufpassen musste, das Boot nicht zum Kentern zu bringen.

Steve machte die Arbeit im Haikäfig unter Wasser großen Spaß. Die Haie schwammen neugierig zu ihm und versuchten, diesen seltsamen

Kasten zu öffnen, um an den verlockenden Leckerbissen im Innern zu gelangen.

Aber Tigerhaie ernähren sich nicht nur von dem, was es unter Wasser gibt. Sie nehmen auch gern das, was sie an der Oberfläche finden, und steigen dafür sogar ein Stück aus dem Wasser. Große Exemplare, die mehr Umfang als ich aufwiesen (was zu diesem Zeitpunkt wirklich etwas heißen sollte), tauchten auf, um das Boot und den Motor zu inspizieren, und streckten den Kopf weit über den hinteren Bootsrand vor.

Ich war fasziniert und musste mich regelrecht dazu zwingen, nicht die Hand auszustrecken und sie zu streicheln. Steve hatte Recht: es genügte schon, die Leute ganz nahe an die wilde Tierwelt heranzubringen, um Vorbehalte auszuräumen. An diesem Tag verliebte ich mich in die Tigerhaie.

Das war der letzte Dokumentarfilm während meiner Schwangerschaft. In den kommenden Wochen beschränkte ich mich auf die Arbeit im Zoo, während mein Mann und John zu Dreharbeiten nach Indonesien aufbrachen.

Nach Steves Rückkehr bemerkte ich eines Abends, dass ich ein wenig Wasser verlor; aber wenn man hochschwanger ist, passieren alle möglichen merkwürdigen Sachen mit dem Körper. Ich achtete nicht weiter darauf, rief aber am nächsten Tag im Krankenhaus an.

„Sie sollten sofort kommen“, riet mir die Schwester am Telefon.

Von der Klinik aus informierte ich Steve, der südlich von Brisbane an der Küste drehte. Als er ins Krankenhaus kam, sah ich, dass er das gesamte Kamerateam mitgebracht hatte. John war ebenso nervös wie alle anderen, schlug aber vor, das Ereignis zu filmen.

„Ich bin einverstanden“, sagte Steve. Ich war nicht in der Stimmung zu widersprechen. Jede Wehe verlangte meine volle Aufmerksamkeit.

Als sie mich schließlich gegen acht Uhr an diesem Abend in den Kreißsaal rollten, war ich so erschöpft, dass ich nicht wusste, wie ich das schaffen sollte. Aber Steve war ein toller Coach; er feuerte mich an wie bei einem Footballspiel. „Du schaffst es!“, rief er. „Komm schon, pressen!“

Um 21.46 Uhr erschien ein winziger Kopf. Steve war außer sich vor Aufregung. Ich war wie im dichten Nebel, aber ich erinnere mich noch ganz deutlich an die Freude in seinem Gesicht. Er half, das Baby auf die Welt zu bringen. Ich hörte, wie Steve und der Arzt gleichzeitig verkündeten: „Es ist ein Mädchen.“

Steve durchtrennte die Nabelschnur, nahm sein neugeborenes Töchterchen behutsam in die Arme und betrachtete es. „Schau, das ist unsere kleine Bindi."

Sie wurde nach einem Krokodil im Zoo genannt. Außerdem war es passend, da das Wort *bindi* in der Sprache der Aborigines „junges Mädchen" bedeutet. Sie war unsere eigene kleine Bindi.

Ich lächelte Steve an. „Bindi Sue", präzisierte ich – nach seiner geliebten Hündin Sui.

Vorsichtig legte er sie mir in die Arme, und wir sahen sie beide ergriffen und voller Staunen an. „Das hätte ich ohne dich nicht geschafft", sagte ich zu ihm.

„Doch, das hättest du."

„Nein, ich habe dich wirklich gebraucht."

Wieder einmal hatte ich das überwältigende Gefühl, dass alles in Ordnung und wunderschön war, solange wir zusammenblieben. Ich sah, wie Bindi ihren Vater mit dunklen, durchdringenden Augen aufmerksam betrachtete. Er erwiderte ihren Blick und lächelte; aus lauter Liebe zu seiner Tochter liefen ihm Tränen über die Wangen. Die Welt hatte eine neue Tierschützerin.

5

Stephen Robert Irwin wurde im Jahr 1962 am 22. Februar – dem Geburtstag seiner Mutter – in einem Vorort von Melbourne geboren.

Lynette und Robert Irwin – Lyn und Bob – brachten ihn schon früh mit der Natur und wild lebenden Tieren in Berührung. Steve beschrieb das Zuhause seiner Kindheit immer als eine „Menagerie", als eine Art Privatzoo, wo immer mehr Wasserbecken, Terrarien und Käfige eine stetig wachsende Population Schlangen und Eidechsen beherbergten.

Bob sorgte als Klempner vorbildlich für seine Familie, aber seine Leidenschaft galt allen Reptilien, sogar Giftschlangen. Lyn war Säuglingsschwester, und der Hang zur Fürsorge lag ihr im Blut. Daher beschränkte sie sich nicht auf Reptilien, sondern kümmerte sich um verletzte Tiere jeder Art. Die beiden waren ein tolles Team und von Anfang an Steves Vorbilder.

1970 zogen Lyn und Bob mit ihrer Familie nach Queensland. Nach einer Schlangenexpedition kauften sie dort das ursprüngliche, 1,6 Hektar große Zoogelände in Beerwah. Der acht Jahre alte Steve und seine Schwestern Joy und Mandy halfen bei der Einrichtung der Familienmenagerie im Beerwah Reptile Park, wie der Zoo zu Anfang hieß. Joy war die ältere Schwester, Mandy die jüngere und Steve das mittlere Kind. Er verstand sich gut mit den beiden, und die übliche Rivalität unter Geschwistern drückte sich im Wettstreit darin aus, wer sich besser um die Tiere kümmerte, die von der Familie aufgenommen wurden.

„Immer wenn wir mit dem Wagen unterwegs waren", erzählte Steve mir, „und am Straßenrand ein überfahrenes Känguru entdeckten, hielten wir an." Mutter und Sohn untersuchten das tote Tier und sahen in seinem Beutel nach, wenn es ein Weibchen war. Auf diese Art retteten sie Dutzende, wenn nicht Hunderte junger Kängurus, brachten sie nach Hause und zogen sie groß.

Lyn entwarf einen Ersatzbeutel für verwaiste Kängurujunge und stellte auch die Babynahrung zusammen, die sie brauchten. Sie schuf die warme, fürsorgliche Umgebung, die Steves Träume, Ziele und Hoffnungen real und erreichbar machte. Der kleine Junge liebte seine Mutter. Lyn war die Matriarchin der Familie, eine „Mutter Teresa des Tierschutzes", wie Steve sich ausdrückte, die für ihn und auch für mich zum Maßstab wurde.

Steves Kindheit bestand aus „Familie, Wildnis, Tieren und Sport", so erinnerte er sich. Auf der Highschool spielte er Rugby und wurde sogar für die Landesschulmannschaft von Queensland aufgestellt, ging aber lieber mit seinem Dad auf eine Exkursion, um Reptilien zu fangen.

Bobs Kenntnisse über diese Tiere, insbesondere über das Verhalten von Schlangen, machten ihn zu einem unschätzbaren Berater von Wissenschaftlern im ganzen Land. Als das Queensland Museum den scheuen Inlandtaipan zu erforschen beabsichtigte, bat man Bob um Unterstützung, und wenn die Nationalparkverwaltung von Queensland Problemkrokodile in Gebiete umsiedeln wollte, wo sie für Menschen keine Gefahr darstellten, kam sie ebenfalls zu Bob.

Er leistete Pionierarbeit für eine freundlichere und sanftere Art der Umsiedlung. Damals war die übliche Methode des Krokodilfangs ziemlich brutal. Parkranger und Beamte von Animal Control, einer Abteilung der Polizei, die für Zwischenfälle mit Tieren zuständig ist, schossen eine mit Stacheldraht umwickelte Harpune in die Haut eines Krokodils und zogen das blutende, um sich schlagende Tier damit an Land. Häufig verfehlten die Harpunen allerdings ihr Ziel, oder der Stacheldraht wurde

Über den kleinen Steve erzählte seine Mutter immer: „Wenn ich ihn nicht finden konnte, kletterte er entweder auf dem Dach oder in einem Baum herum."

Steve als Neunjähriger – in diesem Alter sprang er auf sein erstes Krokodil.

Die Irwins Ende der Sechziger-, Anfang der Siebzigerjahre: Steve, seine ältere Schwester Joy, seine Eltern und Nesthäkchen Mandy (v. l. n. r.)

während des Kampfes herausgerissen und hinterließ eine ausgefranste, klaffende Wunde.

„Bei dieser Art des Krokodilfangs lagen die Erfolgschancen vielleicht bei eins zu fünf", erklärte Steve.

Die Vorgehensweise seines Vaters war ganz anders und dazu ziemlich genial: Bob setzte Fallen aus weichem, feinmaschigem Netz sowie eine gewisse Sprungtechnik ein. Diese Methode entwickelte er aufgrund seiner Kenntnisse über das Verhalten der Tiere. Krokodile greifen aus dem Hinterhalt an und schnappen ihre Beute, indem sie vom Wasser aus an Land hechten. Bob lockte sie mit frischem Fleisch, meist einem Wildschwein, in eine Falle. Dazu hängte er zunächst ein faustgroßes Stück Fleisch vor ein zur Falle umfunktioniertes Schleppnetz.

Salzwasserkrokodile sind sehr intelligent und auf der Hut vor Fallen. Doch das „kostenlose" Futter vermittelt ihnen ein Gefühl der Sicherheit, sodass sie das neue Ding in ihrem Territorium nicht weiter stört. Wenn der Köder dann ein paar Nächte hintereinander verschwunden war, legte Bob das frische Fleisch beim nächsten Mal tief in die Falle hinein.

Das angelockte Krokodil kroch hinein, zog an dem Fleisch und löste damit einen Mechanismus aus, der einen schweren Sack herunterfallen ließ. Dabei zurrte dieser den Eingang der Falle wie ein Zugband zu und verhinderte so, dass das Krokodil entkam. Nun folgte der knifflige Teil. Bob und Klein Steve mussten das Krokodil zu Boden drücken, indem sie sich oben auf das Tier legten. Dann rollte Bob das Netz auf, verband dem Reptil die Augen und klebte sein Maul mit Isolierband zu, bevor er es in der Falle oder in einem Krokodilkasten abtransportierte.

Dieses Verfahren entwickelte sich über viele Jahre und wurde immer wieder verbessert; Steve sollte es später perfektionieren. Es bestand kein Zweifel daran, dass es einer Harpune mit Stacheldraht weit überlegen war. Natürlich gibt es kein schlagenderes Argument als eine Kugel, und die Krokodile, die Bob fing, hatten nur zwei Alternativen: Sie konnten von ihren aufgebrachten, ängstlichen menschlichen Nachbarn erschossen oder in eine weniger gefährliche Umgebung umgesiedelt werden. Bob zog es vor, dem Reptil vorübergehend ein paar Unannehmlichkeiten zu bereiten und es einzufangen, statt es tot an einem Flussufer liegen zu sehen.

Seinen jungen Sohn nahm er mit, wenn er Krokodile umsiedelte. „Ich hielt den Scheinwerfer, und Dad sprang auf die kleineren Tiere drauf", erzählte Steve. „Dann beförderte er sie ins Boot, und ich warf mich auf sie und drückte sie zu Boden. Sie wehrten sich natürlich heftig, und ich habe ganz schön was abgekriegt." Offiziell fing Steve sein erstes Krokodil mit neun. Bis dahin hatten Vater und Sohn zusammen schon einige Jahre Krokodile umgesiedelt.

In einem Fall war die Nationalparkverwaltung von Queensland der Überzeugung gewesen, dass es gelingen würde, mit Bobs Erfahrung eine Gruppe Süßwasserkrokodile am Leichhardt River umzusiedeln. Süßwasserkrokodile haben schmale Kiefer, sind kleiner und weniger aggressiv als ihre Salzwasserverwandten, besitzen aber trotzdem furchterregende Zähne und können mit ihrem Schwanz beachtliche Hiebe austeilen, wenn sie in die Enge getrieben werden.

In mehreren Nächten holten Steve und Bob ein Süßwasserkrokodil nach dem anderen aus einem Teil des Flusses, der gestaut werden sollte. Während Bob am letzten Abend ein Tier ins Boot verfrachtete, erfasste Steve die rot leuchtenden Augen eines anderen mit seinem Scheinwerfer und warnte seinen Vater.

„Geh nach vorne", wies Bob ihn an. „Halt es mit dem Scheinwerfer in Schach."

In diesem Augenblick wurde Steve klar, dass dieser Fang anders verlaufen würde. Er befand sich im Bug des Bootes – also war er derjenige, der auf das im Wasser befindliche Krokodil springen würde. Aber noch hielt er den Scheinwerfer weiterhin auf die Augen des Reptils gerichtet.

„Okay, ich hab's." Bob leuchtete nun mit seiner eigenen Taschenlampe auf das Tier. Das war das Zeichen für Steve, den Scheinwerfer wegzulegen und sich zum Sprung bereit zu machen.

„Warte, warte!", bremste ihn Bob, während das Boot näher heranglitt. Er konnte seinen Sohn, der vor Aufregung fast platzte, kaum zurückhalten. „Jetzt!"

Steve sprang. Doch noch in der Luft erkannte er, dass er die Größe des Krokodils unterschätzt hatte. Es war nicht einen, sondern eher anderthalb Meter lang und genauso schwer wie er selbst, wenn nicht schwerer.

Das Krokodil tauchte unter. Aber Steve würde seinen Vater auf keinen Fall enttäuschen. Als er fast keine Luft mehr bekam, spürte er den starken Arm seines Vaters, der ihn und das Krokodil ins Boot hievte.

Steve erzählte mir, er habe Angst in Bobs Augen wahrgenommen – denn für einen langen Augenblick sei er in dem dunklen Wasser nicht zu sehen gewesen –, aber auch Stolz, weil er schon bei seinem ersten Einsatz einen perfekten Fang gemacht habe. „Dad grinste übers ganze Gesicht. Ich war auf mein erstes Krokodil gesprungen. Es war einer der größten Augenblicke meines Lebens."

Bob und Lyn ebneten Steve den Weg, den er beschreiten sollte. Das Unglaubliche an ihm war, wie sehr er diesen Weg zu seinem eigenen machte. Er folgte dem Beispiel seiner Eltern und lebte danach.

1980 entschieden Bob und Lyn, den Beerwah Reptile Park in Queensland Reptile and Fauna Park umzubenennen; es war der Name, unter dem ich ihn kennen lernte. Wütend über das sinnlose Abschlachten von Krokodilen, begann Bob den Zoo zu erweitern, um Lebensraum für gerettete Tiere zu schaffen.

Der Zeitpunkt, in dem Steve zu dem Mann wurde, den die Welt später als Crocodile Hunter kennen lernen sollte, lässt sich genau bestimmen. Es war jene Phase seines Lebens, als er mit seinem ersten Hund Chilli monatelang im Busch blieb, um im Auftrag der Regierung Krokodile zu fangen und umzusiedeln.

Anfang der Achtzigerjahre war er 18, hatte gerade die Highschool abgeschlossen und wurde noch immer von seinem Vater angeleitet. Zehn Jahre später war das anders. Nun war er selbst in der Lage, einige der weltweit schwierigsten Arbeiten mit Wildtieren allein und mit beachtlichen Ergebnissen zu bewältigen. Die Jahre in der Wildnis führten bei ihm zu einem tiefen Verständnis der Natur. Mehr noch, er hatte eine einzigartige Verbindung zu wild lebenden Tieren aufgebaut und gefestigt, die er sein ganzes Leben behalten sollte.

Die Legende von einem gigantischen schwarzen Salzwasserkrokodil auf der Kap-York-Halbinsel machte schon seit Jahren die Runde. Es geisterte in einem Flusssystem im Norden von Queensland umher und hatte bisher alle Versuche vereitelt, es zu fangen oder zu töten. 1988 beauftragte das Programm zur Erhaltung und Hege von Krokodilen an der Ostküste Bob und Steve, dieses Problemkrokodil aufzuspüren und in ihrem Zoo unterzubringen.

Es war eine schwierige Aufgabe. Zunächst konnten sie keine Spuren des geheimnisvollen schwarzen Krokodils finden. Monatelang suchten sie die Mangrovensümpfe und Flussufer ab, bis sie endlich eine verräterische Rutschspur entdeckten, die auf ein großes Männchen hinwies.

Dann lieferte Bob seinem Sohn den ultimativen Vertrauensbeweis: Er fuhr zurück nach Beerwah; Steve blieb mit Chilli allein zurück. Das riesige Salzwasserkrokodil hatte wiederholt Jäger mit leistungsstarken Gewehren und „Experten“ von Krokodilfarmen an der Nase herumgeführt, die ausgesandt worden waren, um ihm den Garaus zu machen. Steve stieg in eine Jagd mit ein, die schon seit Jahren im Gang war – mit dem Unterschied, dass er vorhatte, diesen Dinosaurier der modernen Zeit zu retten, statt ihn zu töten.

Eines Nachts jedoch brachte das Krokodil fast ihn zur Strecke. Steve entdeckte ein kleineres Weibchen und legte ein Netz im Fluss aus, um es zu fangen. Eine unglaubliche Kraft zog das Netz plötzlich stromaufwärts, gegen die Strömung und gegen alle Logik. Steve startete den Außenbordmotor, aber es nutzte nichts. Der Bug seines Bootes tauchte ins Wasser und lief voll. Er beeilte sich, das Netz loszuschneiden, bevor das Krokodil das Boot zum Kentern brachte. Die Mühe hätte er sich sparen können, denn schlagartig schnellte der Bug nach oben und das Netz hing schlaff herab. Steve holte es ein und sah, dass es ein Loch von der Größe des Bootes aufwies. Das hochleistungsfähige Netzmaterial war einfach durchgerissen worden.

An einem anderen Abend beobachtete Steve ein halbes Dutzend Wildschweine, die durch den Fluss schwammen. Als sie auf der anderen Seite ans Ufer kletterten, schien das letzte Schwein plötzlich wieder zurück ins Wasser zu rutschen und verschwand, ohne sich zu wehren oder zu quieken. Steve hatte das große Krokodil nicht einmal gesehen.

Auf der Suche nach dem schwarzen Gespenst wurde er eins mit dem Fluss. Er blieb mehrere Monate am Stück im Busch und ignorierte den Schlamm der Mangroven, der ihn immer mehr bedeckte und schließlich tarnte, während er still dasaß und wartete. Irgendwann kannte er die Flusssysteme des Gebietes so gut wie seine Westentasche.

Dann machte das Krokodil einen Zug. Steve stellte fest, dass der Köder einer seiner Fallen gefressen und mit solcher Kraft heruntergezogen worden war, dass die Nylonschnur, an der er befestigt gewesen war, emporgeschleudert worden war und jetzt hoch oben in einem Mangrovenbaum festhing. Am nächsten Abend wählte Steve einen besonders übelriechenden Fleischbrocken als Köder. Er platzierte die Falle flussabwärts und ging zu Fuß durch den Sumpf zurück, damit er keine Spuren am Ufer hinterließ.

An den nächsten beiden Tagen tat sich nichts. So legte Steve einen neuen Köder in der Falle aus, dieses Mal den Kadaver eines ganzen Keilers.

Am darauffolgenden Morgen fuhr er mit dem Boot zur Falle und sah, dass das große Krokodil sie ausgelöst hatte und im Netz gefangen war – mehr oder weniger jedenfalls. Das rechteckige Netz war das größte, das Steve besaß, aber der Schwanz und eines der Hinterbeine des Krokodils hingen dennoch heraus. Trotzdem, das schwarze Gespenst war endlich in die Falle gegangen.

Als Steve sich ihm näherte, schlug das Tier wild um sich und zerschmetterte Mangrovenbäume zu beiden Seiten der Falle. Steve versuchte, ein Seil um den Oberkiefer des Krokodils zu schlingen, aber es wehrte sich zu heftig. Normalerweise sorgte Chilli für Ablenkung, sodass Steve die Chance hatte, das Tier festzubinden. Aber der Hund kauerte im Boot und wollte mit diesem Ungeheuer nichts zu tun haben. Steve war auf sich allein gestellt.

Schließlich gelang es ihm, ein Ende des Seiles um den Oberkiefer des Reptils zu schlingen und das andere an einen Baum zu knoten. Doch mit einer enormen „Todesrolle“ – einem Verteidigungsmanöver, bei dem die Panzerechsen sich um die eigene Längsachse drehen – brachte das Riesenkrokodil den Baum zu Fall und kappte das Seil. Steve versuchte es wieder; das Krokodil schlug, fauchte, brüllte ihn wütend an und schnellte immer wieder hoch, um ihn in Stücke zu reißen.

Die nächste Todesrolle des gewaltigen Tieres war so heftig, dass es vom Ufer geradewegs im Boot landete, das sofort zu sinken begann. Chilli sprang heraus und schwamm an Land, während Steve gegen die Zeit arbeitete. Er zurrte das untergetauchte Krokodil mitsamt dem Netz in der Jolle fest. Aber das vollgelaufene Boot mit der tonnenschweren Echse konnte er nicht mehr bewegen. Er sprintete mehrere Kilometer in der tropischen Hitze zu einer Zuckerrohrfarm, wo er hoffte, Hilfe zu finden. Die Farmer zögerten zunächst, ihm zur Hand zu gehen, und willigten erst ein, als Steve ihnen eine Kiste Bier versprach. Flankiert von zwei robusten Fischerbooten wurde seine Jolle flussabwärts geschleppt, wo die Männer sie inklusive Krokodil ans Ufer zogen. Dort wurde das Tier in eine Kiste verladen.

Inzwischen hatten sich zahlreiche Zuschauer versammelt. Steve war so klug, die Anwohner in das Geschehen einzubeziehen, und schon bald überzeugten sie sich selbst davon, wie besonders dieses Krokodil war. Er brachte es nach Beerwah, nannte es Acco und gab ihm ein wunderschönes großes Becken mit vielen Schlupfwinkeln, das Bob angelegt hatte.

Wir befanden uns in der Krokodilanlage des Zoos, als Steve mir erzählte, wie er Acco eingefangen hatte. Ich musste das Tier einfach noch einmal besuchen, nachdem ich seine Geschichte gehört hatte. Da war das schwarze Gespenst und sonnte sich in all seiner Pracht am Ufer seines Wasserbeckens.

Als ich bei diesem beeindruckenden Tier stand, versuchte ich zu begreifen, warum Menschen es hatten töten wollen. Mit seinen gewaltigen, furchteinflößenden Zähnen hatte Acco etwas Urzeitliches; seine Knochenplatten schimmerten schwarz in der Sonne. Es war sehr aufwühlend, über die von Angst getriebene Grausamkeit der Menschen nachzudenken, die sie dazu trieb, diese Tiere so sehr zu hassen.

Was Acco betraf, so erinnerte er sich noch sehr gut an seine Gefangennahme, auch wenn sie fast ein Jahrzehnt zurücklag. Immer wenn Steve in sein Gehege kam, lauerte Acco ihm auf und schoss aus dem Wasser, um ihn sich zu schnappen. Obwohl Steve manchmal Zweifel befielen, ob er das Richtige getan hatte, war ich der Ansicht, dass es notwendig gewesen war, Acco zu fangen. Hier im Zoo hatte er sein eigenes Territorium und ein Weibchen, das ihm sehr zugetan war. Draußen in der Wildnis hingegen wäre er letztlich bestimmt erschossen worden.

Als ich Steve 1991 kennen lernte, hatte er gerade über zehn Jahre Busch hinter sich, entweder mit Bob oder allein mit Chilli und später mit Sui. Diese Zeit war wie eine Feuerprobe gewesen. Als Junge wollte Steve wie sein Vater sein. Mit 29 war er wie Bob – und noch einiges mehr.

Er hatte so viel mehr geleistet, als lediglich Krokodile zu fangen. Zusammen mit Bob half er in den Wüsten im Westen Forschern vom Queensland Museum, das komplizierte Verhalten von Inlandtaipanen zu verstehen. Oder er führte eine Verhaltensstudie über eine seltene und noch wenig erforschte Baumeidechsenart durch, den australischen Baumwaran, und kletterte in den Regenwäldern der Kap-York-Halbinsel auf hohe Bäume, um neue Erkenntnisse über diese Reptilien zu gewinnen.

Steve war nicht nur ein Naturtalent vor der Kamera, in den Achtzigerjahren hatte er sich auch zu einem ernst zu nehmenden Naturforscher entwickelt. Seine praktischen Erfahrungen, die er in den vielen Jahren in der Wildnis gesammelt hatte, ergänzten sich gut mit den eher abstrakten Kenntnissen der Wissenschaft.

STEVE und ich brachten Bindi im Juli 1998 nach Hause. Der Winter an der Sunshine Coast, der Küstenregion, in der wir lebten, bedeutet nicht gerade antarktische Verhältnisse; es fällt nie Schnee. Aber das alte Haus im Queenslander-Stil, in dem wir auf dem Zoogelände wohnten, war zugig, schwer zu heizen und hatte hohe Decken. Außerdem gab es ziemlich viele Stufen, die zur Vorder- und Hintertür führten. Die Kombination aus Treppen und einem Neugeborenen machte mich nervös. Es war schon schwierig genug, Bindi warm zu halten. Aber irgendwie schafften wir es, stellten Heizlüfter auf und packten sie immer dick ein.

Wir sahen uns ein Stück Land an, das an den Zoo grenzte, und beschlossen, es zu kaufen. Auf dem neuen Grundstück stand ein kleines Haus, nichts Besonderes, nur ein bescheidenes Backsteinhaus mit drei Schlafzimmern und einem Bad. Am besten gefiel uns seine Abgeschiedenheit. Es lag hinter einer kleinen Macadamia-Plantage und doch direkt neben dem Zoo. So konnten wir Teil der Anlage und gleichzeitig für uns allein sein. Perfekt.

„Richte das Haus genau so ein, wie du es haben willst", sagte Steve zu mir. „Es soll unser Heim werden."

Ich wusste, dass es unsere letzte Station war und wir nicht mehr umziehen würden. Wir hatten nie Besuch; der Zoo war der Ort, an dem wir unsere sozialen Kontakte pflegten. Da wir direkt nebenan wohnten, hätten wir schon bald keine ruhige Minute mehr gehabt, und so machten wir es uns zur Gewohnheit, nie jemanden zu uns einzuladen. Es war keine Unfreundlichkeit, sondern einfach Selbstschutz; unser Backsteindomizil gehörte der Familie.

Kaum hatten wir unser Baby nach Hause gebracht, stand auch schon die nächste Reise an. Bindi war sechs Tage alt, als sie ihre ersten Dreharbeiten erlebte (eigentlich waren es die zweiten, wenn man die Aufnahmen ihrer Geburt mitzählt). Wir brachen in die Staaten auf, machten aber zuerst Station auf Double Island, um Meeresschildkröten zu filmen. Jedes Jahr kämpfen sie sich an den subtropischen Ufern dieser ostaustralischen Insel, wo strahlend weißer Sand auf türkisblaues Meerwasser trifft, durch die wogende Brandung an Land, um ihre Eier abzulegen.

Wir fuhren über die Sanddünen und drehten einen Tag lang an den einmalig schönen Stränden. Bindi verhielt sich großartig und fühlte sich absolut wohl. Einer der Assistenten blieb bei ihr, während Steve und ich filmten. Dann gingen wir hinter die Kamera, um sie zu herzen, und ich konnte sie stillen. Sie machte keinen Mucks. Ich schwöre, sie war still, sobald John „Kamera läuft!“ rief.

Es war fantastisch, wieder zu drehen; ich merkte, wie sehr ich es vermisst hatte. Das Filmteam war unsere erweiterte Familie. Nie spürte ich Verärgerung oder Ungeduld bei ihnen, ein sechs Tage altes Baby am Set zu haben. Im Gegenteil, alle freuten sich.

Unser nächstes Ziel waren die USA. Bindi war so winzig, dass sie auf ein Kissen der Fluggesellschaft passte. Steve wachte mit Argusaugen über sie, nestelte ständig an ihr herum und passte wie ein Luchs auf, dass beim Öffnen der Gepäckfächer über den Sitzen nichts herausfiel. Er war ein so fürsorglicher, beschützender Daddy.

Bei unserem ersten Dreh in Kalifornien ging es um Klapperschlangen und Spinnen. In Texas lernte Bindi Kröten und Trans-Pecos-Rattennattern kennen. Steve fand zwei erstaunliche Exemplare dieser nicht giftigen Schlangen in einem verlassenen Haus. Ich beobachtete, wie die zwei Wochen alte Bindi auf ihre Gegenwart reagierte. Sie blickte die Schlangen an und reckte ihnen ihre kleinen, wackligen Ärmchen entgegen. Ich lachte vor Freude über ihren Eifer. Steve sah zu mir herüber, als wollte er sagen: *Siehst du? Unsere kleine Tierschützerin!*

Am Luftwaffenstützpunkt Eglin in Florida hatten die Army Ranger, eine Spezialeinheit der U.S. Army, ein Waldstück gerodet, um dort Übungen durchzuführen, und waren dabei überraschend auf eine gewaltige Östliche Diamantklapperschlange gestoßen. Das ist die längste und größte Klapperschlange der Welt, und diese hier war noch aus einem anderen Grund etwas Besonderes: Sie war trächtig. Kurz nachdem die Reptilienexperten der Ranger sie in ein Gehege geschafft hatten, brachte sie ihre Jungen zur Welt.

Wir sahen zu, wie die Neugeborenen dieser lebend gebärenden Klapperschlangenart sich herauswanden, einen kurzen Moment reglos dalagen und dann sofort alles, was sich auch nur irgendwie in ihrer Nähe befand, angriffen. Es war zwar ein Verteidigungsmechanismus gegen Raubtiere, die sie fressen wollten, sah aber trotzdem ziemlich komisch aus. Sie rissen das Maul weit auf und versuchten, bedrohlich auszusehen; eine interessante Art, die Welt zu begrüßen. Selbst die Ranger mussten lachen.

Sobald die Soldaten ihr Training beendet hatten, wanderten alle gefährlichen Tiere, die sie eingesammelt hatten (einschließlich der Klapperschlangen), wieder dahin zurück, wo sie hergekommen waren.

Bei den Dreharbeiten in Florida war Steve völlig in seinem Element. In Eglin entdeckte er eine Korallenschlange und eine weitere mächtige Diamantklapperschlange. Es war unglaublich heiß, wie in den meisten Sommern im Südosten. Bindi verbrachte viel Zeit im klimatisierten Wagen, während einer aus dem Team ihr Gesellschaft leistete. Ich bewegte mich weit genug weg, damit das Kameramikrofon nicht das Geräusch des laufenden Motors aufnahm, filmte wie verrückt und lief dann wieder zu ihr zurück.

Bindi genoss es immer, in Steves Nähe zu sein; er schien sie gleichzeitig anzuregen und zu beruhigen. Er zeigte ihr alles, was zu seiner Welt gehörte – die Tiere, die Landschaften und die Menschen. Schon im Alter von nur wenigen Wochen drehte Bindi den Kopf, wenn Steve an ihr vorbeiging. Dann machte sie so lange Theater, bis er zu ihr kam und sie auf den Arm nahm.

Das Band zwischen Vater und Tochter wurde immer stärker. Doch sosehr er sie beeinflusste, so sehr veränderte Steve sich auch durch Bindi. Nach unserem Florida-Trip kehrte ich mit unserer Tochter nach Hause zurück, während Steve zur indonesischen Insel Sumatra flog; wegen des Malariarisikos konnten wir ihn nicht begleiten. Er wollte dort unter anderem Szenen mit Orang-Utans drehen.

Ein einheimischer Parkranger, der seit 25 Jahren mit den Orang-Utans des Nationalparks gearbeitet hatte, begleitete ihn in den Regenwald, wo sie auf eine Affenmutter mit ihrem Jungen trafen.

„Es erinnert mich an Bindi!“, rief Steve begeistert, als er das Affenjunge sah. Es war ein schelmisches, fröhliches Baby, das sich hoch oben in einer Baumkrone an seine Mutter klammerte. „Das gibt tolle Aufnahmen. Ich klettere auf den Baum, und dann habt ihr mich und die Orang-Utans in derselben Einstellung.“

Der Ranger winkte ab. „Das kannst du auf keinen Fall machen. Orang-Utan-Mütter sind sehr fürsorglich und verteidigen ihre Jungen bis aufs Blut. Wenn du auch nur in die Nähe des Baumes kommst, springt sie herunter und reißt dir die Arme aus. Auf ihrem Baum wird sie dich auf keinen Fall dulden.“

„Ich gehe nicht nahe an sie heran“, versicherte Steve. „Ich klettere nur ein kleines Stück rauf. Dann kann die Kamera zu mir hinauffilmen, und sie erscheint im Hintergrund.“

Der Ranger sah ihn zweifelnd an. „Na gut. Aber ich warne dich, sie wird von diesem Baum runterkommen und dir den Kopf abreißen.“

„Mach dir keine Sorgen, Kumpel“, erwiderte Steve zuversichtlich, „sie wird mir nichts tun.“

Er kletterte auf den Baum, und sofort kam die Affenmutter herunter, wie es der Ranger prophezeit hatte. Ihr Baby hinter sich herzerrend, bewegte sie sich flink auf Steve zu. Er rührte sich nicht, sondern blieb auf seinem Ast sitzen und sah zu, wie sie sich ihm näherte.

Das Team filmte alles; es wurden unglaubliche Aufnahmen. Die Affenmutter kam dicht an Steve heran und schwang sich auf seinen Ast. Dann rutschte sie langsam immer näher, bis sie direkt neben ihm saß. Das ganze Team war nervös, nur Steve nicht.

Mama Affe legte den Arm um seine Schultern. Ihr Junges sicher in einem Arm, drückte sie Steve mit dem anderen an sich, blickte ihm direkt ins Gesicht und ... spitzte die Lippen wie zum Kuss.

„Du hast ein wunderschönes kleines Baby, mein Schatz“, sagte Steve leise. Als das Baby von ihnen fort den Ast hinaufkrabbelte, griff die Mutter, ohne die Augen von Steve abzuwenden, nach hinten und holte es zurück. „Du bist eine gute Mama“, flüsterte Steve. „Du passt gut auf dein Kleines auf.“

„So etwas habe ich noch nie gesehen“, staunte der Parkranger später. Die Begegnung war ein weiterer Beweis für Steves außergewöhnliche Verbindung mit den Tieren – und auch dafür, dass ein stolzes Elternteil ein anderes erkannt hatte.

In der Zwischenzeit war mein Leben zu Hause dank der Hilfe von Steves Schwester Joy und ihrem Mann wesentlich einfacher geworden. Der große dunkelhaarige Frank hatte eine offene und freundliche Art und arbeitete zunächst halbtags im Zoo, wo er mir mit den Gehaltsabrechnungen und dem Papierkram half. Ohne ihn hätte ich in dieser Zeit, als ich mich bemühte, die Arbeit und das Baby unter einen Hut zu bringen, nicht gewusst, wie ich das alles schaffen sollte.

Frank kannte sich hervorragend mit Buchführung aus, war ein ausgezeichneter Geschäftsmann und ebenso guter Vater. Schließlich wurde er Geschäftsführer des Zoos und trug maßgeblich zu dessen Erfolg bei.

Bindi gedieh prächtig. Mit nur sechs Wochen war sie schon in der Lage, ihren Kopf aufrecht zu halten und nach Gegenständen zu greifen. Als Steve von Sumatra nach Hause kam, konnte ich sehen, wie sehr er sein kleines Mädchen vermisst hatte. Ich musste lächeln, als er sich mit ihr auf die Couch setzte und ihr haarklein seine Abenteuer erzählte, während sie ihn aufmerksam anblickte.

Steve teilte alles mit ihr. Er ging mit ihr durch den Zoo und stellte ihr die Tiere vor. Eines Tages nahm er sie mit in das Gehege von Agro, einem unserer größten Krokodile. Bindi jauchzte vor Freude und betrachtete Agro aufmerksam. An diesem Nachmittag führte Steve die Krokodilshow mit seiner Tochter auf dem Arm durch.

Im Anschluss stellte ich fest, dass Bindi so munter und aufgeregt war wie nie zuvor. Von da an freute sie sich immer darauf, bei der Show dabei zu sein. Manchmal saßen sie und ich im Gehege und sahen Steve und den Krokodilen zu; dann weinte sie so lange, bis er sie auf den Arm nahm und sie bei ihm sein konnte.

An Bindis erstem Geburtstag im Juli 1999 führten wir eine neue Tradition ein. Wir öffneten die Tore des Zoos, und alle Kinder hatten freien Eintritt. Es gab Geburtstagskuchen für alle, und wir luden Kakadus, Kamele, Schlangen und Eidechsen ein, mit uns zu feiern. Es regnete den ganzen Tag in Strömen, aber das machte nichts. Dreihundert Leute waren zu der Geburtstagsparty gekommen.

Steves Mutter Lyn verfolgte die Feier an diesem Tag mit einem stolzen Lächeln. Ich konnte es von ihrem Gesicht ablesen, wie wichtig es für sie war, dass Steve eine Familie gegründet hatte.

An diesem Abend kuschelten Bindi, Steve und ich uns zusammen ins Bett. „Solange wir zusammen sind“, sagte Steve, „kann uns nichts passieren.“

Es war irgendwie unheimlich, und ich wollte nicht darüber nachdenken, aber es schien tatsächlich so, als gerate er eher in Schwierigkeiten, wenn er allein unterwegs war. So hatte er sich erst kürzlich bei Dreharbeiten in Afrika durch die Dornen eines Wolfsmilchgewächses eine Vergiftung zugezogen, und während er Fieber bekommen hatte, war sein Arm schwarz angelaufen. Wenn wir zusammen auf Reisen waren, wussten wir, dass alles gut gehen würde. Aber wenn wir getrennt waren, hatten wir beide ein beunruhigendes Gefühl, das schwer in Worte zu fassen war.

Für die nächste Dokumentation flogen wir in das „Rote Zentrum“, das Innere des Kontinents, zum Ayers Rock.

„Das ist das Herz Australiens“, verkündete Steve, als wir ankamen.

Ich verstand warum. Aus der flachen sandigen Landschaft erhob sich ein gigantischer roter Berg. In dieser ausgedehnten Wüste wirkte er irgendwie fehl am Platz. Die Aborigines nennen ihn Uluru, und es ist ihnen lieber, wenn Touristen nicht über ihren heiligen Ort klettern.

Respektvoll filmten wir nur die Gebiete, zu denen uns mit dem Segen der Ureinwohner der Zugang erlaubt war. Als wir uns dem Monolithen näherten, entdeckte Steve eine Eidechse. Er drehte sich zur Kamera und sprach über das Tier. Ich konzentrierte mich auf Steve, er konzentrierte sich auf die Eidechse, und John filmte. Bindi war bei uns. Da sie gerade mal zwei Schritte allein zu machen vermochte, konnte ich es mir erlauben, Steve zuzusehen.

Aber als John „Alles im Kasten!“ rief und wir uns umdrehten, konnten wir nicht glauben, was wir sahen.

Bindi lehnte gegen den Uluru. Die Handflächen an den glatten Stein gelegt und ihre Wange sanft dem roten Riesen entgegengestreckt, stand sie da wie hypnotisiert.

„Sie lauscht“, flüsterte Steve. Es war ein unheimlicher Augenblick. Das gesamte Team hielt inne und betrachtete sie. Dann schien Bindi plötzlich aus ihrer Trance zu erwachen, plumpste auf den Boden und begann sich den roten Sand des Uluru in den Mund zu stopfen. Was für ein glückliches kleines Mädchen, dachte ich – wir haben dieses besondere Erlebnis aufgenommen, und sie kann es ansehen, wann immer sie sich daran erinnern möchte.

FÜR ANFANG 2000 hatte ich einen Besuch in Oregon geplant. Steve sollte später nachkommen; er hielt sich zu Dreharbeiten in Osttimor auf. Also flogen Bindi und ich in die Staaten voraus und fuhren an die Küste Oregons zu einer Strandhütte. Ich konnte Steve nicht anrufen, weil es dort keine Handyverbindung gab, und auch in der Hütte war kein Telefon. Man konnte nur von einem Münzfernsprecher an der Tankstelle auf der anderen Straßenseite telefonieren. Es war eines der wenigen Male, dass wir mehrere Tage hintereinander nichts voneinander hörten.

In dieser Zeit hatten Steves Eltern beschlossen, mehr in unsere Nähe zu ziehen. Sie würden sich um unser Grundstück in der Great Dividing Range – dem größten australischen Gebirgszug – kümmern, das wir Ironbark Station genannt hatten. Dieses Stück Land sollte dem Naturschutz dienen, wir wollten dort den Busch wiederherstellen. Kurz nachdem wir es erworben hatten, pflanzten wir Eukalyptusbäume. Steve arbeitete bis spät in die Nacht an der Wiederaufforstung. Wenn es nicht regnete, wässerte er selbst jeden einzelnen Setzling. Wir hegten große Hoffnungen, dass das Land eines Tages allen einheimischen Tieren, von Koalas bis Pinselschwanzbeutlern, eine Zuflucht bieten würde.

Nun wollten Lyn und Bob sich darum kümmern. Wir hatten Parzellen von insgesamt über 260 Hektar zusammengelegt. Lyn freute sich sehr, wieder in der Nähe der Familie zu sein. Bis dahin hatten sie und Bob an der Küste von Queensland in Rosedale gewohnt, das mit dem Auto viereinhalb Stunden vom Zoo entfernt lag. Von Ironbark Station waren es nur zwei.

Ich schlief tief und fest, als es eines frühen Morgens an der Tür der Strandhütte in Oregon klopfte. Eine Frau, die erklärte, sie sei vom Roten Kreuz, stand auf der Veranda. Ich war noch benebelt; zuerst begriff ich nicht, was sie mir mitteilte.

„Ich möchte Sie nicht beunruhigen", sagte sie, „aber Sie sollen sofort zu Hause anrufen."

Angst packte mich, und meine Gedanken überschlugen sich. Wo war Steve? Bindi schlief, und ich bat die Frau, auf der Veranda zu bleiben, während ich zum Telefon an der Tankstelle lief. Die Prozedur der internationalen Verbindung kam mir an diesem Morgen unglaublich kompliziert und unerträglich lang vor.

Als ich Steves Stimme am anderen Ende der Leitung hörte, war ich zunächst unglaublich erleichtert. Aber er redete wirres Zeug. Schluchzend brachte er schließlich heraus, dass seine Mutter bei einem Autounfall ums Leben gekommen sei.

Ich fühlte, wie das Blut aus meinem Gesicht wich. Ich konnte es nicht glauben. Er versuchte es zu erklären, war aber kaum in der Lage zu sprechen. Dann war die Leitung unterbrochen.

Völlig außer mir tätigte ich ein paar Anrufe, um herauszufinden, was passiert war. Lyn war im Rahmen des Umzugs mit ein paar letzten Sachen von Rosedale losgefahren. Bei ihr waren ihr Hund Aylic, der neben ihr auf der Beifahrerseite saß, sowie Sharon, eine Vogelspinne, die sich in einem Glasterrarium auf der Ladefläche des Geländewagens befand. Lyn verließ das Haus in Rosedale gegen drei Uhr morgens.

Als sie sich Ironbark Station näherte, kam der Wagen bei einer Geschwindigkeit von 95 Stundenkilometern von der Straße ab. Er prallte gegen einen Baum und Lyn war sofort tot. Auch Aylic starb und das Terrarium mit der Spinne wurde zerschmettert.

Früh am Morgen jenes Tages arbeitete Steve mit einem Bagger auf dem Zoogelände. Genau in dem Augenblick, als der Unfall passierte, hatte er das Gefühl, etwas habe ihn getroffen, und er stürzte aus dem Führerhaus. Später erzählte er mir, in diesem Moment habe er gewusst, dass etwas Schreckliches passiert sei.

Er stieg sofort in seinen Geländewagen und fuhr los. Er hatte keine Ahnung, was geschehen war, aber er wusste instinktiv, wohin er fahren musste. Sein Handy klingelte. Als Frank ihm erzählte, was passiert war, merkte Steve, dass er bereits auf dem Weg zum Unfallort war.

Ich packte sofort alles zusammen und fuhr mit Bindi zum Flughafen, um die nächste Maschine nach Hause zu nehmen. Kein schlimmeres Ereignis hätte die Familie treffen können. Steve stand unter Schock, und Bob ging es noch schlechter. Lyn war immer diejenige gewesen, die alles zusammengehalten hatte, eine unglaublich starke Persönlichkeit, eine Führernatur. Ihr Tod schien absolut unwirklich zu sein.

Noch nie hatte ich eine so tiefe Trauer erlebt. Lyn war gerade mal in den Fünfzigern gewesen; es kam einem grausam vor, dass sie so früh aus dem Leben gerissen worden war. Es hätten ihre goldenen Jahre werden sollen. Sie und Bob wollten den Lebensabschnitt beginnen, für den sie so hart gearbeitet hatten. In der Nähe ihrer Kinder wollten sie zusammen sein und sich an der Natur und den Tieren erfreuen, die sie so sehr liebten. Aber nun war Bindis Großmutter fortgegangen, als sich die Familie gerade darauf gefreut hatte, mehr Zeit miteinander zu verbringen. Es brach mir das Herz.

Die Zeit nach Lyns Tod war schrecklich. Steve war untröstlich, und es war offensichtlich, dass Bob überhaupt nicht damit fertig wurde. Joy und Mandy versuchten, alles am Laufen zu halten, aber auch sie waren verzweifelt und vor Schmerz wie gelähmt. Alle im Zoo waren traurig und bedrückt.

Mandy übernahm die schwere Aufgabe, die Sachen aus dem Geländewagen durchzusehen. Lyn hatte auch Bobs Teekanne eingepackt; er liebte nichts mehr als eine Tasse Tee. Als Mandy die Kanne auswusch, bemerkte sie, dass sich darin etwas bewegte. Es war Sharon, die Vogelspinne, die einzige Überlebende des Unfalls. Irgendwie war es ihr gelungen, in die Kanne zu krabbeln und sich darin zu verstecken.

Nach der Beerdigung schien die Zeit langsamer zu vergehen und dann vollkommen stehen zu bleiben. Es sollte lange dauern, bis das Leben wieder in halbwegs normalen Bahnen verlief. Steve kam nie richtig über

Steve liebte und bewunderte seine Mutter sehr.

Lyns Tod hinweg. Wie zwischen vielen Söhnen und Müttern war seine Verbindung zu ihr sehr eng. Lyn war eine Pionierin im Tierschutz gewesen und hatte ihrem Sohn ein großes Vermächtnis hinterlassen. Irgendwann würde dieses Geschenk über ihren Tod hinwegtrösten, aber nach ihrem Unfall spürten wir alle nur einen entsetzlichen Verlust.

6

Nach Lyns Tod bewältigte Steve seinen Schmerz, indem er sich in die Arbeit stürzte. Oben im Führerhaus des Baggers oder auf dem Bulldozer konnte er mit seinen Gedanken allein sein. Er hatte sich das umliegende Land des Zoos vorgenommen, um eine neue Erweiterung vorzubereiten. Ein Miniatur-Madagaskar sollte entstehen, eine Insel als Lebensraum im Zoo. Getreu seinem Ideal, wild lebende Tiere den Herzen der Menschen näherzubringen, war Steve der Ansicht, die Zoobesucher sollten nicht über das Wasser hinweg auf die Tiere sehen, sondern eine Bootsfahrt machen und zwischen Landschildkröten und

Lemuren an Land gehen und diese hautnah erleben. Wenn die Lemuren Lust hatten, aus den Bäumen herunterzukommen und zu spielen, konnten sie das tun. Wenn sie lieber oben bleiben wollten, auch gut. Die Insel sollte ein Ort sein, an dem die Feuchtnasenaffen frei umherlaufen konnten.

Doch als ich Steve von Weitem bei der Arbeit zuschaute, hatte ich den Eindruck, er hatte weniger die Zukunft im Sinn als das Bestreben, mit der unmittelbaren Vergangenheit fertig zu werden.

Genau in dieser Zeit rief Hollywood an. Man kann sich wohl kaum einen Ort vorstellen, der weiter von den Fragen des wirklichen Lebens wie Trauer und Verlust entfernt ist als die Filmmetropole. Und so fiel es auch niemandem auf, dass in diesem Jahr ein seelisch verwundeter Steve bei der Emmy-Verleihung erschien.

Das Brimborium um die Vergabe der Fernseh-Oscars beeindruckte ihn nicht sonderlich. Schon in guten Zeiten hielt er sich nicht gern in großen Städten auf, und jetzt fiel es ihm noch schwerer, denn er würde das, was er erreicht hatte, nie mehr mit seiner Mutter teilen können.

Der Abend sollte anderen gehören. Es tat mir sehr leid für John Stainton, der als Produzent den Preis erhalten hätte. Trotzdem war es toll, überhaupt nominiert worden zu sein.

Aber Hollywood war noch nicht fertig mit uns. Wir führten Gespräche mit MGM, einem der größten Hollywood-Studios, um einen Kinofilm über den Crocodile Hunter zu drehen. Die Verhandlungen waren zwar langwierig, aber Steve glaubte fest daran, dass der Film eine starke Botschaft für den Tierschutz darstellen würde. Er überzeugte John davon, dass es darin keine computergenerierten Tierbilder geben dürfe. Wir wollten nicht vor einer grünen Leinwand so tun, als hätten wir ein echtes Tier vor uns, und eine Einstellung drehen, die später von Computergrafikern bearbeitet würde. So war es in Hollywood üblich, aber für Steve kam das überhaupt nicht infrage.

Im Verlauf der mühsamen Gespräche mit MGM wurde der Titel des Films ins Leben gerufen: „Crocodile Hunter: Auf Crashkurs". Die meiste Zeit aber verbrachten wir mit Telefonaten und Konferenzen. Das Hauptproblem bestand darin, dass keine Versicherung eine Police für ein Projekt ausstellen wollte, bei dem Steve mit echten Krokodilen arbeitete.

Als die Verhandlungen endgültig zu scheitern schienen, waren wir alle frustriert. Zusammen mit John gingen wir ein beträchtliches Risiko ein und begannen den Film zu drehen, bevor wir einen Vertrag in Händen hielten. Offensichtlich hatten wir keine andere Wahl. Ich stellte mir vor, dass alle Versicherungen auf der Welt ähnlich allergisch auf den Zusatz „lebende Krokodile" reagierten. Also machten wir die Aufnahmen mit unseren Zoo-Krokodilen, ohne über die Unterschriften auf dem Vertrag für den Film zu verfügen.

Eine Szene des Drehbuchs – ein gutes Beispiel für den Albtraum eines jeden Versicherungsvertreters – sah vor, dass ein Krokodil versuchte, in ein Boot zu springen. Das konnte nur mit Steves Sachverstand bewerkstelligt werden, denn in der Szene sollten er und ich in dem Boot sitzen. Wir entschieden uns für Charlie. Er hatte ganz gewiss die richtige Einstellung, denn einen Großteil seiner Zeit verbrachte er mit dem Versuch, alles zu töten, was in seine Reichweite kam. Steve war zuversichtlich, dass Charlie es auch in diesem Fall probieren würde.

Da es sich um einen Kinofilm handelte, benötigte John einen aufwändigeren Aufbau und arbeitete mit drei 35-Millimeter-Kameras. Sie sollten in versetzter Reihenfolge filmen, damit die Filmmagazine nicht alle auf einmal gewechselt werden mussten und immer eine Kamera lief. Wir konnten ja nicht gut ein Krokodil bitten, so lange zu warten, bis ein neues Magazin in die Kamera eingesetzt war.

„Du musst aufpassen, dass du nicht in Charlies Blickfeld gerätst", instruierte Steve mich. „Er soll sich nur auf mich konzentrieren. Wenn er von mir abgelenkt wird und dich angreift, habe ich die Situation nicht mehr unter Kontrolle."

Einverstanden. Auch nur in die Nähe dieser alles zermalmenden Kiefer zu geraten war das Letzte, was ich wollte. Ohnehin war ich nicht scharf darauf, mit einem gewaltigen Salzwasserkrokodil auf dem Wasser zu sein, das mir nach dem Leben trachtete. Ich musste mich vollkommen darauf verlassen, dass Steve mich schützte.

Wir stiegen in die Jolle, die in Charlies Gehege lag und vorn und hinten mit Seilen gesichert war. Sofort kam Charlie angeschwommen, um zu sehen, was los war. Er musste nicht sonderlich ermutigt werden, Steve anzugreifen. Dieser schnappte sich ein Seil und tat so, als versuche er, es um Charlies Oberkiefer zu schlingen. Die Kameras liefen.

Immer wieder ging Charlie direkt auf Steve los, eine halbe Tonne Reptil, die nur einen Meter von mir entfernt explosionsartig aus dem Wasser schoss. Ich versuchte, mich festzuhalten und dabei das Boot auszubalancieren, denn ich wollte nicht, dass Steve das Gleichgewicht verlor und ins Wasser fiel. Charlie war ein verdammt wütendes Krokodil. Liebend gern hätte er seine Zähne in Steve geschlagen.

Während Charlie seinen kraftvollen Schwanz benutzte, um sich aus dem Wasser zu katapultieren, riss er seine Kiefer weit auf und schleuderte seinen Kopf, zuschnappend und mit den Zähnen knirschend, vor und zurück. Vorsichtig schwang Steve weiterhin geschickt das Seil; er hatte nicht die Absicht, sich das Krokodil tatsächlich „zu angeln“, sondern wollte es nur in Aktion halten.

Doch da griff es plötzlich anstelle von Steve das Seil an, und es rutschte direkt über Charlies Oberkiefer. Ein perfekter Wurf, vorausgesetzt, das sei Steves Absicht gewesen. Nun hatten wir ein Krokodil an der Leine und wollten das eigentlich gar nicht.

Sofort ließ Steve das Seil locker, das in Charlies Zähnen festhing. Dank Steves Geistesgegenwart und schneller Reaktion kam es frei. Wir atmeten alle hörbar erleichtert auf.

Steve blickte in die Kameras. „Ich glaube, ihr habt es im Kasten.“

Unter dem Applaus der Filmcrew stiegen wir aus dem Boot. Steve umarmte mich; er war glücklich. Mit Wildtieren umzugehen tat er einfach am liebsten. Er wollte Krokodile als die mächtigen Spitzenprädatoren zeigen, die sie sind, ohne dabei jemanden in Gefahr zu bringen. Er wollte keinen Augenblick den Eindruck erwecken, als beherrsche er das Krokodil oder wolle damit prahlen, dass er sich so nahe heranwagte. Das Tier sollte der Star sein.

Als die Liveaufnahmen mit den Krokodilen im Kasten waren, zeigten sich auch die Leute von der Versicherung zufrieden, und wir konnten endlich den Vertrag mit MGM unterschreiben. Schon bald sollten wir mit den Dreharbeiten beginnen – erste Station war die zentralaustralische Simpsonwüste mit ihren Großwaranen und Inlandtaipanen.

Der Tag vor unserer Abreise war ungewöhnlich warm. Shasta litt sehr unter der Hitze, und alle paar Minuten hob sie den Kopf und bellte ein bisschen. Bindi wickelte sie in nasse Handtücher, um ihr ein wenig Abkühlung zu verschaffen.

In den letzten beiden Jahren war Shastas Rücken so schlimm geworden, dass ich sie in einer Schubkarre umherfahren musste. Sie schlief gern im Auto; wahrscheinlich fand sie es aufregend zu verreisen. An diesem Abend war sie so rastlos, dass ich sie in den Wagen brachte und ihr einen Gutenachtkuss gab. Ich wusste, dass sie sich dort am wohlsten fühlte.

Am Morgen wollten wir zu unserem ersten offiziellen Drehtag aufbrechen. Steve suchte die letzten Sachen im Zoo zusammen, während ich hinausging, um Shasta zu holen, die bei Freunden bleiben sollte. „Guten Morgen, du Schlafmütze", begrüßte ich sie, spürte dann aber, dass etwas anders war als sonst: Sie war gegangen. Irgendwann in der Nacht war Shasta gestorben. Sie war siebzehneinhalb Jahre alt geworden, der einzige Hund, den ich je hatte. Neun Monate hatte sie in Quarantäne verbracht, damit sie mit mir in Australien zusammen sein konnte. Sie war eine treue Freundin und ein hervorragender Wachhund gewesen.

Bindi und ich verabschiedeten uns gemeinsam von ihr. Wir sprachen über den Kreislauf des Lebens und suchten ein paar von Shastas Lieblingssachen zusammen. Sie sollte mit ihrer Lieblingsdecke begraben werden.

STEVE hatte immer das Gefühl, dass er nicht lange leben würde. Manchmal äußerte er die Hoffnung, dass er nicht von einem Krokodil erwischt würde, denn dies würde all seine harte Überzeugungsarbeit zunichtemachen, dass Krokodile wunderbare und schützenswerte Tiere seien. Nach dem Tod seiner Mutter schien er noch entschlossener, in der Zeit, die er hier auf Erden hatte, so viel wie möglich zu vollbringen.

Er hatte keine Angst vor dem Tod. Vielleicht gehörte das zu dem Geheimnis seines begnadeten Umgangs mit wilden Lebewesen. Seine Liebe zu allen Tieren, besonders aber zu Krokodilen, war so groß, dass für Angst kein Platz blieb.

Doch das bedeutete nicht, dass es oftmals nicht auch ganz anders hätte ausgehen können.

Eines Tages – ich fütterte gerade Cookie, während Wes Mary zu fressen gab – unterhielt sich Steve mit einigen Zoobesuchern über Agro, unser großes männliches Krokodil, das in seiner Nähe halb untergetaucht im Wasser lag. Steve war so sehr darauf bedacht, seine Botschaft über Krokodile zu vermitteln, dass er vielleicht ein wenig abgelenkt war. Den ganzen Tag über hatte es in Strömen geregnet, und das Gras war nass und rutschig. Als Steve dem Becken den Rücken kehrte, nutzte Agro die Gelegenheit. Wie eine Rakete schoss er aus dem Wasser und landete auf halber Höhe des Ufers. Wes stieß einen Warnschrei aus.

Doch Agro hatte Steve bereits mit dem Rücken gegen den Zaun gedrängt, er konnte sich nicht mehr rühren. Ich sah den Ausdruck auf

Steves Gesicht – keine Angst, sondern Entschlossenheit. Ein großes männliches Salzwasserkrokodil war kurz davor zuzuschlagen. Aber aus einem unerfindlichen Grund zögerte Agro für den Bruchteil einer Sekunde. Vielleicht wurde er von Wes abgelenkt, der angerannt kam, um seinen besten Freund zu retten.

Steve sprang zur Seite und lief am Zaun entlang. Er war in Sicherheit.

Als wir an diesem Abend im Bett lagen, streichelte ich sein Gesicht und zeichnete die Falten nach, die sich allmählich um seine Augen bildeten. „Einen Moment lang dachte ich, jetzt hat er mich", sagte Steve leise.

Es lag nicht in seiner Art, in Panik zu geraten, und dieses nüchterne Denken gestattete ihm, sich bei Wes zu revanchieren – wobei es in diesem Fall viel knapper ausging.

Während der Zyklonsaison im März 2001 lag ein massives Tiefdruckgebiet vor der Küste von Queensland. Das Tageslicht besaß einen gelblichen Schimmer, und um vier Uhr nachmittags kam der Regen.

Steve schickte alle, die nicht draußen bei den Tieren arbeiteten, nach Hause. Um 16.15 Uhr stellte er eine offizielle Sturmwache auf, was bedeutete, dass sich die noch auf dem Gelände befindlichen Mitarbeiter auf mögliche Überflutungen einstellen sollten.

Bei einem Sturm mussten vor allem die Zäune kontrolliert werden. Wenn Wasser durch die Zoogehege strömte, wurde Geröll gegen die Zäune gedrückt, die einem derartigen Druck jedoch nicht standhielten. Bei zu großem Druck der Wassermassen konnten sie nachgeben, sodass die Krokodile und die anderen Tiere aus ihren Gehegen freikamen.

Um 16.30 Uhr verkündete Steve, die Lage habe sich verschlimmert und erfordere keine Sturmwache mehr, sondern eine Zyklonwache. Der Wind heulte, und vom Himmel stürzten sintflutartige Regenfälle nieder.

Die mittlerweile knapp drei Jahre alte Bindi war bislang die ganze Zeit bei mir gewesen. Aber nun reichte ihr das Wasser schon bis zur Brust. Zum Glück stand unser Haus auf einer Anhöhe. Ich brachte Bindi heim, ließ sie bei ihrem Kindermädchen und rannte zurück.

Alle Wasserläufe im Zoo waren mit Sicherheitsabsperrungen versehen. Steve hatte sie geöffnet, um das Wasser durchzulassen. Jetzt war es Zeit, die Mitarbeiter in Gruppen einzuteilen, um schnell das Geröll von den sich wölbenden Zäunen zu entfernen.

Tiere aus Bereichen mit starken Überflutungen mussten fortgeschafft werden. Wir brachten die Kängurus auf höher gelegenes Terrain und die

Dingos in spezielle Nachtquartiere. Dann sahen wir bei Harriet und den anderen Riesenschildkröten nach, um sicherzugehen, dass sie sich auf die höchste Erhebung in ihrem Gehege begeben hatten.

Der Regen stürzte wie ein Wasserfall herunter, und der Wind heulte ohrenbetäubend. Als über dem Zoo die Dunkelheit hereinbrach, konnten wir nicht mehr verhindern, dass unsere Ausrüstung nass wurde. Als Erstes fielen die Walkie-Talkies aus. Wir teilten uns in kleinere Gruppen auf. Selbst Lampen, die für den Gebrauch im Wasser bestimmt waren, versagten bei dem Regen, und die Stirnlampen flackerten auf und erloschen.

Zusammen mit Rebecca, einer der Mitarbeiterinnen, die freiwillig geblieben waren, um zu helfen, räumte ich Geröll aus dem Dingogehege. Obwohl die Wildhunde sicher in ihren warmen und trockenen Nachtquartieren untergebracht waren, wollten wir dafür sorgen, dass die Zäune nicht nachgaben und am nächsten Tag repariert werden mussten. Wir kontrollierten den Zaun, wateten durch strömendes, hüfthohes Wasser und entfernten Unmengen von Blättern, Ästen und Geröll. Einige der Zierfelsen im Gehege standen komplett unter Wasser, und es wurde immer schwerer, die Orientierung zu behalten, da alles überschwemmt war.

Unsere Anstrengungen waren schön und gut für die Gehege, die leer waren oder harmlose Tierarten beherbergten. Doch bei anderen war es eine Frage der Sicherheit, dass die Zäune hielten. Oberste Priorität besaßen daher die Krokodilgehege. Denn wenn ein Zaun nachgab und ein Krokodil freikam, waren alle, die im Zoo arbeiteten, in Gefahr.

Stürme waren für uns nichts Neues, der Zoo wurde fast jedes Jahr einmal überflutet. Aber dieser Sturm war entsetzlich. Das Chaos wurde von Blitzen und den Scheinwerfern der Autos erhellt, die die Mitarbeiter in der Nähe geparkt hatten, um die Arbeitsbereiche auszuleuchten.

Wes, Steve und andere Angestellte bekämpften die Fluten im Gehege von Graham, einem der Krokodile. Ein Mann stand als Wachposten auf dem Zaun, um das Reptil im Auge zu behalten. Er musste zu Wes und Steve hinüberschreien, die bis zur Hüfte im dunklen Wasser standen und den Zaun innerhalb des Geheges frei räumten. Die Autoscheinwerfer warfen seltsame Schatten, und der Posten musste versuchen, das Krokodil zwischen dem herumschwimmenden Treibgut auszumachen.

Wenn Graham abtauchte, mussten Wes und Steve sofort gewarnt werden. Die beiden waren ein eingespieltes Team, denn sie arbeiteten schon seit Jahren zusammen. Sie konnten sich keine Fehler erlauben, da ihre Zeit in Grahams Gehege auf ein Minimum beschränkt war. Sie sprangen hinein, entfernten einen Teil des Gerölls und sprangen wieder hinaus, um die Lage neu abzuschätzen.

Grahams Weibchen nistete gerade, was das ganze Unterfangen noch gefährlicher machte, da sein Beschützerinstinkt besonders geschärft war. Die Männer wussten außerdem nur zu gut, dass die Nacht den Krokodilen gehörte – und Graham ernsthaft versuchen würde, sie zu erwischen.

Plötzlich wurde Wes mit solcher Wucht gegen den Zaun geschleudert, dass er in hohem Bogen direkt über Steve hinwegflog. Dieser brauchte nur den Bruchteil einer Sekunde, um zu begreifen, was passiert war. Als Wes sich vornübergebeugt hatte, um Geröll zu entfernen, war er von dem dreieinhalb Meter langen und vierhundert Kilogramm schweren Reptil von hinten angegriffen worden.

Graham packte Wes, die Zähne seines Oberkiefers gruben sich in den Po unseres Freundes, während sein Unterkiefer sich in Wes' hinterem Oberschenkel verhakte. Dann schloss das Tier sein Maul und zog und zerrte an dem Körpergewebe.

Instinktiv drehte Wes sich weg und kam frei, doch dabei wurden ihm zwei Fleischstücke aus der Rückseite gerissen. Sofort schwang das Krokodil seinen Kopf zu einer neuen Attacke herum, doch Wes konnte es zur Seite stoßen. Beide klatschten zurück ins Wasser.

In der Dunkelheit bekam Steve derweil den Griff einer Hacke zu fassen und drehte sich zu Graham um, als dieser sich wieder zum Angriff bereit machte. Wes lag jetzt auf der Seite im ungefähr einen Meter tiefen Wasser. Im Scheinwerferlicht eines Geländewagens sah er das Krokodil näher kommen. Ihm war klar, dass dessen nächste Attacke seinem Schädel gelten würde. Dann wäre es aus. Er wappnete sich für das Unvermeidliche – doch es blieb aus.

Steve griff ins Wasser, packte das Krokodil an den Hinterbeinen und zog mit aller Kraft. Er schaffte es, das Tier herumzudrehen, damit es sich auf ihn konzentrierte. Als Graham auf ihn losging, rammte Steve ihm den Stiel der Hacke ins Maul und begann auf den Kopf des Reptils einzuschlagen.

In der Zwischenzeit gelang es Wes, sich am Zaun hochzuziehen. „Ich bin draußen, Kumpel, ich bin draußen!", schrie er, während ihm das Blut in Strömen vom Bein lief.

Steve blickte auf und sah Wes oben auf dem Zaun verharren. Trotz seiner Wunden war Wes bereit, wieder zurück ins Wasser zu springen, um seinen besten Freund zu retten.

„Raus mit dir!“, schrie Steve. „Ich komm schon klar!“

Gleich darauf purzelten die zwei Männer über den Zaun und krachten zu Boden. In dem spärlichen Licht erkannte Steve das schreckliche Ausmaß der Verletzungen. „Komm, ich trag dich zum Haus.“

„Geht schon!“, rief Wes. „Ich schaff es allein!“ Durch den prasselnden Regen kämpften sich die beiden Richtung Gebäude.

Irgendwie schaffte es Frank, uns im Dingogehege darüber zu informieren, was passiert war. Als ich zu ihnen lief, bekam ich einen Riesenschreck. Wes war bei Bewusstsein und stand aufrecht da. Ich sah mir seine Verletzungen an: Die zwei klaffenden Löcher in seinem Gesäß und seinem Bein waren größer als meine Faust, ein furchtbarer Anblick. Es hatte ihn böse erwischt.

Wir beschlossen, Wes selbst ins Krankenhaus zu bringen, anstatt die Ambulanz zu alarmieren. Er schwankte zwischen euphorischer Freude darüber, dass er am Leben war, und heftigen Wutanfällen. Er stand unter Schock und hatte eine Menge Blut verloren.

Steve fuhr. Eine Strecke, für die er normalerweise eine halbe Stunde

Freunde fürs Leben: Steve und Wes

brauchte, schaffte er jetzt in weniger als zwanzig Minuten. Wir waren sehr aufgewühlt; der Gedanke, dass wir Wes fast verloren hätten, erschreckte uns sehr. Es war eine furchtbare Freitagnacht. Doch im Laufe des Wochenendes erfuhren wir, dass Wes sich sehr wahrscheinlich wieder vollständig erholen würde. Er würde sein Bein behalten und sich vermutlich auch wieder fast normal bewegen können. Aber es war noch nicht klar, ob eine Hauttransplantation notwendig wäre.

Steve hatte sein Leben riskiert, um Wes zu retten. Und trotz seiner schweren Verletzung war Wes oben auf dem Zaun stehen geblieben, um umzukehren und Steve zu helfen. Das war Freundschaft, das war Liebe.

Danach wurde die Verbindung zwischen Wes und Steve noch enger. Ich glaube nicht, dass es anderswo in der Welt etwas Ähnliches gibt wie das traditionelle australische Ideal der *mateship* genannten Kameradschaft. „Beste Freunde" trifft es nicht; es ist mehr und geht tiefer. Ein solcher *mate* ist jemand, der einem immer den Rücken freihält. Wenn am Horizont ein Sturm aufzieht, lautet der erste Gedanke: Wie mag es wohl meinem besten Kumpel bei diesem schlimmen Wetter ergehen? Egal was passiert, man denkt an ihn.

So war es auch bei Wes und Steve. Wes war vierzehn, als er im Zoo anfing, und Steve damals bereits Anfang zwanzig. Wes unterstützte ihn beim Krokodilfang, und die Freundschaft der beiden wurde im Busch immer wieder auf die Probe gestellt. Im Laufe der Jahre hatten beide etliche Gelegenheiten gehabt, einander das Leben zu retten, aber nie war etwas so Dramatisches passiert wie in dieser Nacht während der Überflutung.

Auch als Wes wieder ganz gesund war, schien Steve durch den beinahe tragischen Ausgang des Vorfalls seelisch zurückgeworfen zu sein. Die Verzweiflung über den Verlust seiner Mutter und das Wissen, dass sein bester Freund nur knapp dem Tod entronnen war, lasteten schwer auf ihm. Wegen seiner eigenen Sterblichkeit machte Steve sich, wie gesagt, keine Sorgen und ging sehr offen damit um, aber die jüngsten Ereignisse gaben ihm noch mehr Grund, über das Leben und den Tod nachzusinnen.

„Ich darf gar nicht daran denken, dass dir oder Bindi etwas passieren könnte", sagte er zu mir. „Damit würde ich einfach nicht fertig."

Ich war stets aufs Neue erstaunt, wie hart Steve nach außen hin und wie unglaublich liebevoll er im Inneren war. Er zeigte seine Gefühle offener als jeder andere Mann, dem ich jemals begegnet bin. Wenn guten

Menschen Schlimmes widerfuhr oder unschuldige Tiere unter menschlicher Grausamkeit litten, erschütterte es ihn zutiefst.

Das stetig wachsende Bewusstsein seiner eigenen Sterblichkeit führte dazu, dass die Familie für Steve immer wichtiger wurde. Wir hatten eine wunderbare Tochter. Jetzt wünschten wir uns einen Sohn.

Ich hatte gelesen, dass man durch eine spezielle Ernährung die Wahrscheinlichkeit für die Empfängnis eines Jungen oder eines Mädchens erhöhen konnte, und traf mich mit einer Ernährungsexpertin. Sie gab mir alle Informationen, die ich für die „Jungen-Diät" brauchte.

7

Im Lauf unserer Erfahrungen mit Hollywood lernten wir auch, dass die Arbeiten an einem Film noch lange nicht abgeschlossen sind, wenn der Streifen gedreht ist. Bevor wir „Crocodile Hunter: Auf Crashkurs" der Öffentlichkeit vorstellen konnten, mussten wir den Film zuerst an die Kinobesitzer verkaufen, die ihn dann zeigten. Die erste Station unserer Promotionkampagne war Las Vegas. Zu unserer Präsentation gehörten auch einige lebende Wildtiere, ein Spektakel, das von Wes hervorragend organisiert wurde.

Wir starteten eine Werbetour durch zwölf nordamerikanische Städte, die wir anschließend in London, Dublin und Glasgow fortsetzten. Für die Reise stellte MGM uns einen Firmenjet zur Verfügung, der auf der Seite eine Krokodilabbildung trug. Es war eine aufregende und turbulente Tour.

Meine Schwester Bonnie begleitete uns und kümmerte sich um Bindi, während Steve und ich ein Fernsehinterview nach dem anderen gaben, von Morgenmagazinen bis zu Spätprogrammen. Wir sprachen auch mit Reportern von Zeitungen, Zeitschriften und vom Radio. In sechs Wochen brachten wir es auf zwölfhundert Interviews.

Für die Premiere von „Crocodile Hunter" in Los Angeles organisierte Wes ein weiteres Mal Tiere. Der rote Teppich, den man für uns ausgerollt hatte, suchte seinesgleichen. Steve, Bindi und ich überquerten ihn auf dem Rücken eines Elefanten. Wes hatte außerdem eine Giraffe, Geparden und einen Alligator hinzugeholt. Dann kletterte Steve noch einmal allein auf den Elefanten, dem der Tiertrainer das Zeichen gab, sich auf die Hinterbeine zu stellen. Die Bilder waren unbezahlbar.

Unsere verkaufsfördernden Maßnahmen zahlten sich aus. „Crocodile Hunter: Auf Crashkurs“ spielte am ersten Wochenende mehr ein, als die Produktion gekostet hatte.

Die Filmpromotion war äußerst anstrengend gewesen, aber selbst unterwegs hatten wir unsere Bemühungen fortgesetzt, noch ein Baby zu bekommen. Da wir uns einen Jungen wünschten, bedeutete das auch, es genau zum Zeitpunkt des Eisprungs zu versuchen. Ich hatte mir Teststreifen besorgt, die mir den Eisprung anzeigten. Wenn ein Streifen blau wurde, blieben uns 24 bis 40 Stunden, um in Aktion zu treten.

Nach unserer Rückkehr nach Australien fuhren wir zum Brigalow Belt, einer gefährdeten Buschlandschaft, die sich von New South Wales nach Norden bis nach Queensland erstreckt. Diese nach einer Akazienart benannte Region war wegen intensiver Rodung in Gefahr.

Wir hatten 32 Hektar gekauft, um zum Schutz dieses fragilen Lebensraums beizutragen. Steve wollte die Stauwehre überprüfen, die dort vor über hundert Jahren gebaut worden waren. Sie waren noch nie ausgetrocknet, aber jetzt kämpften wir gegen die schlimmste Dürre seit Jahren. Der Schlamm, der sich über mehrere Jahrzehnte in den Wehren angesammelt hatte, war an manchen Stellen viereinhalb Meter tief.

In der Mitte der Becken stand noch Wasser, aber um es zu erreichen, mussten die Tiere durch den Schlamm – und blieben darin stecken. Täglich kontrollierten wir die Wehre und fanden dabei in jedem acht bis zehn Tiere, hauptsächlich Kängurus und Wallabys, die hoffnungslos im Schlamm feststeckten.

Wir fuhren frühmorgens zu den Wehren, denn manche Tiere hatten die ganze Nacht verzweifelt versucht freizukommen. Steve legte Planken aus und benutzte Gurte, um sie zu retten. Da auch wir sehr schnell im Schlamm versunken wären, mussten wir bei der Rettung der Tiere äußerst behutsam vorgehen. Wegen der Milchsäure, die sich in ihrem Gewebe gebildet hatte (ein Produkt ihrer stundenlangen Anstrengungen, sich zu befreien), waren einige der Kängurus derart erschöpft, dass sie sich nicht mehr erholten. Trotzdem konnten wir eine ganze Menge retten.

Nach dieser Reise stellte ich fest, dass ich schwanger war. Die Nachricht, dass er bald wieder Vater werden würde, schien Steve zu inspirieren, noch härter zu arbeiten. Unser Zoo erfreute sich weiterhin wachsender Beliebtheit, und wir hatten Mühe, mit dem starken Besucherandrang fertig zu werden. Die größte Attraktion waren die Krokodile. In

Massen strömten die Menschen zu den Shows und füllten alle Tribünen bis zum letzten Platz.

Eines Tages präsentierte Steve mir einen monumentalen Plan, den er auf einem Blatt Papier skizzierte. „Was hältst du davon? Es ist ein Kolosseum“, erklärte er, die Augen vor Eifer weit aufgerissen. Er zeichnete ein Oval und dann eine Reihe kleinerer Ovale dahinter. „Das sind die Becken, wo die Krokodile leben. Jeden Tag kommt ein anderes Krokodil für die Show heraus. Durch ein Kanalsystem schwimmt es direkt in die Arena.“

„Kanäle“, wiederholte ich. „Kannst du die Tiere dazu bringen, auf ein Stichwort herauszukommen?“

„Kleinigkeit!“, entgegnete er. „Aber jetzt pass auf. Wir nennen es ... das ‚Crocoseum‘!“

Seine Begeisterung war ansteckend. Steve wollte die Aufregung und das Spektakel römischer Gladiatorenkämpfe nachempfinden und den Menschen dabei zeigen, wie großartig Krokodile sind.

Es war ein gewaltiges, einzigartiges Projekt – und sehr teuer. Doch Steve war fest entschlossen. Das Crocoseum sollte der größte Bau im Zoo werden. Die Arena, unter der Museen, Läden und ein Gastronomiebereich eingerichtet werden sollten, würde bis zu fünftausend Zuschauer in sich aufnehmen können. In ihrem Zentrum konnten sich die Besucher auf begehbaren Flächen sicher um die Krokodile herumbewegen, während die Wasserflächen für die Tiere leicht zu erreichen waren und ihnen ausreichend Platz boten.

Es war eine aufregende Zeit. Während das Crocoseum in den Himmel wuchs, wurde mein Bauch mit unserem neuen Baby darin immer dicker. Es schien, als legte ich in gleichem Maß an Umfang zu, wie das neue Projekt Gestalt annahm.

Das Crocoseum wurde während einer Liveübertragung des Senders Animal Planet eröffnet, die in die ganze Welt ausgestrahlt wurde. Der Bau war ein unglaublicher Erfolg.

WIR KAMEN zu dem Entschluss, dass wir nicht schon vor der Geburt wissen wollten, ob wir wirklich einen Jungen oder doch wieder ein Mädchen bekamen. „Wozu sollte das gut sein?“, fragte ich. „Wenn ich an die Plackerei denke, die die Wehen bedeuten – da habe ich wenigstens etwas, worauf ich mich als große Überraschung freuen kann.“

„Och, die Wehen waren doch keine Plackerei, finde ich.“ Steve grinste. „Manchmal hat es zwar wehgetan, wenn du meine Hand ein bisschen zu fest gedrückt hast, aber ansonsten …"

Weiter kam er nicht. Ich ging auf ihn los. Lachend wälzte er sich auf dem Boden.

Es war an einem Sonntag Ende November, als ich nachts Fruchtwasser verlor und unmittelbar danach die Wehen einsetzten. Ich schlief in Bindis Zimmer, weil ich so unbeholfen und unruhig war, dass ich ständig alle aufweckte. Außerdem genoss Bindi es, sich im Bett an ihren Daddy zu kuscheln.

Leise schlich ich mich in das Zimmer der beiden und beugte mich hinunter zu Steves Ohr. Als ich seinen Namen flüsterte, öffnete er die Augen, ohne sich zu bewegen. Bindi schlief weiter. Es war ungefähr Mitternacht, und ich teilte Steve mit, wir müssten zwar noch nicht sofort, aber bald zum Krankenhaus aufbrechen. Sobald er sich davon überzeugt hatte, dass es mir gut ging, legte ich mich wieder in Bindis Bett, um mich noch ein wenig auszuruhen.

Während all der Jahre unseres gemeinsamen Lebens konnte ich nie wissen, was Steve als Nächstes sagen würde. Und so kam er, nachdem ich mich gerade wieder hingelegt hatte, zu mir ans Bett und meinte: „Ich spreche jetzt ein Machtwort. Das Baby heißt Robert Clarence Irwin, wenn es ein Junge wird." Robert nach seinem und Clarence nach meinem Vater.

„Du brauchst kein Machtwort zu sprechen", flüsterte ich. „Ich finde den Namen wunderschön."

Als die Wehen im Abstand von vier Minuten kamen, wusste ich, dass es Zeit wurde, ins Krankenhaus zu fahren. Inzwischen war es fünf Uhr morgens. Steve kümmerte sich um alles für den Aufbruch in die Klinik, und Bindis Kindermädchen kam herüber, um sie zur Schule zu bringen.

Die Geburt verlief wesentlich schneller als die von Bindi. Ich war nicht beunruhigt, denn Steve war bei mir, und ich wusste, dass alles gut ging, solange wir zusammen waren.

Dann kam das Baby. „Es ist ein Junge", verkündete Steve und brachte ihn mir. Ich erinnere mich an die winzigen rosa Lippen meines Sohnes. Mit seinen geschlossenen Augen und dem geöffneten Mündchen sah er aus wie ein frisch geschlüpfter Vogel. Steve weinte vor Freude.

Dann fuhr der stolze Papa zur Schule, um Bindi die Neuigkeit zu überbringen. Er nahm sie mit ins Krankenhaus, wo sie ihren kleinen Bruder liebevoll auf den Arm nahm.

„Er soll Brian heißen“, sagte sie.

„Er heißt aber Robert“, widersprach Steve.

„Na gut“, seufzte sie. „Dann nenne ich ihn eben nur ganz kurz Brian.“

Es war der 1. Dezember 2003, und wir alle hatten gerade das schönste Weihnachtsgeschenk bekommen, das man sich vorstellen kann. Als wir Baby Bob nach Hause brachten, begrüßte der ganze Zoo den Neuankömmling.

Wir hatten schon immer eine gute Beziehung zu einer Gruppe buddhistischer Mönche aus Tibet gepflegt, die Bindi als Neugeborene gesegnet hatten. Als Robert einen Monat alt wurde, beschlossen wir, eine Spendensammlung für ein buddhistisches Nonnenkloster zu veranstalten, in dem ein Brunnen versiegt war. Wir luden die Nonnen in den Australia Zoo ein und planten, die Spendensammlung in unserem brandneuen Crocoseum abzuhalten, um so zu helfen, Geld für einen neuen Brunnen aufzubringen.

Die Nonnen wollten wissen, ob sie bei ihrem Aufenthalt im Zoo die Tiere segnen sollten. „Würdet ihr bitte Robert segnen?“, baten wir.

Bindi war zusammen mit den Krokodilen gesegnet worden, als sie einen Monat alt gewesen war. Jetzt wollten wir Robert den gleichen Dienst erweisen. Die Nonnen kamen zur Zeremonie ins Crocoseum, und ich brachte den schläfrigen kleinen Robert, der mit seiner Gebetsfahne und einem Schal geschmückt war. Wir hatten die Presse eingeladen, damit diese über die Notlage der Nonnen berichtete. Robert war sehr friedlich, als die Nonnen sangen und ihm ihren besonderen Segen gaben.

Die Zeremonie war vorbei, und kurz danach sollte die Krokodilshow beginnen. Genauso, wie wir es damals mit Bindi gemacht hatten, brachten wir jetzt auch Robert zu der Vorführung mit. Steve sprach darüber, wie stolz er auf seinen Sohn sei, und zeigte Baby Bob das Krokodil Murray, während er es fütterte. Obwohl Robert schon vorher mit bei den Krokodilen gewesen war – und es noch oft sein würde –, konnten wir dieses Ereignis mit allen teilen.

Als die Krokodilshow vorbei war, brachte Steve den Kleinen wieder in die Räume unter dem Crocoseum, und ich legte ihn in seinen Kinderwagen. Er hatte große Augen und wedelte mit den Armen. Bindi war regelmäßig bei den Krokodilshows dabei, und jetzt sah es so aus, als würde auch Robert zum Dauergast werden.

Später an diesem Tag erfuhren wir, dass einer der Fernsehkanäle, die über das Ereignis im Crocoseum berichteten, beschlossen hatte, der Geschichte einen negativen Anstrich zu geben.

„Das ist doch verrückt!“, empörte ich mich Steve gegenüber. „Was kann man an einem so schönen Ereignis denn negativ finden?“

Wie eine Flutwelle brach die Neuigkeit dann über uns herein: Nicht nur ein Fernsehsender hatte die Story aufgegriffen; es sah so aus, als habe man kollektiv beschlossen, Steve zu Fall zu bringen, weil er Robert bei der Vorführung dabeigehabt hatte.

Die Meldung ging um die ganze Welt. Steve wurde als böses, hässliches Monster dargestellt, das seinen Sohn für eine Art Stuntshow missbraucht hatte. Dazu trug auch das berüchtigte *baby dangling* Michael Jacksons bei, als der Popstar ein Jahr zuvor für begeisterte Fans, die vor einem Berliner Hotel warteten, seinen Sohn aus dem Fenster gehalten und beinahe fallen gelassen hatte. Die Presse stellte die beiden Geschichten auf eine Stufe. Steve und Michael – beide verantwortungslose Väter, die ihre Kinder leichtsinnig in Gefahr brachten.

Wir wussten nicht, was wir tun sollten. Das Wichtigste in Steves Leben war seine Familie; seine Kinder bedeuteten ihm alles. Plötzlich wurde mein großartiger, mitfühlender und fürsorglicher Ehemann verurteilt. Sein Vergehen bestand darin, Robert an Erlebnissen mit Wildtieren teilhaben zu lassen, genauso wie er es in den letzten fünfeinhalb Jahren auch mit Bindi gemacht hatte.

Der Medienzirkus eskalierte. Hubschrauber kreisten über dem Zoo und versuchten einen Blick auf die verrückte Familie Irwin zu erhaschen. Steve spannte einen Sichtschutz über unseren Hof, um unsere Privatsphäre zu schützen. Bald wurde uns klar, dass wir uns nicht mehr frei zu bewegen vermochten. Wir konnten nicht in den Zoo gehen, keine Anrufe beantworten und keine Krokodilshows veranstalten. Die Kritik und die Verdrehung der Tatsachen gingen weiter.

Ich stand fest an Steves Seite und sah, wie ihm das Herz brach. Es war unglaublich, wie kleinlich, gemein und hinterhältig die Menschen sein konnten. Redakteure manipulierten Filmmaterial, damit das Krokodil größer oder näher bei Robert schien, als es wirklich gewesen war. Wozu sollte das nur gut sein?

Am selben Abend, als die Kontroverse um Baby Bob ausgelöst wurde, kam ein Polizeibeamter bei uns vorbei. Der Generalgouverneur verlange Steve zu sprechen, teilte er uns mit. „Es wäre gut, wenn Steve sich noch heute Abend bei ihm melden würde.“

Als Steve die Nummer anrief, die ihm der Polizist gegeben hatte, war die Sekretärin des Generalgouverneurs am Apparat. Sie war sehr kurz angebunden und kam direkt zur Sache: Das Jugendamt würde eine Untersuchung bei uns durchführen.

„Ich verstehe nicht, warum Sie mich freitags abends um zehn anrufen lassen, um mir das zu sagen“, erwiderte Steve.

Ich konnte den scharfen Ton in der Stimme der Frau hören, obwohl Steve den Hörer am Ohr hatte. „Sie sollten sehr vorsichtig sein, Mr Irwin. Wir haben die Befugnis, Ihnen Ihre Kinder wegzunehmen.“

Konnten wirklich Sozialarbeiter kommen und unsere Kinder mitnehmen? Kinder, die so sehr geliebt und umsorgt wurden?

Es war eine Hetzkampagne der übelsten Sorte. All die Beamten, die auf das reagierten, was die Medien als den „Baby-Bob-Vorfall“ bezeichneten, verkannten die Familie Irwin vollkommen. Wir taten nichts anderes, als unsere Kinder von klein an mit wilden Tieren vertraut zu machen. Es war nichts Unnatürliches und auch keine Inszenierung. Im Gegenteil, wir folgten einer alten und bewährten Familientradition der Irwins, die ich vorbehaltlos guthieß. Es war unser Leben. Die Tatsache, dass die Presse das Ganze als unverantwortlich darstellte, gab uns das Gefühl, wir würden als Eltern an den Pranger gestellt.

Aus diesem Grund hat Steve sich auch nie öffentlich entschuldigt. Zu behaupten, dass es ihm leidtue, hätte bedeutet, dass er es bedauerte, wie Bob und Lyn ihn großgezogen hatten, und das war einfach unmöglich. Daher konnte er bestenfalls sagen, es tue ihm aufrichtig leid, falls er jemanden beunruhigt haben sollte.

Er wäre jedoch in der Tat ein sehr nachlässiger Vater gewesen, hätte er seinen Kindern nicht beigebracht, ihr Leben mit wilden Tieren zu teilen. Schließlich mussten sie nicht nur mit viel befahrenen Straßen und heißen Herdplatten fertig werden, sondern auch lernen, mit Krokodilen und giftigen Schlangen in ihrem Hinterhof zu leben.

Bei all der Aufregung geriet die Not der tibetischen Nonnen vollkommen in Vergessenheit. So ging es monatelang.

Steve und ich gaben uns alle Mühe, uns wieder wie normale Menschen zu fühlen. Sponsoren sprachen davon, Verträge zu kündigen. Mitglieder unserer eigenen Filmcrew distanzierten sich von uns, und unsere Beziehung zum Discovery Channel stand auf wackligen Füßen.

Aber nach und nach konnten wir den ganzen Rummel außen vor lassen und das aufnehmen, was die Leute sagten – nicht die Presse, sondern Menschen wie du und ich. Wir lasen die Flut von E-Mails, Faxen und Briefen, die man uns geschickt hatte, und hörten uns die telefonischen Nachrichten an. Ganz normale Menschen halfen uns, wieder auf die Beine zu kommen. Ihre Kinder wuchsen auf Rinderfarmen auf und konnten schon Traktor fahren, oder sie lebten auf Pferdehöfen und halfen, wilde Hengste zu bändigen. Andere Kinder trainierten, um Turner zu werden, ein körperlich sehr anstrengender Sport, der viele Verletzungsgefahren barg. All diese Eltern und ihre Kinder unterstützten uns mit ihren Botschaften.

Und viele von ihnen benutzten denselben Satz: „Ich würde Steve meine Kinder jederzeit anvertrauen."

Ich wusste, dass er sich wieder gefangen hatte, als er eine seiner ambitioniertesten Dokumentationen mit John Stainton in Angriff nahm. Sie wollten in die Antarktis fahren, um zu zeigen, unter welchen Bedingungen die Tiere dort lebten. Es war Sommer auf der Südhalbkugel, die einzige Jahreszeit, zu der ein Besuch möglich ist, aber auch dann ist es kein Ort für kleine Kinder. Ich war nicht davon begeistert, dass wir uns in solch unruhigen Zeiten voneinander trennen sollten, aber die Dreharbeiten waren seit langer Zeit geplant. So reiste ich derweil mit den Kindern zu Walt Disney World nach Florida.

Steve stellte fest, dass die Tiere der Antarktis kaum Scheu vor Menschen hatten. Da ihnen keine Jäger zusetzten, empfanden sie Menschen nicht als Bedrohung. Die Pinguine gehörten zu den freundlichsten „Einheimischen". Wenn Steve ihre Bewegungen nachahmte, machten sie diese häufig wiederum nach. Er wahrte einen respektvollen Abstand, aber oft kamen die Pinguine zu ihm. Steve war sehr daran interessiert, mehr über ihren größten natürlichen Feind, den Seeleoparden, zu erfahren. Seeleoparden gelten als aggressive Raubtiere, und Steve beobachtete, wie sie aus Löchern im Eis auftauchten.

„Sie sind wie riesige Raupen", erzählte er mir. Ebenso wie Krokodile können sie im Wasser gefährlich sein oder von dort ans Ufer hechten, um anzugreifen. Aber sobald sie aus dem Wasser heraus sind, gleichen sie gigantischen Raupen, die auf einen zukriechen. Für Menschen stellen sie definitiv keine Bedrohung dar.

Die beste Art, mit einem Seeleoparden Kontakt aufzunehmen, war, einen gewissen Abstand zu ihm einzuhalten. Es war Steve möglich, sich aufs Eis zu setzen und über das Verhalten dieser Robbenart zu sprechen,

Steves Blick spricht Bände: unser kleiner Robert kurz nach seiner Geburt.

Steve bei seiner Rückkehr aus der Antarktis

Unbeschwertes Familienglück bei einer Reise in die Rocky Mountains. „Ich möchte vor allem als guter Vater in Erinnerung bleiben", wünschte sich Steve.

während eines der Tiere in der Nähe war. Die Robbe stürzte sich nicht auf Steve, sondern hörte ihm vielmehr zu, bevor sie sich wieder ins Wasser gleiten ließ.

Es gelten klare Vorschriften, wenn man sich Tieren in der Antarktis nähert. So gibt es beispielsweise bei Pinguinen einen bestimmten Mindestabstand, den Menschen einhalten müssen – es sei denn, die Pinguine nähern sich ihnen selbst. Die Wirklichkeit sah jedoch ein wenig anders aus. Forscher mussten durch Unmengen dieser Vögel gehen, um zur Toilette zu gelangen. Touristenboote pflügten durch große Gruppen Pinguine, wenn sie in Häfen einliefen, und töteten dabei unzählige von ihnen.

Steve war entschlossen, sich auf die positiven Aspekte seiner Erfahrung zu konzentrieren. Buckelwale tauchten an der Seite seines Bootes auf, streckten vorwitzig den riesigen Kopf aus dem Wasser und sahen sich interessiert um. Er brauchte nicht nach ihnen zu suchen – ihre natürliche Neugierde sorgte dafür, dass sie zu ihm kamen. Steve zog seinen Trockentauchanzug an, um ein paar Aufnahmen im Wasser zu machen. Sofort kamen die Wale näher. Als Steve merkte, dass sein Anzug ein kleines Loch hatte, kletterte er auf eine Eisscholle und filmte von dort aus weiter.

Das dabei entstandene Filmmaterial repräsentierte das, was Steve verkörperte. Er konnte seine Erlebnisse mit diesen wunderbaren Walen in die Wohnzimmer der Menschen bringen. Bei allem, was er tat, war es sein größtes Anliegen, Wildtiere unserem Herzen näherzubringen.

Aber nach dem Baby-Bob-Vorfall schienen die Reporter Steve auf dem Kieker zu haben. Dieses Mal wurde er nach seiner Rückkehr dafür angegriffen, dass er die Tiere der Antarktis gefilmt hatte. Kommentatoren bezeichneten seine Rutschpartie mit den Pinguinen als „Eingriff". In der Nähe eines Seeleoparden zu sitzen, um zu demonstrieren, dass diese Tiere keine schrecklichen Monster sind, wurde als „Belästigung von Wildtieren" bezeichnet. Im absurdesten Bericht von allen wurde behauptet, Steve sei auf einem Wal geritten, als er in Wirklichkeit auf der Eisscholle gesessen hatte.

Die australischen Behörden ordneten eine offizielle Untersuchung an. Das Filmen von Tieren in der Antarktis war gesetzlich geregelt, und bei erwiesener Zuwiderhandlung drohten Haftstrafen. Nur ein paar Monate nachdem ihn Vorwürfe erschüttert hatten, er sei kein guter Vater, wurde ihm jetzt vorgehalten, er störe Tiere auf und scheuche sie, statt sie zu schützen. Wir mussten Geld für Anwälte ausgeben, das eigentlich in den Tierschutz fließen sollte.

Schließlich kam die Untersuchung zu dem Ergebnis, dass Steve bei der Dokumentation in der Antarktis nicht gesetzeswidrig gehandelt hatte. Wieder einmal hielten uns die Gedanken ganz normaler Menschen aufrecht, die weltweit an Steve glaubten. Aber seit dem Tod seiner Mutter hatte ich ihn nicht mehr so niedergeschlagen gesehen. Kurz hintereinander hatte er zwei Tiefschläge einstecken müssen, zuerst die Sache mit Baby Bob und dann die Anschuldigungen über sein Verhalten in der Antarktis.

„Mit Krokodilen ist es einfach", meinte er. „Sie versuchen, dich zu töten und zu fressen. Mit den Menschen ist es schwieriger. Manchmal tun sie erst so, als seien sie deine Freunde."

PROFESSOR CRAIG FRANKLIN von der Universität Queensland ging mit Steve eine Partnerschaft für die Krokodilforschung ein. An den Tieren sollten Sender und Datensammler befestigt werden, um ihr Verhalten in ihrem natürlichen Lebensraum aufzuzeichnen. Aber um die Sender anzubringen, mussten die Krokodile erst einmal gefangen werden, und dafür waren Steves Fähigkeiten gefragt.

Ihm ging es immer dann am besten, wenn er zusammen mit seiner Familie im Busch war. „Es gibt nichts Wertvolleres als das menschliche Leben, und diese Forschungen werden dazu beitragen, sowohl Krokodile als auch Menschen zu schützen", erklärte er uns. Im Busch fühlte sich Steve zu Hause, und dort war er stets in Bestform. Bei dieser Exkursion fing er 33 Krokodile in zwei Wochen.

Aber er hatte größere Pläne. „Ich hätte wirklich gern die Möglichkeit, Forschungsprojekte sowohl im Meer als auch in Flüssen durchzuführen", erzählte er mir. „Ich könnte so viel mehr für Krokodile und Haie tun, wenn ich ein entsprechendes Forschungsschiff hätte."

Sobald wir von unserem Aufenthalt auf der Kap-York-Halbinsel mit Craig Franklin zurück waren, begann Steve mit den Plänen für sein Schiff. Es sollte möglichst viel Komfort besitzen und eine Mischung aus hochmodernem Forschungsschiff und Luxuskreuzer sein. In den Entwürfen stattete er es mit drei Kojen, einem Plasmafernseher für die Kinder und einem klimatisierten Unterdeck aus. Am Heck sollte es eine große Taucherplattform für Jeboote, Haikäfige und zum Einholen großer Krokodile haben. Worauf er jedoch am meisten bestand, war ein

Hubschrauberlandeplatz oben auf dem Schiff. Seine Entwürfe wanderten zwischen dem Zoo und Perth hin und her, wo es in vielen Monaten gebaut wurde.

„Es soll hauptsächlich der Krokodilforschung und zu Rettungszwecken dienen“, erklärte Steve. „Aus diesem Grund werde ich es *Croc One* nennen.“

„Warum taufen wir es nicht lieber auf *Zu verkaufen*?“, schlug ich vor.

Ich bezweifle, dass Steve das witzig fand. Die *Croc One* war sein Baby. Aber aus irgendeinem Grund versetzte mich dieses Schiff in große Unruhe. Ich schrieb es meiner Sorge um Bindi und Robert zu, denn bei dem Gedanken, mit zwei kleinen Kindern dreihundert Kilometer weit draußen auf hoher See zu sein, war mir nicht sehr wohl.

Aber wir hatten als Familie so viele wilde Abenteuer zusammen erlebt, dass ich Steve letzten Endes vertraute. Doch meine Unterstützung für die *Croc One* war tief im Innern bestenfalls halbherzig, und es gelang mir einfach nicht, meine düstere Vorahnung loszuwerden.

Im Laufe von zwei Jahren halfen zwei Todesfälle nicht gerade dabei, meine allgemeine Unruhe zu bezwingen. Im Juni 2004 starb Steves geliebte Sui an Krebs. Er hatte seinen Schlafsack ausgerollt und neben der Hündin geschlafen, mit ihr geredet, ihr von alten Zeiten im Busch erzählt, als sie zusammen Krokodile gefangen hatten, und sie beruhigt.

Wes, der treueste Freund, den man sich nur vorstellen kann, war für Steve da, als Sui von diesem Leben ins nächste überging. Er nahm Anteil an Steves Trauer. Die beiden hatten Sui länger gekannt, als Steve und ich uns kannten.

Zwei Jahre nach Suis Tod verloren wir im Juni 2006 Harriet. Mit 175 Jahren war sie das älteste Lebewesen, eine Art lebendes Museum und ein Symbol unseres Zoos gewesen.

Zusammen mit Steves Schwester Joy und deren Mann Frank, unserem Zoodirektor, waren die Kinder und ich gerade auf dem Weg zu Fraser Island vor der Küste von Queensland, als ich die Nachricht erhielt. Eine Ultraschalluntersuchung hatte bestätigt, dass Harriet einen schweren Herzinfarkt erlitten hatte.

Steve rief mich an. „Ich glaube, ihr kommt besser nach Hause.“

„Ich spreche mit den Kindern darüber“, entgegnete ich.

Bindi war geschockt. „Ich will nicht sehen, wie Harriet stirbt“, verkündete sie entschlossen. Sie wollte sie als die gesunde, fröhliche Schildkröte in Erinnerung behalten, mit der sie aufgewachsen war.

Ich sorgte mich um Steve, aber ich teilte ihm mit, dass Bindi es nicht ertragen könne, Harriet sterben zu sehen. „Schon in Ordnung“, antwortete er. „Wes ist bei mir.“ Wieder einmal fiel es Wes zu, seinem besten Freund in dessen Trauer zur Seite zu stehen.

Aber trotz dieser schmerzhaften Verluste gelang es Steve, sich auf bevorstehende Projekte zu konzentrieren. Er plante, mit Philippe Cousteau junior – dem Enkel eines seiner großen Vorbilder, des Meeresforschers Jacques Cousteau – einen Dokumentarfilm mit dem Titel „Die tödlichsten Tiere des Ozeans“ zu drehen.

8

Am 25. Juli 2006, einen Tag nach Bindis achtem Geburtstag, brachen wir für einen fünfwöchigen Aufenthalt zur Kap-York-Halbinsel auf, wo wir Krokodile näher erforschen wollten. Auch dieses Mal arbeiteten wir mit Professor Craig Franklin von der Universität Queensland zusammen. Steves Instinkt, seine Erfahrung mit Krokodilen und seine naturwissenschaftliche Neugier waren eine sinnvolle Ergänzung der akademischen Arbeitsweise.

Obwohl Krokodile sich seit fast 65 Millionen Jahren kaum verändert haben, wissen wir noch beschämend wenig über ihr Verhalten. Im Grunde genommen ist so gut wie nichts über sie bekannt. So gibt es zum Beispiel keine wissenschaftlichen Angaben darüber, wie viel Prozent der Krokodile in der Wildnis die Geschlechtsreife erreichen. Ist es ein Tier von fünfzig? Eins von hundert? Eins von zweihundert? Die letzte Zahl scheint die beste Schätzung zu sein, aber es bleibt eben eine Schätzung.

Steve verwendete seine Crocodile-Hunter-Einnahmen natürlich dafür, wofür sein Herz schlug. Hunderttausende Dollar flossen in Reisekosten, wissenschaftliche Ausrüstung, Material für die Fallen und die Infrastruktur, um das Forschungsteam zu unterstützen. Zum ersten Mal wollten wir Tauchtiefenrekorder einsetzen und Krokodile per Satellit verfolgen, um mehr über ihr Verhalten zu erfahren.

Es war die erste Krokodilforschungsreise, für deren Teilnahme sowohl Bindi als auch Robert alt genug waren. Robert war jetzt zweieinhalb Jahre alt und ging und redete schon wie ein ernster kleiner Mann. Bindi war natürlich auch früher bei solchen Forschungsreisen mit dabei gewesen. Aber dieses Mal hatte sie eine besondere Motivation: Wir steckten mitten in den Dreharbeiten zu ihrer eigenen Natursendung „Bindi, das Mädchen aus dem Dschungel".

Für Steve war das eine wichtige Sache: „Nichts würde mich mehr freuen, als wenn Bindi das Filmen übernähme. Dann könnte ich es ruhiger angehen lassen und mich ganz dem Zoo und meiner Arbeit für den Naturschutz widmen."

Es mag ungewöhnlich klingen, so von einem Kind zu sprechen, das gerade erst acht war, aber Bindi war kein gewöhnliches Mädchen. Sie folgte einem Ruf. Ich konnte ihn spüren, wenn ich mit ihr zusammen war, genauso wie ich ihn wahrgenommen hatte, als ich das erste Mal mit Steve zusammengetroffen war. Wenn Bindi vor der Kamera stand, wollte sie immer eine bestimmte Botschaft für den Naturschutz vermitteln, und wenn ihr dies nicht gelang, bestand sie darauf, die Aufnahme zu wiederholen, damit sie auch sicher die richtigen Worte wählte.

Sobald wir den Lagerplatz erreicht hatten, wo wir das Boot ins Wasser ließen und mit dem Aufstellen der Fallen begannen, war Steve wieder unterwegs. Anderthalb Stunden fuhr er viele Kilometer lang das Flusssystem ab und prägte sich die Aufenthaltsorte der Krokodile ein. Jede Gleitspur, jede Fährte, jeden Bauch- und Fußabdruck im Morast konnte er einem bestimmten Tier zuordnen, das er vom Jahr zuvor noch kannte.

Beim Aufstellen der Fallen hatte er Krokodile unterschiedlicher Größe im Sinn, die zu fangen er und die anderen Wissenschaftler vereinbart hatten: große Männchen, brütende Weibchen und Jungtiere. Er stellte Treib- und Netzfallen auf und fing an einem einzigen Tag oft mehr Krokodile, als das Team bewältigen konnte.

Wir fingen auch mehrere kleinere Weibchen, die alle um die drei Meter lang waren. Diese überließ Steve dem Team, das aus allen Frauen im Lager bestand, also hauptsächlich den Tierpflegerinnen aus dem Zoo und mir. Wir sprangen auf das Krokodil, halfen beim Anbringen des Senders und ließen es wieder laufen.

Dann ging ein Weibchen in die Falle, dem Steve ansah, dass es klein und ruhig war. Er wandte sich an Bindi. „Willst du ihr auf den Kopf springen?"

Bindis Augen leuchteten auf. Darauf hatte sie schon lange gewartet. Sobald Steve das Krokodil aus der Falle befreit und seine Kiefer mit Seilen gesichert hatte, musste der Anführer des Teams auf den Kopf des

Reptils springen. Alle anderen folgten sofort nach und drückten den Körper des Tieres fest zu Boden.

„Keine Angst, ich gebe dir Rückendeckung", versicherte ich Bindi. Vielleicht richtete ich die Worte jedoch eher an Steve, denn er war sichtlich nervös, als er das Krokodil aus dem Netz befreite. „Fertig ... und los!", rief er. Bindi flog auf den Kopf des Krokodils, ich sprang direkt hinter ihr auf seinen Rücken. Die anderen Frauen folgten uns, und das Krokodil war fixiert.

Als wir langsam zum Lager zurückfuhren, fragte Robert: „Darf ich das Boot steuern?"

„He, du bist gerade mal zwei Jahre alt", erwiderte Steve. „Nächstes Jahr darfst du ran."

Aber dann nahm er, unvermittelt und ohne ein weiteres Wort, Robert hoch, setzte ihn an den Außenbordmotor und drückte ihm das Ruder in die Hand. „So musst du es machen", sagte er und erklärte ihm, wie man ein Boot steuert.

Robert verbrachte die Wochen damit, auf Krokodilschwänze zu springen, das Boot zu steuern und Seile zu verknoten. Aus Stöcken bastelte Steve ein Krokodil und legte es auf eine Sandbank. Dann zog er das Boot daneben ans Ufer und ging mit Robert und Bindi alle Schritte des Krokodilspringens durch.

„Ich sage zwei Worte", rief Robert, indem er seinen Vater nachahmte: „‚Los' und ‚Jetzt'! Das erste Team startet bei ‚Los', das zweite bei ‚Jetzt'!" Dann brüllte er aus Leibeskräften: „Los! Jetzt!" Er und Steve sprangen hoch, als wolle das Stockkrokodil sich umdrehen und ihnen die Arme abreißen.

„Noch ein Krokodil erfolgreich gefangen, Kumpel", verkündete Steve stolz, und Robert strahlte ebenfalls vor Stolz.

WENN MAN Steve im Busch beobachtete, sah man einen Mann, der mit seiner Umgebung eins war. Er setzte all das Wissen ein, das er über die Jahre erworben hatte, und nutzte zudem seine eigene Erfahrung. Auch ließ er sich von nichts abschrecken, ganz gleich ob es sich um grüne Ameisen, Stechmücken, Sandfliegen oder Dauerregen handelte. Auf der Kap-York-Halbinsel mussten wir mit den üblichen Gefahren der Wildnis fertig werden, unter anderem mit Wildschweinen, Giftschlangen und riesigen Krokodilen. Nie habe ich erlebt, dass Steve vor etwas Angst hatte, außer vor der Möglichkeit, einem seiner Lieben könne etwas zustoßen. Zwar hatte er gelernt, in der Wildnis auf sich selbst zu achten, doch mittlerweile war er auch vor die Aufgabe gestellt, auf seine Familie und ein ganzes Filmteam aufpassen zu müssen.

Die Dokumentationen über die wilden Tiere wären niemals ohne unseren Produzenten John Stainton zustande gekommen. Steve sprach von John immer als dem Genie hinter der Kamera, und so war es auch. Die musikalische Untermalung, der Schnitt, das Wissen, was im Fernsehen gut ankam und was nicht – all diese Bereiche beherrschte John perfekt.

Aber vor Ort – bei den eigentlichen Dreharbeiten in einigen der entlegensten, unzugänglichsten und gefährlichsten Regionen der Erde, unter Wasser oder im Busch – hatte Steve das Sagen. Er wies den Kameramann an, wann er zu drehen und wann er loszulaufen hatte. Er bestimmte, was und wo gefilmt werden sollte, und ortete dann das Tier. Steves oberste Regel, die er der Crew immer wieder ins Gedächtnis rief, war einfach: *Filmt alles, egal was passiert*.

„Wenn etwas schiefläuft", erklärte er, „nützt ihr mir gar nichts, wenn ihr – die Kamera in der einen Hand – versucht, mir mit der anderen Hand irgendwie zu helfen. Filmt einfach weiter. Wie heikel die Situation auch ist, ich komme da raus."

Auf allen unseren Abenteuerreisen bewegte sich Steve mit der Geschmeidigkeit und Selbstsicherheit eines Menschen, der viele Jahre praktische Erfahrungen gesammelt hat. Er stieg ins Boot, schmiss den Motor an und war sofort unterwegs. Er zögerte nie. Seine körperliche Kraft suchte ihresgleichen. Die Leichtigkeit, mit der er Holz hackte, Wasser holte und viele Dinge baute, wurde deutlich, sobald andere (ich zum Beispiel) sich unbeholfen mit derselben Aufgabe abmühten.

Doch von all seinen Talenten im Busch schätzte ich vor allem die Fähigkeit, anderen die Natur zu präsentieren. So schenkte er mir auf dieser Krokodilexpedition im Winter 2006 eine Reihe Erlebnisse, die für mich eine sehr kostbare Erinnerung sind.

So erlebten wir in unserem Lager morgens und abends das Kommen und Gehen der Flughunde in den Bäumen. Tagsüber hörte man sie aus der Ferne, wenn sie ihre Revierrangeleien austrugen; jeder wollte den besten Platz auf einem Ast ergattern. Aber wenn es dunkel wurde, flogen alle Tiere wie auf Kommando gleichzeitig los.

An einem Abend packte Steve mich und die Kinder bei Anbruch der Dunkelheit ins Boot, und wir fuhren auf den Fluss hinaus, um die Flughunde zu beobachten.

Mit einem Mal wurden die Bäume lebendig. Die Flughunde hoben ab, strichen über das Wasser, nippten grazil daran, um ihren Durst zu löschen, und flogen dicht über unsere Köpfe hinweg. Es war, als hätte jemand die Zeit zurückgespult und Flugsaurier wie der Pterodaktylus wären wieder unterwegs.

Dieses Erlebnis war so ehrfurchtgebietend, dass keiner von uns mehr ein Wort sprach, selbst die Kinder blieben stumm. Das Wasser war eine glatte, unbewegte Fläche. Das einzige Geräusch war der Flügelschlag dieser uralten Säugetiere am Abendhimmel.

Wir lagen still auf dem Boden des Bootes und ließen uns mitten durch dieses Paradies treiben. Wir wussten, dass wir in absoluter Sicherheit waren. Wir befanden uns in einer kleinen Jolle inmitten eines der krokodilreichsten Gewässer und fühlten uns dennoch völlig geborgen, weil Steve bei uns war.

„Eines Tages, Schatz“, sagte er leise zu mir, „werden wir über Wildnutzungsprojekte und Krokodilfarmen genauso denken wie heute über Sklaverei und Kannibalismus. Es wird nur noch ein unbegreiflicher Teil der Menschheitsgeschichte sein, etwas, was wir bestimmt nie wieder tun werden.“

Unsere Reise war unvorstellbar schön, jeder Tag ein neues Abenteuer. Bindi saß an einem kleinen Tisch unter den großen Bäumen am Fluss und lernte für die Schule, während die Kookaburras – die auch Lachende Hänse genannten Mitglieder der Eisvogelfamilie – trällerten und die eine oder andere Echse oder Schlange das Lager durchquerte. Die besten Wissenschaftler der Universität Queensland waren vor Ort, um die Fragen unserer Tochter zu beantworten.

Wir waren jetzt fünf Wochen im Lager, und ich spürte, dass Steve gern noch länger geblieben wäre. Aber für Bindi, Robert und mich stand eine Reise nach Tasmanien an. Emma, die Lehrerin der Kinder, und ihre Schwester Kate, die auch im Zoo arbeitete, würden uns begleiten. Ich hatte den Trip schon lange geplant. Emma würde ihren dreißigsten Geburtstag feiern, und Kate freute sich auf ihren ersten Schnee.

Steve und ich würden also getrennte Wege gehen. Er wollte von Kap York aus auf der *Croc One* direkt zu seinem Treffen mit Philippe Cousteau fahren, um „Die tödlichsten Tiere des Ozeans“ zu drehen. Wir wären gern alle bei den Aufnahmen dabei gewesen, aber das Boot war einfach nicht groß genug.

Steve fuhr uns zur Flugpiste an der Ranger-Station. Dort nahm ihn

Die nächste Generation wird in die Familientradition eingeweiht: Auf unserer letzten gemeinsamen Expedition auf die Kap-York-Halbinsel lernten Bindi und Robert von ihrem Daddy die Technik des Krokodil-springens.

So lebt Steve in meiner Erinnerung weiter: als unbekümmerter Naturbursche und liebevoller Familienvater. Das Bild entstand auf der Croc One.

sogleich ein junger Ranger in Beschlag und bombardierte ihn mit Fragen. Ich ging derweil mit Robert hinter einen Busch, damit er noch einmal Pipi machen konnte, bevor wir ins Flugzeug stiegen. Es war nur ein winzig kleines Propellerflugzeug ohne Toilette, sodass wir bis zur Landung in Cairns durchhalten mussten.

Als wir zurückkamen, blieb bei all dem Gerede nicht mehr viel Zeit, um uns zu verabschieden. Bindi drückte Steve einen Zettel in die Hand und sagte: „Du darfst ihn erst lesen, wenn wir in der Luft sind." Ich umarmte Steve fest und gab ihm einen Kuss. Dann küsste ich ihn noch einmal. Mir lag auf der Zunge, ihn zu bitten, beim Tauchen vorsichtig zu sein. Aber dann erschien es mir absurd, ausgerechnet Steve zur Vorsicht zu ermahnen.

Als wir den Flieger bestiegen, war er wie immer in bester Stimmung. Wir wussten, dass wir uns in knapp zwei Wochen wiedersehen würden. Dann wären wir alle wieder zusammen.

Der Pilot startete den Motor. Da Robert angeschnallt war, konnte er nicht aus dem Fenster blicken und sehen, wie sein Vater zum Abschied winkte. Aber Bindi hatte einen guten Blick auf Steve, der seinen Geländewagen direkt vor den Abgrenzungssteinen geparkt hatte und breitbeinig auf dem Dach stand. Ein strahlendes Lächeln auf dem Gesicht, winkte er mit beiden Armen über dem Kopf.

Ich sah, dass er in einer Hand Bindis Zettel hielt. Er hatte ihn gelesen und gab ihr das durch ein Zeichen zu verstehen. Wie wild winkte sie zum Fenster hinaus. Als das Flugzeug schneller wurde, sausten wir an ihm vorbei und verschwanden in den Himmel.

WIR WAREN zum Cradle Mountain unterwegs, einem über 1500 Meter hohen Berg im gleichnamigen Nationalpark, wo Kate ihren ersten Schnee sehen würde. Bei uns zu Hause gibt es dieses weiße Element ja nicht. Vorher machten wir halt an einem sympathischen kleinen Wildpark in der Nähe von Launceston, wo wir zwei kleine Hütten gemietet hatten. Es war kalt, aber die Luft war klar und frisch. Bindi, Robert und ich machten es uns in der einen Hütte gemütlich, Emma und Kate bezogen die andere ganz in der Nähe.

Am nächsten Tag war Vatertag, und es war klar, dass wir Steve sprechen wollten, der jetzt irgendwo vor der Küste von Queensland filmte.

An Bord der *Croc One* war außer ihm und Philippe Cousteau ein Toxikologe. Sie hatten vor, mehrere gefährliche Meerestierarten zu beobachten, und wollten dabei sowohl die Rolle dieser Tiere in der Natur besser verstehen als auch den Menschen zeigen, wie man sich in australischen Gewässern sicherer bewegt.

Wir versuchten, Steve telefonisch zu erreichen, aber natürlich war er draußen und filmte. Über Satellitentelefon sprachen wir alle mit Kate Coulter, einer langjährigen Zoomitarbeiterin.

„Steve hat eine riesige Seeschlange gefangen", erzählte sie. „Er behauptet, sie sei die größte, die er je gesehen habe. Er sagt: ‚So dick wie mein Arm, nein, so dick wie mein Bein!'" Kate kannte Steve gut und verstand es, seine Begeisterung perfekt wiederzugeben.

„Sag Daddy, dass ich ihn sehr lieb habe und ihn furchtbar vermisse", bat Bindi, und Kate versprach, es ihm auszurichten. Robert wollte sofort die große Seeschlange sehen, die sein Vater gefangen hatte. Er verstand nicht, dass Steve mehrere Tausend Kilometer entfernt war.

Der Wildpark bei Launceston erinnerte mich an unseren Australia Zoo, als er noch in den Anfängen gesteckt hatte. Wir sahen uns Tasmanische Teufel, Papageien, Wombats und Tigerottern an. „Wir wollen noch Koalas und Primaten aufnehmen, dann sind wir vollständig", meinte der Eigentümer.

Ich dachte daran, wie oft Steve und ich Ähnliches gesagt hatten. „Nur noch eine Spezies, und dann ist unser Zoo komplett." Aber mit der Zeit begriff ich, dass der Australia Zoo niemals komplett sein würde; dazu gab es zu viele Tierarten, die unsere Hilfe brauchten.

Den nächsten Tag ließen wir langsam angehen. Wir fuhren gen Westen und legten bei einer Imkerei in Chudleigh einen Zwischenstopp ein. Dort gab es auch eine Fülle von Produkten rund um die Biene. Bindi kostete von jeder einzelnen Honigsorte und erstand eine Uhr mit einer Biene darauf. Robert suchte sich einen Rucksack aus.

Als wir zur Tür hinausgingen, blickte Bindi auf ihre neue Uhr und verkündete: „Es ist zwölf." Dann stiegen wir wieder in den Wagen und fuhren weiter.

Unser Ziel an jenem Tag war der Cradle Mountain Nationalpark, wo wir Zimmer gebucht hatten. Wir wollten den Berg bis zur Schneegrenze hinaufwandern. Emma und Kate warteten mit den Kindern im Wagen, während ich zum Empfang ging, um einzuchecken.

Die Frau hinter dem Tresen reichte mir einen Zettel. „Frank vom Zoo bittet um Rückruf. Sie können gern das Telefon im Büro nehmen."

Ich wunderte mich ein wenig, da ich, immer wenn wir hier gewesen waren, das Münztelefon am Pub der Hotelanlage benutzt hatte. Also ging ich ins Büro und setzte mich in einen bequemen Sessel.

„Hallo Terri. Ich habe schon ein paarmal versucht, dich zu erreichen", meldete Frank sich mit schwerer, ernster Stimme am Telefon.

„Tut mir leid, wir sind gerade erst angekommen. Was gibt es denn?"

„Leider muss ich dir mitteilen, dass Steve beim Tauchen einen Unfall hatte. Er wurde vom Schwanz eines Stachelrochens in die Brust getroffen."

Ich bin sicher, dass er keine lange Pause machte, aber mir kam es vor, als bliebe die Zeit stehen. Mir war klar, was Frank als Nächstes verkünden würde. *Sag es nicht, sag es nicht, sag es nicht!*, so hämmerte es mir in einem fort durch den Kopf.

Dann sprach Frank die drei Worte, die ich von ihm nicht hören wollte. „Er ist tot."

Ich atmete tief durch und blickte aus dem Fenster. Die Welt blieb stehen. Ich nahm einen zweiten Atemzug.

„Vielen Dank für deinen Anruf, Frank." Ich wusste nicht, was ich sagte. Ich war überfordert, funktionierte nur noch automatisch. „Du musst den Rest unserer Reise stornieren, meine Familie in Oregon informieren und unsere Rückfahrt organisieren."

Ich wollte nur noch eins – bei Steve sein. Ich musste meine Kinder so schnell wie möglich nach Hause bringen. Ich begriff einfach nicht, was an jenem anderen Ort geschehen war. Steves Unfall hatte sich vormittags gegen elf ereignet. Der offizielle Todeszeitpunkt war auf zwölf Uhr mittags festgesetzt worden, genau die Zeit, als Bindi auf ihre neue Uhr gesehen und völlig unvermittelt gesagt hatte: „Es ist zwölf."

Jetzt musste ich zum Wagen gehen und Bindi und Robert mitteilen, was mit ihrem Daddy passiert war. Der Mensch, den sie über alles geliebt, zu dem sie aufgesehen, dem sie vertraut und nachgeeifert hatten, war nicht mehr da. Ich musste ihnen beibringen, dass sie an diesem wunderschönen Tag die wichtigste Person in ihrem Leben verloren hatten.

Emma kam herein, und ich erzählte ihr, was passiert war. Plötzlich war mir furchtbar übel. Ich wusste nicht, ob ich aufstehen konnte, und fragte, wo die Toilette sei. Dann begriff ich, dass jetzt für mich der Zeitpunkt gekommen war, wo ich stark sein musste. Jahrelang hatte ich auf die Stärke meines Mannes gebaut. Mit einem Meter achtzig und neunzig Kilo war er eine Kraft gewesen, auf die Verlass gewesen war. Aber er hatte immer gesagt, es gebe verschiedene Arten von Stärke und er könne in harten Zeiten auf meine Stärke zählen.

Ich dachte darüber nach und verstand plötzlich, dass es einen Grund geben musste, warum ich zurückgeblieben und er gegangen war. Ich musste seinen Kindern helfen, musste für unsere Kinder da sein. Alles, was ich jetzt wollte, war weglaufen, immer nur weiterlaufen. Aber ich musste bleiben.

Zusammen mit Emma verließ ich das Hotel und stieg in den Wagen. Robert schlief. An meinem Gesichtsausdruck konnte Bindi ablesen, dass irgendetwas nicht stimmte.

„Ist einem Tier im Zoo was passiert?“, fragte sie.

„Daddy ist etwas passiert“, erwiderte ich. „Er war tauchen und hatte einen Unfall.“ Ich erzählte ihr alles, was ich darüber wusste. Sie weinte. Wir alle weinten. Robert schlief weiter.

Ab da war es ein einziges Hin und Her, rein in das Hotel und wieder raus, ein Telefonat nach dem anderen. Die Frage war, wie wir jetzt am schnellsten wieder nach Hause kamen.

Die massive Reaktion der Medien war mir unbegreiflich – man spürte uns auf wie Beute, die Hubschrauber kreisten bereits über uns. Es war nicht daran zu denken, einen Linienflug zu nehmen, und schließlich gelang es uns, ein Flugzeug zu chartern.

„Wir können fahren“, schlug Emma behutsam vor und meinte sich selbst und Kate. Wir mussten zum Flughafen und den Spießrutenlauf durch die Presse über uns ergehen lassen. Mit einem Mal spürte ich ein richtiges Verlangen, die Führung, die Kontrolle zu übernehmen und nicht zusammenzubrechen. Ich musste stark sein.

„Ich kann fahren“, verkündete ich.

Auf einer unglaublich engen, kurvenreichen Strecke beschloss Robert aufzuwachen. So musste ich fahren und gleichzeitig meinem Sohn alles erzählen. Er bat mich, ihm alles noch einmal zu berichten, also erklärte ich es ihm ein zweites Mal. Robert hielt sein kleines Plüschtier umklammert und starrte aus dem Fenster. Eine halbe Stunde lang sagte er kein Wort.

Als wir uns dem Flughafen näherten, wurde mir die Realität der öffentlichen Reaktion auf Steves Tod erst so richtig bewusst. Überall waren Medienleute. Wir fuhren durch die Tore und hielten direkt neben der Chartermaschine. Mit jemandem über die Ereignisse zu reden war das Letzte, wonach mir in diesem Augenblick zumute war. Ich wollte nur bei Steve sein.

Auf dem Weg zum Flugzeug wandte ich mich zu den Polizisten um, die uns geholfen hatten, und dankte ihnen. Die Tränen in ihren Augen befreiten mich aus dem Gefängnis meiner eigenen Trauer. Dies war nicht nur ein Job für sie, sie fühlten ehrlich mit uns und litten unter Steves Tod. So viele andere haben ihn auch geliebt, dachte ich.

Während des dreistündigen Fluges, der mir wie eine Ewigkeit vorkam, ging ich im Geist die Jahre unserer gemeinsamen Abenteuer durch. Ein Teil von mir wünschte, dass wir immer weiterfliegen, niemals landen, niemals dem gegenübertreten müssten, was uns erwartete. Ich konzentrierte mich auf Bindi und Robert, gab ihnen etwas zu essen und sorgte dafür, dass es ihnen gut ging.

Es war dunkel, als das Flugzeug in Maroochydore landete. Wir rollten zwischen die Hangars, außer Sichtweite der Öffentlichkeit. Am Fuß der Flugzeugleiter warteten Frank, Joy und Wes auf uns. Wir fielen uns in die Arme, Wes schluchzte. Wir stützten uns gegenseitig auf dem Weg zur Flughalle und teilten uns für die letzte halbe Stunde zurück zum Zoo auf zwei Fahrzeuge auf.

9

Zufall, Schicksal, Vorsehung. Daran glaubte ich – und auch daran, dass mein Leben einem besonderen Zweck diente. Mit Steves Tod wurde dieser Glaube jedoch auf die Probe gestellt. Sollte es purer Zufall sein, dass ein Mann, der dem Tod fast täglich ein Schnippchen geschlagen hatte, unter so seltsamen Umständen ums Leben gekommen war?

In den 15 Jahren, die ich Steve kannte, verging keine Woche, in der er nicht gebissen, geschlagen oder auf sonstige Weise verletzt wurde. Von den vielen Jahren Krokodilspringen setzten ihm sein Knie und seine Schulter zu. Als er in unserem Naturschutzgebiet Brigalow Belt einen Zaun aufstellte, rutschte ein schwerer Erdlochausheber ab, fiel ihm auf den Kopf und drückte ihm den fünften Nackenwirbel zusammen. Aber selbst mit dieser Verletzung machte er weiter, ob im Zoo, mit dem Filmen oder den schweren Bauarbeiten. Er ackerte wie ein Pferd. Er kletterte mit Orang-Utans auf Bäume, bereiste die einsamsten Wüsten und überquerte die entlegensten Berge. Während seines ganzen Lebens setzte er sich allen nur erdenklichen Gefahren aus.

Ich bedauerte keine Minute von Steves prächtigem Dasein, und ich weiß, dass er nicht anders hätte leben können.

Als Bindi, Robert und ich am Abend von Steves Tod zurückkehrten, kamen Wes, Joy und Frank mit ins Haus. Da wir nie Leute zu uns einluden, war unser Wohnzimmer auf einmal richtig voll. Wir mussten alles Notwendige in die Wege leiten, um Steve nach Hause zu holen. Ich versuchte, so viel wie möglich auf privater Ebene zu regeln. Ein früherer Klassenkamerad von Steve besaß ein Beerdigungsinstitut und würde sich um alles kümmern. Er kannte die Familie Irwin seit Jahren, und das Ganze musste auch ihm sehr nahegehen.

Nach einer Weile verabschiedeten sich unsere Gäste und ließen uns für die Nacht allein. Ich badete die Kinder und machte ihnen etwas zu essen. Danach brachte ich Robert ins Bett und blieb bei ihm, bis er eingeschlafen war. Bindi schien beunruhigt. Abends kuschelte normalerweise Steve mit Bindi und ich mit Robert. „Bindi", sagte ich zu ihr, „Robert schläft bereits. Du kannst zu mir ins Bett kommen."

Bindi war schnell eingeschlafen, aber ich blieb wach. Mir war, als sei ich gestorben und beginne jetzt ein neues Leben. In Gedanken ging ich immer wieder die Ereignisse der letzten Stunden durch. Ich wollte mit allen reden, die am Tag seines Unfalls mit Steve zusammen gewesen waren. Ich lag da und hörte das Ticken der Uhr. Und wieder eine Minute, die ich ohne Steve überlebt hatte. Ich tröstete mich mit dem Gedanken, dass für jeden von uns die Zeit abläuft. Niemand weiß, wann ihm die Stunde schlägt.

Ich fasste den Entschluss, die Menschen zu ehren, die noch hier auf Erden weilten, und mich der Arbeit zu widmen, die getan werden musste. Meine Entschlossenheit war schön und gut, aber was mich wirklich in diesen langen dunklen Stunden der Nacht aufrecht hielt, war ein anderer tieferer Gedanke. Mit jedem Ticken der Uhr war ich eine Sekunde näher an meinem nächsten Leben, in dem ich wieder mit Steve zusammen sein würde.

Der erste Morgen war ganz besonders hart, denn normalerweise lauschten wir bei unseren morgendlichen Tätigkeiten immer mit halbem Ohr auf das Geräusch eines nahenden Motorrads. Steve schlief nachts nie mehr als ein paar Stunden. Er war stets vor uns auf, sah im Zoo nach dem Rechten, knatterte dann zurück zum Haus und stürzte zur Tür herein. Nachdem er den Kindern alles Neue und Aufregende aus dem Zoo berichtet hatte, schnappte er sie sich trotz meiner Proteste, dass sie noch Mützen oder Jacken brauchten, und brauste auf dem Motorrad mit ihnen davon, egal was ich auch sagte.

An diesem ersten Morgen sickerte langsam die Gewissheit zu mir durch, dass er nie mehr zur Tür hereinstürzen würde.

Über Satellitentelefon erreichte ich schließlich die *Croc One*. Der Kapitän war in Tränen aufgelöst. Endlich sprach ich auch mit John Stainton, der mir versicherte, dass er Steve nicht von der Seite gewichen war. „Das Charterflugzeug ist unterwegs", teilte er mir mit. „Ich bringe ihn nach Hause, Terri."

Während John Steves Rückführung organisierte, verstärkte sich der Druck der Medien. Ich beschloss, das Flugzeug in Empfang zu nehmen, aber ohne die Kinder. Diese Zeit wollte ich ganz allein mit meinem Seelenverwandten verbringen. Eine Polizeieskorte begleitete mich zum Flughafen, um die Reporter von mir fernzuhalten.

Wes fuhr mit mir. Es war Nacht. Als das Wasserflugzeug zur Landung ansetzte, nahmen die Polizisten Haltung an. Viele von ihnen hatten Steve persönlich gekannt, und wieder überwältigte mich der Ausdruck von Trauer in ihren Gesichtern.

Das Flugzeug landete, und ich war einen Augenblick allein mit Steve. Es kostete mich Mühe, in den hinteren Teil der Maschine zu steigen. Dort stand ein einfacher Holzsarg, der noch festgezurrt war. Ich wusste, dass das, was Steve ausmachte – sein Geist und seine Seele –, nicht mehr da war, aber es war seltsam, dass ich nicht weinen konnte.

Ich setzte mich hin, lehnte meinen Kopf an die Holzkiste, in der sein Körper lag, und empfand einen seltsamen Frieden.

Auf eine gewisse Art waren wir wieder zusammen.

WÄHREND ich diese Zeilen schreibe, rechne ich immer noch damit, dass Steve jeden Moment zur Tür hereinkommt. Sein Sarong hängt nach wie vor am Bett, seine Zahnbürste steht noch im Badezimmer.

Die Realität dringt mehr und mehr zu mir durch. Bindi und ich schütten uns oft gegenseitig das Herz aus. Es scheint ihr zu helfen, und ich bin dankbar, dass ich ihr über die Jahre eine feste Glaubensgrundlage vermitteln konnte.

Robert ist wie ein trauriges Hündchen und wartet immer noch geduldig darauf, dass sein Daddy aus dem Himmel zurück nach Hause kommt. Ich war nicht darauf vorbereitet, dass er so am Boden zerstört sein würde. An manchen Abenden sitzt er weinend in der Badewanne und wiederholt ständig: „Ich will meinen Daddy." Es zerreißt mir schier das Herz.

Ein guter Freund, ein großartiger Psychologe, hat uns sehr geholfen – vor Kurzem verlor auch er einen Familienangehörigen, und wir trauerten gemeinsam. Er erklärte mir, Trauern sei ein sehr persönlicher Prozess. Jeder trauert auf seine ganz eigene Weise und kann seine Trauer nicht mit der eines anderen Menschen vergleichen.

Manche, die nicht zu unserem engsten Kreis gehörten, äußerten besorgt, dass Bindi ihre Trauer vielleicht zu gut bewältige, und die Kommentare in der Presse über ihre außerordentlich gefasste Rede bei Steves Gedenkfeier ließen mich nicht unberührt. So tat es gut, die professionelle Meinung meines Freundes zu hören, die meine Seele beruhigte.

„Darauf arbeitest du doch hin", hob er hervor. „Du willst Kinder großziehen, die mit dem Leben zurechtkommen und nicht daran scheitern. Das ist das Ziel: zu verstehen, dass dort, wo Liebe ist, auch Leid herrscht, und zum Leben auch der Tod gehört. Dass der Geist und die Seele eines Menschen nie sterben und ihre Liebe nie endet – das sind wichtige Botschaften, die wir an unsere Kinder weitergeben müssen."

Bindi kommt wirklich gut damit zurecht. Robert wird etwas mehr Zeit brauchen. Wie ich erfahren habe, kann es aber durchaus sein, dass Bindi in einigen Jahren, wenn sie das Jugendalter erreicht, eine neuerliche Trauerphase bevorsteht. Doch in dem Wissen darum ist es mir möglich, sie auf diesen steinigen Pfad vorzubereiten.

Aufgrund der ständigen Medienpräsenz konnte ich mich nicht herauswagen und die unzähligen Gaben betrachten, die Trauernde vor dem Zoo ablegten. Aber alles wurde eingesammelt und sicher verwahrt, und jetzt stellen wir eine sehr schöne Auswahl davon aus.

Die Reaktion der Öffentlichkeit auf Steves Tod hätte ihn am allermeisten überwältigt – die lieben Gedanken und Gebete, die Anteilnahme und die Tränen. Ich war nicht allein in meiner Trauer. So viele Menschen auf der ganzen Welt mussten sich mit Steves Tod abfinden. Für Kinder, die noch nicht die Möglichkeit gehabt hatten, den Kreislauf des Lebens so hautnah mitzuerleben wie Bindi, schien der Prozess besonders schwierig. Ich hielt es für wichtig, ihnen eine Botschaft zu vermitteln: Wenn euer Held stirbt, bedeutet das nicht das Ende dessen, wofür er eingetreten ist. Alles, wofür er sich eingesetzt hat, muss fortgeführt werden.

Zu keinem Zeitpunkt stellte ich meinen Einsatz für den Erhalt unserer

Natur und der Tierwelt infrage. Es gab so viele Erfolge, für die Steve bereits hart gearbeitet hatte.

Wes und ich setzten uns zusammen. „Zunächst arbeiten wir an allen Projekten, die Steve verwirklichen wollte", entschied ich. „Dann kommen die Aufgaben, an denen wir gemeinsam gearbeitet haben. Und im Anschluss daran möchte ich meine eigenen Projekte für unser Naturschutzengagement weiterführen."

Wir entwickelten eine Strategie zur Vergrößerung des Zoos. Ich wollte ihn nicht beibehalten, wie er war, sondern Steves Zukunftspläne umsetzen. Wes und ich griffen uns die Stapel Blaupausen und Akten von Steves Schreibtisch und breiteten sie auf einem Konferenztisch aus.

„Das hier war Steves Plan für den Australia Zoo für die nächsten zehn Jahre. Ich will es in fünf Jahren schaffen", verkündete ich. Und so begannen wir mit den Verhandlungen über den Ankauf von zusätzlichen zweihundert Hektar Land.

Im Winter 2007 tauften wir die *Steve's Whale One*, ein Ausflugsschiff für Walbeobachtungen, und verwirklichten damit einen weiteren seiner langjährigen Träume: Steve wollte schon immer Wale zum Teil des Zooerlebnisses machen. Auf der *Steve's Whale One* können Menschen eines der erstaunlichsten Geschöpfe der Erde aus nächster Nähe beobachten. Die Buckelwale in den australischen Gewässern sind zutraulich und neugierig und kommen nahe an die Beobachtungsboote heran. Es ist eine wunderbare Erfahrung, und ich bin zuversichtlich, dass sie Menschen darin beeinflussen wird, die grausame Praxis des Walfangs einzustellen.

Im Juli 2007 wurde „Bindi, das Mädchen aus dem Dschungel" im australischen Fernsehen ausgestrahlt, und wir alle waren unheimlich stolz darauf. Bindis Entschlossenheit, das Erbe ihres Vaters fortzuführen, war Zeugnis für alles, woran Steve glaubte. Er verstand es hervorragend, die Liebe zu seiner Familie mit seiner Liebe für den Naturschutz und die Verbesserung der Welt in Einklang zu bringen. Jetzt wurde diese Liebe an seine Kinder weitergegeben.

Der offizielle Beginn von Bindis Karriere war ein wunderschöner Tag. All die Zeit und Mühen, Freuden und Leiden des vergangenen Jahres gipfelten in dieser Sendereihe. Alle waren eingeladen, Bindis Reise mitzuerleben, die sie in den Filmen mit ihrem Vater begonnen hatte und dann mit Robert und mir fortsetzte. Wir drei werden unser Bestes tun, damit Steves Licht weiter leuchtet, indem wir zusammenarbeiten, um alle wilden Tiere und Plätze zu schützen.

Nach der Einführung von Bindis Sendung schien es nur richtig, ein weiteres Projekt zum Abschluss zu bringen, an dem wir bereits viele Monate lang gearbeitet hatten. Auf der Kap-York-Halbinsel fanden wir ein knapp 130 000 Hektar großes Stück Land, das zu den besten Krokodilgebieten der Welt zählt. Es gehört zu den schönsten Flecken Australiens und ist der wichtigste Lebensraum für Krokodile in Queensland. Im Gedenken an Steve stellte die australische Bundesregierung zusammen mit der Regierung von Queensland 6,3 Millionen Dollar für den Kauf dieses Landes zur Verfügung.

Am 22. Juli 2007 wurde das Gebiet offiziell zum Steve-Irwin-Wildreservat ernannt. Dieses Stück Land bedeutet ungeheuer viel für die Familie Irwin, und ich weiß, wie wichtig es Steve gewesen wäre. Letztlich bedeutet es aber den Schutz seiner Krokodile, jener Tiere, denen er so viel Liebe entgegengebracht hat.

Was hält die Zukunft für uns Irwins bereit? Jeder einzelne Tag ist mit schönen Erfolgen und Augenblicken tiefer Trauer erfüllt. Dazwischen geht das Leben weiter. Wir sind entschlossen, Steves großartige Einstellung zum Leben weiterhin in Ehren zu halten und wertzuschätzen. Er lebt in uns allen weiter. An jedem Tag seines Lebens tat er, was er liebte, und er sagte immer, er werde im Einsatz für den Naturschutz sterben. Ich glaube, Bindi, Robert und ich werden das Gleiche tun.

Gott segne dich, Steve. Ich liebe dich, Kumpel.

Wilhelm Gustloff

DER UNTERGANG DER GUSTLOFF

GUIDO KNOPP

In Zusammenarbeit mit
Friederike Dreykluft und Anja Greulich
Redaktion von Mario Sporn

Gegen Mittag zog die Gustloff *die Verbindungstreppen zum Kai ein und schloss das Tor zum Einschiffungsdeck. Zurück blieb eine Pier, die noch immer schwarz von Menschen war. Für viele Flüchtlinge am Kai entschied sich in diesem Moment ihr Schicksal – zum Guten, doch das konnte niemand ahnen.*

Guido Knopp

VORWORT

Der Untergang der *Wilhelm Gustloff* zählt zu einer europäischen Tragödie: dem in der öffentlichen Wahrnehmung lange Zeit verdrängten Trauma von Flucht und Vertreibung.

Aus der Heimat zu flüchten, aus dem angestammten Lebensumfeld vertrieben zu werden – für fünfzehn Millionen Deutsche war dies das traumatische Ereignis ihres Lebens. Am Ende eines Krieges, der gezeigt hat, wozu Menschen fähig sind; eines Krieges, der von deutschem Boden ausgegangen ist, den Deutsche aggressiv geführt haben – am Ende dieses Krieges sind auch deutsche Frauen, Kinder, alte Menschen selbst zu Opfern geworden.

Freilich hatten Flucht und Vertreibung nicht erst begonnen, als am 20. August 1944 ein Spähtrupp der Roten Armee östlich von Schillfelde über den Grenzfluss Scheschuppe setzte und der Zweite Weltkrieg Ostpreußen erreichte. Fünf Jahre vorher waren schon die ersten Polen aus Posen und Westpreußen von Hitlers Helfern vertrieben worden. Drei Jahre vorher hatten bereits Himmlers Schergen von Finnland bis zum Schwarzen Meer eine Blutspur von millionenfachem Mord gezogen, um den Wahn vom Lebensraum im Osten zu verwirklichen. All das schlug nun zurück auf Schlesier und Sudetendeutsche, Ostpreußen und Pommern – kostete dreizehn Millionen Menschen die Heimat und darüber hinaus wohl bis zu zwei Millionen Menschen das Leben.

Vieles wäre der Zivilbevölkerung erspart geblieben, hätte man sie rechtzeitig evakuiert. Doch die Menschen durften ihre Dörfer und Städte nicht verlassen. Als die Rote Armee binnen weniger Tage die dünnen deutschen Verteidigungslinien an der Grenze zu Ostpreußen durchbrach und bei Elbing an die Ostseeküste vorstieß, saßen zweieinhalb Millionen Menschen in der Falle. So sammelten sich in aller Eile Trecks, die zu den Häfen strebten. Zu Fuß, mit Schlitten oder Pferdewagen versuchten die angstvollen Menschen, ein rettendes Schiff zu erreichen. Doch vor den scheinbar sicheren Häfen lag das Haff, eine bis zu zwanzig Kilometer breite, siebzig Kilometer lange Ostseebucht, die durch eine fünfzig Kilometer lange Landzunge, die Nehrung, von der offenen See getrennt ist. Schon die Überquerung des zugefrorenen Haffs war für viele ein Wettlauf mit dem Tod. Wer die Hafenstädte Swinemünde, Danzig oder Pillau lebend erreichte und das Glück besaß, auf eines der übervollen Schiffe zu gelangen, die nun täglich Richtung Westen ablegten, glaubte sich gerettet. Doch der Leidensweg der Menschen war noch nicht zu Ende.

Unter den vielen traurigen Geschichten jener Tage ragt eine besonders hervor – der Untergang der *Wilhelm Gustloff*. Wohl mehr als 9000 Menschen kamen um. Über die Hälfte von ihnen waren Kinder. Es war, bedingt allein durch die Zahl der Opfer, wohl die größte Katastrophe in der Geschichte der Seefahrt. Die *Gustloff* – das war die deutsche *Titanic*.

Bis heute sind viele Begleitumstände der Katastrophe ungeklärt. Warum wählten die Kapitäne der *Gustloff* eine Fahrroute, die den sowjetischen U-Booten bekannt war? Warum fuhr das Schiff ohne Begleitschutz? Was hat es mit dem rätselhaften Funkspruch auf sich, der dazu führte, dass Positionslichter gesetzt wurden, die meilenweit zu sehen waren? War es wirklich Sabotage, wie immer wieder behauptet wird?

Das Schicksal der *Gustloff* noch einmal authentisch vor Augen zu führen – das war höchste Zeit. Denn noch leben manche Zeitzeugen. Noch haben wir die Chance, ihnen zuzuhören, wenn sie sich erinnern. Als das vormalige Traumschiff des Dritten Reiches am Jahrestag von Hitlers Machtergreifung in den eisigen Fluten der Ostsee versank, war dies zum einen der dramatische Prolog für das Ableben der deutschen Diktatur – doch ebenso die grausige Parabel für das Leid der deutschen Zivilbevölkerung im Osten: Hitlers letzte Opfer.

EINLEITUNG

Manchmal sind es Tage, die das Schicksal von Menschen verändern, manchmal sind es Stunden. In der Nacht zum 31. Januar 1945 waren es wenige Momente, die über Leben oder Tod entschieden. Heinz Schulz, damals Zweiter Offizier auf dem Dampfer *Göttingen*, hat in einem solchen Moment ein Leben gerettet.

Die *Göttingen* war auf dem Weg nach Westen. Zwei Tage zuvor hatte sie mit 3600 Verwundeten und Flüchtlingen an Bord im Ostseehafen

Pillau abgelegt. Vor der Halbinsel Hela, unweit der Hafenstadt Gotenhafen, hatte sie noch einmal haltgemacht, um auf einen Geleitzug zu warten. Der Weg über die Ostsee war in diesen letzten Wochen des Zweiten Weltkriegs unsicher geworden.

Am 30. Januar gegen Abend ging die Fahrt weiter. Die Menschen an Bord freuten sich, den Schrecken der heranrückenden Front entronnen zu sein und anderentags ihren Zielhafen Swinemünde zu erreichen. Die *Göttingen* folgte ihrem Geleitfahrzeug, dem Minensucher *M 387*. Heinz Schulz, der Zweite Offizier, erinnert sich, dass das Schiff vor ihm gegen zwei Uhr morgens plötzlich backbord beidrehte. Er hatte die Order, sich dicht bei *M 387* zu halten, und drehte befehlsgemäß nach steuerbord. „Das Schiff war mitten in der Drehbewegung, und plötzlich waren da diese Menschen! Sie waren teilweise schon unter das Schiff geraten", so Schulz. „Wir waren einfach in eine treibende Menschenmenge hineingefahren. Ohne jede Vorwarnung." Friedrich Segelken, der Kapitän der *Göttingen*, bewahrte Ruhe. Was auch immer hier geschehen war, vielleicht konnten noch Menschen lebend geborgen werden. Eiligst ließ er Rettungsmannschaften zusammenstellen. Wenige Minuten später senkte sich das erste Boot über die Bordwand. Im zweiten Boot wurde auch Heinz Schulz zu Wasser gelassen. Der Besatzung bot sich ein schauerlicher Anblick. In gespenstischer Stille bahnte sich das Rettungsboot seinen Weg durch eine Vielzahl von Wrackteilen, Gepäckstücken, Schwimmwesten und Leichen. Heinz Schulz hat die Einzelheiten dieser Nacht noch genau in Erinnerung. „Wir näherten uns drei Flößen, die übereinander festgefroren waren. Menschen konnten wir zunächst darauf nicht entdecken." Als das Boot wieder losfuhr, schlug einer der Riemen gegen den Floßstapel. Was dann geschah, hat der Seemann nie vergessen: „Plötzlich tauchte ein kleiner Kopf auf, und eine Kinderstimme sagte: ‚Onkel, nimm mich mit.' Das war der kleine Winfried Harthun."

Als Winfried Harthun gerettet wurde, war er gerade sieben Jahre alt. Er stammte aus Gotenhafen an der Ostsee, einer Stadt in der Nähe von Danzig. In den ersten Tagen des Zweiten Weltkriegs, im September 1939, hatten deutsche Truppen die Stadt Gotenhafen, die damals noch Gdingen hieß, eingenommen. Sechs Jahre später, im Januar 1945, sammelten sich hier erneut Schiffe. Diesmal jedoch, um die deutsche Zivilbevölkerung und die geschlagenen Reste der einstigen Eroberungsarmee zurück nach Deutschland zu bringen. Eines dieser Schiffe war die *Wilhelm Gustloff*.

FLUCHT

Am 12. Januar 1945 ließ die sowjetische Winteroffensive das, was von der deutschen Ostfront noch übrig geblieben war, wie ein Kartenhaus zusammenbrechen. Als „größten Bluff seit Dschingis Khan" hatte Hitler die Zahlen, die ihm die Abteilung „Fremde Heere Ost" vorlegte, verächtlich abgetan. Von einer bis zu zwanzigfachen Überlegenheit der russischen Truppen war darin die Rede gewesen. Doch Hitler und seine treuen Gefolgsleute spielten die drohende Gefahr herunter. „Ich glaube nicht, dass die Russen überhaupt angreifen. Die Zahlen sind maßlos übertrieben. Ich bin fest überzeugt, dass im Osten nichts passiert", kommentierte SS-Chef Himmler alle Warnungen.

Tatsächlich hatte Stalin an der Weichsel die gewaltigste Streitmacht der Weltgeschichte zusammengezogen. Allein die Armeen der Marschälle Schukow und Konjew waren mit rund 2,2 Millionen Soldaten, 6000 Panzern und 5000 Flugzeugen schlagkräftiger als die gesamte deutsche Wehrmacht. Als in den frühen Morgenstunden des 12. Januar 1945 das Feuer aus vielen Tausend russischen Geschützen und „Stalinorgeln" eröffnet wurde, konnten die geschwächten Divisionen der Wehrmacht kaum standhalten. Innerhalb weniger Tage gelang es den Sowjets, bis zur Ostseeküste vorzudringen und der Bevölkerung damit den Fluchtweg über das Land abzuschneiden. Von Tilsit bis Johannisburg, von Goldap bis Elbing saßen rund zweieinhalb Millionen Menschen, deren Leben bei einer rechtzeitigen Evakuierung zu retten gewesen wäre, in der Falle. Von drei Seiten eingekesselt, war Flucht nur noch mit Schiffen über die Ostsee möglich. Aus Ost- und Westpreußen und bald auch aus Pommern drängten die Menschen zu den Hafenstädten am offenen Meer. Die Keile der Roten Armee schoben ein Heer von Flüchtlingen vor sich her, dreieinhalb Millionen Menschen waren es Schätzungen der Wehrmacht zufolge bereits im Januar 1945.

Die Parteiführung, allen voran der ostpreußische Gauleiter Erich Koch, hatte restlos versagt. Nichts war vorbereitet – die Evakuierungspläne lagen unberührt in den Schubladen. Vielerorts warteten die Menschen vergeblich auf einen Fluchtbefehl. Oft waren es gerade die Ortsgruppenleiter oder Kreisleiter selbst, die angesichts der drohenden Gefahr als Erste Hals über Kopf türmten. In aller Eile verbrannten sie Akten und Papiere und verließen klammheimlich die Amtsstuben. Ihre

Schützlinge, denen monatelang jede Vorbereitung zur Flucht unter Todesstrafe verboten worden war, mussten nun allein zusehen, wie sie ihr Leben retten konnten.

Die meisten waren erst aufgebrochen, als der Geschützdonner die Fensterscheiben erzittern ließ. Allerorts hatte die Großoffensive der Roten Armee die Menschen überrascht. Seit dem russischen Vorstoß im Herbst 1944 war in Ostpreußen scheinbar Ruhe eingetreten. Der plötzliche Überfall der Sowjets, den die deutsche Wehrmacht noch einmal abgewehrt hatte, erschien den Menschen wie ein böser Spuk. Als jetzt erneut der Schreckensruf „Die Russen kommen!“ erschallte, machte sich eine traurige Gewissheit breit: Die Stunde des Abschieds war gekommen, und diesmal würde es keine Rückkehr mehr geben. „Wir waren traurig, traurig bis zum Gehtnichtmehr“, erinnert sich Ida Slomianka, damals 29 Jahre alt. „Meinem Vater sind nur so die Tränen gerollt. Aber wir wollten weg, bloß weg. Bloß nicht den Russen in die Hände fallen! Und wenn uns die Pferde vorm Wagen umgekippt wären – weg, weg, weg!“

Endlos reihten sich die Flüchtlingswagen aneinander. Durch ganz Ostpreußen zogen die Trecks – immer Richtung Westen, doch wohin genau, das wusste keiner. Die Quecksilbersäule war auf Temperaturen von 25 Grad unter null gesunken. Hoher Schnee und heftiges Schneetreiben behinderten die Flucht. In den Schneemassen blieben die Räder der Wagen stecken, brachen die Achsen der Fuhrwerke. Auf den eisglatten Straßen rutschten die Pferde immer wieder aus, Wagen stellten sich quer und behinderten die nachfolgenden Karossen. Die ohnehin schmalen Landstraßen und Alleen waren geteilt worden: Eine Seite musste für die Fahrzeuge der Wehrmacht freigehalten werden, die sich ihren Weg zur Hauptkampflinie bahnten. Dabei kam es immer wieder vor, dass schwere Lastwagen und Panzer die Flüchtlinge beiseitedrängten, mitrissen und ihre Wagen schwer beschädigten.

Doch die Soldaten hatten keine Zeit, sich um das Schicksal der Flüchtlinge zu kümmern. Die militärische Lage war katastrophal. Überall waren die deutschen Linien durchbrochen worden, ertranken die Einheiten in der Flut der russischen Übermacht. Die Soldaten kämpften um ihr eigenes Leben – und waren überdies bestrebt, die Front so lange zu halten, bis die Zivilbevölkerung halbwegs in Sicherheit war. Trotzdem kam es vor, dass sie anhielten, um mit den erschöpften Flüchtlingen eine warme Suppe zu teilen oder Alte und Schwache einige Kilometer

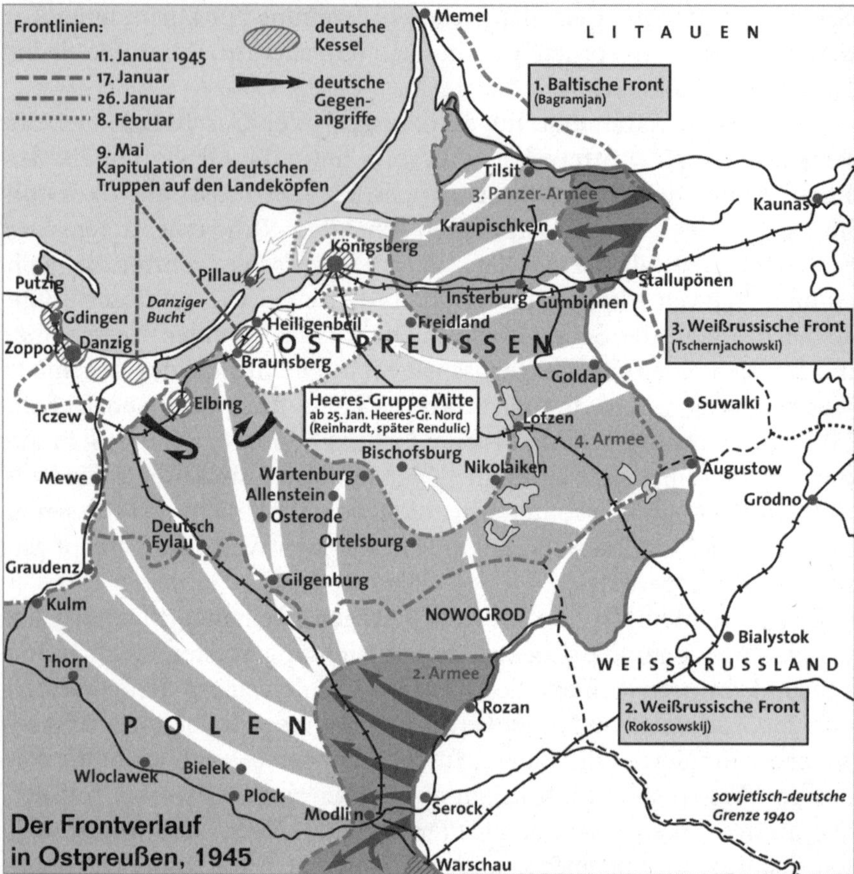

Der Frontverlauf in Ostpreußen, 1945

auf den Militärwagen mitzunehmen. Selbst altgediente Landser, die auf ihrem Weg durch Russland schon viel Not gesehen hatten, packte das Mitleid beim Anblick des Flüchtlingselends. „Wir in unseren Panzern und Wagen waren ja meist gegen die Witterung geschützt, aber die Flüchtlinge waren ihr hilflos ausgesetzt“, erinnert sich der ehemalige Panzerfahrer Fritz Busse. „Diese armen Leute, die damals mit den Trecks geflüchtet sind! Hinten am Wagen hingen vielleicht ein, zwei Kühe, vorne zogen ein paar magere Pferde. Ach, das war wirklich ein Elend!“

Die grimmige Kälte forderte bald erste Opfer. Schon wenige Stunden nach ihrem Aufbruch waren viele der Flüchtlinge durchgefroren und verzweifelt. Vor allem für Kleinkinder und alte Menschen war die Eiseskälte eine tödliche Gefahr. Ohne ausreichende Kleidung, geschwächt durch die Strapazen der Flucht und wegen der mangelnden Ernährung starben die Kleinen zuerst: Babys erfroren in den Armen ihrer Mütter, die sie verzweifelt an den Leib gepresst hielten und mit der Wärme ihres eigenen Körpers versuchten, die Kinder vor der unerbittlichen Kälte zu schützen. Waren erst einmal alle Windeln durchnässt, keine trockenen Kleidungsstücke mehr zum Wechseln vorhanden, hatten die Jüngsten kaum noch eine Überlebenschance.

Der Anblick von Leichen wurde für die Flüchtlinge bald zur grausamen Gewohnheit; für eine Bestattung blieb selten Zeit, und im hart gefrorenen Boden wäre ohnehin jeder Versuch, ein Grab auszuheben, gescheitert. Mit jedem Schritt und auf ihrem qualvollen Weg zu den Hafenstädten an der Ostsee stumpften viele Menschen ab, blieben Mitleid und Solidarität mehr und mehr auf der Strecke. Die eigene existenzielle Bedrohung machte nicht selten blind für das Leid des anderen. Siegfried Quandt aus Tharau, damals acht Jahre alt, hat die Teilnahmslosigkeit der Menschen auf der Flucht erlebt: „Hilfe gab es nur innerhalb der Familie oder einer Gemeinschaft, nicht aber einem anderen gegenüber. Kostbare Lebensmittel oder heißes Wasser wurden nicht geteilt. Jeder hat nur an sich gedacht."

Bei vielen waren schon nach wenigen Tagen die Vorräte knapp geworden. Nur die Umsichtigsten hatten damit gerechnet, dass die Flucht Wochen, ja Monate dauern könnte. Als die Gläser mit dem Eingemachten, die Fässer mit Gepökeltem zur Neige gingen oder wegen Überladung der Wagen am Wegesrand liegen bleiben mussten, tunkten die Flüchtlinge gefrorenes Brot in heißes Wasser, das sie aus geschmolzenem Schnee gewonnen hatten. Zum klirrenden Frost gesellte sich beißender Hunger.

Manchmal gelang es, eine Kuh zu melken, denn überall zogen in diesen Tagen Viehherden übers Land. Die Bauern hatten die Tiere beim Aufbruch zur Flucht losbinden und ihrem Schicksal überlassen müssen. Der überwiegend ländlichen Bevölkerung, die mit den Tieren seit Generationen in Gemeinschaft lebte, war dieser Schritt sehr schwergefallen: „Was das für die Menschen dort bedeutete, einen Stall mit zwanzig Kühen oder mit zehn Schweinen, Pferden, Hühnern allein zurückzulassen! Und das im Winter, wo sich die Tiere ja nicht selbst verpflegen konnten, wo die Wasserstellen zugefroren waren! Das war wirklich grausam!", fasst Arno Surminski, der sich während der Nachkriegszeit als Schriftsteller einen Namen machen sollte, rückblickend zusammen. Ida Slomianka, als junge Frau mit Mutter und Schwester unterwegs, sind die Bilder noch heute vor Augen: „Das waren Tausende von Kühen und Kälbern. Die Kühe kriegten Milchbrand, wenn sie nicht gemolken wurden. Das Euter schwoll an, eiterte und schmerzte. Da standen die Tiere auf der Weide und brüllten fürchterlich. Viele von ihnen gingen schließlich ein. Was glauben Sie, was wir da unterwegs an totem Vieh gesehen haben! Und dann sagte schon mancher, so wie unsere Kühe hier am Wegesrand liegen, so wird es eines Tages auch uns ergehen."

Die Mangelernährung führte bei vielen Flüchtlingen zu Schwächeanfällen und Magen-Darm-Krankheiten. Vor allem ältere Menschen waren den Strapazen der Flucht oft nicht gewachsen. Im hinteren Teil der Panjewagen unter Decken zusammengekauert, starben sie meist lautlos und unbemerkt. Bruno Brassat hat den Tod seiner Großmutter als Zehnjähriger auf der Flucht miterlebt: „Unsere Oma war schon so krank – es war ja keine sanitäre Behandlung mehr möglich. Wir mussten ja vorwärts! Nun hat sie da hinten im Wagen gelegen, tagelang, und die Geruchsbelästigung war wirklich unerträglich. In Zoppot haben wir endlich haltmachen können, aber als wir sie aus dem Wagen herausholten, war sie schon gestorben." Den Angehörigen blieb nichts anderes übrig, als die Toten notdürftig im Schnee zu verscharren und ein kurzes Gebet zu sprechen, bevor sie der endlose Strom der Flüchtlinge wieder verschluckte.

Am 23. Januar 1945 erreichten russische Panzerspitzen die Ostseeküste bei Elbing. Ursula Resas aus dem Küstenstädtchen Schwarzort an der Kurischen Nehrung, die nach tagelanger Flucht in der Stadt Rast machte, erinnert sich: „Wir waren in Häusern am Stadtrand untergebracht worden, da fielen durch das Dröhnen der Panzer plötzlich die Bilder von den Wänden. Irgendjemand kam herein und schrie: ‚Die Russen kommen!' Da sind wir alle rausgestürzt und auf einen Lkw gesprungen. Wir wussten auch nicht, wohin es jetzt gehen sollte."

Der Landweg in den Westen war nun abgeschnitten. Der einzige Weg in die Hafenstädte Danzig oder Gotenhafen führte die Flüchtlinge über die Frische Nehrung, eine schmale Landzunge vor der ostpreußischen Küste. Um dorthin zu gelangen, mussten die Trecks das Haff überwinden, dessen relativ flaches Wasser bei den eisigen Temperaturen gefroren war. Es war ein Wettlauf mit der Zeit, denn an manchen Stellen war die Eisfläche nur wenige Zentimeter dick. Holzpfähle oder kleine

Tannenbäume, die ins Eis gesteckt worden waren, sollten den Weg für die Flüchtlinge markieren. Das Frische Haff war siebzig Kilometer lang und bis zu zwanzig Kilometer breit, und sein Eis bot keinerlei Schutz vor sowjetischen Tieffliegerangriffen. Dort, wo Sprengbomben Löcher in das Eis gerissen hatten, bildete sich bei Temperaturen von bis zu minus 25 Grad schnell eine tückisch dünne Eisschicht, die kein Gewicht tragen konnte. Immer wieder brachen Wagen ein und zogen Mensch und Tier mit in die Tiefe.

Hildegard Rauschenbach aus dem Kreis Pillkallen war damals 19 Jahre alt. Ende Januar 1945 erreichte sie mit ihren Eltern die Küste bei Heiligenbeil. Vor dem Haff wurde die Familie auf einen großen Platz gebracht, wo bereits Hunderte von Schicksalsgenossen warteten. Den Flüchtlingen wurde nur gestattet, ihr Handgepäck mitzunehmen. Alles andere mussten sie zurücklassen, denn die Wagen durften bei der Flucht über das brüchige Eis nicht zu schwer beladen sein. Binnen weniger Stunden türmte sich das Flüchtlingsgut am Ostseestrand: Nähmaschinen, Tonnen mit gepökeltem Fleisch, Radios, Federbetten, Kisten mit wertvollem Porzellan und Familiensilber. Überall wimmelte es von Menschen, Kinder weinten vor Kälte und Angst, Schreie durchschnitten die eisige Luft – im Chaos wurden Familienmitglieder voneinander getrennt, gingen Kinder ihren Müttern für immer verloren.

Damit das Eis die schwere Last zu tragen vermochte, wurden die Wagen mit einem Abstand von mehreren Metern nacheinander auf die vorgesehene Strecke eingewiesen. Es kam zu langen Stauzeiten. Viele versuchten, das Eis im Schutz der Dunkelheit zu überqueren, denn nur nachts konnten sich die Flüchtlinge vor sowjetischen Jagdbombern sicher fühlen. Doch in der dunklen Eiswüste kamen viele vom Weg ab und stürzten in die Bombenkrater. Wer stehen blieb, lief Gefahr zu sinken – schnell bildeten sich Wasserlachen um die Räder der Wagen, sackten riesige Eisschollen in die Tiefe. „Wir sind die ganze Nacht gefahren und gefahren“, erinnert sich Hildegard Rauschenbach, „und mein Vater sagte: ‚Wir müssten doch schon längst auf der Nehrung sein!‘ Als dann der Morgen graute – dieses Bild werde ich nie in meinem Leben vergessen –, sah ich diese endlose Schlange von Wagen, hörte dieses leise Knirschen der Räder im Schnee. Die Pferde schnaubten mit den Nüstern, und der Dampf vermischte sich mit der eisigen Winterluft.“

Hildegard Rauschenbach und ihre Eltern gelangten unbeschadet über das Eis des Frischen Haffs. Für die Ostpreußin Irmela Ziegler aus Warschfelde im Kreis Elch-Niederung endete die nächtliche Flucht über das Eis mit einem schrecklichen Unglück. Sie lief neben dem Wagen ihrer Familie her, als ein jähes Krachen die 18-Jährige aufschreckte: Unmittelbar vor ihr sank der Wagen in Sekundenschnelle. Mutter, Vater und die sechs Geschwister schienen verloren. Doch ihrem Vater gelang es, vom Kutschbock abzuspringen und die Pferde am Zügel zu greifen. Mit letzter Kraft stemmten sich die Tiere mit den Vorderhufen auf die Kante des Eises und rissen den Wagen hoch.

Irmela Ziegler sah ihre Mutter starr vor Schreck im Wagen sitzen – von ihr war keine Hilfe zu erwarten. Die junge Frau stellte sich auf die Eiskante, hielt sich mit einer Hand an den Pferden fest und griff mit der anderen Hand hinüber: Drei ihrer Geschwister krabbelten an der Mutter vorbei aus dem Wagen. Irmela riss sie, ohne zu zögern, zu sich. Doch dann rutschten die Pferde ab, der Wagen ging unter. Verzweifelt klammerten sich die vier Geschwister aneinander. Die Mutter und zwei weitere Geschwister hatte der Vater gerade noch aus dem sinkenden Wagen retten können. Doch für die jüngste Schwester Heidrun kam jede Hilfe zu spät: Die Kleine war im Wagen geblieben und ertrank vor den Augen ihrer hilflosen Eltern. Sie war erst 18 Monate alt. Tag für Tag, von Januar bis März 1945, spielten sich auf dem Eis solche dramatischen Szenen ab.

Hitlerjugend- und Volkssturmeinheiten wurden abgestellt, um die Trecks auf dem Eis vor Angriffen der Sowjets zu beschützen. Ein aussichtsloser Auftrag, denn der Flüchtlingsstrom bot auf der weiten Fläche des Haffs russischen Tieffliegern ein unübersehbares Angriffsziel. Wahllos schossen die Bord-MG der Flieger auf die Menschen, die mit ihren letzten Habseligkeiten das Haff überquerten. Fontänen spritzten hoch, wenn Bomben in das Eis einschlugen. Eis- und Granatsplitter prasselten auf die Flüchtlinge herab, die verzweifelt hinter ihren Fuhrwerken Deckung suchten. „Man hatte das Gefühl, man fährt bei Gewitter, so grollte und blitzte es um uns herum, Tag und Nacht“, erinnert sich Hannelore Thiele an die Flucht über das Eis. Den Weg zur Nehrung säumten bald zerfetzte Körper und Pferdekadaver, deren Blut das Eis rot färbte.

Wagen an Wagen reihte sich auf dem Eis des Haffs. Wer die schmale Landzunge lebend erreicht hatte, schöpfte wieder Hoffnung, wenn er

Durch Eis und Schnee bahnten sich die Flüchtlinge den Weg nach Westen.

Oft mussten sich ganze Familien auf einen Wagen zwängen.

Ein Sowjetpanzer auf dem Vormarsch

Hunderttausende flüchteten über das Frische Haff.

endlich festes Land unter seinen Füßen spürte. Doch auch auf der Nehrung nahm das Elend kein Ende. Auf den engen Sandwegen drängten Wagen einander die Böschung hinab. Verletzt, erschöpft und völlig unterkühlt, blieben zahllose Flüchtlinge am Straßenrand liegen, vor allem Alte und Kinder. Wie Lemminge schoben sich die Menschen die Nehrungstraße entlang – vorbei an Leichen, zerschmetterten Wagen und Bergen von Gepäck. Einige scherten aus dem Strom aus, machten Rast und versuchten, sich von den Strapazen der Haffüberquerung zu erholen.

Auch die Familie von Irmela Ziegler machte auf der Nehrung halt. Am Morgen nach der Tragödie auf dem Eis zog der Vater noch einmal mit dem Schlitten auf das Haff hinaus. Die Familie blieb auf der Nehrung zurück und bangte um sein Leben: am hellen Tag war die Gefahr der Tieffliegerangriffe am größten. Doch der Vater kehrte unversehrt zurück. Er war zur Unglücksstelle gegangen und hatte sein totes Kind aus dem Wasser geborgen. Schweigend schaufelte die Familie ein kleines Grab im Sand der Nehrung, rollte das Kind in einen Teppich und bestattete es. „Ich war schon so weit gelöst, dass ich wie ein Schlosshund geheult habe", schildert Irmela Ziegler die traurige Szene. „Aber meine Mutter, die war ganz erstarrt. Sie hat das lange, lange nicht verarbeiten können." Für sie und viele andere war die Frische Nehrung eine Straße ohne Wiederkehr geworden.

SEEBRÜCKE

Wer die Danziger Bucht lebend erreichte, glaubte sich gerettet. „Man holte Luft und dachte: Das Leben geht weiter, es ist doch noch nicht zu Ende", erinnert sich ein Flüchtling an die Ankunft in Gotenhafen. Hunderttausende strömten in die Hafenstädte Danzig und Gotenhafen, alle in der Hoffnung, auf einem der hier anlandenden Schiffe eine Passage in den Westen zu bekommen.

Das Schicksal all dieser Menschen lag nun in den Händen der deutschen Marineleitung. Sie organisierte eine umfangreiche Seerettungsaktion, die bis heute als größte Heldentat der deutschen Kriegsmarine gilt. Auf Anweisung von Großadmiral Karl Dönitz und Konteradmiral Conrad Engelhardt, dem die Schifffahrt im Ostseeraum unterstand, wurde aller verfügbare Schiffsraum in die Danziger Bucht beordert:

Handelsschiffe, Schulschiffe, Vorpostenboote, Minenräumer – alles, was schwimmen konnte, steuerte die Häfen rund um die Kurische und die Frische Nehrung an. Am 25. Januar 1945 verließen 22 000 Flüchtlinge mit dem ersten organisierten Schiffskonvoi das Hafenstädtchen Pillau. Wenig später stieß die Rote Armee in der Nähe der Kleinstadt Elbing zur Küste vor und schnitt damit alle Straßen und Zugverbindungen in den Westen ab. Ostpreußen war eingekesselt. Nur ein einziger Fluchtweg blieb übrig: der Weg über die Ostsee.

In Gotenhafen, das mit einer vierzehn Kilometer langen Pier über die größte Schiffsanlegestelle der Region verfügte, ballten sich in jenen Tagen Tausende von Menschen. Über See erreichten kleinere Schiffe aus Pillau oder Memel die Gotenhafener Anlegestelle Oxhöft und spuckten weitere Massen aus, die hier auf eines der größeren Kriegs- oder Passagierschiffe verladen werden sollten. Ursula Resas, eine Marinehelferin, die von ihrer Einheit nach Gotenhafen kommandiert worden war, erreichte am 24. Januar nach abenteuerlicher Flucht über das zugefrorene Frische Haff die Stadt. Sie hat die Szenen, die sich in Gotenhafen abspielten, noch deutlich vor Augen. „Ich dachte erst, da lägen Bündel auf dem Boden, zugeschneite Gepäckbündel. Dann habe ich gesehen, dass das Menschen waren. Sie lagen einfach da und waren zum Teil mit Schnee bedeckt. Und immer plagte mich der Gedanke, meine Mutter und meine kleinen Geschwister könnten auch darunter sein."

Ursula Resas' Familie war in den Wirren der Flucht auseinandergerissen worden. Ihre Schwester Rosemarie war wie sie Marinehelferin und ebenfalls nach Gotenhafen versetzt worden. Auch der Vater war in der Nähe. Doch wo der Rest der Familie abgeblieben war, wussten die Schwestern zu diesem Zeitpunkt nicht. Wenigstens hatten sie sich. In Gotenhafen jedoch würden sie sich nicht mehr lange aufhalten können. Der Januar 1945 war so außergewöhnlich kalt, dass das Thermometer teilweise bis unter zwanzig Grad minus sank. Trotz zahlreicher Notunterkünfte in Schulen, Kellern, Kinos oder Restaurants konnten viele Flüchtlinge nicht einmal einen warmen Schlafplatz finden. In den Hafenanlagen richtete man in Schuppen notdürftige Verpflegungsstationen ein. Waltraud Grüter, wie die Resas als Marinehelferin in Gotenhafen, erinnert sich: „Ich habe junge Mütter gesehen, die hatten ihre erfrorenen toten Kinder im Arm. Sie wollten sie nicht hergeben. Sie haben wohl gedacht, diese Bündelchen würden noch leben. Man hat ihnen die Kinder einfach fortgenommen und an den Straßenrand gelegt."

Erinnerungen wie diese teilen viele Flüchtlinge. Und viele von ihnen haben sie bis heute seelisch nicht verarbeiten können. Waltraud Grüter sucht zu erklären, wie sie es schaffte, das Erlebte zu verkraften. „Ich habe versucht, das alles nicht an mich heranzulassen. Ich muss heute sagen, dass mich die Szenen, die ich da sehen musste, damals schon fast kaltgelassen haben. Das war die einzige Möglichkeit, damit umzugehen."

Immer mehr Fuhrwerke, Schlitten und Gepäckwagen versperrten die Zufahrtswege zum Hafengelände. An der Pier gab es kaum noch ein Durchkommen. Die Kapitäne der Schiffe in Gotenhafen konnten nur zusehen – noch waren ihnen die Hände gebunden.

Am 21. Januar erließ das Oberkommando der Kriegsmarine unter Großadmiral Dönitz die Order, die in Gotenhafen stationierten U-Boot-Lehrdivisionen und Marinehelferinnen nach Westen zu verlegen. Dazu – so der lang erwartete Befehl – sollten die „nicht kampffähige Bevölkerung" aus dem Danziger Raum und die in Gotenhafen wartenden Flüchtlinge aufgenommen werden.

Die Anweisung von Dönitz enthielt genaue Zahlen für den Abtransport. Demzufolge sollten die *Hansa* 3000, die *Hamburg* 5000, die *Deutschland* 6000 und die *Wilhelm Gustloff* ebenfalls 6000 Menschen aufnehmen. Dazu kamen noch einige kleinere Schiffe, doch alle zusammen würden sie wohl kaum mehr als 30 000 Menschen fassen können. Und bereits jetzt waren doppelt, vielleicht dreimal so viele Menschen in der Hafenstadt. Gleichzeitig mit dem Räumungsbefehl erging die Bestimmung, offizielle Fahrausweise in doppelter Ausführung zu vergeben. Eine Panik in der überfüllten Stadt sollte in jedem Fall verhindert werden. Wie ein Lauffeuer verbreitete sich in Gotenhafen die Nachricht, die Schiffe seien freigegeben. Auch die Wartenden wussten, es würde nicht für alle Leute Platz sein. „Jeder wollte mit der *Gustloff* mit", erinnert sich Waltraud Grüter. „Jeder wollte weg von Gotenhafen. Und alle haben gedacht – ich übrigens auch –, dass einem auf der *Gustloff* nichts passieren könne."

Winfried Harthun kann sich erinnern, dass seine ältere Schwester abends nach Hause kam und freudig berichtete, sie habe Fahrkarten für den Kreuzer *Admiral Hipper* ergattern können. Sie selbst und ihre kleine Tochter hatten die Erlaubnis, an Bord zu gehen, dazu hatte sie Passagen für ihre Mutter und die beiden kleinen Brüder bekommen. Vater Harthun bremste ihre Euphorie. Seine gesamte Familie auf einem Kriegsschiff – wie auf einem Präsentierteller für den Gegner –

über die Ostsee zu schicken erschien ihm viel zu riskant. Auf sein Drängen hin tauschte die Tochter die Karten um. In der örtlichen Kommandantur drückte man ihr neue Passagierscheine in die Hand. Auf den Papierscheinen stand der Name des Schiffes: Es war die *Wilhelm Gustloff*.

Unter den Schiffen, die an der Gotenhafener Pier lagen, war die *Wilhelm Gustloff* zweifellos das imposanteste. Auf 208,5 Meter Länge und 56 Meter Höhe vom Kiel bis zum Mast verteilten sich zehn Decks, zwei Promenadendecks und das Sonnendeck mit eingerechnet. Allein die Schornsteinattrappe, die sich wie bei Dampfschiffen mittschiffs befand – eigentlich war die *Gustloff* ein Motorschiff –, ragte dreizehn Meter in die Höhe.

1945 konnte das erst acht Jahre alte Schiff bereits auf eine bewegte Geschichte zurückblicken. Im Mai 1937 war die *Gustloff* vom Stapel gelaufen, als erster Neubau der „Kraft durch Freude"-Flotte, die in den Folgejahren Tausende deutscher Urlauber an Mittelmeerstrände und nordische Fjorde transportiert hatte. KdF-Chef Robert Ley hatte anlässlich der Schiffstaufe zu einer flammenden Rede angehoben: „Mein Führer", hatte er Adolf Hitler und der versammelten Menge entgegengeschmettert, „Sie führen unser Volk zum Schönen. Sie geben ihm einen neuen Lebensstil und eine innerliche und äußerliche Lebenshaltung, die auf das Schöne hinzielt. Sie geben unserem Volke schöne Autobahnen, große und schöne Bauten in Nürnberg, in München und bald auch hier in Hamburg. Wir wollen, dass jeder stark und gesund wird, denn dann wird Deutschland leben und ewig sein!"

Die *Wilhelm Gustloff* war benannt nach dem in die Schweiz entsandten Landesgruppenleiter der Auslandsorganisation der NSDAP. Wilhelm Gustloff, seit 1929 Parteimitglied und glühender Anhänger seines „Führers", war am 4. Februar 1936 durch fünf Schüsse aus der Waffe des jüdischen Medizinstudenten David Frankfurter gestorben. In einem pompösen Staatsakt in Schwerin hatten Hitler und seine Helfer Wilhelm Gustloff vor 35 000 Trauergästen zu Grabe getragen. „Das deutsche Volk hat einen Lebenden im Jahr 1936 verloren, allein einen Unsterblichen für die Zukunft gewonnen", hatte Hitler in seiner Grabrede pathetisch verkündet. Nun stand der Name des „Märtyrers" Pate für das „Traumschiff des Arbeiters".

Die Witwe Wilhelm Gustloffs zerschlug die obligatorische Flasche am Schiffsrumpf und gab damit das Schiff frei zum Stapellauf. Ein

Der Schweizer NSDAP-Landesleiter Wilhelm Gustloff auf dem Reichsparteitag der NSDAP 1935

Hitler an Bord der *Gustloff*, März 1938; hinten KdF-Chef Robert Ley

Die Taufe des neuen KdF-Schiffs *Wilhelm Gustloff*, 5. Mai 1937

Gemeinschaftsspiele
an Deck des Schiffes, 1938

Propagandainszenierung auf
der *Gustloff* anlässlich der
Volksabstimmung über den
„Anschluss" Österreichs, 1938

Die *Gustloff* im Oktober 1938
beim Auslaufen zu einer Mittelmeerkreuzfahrt

knappes Jahr später konnte die *Gustloff* auf Jungfernfahrt gehen. Ein Schwimmbad, sieben Bars, Tanzräume, eine Bücherei, ein Wintergarten, ein Musiksaal, ein Rauchsalon, ein Bordkino – die *Gustloff* ließ es an nichts fehlen. Das Sonnendeck und die beiden Promenadendecks luden zum Ausblick auf die Wellen ein. Das untere Promenadendeck war bei kühleren Temperaturen besonders beliebt, da es auf 160 Metern rundum verglast war und so auch bei schlechtem Wetter genutzt werden konnte.

Sämtliche Kabinen lagen an den Außenseiten und waren allesamt gleich ausgestattet, mit Ausnahme der größeren „Führerkabine" für Adolf Hitler, die dieser allerdings nie benutzte. Der Nationalsozialismus – so vermittelte es dieses Schiff – sei ein Sozialismus im besten Sinne. Der Propagandafilm „Schiff ohne Klassen", in dem der „Arbeiter von der Werkbank" seinen Arbeitskollegen in der heimischen Fabrik über Telefon direkt vom Schiff von seinen Urlaubserlebnissen berichtete, warb um Reiselustige. Und solcher Luxus war erschwinglich, auch für den Normalbürger. Gerade fünfzig Reichsmark kostete eine fünftägige Tour nach Norwegen. Auch Hitlerjungen und Mädchen vom „Bund Deutscher Mädel" konnten hier günstige Abenteuerferien erleben. Zur Ausstattung des Schiffes gehörte eine schwimmende Jugendherberge, in der auch die Jüngsten von den vermeintlichen Segnungen des Nationalsozialismus profitieren konnten.

Zu Stapellauf und Jungfernfahrt war die Presse geladen und berichtete pflichtgemäß von den Errungenschaften, die das neue Regime dem einfachen Volk zukommen ließ. Dass das Schiff auch anderen Zwecken zugeführt werden konnte, kam den Chefs der KdF-Organisation gelegen. So diente die *Gustloff* als schwimmendes Wahllokal, als Hitler beim so genannten „Anschluss Österreichs" auch die Zustimmung von den damals in England lebenden Deutschen und Österreichern einholen wollte. Wenig überraschend fiel das Wahlergebnis unter denen aus, die zur Stimmabgabe auf die in der Themsemündung ankernde *Wilhelm Gustloff* gekommen waren: 99 von 100 votierten für Hitler. Auch bei der „Heimholung" der „Legion Condor", die Hitler zur Unterstützung Francos in den spanischen Bürgerkrieg geschickt hatte, war die *Gustloff* dabei und transportierte die Soldaten zurück nach Hamburg.

Nach nur anderthalb Jahren beendete jedoch der Zweite Weltkrieg die Karriere der *Gustloff* als Erholungsschiff. Mit dem Überfall Deutschlands auf Polen im September 1939 wurde sie Lazarettschiff und versorgte die deutschen Truppen in Norwegen. Ein Jahr später legte sie an der Pier von Gotenhafen-Oxhöft an und beherbergte von dieser Zeit an als „schwimmende Kaserne" angehende U-Boot-Fahrer.

Die jungen U-Boot-Männer liebten ihre ungewöhnliche Behausung während der Lehrgänge. Nikolaus Höbel, der gegen Ende des Jahres 1944 auf die *Gustloff* verlegt wurde, ist noch heute beeindruckt. „Das war ein gewaltiges Schiff", berichtet er. „Wenn man an Oberdeck stand und schaute fast zwanzig Meter runter auf die Pier, war das ein tolles Erlebnis. Während meines dreimonatigen Lehrgangs hatte ich nicht einmal jeden Raum auf dem Schiff gesehen." Sein Kamerad Horst Mankowka schmiedete während der Ausbildung bereits Pläne für die Nachkriegszeit. „Wenn der Krieg vorbei ist", erzählte er seinen Lehrgangskollegen, „dann mache ich mit meiner Frau endlich eine Hochzeitsreise, und zwar auf diesem Schiff." Doch wann dieser ersehnte Zeitpunkt einsetzen würde, wussten im Januar 1945 weder Mankowka noch seine Kameraden. Noch lag die *Gustloff* als Wohn- und Unterrichtsschiff in grauem Tarnanstrich an der Pier in Gotenhafen-Oxhöft. Und seit Jahren hatte sie sich kaum eine Seemeile bewegt.

Marinehelferin Waltraud Grüter war zunächst enttäuscht, als sie das Schiff im Frühjahr 1945 sah: „Ich hatte die *Gustloff* als wunderschönen weißen Dampfer in Erinnerung. Das Dritte Reich hatte sich ja kräftig mit ihr gebrüstet. Und jetzt war sie ganz grau und unansehnlich." Auch viele andere Flüchtlinge kannten das Schiff aus den Wochenschauen der NS-Propaganda und erinnerten sich an seine komfortable Ausstattung. Selbst wenn der Ozeanriese seine besten Jahre hinter sich hatte – die *Gustloff* würde Sicherheit bieten. Was sollte einem so großen Schiff schon passieren können?

Die Verantwortlichen auf der *Gustloff* jedoch nahmen den Befehl zur Aufnahme einer so großen Passagierzahl mit gemischten Gefühlen entgegen. Das Schiff war lange nicht zur See gefahren, die Stammbesatzung stark reduziert worden. Die meisten ständigen Besatzungsmitglieder waren bereits über fünfzig Jahre alt, kaum einer verfügte über nennenswerte Erfahrungen auf See. Zudem hatte die *Gustloff* im Herbst 1943 einen Bombentreffer abbekommen, und der Schaden war nur notdürftig repariert worden. Seine ursprüngliche Geschwindigkeit von sechzehn Seemeilen würde das Schiff nicht fahren können, so viel war sicher. Immerhin verfügte die *Gustloff* mit Friedrich Petersen über einen

Kapitän, der den Ozeanriesen bereits im Mittelmeer geführt hatte und all seine Stärken und Schwächen kannte.

In aller Eile wurde das Schiff wieder seetüchtig gemacht. Die Maschine musste nach so langem Stillstand gründlichst überholt, Alarmanlagen und Schottenschließanlagen mussten auf ihre Funktionstüchtigkeit überprüft werden. Die Borddruckerei schickte sich an, Essenskarten in hundertfacher Ausführung zu fertigen; Mütter mit Kleinkindern sollten spezielle Milchkarten erhalten – es sollte geordnet zugehen an Bord. Kabinen und sanitäre Einrichtungen gab es allerdings für höchstens 2000 Passagiere. Jetzt würde die *Wilhelm Gustloff* jedoch erheblich mehr Menschen aufnehmen müssen.

Zu den Ersten, die die Order erhielten, mit der *Gustloff* nach Westen zu gehen, gehörten die Soldaten der 2. ULD, der in Gotenhafen stationierten U-Boot-Lehrdivision. Viele von ihnen waren bereits seit Längerem in Gotenhafen, die Ausbilder hatten ihre Frauen und Kinder nachgeholt, schienen sie hier doch sicherer zu sein als im Reich, das täglich von alliierten Bombenangriffen heimgesucht wurde.

Die 2. ULD bildete vor allem für die neue U-Boot-Klasse aus, die offiziell Typ XXI genannt wurde. Das neuartige Unterseeboot zählte zu Hitlers vermeintlichen „Wunderwaffen“, die gleichsam in letzter Minute eine Wende des Kriegsgeschehens erzwingen sollten. Jürgen Esselmann, Ausbilder der 2. ULD in Gotenhafen, erinnert sich, dass um das U-Boot XXI große Geheimhaltung betrieben wurde: „Nur die Offiziere durften in Danzig die Prototypen begutachten.“ Tatsächlich war dieses Modell im Vergleich zu seinen Vorgängern erheblich verbessert worden. U-Boot XXI musste seltener auftauchen, da es mit einer Motorenentlüftung über der Wasseroberfläche ausgestattet und vor allem erheblich schneller war als seine Vorgängertypen. Die bundesdeutsche Marine nutzte dieses Modell in der Nachkriegszeit noch lange, im Zweiten Weltkrieg aber kam es nicht mehr zum Einsatz. Auch Jürgen Esselmanns Schützlinge zogen nicht mehr als U-Boot-Fahrer in den Krieg. Ganz im Gegenteil – immer häufiger waren die jungen Rekruten in den letzten Monaten zum Landeinsatz kommandiert worden, um Panzer- und Schützengräben rund um die Danziger Bucht auszuheben.

In eiligen Lehrgängen wurden auch die Marinehelferinnen der Region zu „Luftraumbeobachterinnen“ umgeschult, denn in der Danziger Bucht hatten die Angriffe der Alliierten während der letzten Wochen erheblich zugenommen. Der neunzehnjährigen Ingeborg Dorn hatte ihre Mutter angeraten, sich doch zum Einsatz bei der Marine zu melden. „Da bist du wenigstens an der frischen Luft“, hatte sie ihrer Tochter gesagt.

Zunächst war der Aufenthalt in der Danziger Bucht auch recht kurzweilig gewesen. „Sobald wir Freigang hatten, ging’s ab nach Gotenhafen“, erinnert sich Ingeborg Dorn heute. Doch in den ersten Januarwochen hörte man bereits den Kanonendonner der Front. Ingeborg Dorn war wie ihre Kameradinnen erleichtert, als die Order zu ihrer Einschiffung auf der *Gustloff* kam. Immer öfter hatten Flüchtlinge von Gräueltaten der vorwärtsstürmenden Rotarmisten berichtet, immer wieder hatte die deutsche Propaganda die Verbrechen der Russen in Wochenschauen und Zeitungen angeprangert und die tatsächlich grausame Wahrheit absichtlich noch grausamer gestaltet. Propagandaminister Goebbels hatte darauf spekuliert, auf diese Weise den Widerstandswillen der Bevölkerung zu stärken. Doch diese Rechnung ging nicht auf. Statt mit Gegenwehr und Standvermögen reagierte die Bevölkerung der deutschen Ostgebiete mit panischer Flucht. „Wir dachten nur, Hauptsache, es geht nach Westen“, erinnert sich Ingeborg Dorn, „wir hofften natürlich, dass da die Amerikaner sein würden.“

Als Ursula Resas den Einschiffungsbefehl für die *Gustloff* erhielt, atmete sie auf. Ihre Schwester Rosemarie aber sträubte sich. Die Vorstellung, im Bauch dieses Ozeanriesen über die verminte Ostsee zu fahren, war ihr unheimlich. Vater Resas musste erst ein Machtwort sprechen, dann gab seine Tochter schließlich nach. „Er hat auf sie beruhigend eingeredet“, erinnert sich Ursula, „und gesagt: ‚Mutti und die kleinen Geschwister sind irgendwo unterwegs, bleibt wenigstens ihr beiden zusammen!‘“ An diesen Satz ihres Vaters erinnerten sich die Schwestern wenige Tage später.

Wie Rosemarie Resas beschlich auch Helene Kremmer ein klammes Gefühl, als sie die *Gustloff* sah. Ihr Mann Franz gehörte zur 2. ULD und hatte die Erlaubnis bekommen, seine Frau an Bord zu holen. Sie allerdings hatte die Hoffnung noch nicht aufgegeben, vielleicht doch noch einen der letzten Züge nach Westen zu erwischen. „Ich habe meinen Rucksack gepackt und bin schnurstracks zum Bahnhof“, erzählt sie, „aber dann habe ich die überfüllten Züge gesehen, die toten Kinder und bin schleunigst wieder zurück.“

Auch Irmgard Harnecker drehte sofort wieder um, als sie am Bahnhof mitbekam, wie Leichen aus den Zügen herausgetragen wurden.

Ihre Tochter Ingrid war erst zwei Jahre alt. „Ingrid war ein besonders süßes Baby", erinnert sich die Mutter noch heute lächelnd. „Sie war ein Püppchen und konnte gerade laufen." Für die strapaziöse Reise auf dem Landweg aber war das Mädchen einfach zu klein. Es gelang ihrem Mann, der in Gotenhafen auf einem Kriegsschiff stationiert war, für Frau, Kind und Schwägerin Passagen auf der *Gustloff* zu organisieren. „Wir haben den Kinderwagen geschnappt, das Kind reingelegt und alles, was wir so packen konnten, und haben das Wägelchen durch den hohen Schnee ans Schiff geschoben", erinnert sich Irmgard Harnecker.

Am 25. Januar öffnete die *Gustloff* ihre Tore auch für die Flüchtlinge. Hans-Joachim Elbrecht, der als Offizier an der Einschiffung beteiligt war, erinnert sich: „Das lief in den ersten Tagen unglaublich diszipliniert. Die Leute hatten Geduld und warteten darauf, bis wir sie übernahmen."

Mit Booten und Barkassen fuhren die Soldaten immer wieder an die Piers und versuchten, den Flüchtlingsstrom zu ordnen. Zunächst wurde vorgelassen, wer über einen ordentlichen Fahrschein verfügte. Das waren vor allem Menschen aus dem Danziger Raum, die sich an den örtlichen Dienststellen rechtzeitig hatten registrieren lassen. Wer allerdings gerade erst in der Stadt eingetroffen und direkt an den Hafen gekommen war, hatte keinen Fahrschein. Doch die Matrosen und Marinehelferinnen brachten es kaum übers Herz, die durchgefrorenen Menschen zurückzuweisen, die ohne Ausweis um Aufnahme baten. Die *Gustloff* hatte die Order, vor allem Mütter mit Kindern einzulassen und die anderen Flüchtlinge auf die ebenfalls im Hafen liegenden Schiffe wie die *Hansa* oder die *Vega* zu verweisen. Doch wo sollte die Grenze gezogen werden? An der Pier standen auch Frauen mit vierzehn- oder fünfzehnjährigen Söhnen, manche sahen nach der strapaziösen Flucht älter aus, als sie eigentlich waren. Die Mütter versicherten verzweifelt, ihr Bub sei noch ein Kind, sie brauchten ihn dringend bei der Betreuung seiner kleineren Geschwister. Ließen die Marinehelferinnen und Einschiffungsmatrosen die Halbwüchsigen jedoch auf das Schiff, riskierten sie Ärger mit den Feldjägern, die im überfüllten Gotenhafen nach jungen Männern für den „totalen Kriegseinsatz" suchten.

Marinehelferin Ingeborg Dorn war eingeteilt worden, um bei der Einschiffung mitzuhelfen. Sie erinnert sich: „Da kamen Schlitten an mit der Urgroßmutter, mit der Großmutter, mit neugeborenen Kindern. Die Kinder hatten tiefe Risse in ihren Bäckchen, die waren regelrecht vom Frost zerbissen." Die junge Frau nahm sich beherzt solcher Kinder an und organisierte im Lazarett Vaseline, um die rauen Wangen der Kleinen einzureiben. Gegen die seelischen Wunden der Flüchtlinge aber konnte sie nichts ausrichten. „Die Menschen, die von den Schlitten stiegen, waren zu Tode erschöpft von der Flucht, und es war irgendwie eine sehr traurige, sehr deprimierte Stimmung." Doch immer häufiger konnte die Marinehelferin auch ein Lächeln auf den Gesichtern der abgekämpften Flüchtlinge sehen. „Einmal an Bord, schöpften die Menschen wieder Hoffnung", so Ingeborg Dorn. „Sie hatten das Gefühl, dass sie es doch noch geschafft hatten."

Langsam und systematisch füllte sich der Bauch des Schiffes mit Menschen. An der Pier stapelten sich die zurückbleibenden Schlitten und Gepäckstücke. Manch einer der wohlhabenderen Flüchtlinge musste mit mehr oder minder starkem Nachdruck davon überzeugt werden, dass für mehrere Taschen oder ausladende Schrankkoffer kein Platz war. Hans-Joachim Elbrecht erinnert sich an eine Dame, deren Gepäck allein eine ganze Kabine gefüllt hätte. Verärgert versuchte der Offizier der Frau klarzumachen, dass ein solch egoistisches Verhalten das Leben anderer aufs Spiel setzen könnte. Als sie sich jedoch weiterhin uneinsichtig zeigte, wiesen die Männer der *Gustloff* sie zurück.

Schon bald kam die Nachricht, dass alle Kabinen besetzt waren. Doch immer weiter schoben sich die Menschen über das hölzerne Fallreep der *Gustloff*. Jeder Einzelne wurde namentlich registriert und mit der Frage konfrontiert, wer im Fall eines Unglücks benachrichtigt werden sollte. Die meisten Flüchtlinge waren über diese Frage überrascht – hatten sie denn das Schlimmste nicht bereits hinter sich? Wer konnte, gab die Adresse eines Bekannten oder Verwandten im Westen an. Doch hinter vielen Namen konnte nur eine Lücke gelassen werden. Familie und Freunde waren selbst auf der Flucht oder an der Front vermisst. Ungeduldig warteten die Hintenstehenden, während vorn an der Tür versucht wurde, die aufgenommenen Flüchtlinge so ordentlich wie möglich zu registrieren. Und immer wieder mussten die Wartenden beiseitetreten, wenn ein neuer Transport verwundeter Soldaten von der Front herangefahren wurde oder ein weiterer Zug Marinehelferinnen in die *Gustloff* hastete. Denn die Männer und Frauen der „kampffähigen

Einheiten“ hatten Vortritt, egal wie viele Flüchtlinge noch an der Pier standen.

Im Schiffsinneren begann die Mannschaft zu improvisieren. Aus der Musikhalle, aus dem Festsaal, aus dem Kino und dem Theater verschwand das Mobiliar und wurde durch Matratzen ersetzt. „Es sah nach kurzer Zeit so aus, als sei das Schiff bis auf den letzten Winkel gefüllt. Die Leute lagen bereits wie die Heringe nebeneinander“, erinnert sich Ursula Resas.

In der Nähe des Krankenreviers nahe dem Oberdeck entstand eine Entbindungsstation für die Schwangeren unter den Flüchtlingsfrauen. Ingeborg Piepmeyer war bereits im neunten Monat, als sie auf der *Gustloff* um Aufnahme bat. Der Vater des Kindes, das sie erwartete, war an der Ostfront, für eine Hochzeit war keine Zeit mehr geblieben. Die Schwangere hatte mit wachsendem Entsetzen gesehen, wie sich Gotenhafen mehr und mehr füllte. Wer sollte ihr helfen, wenn das Kind zur Welt kommen wollte? Als sie den Aufgang zur *Gustloff* passiert hatte, war sie unendlich erleichtert. Hier gab es Ärzte und Schwestern, und die improvisierte Wöchnerinnenstation hielt mehr Komfort bereit, als sie jemals zu hoffen gewagt hatte. Viele Frauen waren hier in der gleichen Situation wie sie. Wenn sie das alles schon allein durchstehen musste, gab es wenigstens andere Frauen, mit denen sie sich austauschen konnte.

Am 28. Januar erreichte auch der KdF-Riese seine Kapazitätsgrenzen. Die letzte Kabine wurde besetzt – sie war für die Familie des örtlichen NSDAP-Kreisleiters freigehalten worden. Jetzt mussten die Gänge herhalten, um den nicht enden wollenden Strom der Flüchtlinge aufzunehmen. Die Stammbesatzung beobachtete mit mulmigen Gefühlen, wie ein Fluchtweg nach dem anderen mit Matratzen und Gepäckstücken zugepackt wurde. Sogar das Schwimmbassin funktionierte man zum Schlafsaal um. Hier, im tiefsten Deck des Schiffes, fanden viele der Marinehelferinnen Quartier – einige Meter unter der Wasseroberfläche. Die meisten der jungen Frauen gingen wieder an Deck, nachdem sie notdürftig ihr kleines Gepäck untergebracht hatten. Noch immer galt es, den Flüchtlingen Plätze zuzuweisen. Den meisten war es völlig egal, wo sie unterkamen. „Alle waren froh, auf dem Schiff aufgenommen worden zu sein, sie glaubten, einen sicheren Hort gefunden zu haben“, erinnern sich die Marinehelferinnen.

Die Mannschaft der *Gustloff* bemühte sich, den entkräfteten Menschen an Bord jede mögliche Hilfestellung zu geben. Die Schiffsküche produzierte gigantische Mengen Erbsensuppe, es wurden sechzig halbe Schweine, mehrere Tonnen Mehl, Zucker, Milchpulver, Kartoffeln und Brot verladen, die Marinehelferinnen nahmen sich der Kinder an. Einige der kleinen Passagiere hatten bei ihrer Entdeckungsreise auf dem überfüllten Schiff ihre Begleitpersonen verloren. Über die Lautsprecher tönten schon bald die ersten Suchmeldungen. Auch der kleine Winfried Harthun und sein Bruder gingen auf Erkundungstour. Zunächst einmal besuchten sie die Schwester, die als Schwangere eine Kabine zugewiesen bekommen hatte, danach wurden die Decks in Augenschein genommen. Am interessantesten waren natürlich die Speisesäle. „An diese Erbsensuppe kann ich mich sogar heute noch erinnern", berichtet Winfried Harthun.

Der Erste Offizier der *Gustloff*, der 68-jährige Louis Reese, beobachtete die wachsende Passagierzahl mit zunehmender Besorgnis. Während der langen Liegezeit des Schiffes im Hafen hatten viele seiner motorisierten Rettungsboote abgegeben werden müssen, da man sie bei Luftangriffen als Basis für die Nebelwerfer benötigte. Gerade einmal zwölf Rettungsboote waren dem Schiff verblieben. Sie würden im Ernstfall höchstens 700 Menschen Platz bieten können. Nun aber drängten sich Tausende auf der *Gustloff*. Seine Bitte, die motorisierten Boote der *Gustloff* zurückzubekommen, hatte die Hafenleitung zurückgewiesen. Nur mit Mühe gelang es Reese, Marinekutter und Korkflöße für etwa 5000 Mann aufzutreiben. Die Boote wurden eiligst auf das Sonnendeck verladen und vertäut. Die Flöße, die im Notfall zwei bis zehn Personen Platz boten, stapelte man übereinander. Für die meisten Passagiere würde gesorgt sein, die anderen würden sich im Fall eines Unglücks mit Schwimmwesten behelfen müssen. Diese waren ausreichend vorhanden, zumindest für die offiziell registrierte Anzahl von Passagieren.

Auch der Kapitän der *Gustloff*, der 63-jährige Friedrich Petersen, war nervös. Er war seit Jahren nicht mehr zur See gefahren und traute sich die Überfahrt mit derart vielen Menschen an Bord nicht mehr zu. Die Kommandantur zeigte Verständnis. Es wurden zwei junge Fahrkapitäne, Heinz Weller und Karl-Heinz Köhler, auf die *Gustloff* kommandiert. Sie sollten das Schiff auf seiner gefährlichen Passage führen. Petersens Hauptsorge galt nun der Organisation von Geleit. Um der großen Anzahl an Flüchtlingsschiffen auf hoher See ausreichenden Schutz

Der große Ansturm auf die Flüchtlingsschiffe

Flüchtlingsgut im Hafen von Pillau, Frühjahr 1945

Jeder Fischkutter wurde zum Transport von Flüchtlingen benutzt.

Neben der *Gustloff* nahmen auch zahlreiche andere Schiffe Verwundete an Bord.

Mutter und Kind bei der Einschiffung

Auch auf dem Promenadendeck der *Gustloff* drängten sich die Flüchtlingsmassen.

Das letzte Foto der *Wilhelm Gustloff* vor Gotenhafen, 29. Januar 1945

vor U-Booten zu bieten, waren zu wenig Geleitfahrzeuge in Gotenhafen. Petersen versuchte sich damit Mut zu machen, dass es seit Langem in der Danziger Bucht keinen U-Boot-Alarm mehr gegeben hatte. Am 25. Januar traf zudem die Nachricht ein, dass die 1. ULD auf dem Schwesterschiff der *Gustloff*, der *Robert Ley*, sicher im Westen angelangt war.

Wie viele Passagiere würde die *Gustloff* aufnehmen? Und wann würde es endlich losgehen? Gerüchte kursierten zur Genüge. „Es hieß, heute laufen wir aus, dann wieder, morgen geht es los", erzählt Ursula Resas. „Und so verging ein Tag nach dem anderen." Die Nachricht von der Eroberung Elbings durch die Rote Armee am 23. Januar hatte sich schnell verbreitet. Damit trennten die Russen nur noch ein paar Kilometer von Gotenhafen. In wenigen Stunden könnten sie die Hafenstadt erreichen. Das Drängeln auf der Gangway nahm zu.

Am Spätnachmittag des 29. Januar 1945 wurde die akribische Registrierung der Flüchtlinge eingestellt, die Kladden der Marinehelferinnen waren restlos vollgeschrieben. „Wir haben gesagt, jetzt lassen wir sie einfach rein", erinnert sich Marinehelferin Ingeborg Dorn. „Wir konnten doch nicht einfach sagen, dass wir jetzt die Tür zumachen."

Das saubere Abtippen der Registrierungslisten unter Deck, auf das zu Beginn der Einschiffung noch Wert gelegt worden war, hatte man längst eingestellt. Waldemar Terres, einer der Einschiffungsoffiziere der *Gustloff*, hat sich die Zahl genau gemerkt, die als letzte auf der Registrierungsliste stand: 7956. So viele Passagiere waren demnach bereits zwanzig Stunden vor dem Auslaufen der *Gustloff* an Bord. Ursula Resas wurde Zeugin einer Unterhaltung zwischen zwei Offizieren, die sich darüber verständigten, dass die Listen nun von Bord gehen würden. „Sie sagten, dass aber bereits jetzt viel mehr Menschen an Bord seien als auf den Listen registriert", erinnert sich die Marinehelferin. Ihre damalige Kollegin Ingeborg Dorn schätzt, dass nach Ende der Registrierung noch etwa 2000 Menschen aufgenommen wurden. Damit könnten zum Zeitpunkt des Ablegens annähernd 10 000 Menschen an Bord der *Wilhelm Gustloff* gewesen sein.

Teile der Einschiffungsliste der *Gustloff* sind bis heute erhalten geblieben. Heinz Schön, der Zahlmeisteraspirant des Schiffes, rettete die wertvollen Dokumente später aus Danzig, wohin sie in den Wirren der letzten Kriegstage geraten waren. Für viele Angehörige sind diese Listen in der Nachkriegszeit die einzige Hoffnung gewesen, das ungewisse

Schicksal eines Verwandten aufzuklären. Noch heute erreichen Schön fast täglich Anfragen von Personen, die noch immer nach einem Angehörigen suchen und ihn auf der *Gustloff* vermuten. In der Regel muss er den verzweifelt Suchenden eine negative Auskunft geben. In wenigen Fällen immerhin konnte der Verbleib von Personen aufgeklärt werden – wenn sich auch meist nur die Gewissheit ergab, dass der Gesuchte tot war.

Für eine andere Familie wurde die Registrierungsliste der *Gustloff* zum Schicksal, obwohl alle Familienmitglieder den Krieg überlebten. Der Vater des späteren Regierungssprechers Uwe-Karsten Heye, der seine Frau und die beiden Söhne nach Kriegsende suchte, erhielt die Auskunft, da alle drei Namen auf der Einschiffungsliste der *Gustloff* verzeichnet seien, müsse man davon ausgehen, dass sie umgekommen seien. Tatsächlich aber hatte sich Mutter Heye in letzter Minute entschlossen, ihre Passagen auf der *Gustloff* zurückzugeben und den Landweg zu wählen. Im sicheren Glauben, seine Familie verloren zu haben, suchte der Vater nicht mehr weiter. Erst in den 60er-Jahren fanden die Heyes durch Zufall wieder zueinander. Doch für die Familie war es zu spät: beide Elternteile hatten inzwischen ein neues Leben begonnen.

Für diejenigen, die am Eingang der *Gustloff* verzeichnet wurden, war die Registrierung in den letzten Januartagen des Jahres 1945 eine reine Formsache, lästig noch dazu, denn wer hatte schon Lust, nach tagelanger Flucht auf bürokratische Fragen zu antworten? Jeder wollte schnellstmöglich ins warme Innere des Schiffes. Und so bald als möglich, ginge es nach dem Willen der Flüchtlinge, sollte die *Gustloff* dann ablegen.

Auch Korvettenkapitän Wilhelm Zahn, Kommandant der 2. ULD, drängte zum Aufbruch. Schließlich hatte er den Befehl, seine Männer in den Westen zu bringen, wo sie weiter ausgebildet oder aber noch im Kampf eingesetzt werden sollten. Er befürchtete zudem, dass die Ballung von Schiffsraum in Gotenhafen dem Gegner nicht verborgen geblieben war. Immer wieder tauchten gegnerische Aufklärungsflugzeuge in der Ferne auf. Die Gefahr eines Luftangriffs auf den Hafen stieg mit jedem weiteren Tag. Am Abend des 29. Januar fiel dann die Entscheidung: Die *Gustloff* würde am Mittag des nächsten Tages auslaufen. Mit ihr würden der Dampfer *Hansa* und drei Geleitsicherungsboote der U-Boot-Waffe den Weg über die Ostsee nehmen.

ABSCHIED

Es war der 30. Januar 1945 – zwölfter Jahrestag von Hitlers Machtergreifung. Wilhelm Gustloff, der Patron des Schiffes, wäre an diesem Tag fünfzig Jahre alt geworden. Die Flüchtlinge an der Pier bemerkten, dass sich das Schiff langsam auf das Ablegen vorbereitete. Jetzt wurde es ernst. „Am Morgen des 30. Januar ist alles an Bord gestürzt", erinnert sich Einschiffungsoffizier Hans-Joachim Elbrecht. „Da gab es keine Zurückhaltung mehr, das verlief absolut brutal. Sogar kleine Kinder wurden weggestoßen." Gegen Mittag zog die *Gustloff* die Verbindungstreppen zum Kai ein und schloss das Tor zum Einschiffungsdeck. Zurück blieb eine Pier, die noch immer schwarz von Menschen war. Alle, die an diesem Morgen an der Einschiffung beteiligt waren, erinnern sich genau daran, wie sie die Wartenden zurücklassen mussten. Es kämen weitere Schiffe, versicherte die Mannschaft. Die Wartenden sollten es doch auf einem anderen Schiff versuchen, da sei sicherlich noch Platz. Ob das stimmte, wusste keiner. Aber irgendwie musste man die Menschen doch trösten. Für viele Flüchtlinge am Kai entschied sich in diesem Moment ihr Schicksal – zum Guten, doch das konnte niemand ahnen.

Helfer an Land schlugen die vereisten Trossen los, die den Ozeanriesen gehalten hatten. Vier Schlepper drehten das Schiff in Position und zogen es in Richtung offene See. Meter um Meter vergrößerte sich der Wasserabschnitt zwischen der *Gustloff* und dem Land, das für viele der Passagiere die Heimat gewesen war.

Ursula Resas, die sich in den vergangenen Tagen zunehmend Sorgen gemacht hatte, war nun erleichtert. Sie erinnert sich: „Ein Matrose stand in der Tür und sagte zu mir: ‚Mädchen, ist das nicht schön, dass wir fahren? Ich habe noch eine schöne Flasche Kognak und würde Sie gern dazu einladen.'" Das ließ sich die junge Marinehelferin nicht zweimal sagen. Mit jedem Meter, den der Bug der *Gustloff* weiter nach Westen pflügte, schien die drohende Gefahr zurückzubleiben. Ihre Kollegin Waltraud Grüter bewegten in diesen Momenten andere Gedanken. „Ich stand oben mit einer Kameradin an der Reling", berichtet sie, „und plötzlich war uns klar: Wir kommen nicht zurück. Das war ein Gefühl von tief innen heraus. Wir haben ganz bewusst Abschied genommen."

Kurz nach dem Ablegen hielten die Schlepper bereits wieder inne, die *Gustloff* wurde langsamer. Seitlich hatte ein kleines Motorschiff aus Pillau namens *Reval* angelegt, über und über beladen mit Flüchtlingen. Und wieder wurden Fallreepe heruntergelassen. Wie die Katzen krabbelten noch einmal mehrere Hundert Menschen an Bord des ehemaligen Vergnügungsdampfers.

Die damals vierzehnjährige Ursula Birkle war mit ihrer Mutter in Pillau gestrandet und hatte nur mit größter Mühe eine Passage auf der *Reval* ergattern können. Sie erinnert sich: „Als wir auf Gotenhafen zusteuerten, sahen wir da die große *Gustloff*, die im Begriff war auszulaufen. Wir wussten, es war unsere einzige Hoffnung, da noch draufzukommen. Direkt hinter uns wurden die Leitern eingezogen und die Fahrt ging los."

Begleitet von schweren Schnee- und Hagelschauern glitt die *Wilhelm Gustloff* schließlich am 30. Januar 1945 gegen 13 Uhr aus dem Hafenbecken von Gotenhafen-Oxhöft und nahm Fahrt auf. Kapitän Friedrich Petersen wusste noch nicht, wohin es gehen sollte. Erst auf See – so hatte man ihm gesagt – würde er sein Ziel erfahren; wahrscheinlich Kiel oder Flensburg.

Wenige Seemeilen weiter westlich versuchte zur gleichen Zeit ein anderer Kapitän seine Mannschaft bei Laune zu halten. „Wir durften weder rauchen noch auf die Toilette gehen. Zigaretten gab's nur, wenn das Boot auftauchte. Dann konnten wir über die Ventilation etwas frische Luft schnappen, das war's", erinnert sich Elektriker Alexei Astachow. Sein Mannschaftskamerad, Funker Iwan Schnabzew, ergänzt: „Wir hatten unter Deck nie genug Luft. Wenn man ganz ruhig dalag und sich kaum bewegte, war es zu ertragen. Aber sobald man sich in der Koje wälzte, ging einem schon die Puste aus."

Beide gehörten zur Mannschaft von *S 13*, einem russischen U-Boot unter dem Befehl des 32-jährigen Kommandanten Alexander Marinesko. Fast zwanzig Tage waren sie nun schon unterwegs – ohne nennenswerte Ereignisse. Wäre es nach der sowjetischen Marineobrigkeit gegangen, hätte die Fahrt schon eine Woche länger angedauert. Am 2. Januar 1945 hatte *S 13* den Befehl erhalten auszulaufen. Doch der Kommandant war nicht zum Dienst erschienen, sondern auf eine ausgedehnte Zechtour gezogen. Nur mit Mühe konnte die Militärpolizei ihn bei einer Dame von zweifelhaftem Ruf aufspüren; man verdächtigte ihn bereits der Spionage. Zurück an Bord drängte man Marinesko, sein

Kommando niederzulegen. „Die Mannschaft war gegen seine Suspendierung“, erinnert sich Elektriker Astachow, der noch heute große Stücke auf seinen damaligen Chef hält. „Wir sagten, wenn der Kommandant nicht mit auf See kommt, gehen wir auch nicht.“ Nach längeren Debatten konnte das Boot am 11. Januar endlich auslaufen. Marinesko würde Erfolge aufweisen müssen, wollte er seinen angeschlagenen Ruf wiederherstellen.

Einen Tag vor dem Beginn der russischen Winteroffensive reihte sich *S 13* wieder in die aktive Truppe ein. Es war zu erwarten, dass der deutsche Schiffsverkehr in Richtung Westen in den nächsten Tagen um ein Vielfaches zunehmen würde. Die Standardrouten aus der Danziger Bucht waren bekannt. Man würde hier lediglich abwarten müssen, über kurz oder lang musste ein Schiff den Weg von *S 13* kreuzen. Ungefährlich war die Mission jedoch nicht. Die Konvois aus der Danziger Bucht verfügten über massives Geleit, das Gewässer war flach und zudem stark vermint. Während die Rote Armee durch Ostpreußen vorwärtsstürmte, wartete *S 13* auf die erste Feindberührung. Bis zum 30. Januar 1945.

Für Waltraud Grüter war dieser 30. Januar ein ganz besonderer Tag. Die Marinehelferin feierte ihren 21. Geburtstag. Am Morgen hatte sie einen befreundeten Fähnrich auf dem Gang getroffen. Der junge Mann hatte am Tag zuvor Waltraud und einer ihrer Marinekameradinnen großzügig seine Kabine zur Verfügung gestellt. „Na, dann wirst du ja heute volljährig“, sagte er jetzt augenzwinkernd, „das müssen wir auf jeden Fall feiern.“ Der Schiffskoch hatte die Unterhaltung mit angehört und versprach, einen Kuchen zum Fest beizusteuern. „Der Tag versprach schön zu werden, und ich war sehr gespannt auf den Abend“, erinnert sich Waltraud Grüter heute schmunzelnd.

Zunächst einmal aber hatten die Marinehelferinnen alle Hände voll zu tun. Außerhalb des Hafenbeckens war die *Gustloff* von hohem Seegang empfangen worden. Viele seekranke Passagiere brauchten Hilfe. Hans-Joachim Elbrecht berichtet: „Wir sind unsere Runden durch das Schiff gegangen, um nach den Passagieren zu sehen. Vielen war bereits kurz nach dem Ablegen speiübel. Gerade in den unteren Decks stank es fürchterlich.“ Immer wieder versuchten Passagiere aus dem Schiffsinneren weiter nach oben an die frischere Luft zu gelangen. Doch auf dem Oberdeck konnte sich niemand lange aufhalten. Im peitschenden Schneesturm fiel das Thermometer immer weiter und zeigte bereits am

Das sowjetische U-Boot *S 13* und sein Kommandant Alexander Marinesko

Nachmittag erhebliche Minusgrade. Das Oberdeck der *Gustloff* war schon bald von einer dicken Eisschicht überzogen.

Das schlechte Wetter machte vor allem dem Geleit zu schaffen, die kleinen Schiffe konnten bei diesem Wellengang nicht mithalten. Bereits nach halbstündiger Fahrt musste Korvettenkapitän Zahn nach Gotenhafen melden, er habe die Torpedoboote zurückgeschickt und erbitte neues Geleit.

Als die *Gustloff* wenig später die Halbinsel Hela passierte, wartete hier schon die ebenfalls mit Flüchtlingen beladene *Hansa*, die als Weggefährtin für die Überfahrt vorgesehen gewesen war. Das Schiff machte keine Fahrt, wie die Männer auf der Brücke der *Gustloff* überrascht feststellten. Bald kam dann der Funkspruch, den sie befürchtet hatten. „*Hansa* manövrierunfähig – Maschinenschaden" – kabelte das unweit liegen gebliebene Schiff. Die Führung der *Gustloff* musste eine Entscheidung treffen. Sollte man auf neues Geleit warten und riskieren, dass auf dem überfüllten Schiff Unruhe ausbrach oder aber der liegende Riese aus der Luft angegriffen würde? Oder sollte man gar nach Gotenhafen zurückfahren, wissend, dass dort weitere Menschen um Aufnahme flehen würden? Zu allem Überfluss meldete das Torpedofangboot *TF 1*, das die Gotenhafener Schiffsleitung als Ersatz für die ausgefallenen Torpedoboote geschickt hatte, dass es ebenfalls wegen eines technischen Schadens nicht einsatzbereit sei.

Die Kapitäne entschlossen sich dennoch weiterzufahren. Als einziges Schiff begleitete sie das kleine Torpedoboot *Löwe*, das sich vor dem Bug der *Gustloff* seinen Weg durch die Wellen bahnte. U-Boot-Mann Rudolf Geiss stand ungläubig auf der Brücke und beobachtete die *Löwe,* wie sie tapfer versuchte, der *Gustloff* voranzufahren. „Das war schon ein seltsames Gefühl“, erinnert er sich. „Sie sah aus wie eine Nussschale. Und die sollte uns nun beschützen.“

Maschinenmaat Heinz-Günther Bertram trat gegen 19 Uhr seinen Dienst auf der Brücke an. Als er um 13 Uhr seine letzte Schicht beendet hatte, hatte der Kommandostand noch gesummt wie ein Bienenstock. Ständig waren Melder hereingesaust und hatten die neuesten Nachrichten von Frontverlauf, Geleit und der Verfassung der Flüchtlinge überbracht. Das Ablegemanöver war dann mit höchster Konzentration vor sich gegangen. Würden die Maschinen ihre Dienste nach so langer Zeit wieder ordnungsgemäß aufnehmen? Das gleichmäßige Stampfen der Motoren hatte nicht nur die Flüchtlinge, sondern auch die Schiffsleitung beruhigt.

Bertram stellte fest, dass jetzt, als der Abend hereingebrochen war, eine ganz andere Atmosphäre auf der Brücke herrschte: „Die Offiziere waren alle versammelt, und es wurde leise gesprochen. Es war richtig gespenstisch. Alles war abgedunkelt, nirgends war ein Licht. Selbst das Rauchen an Oberdeck war verboten.“ Nichts ließ darauf schließen, dass es auf der Brücke in den letzten Stunden erhebliche Auseinandersetzungen unter den Kapitänen gegeben hatte. Die Kommandostruktur war nicht ausreichend geklärt worden, bevor man den Hafen verlassen hatte. Kapitän Petersen war ein Handelsschiffskapitän. Die auf der *Gustloff* stationierte 2. U-Boot-Lehrdivision aber unterstand Korvettenkapitän Zahn, nicht Friedrich Petersen. Hinzu kamen noch die beiden Fahrkapitäne, die weitgehende Befehlsbefugnis hatten, was die Abläufe auf der Brücke anging. Wer befahl hier wem? Eine schwierige Situation, in der wichtige Entscheidungen getroffen werden mussten. Wie schnell sollte das Schiff laufen? Petersen und der Erste Offizier Reese, die den technischen Zustand der *Gustloff* am besten kannten, wollten ihr nur zwölf Seemeilen zumuten. Korvettenkapitän Zahn war das zu wenig. Als U-Boot-Fahrer wusste er, dass mindestens fünfzehn Seemeilen vonnöten waren, um einem gegnerischen U-Boot-Angriff zu entkommen. Doch Petersen blieb hart: Die *Gustloff* würde nicht schneller laufen.

Noch erregter verlief die Auseinandersetzung um den einzuschlagenden Fahrweg. Kapitän Petersen plädierte für „Zwangsweg 58“, eine uferferne, aber minengeräumte Strecke. Je weiter vom Land entfernt, umso besser, glaubte der Kapitän, der die größte Gefahr für die *Gustloff*

Zwischen dem Kapitän der *Gustloff*, Friedrich Petersen (links), und Wilhelm Zahn, dem Kommandanten der U-Boot-Lehrdivision, kam es zu heftigen Auseinandersetzungen.

in den russischen Geschützen an der Küste vermutete. Der Erste Offizier Reese aber warnte und trat mit Nachdruck für den Küstenweg ein. Mit ihrem vergleichsweise geringen Tiefgang würde die *Gustloff* auch in Küstennähe unversehrt ihren Weg finden. Im Fall eines Unglücks könnte man die Passagiere dort sicher an Land bringen. Doch Reese konnte sich nicht durchsetzen, die Entscheidung fiel schließlich für „Zwangsweg 58".

In die ohnehin schon gespannte Stimmung platzte gegen 18 Uhr die Nachricht eines Funkmaats, der meldete, ein Minensuchverband komme der *Gustloff* direkt entgegen, es bestünde die akute Gefahr einer Kollision. Nach hitzigen Debatten entschied sich die Schiffsführung für das Setzen von Positionslichtern, um in der Dunkelheit nicht von den Minensuchern gerammt zu werden.

Heinz Schön, Zahlmeisteraspirant auf der *Wilhelm Gustloff*, hat sein ganzes Leben lang die Geschichte des Schiffes recherchiert und alle Dokumente und Aussagen zusammengetragen. Ihn macht bis heute stutzig, dass angeblich keiner der Funker von der *Gustloff* oder der *Löwe* einen solchen Funkspruch entgegengenommen hat. Tatsächlich ist der gemeldete Minensuchverband der *Gustloff* in dieser Nacht auch nie begegnet. Woher die Nachricht von der Kollisionsgefahr aber kam, konnte bis heute nicht geklärt werden. War es Sabotage oder ein schlichtes Missverständnis? Heinz Schön ist sich sicher: Die Positionslichter waren das entscheidende Glied in der Kette, die zur Tragödie der *Wilhelm Gustloff* führte.

Inzwischen war die Nacht über die *Wilhelm Gustloff* hereingebrochen, das eisige Schneetreiben ließ nach. Als es ein wenig aufklarte, konnte die Brückenbesatzung einige Hundert Meter weit sehen – und gesehen werden.

Auf *S 13* schlug der Ausguck gegen 19 Uhr Alarm: Da sei etwas, ein Schiff oder ein Verband von Schiffen. Kapitän Marinesko versetzte die Funkstation in Alarmbereitschaft. Der Funker Iwan Schnabzew erinnert sich: „Ich konnte das Rotieren zweier Schiffsschrauben hören. Das Schiff vor uns musste also sehr groß sein." Die Männer von *S 13* waren wie elektrisiert. War das die Chance, auf die sie gewartet hatten? Alexei Astachow erinnert sich: „Marinesko ist durch das Boot gegangen und hat gesagt: ‚Wir gehen in die Offensive, aber ich kann euch nicht versprechen, dass wir hier lebend rauskommen.'"

S 13 lief über Wasser, der Kommandant hatte den Gedanken, abzutauchen, schnell verworfen, denn nur über Wasser bot sich ihm die Chance, den Bug des feindlichen Schiffes zu treffen. Zudem ließen die gesetzten Positionslichter nicht unbedingt darauf schließen, dass an Bord dieses Schiffes besondere Wachsamkeit herrschte. Er entschloss sich, in einem großen Bogen um den dunklen Riesen und seinen kleinen Begleiter herumzulenken und sich von der Landseite zu nähern. Von hier – so kombinierte er ganz richtig – würde niemand einen Angriff vermuten, und vor dem dunklen Küstenhintergrund wäre das U-Boot so gut wie unsichtbar. Dennoch war das Manöver riskant. Die Annäherung über die Landseite würde *S 13* noch näher an die verminte Küste heranbringen, wo die Meerestiefe zudem teilweise weniger als 30 Meter betrug. Sollte das Boot entdeckt werden, würde es nicht mehr abtauchen können. Alexander Marinesko entschied sich, das Risiko einzugehen.

Zur gleichen Zeit wurde es an Bord der *Gustloff* langsam ruhig. Die Flüchtlinge bereiteten sich auf die Nacht vor. Die letzten Tage waren geprägt gewesen von nervöser Hektik und der Angst, abgewiesen oder doch noch vor dem Ablegen von der Roten Armee eingeholt zu werden. Manche unterhielten sich leise und tauschten Informationen aus: Woher kommen Sie, wohin soll der Weg gehen? Erst wenige Tage zuvor war den Flüchtlingen auf brutale Weise klar geworden, dass sie plötzlich mitten im Kriegsgeschehen waren, das in den vergangenen Jahren so weit entfernt zu sein schien. „In der Danziger Bucht war doch auch während des Krieges immer tiefster Friede gewesen", erinnert sich Irmgard Harnecker.

Der Abschied von der Heimat war für die meisten viel zu schnell gekommen. „Man hatte ihnen so viel vom Endsieg erzählt und davon, dass ‚der Führer' es nie zulassen werde, dass auch nur ein Fußbreit deutschen Bodens verloren ginge. Sie konnten diese Nachricht einfach nicht fassen“, erinnert sich Marion Gräfin Dönhoff, der die Flucht aus Ostpreußen auf dem Landweg gelang. Der Tag, an dem sie die Orte ihrer Kindheit verlassen mussten, ist für alle Flüchtlinge aus den ehemaligen deutschen Ostgebieten noch heute eine Erinnerung, die sie zutiefst bewegt. Für die damals dreizehnjährige Hannelore Thiele war der jähe Aufbruch in den frühen Morgenstunden des 27. Januar 1945 gekommen. In aller Eile hatte die Familie ihr Hab und Gut zusammengepackt. Auch die kleine Hannelore hatte ihren Schulranzen fertig gemacht und nach ihrer Lieblingspuppe gegriffen. Doch die Anweisungen der Eltern waren streng und unerbittlich gewesen: Alles, was unterwegs überflüssig war, musste zurückbleiben, auch die geliebte Puppe.

Den Alten fiel der Abschied von der Heimat besonders schwer, mussten sie doch alles, wofür sie jahrelang hart gearbeitet hatten, zurücklassen und den Weg ins Ungewisse antreten. „Ich habe damals meinen Großvater zum ersten Mal weinen sehen. Das habe ich nie vergessen“, schildert Hannelore Thiele den Aufbruch ihrer Familie. „Er drehte sich immer wieder um, aber es gab kein Zurück mehr. Und da haben auch wir begriffen, dass wir nicht wieder zurückkommen werden.“ Auch Fußballtrainer Udo Lattek, der als Zehnjähriger mit seiner Mutter aus Ostpreußen floh, ist der Abschied von Zuhause in Erinnerung geblieben: „Alles im Stich zu lassen und keine Chance mehr zu haben, was wiederzukriegen. Das war brutal, das tut schon weh.“

Für die Jüngsten erschien die Flucht zunächst wie ein großes Abenteuer. Arno Surminski, damals zehn Jahre alt, lief mit anderen Jungen seines Alters neben dem Treck her. In der Nacht glühte der Himmel rot von den Feuersbrünsten in der Ferne. Doch allmählich begriff auch der Zehnjährige den Ernst der Lage: „Ich hatte anfangs immer noch das Gefühl, alles würde gut gehen, Vater und Mutter machten das schon. Aber als ich sah, wie hilflos die Erwachsenen waren und dass auch sie selbst allem hilflos ausgesetzt waren, da war ich sehr verunsichert.“

Abschied – nicht nur von der Heimat, auch von der Kindheit. Viele zerbrachen daran innerlich, gaben schließlich auf. Der damals 25-jährige Traugott Buhre machte auf seiner Flucht eine schreckliche Entdeckung: „Wir öffneten die Tür eines Hauses, da war ein riesengroßer Tisch. An diesem Tisch saßen sechs Leute. Vier junge und zwei alte. Die waren alle tot. Sie hatten sich vergiftet.“

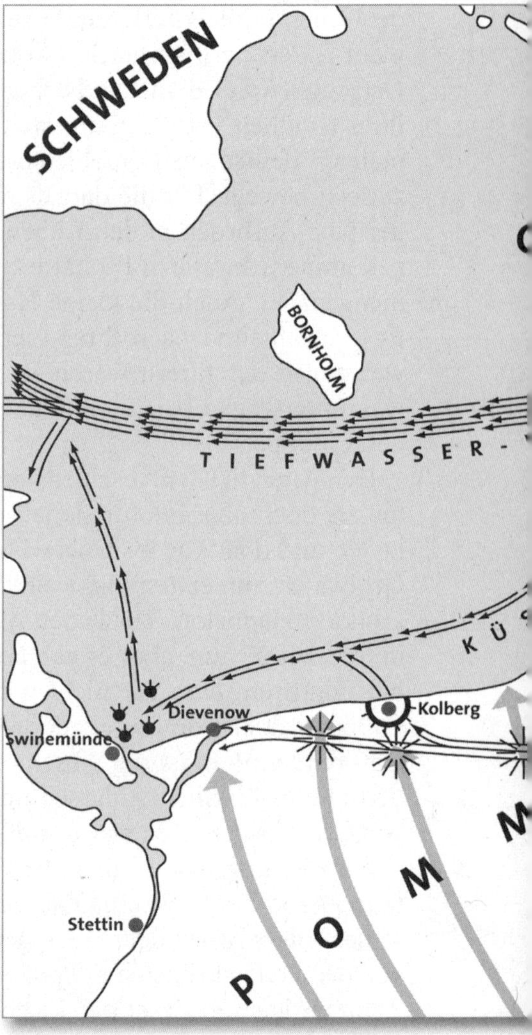

Und doch begleitete nicht wenige die Hoffnung, schon bald wieder in ihre Heimatorte zurückkehren zu können. Auch Flüchtlingsmädchen Friedel Junkuhn, das in Gotenhafen eine Passage auf der *Gustloff* bekommen hatte. „Wir dachten, das sei wie in diesen Filmen mit dem Alten Fritz oder der Schlacht von Leuthen, die wir immer zu sehen bekamen. Da wurde der Feind zurückgeschlagen und die Leute konnten wieder zurückgehen." Jetzt, auf hoher See, erkannte nicht nur Friedel Junkuhn, dass das wohl eine Illusion gewesen war. „Das war das Schlimmste, dass ich meine Heimat verloren hatte. Und ich hatte doch so ein wunderschönes Zuhause", beschreibt Ursula Resas aus Schwarzort in Ostpreußen ihre Gefühle. „Schon als junger Mensch habe ich meine Heimat sehr geliebt. Wir gingen oft im Wald spazieren und sahen immer wieder Elche. Das war ein Erlebnis! Die Sehnsucht nach Zuhause ist immer geblieben."

Doch gleichzeitig war die junge Frau wie viele der Flüchtlinge auf der *Gustloff* erleichtert, dem Schrecken der heranrückenden Front entronnen zu sein. Die meisten hatten unterwegs gehört, was geschah, wenn Flüchtlingstrecks von den Truppen der Roten Armee eingeholt wurden. Näherte sich das rasselnde Geräusch russischer Panzerketten, war es meist schon zu spät: Wem es nicht rechtzeitig gelang, die Straße zu verlassen, in einem Graben Deckung zu suchen, wurde gnadenlos niedergewalzt. „Ja, auch ich bin sehr dicht an einem Pferdewagen vorbeigefahren und habe ihn wohl

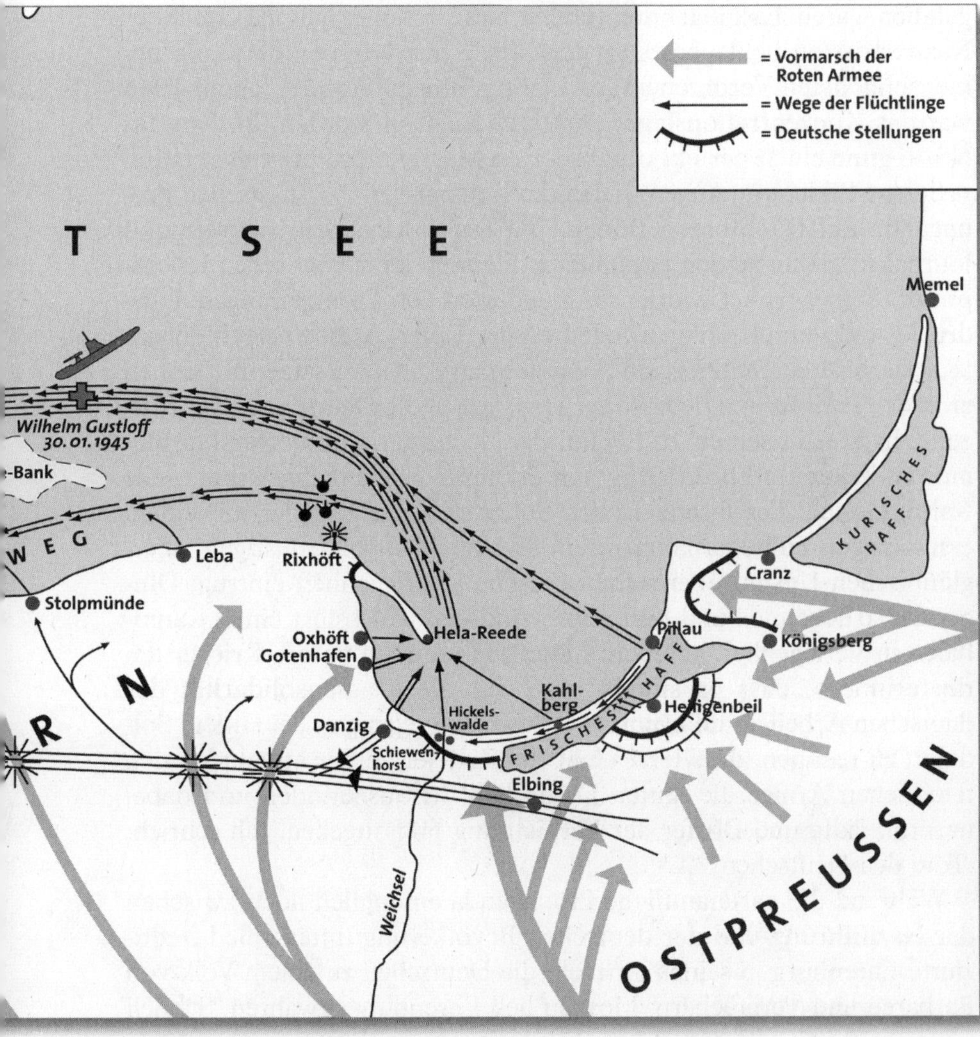

umgestoßen", bekennt heute Sergej Schwytzkij, damals russischer Panzerfahrer. „Wir mussten vorwärts. Ob da Zivilisten noch am Leben waren oder nicht, hat mich überhaupt nicht interessiert." Die schweren Fahrzeuge begruben unter sich Karren und Fuhrwerke, zermalmten Menschen und Pferde.

Auf ihrem Weg nach Westen waren die Rotarmisten durch das von Deutschen verwüstete Russland gezogen, hatten Orte gesehen, die Görings und Himmlers Befehlen von der „verbrannten Erde" zum Opfer gefallen waren. Fast jeder der Männer hatte in seiner Familie Opfer des Naziterrors zu beklagen. Der Vormarsch der Truppen hatte die unmenschlichsten Verbrechen ans Licht gebracht. Am 27. Januar 1945 war das Konzentrationslager Auschwitz befreit worden, in dem das NS-Regime einen perfekt organisierten Massenmord betrieben hatte.

Solche Bilder vor Augen, fielen die Hetzparolen der russischen Propaganda auf fruchtbaren Boden. Ilja Ehrenburg, Schriftsteller und Journalist, zählte zu den populärsten Figuren der sowjetischen Kriegspresse. Seine Artikel wurden in Hunderten von Frontzeitungen abgedruckt und von unzähligen Soldaten der Roten Armee verschlungen. „Katjuschas" – „Stalinorgeln" nannte man seine Aufsätze, mit denen er in der *Prawda* und dem *Roten Stern* gegen die Deutschen, die „Fritzen", hetzte. In seinen zu Beginn der Sechzigerjahre verfassten Memoiren bekannte Ehrenburg: „Ich erkannte es als meine Pflicht, das wahre Gesicht des faschistischen Soldaten zu zeigen, der mit einem erstklassigen Füllfederhalter in ein Tagebuchheft blutrünstigen, abergläubischen Unsinn über seine rassische Überlegenheit eintrug; Dinge, die so schamlos und barbarisch sind, dass sie selbst einen Kannibalen in Verlegenheit gebracht hätten. Ich musste unsere Krieger daran erinnern, dass es sinnlos war, auf die Klassensolidarität der deutschen Arbeiter, auf eventuelle Gewissensregungen bei Hitlers Soldaten zu rechnen, dass jetzt nicht die Zeit sei, in der attackierenden feindlichen Armee die ‚guten Deutschen' herauszufinden und dabei unsere Städte und Dörfer der Vernichtung preiszugeben. Ich schrieb: ‚Töte den Deutschen!'"

Während die parteiamtliche Propaganda anfänglich noch zwischen der Naziführung und der deutschen Bevölkerung unterschied, reduzierte Ehrenburg in seinen Artikeln die Deutschen zu einem Volk von Barbaren und Verbrechern. Moskau ließ Ehrenburg gewähren. Schnell hatte die Partei erkannt, dass seine Artikel trotz des Gegensatzes zur offiziellen Politik für die tägliche Stimmungsmache an der Front nur von Vorteil waren. Ehrenburgs Stil wurde schließlich vom Kriegsrat der Front in einem Aufruf an die Soldaten der Roten Armee übernommen: „Merke Dir, Soldat! Dort in Deutschland versteckt sich der Deutsche, der Dein Kind gemordet, Deine Frau, Braut und Schwester vergewaltigt, Deine Mutter, Deinen Vater erschossen, Deinen Herd niedergebrannt hat. Geh mit unauslöschlichem Hass gegen den Feind vor! Deine heilige Pflicht ist es, um der Gerechtigkeit willen und im

Namen des Andenkens der von den faschistischen Henkern Hingemordeten in die Höhle der Bestie zu gehen und die faschistischen Verbrecher zu bestrafen. Das Blut unserer im Kampf gefallenen Kameraden, die Qualen der Gemordeten, das Stöhnen der lebendig Begrabenen, die unstillbaren Tränen der Mütter rufen Euch zu schonungsloser Rache auf."

So fielen die ersten Begegnungen zwischen Soldaten der Roten Armee und deutschen Zivilisten oft gewalttätig aus. Das wenige, was die Flüchtlinge noch besaßen, wurde ihnen von den Rotarmisten weggenommen. Uhren, Schmuck und Wertgegenstände verschwanden in den Taschen von Stalins Soldaten. Der damals acht Jahre alte Siegfried Quandt aus Tharau erinnert sich: „In einer großen Wohnstube saßen vielleicht dreißig Leute – vor Schreck erstarrt. Draußen rollten die Panzer, und dann huschte eine Gestalt am Fenster vorbei: ein Russe! – Todesstille. Der Russe kam rein, guckte ein bisschen verlegen und sagte: ‚Uri, Uri.' Blitzschnell rissen alle, die irgendwas hatten, die Uhr von der Hand und gaben dem einen Haufen Uhren. Der Russe hat sich sogar noch bedankt und ist gegangen. Wir waren völlig irritiert, wir hatten gedacht, der schießt jetzt oder macht irgendwas. Gar nichts."

Doch in den meisten Fällen blieb es nicht allein bei Plünderungen – Zivilisten wurden wahllos erschossen, Frauen und Mädchen brutal vergewaltigt. Auch Helga Schneider aus Rhein, damals fünfzehn Jahre alt, musste die schreckliche Tortur immer wieder über sich ergehen lassen. Als sie sich wehrte, wurde sie an den Füßen gepackt und eine Treppe hinabgeschleift. Auf jeder Stufe schlug ihr Schädel hart auf – bis sie endlich das Bewusstsein verlor. Eine Mutter, die versuchte, ihre erst dreizehnjährige Tochter zu schützen, wurde ohne Zögern von den Rotarmisten erschossen. Danach töteten die Soldaten auch das Mädchen mit einem Kopfschuss.

Und doch finden sich inmitten allen Leids auch Belege von Humanität. Betty Römer-Götzelmann, damals acht Jahre alt, erinnert sich: „Da standen vielleicht dreißig, vierzig Kinder, wir hatten natürlich alle Hunger. Da wurde ich plötzlich von einem Russen herausgepickt und durfte aus seinem Kochgeschirr mitessen. Und das durfte ich jeden Tag. Vielleicht hatte er zu Hause eine Tochter, der ich glich – wir haben uns jedenfalls nie erklären können, warum ich von diesem Russen gefüttert wurde." Es waren seltene Momente der Menschlichkeit.

Auch die Familie von Arno Surminski hatte zunächst Glück. Mitten auf einem Acker geriet ihr Treck plötzlich unter Beschuss. An den Schenkeln der Pferde lief Blut hinab, die Tiere waren getroffen worden, der Treck musste anhalten. Die Flüchtlinge rechneten mit dem Schlimmsten, als sich ihnen russische Soldaten näherten. Vater Surminski hatte als Bürgermeister noch das Parteiabzeichen am Revers stecken und eine Pistole in der Jackentasche – Grund genug, um auf der Stelle erschossen zu werden. Ein junger Offizier trat an den Wagen heran, Surminskis Mutter beeilte sich, eine halbe Flasche Rum hervorzuholen: der „Friedensrum für den Endsieg", den sie fünf Jahre lang gehortet hatte. Wortlos ließ der Offizier die Flasche in seine Tasche gleiten, nahm dem Vater das Abzeichen ab, schaute es sich belustigt an und steckte es schließlich ebenfalls ein. Die Pistole des Mannes warf er in hohem Bogen in den Schnee – die Flüchtlinge atmeten auf. Vorläufig schienen sie gerettet.

Weniger friedlich verlief die erste Begegnung mit Soldaten der Roten Armee für den damals achtjährigen Gerd Scheffler und seinen fünf Jahre älteren Bruder Emil, beide aus Sodargen. Die Jungen hatten sich nur für einen Moment vom Wagen ihrer Eltern entfernt, um auszutreten, als ein russischer Vorstoß begann. Von umherfliegenden Granatsplittern und Kugeln getroffen, stürzten die beiden Kinder zu Boden. Halb bewusstlos spürte Gerd Scheffler, der aus über zwanzig Wunden stark blutete, wie ihm russische Soldaten die Stiefel auszogen und nach seinem Mantel griffen. Verzweifelt schrie der Junge los – bis die Sowjets von ihm abließen. Stundenlang blieb Gerd Scheffler hilflos in der Kälte liegen, neben ihm der schwer verletzte Bruder, der vor seinen Augen verblutete. „Mir ist schrecklich kalt", waren die letzten Worte des dreizehnjährigen Emil, die sein Bruder bis heute nicht vergessen hat. Als deutschen Einheiten Stunden später ein Gegenangriff gelang, fanden sie die beiden Jungen. Für Emil kam jede Hilfe zu spät, Gerd Scheffler überlebte. Seine Eltern fanden ihn Tage später in einem Feldlazarett.

Die Angst vor den Russen – sie saß den Menschen auf der Flucht ständig im Nacken. Unzählige wählten den Freitod, um nicht den Sowjets in die Hände zu fallen. Auch hinter Ursula Birkle und ihrer Mutter, die die *Gustloff* in allerletzter Minute erreicht hatten, lag ein traumatisches Erlebnis: „Mein Vater konnte nicht weg, er war ja beim Volkssturm und musste dableiben. Er hat uns einen Abschiedsbrief geschrieben. Ich glaube nicht, dass er den Russen lebend in die Hände gefallen ist.“ Der Vater erschoss sich, bevor die Sowjets sein Quartier erreicht hatten.

Die Geschehnisse der vergangenen Tage und Wochen drangen jetzt wieder in das Bewusstsein der Flüchtlinge, die auf der *Gustloff* Zuflucht gefunden hatten. Leise erzählten sie sich gegenseitig von ihren Erlebnissen auf der Flucht.

In einem der Säle auf der *Gustloff* knisterte ein Volksempfänger. „Heute vor zwölf Jahren, am 30. Januar 1933, hat mir die Vorsehung das Schicksal des deutschen Volkes in die Hand gelegt“, rauschte es aus dem Äther. „Hitlers Stimme klang seltsam dumpf, wie aus einer Geisterwelt“, erinnert sich U-Boot-Mann Rudolf Geiss, „die hörte sich nicht mehr so an, wie wir sie kannten.“ Knapp einen Monat zuvor, am Neujahrstag, hatte sich der seit dem 20. Juli 1944 wie vom Erdboden verschluckte Hitler erstmals wieder öffentlich gemeldet, um das Volk zum letzten Mal für sein Hirngespinst vom „Endsieg“ zu mobilisieren. Und auch jetzt stieß er ins gleiche Horn: „Es ist daher am zwölften Jahrestag der Machtübernahme erst recht notwendig, das Herz stärker zu machen als jemals zuvor, ganz gleich wo, ganz gleich unter welchen Umständen, so lange, bis am Ende der Sieg unsere Anstrengungen krönt“, tönte der Diktator nun in seiner Radioansprache.

An Bord der *Gustloff* nahmen nur noch wenige die Phrasen wahr, die man schon seit zwölf Jahren zu hören bekam. „Uns hat das nicht mehr berührt“, so Rudolf Geiss.

Die Marinehelferinnen konnten jetzt ein wenig verschnaufen. Die Passagiere hatten ihren Platz, die Schwimmwesten waren verteilt, auch an den Seegang schienen sich jetzt die meisten gewöhnt zu haben. Waltraud Grüter legte sich noch ein wenig hin, schließlich war sie später noch verabredet. Der Fähnrich hatte versprochen, Sekt für den Abend zu organisieren, und auch ihre Kabinennachbarin zum Geburtstagsfest eingeladen. Es versprach, ein unterhaltsamer Abend zu werden.

Auf der Entbindungsstation lag Ingeborg Piepmeyer erschöpft in ihrer Koje. Kaum zwanzig Stunden zuvor hatte sie einen Jungen entbunden, der nun friedlich neben ihr schlief. Die Geburt war unproblematisch verlaufen, und Ingeborg hatte sich entschlossen, dem Kleinen den Namen Egbert zu geben. Seit der Einschiffung waren drei weitere Babys auf der *Gustloff* zur Welt gekommen.

Marinehelferin Ingeborg Dorn machte sich auf der Entbindungsstation nützlich. Sie fand es dort recht spannend, schließlich hatte sie noch nie bei einer Geburt zugeschaut. Eine weitere Frau lag bereits in den Wehen. Gemeinsam mit Dr. Helmut Richter, dem verantwortlichen Arzt der Station, bereitete sie sich vor, jeden Moment das Baby begrüßen zu können. Soldatenarzt Ralph Wendt war ebenfalls auf die Entbindungsstation beordert worden.

Winfried Harthuns Mutter entspannte sich unterdessen ein wenig. Sie hatte die Familie zusammenhalten können. Die Tochter war in einer Kabine untergekommen, sie selbst hatte sich mit der kleinen Enkelin und den beiden Söhnen auf einem Matratzenlager in einem der großen Säle eingerichtet. Dem älteren Sohn war übel. „Er hat sich dann ein Laken über den Kopf gezogen und war für den Rest des Abends nicht mehr zu sehen", erinnert sich sein Bruder Winfried. Der kleine Winfried Harthun war erschöpft nach den Aufregungen des Tages. Er hatte ausgiebig das Schiff erkundet. Als ihn seine Mutter früh schlafen legte, beschwerte er sich nicht. Selbst die anhaltenden Gespräche der Familien rechts und links von ihm konnten seinen Schlaf nicht stören.

ANGRIFF

Gegen 20.45 Uhr hatte *S 13* sein Umkreisungsmanöver abgeschlossen. Das Boot lief nun auf Parallelkurs zwischen der *Gustloff* und der Küste, etwa 2000 Meter vom Schiff entfernt. Alexander Marinesko wies seine Mannschaft an, die vier Torpedos klarzumachen. Gegen 21.05 Uhr näherte sich das U-Boot seinem Zielobjekt bis auf etwa 700 Meter. Dann lief der Bug des Zielobjekts in das Fadenkreuz des Periskops.

Es war 21.15 Uhr, als ein ohrenbetäubender Knall die *Wilhelm Gustloff* erbeben ließ. Bevor die Passagiere realisierten, was geschehen war, erfolgte eine zweite Explosion, dann die dritte.

Jeder der Überlebenden der *Gustloff* erinnert sich noch heute genau, wie er diesen Moment erlebte. „Es war ein ohrenbetäubendes Klirren", berichtet Waltraud Grüter, „als ob ein voller Glasschrank umstürzen würde. Ein lautes Splittern, ein schrilles Geräusch. Das Licht ging aus, und mein erster Gedanke war: Wir sind auf eine Mine gelaufen."

Obermaschinist Johann Smrczek hatte gerade seinen Dienst im Maschinenraum angetreten. Die Erschütterung der ersten Detonation warf ihn fast zu Boden. Dann kam auch schon das Kommando von der Brücke: „Maschine stopp!“ Noch bevor er den Befehl bestätigen konnte, fiel mit dem zweiten Treffer das Licht aus. Smrczek gehörte zur Stammbesatzung der *Gustloff*. Seine Aufgabe war es, im Katastrophenfall das Notstromaggregat auf dem Oberdeck anzuwerfen. Die dritte Detonation hörte er noch lauter als die ersten beiden. Danach war Stille. Atemlos lauschte der Maschinist. Ihm war klar, dass es sich bei drei so dicht hintereinanderliegenden Explosionen nur um einen Torpedofächer handeln konnte – und der bestand in der Regel aus vier Torpedos.

Ursula Resas befand sich im Unterdeck, wo sie mit ihrer Schwester einen Platz im Vorführraum neben dem Kino gefunden hatte. Sie kümmerte sich um ihre Schwester Rosemarie, die seekrank auf ihrer Pritsche lag. „Mit der Detonation fiel der Feuerlöscher von der Wand, Rosemarie hatte den ganzen Schaum im Gesicht. Ich wischte ihr den Schaum weg und sagte noch, wir sind bestimmt auf eine Mine gelaufen, dann kam auch schon die zweite Detonation.“

Ihre Marinekameradinnen im Schwimmbad des E-Decks waren zu diesem Zeitpunkt bereits rettungslos verloren. Der erste Treffer war im Vorschiff eingeschlagen und hatte den Wohntrakt der Stammbesatzung getroffen. Der zweite Torpedo detonierte knapp unterhalb des Schwimmbeckens – das Todesurteil für die dort untergebrachten Mädchen. Lediglich zwei von ihnen würden die Katastrophe überleben. Der dritte Treffer riss mittschiffs, in der Nähe des Maschinenraums, die Bordwand bis zur Reling auf. Tonnenweise drangen die Wassermassen in die Öffnungen des Schiffes ein und schossen mit ungeheurer Wucht in die höher gelegenen Decks hinauf. Binnen weniger Minuten senkte sich das Vorschiff um mehrere Meter ab. Als die Kapitäne auf die Brücke gestürzt kamen, versank der vordere Bereich des Schiffes bereits unter den heranrollenden Brechern.

Den kleinen Winfried Harthun hatte der erste Treffer aus dem Schlaf gerissen. Bevor er richtig zu sich kommen konnte, zog ihn seine Mutter von der Koje hoch. „Sie hat mir einen Schultornister aufgesetzt“, erinnert er sich, „da hinein packte sie das Silberbesteck.“ Als die Harthuns auf den Gang stürzten, herrschte hier bereits ein heilloses Chaos. Aus den Kabinen rannten notdürftig bekleidete Menschen, die meisten von ihnen noch mit schlaftrunkenen Gesichtern. Auch Ursula Birkle und ihre Mutter hatten hastig ihre Kabine verlassen. „Meine Mutter war

Szenen aus dem Spielfilm „Nacht fiel über Gotenhafen“, der die Geschichte der *Gustloff*-Tragödie nachzuzeichnen versucht: Wassereinbruch im Schwimmbad …

… verzweifelte Menschen im Rettungsboot (rechts) und Rettung auf hoher See

eigentlich recht ruhig", erinnert sich die damals Vierzehnjährige. „Ich schrie immer ganz aufgeregt: ‚Nun komm, nun komm!' Sie ließ sich aber gar nicht beirren, ging noch mal in die Kabine zurück und zog sich einen Mantel über, zog mir eine dicke Jacke an und nahm sogar noch ihre Handtasche. Erst dann haben wir uns auf den Weg nach oben gemacht."

Auch Irmgard Harnecker und ihre Schwester hatten den Ernst der Lage noch nicht erkannt. Irmgard hatte die kleine Tochter gegriffen, ihre Schwester riss die Tasche mit den wenigen Habseligkeiten hoch. „Als wir auf den Gang traten, haben wir noch gedacht, warum schreien die denn alle so?", erinnert sich Irmgard Harnecker. „Wir haben doch nicht geglaubt, dass wir untergehen."

Auf der Entbindungsstation musste Dr. Ralph Wendt die Nerven behalten. Schließlich lag eine seiner Patientinnen in den Wehen. Was sollte er mit der Frau tun? Ingeborg Dorn berichtet: „Wir hatten den Arzt gerade gerufen, weil wir dachten, das Köpfchen des Babys würde gleich kommen." Für einen Moment war die Marinehelferin nach dem Torpedoeinschlag ganz mit sich selbst beschäftigt. In der Sanitätsstation war ein Glasschrank durch die Detonation aufgesprungen. Das darin befindliche Medizinschulenskelett war in den Gang gestürzt. Für Ingeborg Dorn war dies ein Zeichen: Würde sie die Katastrophe überleben? Sie erinnert sich, wie sie über die Knochen des Skeletts stieg: „Da habe ich mir gedacht: Inge, jetzt steigst du über den Tod. Das hat mir geholfen, die ganze Zeit. Ich habe mir gesagt: Ich schaffe es!"

Dr. Ralph Wendt blieb bei seiner Patientin. Schließlich konnte diese sich nicht selbst helfen. „Die Frau ist eigentlich ganz ruhig geblieben", berichtet Dr. Wendt heute. „Glücklicherweise hatten die Wehen durch den Schrecken gleich wieder ausgesetzt." Er packte die Frau in warme Kleidung und half ihr auf den Gang in der Hoffnung, einen Platz in einem Rettungsboot zu finden.

Ingeborg Piepmeyer war bereits wieder ein wenig bei Kräften. Auch sie bewahrte einen klaren Kopf. „Ich kann mich erinnern, dass ich Egbert ein grünes Mützchen und ein grünes Jäckchen angezogen hatte." Sie packte den Kleinen in ein Kopfkissen und folgte den anderen Patientinnen. Das Laufen fiel ihr so kurz nach der Entbindung noch schwer. Mit einem Arm musste sie den erst wenige Stunden alten Säugling tragen, mit dem anderen versuchte sie, sich den Gang hinaufzuziehen, der sich bereits spürbar neigte. Ganz allein schaffte sie es, sich bis auf das

Oberdeck zu schleppen. Sie solle über eine Strickleiter in ein Rettungsboot klettern, wies man die junge Mutter dort an. Doch um sich an den Stricken festzuhalten, brauchte sie beide Hände. Als sie sich hilfesuchend umblickte, sagte ein Matrose beruhigend, sie solle ihm den Säugling geben, er würde ihn gleich herunterreichen. Kaum war Ingeborg Piepmeyer im Boot angekommen, legte es ab – ohne den Jungen.

Während die Evakuierung der Entbindungsstation relativ geordnet verlief, war in den tiefer gelegenen Decks die Hölle los. In panischer Furcht versuchten die Passagiere einen Weg zum Oberdeck zu finden. Bereits nach wenigen Minuten waren die engen Schiffsflure hoffnungslos verstopft. Maschinenmaat Heinz-Günther Bertram war inmitten des Chaos verzweifelter Menschen: „Überall waren offene Koffer, Taschen flogen herum, Kinder wurden platt getreten. Wer da hinfiel, der kam nicht mehr auf die Füße, der war verloren." Waltraud Grüter bekennt heute offen: „In einem solchen Moment schauen Sie nicht, ob da Leute liegen. In einem solchen Moment wollen Sie einfach nur weg und Ihr eigenes Leben retten."

Den meisten Soldaten gelang es, Ruhe zu bewahren. Nach Monaten an Bord kannten die Männer der 2. U-Boot-Lehrdivision das Schiff und seine Wege in- und auswendig. Jürgen Esselmann lief nach den Detonationen sogar noch einmal in seine Kabine, um einige Habseligkeiten zu holen, darunter zwei kleine Teddybären, die ihn auf allen Reisen begleitet hatten. „Molli" und „Pummli" sind nach fast siebzig Jahren noch immer in Esselmanns Besitz und mittlerweile recht abgewetzt. Für ihn jedoch sind sie Erinnerungsstücke von unschätzbarem Wert, denn sie haben wie er den Untergang der *Wilhelm Gustloff* unbeschadet überstanden. „Mir war klar, dass das Schiff sank", erinnert sich Esselmann heute, „aber ich kannte die *Gustloff* und konnte ungefähr absehen, wie lange das Schiff noch schwimmen würde. Ich hab mir gedacht, geh noch mal runter und zieh dir was Warmes an und rette ein paar Sachen, die du ansonsten nie wiedersehen wirst."

Und doch hatte er die panische Reaktion der Passagiere unterschätzt. Auf dem Rückweg musste er bereits über Menschen steigen, die von den Flüchtenden totgetrampelt worden waren. Inmitten des Chaos hörte er eine weinende Kinderstimme. „Das Kind müssen wir rausholen!", rief er vorbeilaufenden Kameraden zu. Die *Gustloff* hatte mittlerweile erhebliche Schräglage, sodass der andere Matrose ihn an den Füßen festhalten musste, während er unter den Leichen nach dem Kind fischte. „Ich habe mich ganz lang gemacht und konnte den Jungen rausziehen", erinnert sich Esselmann. Der Junge hatte eine Kopfverletzung und weinte bitterlich. Auf dem Arm des U-Boot-Fahrers beruhigte er sich ein wenig, sodass Esselmann ihn sicher an Deck bringen konnte.

Hier war mittlerweile der Kampf um die Rettungsboote voll entbrannt. Theoretisch hatte die *Gustloff* Rettungsmöglichkeiten für etwa 5000 Menschen – ohnehin nur für jeden Zweiten an Bord. Tatsächlich aber war ein Großteil der Flöße an Deck festgefroren, die Verankerungen der Rettungsboote waren von einer zentimeterdicken Eisschicht überzogen. Nur mit Gewalt konnten die Matrosen die Metallösen vom Deck losbrechen. Vor den Davits stauten sich bereits die verängstigten Flüchtlinge. Mit entsicherten Pistolen bemühten sich die Matrosen, die Menge in Schach zu halten. Als einige Männer versuchten, vor Frauen und Kindern einen Platz zu ergattern, fielen die ersten Warnschüsse.

Ursula Birkle und ihre Mutter hatten Glück. Sie waren schnell aus dem Unterdeck nach oben gelaufen und bekamen einen Platz in einem der großen Boote zugewiesen. Als Vierzehnjährige galt Ursula noch als Kind, und man ließ ihr und der Mutter den Vortritt. Wenig später senkte sich das Boot bereits über die Reling. Zu früh, wie Ursula Birkle heute meint. Sie berichtet, dass das Rettungsboot höchstens zur Hälfte besetzt war. „Mit einem Ruck ließ man uns an der langen Schiffswand zu Wasser. Diese Schiffswand wurde immer länger und länger." Starr vor Schrecken musste das Mädchen mit ansehen, wie die Trosse des Nachbarbootes mit einem schrillen metallischen Knall auseinanderbarst und die hilflosen Flüchtlinge in die Tiefe stürzten.

Einige, die das Unglück des Rettungsbootes von der Reling aus beobachtet hatten, weigerten sich nun, in die Boote zu steigen, und drängten zurück. Vielleicht würde sich die *Gustloff* ja doch noch halten. Noch schien der Ozeanriese sicherer als ein kleines Rettungsboot, von dem niemand wusste, wann es von einem anderen Schiff aufgenommen werden würde. An den Davits schoben die Menschen jetzt rückwärts, von hinten drängten die Nachkommenden nach vorn. Wertvolle Minuten verstrichen, in denen der Rumpf der *Gustloff* immer weiter nachgab.

Wie Ursula Birkle berichten auch andere Überlebende, dass die Evakuierung der Menschen in ein heilloses Chaos ausartete. Einschiffungsoffizier Hans-Joachim Elbrecht hatte den Eindruck, dass sich auch die

Schiffsleitung der trügerischen Sicherheit des großen Schiffes hingegeben hatte. „Es war nichts vorbereitet", sagt der Seemann. „Niemand hatte uns gezeigt, wie man diese Rettungsboote bedient."

Allerdings wurden die Evakuierungsmaßnahmen auch zusätzlich dadurch erschwert, dass ein Großteil der Stammbesatzung der *Gustloff* im Vorschiff untergebracht gewesen war, das den ersten Torpedotreffer abbekommen hatte. Sofort hatten sich die Schotten geschlossen, um ein Vordringen des Wassers in das Schiff zu verhindern. Die Männer, die sich am besten auf dem Schiff auskannten und Hilfe hätten leisten können, waren bereits wenige Minuten nach der ersten Detonation tot.

Während es auf dem Oberdeck gelang, wenigstens einige der Flüchtlinge zu evakuieren, bahnte sich im Schiffsinneren ein Drama an. Im trügerischen Glauben, hier an Deck zu gelangen, waren Hunderte von Passagieren, darunter Ursula Resas und ihre Schwester, in das verglaste untere Promenadendeck geströmt, das sich nun als tödliche Falle entpuppte. Heinz-Günther Bertram stand jenseits der Glasfront des Promenadendecks. Der Anblick, der sich ihm hier bot, erfasst ihn noch heute mit Grauen. „Das Schiff ging immer tiefer und tiefer. Ich konnte die Leute hinter den Glasscheiben hängen sehen. Sie schnappten nach Luft, das Wasser stieg immer höher." Sein Kamerad Elbrecht griff zu einem Eispickel und versuchte, das dicke Sekuritglas von außen kaputt zu schlagen. „Von innen schossen Soldaten in die Scheiben, aber sie gingen einfach nicht kaputt, die Menschen waren gefangen in einem gläsernen Sarg." Ursula Resas versuchte, mit ihrem Schuh das Fenster zu zertrümmern – vergeblich. Den Schrei ihrer Schwester hat sie nie vergessen: „Ulla, jetzt müssen wir sterben, Ulla, jetzt müssen wir sterben!" „Ich selbst aber habe immer viel Lebensmut gehabt", sagt sie heute von sich. „Ich habe laut und deutlich gesagt: ‚Nein, ich will nicht sterben, ich will leben!'"

Auch auf dem Oberdeck spitzte sich die Situation bedrohlich zu. Die *Gustloff* hatte mittlerweile erhebliche Schlagseite. Auf dem völlig vereisten Deck glitten die Flüchtenden hilflos aus. Wer sich noch halten konnte, hangelte an der Reling entlang. Mit Entsetzen sahen diejenigen, die in den Ausgängen zurückgeblieben waren, wie sich durch den immer stärkeren Neigungswinkel des Schiffes die auf dem Brückendeck positionierte Flak löste, donnernd auf die Reling zu schoss und die sich hier festklammernden Menschen mit sich in die Tiefe riss.

Immer wieder beschworen die Schiffslautsprecher die Menschen, Ruhe zu bewahren, das Schiff werde nicht untergehen, Rettung sei unterwegs. Das Gerücht verbreitete sich, man liege auf einer Sandbank und könne so ungefährdet auf einen Schiffskonvoi aus der Danziger Bucht warten. Doch wer konnte das glauben in Anbetracht der eisigen Wellen, die bereits in regelmäßigen Abständen über das Deck brachen? „An den Ausgängen standen Frauen, Kinder, alte Männer", berichtet Hans-Joachim Elbrecht. „Jeder wartete, dass das Schiff weiter runterging. Dann wurde eine Gruppe nach der anderen vom Wasser erfasst. Wenn die Wellen kamen, schrien die Menschen auf, die es erwischt hatte. Dann war die nächste Gruppe dran und wieder die nächste. Diejenigen, die zuerst aufgeschrien hatten, waren dann schon unter Wasser. Es war entsetzlich."

Erst jetzt wurde vielen an Bord klar, dass sie nur die Wahl hatten zwischen dem Verbleib auf dem Schiff und dem Sprung in die Ostsee. Und beides – so schien es – bedeutete den sicheren Tod. Die Versuchung, das Schicksal selbst in die Hand zu nehmen, gewann bei einigen die Oberhand. Viele Zeitzeugen erinnern sich, dass sie Schüsse hörten oder das Mündungsfeuer von Pistolen aufblitzen sahen. Helene Kremmer stand an Deck neben einer Familie. „Vater, jetzt schieß!", hörte sie die Frau aufschreien. Dann fiel ein Schuss. „Das Kind war in der Mitte, und ich dachte: Um Gottes willen, der erschießt auch noch das kleine Kind und womöglich auch mich! Da habe ich meine Tasche fallen lassen und alles, was ich noch mitgenommen hatte, und habe zu mir gesagt: ‚Nun ist Schluss! Kommst du durch, ist's gut, kommst du nicht durch, kann man es auch nicht ändern.' Und dann bin ich gesprungen."

Inzwischen hatten auch der kleine Winfried Harthun und seine Familie das Oberdeck erreicht. Die Mutter musste sich um drei Kinder gleichzeitig kümmern. Sie hielt die Jungen dicht an ihrer Seite, das Enkelkind auf dem Arm. Als sie an der Reling ein angefrorenes Floß vorfand, setzte sie ihren Jüngsten hinein. „Bleib da drin und rühr dich nicht", habe sie zu ihm gesagt, erinnert sich Winfried Harthun. Es war das letzte Mal, dass er die Stimme seiner Mutter hörte. Als sich die *Gustloff* abermals neigte, löste sich sein Floß und rutschte quer über das Oberdeck. „Ich habe mir später immer wieder die Frage gestellt, was in meiner Mutter vorgegangen ist, als sie ansehen musste, wie ihr Jüngster auf das Wasser zurutschte. Sie war immer so besorgt gewesen um uns, auch um die kleine Enkeltochter. Auf der *Gustloff* hatte sie wie eine Glucke immer dafür gesorgt, dass keiner von uns abhandenkam." Auf der anderen Seite des Schiffes prallte das Floß gegen die Reling, und Winfried Harthun stürzte ins Meer.

Der Moment, in dem sie in die Ostsee eintauchten, ist aus der Erinnerung vieler Überlebender wie ausgelöscht. Die meisten Passagiere der *Gustloff* haben die Temperatur des Wassers nur wenige Minuten überlebt. Bei einer Lufttemperatur von minus 18 Grad lag die des Wassers etwa beim Gefrierpunkt. Viele waren durch die Torpedotreffer im Schlaf überrascht worden und nur mit einem Nachthemd oder einer dünnen Jacke bekleidet. Maschinenmaat Heinz-Günther Bertram ist sich noch heute sicher: „Mein dicker Marinemantel hat mir das Leben gerettet." Tatsächlich bot die Kleidung, auch wenn sie sich binnen weniger Momente voll Wasser saugte, wenigstens für kurze Zeit noch Schutz vor dem Eiswasser. Wer jedoch keine Schwimmweste hatte, war gleichzeitig in Gefahr, vom Gewicht der eigenen Kleidung in die Tiefe gezogen zu werden. Die meisten Flüchtlinge hatten ihre Schwimmwesten zur Nacht als Kopfkissen benutzt und es nicht mehr geschafft, die rettende Schwimmhilfe anzulegen.

Waltraud Grüter hatte Glück im Unglück. Sie hatte sich aus dem Schiff nach oben gekämpft und stand nun, nur mit einer dünnen Bluse bekleidet, an der Reling, unschlüssig, was nun zu tun sei. Ein Matrose nahm ihr beherzt die Entscheidung ab, zog seinen dicken Militärmantel aus und gab ihn ihr. „Bloß nicht runterschauen", schärfte er der jungen Frau ein, die dennoch verzweifelt in das brodelnde Wasser unter ihren Füßen starrte. „Ich hatte solche Angst", erinnert sich die Marinehelferin, „aber er hat einfach ganz bestimmt gesagt: ‚Jetzt springen wir' – und das haben wir dann auch gemacht." Im Wasser rief er ihr dann noch zu, sie solle so schnell wie möglich vom Schiff wegschwimmen und versuchen, einen Platz in einem Boot zu bekommen. Dann verlor Waltraud Grüter den Mann aus den Augen, der ihr vermutlich durch seine Entschlossenheit das Leben gerettet hat.

Diejenigen, die einen Bootsplatz ergattert hatten, versuchten, so schnell wie möglich wegzurudern. Sie befürchteten, beim Untergang des Schiffes vom Sog erfasst zu werden. Noch hielt sich die *Gustloff*, doch ihr Bug neigte sich tiefer und tiefer in die Ostsee. Im Schiffsinneren machte sich das in Gotenhafen abgeschraubte Mobiliar selbstständig und zerquetschte die zusammengedrängte Menge.

Der Maschinist Johann Smrczek hatte seit dem ersten Treffer überlegt, wie er auf das Oberdeck gelangen könnte, um seinen Auftrag, nämlich das Stromaggregat anzuwerfen, zu erfüllen. Vielleicht würde die Notbeleuchtung die panischen Menschen etwas beruhigen. Sein Weg führte ihn an einem der Speisesäle vorbei, in dem mittlerweile ein heilloses Durcheinander herrschte. Die Menschen rutschten immer weiter auf das Wasser zu, das den Saal bereits zu einem Großteil überflutete. „Alle Leute sind auf die Wasserseite gerutscht. Das Schiff war schon so schräg, dass sich die Tische und Bänke selbstständig machten und auf die Menschen da unten prallten. Es war ein unheimliches Geschrei. Helfen konnte man nicht mehr“, berichtet Smrczek. Hätte er versucht, jemanden aus dem Gedränge herauszuholen, wäre er mit Sicherheit selbst zerquetscht worden. Doch bis heute lassen ihn die Zweifel nicht los, ob er es nicht doch hätte versuchen sollen.

Zunächst vom Anblick des Dramas im Speisesaal wie hypnotisiert, riss sich Smrczek schließlich davon los und erinnerte sich an seine Aufgabe. Er musste es schaffen, ans Oberdeck zu gelangen. Im Gegensatz zu den Flüchtlingen kannte er die Notausgänge des Schiffes. Die Schornsteinattrappe der *Gustloff* hatte im Innern eine eiserne Sprossenleiter, die direkt über alle Decks nach oben führte. Der erfahrene Seemann erklomm eine Stufe nach der anderen. Im Innern des Schornsteins war er ganz allein, nur gedämpft drangen die Geräusche der vor Panik rasenden Menge bis hierhin vor. Ein Deck nach dem anderen ließ er hinter sich. Hinter der Wand konnte er an einer Stelle die Stimmen der Offiziere auf der Brücke ausmachen. Er rief laut: „Wie sieht's aus?“ – „Ganz schlecht“, kam kurz angebunden die Antwort zurück. Als er schließlich im Freien anlangte und nach unten blickte, wusste er warum: „Da schwammen Boote, da schwammen Flöße, Munitionskisten. Alles, was man sich vorstellen kann, trieb auf dem Wasser um die *Gustloff* herum. Und überall schwammen Menschen.“

Sollte Johann Smrczek auf dem Schiff bleiben und sich auf die vage Zusage auf Rettung verlassen oder aber sein Leben durch einen Sprung in die Ostsee riskieren? Er entschied sich für den Sprung. Eine knappe Stunde nachdem er im Maschinenraum den Einschlag des ersten Torpedos gehört hatte, ließ sich der Maschinist ins Wasser gleiten. Wie viele Passagiere zu diesem Zeitpunkt das Schiff verlassen hatten, konnte nie geklärt werden. Tausende müssen es gewesen sein, die noch an Bord waren, als Johann Smrzcek erkannt hatte, dass das Ende der *Wilhelm Gustloff* kurz bevorstand.

UNTERGANG

Auf die Frage, welches Bild ihnen als erstes in Erinnerung kommt, wenn sie an das Unglück der *Wilhelm Gustloff* zurückdenken, antworten die meisten Überlebenden übereinstimmend: „Das war der Moment, in dem das Schiff versank.“ In diesem Moment, in dem die Wellen der Ostsee den 25484 Bruttoregistertonnen großen Stahlkoloss wie ein Spielzeug emporhoben, starb die überwiegende Anzahl der Opfer der *Gustloff*-Katastrophe. Der Ozeanriese hatte den schlimmsten Treffer im Vorschiff erhalten. Minute um Minute war der Bug gesackt, bis sich das Heck jetzt mit einem gigantischen Ruck in die Höhe hob. Die *Gustloff* schien kurzzeitig zu erstarren, um dann in nur wenigen Augenblicken mit dem Vorschiff voran in den Fluten zu versinken. „Das hat keine Minute gedauert“, erinnert sich Johann Smrczek. „Der Bug war weg, die Kommandobrücke war weg, dann sah man noch kurz das Heck, zum letzten Mal einen schwachen Umriss der Silhouette – und dann war sie verschwunden.“

Die Schiffbrüchigen auf dem Wasser hielten inne. Aus bis heute nicht geklärten Gründen sprangen im Moment des Untergangs alle Lichter des Ozeanriesen an. „Plötzlich erstrahlte die *Gustloff* in einem gleißenden Lichtschein“, berichtet Waltraud Grüter. Im selben Augenblick heulte die Schiffssirene auf und verstummte gurgelnd, als der Schornstein in die eiskalten Fluten eintauchte.

Als der einstige Stolz der KdF-Flotte ohne Turbulenzen im Meer versank, war es 22.15 Uhr. Der Sog, den die Flüchtlinge befürchtet hatten, blieb wegen der geringen Wassertiefe aus. Seit dem Einschlag der Torpedos war gerade eine Stunde vergangen. Für einen Augenblick war es still geworden, dann waren erneut Schreie zu hören.

Wie viele Menschen mit dem Wrack der *Gustloff* in die Tiefe gezogen wurden, kann nur erahnt werden. Tausende trieben in den Wellen – wenige in Rettungsbooten oder auf Flößen, die meisten klammerten sich an Wrackteile oder hingen hilflos in ihrer Schwimmweste. Wer noch in der Lage war zu schwimmen, versuchte zu den Booten oder Flößen zu gelangen.

Ursula Birkle bemühte sich, die flehenden Menschen in ihr Boot zu ziehen. Obwohl das Mädchen nicht sonderlich kräftig war, gelang es ihm, drei Schwimmenden ins Trockene zu helfen. „Das eine war ein junges Mädchen, der andere ein Soldat, der nur noch ein Bein hatte, der Dritte war, glaub ich, auch ein Mann. Aber dann schimpften die Leute im Boot und sagten, ich solle aufhören, wir würden alle untergehen, wenn noch mehr Leute an Bord kämen." Das Mädchen hatte die Hilflosigkeit der Menschen im Wasser gesehen und spontan zugepackt. Die Erwachsenen handelten oft rationaler. Helene Kremmer bekennt heute: „Da war jemand, der meinen Fuß festgehalten hat. Ich hab mich gewehrt und der Person mit meinem Stiefel auf den Kopf getreten." Auch Soldat Rudolf Geiss wollte sein eigenes Leben nicht riskieren, als drei Schwimmer um Aufnahme auf sein Floß baten. „Wir haben sie abgewehrt. Wenn die drei sich drangehängt hätten, wären wir alle umgekippt."

Ohnehin waren die meisten Schiffbrüchigen in den Rettungsbooten starr vor Schreck und Kälte. Unfähig zu reagieren, mussten die meisten zusehen, wie rings um sie herum Hunderte, ja Tausende von Menschen starben. Für Ingeborg Dorn ist dieser Anblick bis heute unauslöschlich in ihre Erinnerung eingebrannt. „Diese Gesichter werde ich niemals vergessen", sagt sie. „Einige von ihnen sind mir heute noch so präsent, dass ich sie zeichnen könnte."

An Bord von *S 13* hatten die Soldaten atemlos gelauscht, nachdem der Feuerbefehl ergangen war. Iwan Schnabzew erinnert sich: „Wir hörten den ersten Einschlag, dann den zweiten, dann den dritten, aber wo blieb der vierte? Was war mit dem vierten Torpedo?" Das vierte Geschoss war im Rohr stecken geblieben. Die erfahrenen U-Boot-Männer wussten, dass sie verloren waren, sollte der Torpedo innerhalb des Bootes krepieren. Zudem drängte die Zeit. Auch wenn die *Gustloff* getroffen war, hatte sie Geschütze, um sich zu wehren, und auch das Torpedoboot *Löwe* hätte *S 13* zusetzen können.

Die Besatzungsmitglieder des sowjetischen U-Boots berichten heute übereinstimmend, *S 13* sei so schnell wie möglich untergetaucht und abgelaufen. Zeitzeugen von der *Gustloff* widersprechen dieser Darstellung. Horst Mankowka, Mitglied der 2. ULD, erzählt: „Ich stand an der Reling, die *Gustloff* hatte schon starke Schlagseite. Da entdeckte ich plötzlich ein U-Boot. Ich dachte erst, es seien Deutsche, und habe zu den Frauen neben mir gesagt: ‚Beruhigt euch, es sind schon Rettungsschiffe da.' Dann aber sah ich, wie vom Turm drei Mann herunterkletterten, nach vorn liefen und an der Kanone hantierten. Da habe ich gewusst, das müssen Russen sein. Es hat nicht lang gedauert, bis die drei zum Turm zurückliefen, und weg war das U-Boot." Ursula Birkle bestätigte im Interview Mankowkas Aussage: „Da war etwas langes Schwarzes, das mit einem Mal aus dem Nichts auftauchte. Wir haben Geschützrohre gesehen, die auf uns gerichtet waren. Dann war das Boot bereits wieder verschwunden."

Iwan Schnabzew hat die Momente nach der Torpedierung anders in Erinnerung: „Wir tauchten sofort in die Tiefe runter. Diejenigen, die oben Wache standen, haben gerade noch gesehen, wie die *Wilhelm Gustloff* nach steuerbord kippte. Wir sind dann abgetaucht und haben uns davongemacht."

Die Geschichten unterscheiden sich. Natürlich wollen es sich die Russen, die damals an Bord von *S 13* waren, nicht zum Vorwurf machen lassen, tatenlos zugesehen zu haben, wie Tausende hilfloser Zivilisten in der eisigen Ostsee ertranken. Dass *S 13* aufgrund des stecken gebliebenen Torpedos noch länger am Schauplatz des Dramas manövrierte, ist anzunehmen. Wie viel die Crew wirklich gesehen hat vom Leid der Schiffbrüchigen, ist heute kaum noch zu klären. Die Männer von *S 13* erzählen lieber von einem anderen Kapitel der Geschichte: Nicht lange nach dem Untergang der *Gustloff* hörten sie erneut Detonationen. Jetzt wurde *S 13* gejagt.

Die *Wilhelm Gustloff* hatte kein SOS absetzen können, da der Funkraum bei der Torpedierung erheblichen Schaden genommen hatte. Man hatte lediglich Leuchtraketen als Notsignal aufsteigen lassen. Doch Torpedoboot *Löwe,* nur wenige Meter vom Schauplatz der Katastrophe entfernt, setzte sofort auf allen Frequenzen Funksprüche ab. Man befand sich direkt auf „Zwangsweg 58", der auch von anderen Konvois aus der Danziger Bucht genommen wurde. Das sollte sich nun als vorteilhaft erweisen. Die Ersten, die der Notruf der *Löwe* erreichte, waren der Kreuzer *Admiral Hipper* und sein Geleitschiff, das Torpedoboot *T 36*. Die Kapitäne der Schiffe wussten, was die Nachricht von der Torpedierung der *Gustloff* zu bedeuten hatten. Sie hatten gesehen, wie viele Flüchtlinge der ehemalige KdF-Dampfer aufgenommen hatte. *Admiral Hipper* und *T 36* waren mehrere Stunden nach der *Gustloff* in Gotenhafen ausgelaufen, jedoch mit erheblich mehr Tempo. Der Konvoi befand sich zum Zeitpunkt des Unglücks nur etwa dreißig Minuten entfernt, in östlicher Richtung.

Als die *Hipper* den Schauplatz erreichte, hielt sich die *Gustloff* gerade noch über Wasser. Auch der Kreuzer hatte zahlreiche Flüchtlinge an Bord, aber es hätte genügend Platz gegeben, um in einem Notfall wie diesem Hunderte unterzubringen. Doch die *Hipper* drehte ab und nahm eilig Fahrt in Richtung Westen auf. Wer im Wasser noch bei Bewusstsein war, konnte es nicht fassen. Heinz-Günther Bertram erinnert sich: „Wir sahen, wie das Kriegsschiff an uns vorbeifuhr. Die Scheinwerfer glitten ganz in unserer Nähe über das Wasser, und dann entfernten sie sich wieder. Die Brüder ließen uns einfach hängen."

Admiral Hipper war mit einer Bordwandhöhe von sechzehn Metern sehr hoch. Es wäre sicherlich schwer gewesen, die entkräfteten Schiffbrüchigen bis auf diese Höhe zu ziehen. So zumindest rechtfertigte die Schiffsführung später ihr Verhalten. Ausschlaggebend aber war wohl die Tatsache, dass der große Kreuzer ein ideales Ziel für einen Feind bot, von dem man annehmen musste, dass er sich noch in der Nähe befand. Der Kapitän entschied sich, das Leben der Flüchtlinge an Bord nicht zu gefährden und mit Höchstkraft weiterzulaufen – ohne einen einzigen Schiffbrüchigen aufzunehmen.

Mit der *Hipper* erreichte auch deren Geleitschiff, das Torpedoboot *T 36*, den Schauplatz. Es stand unter dem Kommando des erst 27-jährigen Kapitänleutnants Robert Hering. 250 Flüchtlinge drängten sich an Bord, darunter auch Herings Mutter. Vorsichtig tasteten sich die Retter an das untergehende Schiff heran, Kapitän Hering wusste, dass jede unbedachte Wendung des Schiffes Menschenleben kosten konnte. Der Besatzung bot sich ein schauerlicher Anblick. „Die *Gustloff* war hell erleuchtet", erinnert sich der heute hochbetagte Robert Hering, „das Oberdeck, die Brücke, wir konnten alles genau sehen. Menschen fielen hinunter, hüpften oder sprangen hinunter. Das Schiff war umgeben von Hunderten von Menschen, die gerettet werden wollten. Hunderte von Toten trieben im Wasser. Man konnte die einen kaum von den anderen unterscheiden."

Hering war sich der Verantwortung bewusst, die er auch für die Menschen an Bord seines eigenen Schiffes trug. Er versuchte zunächst, möglichst nah an die *Gustloff* heranzufahren. Vielleicht würde es möglich sein, die Menschen direkt zu übernehmen. Doch sehr schnell war klar, dass die *Gustloff* in wenigen Momenten untergehen würde. Es blieb also nichts anderes übrig, als Abstand zu halten und sich auf eine Rettung aus der See vorzubereiten. „Das war eine verteufelte Situation, denn was der *Gustloff* passiert war, das konnte uns ja auch passieren", erinnert sich Hering, „aber ich entschied: Retten geht vor."

Einer von Herings damaligen Matrosen, Seekadett Erich Lemke, bewundert seinen damaligen Chef noch heute für den Mut, den er in dieser schwierigen Lage bewies: „*Hipper* ist im Zickzackkurs abgebraust und hat Hering ganz allein die Verantwortung überlassen. Er hat sie ganz allein übernommen." Robert Hering wehrt bescheiden ab, wenn er auf seine Heldentat angesprochen wird. „Das kann ich nicht ab, wenn man mir so dankt", sagt der Mann, dem Hunderte in dieser Nacht ihr Leben verdankten. „Für mich war das Schlimmste, dass ich eigentlich nur tatenlos mit den Händen in der Manteltasche auf der Brücke stehen konnte. Die Leute haben mich beschimpft, ich solle doch etwas tun, aber ich konnte nur das Schiff auf Position halten und meine Männer ausschicken."

Wenige Minuten nachdem *T 36* die *Gustloff* erreicht hatte, war diese auch schon versunken. Neben dem kleinen Torpedoboot *Löwe* war *T 36* nun die einzige Hoffnung für Tausende von Menschen. In aller Eile befahl der Kapitän, rings um das Boot breite Seefallreepe auszubringen, von denen aus die Seeleute, im Wasser stehend, die hilflosen Flüchtlinge auffischten und an Bord hoben.

Die entkräfteten Schiffbrüchigen waren kaum noch in der Lage, sich zu bewegen. Für die Retter war das Knochenarbeit. Im Turnus wechselten sie sich in der vordersten Reihe ab, hoben oder zogen die Menschen aus den Wellen. Deren Kleider waren zum Teil so voll Wasser gesogen, dass auch die kräftigen Seeleute von *T 36* Schwierigkeiten hatten, die Körper hochzuheben. „Das waren Zentner, die man da bewegen musste", erinnert sich Erich Lemke. „Wenn man das zehn Minuten gemacht hatte, war man absolut fertig." Gelang es, einen Schiffbrüchigen über die Bordwand zu hieven, wurde er sofort von Matrosen und anderen Flüchtlingen in Empfang genommen, in aller Eile ausgezogen und trocken frottiert.

Robert Herings Mutter übernahm unter Deck resolut das Kommando und organisierte die Helfer. Mit Schnaps oder heißem Tee versuchte man, die vor Schreck und Kälte starren Menschen ins Leben zurückzuholen.

Hans-Joachim Elbrecht hatte es an Bord von *T 36* geschafft. Er erinnert sich: „Ich war so unglaublich schwach und müde. Ich habe nur noch einen warmen Raum gesucht und die Tür hinter mir zugemacht. Ich hatte die Küche erwischt, die knüppelvoll war, weil jeder an Bord die Wärme suchte. Alle waren klatschnass, wurden gerubbelt und unter heiße Duschen gestellt. Ich habe mich auf einen großen Kessel gesetzt, der noch ganz warm war. Vier Stunden später war ich wieder trocken."

Auch Dr. Ralph Wendt gehörte zu den wenigen Glücklichen, die schnell aus dem kalten Wasser gezogen wurden. Kaum an Bord von *T 36,* meldete er sich als Arzt wieder einsatzbereit. Man rief ihn unter Deck, da liege eine junge Frau in den Wehen und brauche Hilfe. „Ich bin runter und sah die Frau, die ich kurz vorher auf der *Gustloff* in das Rettungsboot gesetzt hatte", erinnert sich Wendt noch heute ungläubig. „Oh, Herr Doktor, jetzt ist alles in Ordnung", seufzte die Frau erleichtert. Wendt war ein wenig unsicher. Schließlich war er Soldatenarzt, kein Gynäkologe. Heute muss er ein wenig schmunzeln, wenn er sich zurückerinnert. „Nach kurzer Zeit wurden die Wehen heftiger, und dann haben wir einen Buben entbunden. Er war kerngesund. Ich habe die Nabelschnur mit einem Küchenmesser durchgeschnitten und mit meinem Verbandszeug abgenabelt. So ist die Natur. Das Leben hört nie auf, es geht immer weiter."

Nicht alle Schiffbrüchigen waren durchnässt, einige wenige gelangten trockenen Fußes in ein Rettungsboot und konnten von dort eigenständig an Bord von *T 36* klettern. Darunter waren auch Männer, über

Der Untergang der *Gustloff*, wie ihn der Spielfilm „Nacht fiel über Gotenhafen" zeigt

deren Anwesenheit in einem Rettungsboot die Besatzung des Torpedobootes recht erstaunt war. Kapitän Hering erinnert sich: „Wie durch ein Wunder erschien bei mir auf der Brücke der Kapitän der *Gustloff*. Da staunt man: der Mann war trocken! Und dann kam auch noch der Kommandant der ULD!"

Die Tatsache, dass die Kapitäne des Schiffes überlebten, während so viele der Passagiere, die ihnen ihr Leben anvertraut hatten, ertranken, erfüllt viele Überlebende noch heute mit Empörung. U-Boot-Ausbilder Jürgen Esselmann will allerdings keinen Stab über das damalige Verhalten der Schiffsleitung brechen: „Dieser Grundsatz, dass der Kapitän mit seinem Schiff untergehen muss, ist in der Seefahrt doch schon lange passé." Hans-Joachim Elbrecht ist da kritischer: „Das war also nicht gerade das vornehme Verhalten eines Seeoffiziers. Erst einmal kommen doch Frauen und Kinder!" Erich Lemke half Korvettenkapitän Wilhelm Zahn, dem Kommandanten der 2. ULD, an Bord. „Der war völlig verzweifelt", erinnert er sich. Auch die beiden Fahrkapitäne überlebten das Unglück. Einer von ihnen nahm sich wenige Jahre später das Leben. Korvettenkapitän Zahn hat trotz zahlreicher Anfragen bis zu seinem Tod nicht mehr öffentlich über die Tragödie der *Gustloff* gesprochen. Zahn war der einzige der vier Kapitäne, der nach dem Unglück vonseiten der Kriegsmarine zum Hergang der Katastrophe befragt wurde. Am 4. Februar 1945 beantwortete er schriftlich Fragen des Marine-Oberkommandos Ost. Danach wurde der Fall ad acta gelegt, ohne dass den Kapitänen ein Fehlverhalten hätte nachgewiesen werden können.

Kapitän Hering hatte den Funkern an den Horchgeräten höchste Wachsamkeit eingeschärft, denn noch immer schwebte sein Schiff in größter Gefahr. Er musste damit rechnen, dass das russische U-Boot, das auf die *Gustloff* gefeuert hatte, noch in der Nähe war. Und tatsächlich fingen die Akustiker immer wieder Signale auf, allerdings unklar und gestört, da auf dem Wasser Wrackteile und Boote schwammen. Hering versuchte, anhand der Meldungen die ungefähre Position des Gegners auszumachen und den Bug von *T 36* genau dorthin auszurichten. Die Spitze des Schiffes, so Herings Überlegung, würde einem Torpedo die kleinstmögliche Angriffsfläche bieten. Zudem entschloss sich der Kapitän, die an Bord befindlichen Wasserbomben abzuwerfen, obwohl er damit rechnen musste, dass dadurch auch Menschen im Wasser zu Schaden kommen könnten. Wäre das Schiff jedoch torpediert worden, hätte dies das Ende für alle Passagiere bedeutet.

Als die Männer von *S 13* die ersten Detonationen der Wasserbomben hörten, wussten sie, in welcher Gefahr sie schwebten. Kommandant Marinesko beschloss, direkt an der Untergangsstelle der *Gustloff* zu tauchen. Hier – inmitten der Trümmer – würde sie der Gegner akustisch am wenigsten orten können. Crewmitglied Fjodor Danilow erinnert sich: „Durch die Wasserbomben wurde das Boot von unten hochgerissen, regelrecht emporgeschleudert."

Doch keine der Bomben erreichte ihr Ziel. Im Gegenteil – das russische U-Boot geriet erneut in eine günstige Schussposition. Um 0.25 Uhr ertönte auf *T 36* der Schrei: „Torpedos auf Kollisionskurs!" Nur knapp konnte Hering das Schiff hart nach steuerbord drehen und der Attacke entkommen. Es wurde höchste Zeit abzulaufen. Doch was sollte aus all diesen Menschen werden, die noch immer in der Nähe von *T36* im Wasser trieben? Robert Hering berichtet: „Mein Erster Offizier kam herein und sagte mit fester Stimme: ‚Es geht nicht mehr. Wir können niemanden mehr aufnehmen.'" Damit war die Entscheidung gefallen. Hering gab den Befehl zum Abbruch der Rettungsmaßnahmen. Mit 564 Schiffbrüchigen an Bord verließ *T 36* den Unglücksort und folgte der *Hipper*. Zurück blieb Torpedoboot *Löwe* inmitten eines Leichen- und Trümmerfeldes, das weiter und weiter auseinanderglitt. Und noch immer trieben Lebende auf der Ostsee. Einige von ihnen waren noch bei Bewusstsein und mussten mit ansehen, wie sich die Lichter der Suchscheinwerfer entfernten. Für sie begann eine endlose Zeit des Wartens.

TRAGÖDIE

Johann Smrczek war wenige Momente vor dem Untergang der *Gustloff* von Bord gesprungen. Ein Floß, auf dem bereits zwölf Menschen kauerten, nahm ihn auf. Die Schiffbrüchigen sprachen wenig, hielten sich gegenseitig an, ruhig zu sein, die Kräfte zu schonen. Denn solange kein Scheinwerferlicht zu sehen war, halfen Hilfeschreie gar nichts. Doch wie sollte man so lange aushalten? „Ich wusste, dass wir immer in Bewegung bleiben mussten", erinnert sich Heinz-Günther Bertram. „Immer die Füße bewegen, immer mit den Armen rudern und vor allem: auf gar keinen Fall einschlafen!"

Auch Waltraud Grüter hatte sich beim Untergang der *Gustloff* in ein

Boot retten können. Zu Anfang konnte sie die Menschen um sich herum noch wahrnehmen. „Doch dann wurde einer nach dem anderen ruhig. Die Leute schrien irgendwann nicht mehr um Hilfe. Und dann sackten sie in sich zusammen. Sie waren vor Erschöpfung und Kälte gestorben." Die Marinehelferin versuchte, sich in ihre eigenen Gedanken zu flüchten. „Ich habe ganz intensiv gebetet", erinnert sie sich heute, „und ich habe mir drei Sachen geschworen. Das Erste war, dass ich aufhöre zu rauchen. Und tatsächlich habe ich nie wieder in meinem Leben eine Zigarette angefasst. Das Zweite war, dass ich nicht mehr so überheblich sein will. Und das Dritte war, dass ich meinen Freund heirate. Ich habe mich dran gehalten und bin bis heute darüber sehr froh." Sie kann sich nur noch bruchstückhaft daran erinnern, wie die Stunden verstrichen. Als ein Soldat sie an der Schulter rüttelte, schreckte sie hoch. Sie solle mithelfen, die Leichen aus dem Boot zu werfen, hörte sie eine Stimme sagen. Waltraud Grüter packte mit an. Dann versank sie wieder in eine Art Dämmerschlaf.

Unweit der Marinehelferin trieb auch Ursula Resas auf der Ostsee. Sie hatte ihre Schwester aus den Augen verloren, als das Wasser in das Promenadendeck eindrang. In letzter Minute hatte das Glas, das ihr den Ausweg versperrte, nachgegeben. Bevor sie ihre Situation richtig erkannt hatte, war sie im Wasser und klammerte sich an ein Floß. Nur ihr Oberkörper fand auf dem Floßrand Platz, die Beine hingen im Wasser. Vielleicht hat das Ursula Resas das Leben gerettet, denn das Wasser war fast 20 Grad wärmer als die Luft. Dennoch hatte sie den Eindruck, dass ihre Kräfte mit jeder Minute schwanden. „An Rosemarie habe ich in dieser Situation nicht denken können", sagt Ursula Resas heute. „Ich habe an überhaupt nichts gedacht. Heute bin ich überzeugt davon, dass sich in solch einem Moment die Seele selbst schützt. Manche Leute sagen, ihr Leben sei an ihnen vorbeigezogen. Ich konnte nichts denken. In meinem Gehirn war es absolut leer."

Winfried Harthun war nach seinem Sturz in die Ostsee sofort von helfenden Händen auf ein Floß gezogen worden. Durch die zahlreichen Kleidungsschichten, die ihm seine Mutter noch übergezogen hatte, war der Junge kaum nass geworden. Und das Glück schien ihm weiterhin hold zu bleiben. Bereits nach wenigen Minuten driftete sein Floß in die Nähe des Torpedobootes *Löwe*. Harthun erinnert sich: „Das Schiff hatte Netze an den Seiten heruntergelassen und Strickleitern, und alle fingen an hinaufzuklettern. Als ich versuchte, die Stricke hinaufzukrabbeln, zog mich jemand zurück, und ich hörte eine Stimme: ‚Frauen und kleine Kinder zuerst.'" In der Dunkelheit hatte man den Jungen für einen Erwachsenen gehalten. „Das Schiff lief dann wieder ab", erinnert sich Harthun, „und der Einzige, der noch auf seinem Floß saß, war Klein-Winfried." Er kann heute nicht mehr sagen, ob er in diesem Moment Angst hatte. Zu fremd war die ganze Situation, als dass ein Kind wirklich hätte erfassen können, in welcher Gefahr es schwebte.

Eine halbe Stunde etwa hatte Winfried noch Rufkontakt zu einem vorbeitreibenden Ruderboot, in dem drei Marinesoldaten und eine Frau saßen. Der Junge konnte hören, wie die vier mit lauter Stimme gegen ihre Angst und die Müdigkeit ansangen. Dann wurde es still. Erst nach einiger Zeit stellte der Junge fest, dass er doch noch einen Begleiter hatte. In der Halteleine des Floßes hatte sich ein Soldat verfangen und trieb hilflos in den Wellen. Der Siebenjährige war viel zu schwach, um den erwachsenen Mann auf das Floß zu ziehen. Noch einige Zeit redete der Soldat auf das Kind ein, das sich schutzsuchend immer tiefer in das Floß drückte, dann war es wieder still. Der Soldat war gestorben.

Torpedoboot *Löwe* nahm gegen 2.30 Uhr morgens Kurs nach Westen. Das kleine Schiff war mit über 470 Schiffbrüchigen an Bord bis in den letzten Winkel besetzt, die Matrosen waren am Ende ihrer Kräfte. Drei weitere Schiffe, das Motorschiff *MS Gotenland* mit seinen Geleitbooten *M 341* und *M 387*, waren mittlerweile eingetroffen, um die Rettungsaktion fortzusetzen. Die *Gotenland*, tags zuvor aus Pillau ausgelaufen, war mit 3300 Menschen bereits völlig überfüllt. Trotzdem ließ der Kapitän Boote aussetzen, und immer noch wurden Lebende inmitten der Trümmer gefunden. Doch mit der Zeit erhielten die Matrosen in den Rettungsbooten kaum noch Antworten, wenn sie den Schiffbrüchigen etwas zuriefen.

An Bord der Rettungsschiffe kamen die Überlebenden langsam wieder zu sich. Sie waren gerettet, doch wo waren all die anderen? Ingeborg Piepmeyer war von den Matrosen des Torpedobootes *Löwe* heraufgezogen worden. Sie war trocken und unversehrt, doch ihr Baby war zurückgeblieben. Das kleine Schiff war hoffnungslos überfüllt. Verzweifelt versuchte die junge Mutter, sich einen Weg durch die Gänge zu bahnen. Vielleicht hatte sich ja doch jemand ihres Kindes angenommen und es gerettet. Plötzlich rief man sie in die Kammer des Kapitäns. „An seinem grünen Mützchen und dem Jäckchen habe ich

Egbert sofort wiedererkannt", berichtet sie. „Ich habe ihn in die Arme geschlossen und war überglücklich." Egbert Wörner, der Sohn von Ingeborg Piepmeyer, kann sich selbstverständlich nicht mehr an die abenteuerliche Nacht seines Geburtstages erinnern. Seine Geburtsurkunde mit dem Vermerk „Geboren am 30. Januar 1945 an Bord der *Wilhelm Gustloff*" hat er noch heute. Er weiß, dass er sein Leben der Hilfsbereitschaft eines Schiffbrüchigen verdankt. Seinen Geburtstag kann er doppelt feiern. Für seine Mutter jedoch sind es auch die Gedanken an diejenigen, die nicht so viel Glück hatten wie sie und ihr Sohn, die sie an jedem 30. Januar bewegen.

Ursula Resas an Bord von *M 387* suchte in den Morgenstunden des folgenden Tages noch immer nach ihrer Schwester Rosemarie. „Bleibt wenigstens ihr zusammen", hatte der Vater den Schwestern in Gotenhafen mit auf den Weg gegeben. Sie selbst war mit dem Leben davongekommen. Nach Stunden auf der eisigen Ostsee war schließlich der Strahl eines Suchscheinwerfers an ihrem Floß hängen geblieben. „Ich wurde hochgezogen", erinnert sich die Marinehelferin an diesen Moment, den sie noch vor Augen hat, als wäre er gerade geschehen. „Dann fiel ich dem ersten Matrosen um den Hals und sagte: ‚Gott sei Dank, gerettet.' Und er sagte: ‚Später, Mädchen, später.' Und dann wurde ich besinnungslos." Als Ursula wieder zu sich kam, galt ihr erster Gedanke ihrer Schwester. Seit den dramatischen Minuten auf dem verglasten Promenadendeck hatte sie Rosemarie nicht mehr gesehen. Ein Feldwebel hielt die aufgebrachte junge Frau fest und schaute ihr prüfend ins Gesicht. Er hatte im hinteren Schiffsteil ein weinendes Mädchen entdeckt, das nach seiner Schwester rief. Und die sah dieser Frau sehr ähnlich. „Dann ging er zurück und holte die Rosemarie", erinnert sich Ursula Resas. „Ich bin aufgesprungen, habe überhaupt nicht gemerkt, dass ich splitternackt war, weil mir die Decke weggerutscht ist. Wir sind uns in die Arme gefallen und haben gleichzeitig gelacht und geweint. Wir waren gerettet!"

Auf *T 36* kam auch Helene Kremmer langsam wieder zu sich. Auf ihre Bitte hin funkte die Besatzung des Torpedoboots die anderen Schiffe an, ob sich ein Obermaat Franz Kremmer unter den Geretteten befände. Die Antwort war immer die gleiche: „Nein." Entmutigt sank Helene in eine Art Dämmerschlaf. „Und auf einmal klopfte mir jemand auf die Schulter", erinnert sie sich, „und dann hörte ich seine Stimme: ‚Ja Hella, da bist du ja.' Ich habe ihn nur angeschaut, kein Wort mehr rausgebracht. Und dann hat er meine Hand genommen." Auch ihr Mann hat diesen Moment bis heute nicht vergessen können. „Ich hatte sie an Deck allein gelassen. Ich hatte gedacht, ich müsse dem Befehl folgen, dass alle U-Boot-Männer vorne helfen müssten. Nie hätte ich zu hoffen gewagt, dass ich sie noch einmal lebend wiedersehe", sagt Franz Kremmer.

Doch solche glücklichen Geschichten bildeten die Ausnahme. In der Nacht zum 31. Januar 1945 starben Männer, Frauen, Kinder, alte Menschen, verwundete Soldaten; ganze Familien wurden ausgelöscht. Stellvertretend für Tausende von Tragödien steht das Schicksal von Irmgard Harnecker. Sie hat ihre Schwester und ihre kleine Tochter Ingrid nicht wiedergefunden. Der Moment, in dem ihr das Kind aus den Armen geglitten ist, ist in ihrem Gedächtnis ausgelöscht. Ihre Wahrnehmung setzte erst wieder ein, als sie allein im Wasser trieb. An ein „Schweben" im Wasser kann sie sich erinnern, sie habe den Eindruck gehabt, die „Stimmen von Engeln" zu hören. Wie durch ein Wunder überstand sie im Schockzustand die Stunden im Eiswasser. Für sie begann in dieser Nacht die Suche nach ihrem Kind, die über Jahre andauern würde. Immer wieder versuchte sie, die letzten Augenblicke mit dem Kind zu rekonstruieren. Vielleicht war die Wolldecke zu schwer gewesen, in die sie die Kleine gewickelt hatte. Vielleicht hatte sie sie beim Sturz in die See nicht fest genug gehalten. Ihr Mann half ihr, die Momente des Zweifels und der Selbstvorwürfe zu überstehen. Doch auch als sie nach dem Krieg ein zweites Kind, einen Sohn, zur Welt brachte, gab sie die Suche nach dem Mädchen nie auf. Einmal war ein Kind gefunden worden, das ein Muttermal über dem Knie hatte – genau wie die kleine Ingrid. Doch sie war es nicht. Bis heute hat Irmgard Harnecker den Verlust ihres Kindes nicht verwunden. „Ich wollte doch mein Kind wiederhaben", erzählt sie unter Tränen. „Ich wollte doch wenigstens die Gewissheit haben, dass es tot ist. Denn es ist ja nur vermisst."

Gegen vier Uhr morgens war für den kleinen Winfried Harthun endlich die Zeit des Wartens vorbei. Durch die Hartnäckigkeit des Zweiten Offiziers der *Göttingen,* Heinz Schulz, hatte man auch den Jungen noch gefunden. Harthun selbst kann sich heute nur noch bruchstückhaft an seine Entdeckung erinnern. „Ich kann nicht ausschließen, dass ich da etwas gerufen habe", sagt er, „mir ist vor allem in Erinnerung, dass ein Tauende in meinen Schoß fiel. Ich war wohl noch halb am

Schlafen und habe das Seil einfach wieder zurückgeworfen." Als ihn die Mannschaft der *Göttingen* in Empfang nahm, war der Junge in erstaunlich gutem Zustand. Während der vergangenen Stunden war er immer wieder eingenickt. Ein Tiefschlaf hätte in der schneidenden Kälte seinen sicheren Tod bedeutet. Die Matrosen kümmerten sich nun rührend um das Kind, steckten ihm Zuckerwürfelchen zu und taten ihr Möglichstes, um den Kleinen davon abzulenken, dass seine Angehörigen wahrscheinlich die Katastrophe nicht überlebt hatten. Nach Hamburg müsse er, so viel hatte sich der Junge gemerkt.

Winfried war nicht der letzte Überlebende, der gerettet wurde. Vorpostenboot *1703*, das die Unglücksstelle gegen fünf Uhr morgens erreichte, fand neben den Leichen einer Frau und eines jungen Mädchens einen Säugling. Er lebte und würde später von seinem Retter adoptiert werden. In der Dämmerung verließ *1703* den Schauplatz. Mittlerweile trieben Öllachen, Gepäckstücke und Leichen über Kilometer verstreut auf dem Meer. Der Suchscheinwerfer des ablaufenden Schiffes streifte das Trümmerfeld. Es gab nichts mehr zu retten.

Das sowjetische U-Boot *S 13* verließ am Morgen die pommersche Küste und nahm Kurs in tieferes und damit sichereres Gewässer. In der darauffolgenden Nacht funkte es seinen Erfolg nach Osten. Der Name des versenkten Schiffes fiel nicht, Alexander Marinesko hat ihn höchstwahrscheinlich zu diesem Zeitpunkt selbst nicht gewusst. In Kronstadt wurde die Abschussmeldung zurückhaltend aufgenommen. Der Kapitän von *S 13* genoss nach seinen Eskapaden in Finnland nicht gerade viel Vertrauen bei der Marineobrigkeit, zudem hatte er schon einmal die Versenkung eines Dampfers von 5000 Tonnen gemeldet, der sich später als kleiner Frachter herausgestellt hatte.

Kaum zwei Wochen später meldete *S 13* erneut einen Erfolg. Das Boot hatte die *Steuben* versenkt, ein Lazarettschiff, das ebenfalls auf dem Weg aus der Danziger Bucht nach Westen gewesen war. Nachdem Marineskos Meldungen einer Überprüfung standgehalten hatten, wurden ihm und seiner *S 13* die Abschüsse zugestanden. Der Kommandant erhielt den „Orden der Roten Fahne", eine Standardauszeichnung, die bis dahin schon 250 000-mal vergeben worden war. Den Titel „Held der Sowjetunion", mit dem Marinesko gerechnet hatte, erhielt er nicht. In den ersten Nachkriegsmonaten kämpfte der U-Boot-Kommandant verbissen um seine Anerkennung als Kriegsheld, bis er Anfang 1946 verbittert die sowjetische Marine verließ. Er hat nie wieder wirklich Fuß gefasst. In den 50er-Jahren für mehrere Jahre nach Sibirien verbannt, wurde er erst nach seinem Tod von der Sowjetunion für seine „Verdienste" im Zweiten Weltkrieg geehrt. In Kaliningrad, dem früheren Königsberg, erinnert heute eine Statue an den Mann, der die *Wilhelm Gustloff* versenkte.

Im Westen galt Alexander Marinesko seit 1945 als skrupelloser Kriegsverbrecher, der wissentlich unschuldige Flüchtlinge ermordet hatte. „Er hat ein Ziel vor sich gesehen und er hat dieses Ziel versenkt – das ist genau das, was zu dieser Zeit von ihm als Marineoffizier verlangt wurde", sagt Marineskos Tochter Tatjana heute. Auch wenn viele der Flüchtlinge noch immer sehr emotional auf die Frage nach der Schuld des Sowjetkapitäns reagieren, bleibt festzustellen, dass die Versenkung der *Wilhelm Gustloff* kein „Kriegsverbrechen" im engeren Sinne war. *„C'est la guerre"*, meint Robert Hering, der Kommandant von *T 36*, heute dazu: Das Schiff transportierte Soldaten und war bewaffnet. Nach Kriegsrecht war der Abschuss demnach „legal", wenn ein solcher Ausdruck in Anbetracht des Ausmaßes der Tragödie überhaupt statthaft ist.

Den Schmerz derer, die beim Untergang der *Gustloff* ihre Angehörigen verloren, kann diese formale Feststellung nicht lindern, doch heute, über sechzig Jahre nach der Katastrophe, antworten fast alle Interviewpartner, sie könnten sich vorstellen, mit den überlebenden Besatzungsmitgliedern von *S 13* über die Vergangenheit zu sprechen. Der frühere Zahlmeisteraspirant Heinz Schön hat es getan. Anfang der 90er-Jahre reiste er nach Russland und traf mit Crewmitgliedern von *S 13* zusammen. Die meisten von ihnen berichteten ihm, bis zur Wende nichts vom Schicksal der Flüchtlinge gewusst zu haben. Auch unsere russischen Gesprächspartner bestätigten, sie hätten erst aus ausländischen Zeitungen erfahren, wen sie im Januar 1945 torpediert hatten.

In den Tagen nach der Tragödie der *Gustloff* brachten die Rettungsschiffe die Schiffbrüchigen nach Kolberg, Swinemünde und Sassnitz – diejenigen Häfen, die dem Unglücksort am nächsten lagen. Nur 1239 Menschen konnten als Überlebende registriert werden. Viele Leichen wurden zurück nach Gotenhafen transportiert und dort in einer Halle zur Identifizierung aufgebahrt. Die Zeugen wurden angehalten, über das Ereignis Stillschweigen zu bewahren. Noch immer warteten Hunderttausende von Flüchtlingen in den Ostseehäfen auf ihre Evakuierung, und eine Panik unter den Eingeschlossenen hätte die Situation nur noch katastrophaler gemacht. Selbst vielen Überlebenden wurde nahegelegt, nicht über das Erlebte zu sprechen. Einige von ihnen hielten sich Jahrzehnte an diese Order, nach Kriegsende jedoch nicht mehr aus Furcht, einen Schweigebefehl zu unterlaufen, sondern nur als Reaktion auf die Tatsache, dass kaum jemand ihre Geschichte hören wollte. Das Schicksal der Vertriebenen geriet in Vergessenheit, teils weil die Erinnerung politisch nicht opportun war, teils weil der Eiserne Vorhang die Menschen zunehmend von ihrer Heimat entfremdete. Vergessen aber hat keiner von ihnen die Orte der Kindheit. Und keiner von ihnen vergaß die Nacht zum 31. Januar 1945.

Für viele Überlebende der *Wilhelm Gustloff* begann in den Ostseehäfen, in die man sie gebracht hatte, erneut eine Reise ins Ungewisse. Winfried Harthun wurde auf der *Göttingen* in die Obhut einer jungen Frau gegeben, die wie er nach Hamburg wollte. Auch sein Bruder hatte den Untergang der *Wilhelm Gustloff* überlebt, im Westen konnten beide den Vater wiedertreffen. Doch Mutter, Schwester und die kleine Nichte wurden nie gefunden. Harthuns Bruder konnte nur noch berichten, wie er gesehen hatte, dass die Mutter mit der Enkelin auf dem Arm abgerutscht und quer über das Deck auf die brodelnde See zugeglitten war. Vergeblich hatte der Junge versucht, sie am Mantelgürtel festzuhalten.

Der Großteil der überlebenden Soldaten erhielt schnell neue Kommandos. Zahlmeisteraspirant Heinz Schön wurde auf den Dampfer *General San Martin* befohlen. Sein Ziel: Gotenhafen. Denn noch immer warteten in der Danziger Bucht Hunderttausende von Menschen. Elf weitere Flüchtlingstransporte hat Heinz Schön bis zum Kriegsende miterlebt und dabei 22-mal die Untergangsstelle der *Wilhelm Gustloff* überquert. Die Geschichte des Schiffes, die auch die seine ist, hat ihn nicht mehr losgelassen. Seinem Engagement ist es zu verdanken, dass das Schicksal der *Gustloff* nicht in Vergessenheit geriet. Viele Überlebende haben in ihm einen Ansprechpartner gefunden. Einige vermochten mit seiner Hilfe ihre Retter wiederzufinden und Gewissheit über den Verbleib von Verwandten und Freunden zu bekommen.

Bis Anfang April gelang es der deutschen Kriegsmarine, insgesamt rund 2,5 Millionen Menschen auf dem Seeweg über die Ostsee nach Westen zu evakuieren. 33 000 Flüchtlinge, Soldaten und Marineangehörige kamen dabei ums Leben. Das Schicksal der *Wilhelm Gustloff* teilten Schiffe wie der Frachter *Goya*, der am 16. April 1945 von

Ausschiffung von Flüchtlingen
aus Ostpreußen (oben) und
deutsche Flüchtlinge in Dänemark

sowjetischen Torpedos versenkt wurde und wahrscheinlich eine ähnliche Anzahl an Opfern wie die *Gustloff* mit in die Tiefe nahm. Die *Steuben*, die *Göttingen*, die während der *Gustloff*-Katastrophe noch gerettet hatte, und viele kleinere und größere Schiffe wurden versenkt, während sie versuchten, Flüchtlinge aus der Danziger Bucht nach Westen zu bringen. Die letzten Flüchtlinge warteten noch Wochen nach Kriegsende auf der schmalen Halbinsel Hela auf ein Schiff, das sie nach Westen bringen sollte.

Das Wrack der *Wilhelm Gustloff* liegt heute in knapp sechzig Meter Tiefe vor Stolpmünde in der Ostsee. In den vergangenen sechs Jahrzehnten wurde bei zahlreichen Expeditionen nach dem Ozeanriesen getaucht. Er wurde fotografiert und gefilmt. Man vermutete hier Schätze, geheime Dokumente und sogar das auf mysteriöse Weise verschwundene „Bernsteinzimmer". Das Wrack ist mittlerweile in vier Teile zerfallen – es wurde bereits in den 50er-Jahren gesprengt, da es ein Hindernis auf dem viel befahrenen Seeweg darstellte. Ein Großteil des Schiffes ist von Schlamm bedeckt, der riesige Schornstein allerdings ist weiterhin gut erkennbar. Die Geländer der Reling, Tauenden, ein zusammengestürzter Treppenaufgang zeugen noch immer vom Glanz des einstigen Ozeanriesen. Und unter einer Schicht grünlicher Algen und Muscheln leuchtet im Licht der Lampen der Namenszug *Wilhelm Gustloff* am Bug. An vielen Stellen sind Löcher in den Rumpf geschnitten. Die Schatzsucher haben deutliche Spuren hinterlassen, jedoch keinerlei spektakuläre Funde gemacht. Die Reichtümer und Geheimnisse, die die Taucher hier vermuteten, blieben aus.

In den letzten Jahren ist es ruhiger geworden um das Wrack der *Gustloff*. Es ist so stark verrostet, dass ein Eindringen in den Schiffsrumpf lebensgefährlich wäre. Das Interesse an den Überresten des „Stolzes der KdF-Flotte" ist zwar nach wie vor ungebrochen, doch das Wrack der *Wilhelm Gustloff* wird aller Wahrscheinlichkeit nach keine Schätze preisgeben und keine Geheimnisse mehr lüften. Es ist zur Gedenkstätte erklärt worden, im Andenken an vermutlich fast 9000 Menschen, die hier zu Tode kamen. Über die Hälfte von ihnen waren Kinder.

Die Überlebenden der *Gustloff*-Katastrophe hat die Erinnerung an die wohl schlimmste Nacht ihres Lebens bis heute nicht losgelassen. Viele haben Jahre gebraucht, um die traumatischen Erlebnisse zu verkraften, manche haben es bis heute nicht geschafft. „Ich habe nie wieder meinen Geburtstag feiern können", erzählt Waltraud Grüter. „Diesen

30. Januar habe ich einfach nicht feiern können. Mein Sohn hat als Kind immer gefragt: ‚Mutti, warum feiern wir denn Papas Geburtstag und meinen, aber nicht deinen?' Aber an diesem Tag ist mir nicht nach feiern zumute. Es beginnt immer gegen sieben Uhr abends, dass ich unruhig werde und anfange, auf die Uhr zu schauen. Dann gegen neun Uhr muss ich an all die Menschen denken, die damals gestorben sind."

Viele der Überlebenden treffen sich jedes Jahr zum Jahrestag des Untergangs. Einige haben bei einem solchen Treffen jene Matrosen von den Rettungsschiffen wiedergefunden, die sie ganz persönlich aus der Ostsee gezogen hatten. Teilweise hat das gemeinsame Schicksal Freundschaften entstehen lassen, die es leichter machen, mit dem Erlebten umzugehen. Doch noch immer können viele Überlebende der *Gustloff* nur unter größter Anstrengung über die Nacht zum 31. Januar sprechen. „Diese Erinnerung sitzt einfach drin", versucht eine von ihnen zu erklären. „So etwas wird man sein ganzes Leben nicht mehr los. Das verlässt einen nie."

ROBERT KURSON

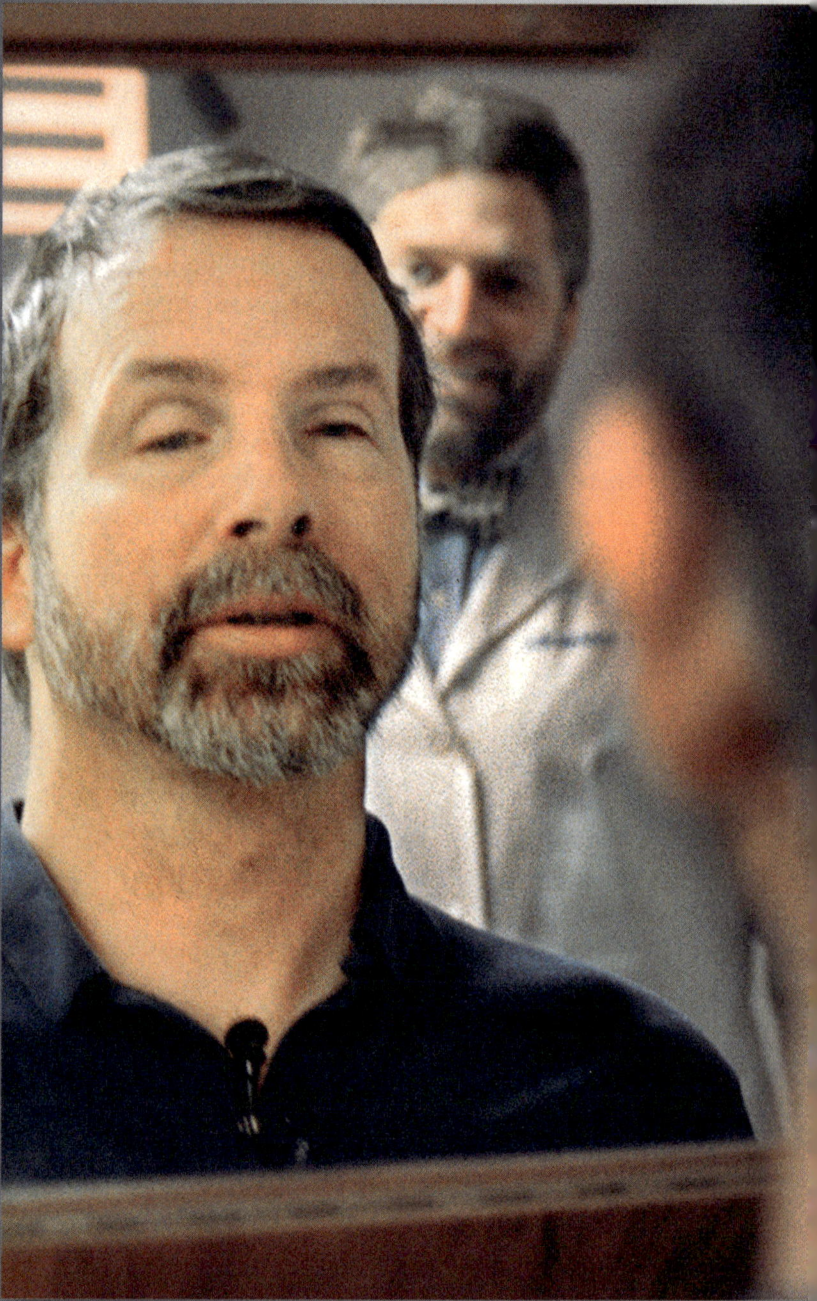

Der Blinde, der wieder sehen lernte

„Eine unglaubliche Schicksalsgeschichte, fesselnd erzählt. Allerbester Lesestoff!“

Chicago Tribune

Kapitel eins

Mike May konnte mit seinem Leben rundum zufrieden sein, als er am 11. Februar 1999 im Ballsaal des St-Francis-Hotels in San Francisco dem Podium zustrebte.

Man hatte den 46-jährigen Geschäftsmann gebeten, den renommierten Kay-Gallagher-Preis für Verdienste bei der Arbeit mit Blinden zu überreichen. Im Jahr zuvor hatte er ihn selbst erhalten. Viele im Publikum kannten seinen Lebenslauf: im Alter von drei Jahren durch einen Unfall erblindet, dreimaliger Goldmedaillengewinner in der Skiabfahrt bei den Paralympischen Spielen und derzeitiger Weltrekordhalter in dieser Disziplin, Unternehmer und im Begriff, ein tragbares Navigationssystem für Blinde auf den Markt zu bringen, Miterfinder des weltweit ersten Laserplattenspielers, ehemaliger Bewohner einer Lehmhütte in Ghana, Ehemann einer schönen blonden jungen Frau, liebevoller Vater.

Mike May bewegte sich mit ruhiger Würde, bewältigte mühelos den Hindernislauf zwischen den Speisetischen und Stühlen hindurch, lächelte Menschen im Vorbeigehen zu, schüttelte unterwegs Hände. Die meisten Personen in diesem Raum hatten täglich mit Blinden zu tun; sie wussten, welchen Eindruck jemand vermittelte, der sich danach sehnte, sehen zu können. Mike May machte den Eindruck eines Menschen, der genau das war, was er sein wollte.

Öffentliche Auftritte war er gewohnt, und mit dem, was er zu sagen hatte, konnte er seine Zuhörer begeistern. Doch es kam auch immer wieder vor, dass sich jemand im Publikum provoziert fühlte, für gewöhnlich dann, wenn Mike May erklärte: „Mit Sehvermögen zu leben ist großartig. Aber ohne Sehvermögen zu leben ist es auch.“ An dieser Stelle stand regelmäßig jemand auf, zeigte anklagend auf ihn und sagte: „Das kann nicht sein!“ oder „Sie verleugnen sich selbst!“ Sowohl Blinde als auch Sehfähige brachten solche Einwände vor. Mike May blieb stets höflich und ließ die Betreffenden immer ausreden. Dann erwiderte er:

„Ich will hier nicht im Namen anderer sprechen. Für mich jedenfalls ist das Leben wundervoll."

Darum allerdings ging es in seiner Rede an diesem Abend nicht. Vielmehr verbreitete sich der hochgewachsene und gut aussehende Mike May voll Begeisterung über den Preisträger und die Bedeutung der Blindenbetreuung und lockerte seine Rede mit Scherzen auf, die gut ankamen. Dann überreichte er dem Geehrten eine Medaille und einen Scheck und kehrte auf seinen Platz zurück. Als er sich gesetzt hatte, sagte seine Frau Jennifer zu ihm: „Mir sind die Tränen gekommen. Du siehst in dem Anzug hinreißend aus, und es war eine sehr schöne Ansprache."

Mike und Jennifer blieben diese Nacht im Hotel. Normalerweise wären sie am nächsten Morgen gleich zurück in ihr gut hundert Kilometer entfernt gelegenes Haus im kalifornischen Ort Davis gefahren, um ihre Arbeit wieder aufzunehmen. Aber Jennifer hatte Probleme mit ihren Kontaktlinsen gehabt, und statt wie sonst zu ihrem Augenarzt zu gehen, hatte sie sich kurzfristig in San Francisco beim Ehemann einer Collegefreundin einen Termin geben lassen, der als Optometrist auf die Korrektur von Fehlsichtigkeit spezialisiert war. Obwohl Mike es eilig hatte, wieder in sein Büro zu Hause zurückzukehren, willigte er ein, Jennifer zu begleiten. Es war ein herrlicher Morgen, und das Ehepaar genoss das seltene Vergnügen, an einem normalen Arbeitstag gemütlich in einem Straßencafé zu frühstücken.

Die Praxis des Optometristen lag in der Nähe, und so gingen Mike und Jennifer zusammen mit Mikes Blindenhund, einem Golden Retriever namens Josh, zu Fuß zu dem Termin.

Als Innenarchitektin wurde Jennifers Aufmerksamkeit sogleich vom Wartezimmer gefesselt, und sie fing an, Mike den Raum zu beschreiben: die Stühle und wie sie ausgerichtet waren, den sich verengenden Flur, der zu den Untersuchungsräumen führte, die graubraune Tönung der Wand hinter der Sprechstundenhilfe – „die übrigens umwerfend hübsche Wangenknochen hat". Mike fand es faszinierend, mit einer Frau verheiratet zu sein, die die Welt so stark vom Visuellen her aufnahm, und es freute ihn, wie leidenschaftlich sie sich darum bemühte, ihn daran teilhaben zu lassen.

Nach ein paar Minuten hieß Mike Carson, der Optometrist, Mike und Jennifer willkommen und führte sie in ein Sprechzimmer. Carson untersuchte Jennifer und erklärte, er werde ihr ein Rezept für neue Kontaktlinsen ausstellen. Mike war froh, dass alles so rasch über die Bühne gegangen war; so konnten sie früh genug nach Hause fahren, um ihre Söhne von der Schule abzuholen.

Carson beendete seine Notizen und sah Mike ein paar Sekunden an. Dann erkundigte er sich, wann er zum letzten Mal beim Augenarzt gewesen sei.

„Das ist mindestens zehn Jahre her", antwortete Mike.

„Wie wär's, wenn ich mal nachschaue?", fragte Carson. „Ich will mich nur vergewissern, dass alles in Ordnung ist, wo Sie schon einmal hier sind."

Nach kurzem Überlegen sagte Mike: „Klar, warum nicht?"

Mike und Jennifer wechselten die Plätze, sodass Mike jetzt auf dem Untersuchungsstuhl saß. „Sie werden vermutlich feststellen, dass ich blind bin", scherzte Mike.

Der Arzt beugte sich vor und sah, dass Mike links ein blaues künstliches Auge hatte. Sein rechtes, natürliches Auge wirkte milchig-weiß, die Folge einer dicken Vernarbung der Hornhaut; eine Pupille oder eine farbige Iris waren nicht zu sehen. Manche Blinde tragen eine dunkle Brille, um ein solches Auge zu verstecken, aber Mike hatte das nie als notwendig empfunden. Sein Augenlid hing ein wenig herunter, sodass es sein Auge weitgehend verdeckte; deshalb fühlte sich niemand davon abgestoßen.

Carson wechselte den Platz und setzte sich auf einen Hocker. „Mike", sagte er, „hätten Sie etwas dagegen, wenn mein Kollege, Dr. Dan Goodman, Sie sich mal anschauen würde? Er ist einer der besten Augenärzte weit und breit. Ich glaube, das würde ihn interessieren."

„Schaden kann's sicher nicht", meinte Mike.

Carson verließ den Raum und kehrte kurz darauf mit seinem Kollegen zurück. Dr. Goodman stellte sich vor und wollte von Mike wissen, wie er sein Augenlicht verloren hatte.

„Es geschah durch eine von Chemikalien ausgelöste Explosion, als ich drei Jahre alt war", antwortete Mike.

„Sind Sie bei einem Augenarzt in Behandlung?", fragte Dr. Goodman.

„Mein Augenarzt, bei dem ich seit dem Unfall in Behandlung war, starb vor etwa zehn Jahren", erklärte Mike.

„Was hat er Ihnen über Ihr Sehvermögen gesagt?", wollte Dr. Goodman wissen.

„In meinen Kindertagen hat er drei oder vier Mal eine Hornhauttransplantation versucht, jedes Mal erfolglos", berichtete Mike. „Danach erklärte er mir, ich würde nie mehr sehen können. Er hatte einen ausgezeichneten Ruf als Augenarzt, und ich wusste, dass er Recht hatte."

„Wie hieß er?", fragte Dr. Goodman.

„Dr. Max Fine", erwiderte Mike.

Dr. Goodmans Augen leuchteten auf. „Dr. Fine war eine Legende", sagte er. „Ich durfte mit ihm operieren und habe viel von ihm gelernt. Er war einer der weltweit bedeutendsten Augenärzte."

Mike und Dr. Goodman hingen eine Minute lang ihren Erinnerungen an Dr. Fine nach. Dann fragte Dr. Goodman: „Hätten Sie was dagegen, wenn ich Sie mir mal anschaue?"

„Ganz und gar nicht", antwortete Mike.

Dr. Goodman verdunkelte den Raum, trat an Mike heran und schob mit Daumen und Zeigefinger dessen rechtes Augenlid hoch. Die Sanftheit der Berührung verblüffte Mike. Dr. Goodmans Hand blieb bewegungslos, nicht das geringste Zittern war zu spüren. Diese Art von Berührung kannte Mike nur von Dr. Fine.

Dr. Goodman inspizierte Mikes Auge. Er sah die massive Vernarbung der Hornhaut, die typische Folge einer durch Chemikalien hervorgerufenen Explosion. Er richtete den Strahl einer Pupillenleuchte auf das Auge, was Mike ganz schwach erkennen konnte (wie die meisten Blinden verfügte er über eine gewisse Lichtwahrnehmung). Aber als der Arzt die Hand vor Mikes Auge hin und her bewegte, nahm Mike die Bewegung überhaupt nicht wahr. Dr. Goodman führte ein paar weitere Tests durch und blickte dann durch ein Biomikroskop.

Die Untersuchung dauerte etwa fünf Minuten. Dr. Goodman schaltete das Licht wieder ein und brachte seinen Hocker auf Normalhöhe.

„Mike", sagte er, „ich glaube, wir können Sie wieder sehend machen."

Mike begriff nicht recht, was er hörte.

„Es gibt ein ganz neues und sehr selten angewandtes Verfahren der Stammzellentransplantation", fuhr Dr. Goodman fort. „Es eignet sich nur für wenige Fälle. Aber zu denen zählen Verbrennungen, die durch Chemikalien ausgelöst worden sind."

Jennifer beugte sich vor. Was redete Dr. Goodman da?

„Obwohl Ihre Hornhaut so furchtbar beschädigt ist, bestehen gute Chancen, dass Sie mit Ihrem Auge wieder sehen können, und zwar mithilfe einer Stammzellentransplantation", erklärte Dr. Goodman. „Ich habe dieses Verfahren vielleicht sechsmal angewandt, die meisten Augenärzte in der Welt noch nie. Und ich kenne niemanden, der es bei einem

Patienten angewandt hätte, der schon so lange blind war wie Sie. Aber es könnte funktionieren."

„Das klingt interessant", sagte Mike. Mehr fiel ihm nicht ein.

„Sollten Sie interessiert sein", erläuterte Dr. Goodman, „müssten Sie wiederkommen, um sich einer B-Scan-Sonografie zu unterziehen. Das ist eine Ultraschalluntersuchung des Augenhintergrunds, mit der festgestellt werden soll, dass keine schwere Erkrankung oder Missbildung vorliegt. Wenn der B-Scan keine Auffälligkeiten zeigt, gibt es eine gute Chance, dass die Sache klappt."

Was Dr. Goodman sagte, klang unwirklich in Mikes Ohren. Dennoch faszinierte ihn diese neue wissenschaftliche Entwicklung – noch nie zuvor war ihm der Begriff „Stammzellen" in Verbindung mit dem Sehvermögen begegnet –, und er dachte bei sich: Ich arbeite auf technischem Gebiet, und die Technik wandelt sich fortwährend. Warum soll sich nicht auch die Technik im Bereich des Sehvermögens weiterentwickeln?

„Ist die Operation kompliziert?", erkundigte er sich.

„Die Stammzellentransplantation ist kompliziert", erwiderte Dr. Goodman. „Sie selbst bringt keine Verbesserung des Sehvermögens. Aber sie legt den Grund für eine Hornhauttransplantation drei oder vier Monate später. Wenn alles nach Wunsch verläuft, bewirken die beiden Eingriffe zusammen eine Wiederherstellung des Sehvermögens."

Jennifer beobachtete Mikes Reaktion. Er brach nicht in Jubelrufe aus, sondern schürzte nur leicht die Lippen und wandte sein Gesicht schräg nach rechts oben, wie er es immer tat, wenn er sich Gedanken über ein theoretisches Problem machte.

„Wenn es Ihnen recht ist, möchte ich mir die Sache durch den Kopf gehen lassen", sagte Mike.

„Selbstverständlich", stimmte Dr. Goodman zu. „Lassen Sie sich Zeit. Rufen Sie meine Praxis an, falls Sie sich zu dem B-Scan entschließen. Hat mich gefreut, Sie kennen zu lernen."

Dr. Goodman schüttelte Mike und Jennifer die Hand. Und schon war er aus dem Zimmer verschwunden. Die Begegnung hatte nicht einmal zehn Minuten gedauert.

Nach dem Arzttermin gingen Mike und Jennifer zurück zu ihrem roten Dodge Caravan, der immer noch in der Nähe des St-Francis-Hotels stand. Die Sonne schien, und die Luft war frisch.

„Haben Wyndham und du heute Abend Fußballtraining?", fragte Jennifer, während sie die Türen des Dodge entriegelte.

„Heute Abend nicht“, antwortete Mike. „Glücklicherweise, ich bin mit einer Reihe von Geschäftsanrufen bereits im Verzug.“

Josh sprang ins Auto und hockte sich auf der Beifahrerseite zwischen Mikes Füßen auf den Boden. Jennifer setzte ihre Sonnenbrille auf, startete den Motor und reihte sich in den Verkehr ein. Wenn sie Glück hatten, konnten sie in anderthalb Stunden in Davis sein. Mike klappte sein Handy auf und fing an, mit Geschäftspartnern zu telefonieren, während er gleichzeitig aufpasste, dass Jennifer die Abfahrt zur Fernstraße 80 nicht verpasste. Mike verfügte in seinem Kopf über eine Sammlung von sehr genauen Lageplänen – eine jener verblüffenden Begabungen, die viele Leute dazu brachte, in ihm eine Art „blinden Supermann“ zu sehen.

Als sie die Bay Bridge überquert hatten, entspannte sich das Paar ein wenig. Dann warf Jennifer Mike einen Blick zu und bemerkte: „War das nicht faszinierend?“

„Allerdings“, antwortete Mike. „Aber irgendwie klingt es unwirklich, oder?“

Jennifer hatte noch nicht die Zeit gehabt darüber nachzudenken, was Dr. Goodmans Angebot bedeuten konnte, aber so viel wusste sie: Es hatte sich etwas Außergewöhnliches ereignet, und ihr Mann würde viel damit zu tun haben, sich damit auseinanderzusetzen. Deshalb wollte sie ihm Zeit lassen, sich damit zu beschäftigen. Gleichzeitig aber hatte sie das Bedürfnis, seine Meinung dazu zu erfahren.

„Also, mal angenommen“, sagte Jennifer schließlich, „und wir wissen nicht, ob es überhaupt klappen würde, aber gehen wir einfach mal davon aus – was würdest du dann gern sehen wollen?“

In den zwölf Jahren ihrer Ehe hatten sie niemals erörtert, wie es für Mike wäre, wenn er sehen könnte. Schon seit seiner frühen Kindheit hatte Mike nie darüber nachgedacht, was vielen Menschen, die ihn kennen lernten, unfassbar erschien.

„Dr. Fine hat nie einen Zweifel daran gelassen, dass ich mein Leben lang nicht mehr sehen werde, und wahrscheinlich ist das auch so“, meinte Mike. „Aber mal spaßeshalber angenommen ... Ich glaube, ich würde gern Landschaften sehen, besonders in Kirkwood“, erklärte er. Dorthin fuhr die Familie am liebsten zum Skifahren. „Und ich würde gern schöne Frauen sehen.“

„Das ist naheliegend“, sagte Jennifer. „Daran denkst du ja sowieso ständig. Was sonst noch?“

Mike überlegte weiter. Er erklärte Jennifer, er würde wohl gern den

Eiffelturm, die Freiheitsstatue oder die Galapagosinseln sehen, weil er da schon gewesen war. Und die Golden Gate Bridge, unbedingt.

Jennifer nickte. Dann wollte sie wissen, ob er gern ihre beiden Söhne sehen würde.

„Na klar“, antwortete Mike. „Ich würde liebend gern Dinge gemeinsam mit ihnen betrachten – das wäre für mich eine solch neue Erfahrung, als beträte ich den Mond. Aber wenn ich mir vorstelle, dass ich sie sehen könnte, glaube ich nicht, dass ich etwas anderes wahrnehmen würde als bisher. Ich habe das Gefühl, dass ich die Jungs haargenau kenne, sowohl vom Aussehen her als auch von ihrem ganzen Wesen. Ich kann mir nicht vorstellen, dass Sehfähigkeit in dieser Hinsicht eine Bereicherung darstellt, dass ich die Jungs mehr liebe oder besser kenne als bisher.“

Ein paar Sekunden lang herrschte Stille im Wagen.

„Und natürlich empfinde ich dir gegenüber genauso“, ergänzte Mike.

„Was, wenn dir nicht gefiele, wie ich aussehe?“, fragte Jennifer.

„Du bist bildschön“, erwiderte Mike. „Ich glaube, ich weiß genau, wie du aussiehst. Was könnte ich sehen, was ich nicht bereits jetzt sehe?“

Eine Zeit lang schwiegen Mike und Jennifer. Auf halbem Weg überlegten sie, ob sie anhalten und etwas zu Mittag essen sollten, entschieden sich aber, lieber keine Zeit zu verlieren, um die Kinder rechtzeitig von der Schule abholen zu können.

Während Jennifer an der Ausfahrt Davis die Fernstraße verließ, erzählte sie ihrem Mann von einem neuen Kunden, den sie gewonnen hatte, und hörte sich an, welche neue Fahrtroute nach Kirkwood er sich ausgedacht hatte. Er genoss diese Stunde mit seiner Frau. Sie hatte kein Wort über die Unzahl von praktischen Vorteilen verloren, die es ihr brächte, wenn er sehen könnte – dass er dann in der Lage wäre, Auto zu fahren, zu tanken, seine Post selbst zu lesen, die Wäsche zu sortieren, Einkäufe zu machen.

Jennifer bugsierte ihren Wagen in die Garage, dann gingen sie ins Haus. Sie bedankten sich bei Jennifers Mutter, die sich um den fünfjährigen Wyndham und den siebenjährigen Carson gekümmert hatte, und verabschiedeten sich von ihr mit einem Kuss. Dann spielte Mike im Hof noch einen Moment Ball mit Josh, machte sich anschließend ein belegtes Brot und setzte schließlich seine geschäftlichen Telefonate fort. Kurz vor Ende der letzten Schulstunde legte er Josh das gelbbraune Ledergeschirr an und ging los, um die Kinder abzuholen. Auf dem Heimweg versuchten sich Wyndham und Carson bei der Schilderung der Käfer zu übertreffen, die sie während der Schulpause gefunden hatten.

Den Rest des Tages verbrachte Mike so wie immer: Er erledigte Geschäftsanrufe, tobte mit den Jungen, betastete einen neuen Stoff, den Jennifer für einen Kunden ausgesucht hatte, entwarf einen Geschäftsbrief, wusch ab, erzählte Gutenachtgeschichten. Seit der Rückkehr von seiner Begegnung mit Dr. Goodman waren zehn Stunden vergangen, in denen er kein einziges Mal an die Wiederherstellung seiner Sehkraft gedacht hatte.

So rasch kehrte für Mike das Leben in seine gewohnte Bahn zurück. Den ersten Platz nahm in seinem Kopf das Unternehmen ein, das er ins Leben gerufen hatte. In einem gewagten Entschluss hatte er seine leitende Stellung in einem großen auf Regelungstechnik spezialisierten Betrieb gekündigt, um ein tragbares Navigationssystem für Blinde – das erste seiner Art – zu entwerfen, herzustellen und auf den Markt zu bringen. Der Kunde brauchte Mikes Empfangsgerät mit seinen Kartenprogrammen nur an einen tragbaren Computer in einem Rucksack anzuschließen, und schon konnte er sich in das System der die Erde umkreisenden Ortungssatelliten einklinken. Ein Knopfdruck genügte und er empfing detaillierte Anweisungen, um an jeden beliebigen Ort zu gelangen.

Aber Mike musste sein Projekt finanzieren, und deshalb spielte die Suche nach möglichen Investoren eine große Rolle in seinem Tagesablauf. Weder er noch Jennifer besaßen Vermögen, und das bedeutete, dass ihm vielleicht ein Jahr blieb, um das Unternehmen aufzubauen. Falls ihm das bis dahin nicht gelang, würde er ins Angestelltendasein zurückkehren müssen. Er arbeitete achtzehn Stunden am Tag und testete das Navigationssystem in Davis auf dem Weg von einem Café zum anderen, auf der Fähre nach San Francisco, in Flugzeugen. Mike glaubte an sein Produkt. Und es war ihm möglich, seine Arbeit zu Hause zu erledigen – ein Segen, weil er sich so einen sehnlichen Wunsch erfüllen und genügend Zeit mit seiner Familie verbringen konnte.

Vor einiger Zeit war Wyndhams Fußballtrainer noch vor dem ersten Training der Mannschaft ausgestiegen, und die Eltern hatten sich in Mikes Haus versammelt, um zu beratschlagen, wie es weitergehen sollte. Mike erklärte sich bereit, die Mannschaft zu trainieren. Die Eltern klatschten Beifall. Als Mike am Schluss des Treffens aufstand und nach seinem Blindenstock griff, fragten ein paar von den Müttern: „Warten Sie mal – sind Sie etwa blind?“ „Allerdings“, sagte Mike.

Er ließ Angriffs- und Ausweichmanöver üben und brachte den Fünfjährigen bei, in Formation auf das richtige Tor zuzulaufen. Seine Geschichten, wie er im College Fußball gespielt hatte, fanden sie toll; zum Beispiel wie er die gegnerische Mannschaft dazu gebracht hatte, die erste Halbzeit lang mit seinem piepsenden Ball zu spielen, und wie er sich eine blutende Nase geholt hatte, als ihn in der zweiten Halbzeit der „schweigende" Ball mitten ins Gesicht getroffen hatte.

Viele der Teilnehmer am Training kannten Mike von der Schule. Jedes Jahr besuchte er mit Josh Schulklassen in der Umgebung, um den Kindern zu erzählen, wie es ist, wenn man nicht sehen kann. Er hatte Freude an ihren Fragen: Können sich Ihre Kinder Sachen erlauben, weil sie von Ihnen nicht gesehen werden? *Nein, ich habe geheime Methoden, sie daran zu hindern. Aber sie versuchen's immer wieder.* Haben Sie nach Ihrem Unfall doll geblutet? *Ich war blutüberströmt*. Als Sie Bill Clinton trafen, woher wussten Sie, dass er es wirklich war? *Ich habe ihn gebeten, was zu sagen, damit ich sicher sein konnte.* Er führte Sprechapparaturen mit Roboterstimmen vor, stellte ein Stuhllabyrinth auf, um zu zeigen, wie er gemeinsam mit Josh im Zickzackkurs hindurchlief, und druckte den Namen jedes Kindes in Blindenschrift auf eine Karte, die sie mit nach Hause nehmen durften. Carson und Wyndham waren überzeugt, den tollsten Vater weit und breit zu haben.

In der Zeit, die ihm neben Arbeit und Familie blieb, brachte Mike den Rest seines erfüllten Lebens unter. Viele seiner Aktivitäten waren ihm möglich aufgrund seiner außergewöhnlichen Fähigkeit, sich in der Welt zu bewegen. Oft beobachteten Menschen, wie er gewandt durch einen Speisesaal, eine Flughafenhalle oder ein ihm unbekanntes Haus schritt, und wollten nicht glauben, dass er nicht sehen konnte. Manche sagten ihm das sogar ins Gesicht. Immer wieder geriet er in die schwierige Situation, mit möglichst einfachen Worten zu erklären, wieso er diese Fähigkeit besaß. Zum Teil entsprang sie seinem hoch entwickelten Sinn für Halleffekte. Im Laufe der Jahre hatte er gelernt, feinste Nuancen zu unterscheiden, wenn das Geräusch von Stimmen, Schritten oder seinem Gehstock von verschiedensten Gegenständen reflektiert wurde. Auch die Raumwahrnehmung und das Gedächtnis für Räume spielten eine entscheidende Rolle. Während Mike sich an einem Ort bewegte, egal ob es das Esszimmer eines Freundes oder ein New Yorker Bahnhof war, sog sein Geist die räumliche Lage von Hindernissen, Öffnungen und Durchgängen auf und vereinigte die Informationen in seinem Kopf zu Lageplänen, die er sich nach Belieben in Erinnerung rufen konnte. Diesen

Sinn fürs Räumliche – sowie die Fähigkeit, ihn spielend in Gedächtnisleistungen umzusetzen und nutzbar zu machen – schrieb er seiner lebenslangen sportlichen Betätigung zu. Und schließlich war Mike einsame Spitze im Umgang mit seinen zwei wichtigsten Mobilitätshilfen, dem Stock und dem Hund. Wenige Blinde verwenden beides, doch Mike gewann dem einen wie dem anderen viel ab. Der Blindenstock ließ sich einfacher verwenden, aber im Gedränge versagte er, und Hindernisse in Kopfhöhe entgingen ihm. Der Hund musste auf Geschäftsreisen gefüttert und ausgeführt werden, aber er nahm Hindernisse in Kopfhöhe wahr, konnte sich rasch durch Gedränge bewegen und leistete ihm Gesellschaft. Im Jahr 1999 benutzte in den Vereinigten Staaten die weit überwiegende Mehrzahl der 1,3 Millionen registrierten Blinden den Stock, während sich nur siebentausend von einem Hund führen ließen.

Dass Mike sich so geübt bewegen konnte, erleichterte ihm den Zugang zur Welt. Aber wirklich angekommen in ihr war er durch seine innere Einstellung. Um dorthin zu gehen, wo Mike hingehen wollte – nämlich überallhin –, musste man sich nämlich auch verirren können. Für viele Blinde war das eine schreckliche Vorstellung, doch für Mike gab es nichts Schöneres, als nicht mehr zu wissen, wo er sich befand. „Ich bin sehr neugierig“, erklärte er den Leuten. „Wenn ich mich verirre, habe ich nicht das Gefühl, dass mir etwas Schlimmes widerfährt. Es gehört dazu, wenn man Neues entdecken will.“

WOCHEN waren seit Mikes Begegnung mit Dr. Goodman vergangen, und er hatte sich über das Angebot des Arztes noch immer nicht viele Gedanken gemacht. Ab und zu brachte Jennifer das Thema Sehvermögen zur Sprache, und die Art, wie sie das tat, schätzte Mike sehr. Ihre Fragen hatte nichts unterschwellig Drängendes. Mike gestand Jennifer, dass er über Dr. Goodmans Angebot noch nicht weiter nachgedacht habe. Er finde, sagte er ihr, dass er auch so bereits ein gutes, abwechslungsreiches und erfülltes Leben führe. Und das blieb der Stand der Dinge, während der Winter dem Frühling wich.

Im Laufe der Monate freilich fand Mike irgendwann, er dürfe die Frage der Wiederherstellung seiner Sehkraft nicht immer weiter auf die lange Bank schieben. Die Bedeutung von Dr. Goodmans Angebot war ihm bewusst, und ebenso war ihm klar, dass die Sache es verdiente, ernsthaft in Betracht gezogen zu werden. Aber immer wieder kehrten seine Gedanken zu dem Leben zurück, das er jetzt führte. Er hatte alles auf sein Geschäftsunternehmen gesetzt, das sich im entscheidenden Stadium befand und seine volle Konzentration verlangte; schon ein einziger falscher Schritt konnte das Projekt zum Scheitern bringen. Nachdem seine Ehe vor nicht allzu langer Zeit in ähnlich angespannten Situationen zweimal auf des Messers Schneide gestanden hatte, war sie jetzt geprägt von Harmonie und Zuversicht. Es war ihm wichtig, seine Kinder großzuziehen und teilzuhaben an den großen und kleinen Ereignissen in ihrem Leben, die nur allzu rasch vorüberzogen.

Er versuchte, sich vorzustellen, was ihm die Sehkraft Neues bringen konnte. Auch jetzt konnte er sich schon praktisch ungehindert bewegen und alles machen, wonach ihm der Sinn stand. Und nach wie vor war er davon überzeugt, dass er Jennifer und seine Söhne im eigentlichen Sinne des Wortes sah.

Mike wusste, wie unvorstellbar es für die meisten Menschen sein musste, wenn ein Blinder es ablehnen würde zu sehen. Aber auch ohne Sehkraft war sein Leben bereits vollkommen.

Und doch ertappte sich Mike immer wieder bei dem Gedanken, wie es wohl wäre, wenn er sehen könnte. Es kam vor, dass er einen von Jennifers Stoffen betastete und dachte: Was wäre wohl meine Lieblingsfarbe? Während er mit seinen Söhnen Korbwürfe übte, überlegte er etwa, ob er die beiden auf Anhieb erkennen würde. In dem Café in der Nachbarschaft, in dem er so gern den munteren Gesprächen der Frauen lauschte, fragte er sich: Würde ich immer noch auf Blond stehen? Wenn er über die Golden Gate Bridge fuhr, beschäftigte ihn der Gedanke: Was würde ich schön finden? Während er sich im Badezimmer rasierte, ging ihm durch den Kopf: Würde ich meiner Vorstellung von mir ähnlich sehen?

Eines Abends im August, nachdem Jennifer und Mike die Jungs ins Bett gesteckt hatten, saßen sie im Garten hinter ihrem Haus. Sie hatte ihn selten danach gefragt, was er von der Aussicht hielt, wieder sehen zu können. An diesem Abend aber wollte sie es wissen. „Also, wie ist der Stand bei dir?“, fragte sie. „Denkst du darüber nach?“

„Ich denke tatsächlich darüber nach“, antwortete Mike. „Ich frage mich, ob mein Leben sich wirklich ändern würde, wenn ich sehen könnte. Und jedes Mal ist die Antwort die gleiche: Ich glaube nicht, dass das der Fall wäre. Ich brauche das nicht. Ich habe nicht das Gefühl, dass mir etwas fehlt.“

Jennifer beugte sich vor, küsste ihren Mann auf die Wange und sagte: „In Ordnung.“

Der Sommer brachte Mike noch mehr Arbeit. Er verstärkte seine Bemühungen um Investoren, fuhr mit seinen Söhnen zu Baseballspielen, kümmerte sich um seinen Vater, dem es nicht gut ging. Er hatte weniger Zeit denn je, über das Thema Sehen nachzudenken. Und doch ließ etwas an der Sache Mike nicht los. Er spürte, dass es aus fernster Vergangenheit kam.

Kapitel zwei

An einem sonnigen Morgen im Jahr 1957 schickte Ori Jean May zwei ihrer Kinder, die vier Jahre alte Diane und den dreijährigen Mike, zum Spielen hinaus, während sie den Abwasch erledigte und die drei Monate alte Therese fütterte. Die Familie May war vor Kurzem in die Bergwerksstadt Silver City in New Mexico gezogen, wo Bill May eine Stelle als Industrietechniker angetreten hatte.

Mike und Diane beschlossen, Sandkuchen zu backen. Mike brauchte eine Backform und ging in die alte Garage der Familie, die vollgestopft war mit verzogenen Regalen, spinnwebüberzogenen Behältern und altersschwachen Werkzeugen. Mike fand ein Literglas, wie geschaffen für Sandkuchen; es war allerdings gefüllt mit einem harten, eingetrockneten Pulver, von dem es gesäubert werden musste. Er brachte das Glas zu einem Wassertrog aus Beton in der Nähe der Garage und tauchte es unter. Eine Gaswolke stieg auf. Nebenan brannte ein Abfallhaufen.

Drinnen im Haus trocknete Ori Jean die letzten Teller ab. Einen Augenblick später hörte sie etwas explodieren. Sie rannte in den Hof und fand Mike auf dem Boden liegend, blutüberströmt und mit Glassplittern übersät. Er befand sich in einem Schockzustand und wimmerte. Diane saß wie betäubt, aber unverletzt da. Ori Jean hob ihren Sohn auf und rannte ins Haus, wo sie ihn in eine Decke einwickelte und hektisch telefonierte, um einen Krankenwagen zu rufen. Mikes Verletzungen taten ihm nicht weh. Am liebsten hätte er sich einfach verkrochen.

Ori Jean bat eine Nachbarin, aufs Baby aufzupassen, schnappte sich Diane und folgte dem Krankenwagen in die Klinik. Dort drängten sich Notfallärzte um Mike. Er hatte große Mengen Blut verloren. Ein Arzt erklärte Ori Jean, Mike werde sterben.

Sie flehte zu Gott: „Bitte, lass ihn am Leben!“

Der dreijährige Mike im Jahr 1956, kurz vor dem tragischen Unfall, mit seinen Eltern und seiner Schwester Diane

Die Ärzte arbeiteten pausenlos. Das Personal bemühte sich verzweifelt, einen Hubschrauber aufzutreiben, der ihn zu Spezialisten im texanischen El Paso transportieren konnte. „Wir glauben nicht, dass er es schaffen wird", erklärten sie Ori Jean, die es einfach nicht glauben konnte. Dieser Junge stirbt nicht, dieser Junge rennt ständig herum, lacht und erzählt Witze, er stirbt nicht. Ein Hubschrauber landete. Jemand fuhr Ori Jean die 220 Kilometer nach El Paso – eine endlose Fahrt, kein Laut war zu hören außer dem Geräusch der Reifen auf dem Asphalt und ihren gemurmelten Gebeten. Mike befand sich noch im Operationssaal, als Ori Jean in El Paso eintraf. Sie wartete stundenlang. Die Ärzte rieten ihr, sich auf den Abschied von ihrem Sohn vorzubereiten. Schließlich überbrachte ein Chirurg die Nachricht. Sie hatten fünfhundert Stiche gebraucht, um Mike zusammenzuflicken. Seine Augen waren schwer geschädigt. Aber er würde überleben.

Mike blieb drei Monate lang im Krankenhaus, mit Ori Jean an seiner Seite. Durch seinen Schock bekam er gar nicht mit, dass er nicht mehr sehen konnte. Bill May gab sich die Schuld an dem Unfall. Bei dem Pulver im Glasbehälter hatte es sich um Kalziumkarbid gehandelt, eine

Chemikalie, die mit Wasser heftig reagiert und das explosive Gas Azetylen erzeugt. Hätte er doch nur die Garage ausgeräumt, als die Familie eingezogen war!

Die Ärzte erklärten Ori Jean, es könne ein Jahr dauern, bis Mike sich erholt habe. Und sie teilten ihr mit, dass er blind war. Zu Hause stellte sie für ihn ein Kinderbett in ihrem Zimmer auf; ständig redete sie mit ihm, streichelte ihn und versicherte ihm, wie glücklich sie alle seien. Sie wechselte täglich seine Verbände und las ihm stundenlang vor.

Ein Arzt empfahl Ori Jean, Mike in ein Blindenheim zu geben und dort ausbilden zu lassen. So pflegte man in den Fünzigerjahren mit blinden Kindern zu verfahren. Ori Jean jedoch wollte davon nichts wissen.

ORI JEAN JAMES war an abenteuerliche Verhältnisse gewöhnt. Ihre amerikanischen Eltern hatten 1922 Texas den Rücken gekehrt und waren nach Chile gegangen, wo ihr Vater Origen einen Viehhandel aufbaute. Als 1928 Ori Jean geboren wurde, war ihr Vater bereits wohlhabend, und die Chilenen hegten tiefe Bewunderung für ihn.

Origen James stürzte sich Hals über Kopf in die chilenische Kultur. Er tanzte die *Cueca* ebenso gewandt wie die Einheimischen, sprach hervorragend Spanisch und passte sich mit seiner Familie den Sitten des Ortes an. Wenn Ori Jeans Eltern sich für ihre Kinder etwas wünschten, dann den Drang, die Welt zu erforschen. Die Vorstellung, einfach nur vor sich hin zu leben, statt das Leben in vollen Zügen auszukosten, war im Haus der Familie James verpönt. Menschsein bedeutete neugierig zu sein.

Und Ori Jean war neugierig. Sie begleitete ihren Vater auf Campingfahrten über die Anden nach Argentinien, wo sie das zu den Lamas zählende Guanako schossen und sich mithilfe der Sterne orientierten.

Mit achtzehn kehrte Ori Jean in die Vereinigten Staaten zurück, um an der University of Texas zu studieren. Während eines Besuchs bei ihrer Schwester in Colorado lernte sie einen hochgewachsenen, gut aussehenden Studenten der Ingenieurswissenschaften kennen, der an der University of Colorado studierte. Bill May war bereits eine Anstellung beim staatlichen V2-Raketenprogramm zugesagt worden. Er studierte Industrietechnik.

Ori Jean und Bill verliebten sich und heirateten. 1957 hatte das Ehepaar drei Kinder, und die ganze Welt stand ihm offen.

MIKES KÖRPERLICHE WIEDERHERSTELLUNG brauchte fast ein Jahr. Als die Sozialarbeiterin zu Besuch kam, erklärte ihr Ori Jean, sie wolle Mike in die städtische Vorschule für Kinder im Alter zwischen vier und sechs Jahren schicken und ihn am normalen Leben teilnehmen lassen. Die Frau gab behutsam zu bedenken, dass Mike ja blind sei, und wollte wissen, an welche Tätigkeiten Ori Jean denke. „An alle", antwortete sie.

Zu Hause kletterte Mike aus seinem Bett und hinein in seine neue Welt. Sie erschien ihm nicht schwarz – an die Farbe Schwarz erinnerte er sich. Vielmehr sah sie nach nichts aus. Er kletterte auf Küchentische, zwängte sich durch Fenster, rannte Flure entlang, in denen Spielzeug verstreut lag, führte ein unablässiges Ballett aus Stolpern und Anecken auf und merkte es kaum, weil er so begierig darauf war, woanders hinzugelangen. Dass er nicht sehen konnte, störte Mike nicht; der Vierjährige akzeptierte sich einfach so, wie er war.

Die Vorschule wollte Mike nicht aufnehmen. Was, wenn er sich verletzte? Was, wenn er nicht mithalten konnte? Ori Jean erklärte ihnen, sie übernehme für alles die Verantwortung, solange sie nur zuließen, dass Mike versuchen durfte mitzumachen.

Am ersten Vorschultag setzte sie ihrem Sohn eine Sonnenbrille auf und packte ihm eine Tüte mit Pausenbroten ein. Die Brille war bereits Mikes zehnte; die anderen hatte er zerbrochen, weil er gegen Hindernisse gerannt war. Ori Jean schickte ihn und die fünfjährige Diane zur Bushaltestelle. Mike kletterte in den Bus, aber als er sich hinsetzen wollte, stand er falsch herum und plumpste auf den Boden. Einen Augenblick lang lag er benommen da. Als er den Sitzplatz fand, dachte er: Wenn ich sehen könnte, hätte ich bestimmt gewusst, in welche Richtung ich sitzen muss. Fünfzehn Monate waren seit seinem Unfall vergangen, und er hatte zum ersten Mal über Blindheit nachgedacht.

Beim Appell zu Beginn des Schultages forderte die Erzieherin die Kinder auf, sich mit dem Gesicht in Richtung Fahnenmast aufzustellen. Mike wollte fragen: „Wie muss ich da stehen?" Er schwieg aber und versuchte, sich an der Richtung der Stimmen zu orientieren. Auf der Toilette konnte er das Waschbecken nicht vom Urinbecken unterscheiden und pinkelte hinein. Im Schulhof lief er vor eine Schaukel mit wild schaukelnden Kindern. Ein Fuß knallte ihm gegen den Mund, und er fiel auf den Rücken. Er weinte nicht. Er dachte nur: Wo kam das jetzt her? Zu Hause hörte sich Ori Jean Mikes Schilderung seines ersten Tages in der Vorschule an. Das klinge ja alles toll, meinte sie.

Und er lief los. Alles, selbst der kleinste Zipfel der Welt, faszinierte ihn – wie sich ein Regenwurm anfühlt, die Rumpler unter dem Karton, in dem er und Diane „Berg-und-Tal-Bahn“ spielten und die Hänge hinunterschlitterten, das Sausen des Windes, wenn er beim Kickball, einer einfachen Form von Baseball für Kinder, das Spielfeld entlangraste. Aber um das alles kennen zu lernen, um sein Pensum vor dem Schlafengehen oder den Schulstunden oder den anderen Pflichtzeiten, die dem Kinderleben aufgezwungen werden, zu schaffen, musste er laufen.

Wenn ein Blinder läuft, begegnet er Millionen von Hindernissen. Mike stieß mit allen von ihnen zusammen. Im Laufe seines ersten Vorschuljahres hatte er so viele blaue Flecken und Schrammen, dass er einer wandelnden Malerpalette glich – und damit sah er genau so aus, wie Ori Jean ihn sich wünschte.

Dann brachte Ori Jean ihr viertes Kind, Patrick, zur Welt. Bill arbeitete weiter als Ingenieur und konstruierte Schienenstrecken für Bergwerke. Dass sein Vater einen Meter neunzig groß war und hundertzwanzig Kilo wog, wusste Mike auch, ohne dass es ihm jemand sagte – er konnte Bills Kraft und Größe spüren, wenn dieser ihn mit einer Hand am Hemd ergriff, hochhob und in schwindelerregender Höhe hin und her schwenkte. Außerdem verriet ihm das die Art und Weise, wie die tiefe Stimme seines Vaters von den Wänden widerhallte.

Um diese Zeit begann Ori Jean, sich Sorgen um die Trinkgewohnheiten ihres Mannes zu machen, wenngleich Bill versicherte, er habe kein Alkoholproblem.

Während Mike sich in der Vorschule bestens einlebte, stand Ori Jean vor einer schweren Entscheidung. Wie fast alle staatlichen Schulen im Land blieb auch die Schule von Silver City blinden Schülern verschlossen. Im folgenden Jahr würde Mike demnach in eine Blindenschule wechseln müssen. Für Ori Jean, die überzeugt war, dass in die Welt eintauchen musste, wer ein erfülltes Leben in ihr führen wollte, kam das nicht infrage. Sie fing an, sich zu erkundigen und herumzutelefonieren.

Die Palette an Möglichkeiten war dürftiger, als sie sich vorgestellt hatte. Wie Ori Jean herausfand, gab es nur ganz wenige staatliche Schulen, in denen Blinde und Sehende gemeinsam unterrichtet wurden. Die meisten befanden sich in Städten wie Chicago und Boston, aber eine war in einer kleinen Gemeinde namens Walnut Creek in Kalifornien; einer von Bills Freunden lebte dort. Ori Jean bot ihr Haus zum Verkauf an und bereitete alles für den Umzug nach Kalifornien vor.

DIE FAMILIE MAY kam im Sommer 1959 nach Walnut Creek. Ori Jean meldete Mike an der Buena-Vista-Grundschule an. Zu den sechshundert Schülern zählten etwa fünfzehn blinde Kinder. Ihnen war ein Lehrer als Betreuer zugeordnet, der ihnen bei praktischen Fragen half. Abgesehen davon wurden sie wie alle anderen Schüler behandelt. Der erste Tag war für Mike eine Offenbarung. Zum ersten Mal begegnete er anderen blinden Kindern. Und er lernte Nick Medina kennen.

Medina war der mit der Betreuung der Blinden betraute Lehrer. Wie er der Gruppe mitteilte, war seine Sehkraft so stark beeinträchtigt, dass er sich als Blinden betrachtete, wenngleich er ohne Blindenstock ging und sogar Auto fahren konnte. Er war erst 23 Jahre alt, aber er stellte gleich klare Regeln auf: Er erwarte von den Kindern, dass sie ihre Arbeit erledigten, und zwar gut. Entschuldigungen, Selbstmitleid und Wehleidigkeit werde er nicht dulden. Er werde sich für sie einsetzen, aber sie müssten sich das auch verdienen.

Ori Jean richtete das Haus für ihre vier Kinder ein und wies allen ihre Aufgaben zu. Mike war von keiner einzigen befreit. Er musste sein Zimmer aufräumen, im Garten mithelfen und den Müll raustragen. Wenn Marmelade von seinem Brot auf den Boden tropfte, war er gehalten, sie aufzuwischen. Diane jedoch fand, dass Mike bevorzugt wurde – warum müsse er nicht staubsaugen? Laut und vernehmlich erklärte ihr Ori Jean: „Das kann er wahrscheinlich nicht. Zum Staubsaugen muss man sehen können."

Mehr brauchte Mike nicht zu hören. Anfangs verliefen seine Bahnen in verrückten Kurven. Ori Jean sagte nichts – sie konnte erkennen, dass Mike nachdachte, während er saugte. Es dauerte nicht lange, da schob er den Staubsauger in einem Bewegungsmuster vor und zurück, das keine einzige Stelle ausließ. „Ich muss mich nur erinnern, welchen Weg ich gegangen bin, dann schaffe ich das", erklärte er seiner Mutter.

Manche häuslichen Verrichtungen gingen ihm weniger leicht von der Hand. Wenn er das Bett machte, fiel das Ergebnis ziemlich gewagt aus. Die Kleider, die er sich aussuchte, passten nicht zusammen und bissen sich in den Farben. Aber Ori Jean bewunderte die beherzte Art, wie er die Dinge anpackte.

Die Kinder in der Nachbarschaft wussten nicht, wie sie sich gegenüber einem blinden Kind verhalten sollten. „Er kann wirklich was", versicherte ihnen Diane; dennoch wurde er bei Mannschaftsspielen als Letzter gewählt. Als Schlagmann beim Baseball schlug er wild in der Gegend herum, er rannte gegen Bäume, und ständig fiel er hin. Aber wenn sie Verstecken spielten, schaffte er es rasch, die anderen Kinder zu finden, und blutete er, so machte ihm das nichts aus. Bald schon achteten die anderen kaum mehr darauf, wenn Mike mit seinem Skateboard gegen ein Hindernis krachte. Er spielte, und das taten sie auch.

Schon bald beschloss Mike, Fahrrad zu fahren. Er borgte sich Dianes Rad und trat in die Pedale. Das Rad begrub ihn unter sich. Mike versuchte es erneut. Er stürzte abermals. Zwei weitere Tage lang baute er einen Unfall nach dem anderen und pflasterte die Straße mit Hautfetzen, während Ori Jean ihm versicherte: „Es wird immer besser."

Ohne seinen Betreuer Medina wäre die Schule für Mike ein Kinderspiel gewesen. Einige Lehrer waren bereit, die blinden Schüler von manchen Aufgaben zu befreien, aber wenn Medina davon erfuhr, ging er dazwischen und zwang die Kinder, die Aufgaben trotzdem zu machen. Manche Kinder wollten wissen, warum ihm ihre Schularbeiten wichtig seien, wenn die eigenen Klassenlehrer so wenig Wert darauf legten. „Weil sie euch selbst wichtig sein sollen", erklärte Medina ihnen. Einige Eltern protestierten gegen diese Haltung – sie fanden, ein Betreuer dürfe Kinder, die bereits so schwer geprüft seien, nicht noch zusätzlich unter Druck setzen. Ori Jean aber war mit Medina einer Meinung.

Mike mochte die anderen blinden Schüler. Sie waren in gewisser Weise wie eine Familie. Aber verstehen konnte er sie nicht unbedingt. Viele aßen lieber drinnen ihre Pausenbrote, als mit den Kindern, die sehen konnten, auf den Spielplatz zu gehen – wie war es möglich, dass sie sich nicht Bewegung verschaffen wollten? Und einige hatten sich in ihrem ganzen Leben noch nicht einmal verlaufen!

Auch wenn Ori Jean mit ihrer Erziehung Mike dazu bringen wollte, seine Blindheit zu akzeptieren, hatte sie doch die Hoffnung auf eine Wiederherstellung seines Sehvermögens nicht aufgegeben. Sie zog Erkundigungen über Augenärzte ein und tat den vielleicht weltweit besten, Dr. Max Fine, auf, der kaum vierzig Kilometer entfernt in San Francisco praktizierte. Während Mikes Grundschulzeit führte Fine drei Hornhautverpflanzungen in seinem rechten Auge durch (das linke Auge war für den Versuch zu stark geschädigt). Alle drei Versuche schlugen fehl. Als Fine nach der letzten Operation Ori Jean erklärte, dass sich definitiv nichts mehr tun ließ, akzeptierte sie das. Wenigstens war das ewige Hin und Her zwischen Hoffnung und Enttäuschung für sie vorbei.

Im Jahr 1962, Mike war neun Jahre alt, kam es im Hause May zunehmend zu Spannungen. Mikes Mutter brachte ein fünftes Kind zur Welt, ein Mädchen namens Margie, was die Anforderungen an ihren ohnehin bereits hektischen Alltag noch vergrößerte. Bills Trunksucht begann zu einem echten Problem zu werden. Er verlor eine Arbeitsstelle nach der anderen und konnte die Familie nicht mehr unterhalten. Zwischen ihm und Ori Jean kam es zu Streitereien.

Mike konnte spüren, wie sein Vater sich von ihnen entfernte. Das war nicht mehr der Mann, der ihr geheimes Verständigungssystem beim Gehen erfunden hatte: ein deutlicher Druck an einer Stelle der Handfläche zeigte, dass es einen Bordstein hinauf-, an einer anderen, dass es hinunterging. Diese Hilfe hatte es Mike erlaubt, unbekümmert voranzuschreiten, aber das Beste daran war, dass sie von Vaters starker Hand kam. Auch als Bills Trunksucht schlimmer wurde und seine Familie in finanzielle Probleme brachte, war Mike klar, dass er seinen Vater immer noch liebte, weil er nach wie vor liebend gern an seiner Hand ging.

Bill kam weiter betrunken nach Hause, manchmal um sieben Uhr morgens mit Lippenstiftspuren am Hemdkragen. Da Ori Jean fürchtete, er könne die Kinder mit seinem Auto anfahren, rief sie die Polizei und ließ ihn ins Napa State Hospital einweisen, eine psychiatrische Anstalt. Es war die erste von mehreren Zwangseinweisungen mit monatelangem Aufenthalt. Ori Jean besuchte ihn jedes Wochenende mit den Kindern.

Während Mike die Grundschule durchlief, fand er fast alles faszinierend und musste alles erforschen. In der vierten Klasse meldete er sich für den Schülerlotsenkurs und trat mit den übrigen Lotsen in spe zum Lehrgang an. Erst nach einer halben Stunde Unterricht bekam der Lehrer mit, was los war, und nahm ihn beiseite, um ihm klarzumachen, dass ein Mensch sehen können müsse, wenn er Kindern über die Straße helfen wolle. Die gleiche Mitteilung erhielt auch Medina, Mikes Betreuer. Medina fragte Mike, was sie seiner Meinung nach tun sollten. Mike erklärte Medina, er sei sich sicher, dass er ein guter Schülerlotse werden könne. Medina forderte Mike auf, zum Rektor zu gehen und seinen Fall dort vorzutragen; er werde ihn in der Angelegenheit unterstützen.

Der Direktor verstand kaum, was Mike wollte – was, bitte schön, wolle er tun? Mike trug vor, wie er sich die Sache dachte: Er werde genauso horchen, ob Autos kämen, wie er das tue, wenn er selbst die Straße überquere. „Die Autos muss man sehen können; es reicht nicht, sie zu hören", meinte der Rektor. „Es geht nicht. Tut mir leid."

Medina schaltete sich ein. Er machte geltend, dass ja in der Zeit des

Lotsendienstes auch Lehrer zugegen seien. Und über Mike sagte er: „Ich kenne den Jungen, der schafft das."

Die Schule rief Ori Jean an und informierte sie über Mikes verrückten Einfall. Ihr komme er gar nicht verrückt vor, erwiderte sie. Nach ein paar Tagen und zahlreichen Sitzungen übergab der Rektor Mike eine Weste mit einem Leuchtdreieck vorne darauf. Am folgenden Montag hob er bereits ein Stoppsignal und geleitete Kinder über die Straße.

Kurz vor dem Ende der Grundschule bat Mike seine Mutter, ihn mit dem Fahrrad nach Walnut Creek hineinfahren zu lassen. Das war eine fast fünf Kilometer lange Strecke auf einer Straße. Ihr schossen Bilder durch den Kopf von Krankenwagen mit Blaulicht und blutenden Köpfen. Ihr ganzer mütterlicher Instinkt sträubte sich.

„Du musst unbedingt auf der rechten Straßenseite bleiben", hörte sie sich sagen. „Wenn du ein Auto oder einen Lastwagen hörst, halt einfach an und fahr rechts ran. Wenn es zu schwierig wird, hab keine Bedenken, umzukehren und zurückzukommen. Und hab keine Angst davor, Angst zu haben – es ist wichtig, dass du erkennst, wann du Angst hast."

Ori Jean war sich im Klaren darüber, dass Mike nicht umkehren würde. Von der Auffahrt ihres Hauses aus sah sie zu, wie er losfuhr.

Eine Stunde verging. Zwei Stunden. Da konnte etwas nicht stimmen. Ori Jean saugte im Wohnzimmer Staub; dann saugte sie ein zweites Mal. Nach drei Stunden kam Mike durch die Tür spaziert. „Hallo Mama", sagte er und ging nach oben, um sich fürs Abendessen frisch zu machen. Sie fragte ihn nie, wie seine Fahrt verlaufen war – sie wollte keine große Geschichte daraus machen.

Seit seinem siebten Lebensjahr nahm Mike fünfzig Wochen im Jahr an der Welt der Sehenden teil. Für die restlichen zwei Wochen schickte Ori Jean ihn ins Land der Blinden.

Eingebettet in die Napa-Vorberge lag das Sommerlager Enchanted Hills, das Sehbehinderten vorbehalten war. Die Lagerbewohner wurden zur Selbstständigkeit angehalten: Die Kinder konnten wandern, rudern, im Freien zelten, auf Entdeckungsreise gehen, sich sogar verirren. Ori Jean hatte die Einrichtung 1961 entdeckt und Mike sofort angemeldet. Für Mike war das Lager seitdem eine zweite Heimat.

Im Sommer, bevor er auf die Highschool kam, fing Mike in Enchanted Hills an, Sachen zu machen, die sich die meisten Lagerbewohner nicht zugetraut hätten. Er ritt auf einem Pferd in Gegenden, die noch niemand erkundet hatte, und wanderte abseits der üblichen Pfade durch unwegsames Gelände. Den Betreuern legte er einen Plan vor, demzufolge er auf bekannten Wegen vom Lager wegwandern und dann auf kürzester Strecke durch Schluchten und Bachtäler zurückkehren wollte. Die Betreuer untersagten ihm das, aber keiner zweifelte daran, dass Mike sich das zugetraut hätte.

Zum Ende des Sommers wechselten Mike und die anderen blinden Schüler von der Buena-Vista-Grundschule in das Park-Mead-Unterstufenzentrum. Nick Medina ging mit ihnen. Das bedeutete, dass auch die nächsten beiden Jahre Wehleidigkeit nicht angesagt war. Mike empfand das als Glücksfall. Es gefiel ihm, wenn Medina sagte: „Hätte ich dich nicht in den Hintern getreten, hättest du keine Eins gekriegt." Und er fand es toll, wenn Medina zu ihm sagte: „Ich mag dich, Mike."

Mit Mathematik und Naturwissenschaften konnte Mike am meisten anfangen, auch wenn er in all seinen Fächern Einsen und Zweien bekam. Im Unterricht blieb er schüchtern und still. Um sich Notizen zu machen oder Referate zu schreiben, benutzte er eine Braille-Schreibmaschine, die mittels Nadeln Blindenschrift in das Papier stanzte. Wenn Mike die Flure entlangging, baumelte das fünf Kilo schwere Gerät aus Stahl an seinem Arm wild hin und her. Die sehenden Kinder lernten rasch, aus dem Weg zu gehen, wenn sie ihn kommen sahen.

Am besten aber gefiel es Mike all die Schuljahre hindurch auf dem Spielplatz. Es machte ihm nichts aus, wenn er gegen Pfähle, Zäune und Klassenkameraden rannte. Die Kinder staunten, dass er so furchtlos voranpreschte, obwohl er doch wissen musste, dass der nächste Zusammenprall nur eine Frage der Zeit war. Aber Mike hatte alles, was ihm passieren konnte, schon durchgemacht, und verglichen mit dem Hochgefühl, das ihm das Rennen bereitete, erschien es ihm nicht weiter schlimm.

DIE FÜNF KINDER der Familie May waren 1965 bereits bestens geübt darin, sich um sich selbst zu kümmern. Weil es mit Bills Trinkerei immer schlimmer wurde, trat Ori Jean eine Vollzeitstelle als Lehrerin für Spanisch in einer Vorstadtschule in Oakland an, um die Familie zu ernähren. An Wochentagen verließ sie frühmorgens das Haus, um zum Unterricht zu fahren, während Bill, der die Phasen seiner Arbeitslosigkeit mit Sauftouren überbrückte, seinen Rausch ausschlief. Diane und Mike versorgten ihre jüngeren Geschwister, putzten das Haus und bereiteten die Mahlzeiten. Zu Mikes Spezialitäten zählten Schmortöpfe, Spaghetti und Tacos.

Mikes Geschwister wussten, wie man einem Bruder, der nicht sehen konnte, am besten Streiche spielt. Sie brachten seine blauen und roten Socken durcheinander, sodass er mit ungleichen Paaren in die Schule kam, oder setzten ihm Hundefutter vor und behaupteten, es handle sich um Frühstücksflocken. Sie übertrafen sich in der Kunst, heimlich ihren Rosenkohl auf Mikes Teller zu verfrachten und beim Nachtisch Teile seines Kuchenstücks zu stibitzen. Beim Monopoly gaben sie ihm kleine statt großer Scheine, wenn er über Los ging. Bald entwickelte Mike Gegenstrategien, indem er etwa Buch darüber führte, was sich auf seinem Teller befunden hatte, oder beim Hundefutter um einen Nachschlag bat.

Als sich 1967 Mikes Zeit im Unterstufenzentrum dem Ende zuneigte, war Bill wieder arbeitslos und trank mehr denn je. Manchmal kam er gar nicht heim. Der Gemeindepfarrer drängte Ori Jean, sich scheiden zu lassen. Sie unternahm vier Anläufe, hielt aber nicht durch.

Jeder dieser fehlgeschlagenen Versuche erhöhte Bills Reizbarkeit. Eines Abends drohte er Ori Jean Schläge an. Mike rannte ins Zimmer, trat zwischen seine Eltern und ging in Boxerstellung mit erhobenen Fäusten. „Wag es nicht, meine Mutter zu schlagen!“, schrie er.

Die Szene erschütterte Bill. Er trat den Rückzug an und ging aus dem Zimmer. Ori Jean warf ihn aus dem Haus und reichte ein paar Tage später endgültig die Scheidung ein. Sie war 39 Jahre alt und Mutter von fünf Kindern im Alter zwischen fünf und fünfzehn Jahren.

In den Monaten nach Bills Auszug dachte Mike viel über seine Mutter nach, darüber, wie sie ihre Kinder zu vier verschiedenen Schulen fuhr, wie sie es schaffte, die Mittel für seinen Aufenthalt im Ferienlager aufzutreiben, wie sie das Haus sauber hielt, auch wenn sie das, wie er hören konnte, unter Tränen tat. Wie tapfer sie ist!, dachte er.

NACH DEM ABSCHLUSS der Unterstufe erklärte Mike seine Absicht, an die staatliche Highschool des Ortes zu wechseln. Die Las Lomas High School nahm indes keine blinden Schüler auf.

Ori Jean richtete ein Gesuch an die Schule. Erst zwei Jahre später wurde der gemeinsame Unterricht von behinderten und nicht behinderten Kindern gesetzlich festgeschrieben, und deshalb stand es der Schulverwaltung frei, ihr Gesuch abzulehnen, was auch geschah. Ori Jean lavierte, schmeichelte, umwarb, drohte, sprach mit Anwälten. Ende September war Mike aufgenommen. Außer ihm gab es an der Schule keinen einzigen anderen blinden Schüler.

Fächer wie Geometrie und Geografie erwiesen sich als besonders schwer zu meistern, aber Mike schaffte seine üblichen Einsen und Zweien. Er trieb sich mit seinen alten Freunden aus der Nachbarschaft herum und schloss neue Freundschaften mit Schulkameraden. Doch so aufregend dies alles für ihn war, es war nichts im Vergleich zu einem noch nie da gewesenen Gefühlssturm, der ihn plötzlich ergriffen hatte.

Mädchen. Quasi über Nacht wurde er gepackt von dem Geheimnis und den Versprechungen, die der weibliche Körper im männlichen Gehirn auszulösen vermag. Der Duft frisch gewaschenen Haars, der ihn im Flur anwehte, eine leichte Berührung, wenn ein Mädchen die Hand ausstreckte, um einen Prüfungsbogen abzugeben – fast pausenlos fühlte er sich plötzlich mit Weiblichkeit konfrontiert. In seinem ersten Jahr konnte Mike kaum einen Gedanken fassen, der nicht mit weiblichen Rundungen zu tun hatte. Er sehnte sich danach, eine Frau berühren zu können, nicht nur wegen der Lust, die das mit Sicherheit bereiten würde, sondern auch, weil für ihn die Beschaffenheit der Welt so wesentlich vom Tastsinn abhing. Ohne Berührung blieben die Dinge bloße Vorstellungen.

Mike lauschte intensiv, wenn sich seine Freunde über Mädchen unterhielten, und ließ sich diejenigen, die ihn faszinierten, ausführlich beschreiben. Seine Freunde leisteten gründliche Arbeit: Körperbau, Haare, Beine, Gang, Gesicht – alles kam zur Sprache. Und auch wenn es ihren Schilderungen an Detailgenauigkeit fehlte, war doch ihre grenzenlose Bewunderung unüberhörbar – für blinde Augen die anschaulichste Form der Schilderung.

MIKES JAHRE in der Unterstufe verflogen geradezu. Zu Hause sorgten die Kinder für sich selbst, während Ori Jean ein Hochschulexamen abschloss und eine Vollzeitstelle als Fachberaterin an einer Highschool antrat.

Ein Freund aus der Nachbarschaft überzeugte Mike, sich der Ringermannschaft an der Schule anzuschließen. Sein Trainer förderte ihn in physischer ebenso wie in emotionaler Hinsicht, und als Mike das Abschlussjahr erreichte, war er 1,86 Meter groß, wog 68 Kilo und beendete die Hälfte seiner Kämpfe siegreich, fast in allen Fällen dank Strategie und Stehvermögen.

Wenn Mike nicht an Mädchen dachte oder mit Ringkampf beschäftigt war, tummelte er sich in der Ionosphäre. Seit Rob Reis, ein Freund aus einem Elektronikkurs, ihm erklärt hatte, wie man mittels eines Kastens voller Röhren und Drähte, eines Mikrofons und einer Außenantenne mit Leuten überall in der Welt Gespräche führen konnte, war er ein begeisterter Amateurfunker. Seine Unterhaltungen mit Menschen in Afghanistan, London oder Vietnam faszinierten ihn. Aber was ihn vor allem reizte, war die Vorstellung, ganz allein auf Entdeckungsreise zu gehen. Sobald er begriffen hatte, dass er auf diese Weise Zugang zu neuen Welten erlangte, die sonst unerreichbar weit weg waren, setzte er alles daran, diese Chance wahrzunehmen.

Eines Tages fuhren Mike und Rob Reis nach Santa Cruz, um einen passionierten Amateurfunker aufzusuchen, von dem es hieß, er besitze einen knapp sechzig Meter hohen Mast in den Bergen. Der Mann erklärte den Jungen, sie dürften sein Funkgerät gern benutzen, aber ein Antennenarm oben auf dem Mast habe eine Justierung nötig. Mike bot sich an, die Aufgabe zu übernehmen. Er kletterte ohne Sicherung in den Wind hinaus und war Schwingungsausschlägen von einem Meter in sämtliche Richtungen ausgesetzt, während er zehn, dreißig, fünfzig Meter hinaufstieg – etwa die Höhe eines fünfzehnstöckigen Gebäudes. Oben justierte er den 22 Meter langen Antennenarm, während der Wind den Mast wie ein Pendel schwingen ließ. Er fürchtete sich zu Tode, aber gleichzeitig musste er an die vielen Orte denken, die er erreichen konnte, wenn die Strebe erst in die richtige Position gebracht war.

Zu Hause verkündete Mike seine Absicht, eine eigene, dreißig Meter hohe Antenne zu errichten. Während Ori Jean zusah, wie Mike den ersten drei Meter hohen Abschnitt aufstellte und dann den zweiten, bemühte sie sich, die unzähligen Schreckensszenen zu ignorieren, die ihr durch den Kopf gingen. Als er in zehn Meter Höhe herumschwankte, hielt sie es nicht länger aus. „Ich muss hier weg!“, rief sie Mike zu. „Ich kann nicht mehr mitansehen, wie du immer höher steigst.“ Ori Jean stieg in ihr Auto und fuhr fort. Als sie nach Hause zurückkam, stand ein dreißig Meter hoher Sendemast auf ihrem Grundstück, und in ihrer Garage sprach ein Halbwüchsiger ins Mikrofon: „Hier ist WB6ABK. Hört mich jemand?“

Beim Eintritt in sein 18. Lebensjahr wusste Mike bereits, was er die nächsten vier Jahre tun würde. Er und sein Freund Rob Reis wollten an der University of California-Davis, ungefähr eine Stunde Autofahrt von Walnut Creek entfernt, Elektrotechnik studieren. Blinde Elektroingenieure waren eine Seltenheit – einer der Gründe, warum er das Fach studieren wollte.

Dass er jetzt in der höchsten Klasse der Highschool war, brachte Mike in Liebesdingen kaum weiter. Seinen Freunden ging es in dieser Hinsicht nicht viel besser, aber sie hatten ihm etwas Unschätzbares voraus – sie konnten Auto fahren. Mike brauchte nicht lange, um zu begreifen, in wie vielen Hinsichten ein Auto Freiheit verlieh.

Eines Tages bewunderte Mike Dianes nagelneuen Datsun 510, der in der Auffahrt stand; Diane hatte ihn auf Ratenzahlung gekauft und stotterte monatlich 57,59 Dollar ab. Er war ihr Ein und Alles. Er stand mit dem Kühler zur Straße. Mike hatte nur einen Gedanken: Ich muss hinters Steuer.

Er stieg in den Wagen, kurbelte das Fenster herunter, um hören zu können, wohin er fuhr, und drehte den Zündschlüssel um. Der Motor, der leise brummelte, wenn Mike mit Diane fuhr, brüllte nun, da Mike hinter dem Lenkrad saß, so laut, dass ganz Walnut Creek davon widerhallte. Er löste die Handbremse, legte den Gang ein und rollte aus der Ausfahrt. Er hatte den Raum bereits millionenfach durchmessen – mit dem Fahrrad, auf dem Skateboard, auf Rollerskates, mit vollem Karacho –, aber plötzlich kam ihm die Biegung um neunzig Grad völlig fremd vor. Mike schlingerte, das Herz in der Hose, durch die Kurve und fuhr weiter, während er lauschte, ob Reifen sich an Bordsteinen rieben oder ob – was der Himmel verhüten mochte! – Autos entgegenkamen. Er hatte keine Ahnung, wie er zurückkommen sollte, wusste nur, dass er weiterfahren musste. Er trat aufs Gas, und der Wagen gewann an Fahrt. Auf halber Strecke die Straße hinauf würgte er das Auto ab und hörte nichts mehr als den Widerhall seines schweren Atems.

Als er Diane fand, entschuldigte er sich, dass er mitten auf der Straße geparkt habe, und erzählte ihr, ihm sei die Strecke endlos vorgekommen.

Kapitel drei

Während sich die Temperaturen im August der 40-Grad-Marke näherten, legte Mike May letzte Hand an sein Geschäftsvorhaben. Zwischen Großstädten hin und her jettend, sicherte er sich die gewichtige finanzielle Beteiligung eines Geschäftsmannes und warb einen Spitzenprogrammierer an, der dem Navigationsprogramm den letzten Schliff geben sollte. Er ließ sein Unternehmen ins kalifornische Handelsregister eintragen, nahm Vertreter unter Vertrag und stellte einen Büroleiter ein. Als es um einen Namen für sein Unternehmen ging, suchte er nach einem Wort, das auf den Punkt brachte, was sein Produkt blinden Menschen zu bieten hatte – die Fähigkeit, ohne fremde Hilfe seinen Weg zu finden. Er entschied sich für Sendero, das spanische Wort für „Pfad".

Das Geschäft nahm ihn rund um die Uhr in Anspruch: Die Haftpflichtversicherung war zu teuer; der Einzelhandelspreis für das Gerät in Höhe von 3500 Dollar blieb ein Vertriebshindernis, das Programm hatte noch immer Macken. Wenn er Zeit fand, sich mit anderem zu beschäftigen, entwarf er neue Spielübungen für Wyndhams Fußballteam oder dachte sich weitere Kapitel der Fortsetzungsgeschichte aus, die er Carson vor dem Schlafengehen erzählte. Das Angebot, das ihm Dr. Goodman vor sechs Monaten gemacht hatte, schien Lichtjahre her.

Mikes Familie war ebenfalls sehr beschäftigt. Während Carson und Wyndham sich rastlos von einer Aktivität in die andere stürzten, stapelten sich bei Jennifer die Farbproben, und Kunden, die wegen Innendekorationsfragen zu ihr kamen, gaben sich die Klinke in die Hand. Früher hatten Jennifers Kundengespräche für Mike nichts als ein bloßes Hintergrundgeräusch gebildet, aber in letzter Zeit ertappte er sich dabei, wie er zuhörte. Er registrierte es, wenn sie ein Tapetenmuster als „unruhig" beschrieb.

Und er hörte auch sonst zu. Eines Tages sprach jemand beim Abendessen über den Dampf, der von einem Teller Spaghetti aufstieg, und meinte, man könne „direkt durch ihn durchsehen". Der Gedanke faszinierte Mike, auch wenn er der Ansicht war, das Phänomen Dampf schon sein Leben lang zu kennen.

Der August war sogar noch ausgefüllter mit Arbeit. Deshalb wunderte er sich über sich selbst, als er eines Morgens zum Telefon griff, um die medizinische Abteilung der University of California-Davis anzurufen. „Ich rufe an, um zu fragen, ob Sie oder die Ärzte dort etwas über eine neuartige Operationstechnik der Stammzellentransplantation wissen, die imstande sein soll, Blinden die Sehkraft wiederzugeben."

„Stammzellen?", kam es zurück. „Da müssen wir Sie zurückrufen."

Als der Rückruf kam, wurde ihm erklärt, niemand in der Abteilung habe jemals von irgendeiner Stammzellenoperationstechnik gehört.

Mike rief in der Stanford University an. Gleiche Antwort. Er versuchte es bei angesehenen Augenkliniken an der Ostküste. Nichts.

Mitte August bat Mike seine Sekretärin, Kim Burgess, ihm bei einer Suche im Internet zu helfen. Das sprachgekoppelte Programm zum Lesen des Bildschirms, über das sein Computer verfügte, funktionierte gut, solange es um Textverarbeitung oder die Arbeit mit Kalkulationstabellen ging; mit der Entzifferung komplexer Webseiten hingegen war es überfordert. Er suche Informationen über Stammzellenchirurgie in Bezug auf die Augen.

Gleichzeitig richtete er eine Anfrage an ein Informationsnetz im Internet, das sich mit dem Thema Blindheit befasste, und erkundigte sich, ob jemand Kenntnis von einem solchen Verfahren habe. Jennifer erklärte er, dass er nicht mit einem positiven Ergebnis rechne – wenn selbst die klugen Köpfe an den Universitäten, die er kontaktiert hatte, ebenso wenig darüber wüssten wie damals Dr. Fine, dann sei nicht zu erwarten, dass er von sich aus etwas in Erfahrung bringe.

Es dauerte nicht lange, da tauchten die ersten spärlichen Informationen auf. Wie es den Anschein hatte, gab es tatsächlich ein Operationsverfahren für die Augen, bei dem Stammzellen eine Rolle spielten – es lief unter dem Namen „hornhautepitheliale Stammzellentransplantation".

Als Mike diese Begriffe im Web und bei seinen Recherchen verwendete, flossen die Informationen reichlicher. Das Verfahren kam ausschließlich für ganz besondere Fälle infrage – zu denen chemische Verbrennungen zählten. Es war erst kürzlich entwickelt und noch selten angewandt worden, weltweit bislang weniger als vierhundert Mal. Falls erfolgreich, konnte es Blinden das Augenlicht wiedergeben – selbst solchen, denen man versichert hatte, sie würden nie wieder sehen können.

Mike teilte Jennifer mit, was er herausgefunden hatte. „Die Stammzellenchirurgie ist wirklich interessant", meinte er zu Jennifer. „Ich wüsste gern mehr darüber. Trotzdem glaube ich nach wie vor nicht, dass sich mein Leben dadurch ändern würde. Aber ich muss einräumen, es scheint so etwas wirklich zu geben."

Das Sehen beginnt bei der Hornhaut. Wenn das Licht ins Auge eintritt, passiert es zuerst die Hornhaut, eine durchsichtige, kreisförmige Schicht, die einen Millimeter dick ist und die Vorderseite des Auges bildet. Die Hornhaut ist farblos, aber erfüllt eine entscheidende Funktion – sie lässt das Licht eindringen und erledigt den größten Teil der Fokussierarbeit. Die Hornhaut darf sich nicht eintrüben, sonst wird das Sehen so, als versuchte man, durch eine beschlagene Duschkabinentür zu blicken.

Aber wie wird die Hornhaut sauber gehalten? Wie die Forschung herausgefunden hat, besitzt der Körper seine eigene Methode, für die Sauberkeit der Hornhaut zu sorgen. Es beginnt mit der Existenz bestimmter Zellen, die man als Stammzellen des Hornhautepithels bezeichnet. (Dabei handelt es sich nicht um die umstrittenen Stammzellen, die man aus Embryonen oder Föten gewinnt, sondern vielmehr um Zellen, die jeder Mensch sein Leben lang besitzt.) Diese Stammzellen sitzen entlang den Rändern der Hornhaut. Stellt man sich die Hornhaut als eine Art rundes Fenster vor, dann leben die Stammzellen – von denen es etwa tausend gibt – in dem Bereich, wo sich der Fensterrahmen befände. Die Stammzellen produzieren Millionen von Tochterzellen, deren einzige Aufgabe darin besteht, in Richtung des Augenzentrums zu wandern und die Hornhaut mit einer durchsichtigen Schutzschicht zu bedecken.

Die Schutzschicht der Tochterzellen bildet das Hauptabwehrmittel der Hornhaut gegen Schmutz, Kratzer, Bakterien und Infektionen. Sie verhindert auch, dass Blutgefäße und Zellen aus dem weißen Teil des Auges (der so genannten Bindehaut) die Hornhaut überwuchern. Die Schutzschicht selbst kann verschmutzen, aber alle paar Tage fallen die Tochterzellen, aus denen sie besteht, ab und werden durch neue ersetzt, wodurch die ständige Frische und Klarheit der Schicht gewährleistet wird. Die Stammzellen an den Rändern der Hornhaut produzieren unermüdlich neue Tochterzellen – das ganze Leben eines Menschen hindurch.

Was aber passiert, wenn diese Stammzellen zerstört werden? In diesem Fall können sie keine Tochterzellen mehr produzieren. Bald schon überwuchern Blutgefäße und Zellen der Bindehaut die Hornhaut, verschleiern sie und lassen sie schließlich undurchsichtig werden. Das Licht kann die Hornhaut nicht mehr auf seinem Weg zu Pupille, Iris, Linse und Netzhaut passieren. Das bedeutet, der Betreffende ist blind. Eine chemische Explosion – wie diejenige, deren Opfer Mike wurde – kann die Stammzellen des Hornhautepithels im Nu zerstören.

Vor 1964 wusste die Wissenschaft noch kaum etwas von der Bedeutung, die den Rändern der Hornhaut für deren Reinhaltung zukommt. Und sie wusste definitiv noch nichts von der Existenz der hornhautepithelialen Stammzellen. Wenn die Chirurgen es mit einer überwucherten Hornhaut zu tun hatten, dann entfernten sie diese und ersetzten sie durch die Hornhaut eines Spenders. Das funktionierte meistens, weil der Patient in der Regel immer noch über Stammzellen an den Rändern verfügte, die imstande waren, die schützenden Tochterzellen zu produzieren. Verfügte der Patient hingegen über keine Stammzellen mehr, dann versagte die Methode. Die Augenchirurgen hielten die Abstoßung der Spenderhornhaut durch den Körper für die Ursache des Scheiterns. Dass der Mangel an Stammzellen beim Patienten schuld am Versagen der Spenderhornhaut war, auf diesen Gedanken kamen sie nicht.

Im Jahr 1964 wandte ein kolumbianischer Augenarzt namens José Barraquer bei einem seiner Patienten, der eine chemisch bedingte Verletzung eines Auges erlitten hatte, eine neue Behandlungsmethode an. Er transplantierte ein Stück vom Rand der Hornhaut des gesunden Auges auf den Rand des verletzten Auges. Die Sehkraft des Patienten verbesserte sich. Der Wissenschaft wurde nun klar, dass die Ränder der Hornhaut auf irgendeine Weise wichtig für die Gesundheit der Hornhaut waren. Ende der Siebzigerjahre verfeinerte Dr. Richard Thoft in Pittsburgh Barraquers Technik und fing außerdem an, die Ränder der Hornhäute von verstorbenen Spendern auf Patienten zu verpflanzen. Aber erst 1989 ermöglichten die Forschungen der Ärzte Kenneth Kenyon und Scheffer Tseng, die Rolle der hornhautepithelialen Stammzellen vollkommen zu verstehen und daraus die beste Methode zu entwickeln, sie zu verpflanzen – was zwei chirurgische Eingriffe und viel technisches Geschick aufseiten des Operateurs erforderte.

Stirbt ein Spender, so werden ihm die Augäpfel entnommen, in eine Konservierungsflüssigkeit gelegt und anschließend an eine Augenbank geschickt. Dort werden die Hornhäute sowie die umgebenden Stammzellenregionen vom Auge abgelöst und in die Konservierungsflüssigkeit zurückgelegt. Dann gehen sie an einen Chirurgen, damit er sie transplantiert – was innerhalb von fünf Tagen nach dem Tod des Spenders geschehen sollte. (Die Operateure verwenden vorzugsweise Hornhäute und Stammzellenregionen von Spendern, die beim Tod nicht älter als fünfzig Jahre waren.)

Der erste Eingriff dient der Transplantation der Stammzellen des Spenders. Der Patient wird unter Vollnarkose gesetzt, dann schabt der Operateur alle Zellen und Blutgefäße der Bindehaut ab, die sich auf der Hornhaut des Patienten angesiedelt haben. Allein das erfordert schon außergewöhnliches Können, aber der schwierigste Teil kommt erst noch.

Den Patienten lässt man weiter schlafen, während die Hornhaut des

Spenders mit dem umgebenden Stammzellenkringel unter ein bereitstehendes Mikroskop gelegt wird. Dann schneidet der Operateur den Mittelteil der Spenderhornhaut aus, sodass nur der Kringel mit den Stammzellen übrig bleibt. Seine Aufgabe ist es nun, diesen Kringel so auf die patienteneigene Hornhaut zu legen, dass diese mit einem neuen Vorrat an Stammzellen versorgt ist.

In dem Zustand, in dem er sich befindet, ist der Kringel indes zu dick für eine Transplantation. Immer noch mithilfe des Mikroskops macht der Operateur den Kringel dünner, indem er ihn von unten her abschabt und seine Stärke von einem Millimeter auf ein Drittel Millimeter reduziert – und dies, ohne die Stammzellen auf der Oberseite des Kringels zu beschädigen. Nachdem der Stammzellenring verdünnt ist, platziert ihn der Operateur auf der Hornhaut des Patienten und vernäht ihn. Der ganze Vorgang nimmt einen Zeitraum von anderthalb bis zwei Stunden in Anspruch.

Die Stammzellentransplantation als solche schafft kein Sehvermögen, weil die vorhandene Hornhaut durch ihre Überwucherung mit Zellen und Blutgefäßen zu stark geschädigt ist und nicht mehr richtig funktioniert. Der Patient braucht eine neue Hornhaut, aber ehe er die bekommen kann, muss man seinen neuen Stammzellen Gelegenheit geben, Wellen von neuen Tochterzellen zu produzieren, die den Weg zur Hornhaut frei machen.

Die Tochterzellen brauchen dafür ungefähr vier Monate. Hat der Operateur festgestellt, dass dies geschehen ist, entfernt er die geschädigte Hornhaut des Patienten und ersetzt sie durch die gesunde Hornhaut eines zweiten Spenders. Falls alles glattgeht, wird die neue Hornhaut durch die neuen Stammzellen und die von ihnen produzierten Tochterzellen geschützt. Und das kann bedeuten, dass sich das Sehvermögen dauerhaft wiederherstellt.

Im Jahre 1999 hatten erst fünfzehn bis zwanzig Chirurgen in den Vereinigten Staaten Transplantationen von Stammzellen des Hornhautepithels durchgeführt.

ENDE AUGUST erstreckte sich Mikes Arbeitstag von Morgengrauen bis Mitternacht. Das hinderte ihn freilich nicht, in seinen freien Minuten weitere Nachforschungen anzustellen. Er rief Augenärzte an, um sich zu erkundigen, ob sie schon hornhautepitheliale Stammzellentransplantationen durchgeführt hatten. Er fand keinen einzigen Arzt, der eine

Operation dieser Art durchgeführt hatte. Er holte Informationen über Dr. Goodmans Ruf ein und stellte fest, dass der Mann landesweit hohe Achtung genoss.

Eines Abends eröffnete Mike Jennifer, er denke daran, sich einen Termin geben zu lassen für den B-Scan, die Ultraschalluntersuchung des Augenhintergrunds, um festzustellen, ob gute Voraussetzungen für einen operativen Eingriff bestehen.

„Das klingt vernünftig", meinte Jennifer. „Das ist ja noch keine Entscheidung für die Operation, sondern dient erst einmal nur dazu herauszufinden, was Sache ist."

Am nächsten Tag rief Mike in Dr. Goodmans Praxis an und bat um einen Termin für den B-Scan. Er wurde an einen in San Francisco ansässigen Facharzt für Ultraschalluntersuchungen des Auges verwiesen, dessen Befund Dr. Goodman dann anschließend interpretieren würde. Für dieses Gespräch mit Dr. Goodman gab die Sprechstundenhilfe Mike einen Termin am 23. September. Er rief den Ultraschallspezialisten an und ließ sich auch dort einen Termin geben.

Am Nachmittag des 9. September 1999 ging Mike mit seinem Blindenhund Josh zum Busbahnhof des Ortes, bestieg einen Schnellbus zur Vallejo-Fähre, fuhr mit dem Schiff zum Ferry Building in San Francisco und ließ sich von einem Taxi zu seinem Arzttermin bringen.

Der Ultraschallspezialist erklärte Mike die Vorgehensweise beim B-Scan. Erst werde das Auge anästhesiert und in ein kleines Bad aus Kontaktflüssigkeit eingetaucht. Dann werde eine kleine elektrische Sonde auf dem Augenlid platziert, die Schallwellen aussende und empfange. Das Instrument bilde die innere Struktur des Auges ab.

Die Prozedur dauerte fünfzehn Minuten und war schmerzlos. Jetzt blieb nur noch abzuwarten, was dabei herausgekommen war.

Bis zu Mikes Termin bei Dr. Goodman waren es noch zwei Wochen. Sendero nahm Mike voll und ganz in Anspruch, die Probleme, mit denen er sich konfrontiert sah, schienen unerschöpflich. Die täglichen Belastungen verfolgten ihn bis in seine Nächte. Er war noch nie ein guter Schläfer gewesen – es kam häufig vor, dass er von Unruhe gepackt wurde und stundenlang wach lag und grübelte. Immer wieder drang Mike mit seinen Gedanken durch die Alltagsgeschäfte zu existenziellen Fragen durch, sann nach über Tod und Sterblichkeit. Erst kürzlich hatte er sich mit seinem Vater in eine Diskussion über das Thema verwickelt gefunden. Bill May, der mittlerweile in Denver lebte, hatte wieder einmal wegen Alkoholproblemen seinen Arbeitsplatz verloren. Die Ärzte waren sich nicht sicher, ob er überleben würde. Mike flog hin, um seinen Vater zu besuchen. May senior erzählte seinem Sohn, dass er darüber nachgedacht habe, was es hieße, nicht mehr da zu sein. „Ich habe schreckliche Angst vor dem Sterben", sagte er. „Ich auch, Papa", antwortete Mike seinem Vater.

Eines Nachts, als Mike wieder wach lag, beschäftigte ihn ein anderer Gedanke. Er fragte sich, ob er, wenn er starb, tapfer sterben würde. Er hoffte es. Aber sicher wissen konnte das niemand, ehe der Fall nicht eintrat. Und ihm ging auf, dass dies eigentlich für den ganzen Menschen galt. Es kam nicht darauf an, wie sich jemand selbst sah und was er seiner Einschätzung nach in einer bestimmten Situation tun würde. Entscheidend war, wie er sich verhielt, wenn es so weit war.

AM MORGEN des 23. September 1999 brach Mike zu seinem Termin bei Dr. Goodman auf. Er nahm ein frühes Versuchsmodell seines Navigationsgerätes mit, um es auf dem Weg zu testen. Jennifer küsste ihn zum Abschied und wünschte ihm Glück.

Mike und Josh gelangten auf der üblichen Route – per Bus, Fähre, Taxi und zu Fuß – in die Stadt. In Dr. Goodmans Praxis wurde er von einer Sprechstundenhilfe in ein Untersuchungszimmer geführt. Ein paar Minuten später trat der Arzt ein und schüttelte Mike die Hand.

„Freut mich riesig, Sie wiederzusehen, Mike", sagte er.

„Mich nicht weniger. Darf ich Sie Dan nennen?"

„Natürlich", antwortete Dr. Goodman. „Ich würde mir gern Ihr Auge kurz ansehen." Dr. Goodman verdunkelte das Zimmer. Dann hob er Mikes rechtes Augenlid mittels Daumen und Zeigefinger und benutzte Pupillenleuchte und Biomikroskop, um ins Innere zu schauen. Schließlich schob er seinen Stuhl zurück und knipste das Licht wieder an.

„Ich habe Ihren B-Scan-Befund gelesen", sagte er. „Er ist hervorragend. Keine ernsthafte Erkrankung. Ihre Netzhaut und Ihr Sehnerv wirken normal. Der Augenhintergrund ist anatomisch intakt und gesund. Der Befund ist unauffällig."

„Was bedeutet das?", fragte Mike.

„Es bedeutet, dass wir gute Aussichten haben, Ihr Sehvermögen wiederherzustellen", sagte Dr. Goodman. „Wir könnten einen Versuch unternehmen."

Dr. Goodman war sich über das schier Unglaubliche seiner Worte im Klaren und achtete genau darauf, wie Mike reagieren würde. Er schenkte der psychischen Verfassung seiner Patienten stets größte Aufmerksamkeit und führte nicht einmal eine gewöhnliche Laserbehandlung durch, solange er nicht die Überzeugung gewonnen hatte, dass der Patient emotional Bodenhaftung hatte und realistische Erwartungen hegte. Bis jetzt wirkte Mike gelassen und in sich ruhend.

„Wie funktioniert das Ganze?", fragte Mike.

Dr. Goodman erklärte den Vorgang sachlich und in für den Laien verständlichen Worten. Er schilderte ihm genauestens die beiden Eingriffe, die er vornehmen müsse. Der erste Eingriff könne ihn noch nicht sehend machen, der zweite Eingriff vielleicht.

Wie viele Stammzellentransplantationen Dr. Goodman bereits durchgeführt habe, wollte Mike wissen.

Dies wäre seine siebte, erklärte ihm Dr. Goodman. Alle bisherigen seien bis zu einem gewissen Grad erfolgreich gewesen.

„Wie viele der Patienten waren ihr Leben lang blind?", fragte Mike.

„Keiner", erwiderte Dr. Goodman.

Mike schien zu lächeln.

„Das Verfahren birgt Risiken", sagte Dr. Goodman. „Es ist wichtig, dass Sie über die genau im Bilde sind."

„In Ordnung", sagte Mike. „Ich bin ganz Ohr."

Dr. Goodman beugte sich vor und fing an, die Risiken aufzuzählen.

Die Wahrscheinlichkeit, dass die neue Hornhaut sauber blieb und nicht im Laufe des ersten Jahres abgestoßen wurde, lag nur bei fünfzig Prozent. Selbst wenn die Transplantation gelang, konnte Mike jederzeit und ohne Vorwarnung das Sehvermögen wieder verlieren. Vielleicht hielt die Sehkraft einen Monat an, vielleicht ein Jahr, vielleicht das ganze Leben – er konnte nie sicher sein, dass sie von Dauer war.

Für die Wiederherstellung des Sehvermögens nach lebenslanger Blindheit war Dr. Goodman kein einziger Präzedenzfall bekannt, sodass sich unmöglich abschätzen ließ, wie gut Mike wieder imstande sein würde zu sehen.

Neben einer Verletzung des Auges bei der Operation, einer Infektion oder auch nur einem vorübergehenden Druckanstieg gab es eine ganze Reihe anderer möglicher Ursachen, die Mikes schwache, aber wertvolle Lichtwahrnehmung zum Erliegen bringen konnten. Um seinen Körper daran zu hindern, die Stammzellen und die Hornhaut abzustoßen, würde Mike Cyclosporin schlucken müssen, ein hochwirksames Immunsuppressivum. Die Liste der möglichen Nebenwirkungen umfasste Leberversagen, Nierenversagen, erhöhten Blutdruck, erhöhten Cholesterinspiegel, Zittern, Erbrechen, Haarausfall, Appetitlosigkeit und eine verminderte Abwehrkraft gegen Infektionen. Die ernsthafteste Nebenwirkung aber bestand in einem erhöhten Krebsrisiko. Mike würde die Medikamente sechs Monate, ein Jahr oder vielleicht sein Leben lang nehmen müssen – je nachdem, wie stark die Abstoßungsreaktion seines Körpers auf das neue Gewebe ausfiel. Und die Nebenwirkungen konnten noch Jahre nach Beendigung der Behandlung mit Cyclosporin auftreten.

Dr. Goodman beobachtete Mikes Reaktion. Mike war während der Erörterung der Risiken ruhig geblieben. Seine Nachfragen waren kurz und präzise. Er wirkte bodenständig und realistisch.

Mike erkundigte sich nach der Dauer des erforderlichen Krankenhausaufenthalts und nach der Narkose, die er bekommen würde. Die fehlgeschlagenen Hornhauttransplantationen in seiner Kindheit hatten qualvolle Erinnerungen an Zwangsaufenthalte in der Klinik bei ihm hinterlassen und an die nicht enden wollende Übelkeit als Folge des Äthers, mit dem man ihn betäubt hatte. Dr. Goodman versicherte ihm, die Anästhesie habe seit den frühen Sechzigerjahren große Fortschritte gemacht, und wahrscheinlich müsse er nicht einmal über Nacht im Krankenhaus bleiben. Er werde allerdings häufig zu Nachsorgeterminen nach San Francisco kommen müssen.

„Ich weiß, dass dies eine sehr persönliche Entscheidung ist“, sagte Dr. Goodman. „Sie sollten sich so viel Zeit lassen wie nötig.“

„Was ist der nächste Schritt?“, fragte Mike.

„Die Reservierung eines Termins für die Stammzellentransplantation. Gewöhnlich beträgt die Vormerkungsfrist ungefähr sechs Wochen.“

Mike schwirrte der Kopf von der Aufzählung der Risiken, die Dr. Goodman ihm genannt hatte. Aber es schien ihm sinnvoll, sich gleich auf die Liste setzen zu lassen. Wenn er sich für den Eingriff entschied, hatte er bereits den Termin; entschied er sich dagegen, brauchte er nur abzusagen. „Wann haben Sie Zeit?“, fragte er.

„Schauen wir mal vorne beim Empfang nach“, sagte Dr. Goodman.

Im Terminkalender gab es ab Mitte November freie Termine. Mike überlegte, welcher Zeitraum seinen Arbeitsalltag am wenigsten durcheinanderbringen würde. Er entschied sich für den 22. November 1999, den Montag vor Thanksgiving, den Beginn einer Arbeitswoche mit wenig Betrieb.

„Danke, Dan“, sagte Mike und streckte seine Hand aus. „Das war wirklich interessant. Jetzt habe ich reichlich Stoff zum Nachdenken.“

Wenig später war Mike wieder auf der Fähre und auf dem Weg nach Hause. Eine Stunde zuvor hatte er sich nur einen Befund anhören wollen, und nun hatte sich seine Welt komplett verändert. Er beschloss, sich Zeit zu lassen, das Gehörte zu verarbeiten. Und er musste sich fragen, ob er bereit war, sein Leben zu riskieren, um sehen zu können.

Kapitel vier

Kein Gitarrenspieler dürfte jemals dankbarer für die Fähigkeit gegewesen sein, ein bisschen auf den Saiten seines Instruments herumklimpern zu können, als Mike das im Sommer 1971 war. Er war zusammen mit einer Reihe von anderen blinden Jugendlichen, die vor dem Eintritt ins College standen, vom Staat Kalifornien eingeladen worden: Sie durften an einem siebenwöchigen Vorbereitungskurs teilnehmen, der auf dem an der Küste gelegenen Campus der University of California in Santa Cruz stattfand und sie mit dem Universitätsleben vertraut machen sollte. Und dazu gehörten, so dachte sich Mike, auch Frauen.

Die Teilnehmer besuchten Kurse in Literatur und Psychologie und lagen anschließend am Strand herum und diskutierten über den Frieden. Als ihre Lehrer ihnen rieten, sich Kommilitonen mit Sehvermögen zu suchen, die ihnen ihre Hausaufgaben vorlesen konnten, fand Mike eine Studentin, die nach Patschuliöl duftete und ihn auf der Wiese vor seinem Wohnheim mit psychologischen Zitaten traktierte.

In der Highschool waren Frauen für Mike eine ferne Ahnung geblieben. In Santa Cruz waren sie ihm so nah wie sein Gitarrenkoffer. Eine der Kursteilnehmerinnen, ein stilles Mädchen namens Nancy, schmolz dahin, wenn er Balladen von Crosby, Stills und Nash auf der Gitarre spielte. Er wusste, dass sie attraktiv war – er konnte das daran erkennen, dass Männer plötzlich in eine andere Richtung sprachen, wenn sie den Raum betrat. Er wusste, dass sie gut gebaut war, als er die Rückseite ihres Oberarms berührte; der feinfühlige Blinde spürte auf Anhieb ihre körperliche Fitness.

Eines Abends versammelten sich ein paar Studenten in Mikes Zimmer, um zu singen und Gitarre zu spielen. Einer nach dem anderen verschwand, bis er und Nancy allein im Zimmer waren. Er wusste, dass er jetzt am Zug war, aber würde er das Richtige tun? Mike spürte, dass Nancy ebenso unerfahren war. Er legte den Arm um sie und zog sie an sich, um sie zu küssen. Sie schmiegte sich an ihn. Das Gefühl von körperlicher Nähe und Wärme war überwältigend. Aber wie weiter? Mike tastete nach den wichtigen Körperteilen und fragte sich: Ist es das hier? Oder das? Werde ich es merken, wenn es richtig ist? Als sich die Nacht dem Ende zuneigte und Mike sein Ziel erreicht hatte, hatte sich ihm eine neue, wunderbare Welt erschlossen.

Den Sommer hindurch gingen die beiden miteinander; als sie in ihre Colleges wechselten, die weit voneinander entfernt lagen, versprachen sie sich, Kontakt zu halten. Mike schrieb sich an der University of California in Davis ein – unter sechzehntausend Studenten als einziger Blinder.

Von Anfang an hatte Mike schwer zu kämpfen. Die Inhalte seines technisch ausgerichteten Lehrplans, bei dem Grafiken eine große Rolle spielten, machten ihm sehr zu schaffen. Die Zwischenprüfungen bestand er nur mit knapper Not. Nach einiger Zeit fand er neue Betreuer und entdeckte Mathematiktexte in Blindenschrift. Er gab nicht auf.

Bis zum vorletzten Jahr im College hatte Mike eine Durchschnittsnote von Zwei plus erreicht, aber zufrieden war er mit seinem Elektroingenieurstudium immer noch nicht. Als er probeweise in ein Seminar über internationale Beziehungen hineinhörte, fesselte ihn das auf Anhieb, und er wechselte zum Hauptfach Politikwissenschaften.

Im Sommer 1974, bevor sein letztes Jahr im College begann, bewarb sich Mike um eine Stelle als Betreuer im Zeltlager Enchanted Hills, das er als Junge so innig geliebt hatte. Jahrelang hatte man dort nur sehendes Personal beschäftigt, nachdem einem blinden Betreuer eines der Kinder verloren gegangen war. Mike wandte sich direkt an den Leiter. Man erinnerte sich an seinen ansteckenden Elan im Zeltlager und machte eine Ausnahme.

Mike verstand sich gut mit seinen Schutzbefohlenen. Er erzählte ihnen, dass man ihm Jahre zuvor nicht erlaubt hatte, seinen Traum in die Tat umzusetzen, auf bekannten Wegen weit weg vom Lager zu wandern und dann querfeldein durch Schluchten und Bachtäler zurückzukehren. „Und das machen wir jetzt als Erstes“, erklärte er.

Sie gingen Gift-Sumach und Klapperschlangen aus dem Weg, verfingen sich im Gestrüpp und fielen hin. Es war hart, aber sie schafften es. Mike freute sich über die keuchenden Stimmen seiner Begleiter, als sie mit den Worten „Das war cool" ihre Rucksäcke absetzten.

Gegen Ende des Sommers hatte Mike eine Diskussion mit einigen der älteren Teilnehmer am Zeltlager. Sie bewunderten ihn und wollten wissen, woher er sein Selbstvertrauen nahm; es gebe doch so vieles im Leben eines Blinden, das geeignet sei, ihn zu verunsichern. Da erzählte er ihnen von seinem Leben, von seiner Mutter, von dem Unbehagen, das er stets empfunden habe, wenn er einer Herausforderung ausgewichen sei, und während er sprach, ging ihm auf, dass alles, was er erzählte, auf dieselben Botschaften hinauslief:

– Geh auf Abenteuer aus.
– Folge deiner Neugier.
– Fürchte dich nicht davor, hinzufallen oder dich zu verlaufen.
– Es gibt immer einen Weg.

„Ich glaube, wenn ihr zu all dem imstande seid, dann findet ihr in der Welt euren Weg", erklärte ihnen Mike.

In seinem letzten Collegejahr erfüllte sich Mike den Traum eines jeden männlichen Collegestudenten – er zog in ein gemischtes Wohnheim um. Ständig gingen in dem fünfstöckigen Gebäude Frauen ein und aus. Eine der Bewohnerinnen, eine Studienanfängerin namens Marcy, wurde seine Freundin. Er hing immer noch an Nancy, seiner ersten Liebe aus Santa Cruz, aber die Entfernung hatte ihre Beziehung ausklingen lassen.

Wie Nancy sah Marcy gut aus. Für Mike war das wichtig, teils weil ihn die Vorstellung von schönen Frauen faszinierte, teils weil er nicht wollte, dass die Leute glaubten, er wisse es nicht besser. Viele Frauen fanden Mike attraktiv. Er war 1,86 Meter groß, wog 75 Kilo, hatte ein markantes Gesicht und ein lebhaftes Lächeln und befand sich dank sportlicher Betätigung in bester körperlicher Verfassung.

Um Weihnachten fing Mike an, sich mit einer Frau namens Cathy zu treffen. Damit hätte seine Beziehung zu Marcy eigentlich enden müssen, aber er hatte mittlerweile gemerkt, dass er nichts gegen eine „Reservefreundin" einzuwenden hatte. Er bemühte sich, den Frauen nichts vorzulügen und die jeweils andere Beziehung geheim zu halten, aber ihm war bewusst, dass das unredlich war, und er war nicht stolz auf diesen Teil seiner Persönlichkeit.

Als das Examen näher rückte, begann Mike sich Gedanken über seine Zukunft zu machen. Die juristische Fakultät kam in die engere Wahl. Der Juristenberuf genoss Achtung und Ansehen, ermöglichte kreatives Denken und war gut bezahlt. 1975 konnten sich Blinde noch glücklich schätzen, wenn sie eine Stelle fanden; oft arbeiteten sie als Verkäufer oder als Telefonisten. Jura schien ihm genau das Richtige zu sein.

Das Jurastudium musste indes warten. Mike fand nämlich heraus, dass man sich durch einen Studienaufenthalt im Ausland akademisch profilieren konnte, und von da an ging es für ihn nur noch um die Wahl des Landes. Viele Studenten wählten England oder Frankreich, aber das erschien ihm zu einfach. Das westafrikanische Ghana war da schon besser. Die Agentur, die Studenten ins Ausland vermittelte, musste nur noch eine Familie für einen sechsmonatigen Aufenthalt finden.

Keine Familie wollte ihn aufnehmen. Und schon gar nicht seinen neuen Blindenhund, einen Schäferhund namens Totie. Das Militär in Ghana setzte Schäferhunde als Kampfwaffe ein; als Haustiere waren sie den Einheimischen dort nicht bekannt. Die Agentur teilte Mike mit, seine Reise werde wahrscheinlich ins Wasser fallen. Aber der Gruppenleiter drängte ihn, auf jeden Fall hinzufahren; vor Ort, meinte er, werde man dann schon eine Lösung finden.

In Ghana wurden Mike und Totie wie Aussätzige behandelt. Taxis nahmen sie nicht mit. In Restaurants musste Mike draußen sitzen. Das Übergangswohnheim für Gaststudenten nahm ihn nicht auf.

Nach drei Wochen in Accra, der Hauptstadt Ghanas, hatte Mike immer noch keine Gastfamilie. Die Agentur setzte ihn in einen Lieferwagen, der in ein einfaches kleines Dorf namens Kumbuli fuhr; es lag nahe der Grenze zur Elfenbeinküste am Meer, und seine Bewohner hatten sich bereiterklärt, Mike bei sich leben und arbeiten zu lassen. Vom einen Ende Kumbulis bis zum anderen waren es noch nicht einmal dreihundert Meter; im Dorf gab es weder Elektrizität noch fließendes Wasser. Das landwirtschaftliche Haupterzeugnis Kumbulis war Kokosöl, von dessen Verkauf der Häuptling, seine vier Frauen und 36 Kinder, eine Einwohnerschaft von vierhundert Personen sowie ein Medizinmann lebten. Keiner von ihnen wusste mit Mike oder Totie etwas anzufangen. Am Tag seiner Ankunft bemühte Mike sich verzweifelt, den aufgeregten Dörflern klarzumachen, dass sein Hund kein verzehrbares Gastgeschenk war, das sie schlachten konnten. Sie entschieden sich stattdessen für eine Ziege.

Die Dörfler überließen Mike die Entscheidung, ob er beim Bau einer

Schule auf dem Boden sitzen oder mithelfen wollte; ihnen war beides recht. Er ließ sie wissen, dass er bereit sei anzupacken. Er probierte sämtliche Arbeiten, und alle waren mörderisch – Erde ausheben, Erde transportieren, Erde aufschütten. Am schnellsten war er, wenn er Kübel mit Erde, die einen Zentner wogen, auf dem Kopf zu einer knapp hundert Meter entfernt gelegenen Stelle abseits des Bauplatzes schleppte. Also ließ man ihn diese Arbeit machen, und Mike wäre lieber vor Erschöpfung umgefallen, als diese Menschen zu enttäuschen.

Es dauerte nicht lange, da gehörte Mike zum Dorf. Er aß mit den Einheimischen und spielte für sie auf seiner Gitarre. Er verschlang in Massen köstliche Ananas und ließ den Saft an seinen Armen runterlaufen, ehe er ins Meer rannte, um ihn abzuwaschen.

Mikes Arbeit war Knochenarbeit. Nur mit Shorts bekleidet schleppte er die schweren Erdkübel durch die sengende Hitze, wobei häufig Käfer in Sperlingsgröße und eine Vielzahl anderen Getiers ihn zur Zielscheibe ihrer Angriffe machten. Während er arbeitete, kümmerte sich der Medizinmann um Totie; er führte die Hündin stolz im Dorf herum und sonnte sich im Glanze der magischen Kräfte, die sie verlieh.

In den Mußestunden und besonders nachts erschien Mike sein Leben fast unerträglich. Er war die ganze Zeit über hungrig und dachte immer nur an Essen. Seine Familie und seine Freundin vermisste er schrecklich. Selbst wenn er völlig erschöpft war, fand er vor Einsamkeit nicht zur Ruhe. Radio oder Bücher hatte er nicht. Briefe bekam er keine. Auf diese Weise vergingen Monate.

Eines Morgens erwachte Mike in einer Klinik für Tuberkulosekranke etwa dreißig Kilometer von Kumbuli entfernt. Jemand sagte ihm, er sei an Malaria erkrankt und habe eine Woche lang ohne Bewusstsein gelegen. Er wäre gestorben, meinten sie, wenn nicht der Medizinmann sich um ihn gekümmert und ihn mit besonderen Kräutern und Kompressen behandelt und durch Zauberkraft am Leben erhalten hätte.

Mike wollte das Krankenhaus verlassen, aber er hatte zu viel Körpergewicht verloren und war zu schwach, um aufstehen zu können. Ein Vertreter der Agentur traf mit froher Kunde ein: Es habe sich eine Familie gefunden, die bereit sei, ihn aufzunehmen und ihm dabei zu helfen, sich von seiner Krankheit zu erholen. Wenn er sich wieder stark genug fühle, könne er gern wieder an die Arbeit zurückkehren. Mike jedoch fühlte sich außerstande weiterzumachen. Seine Reserven waren aufgebraucht. Er erklärte, er müsse nach Hause.

Sobald er wieder gehen konnte, bestieg Mike ein Flugzeug zurück nach Kalifornien. Eine schwierigere und verzweifeltere Situation als die, die er in Afrika erlebt hatte, war für ihn unvorstellbar. Das Schlimmste aber war für ihn, dass er vorzeitig aufgegeben hatte, und er schwor sich, alles daranzusetzen, dass ihm dies nie wieder passieren würde.

Nach Ghana kam ein Jurastudium nicht mehr in Betracht; Vertragsrecht zu lernen hatte nichts Aufregendes. Mike wollte fürs Außenministerium arbeiten, vielleicht in einem fremden Land leben. Der rascheste Weg dorthin führte über einen Universitätsabschluss im Fach Internationale Beziehungen. Mike erhielt die Zulassung zur Johns Hopkins School of Advanced International Studies, einem der landesweit angesehensten Institute für diesen Studiengang. Im Herbst 1977 sollte er mit dem zwei Jahre dauernden Fachstudium beginnen.

Im Herbst entfernten die Ärzte Mikes linkes Auge, das sich während seiner Erkrankung in Ghana infiziert hatte, und ersetzten es durch ein Kunstauge. Danach belud Mike den VW-Transporter seiner Schwester Therese mit seinen Sachen und legte mit ihr die 65 Stunden lange Fahrt nach Washington zurück, um sein Studium zu beginnen.

Das Studium war eine Offenbarung für ihn. Die Professoren und die Seminare fand er faszinierend, die Kommilitonen interessant, die Großstadt spannend.

Während seines ersten Jahres kam die CIA in die Hochschule, um auf dem Universitätsgelände Rekrutierungsgespräche durchzuführen.

„Ich lasse mich anwerben", sagte Mike.

„Du würdest tatsächlich für sie arbeiten?", wollten seine Freunde wissen.

„Weiß ich nicht", antwortete Mike. „Es gilt als verpönt. Sie sind geheimnisumwittert. Ich muss der Sache einfach auf den Grund gehen."

Schon nach zwei Gesprächen bot ihm die Agency einen Posten als Analyst für politische Risikobewertung an – dreißig Stunden pro Woche während des Studiums, eine volle Stelle danach, falls er sich bewährte. Seine Arbeit in der Afrika-Abteilung bestand darin, Informationen aus geheimen sowie öffentlich zugänglichen Quellen über bestimmte, ihm zugeteilte Länder zu analysieren und einen Bericht abzufassen für den Fall, dass irgendjemand, der Präsident der Vereinigten Staaten eingeschlossen, sich sachkundig zu machen wünschte. Als er den Posten übernahm, war er der erste Blinde, den die CIA je angestellt hatte.

Ihm gefiel seine Arbeit, sein Vorgesetzter, der Nimbus der Agency.

Nach seinem zweiten Jahr an der Johns Hopkins School, kurz vor dem Examen, erkundigte sich Mike danach, was man tun musste, um Spion zu werden. Ein höherrangiger Mitarbeiter der Agency schenkte ihm reinen Wein ein. „Voraussetzung für jede Spionagetätigkeit ist, dass man nicht auffällt. Sie sind alles andere als unauffällig. Keine Chance, dass Sie mit dem Bus in ein Dorf fahren und sich als angeblicher Journalist oder Mitarbeiter einer Hilfsorganisation unter die Leute mischen."

„Aber ein Blinder mit einem Blindenhund ist wohl der Letzte, den man verdächtigen würde, Geheimagent zu sein", wandte Mike ein.

„Vielleicht in einer Großstadt. Aber manchmal müssen Sie auch ins Hinterland und aus Einheimischen Informationen herausbringen, und wenn diese Leute dem Fremden, der da in ihrem Milieu auftaucht, auch nur im Geringsten misstrauen, werden sie sich ihm nicht öffnen."

Und damit war es aus mit Mikes Karriere in der CIA.

Nach dem Examen kehrte Mike nach Kalifornien zurück und begann sich bei Banken zu bewerben, eines der Hauptberufsfelder für Leute, die ihren Abschluss in dem hoch angesehenen Studiengang Internationale Beziehungen gemacht hatten. Ein Jahr lang ging er von einem Vorstellungsgespräch zum nächsten, ohne ein Stellenangebot zu bekommen. Schließlich empfahl ihn Rich Boulger, ein Freund vom College, bei der Bank of California, deren Chef versprach, ihn einzustellen und nach Kräften zu unterstützen. Die regelmäßige Gehaltszahlung ließ Mike zuversichtlicher in die Welt blicken; die Arbeit selbst freilich tat das nicht. Er sah sich als einen von Pioniergeist erfüllten Menschen, jemanden, der in Neuland vordrang, statt ausgetretene Pfade zu beschreiten. Die Banktätigkeit war für den Augenblick eine gute Lösung, aber Neuland entdeckte er nicht gerade, wenn er Akten wälzte und Telefonate führte.

Zu Beginn des Winters 1980 rief Rob Reis, Mikes Freund aus Amateurfunkerzeiten, an und machte ihm einen absurd klingenden Vorschlag. „Wollen wir nicht mal Skilaufen gehen?"

Reis wusste von einem Programm für blinde Skifahrer im kalifornischen Winterkurort Kirkwood Mountain, in der Nähe von Lake Tahoe. Initiiert hatte es Ron Salviolo, ein Mann, den Mike ein paar Jahre zuvor in Enchanted Hills kennen gelernt hatte, wo Salviolo als Fachberater für Schwerhörige und Blinde tätig war. Mit seiner Findigkeit, wenn es darum ging, den Kindern etwas zu geben, was ihr Selbstbewusstsein stärkte, hatte er Mike beeindruckt.

In dem Winterkurort brachte Salviolo Mike erstmals auf Skiern in Bewegung, indem er ihn an einer Bambusstange den Idiotenhügel herunterlotste. Abends fuhr Mike bereits allein, nur gelenkt durch die Anweisungen, die Salviolo ihm zurief: „Nach links ... leicht rechts ... los, los, los ... jetzt langsam werden uuuund ... stopp!“ Die Bewegungsfreiheit auf den Skiern empfand Mike als Offenbarung – er durcheilte den Raum schneller, als er in seinen kühnsten Träumen hatte laufen können; er sauste dahin, ohne Stock oder Hund.

Bald schon wagte er sich an die schwierigsten Abfahrtsstrecken und legte ein Tempo vor, das einige Profis erblassen ließ. Im Jahr 1981 nahmen er und Salviolo an den Landesmeisterschaften für behinderte Skisportler in der Abfahrt teil. Mike kam in die Kategorie B1, vollständig Blinde männlichen Geschlechts. Der Sieger qualifizierte sich für die Weltwinterspiele (später Paralympics genannt) in der Schweiz. Die meisten anderen Teilnehmer am Wettbewerb liefen seit Jahren Ski und nicht erst seit wenigen Monaten. Mike und Salviolo fuhren die Konkurrenz in Grund und Boden. Sie durften in die Schweiz.

Die Teilnehmer aus den Vereinigten Staaten landeten im März in Genf. Dort bestiegen sie einen Bus, der sie in die verschiedenen Winterkurorte brachte, in denen die Weltwinterspiele des Jahres 1982 stattfanden. Der Skiwettbewerb begann am nächsten Tag. Mike und Salviolo standen staunend dabei, wie bei einer Mannschaft nach der anderen der Führer meterweit und also in sicherer Entfernung hinter dem blinden Skiläufer herfuhr.

„Wir machen es auf unsere Weise“, sagte Mike.

Sie fuhren los, Salviolo vorn, die Spitzen von Mikes Skiern nur knapp einen halben Meter hinter sich, was noch nie da gewesene Geschwindigkeiten ermöglichte, aber auch die Gefahr katastrophaler Unfälle dramatisch erhöhte. Die Radarsonden entlang der Strecke registrierten ein Tempo von achtzig Stundenkilometern – unvorstellbar in dieser Sportart.

Sie gewannen drei Goldmedaillen. Droben erklärte Salviolo den Leuten, Mike sei auf diese Weise durch sein ganzes Leben geprescht.

Mikes Rückkehr nach Kalifornien löste großen Wirbel aus; die Medien hatten von seinen Erfolgen in der Schweiz Wind bekommen, und er gab im Radio und im Fernsehen Interviews, bei denen er den Abfahrtsstil schilderte, den er und Salviolo neu entwickelt hatten. Er übernahm eine Stelle bei ESL Incorporated, einer Hightech-Firma.

Auf einer Party zu Mikes Ehren machte ihn ein enger Freund aus der Zeit an der Johns Hopkins School mit einer Frau namens Roxanne bekannt, einer Studentin, die früher als Mannequin gearbeitet hatte. Ihre Intelligenz und geistige Unabhängigkeit machten auf ihn ebenso Eindruck wie ihre ausgeprägte karitative Ader. „Mike, sie ist umwerfend", sagte sein Freund. Mike ließ sich Roxannes Telefonnummer geben und versprach, sich zu melden.

Bald schon trafen sie sich regelmäßig. Roxanne schwärmte für Abenteuer und für Reisen wie noch keine Frau, die Mike kennen gelernt hatte; es schien ihm, als fürchtete sie sich vor nichts. Einen Monat lang verbrachten sie fast jeden Tag zusammen, machten Windsurfing, fuhren Rad und übernachteten in Enchanted Hills. Mike verliebte sich in sie.

Als sie sechs Monate zusammen waren, verlobten sich Mike und Roxanne. 1983 verkündete Roxanne ihre Absicht, nach Peru zu gehen und dort an einer Schule zu unterrichten. Mike bewunderte ihren Unternehmungsgeist, auch wenn er nicht verstand, warum sie gerade jetzt losziehen musste. Ein paar Wochen später rief sie an und erklärte Mike, sie habe eine neue Beziehung, und die Heirat wäre keine gute Idee mehr.

Gemeinsam mit Trainer Ron Saviolo nahm Mike an Abfahrtsläufen teil und gewann dank seiner rasanten, neuartigen Technik eine Reihe von Auszeichnungen.

Mike konnte sich nicht erinnern, jemals so gelitten zu haben. Er kündigte bei ESL, packte seine Siebensachen zusammen und machte sich auf nach Kirkwood, wo Salviolo ein Haus gebaut hatte, das, wie er sagte, genau das Richtige für Leute mit gebrochenem Herzen war.

Salviolos Haus, das höchstgelegene in Kirkwood, war häufig eingeschneit, was stets eine gute Gelegenheit bot, eine Flasche Wein zu öffnen, den Holzofen zu befeuern und über die verlorene Liebe zu reden. Abends wanderten die beiden Männer zu einer Kneipe am Seeufer, wo Mike Gitarre spielte und Salviolo die Bar betreute. Tagsüber erarbeiteten sie das Konzept für eine Stiftung, die Blinden das Skilaufen beibringen sollte, und trainierten für die bevorstehenden Wintersport-Weltmeisterschaften im österreichischen Innsbruck, wo sie ihre Goldmedaillen verteidigen wollten. Als die Wettkämpfe begannen, galten Mike und Salviolo als haushohe Favoriten.

In Innsbruck wurde ihnen allerdings schnell klar, dass die übrige Welt zu ihnen aufgeschlossen hatte. Es war gerade einmal zwei Jahre her, dass sie mit ihrer wagemutigen neuen Technik aufgetreten waren. Mittlerweile aber hatten sämtliche Mannschaften diese Technik übernommen. Mike kam bei einem der Läufe ins Stolpern, und er und Salviolo mussten sich mit drei Bronzemedaillen zufriedengeben. Versüßt wurde ihnen ihr Abschneiden jedoch durch das Bewusstsein, dass sie den Siegern den Weg gebahnt hatten.

Auf einer Versammlung der amerikanischen Mannschaft verkündeten die Funktionäre eine aufregende Nachricht: Man hatte die amputierten Skiläufer zu einem Schaulaufen bei den Olympischen Winterspielen im jugoslawischen Sarajevo eingeladen, die in wenigen Tagen beginnen sollten. Im Raum brach tosender Beifall aus. Als es wieder ruhig war, stand Salviolo auf. „Was heißt das für die blinden Skiläufer?“, fragte er.

„Die Blinden sind nicht vorgesehen“, erklärte einer der Funktionäre. „Wir müssen froh sein, dass wir für die Amputierten eine Einladung bekommen haben.“

Mike wandte sich Salviolo zu. „Wir fahren hin“, sagte er.

MIKE machte kein Geheimnis aus ihrem Vorhaben. Gefragt, wie sie nach Sarajevo kommen wollten, antwortete er „Irgendwie“. Gefragt, warum sie dort hinwollten, antwortete er „Wissen wir nicht“. Ihr Verhalten verärgerte die Mannschaftsleitung, die ihnen versicherte, was immer sie täten, es werde nichts ändern. „In Ordnung", sagte Mike. „Wir fahren einfach als Touristen hin, um die Kameraden anzufeuern."

Die Amputierten, ein wilder, rauflustiger Haufen, zu dem Vietnamveteranen und einstige Spitzenathleten zählten, fühlten sich Mike und Salviolo freundschaftlich verbunden. Sie hatten nichts dagegen einzuwenden, dass ihnen das Duo zu den Olympischen Spielen folgte.

Mike und Salviolo mieteten ein Auto und fuhren nach Sarajevo, wo sie ein winziges Hotelzimmer auftrieben, was an ein Wunder grenzte. Mike rief einen ihm bekannten Nachrichtenredakteur des kalifornischen Rundfunksenders KCBS an und schlug ihm vor, mithilfe seines Bandgeräts Interviews zu beschaffen und Berichte für kleinere Radiostationen zu liefern. Der Redakteur besorgte ihm und Salviolo Presseausweise, und die beiden machten sich an die Arbeit. Sie rasten mit dem Mikrofon in der Hand los, um Goldmedaillengewinner zu interviewen, und setzten ihre Berichte im Presseraum ab.

An dem Tag, an dem die Amputierten ihr Schaulaufen machen sollten, schnallten sich Mike und Salviolo ihre Skier an und zogen auf den Gipfel des Berges Jahorina, um Interviews zu machen. Als der letzte Amputierte seinen Lauf absolviert hatte, fasste Salviolo Mike am Arm. „Mike", sagte er, „auf zum Starttor."

Es war eine verrückte Idee: Sie befanden sich in einem fremden Land, überall standen bewaffnete Posten, und ihr eigener Verband hatte ihnen die Teilnahme untersagt. „Also, dann los!", sagte Mike.

Die beiden Männer zwängten sich in das Starttor. Einen Moment später flogen sie den Berg Jahorina hinunter, die Skier dicht hintereinander. Wind und Sonne sausten schneller an ihnen vorbei, als Mike es jemals erlebt hatte, und Salviolos Rufe „Hart links … leicht rechts … los-los-los!" klangen wie eine Melodie, zu der ihnen die Welt, befreit von allen Hindernissen, freie Bahn ließ. Als sie fast unten waren, trat ein jugoslawischer Posten auf die Ziellinie und brachte das Gewehr in Anschlag. Salviolo brüllte: „Aus dem Weg!" Mike, der erkannte, dass es Probleme gab, ging in die Hocke, um die größtmögliche Geschwindigkeit zu erreichen, machte sich auf alles gefasst und flitzte über die Ziellinie.

Die Zuschauermenge drängte sich um die beiden. Reporter und Fotografen bestürmten sie. Mike hatte als erster blinder Skiläufer an Olympischen Spielen teilgenommen. Der Schuljunge in ihm, der einst durchgesetzt hatte, Schülerlotse zu werden, umklammerte die Skistöcke als Zeichen seines Triumphs und wollte sie gar nicht mehr loslassen.

Kapitel fünf

Carson und Wyndham stürzten sich auf ihren Vater, als er von seinem Termin bei Dr. Goodman nach Hause kam. Von den Ergebnissen des B-Scans wussten sie nichts. Sie hängten sich einfach an ihn und fingen an, die Erlebnisse ihres Tages zu schildern, jeder mit einem flehenden „Dad, du musst unbedingt *mir* zuhören!" In Mikes Büro warteten zahlreiche Nachrichten auf ihn, die während seiner Abwesenheit aufgelaufen waren.

Spät am Abend, als die Kinder schliefen, fand auch Mike schließlich den Weg ins Bett. Jennifer hatte stundenlang warten müssen, bis sie die Ergebnisse des B-Scans erfuhr.

„Nun, wie sieht es aus?", frage Jennifer.

„Der B-Scan war in Ordnung", sagte Mike. „Wie es scheint, bin ich bestens geeignet für die Operation."

Einen Augenblick lang war nichts zu hören als das leise Summen des Ventilators an der Decke.

„Mein Gott", sagte Jennifer. „Jetzt bin ich wirklich baff."

„Ich auch", sagte Mike.

„Ich hätte nie gedacht, dass es wirklich möglich sein könnte."

„Ich ebenso wenig."

Beide lagen regungslos auf dem Rücken.

„Es gibt Risiken", sagte Mike.

„Okay. Lass hören."

„Erstens steht es nur fünfzig zu fünfzig, dass die Sache überhaupt funktioniert. Es kann passieren, dass ich mich beiden Operationen unterziehe, die Narkose und die ganze Krankenhausgeschichte durchmache – du weißt, wie sehr mir davor graut –, dass ich den langen Prozess der Rekonvaleszenz und Heilung hinter mich bringe und dass dann doch alles für die Katz war. Und selbst wenn es funktioniert – wenn ich also wieder sehen kann –, kann die Sehkraft jederzeit wieder schwinden. Es ist möglich, dass ich sie ohne Vorwarnung wieder verliere, und die Gefahr besteht mein ganzes restliches Leben lang. Und schließlich zum Sehvermögen selbst: Dr. Goodman kann nicht voraussagen, wie viel sich einstellt. Es kann sein, dass ich nur wenig sehe, vielleicht aber auch eine ganze Menge. Er sagt, bei jemandem wie mir, der fast sein ganzes Leben lang blind war, ist eine Prognose einfach nicht möglich. Das sind drei Risiken. Und es gibt weitere. Willst du noch mehr hören?"

Sie sei ganz Ohr, erklärte Jennifer.

„Wenn der Eingriff fehlschlägt, kann mich das meine Lichtwahrnehmung kosten."

Jennifers Herz klopfte, als sie das hörte. Die Lichtwahrnehmung war ihrer Überzeugung nach von entscheidender Bedeutung für die Art und Weise, wie ihr Mann die Außenwelt wahrnahm.

„Und zu guter Letzt: Damit die Eingriffe Erfolg haben können, muss ich einige ziemlich heftige Medikamente schlucken. Dr. Goodman hat mir die Liste der möglichen Nebenwirkungen vorgetragen. Eine davon ist Krebs."

Jennifer schwirrte noch der Kopf von all den bereits genannten Risiken. Das Wort „Krebs" konnte sie kaum mehr verarbeiten.

Einen Augenblick lang lag das Ehepaar schweigend da.

„Wie denkst du darüber?", fragte Jennifer.

„Ich bin mir nicht sicher", antwortete Mike. „Ich muss es sich setzen lassen. Ich glaube nach wie vor nicht, dass es mein Leben verändern würde. Aber ich habe mich für den ersten Eingriff angemeldet."

„Oh! Also ... na ja ... das überrascht mich etwas", sagte sie.

„Ich wollte einen Termin haben. Bis man dran ist, muss man mehrere Wochen warten. Aber ich kann jederzeit wieder absagen. Es bedeutet nur, dass ich auf der Liste stehe."

„Hast du ein festes Datum bekommen?"

„Der 22. November, etwa heute in acht Wochen."

JENNIFER hielt sich weiterhin zurück, damit ihr Mann sich in aller Ruhe mit der Vorstellung auseinandersetzen konnte, wieder sehen zu können. Er neigte freilich nicht dazu, auf langen Spaziergängen in sich zu gehen und endlos zu grübeln. Wenn er in wichtigen Fragen Orientierung suchte, fand er sie am ehesten im Gespräch mit den wichtigen Bezugspersonen in seinem Leben, einer ausgesuchten Gruppe von Familienangehörigen und Freunden, die er als seinen „persönlichen Beraterstab" zu bezeichnen pflegte.

Während der Oktober sich dem Ende zuneigte, fand Mike die Zeit, mit jedem Mitglied seines „Stabes" zu sprechen. Wie üblich, unterhielten sie sich über die Familie, das Geschäft, Filme, Fußball und alles mögliche andere. Diesmal erwähnte er am Ende der Unterhaltungen auch die

Möglichkeit, wieder sehen zu können. Er berichtete von den Ergebnissen des B-Scans, ließ seine Gesprächspartner wissen, dass er sich für den Eingriff angemeldet habe, und erklärte, welche Risiken damit verbunden seien. Er war stets sorgfältig darauf bedacht klarzustellen, dass er die Sache jederzeit absagen konnte.

Die Mitglieder des „Stabes“ reagierten nahezu gleich. Sie räumten ein, dass die Risiken groß waren, und versuchten nicht, sie herunterzuspielen. Seine Auffassung, dass sein Leben erfüllt und lohnend sei, auch ohne dass er sehen könne, bekräftigten sie. Und sie versicherten ihm, sie würden zu ihm stehen, egal wie er sich entschied.

Während Thanksgiving näherrückte, hatte Mike eine Unterhaltung anderer Art mit dem neuesten Mitglied seines „persönlichen Beraterstabes“, dem 44-jährigen Bryan Bashin, Leiter der Blindengesellschaft in Sacramento. Bashin hatte sein Augenlicht aufgrund des Stevens-Johnson-Syndroms verloren, einer seltenen Erkrankung, bei der im Körper, häufig infolge einer allergischen Reaktion, eine massive Immunreaktion ausgelöst wird, die dazu führt, dass der ganze Körper mit Blasen übersät wird. Greifen die Blasen, wie es bei Bashin der Fall gewesen war, auch auf die Augenoberfläche über, kann der Patient erblinden. Der Berührungspunkt zwischen Bashin und Mike lag darin, dass das Stevens-Johnson-Syndrom – ebenso wie chemische Verbrennungen – zu den wenigen Ursachen fürs Erblinden zählte, die sich mittels Stammzellentransplantation behandeln ließen.

Die beiden Männer hatten sich ein paar Jahre zuvor kennen gelernt, als in Bashins Büro die Kunde von einem blinden Unternehmer namens May drang, der mit neuesten technischen Entwicklungen befasst und ebenso Forscher wie Geschäftsmann sei. Solch eine Persönlichkeit weckte Bashins Interesse. Als er danach las, dass May vorhabe, in Anaheim einen Prototyp des tragbaren Navigationssystems seiner Firma vorzuführen, schlug er ihm einen Wettlauf über zwei Kilometer vor, der zwischen Blinden mit Stock und solchen mit Navigationssystem ausgetragen werden und nach Disneyland führen sollte. In Anaheim brachte die Sonne die Drähte von Mikes Gerät zum Schmelzen; er setzte Trockeneis und Heißleim ein, um das Ding mit List und Tücke wieder funktionsfähig zu machen. Bryan Bashin erkannte, dass Mike und er in bestimmten Punkten ähnlich waren. Der Typ ist verrückt, dachte er bei sich. Den muss ich unbedingt kennen lernen.

Als Mike in das nahe gelegene Davis zog, lud Bashin ihn ein, dem Verwaltungsrat der Blindengesellschaft beizutreten, und die beiden Männer freundeten sich rasch an. Sie hatten zahlreiche gemeinsame Interessen, vor allem aber viele ähnliche Ansichten. Beide nahmen Anstoß an der Art, wie die Blinden durch die Betreuungseinrichtungen dazu gebracht wurden, sich in ihren Erwartungen und Ansprüchen zurückzunehmen, passive Objekte oder Opfer statt handelnde Subjekte oder Akteure zu sein. Beide stimmten sie in der Überzeugung überein, dass für einen Menschen, egal ob er sehen konnte oder nicht, das höchste Gut darin bestand, sich auf dem Gebiet, das er sich erwählt hatte, zu entfalten, nicht nur, um ein möglichst erfülltes Leben zu führen, sondern auch, weil dies der Weg war, sich selbst zu erfahren.

Ende 1999 verband Mike und Bashin bereits eine sehr tiefgehende Freundschaft. Bashin hörte interessiert zu, als Mike ihm darlegte, welche Aussichten die Stammzellenoperation bot. Mike erinnerte sich, dass Bashin ihm von eigenen Nachforschungen über die Chancen zu einer Wiederherstellung des Sehvermögens erzählt hatte, und fragte ihn, ob das für ihn persönlich von Interesse sei.

„Durchaus", erklärte ihm Bashin. „Im Lauf der Jahre habe ich mich immer wieder erkundigt und eine Menge Nachforschungen angestellt. Ich hatte entschieden, dass es für mich nicht das Richtige wäre, mich an diesem Punkt meines Lebens noch um eine Wiederherstellung meiner Sehkraft zu bemühen. Aber ich muss zugeben, dass mich das Gespräch über deinen Fall dazu gebracht hat, noch einmal über meine eigene Situation nachzudenken."

„Ich bin sehr interessiert zu erfahren, wie du darüber denkst", sagte Mike. „Es wäre fantastisch, wenn das Gespräch für uns beide von Nutzen wäre." Mike legte Bashin die Palette an Risiken dar, die mit jeder neuen Aufzählung bedrohlicher klang. Bashin hörte sich alles geduldig an. Ebenso wie Jennifer hielt er sich mit Gegenargumenten, Lösungsversuchen oder Ratschlägen zurück. Er sah in seinem Freund einen Entdecker, der gerade dabei war, die weißen Flecke einer Landkarte zu erkunden.

Bis zum Jahr 1999 waren gerade einmal sechzig Fälle überliefert, bei denen es nach anhaltender Blindheit zu einer Wiederherstellung des Sehvermögens gekommen war. Weniger als zwanzig der Betroffenen waren – wie Mike – schon im Alter von drei Jahren oder früher erblindet.

Diese Fälle schienen in zwei wesentlichen Merkmalen übereinzustimmen. Erstens erschien die wiedererlangte Sehkraft fremdartig und unergründlich. Zweitens bezahlten die Betroffenen ihren Mut mit einer tiefen emotionalen Krise.

Am gründlichsten beobachtet worden war der Fall des 52 Jahre alten Sidney Bradford, eines verheirateten Schusters aus den Midlands, einem britischen Arbeitergebiet.

Bradford hatte im Alter von zehn Monaten vermutlich aufgrund einer Infektion sein Augenlicht verloren. Er führte ein tätiges Leben, werkelte in dem Holzschuppen, den er selbst gebaut hatte, stieg auf die Leiter, um sein Haus zu tünchen, und fuhr auf seinem Fahrrad durchs Land, indem er sich an der Schulter eines zweiten Radfahrers festhielt. Er bewegte sich selbstsicher durch die Welt. Als ihm ein Chirurg 1958 erklärte, eine Reihe von Hornhauttransplantationen könne ihm vielleicht sein Sehvermögen wiedergeben, entschied sich Bradford für die Operation.

Die Nachricht von den geplanten Eingriffen erschien in der Lokalzeitung. Ein Exemplar des Blattes landete auf dem Schreibtisch des 35 Jahre alten Psychologen Richard L. Gregory, eines angesehenen Fachmannes für Sinneswahrnehmung, der an der Cambridge University arbeitete. Gregory wusste, wie außerordentlich selten solche Fälle sind, und verschaffte sich unverzüglich beim Krankenhaus eine Besuchserlaubnis. Ihm blieb kaum Zeit, sich vorzubereiten – der erste Eingriff war schon erfolgt. Also verstauten er und seine Assistentin Jean Wallace alles, was sie möglicherweise brauchen konnten – Apparaturen, Tests, Trugbilder, Rorschach-Klecksbilder, Kameras und Messgeräte – im Auto und fuhren zu der Augenklinik in der Nähe von Birmingham. Sie trafen am Tag nach der zweiten Operation dort ein.

Gregory konnte kaum glauben, dass der Mann, den er vorfand, blind gewesen war. Bradford bewegte sich durch das Zimmer und die Flure, ohne herumtasten zu müssen oder anzustoßen; von der Wanduhr der Krankenpflegerin konnte er auf Anhieb die Zeit ablesen. Er war in der Lage, praktisch jeden Gegenstand in seinem Zimmer zu benennen, und bewies eine hervorragende Farberkennung. Als Gregory mit Tests und Beobachtungen begann, erwies sich Bradford als eifrig und kooperativ, fröhlich und mitteilsam. Was Gregory herausfand, war freilich komplizierter, als man hätte meinen können.

Gesichter bedeuteten Bradford nichts. Am Gesicht konnte er weder die Person selbst noch ihr Geschlecht erkennen, und ebenso wenig konnte er mit den Ausdrucksformen des Gesichts etwas anfangen, gleichgültig wie sehr er sich bemühte und wie vertraut die betreffende Person ihm war. Gesichter blieben absolut bedeutungslos für ihn. Wenn seine Frau lächelte, erkannte Bradford weder, dass sie froh war, noch überhaupt, dass sie die lächelnde Person war.

Das Fenster seines Krankenhauszimmers, das sich etwa dreizehn Meter über dem Erdboden befand, bot ihm die erste Gelegenheit zu einem Blick auf die Außenwelt. Sofort war er überzeugt davon, er brauche sich nur vom Fenstersims herunterbaumeln zu lassen, um den Erdboden mit dem Fuß erreichen zu können. Objekte schien er nur zu erkennen, wenn er sie von der Berührung her kannte und erwartete, sie vorzufinden. Aber Gegenstände, mit denen er nicht rechnete, wie etwa ein weiterer Stuhl im Zimmer oder auch nur eine stumme Person im Flur, schienen seiner Wahrnehmung vollständig zu entgehen.

Bradford war sehr darauf erpicht, Gregorys Dias zu betrachten, die typische Szenen aus dem englischen Alltag zeigten. Aber als die Bilder auf der Leinwand erschienen, sah er nur Farbflecke. Für Gregory stand außer Frage, dass Bradford bei den Bildern keine Tiefe wahrnahm. Und doch konnte er, wenn er sich im Krankenhaus bewegte, ohne Mühe nach Sachen greifen und mit ihnen umgehen.

Gregory beeilte sich, die klassischen optischen Täuschungen auszupacken, die er mitgebracht hatte. Unter anderem zeigte er Bradford die folgenden:

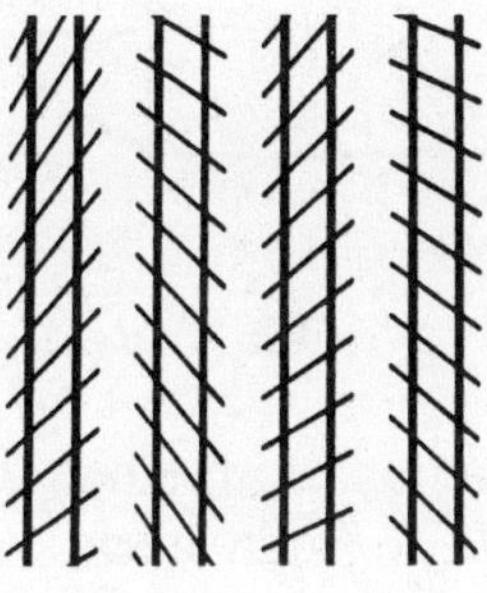

Zöllner-Täuschung

Normale Beobachter sehen die senkrechten Linien als nichtparallel an. Bradford erkannte sie korrekt als parallel – mit anderen Worten, er unterlag nicht der Täuschung.

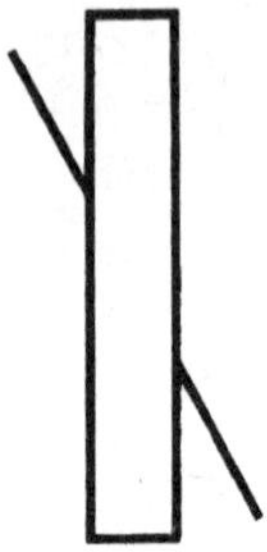

Poggendorff-Illusion

Normalen Beobachtern erscheinen die schrägen Linien als ebenenversetzt. Bradford nahm sie korrekt als „eine durchgängige Linie" wahr.

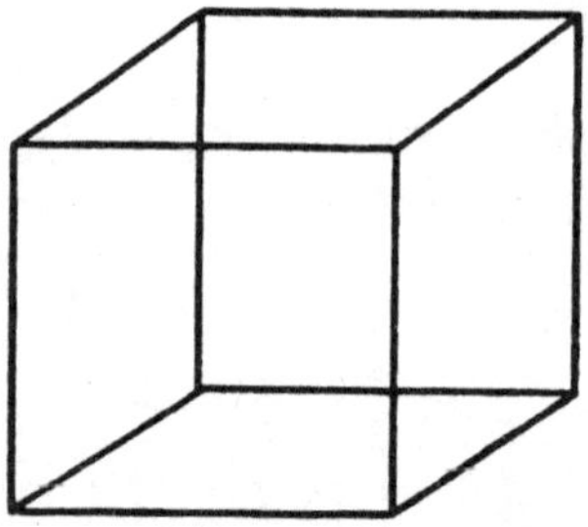

Necker-Würfel

Normale Beobachter sehen nicht nur einen dreidimensionalen Würfel, sondern, wenn sie ihn länger fixieren, auch, wie sich die Vorderseite vor- und zurückbewegt. Bradford nahm weder die räumliche Tiefe noch eine Bewegung wahr. Danach befragt, reagierte er mit der Gegenfrage: „Was ist räumliche Tiefe?"

Perspektivische Täuschung in der Größenwahrnehmung

Normale Beobachter haben den Eindruck, dass die Männer von links nach rechts zunehmend größer werden, obwohl sie tatsächlich alle gleich groß sind. Bradford erkannte erst einmal die Figuren gar nicht als Personen. Nachdem man ihm das gesagt hatte, antwortete er auf die Frage nach ihrer relativen Größe: „Der erste Mann sieht kleiner aus, aber die letzten drei wirken alle gleich."

Bradford blieb als Versuchsperson heiter, wenngleich er rasch ermüdete. Er vermochte Großbuchstaben zu erkennen, nicht hingegen Kleinbuchstaben. Mit dem Kugelschreiber, den ihm seine Frau geschenkt hatte, dem ersten Schreibutensil seines Lebens, schaffte er es, seinen Namen kaum entzifferbar zu schreiben. Deutlich erkennen konnte Bradford die Mondsichel – Beweis dafür, dass er über eine genaue und scharfe visuelle Wahrnehmung verfügte –, war aber überrascht zu erfahren, dass die Mondsichel nicht die gleiche Form hatte wie ein Kuchenstück.

Gregory und Wallace führten weitere Tests durch und sammelten noch mehr Beobachtungen, ehe sie verabredeten, sich mit Bradford nach seiner Entlassung aus dem Krankenhaus in London wiederzutreffen. Aber als sie einige Tage später mit ihm zusammenkamen, schien er nicht mehr der heitere, neugierige Mensch, den sie kennen gelernt hatten. Dazu befragt, erklärte Bradford, die Welt erscheine ihm trostlos.

Am nächsten Morgen brachen Gregory und Wallace mit Bradford zu einem Spaziergang durch London auf. Am Trafalgar Square lebte er angesichts der Taubenschwärme, die ihn umflatterten, auf. Lachend gebrauchte er seine neue Sehkraft, um ihre Kapriolen und Sturzflüge zu verfolgen; er berührte sie, um zu erkennen, wie sie gebaut waren. Als Gregory ihn zu anderen Sehenswürdigkeiten der Stadt führte, machte Bradford jedoch wieder einen müden und gleichgültigen Eindruck – die Gebäude langweilten ihn, die Straßen fand er öde, die vielen Gesichter sagten ihm nichts. Überraschende Geräusche in der Nähe schafften es kaum, seine Aufmerksamkeit auf sich zu ziehen; er sah unbewegt geradeaus, ohne offenbar viel wahrzunehmen.

Bradford bewegte sich sogar anders als vorher. Als Blinder war er beherzt über die Kreuzung marschiert. Jetzt war er vor Angst, überfahren zu werden, wie gelähmt. Hätte Gregory ihn nicht am Arm hinter sich hergezogen, wären sie vielleicht den ganzen Tag lang nicht von der Stelle gekommen. Selbst wenn sie schon auf der anderen Straßenseite angekommen waren, hob Bradford noch ängstlich den Fuß, weil er häufig Schatten mit dem Bordstein verwechselte. Das war nicht die Welt, durch die er sein Leben lang so selbstbewusst geschritten war.

Gregory schlug einen Ausflug zum Wissenschaftsmuseum in South Kensington vor, weil er hoffte, die dortige Sammlung von Maschinen und Werkzeugen – Dingen, für die sich Bradford von jeher begeisterte – werde dessen Interesse wecken. Bradford jedoch hatte Mühe zu verstehen, worum es sich bei den Exponaten handelte. Zu der einfachen Drehbank, die ihm Gregory zeigte, sagte er praktisch nichts, obwohl er wusste, wozu die Apparatur diente und schon lange davon träumte, mit einer zu arbeiten. Gregory überredete einen Museumsangestellten, die Absperrung zu öffnen, damit Bradford Gelegenheit bekam, sie zu berühren. Er schloss die Augen und ließ mit Inbrunst die Hände über die Drehbank gleiten. Dann trat er zurück, öffnete seine Augen und erklärte: „Jetzt, wo ich sie ertastet habe, kann ich sie sehen." Danach konnte er beschreiben, was er sah. Gregory war sich sicher, dass er diesen Augenblick nie vergessen würde. Es war, als hätte die Berührung mit der Hand Bradfords Sehvermögen eingeschaltet.

Gregory und Wallace verbrachten noch einen weiteren Tag mit Bradford. Sie vermieden bewusst, ihn zu bedrängen, da das Sehen offenbar Schwerstarbeit war, die ihn stark ermüdete. Er hatte auch weiterhin mit Bordsteinen zu kämpfen und drohte mehr als einmal eine Treppe hinabzustürzen, weil er nicht wahrnahm, dass sich zu seinen Füßen Stufen befanden.

Und ihm fiel auf, wenn Farbanstriche beschädigt waren. So starrte er etwa, wenn er an einer Parkbank vorbeiging, gebannt auf Stellen, wo die Farbe abgeblättert war, und wenn er begriffen hatte, was er da sah, sank seine Stimmung, und er wandte sich ab. Bradford erklärte, er habe sich die sichtbare Welt immer als eine Art von Himmelreich vorgestellt. Jetzt wisse er, dass sie hinter dieser Vorstellung zurückbleibe. Das gesplitterte Holz und die fleckigen Stoffe und die verschmutzten Fensterscheiben – diese alltäglichen Erscheinungen ließen ihm deutlich werden, dass die Dinge seine Erwartungen nicht erfüllten. Die abgeblätterte Farbe zeige ihm die Wahrheit, und er fühle sich enttäuscht.

Sechs Monate später besuchten Gregory und Wallace Bradford bei sich zu Hause. Er lebte im Großen und Ganzen immer noch so, wie er es als Blinder getan hatte: Er schaltete nachts das Licht nicht an, rasierte sich im Dunkeln und zeigte wenig Interesse für Filme oder das Fernsehen. Er konnte mehr tun als vorher, aber das schien teuer erkauft, denn niemand hielt das für etwas Besonderes – kaum jemand war noch geneigt, einen Mann zu bewundern, der nicht mehr als blind galt.

Obwohl er mit Gesichtern nichts anfangen konnte, fand Bradford aus irgendeinem Grund sein eigenes abstoßend und das seiner Frau hässlich. Nach wie vor registrierte er die Unvollkommenheiten bei allem, was er sah, und verlieh seiner Enttäuschung Ausdruck, dass die Welt nicht so sei, wie er es sich gewünscht habe. „Wir gewannen entschieden den Eindruck, dass sein Sehvermögen ihn praktisch auf der ganzen Linie enttäuschte", schrieb Gregory später. „Er war kein Mann, der sein Herz auf der Zunge trug, aber dass er gedrückter Stimmung war, ließ sich nicht übersehen, und unserem Eindruck nach hatte die Wiederherstellung seiner Sehkraft ihm mehr genommen als gebracht."

Bradfords Depression verstärkte sich. Am 2. August 1960, gerade einmal 19 Monate nach seiner zweiten Operation, starb Bradford. Zum Zeitpunkt seines Todes war er 54 Jahre alt und in bester körperlicher Verfassung. Nach Gregorys fester Überzeugung hatte er einfach aufgegeben.

MAN FRAGT SICH vielleicht, ob der Fall Bradford nicht eine Ausnahme darstellt. Die Antwort hierauf liefern drei kaum bekannte Quellen: ein nur schwer erhältliches, 1932 erschienenes Buch aus Deutschland, „Raum- und Gestaltauffassung bei operierten Blindgeborenen vor und nach der Operation" von Marius von Senden; eine praktisch unbekannt gebliebene Broschüre, die Anfang der Siebzigerjahre des letzten Jahrhunderts erschien, „Sight Restoration After Long-Term Blindness" von

Alberto Valvo; und eine Einzelfallstudie des bekannten Neurologen Oliver Sacks. Zusammengenommen beschreiben die drei Publikationen die paar Dutzend überlieferte Fälle, in denen es zu einer Wiederherstellung des Sehvermögens nach langer Blindheit kam, und erzählen Geschichten, die der von Bradford auffallend ähneln.

Keiner der Betroffenen konnte nach den Eingriffen normal sehen, so gut ihre Sehschärfe auch sein mochte. Teile ihres Sehvermögens funktionierten bestens, andere gar nicht und wieder andere auf ungewöhnliche und rätselhafte Weise. Fast alle Betroffenen konnten Bewegung und Farbe auf Anhieb und präzise erkennen, so als hätten sie ihr ganzes Leben lang sehen können. Aber alles andere wurde komplizierter.

Wie Bradford konnten diese Patienten nichts mit menschlichen Gesichtern anfangen. Sie hatten Mühe, Raumtiefe, Entfernung und räumliche Verhältnisse akkurat wahrzunehmen – Dinge, die für das Verständnis der visuellen Welt wesentlich sind. Und es fiel ihnen schwer, Objekte allein mit den Augen zu identifizieren, selbst solche, die ihnen durch den Tastsinn bereits bestens vertraut waren. Ein ums andere Mal wünschten sich die Betroffenen sehnlichst, durch Berührung des Visualisierten ihr Sehvermögen „einzuschalten“; ohne den Gebrauch ihres Tastsinns schienen sie allesamt hilflos.

Oft verwirrte, frustrierte und ermüdete sie das Sehen; sie fühlten sich einem Sturzbach unverständlicher Eindrücke ausgesetzt. Keiner konnte automatisch und mühelos sehen, wie es bei normaler Sehfähigkeit der Fall ist. Sämtliche Patienten taten sich mit Abmessung, Perspektive und Schattenwurf schwer, sahen dort, wo andere die Welt sehen, farbige, aber bedeutungslose Mosaiken.

Und das alles bezog sich nur auf das Sehvermögen. In ihrem Innern sah es noch um ein Vielfaches schlimmer aus. Die Patienten verfielen in Depressionen, ein Schicksal, dem nur wenige zu entrinnen vermochten. „Wie kommt es, dass ich mich jetzt weniger glücklich fühle als vorher?“, wollte ein vierzehnjähriges Mädchen von ihrem Vater wissen. „Ach, ich fühlte mich viel besser, als ich blind war!“

„Ich werde oft von Weinkrämpfen befallen“, schrieb ein 38-jähriger Mann. „Ich weiß nicht warum, es sei denn, der Grund wäre, dass ich den Tag über zu viel gesehen habe. Am Abend halte ich mich am liebsten in einem verdunkelten Raum auf, wie ein weinendes kleines Kind …“

Die Verzweiflung dieser Patienten blieb denen, die sie behandelten, nicht verborgen. Über einen fünfzigjährigen Patienten schrieb der renommierte Neurologe Oliver Sacks: „Er fand sich gespalten zwischen zwei Welten und fühlte sich in keiner heimisch – ein qualvoller Zustand, aus dem kein Entrinnen möglich schien.“

MIKE hatte von diesen Fallgeschichten noch nie gehört. Aber Bashin kannte sie. Eines Abends erzählte er Mike, dass er bei seinen eigenen Recherchen festgestellt habe, wie erstaunlich selten Fälle von wiederhergestellter Sehfähigkeit nach lebenslanger Blindheit seien. Er nannte Mike die Namen der Autoren, deren Untersuchungen er gelesen hatte – Gregory, Sacks und einige andere. Die merkwürdigen Einzelheiten und schlimmen Folgen verschwieg er. Er erklärte seinem Freund nur: „Vielleicht willst du sie dir ja mal ansehen.“

Spätabends erzählte Mike Jennifer von seiner Unterhaltung mit Bashin. „Es hat sich herausgestellt, dass er ebenfalls für die Stammzellenoperation infrage kommt“, berichtete er.

„Will er es machen?“, fragte Jennifer.

„Ich weiß nicht“, antwortete Mike. „Es wird interessant sein zu sehen, wie er darüber denkt, soweit es ihn selber betrifft.“

Dann, ehe sie das Licht ausmachten, stellte Mike seiner Frau eine letzte Frage. „Glaubst du, es ist das alles wert?“

„Sehen zu können?“

„Ja.“

„Du solltest tun, was dein Herz dir sagt“, erklärte sie.

Ein paar Abende später telefonierten Mike und Bashin wieder miteinander. Bis zu dem geplanten Eingriff blieben nur noch drei Wochen. Mike berichtete Jennifer von seinem Telefonat und davon, dass Bashin beschlossen habe, in Sachen Augenoperation noch zu warten.

„Ich habe noch über eine Reihe von anderen Problemen nachgedacht. Es gibt ein paar weitere Gründe, warum jetzt vielleicht nicht der richtige Zeitpunkt für mich ist, die Sache in Angriff zu nehmen.“

„Zum Beispiel?“

„Na ja, Sendero befindet sich in der entscheidenden Phase. Ich kann es mir nicht leisten, mich davon ablenken zu lassen. Wenn ich nicht auf dem Damm bin, und sei's auch nur für einen Monat, kann das verhängnisvoll für das Unternehmen sein.“

„Na gut. Worüber hast du sonst noch nachgedacht?“

„Ich habe über uns nachgedacht. Wir haben einige stürmische Phasen hinter uns. Ehen sind Beziehungen, die fein ausbalanciert sein müssen.

Vielleicht wird diese Balance durch eine größere Änderung, und mag sie auch für sich genommen einzigartig sein, gestört. Wenn ich wieder sehen kann, bedeutete das zahlreiche Arztbesuche und Umstellungen, und wahrscheinlich braucht das viel Zeit – Zeit, die dann unserem Zusammenleben verloren geht. Wir führen bereits ein Leben, das für unsere Ehe nicht viel Zeit übrig lässt."

Jennifer nahm Mikes Hand. „Du hast mein ganzes Vertrauen", sagte sie.

Kapitel sechs

Als Mike 1984 von den Olympischen Spielen in Sarajevo siegreich zurückkehrte, hatte er keine Arbeit mehr. Da nun rief ihn Rob Reis, sein Freund aus Highschool-Zeiten, an. Er und einige andere Techniker hatten vor, eine Firma zur Produktion des weltweit ersten Laser-Plattenspielers zu gründen.

„Des weltweit ersten was?", fragte Mike.

Reis erklärte ihm die Sache: Die üblichen Plattenspieler benutzten eine Abtastnadel und einen Tonabnehmer, um die auf Platten aus Polyvinylchlorid gespeicherten Musikaufnahmen abzuspielen. Doch die Abtastnadel gab auch Schleifgeräusche, Unebenheiten und Kratzer wieder und nutzte außerdem die Platte ab. Wenn jemand eine Methode erfand, eine Schallplatte ohne mechanischen Kontakt abzuspielen, war die Folge eine makellose Klangtreue, und die Platte würde ein Leben lang halten.

„Dieser Jemand sind wir", erklärte Reis Mike. „Wir machen es mit Lasern. Die Laser können die Rillen der Platte lesen."

Mike stieg mit ein und übernahm die Aufgabe, Kapital zu beschaffen und das Marketing für die Firma zu betreuen. Sie nannten das Unternehmen Finial Technology, nach dem im Englischen *finial* genannten Kreuzblumenornament, mit dem man früher Giebel und ähnliche Gebäudeteile krönte. Vier Leute waren mit von der Partie: Reis, zwei andere Techniker und Mike.

In einer winzigen, zwei Räume umfassenden Werkstatt verbesserten und verkleinerten die Techniker die Laser, während Mike um Unterstützung warb und Geldquellen auftat – alles im Namen einer neuen Methode, Musik zu hören. Nicht lange, da montierten die Techniker den Laser für einen ersten Test an ein von Hand gedrehtes Abspielgerät. Die vier Männer hielten den Atem an, während Mike eine Cat-Stevens-Aufnahme auf den Plattenteller legte und anfing, die Kurbel zu drehen. Einen Augenblick herrschte Stille. Dann, ohne dass die Platte von etwas anderem berührt worden wäre als von einem Lichtstrahl, erfüllten die dumpfen Schläge einer Bongotrommel den Raum. Die vier Männer im Raum tanzten, als sei ihnen James Brown in die Glieder gefahren.

Finial war bei den Musikbegeisterten bald in aller Munde. Mike schrieb das Handbuch für das System und führte bei der großen Elektronik-Verbrauchermesse in Chicago für die *New York Times* und andere Medien einen Prototyp vor. Die Leute prügelten sich am Eingang, um hineinzukommen. Es war ein bahnbrechendes Produkt – und nicht von Sony oder Philips oder den anderen Musikkonzernen entwickelt. 1986 hatte Finial bereits sieben Millionen Dollar Gründungskapital zusammen und beschäftigte vierzig Mitarbeiter. Dass die Firmengründer Millionäre wurden, schien nur noch eine Frage der Zeit.

UNGEFÄHR zur gleichen Zeit machte Mike an den Hängen von Kirkwood eine wichtige Entdeckung. Eine gut gebaute sportliche 29-jährige Blondine namens Jennifer Smith, eine der Ausbilderinnen beim Skiprogramm für Blinde, das er und Salviolo mittlerweile betrieben, hatte sich kürzlich von ihrem Freund getrennt. Mike und Jennifer kannten sich flüchtig.

Sie sei, versicherte Salviolo, schöner als je zuvor, sofern das noch möglich sei. „Heute Abend wird sie wahrscheinlich in der Bar sein“, berichtete er.

„Ich komme“, versprach Mike.

In einem seiner besten Hemden traf er in der Bar ein. Jennifer freilich war dicht umringt.

„Stups mich, wenn ein Platz frei wird“, bat Mike Salviolo.

Eine halbe Stunde später kam der Stups. Mike sprang auf und warf sich auf einen Stuhl neben Jennifer.

Die Unterhaltung kam mühelos in Gang. Sie hatte eine Reise nach Chile unternommen; seine Mutter war in Chile aufgewachsen. Sie unterrichtete in Kirkwood zwei Mädchen, die an Zeltlagern in Enchanted Hills teilgenommen hatten; er hatte diesen zwei Mädchen jeden Abend eine Gutenachtgeschichte vorgelesen, während er dort als Betreuer gearbeitet hatte. Sie hielt nichts davon, blinde Kinder besonders zu bemuttern;

er erzählte ihr, wie er sich während seiner Highschool-Zeit ans Steuer des Autos seiner Schwester gesetzt hatte.

Während sonst neue Bekanntschaften oft sorgsam vermieden, in Mikes Gegenwart Formulierungen wie „Hast du diesen Film schon gesehen …“ in den Mund zu nehmen, ließ Jennifer ihrem Mitteilungsdrang freien Lauf: Angesichts der vielen Geschichten, die es zu erzählen galt, kümmerte sie sich nicht um Formulierungsfragen. Ihre Lust auf neue Erfahrungen sprach ihn an. Die Art, wie er sich auf sie konzentrierte, als konzentriere sich die Welt für ihn auf einen Punkt auf der anderen Seite des Tisches, gab ihr das Gefühl, ein noch nie erlebtes Maß an Aufmerksamkeit zu genießen.

Bald kam das Thema Beziehung zur Sprache. Jennifer hatte munkeln gehört, Mike habe etwas Flatterhaftes an sich.

„Ich bin ein treuer Mensch“, sagte sie.

„Ach, ich nicht“, antwortete Mike. „Die Welt hat so viel zu bieten.“

„Ich finde es zu kompliziert, mit mehr als einer Person zu gehen“, sagte sie. „Mir scheint, das nimmt nie ein gutes Ende.“

Die Unterhaltung wandte sich anderen Themen zu. Mike und Jennifer verstanden sich unverändert gut.

„Würden Sie mal mit mir ausgehen?“, fragte er.

„Rufen Sie mich an, sobald Sie treu sind“, sagte Jennifer.

Sie wünschten sich eine gute Nacht.

„Ich fühle mich total aufgedreht“, berichtete Mike Salviolo. „Sie ist was Besonderes.“

Am nächsten Tag rief Mike Jennifer an. „Also gut, ich bin treu“, sagte er. Sie verabredeten sich für den kommenden Freitagabend in einem Restaurant in Napa. Jennifer hatte keine Ahnung, dass der Ort 120 Kilometer von Mikes Haus entfernt im kalifornischen Sunnyvale lag.

Wie schon beim ersten Mal schenkte Mike Jennifer seine ganze Aufmerksamkeit. Sie erzählte ihm von ihrer Arbeit am Rudolf Steiner College, wo sie gerade studierte und sich mit spirituellen Aspekten von Kunst und Kunsttherapie beschäftigte. Mike stellte Fragen und war von ihrer Begeisterung fasziniert.

„Ich bin ein Farbenmensch“, erklärte sie ihm. „Mathematik und Naturwissenschaften sagen mir nichts. Ich lebe in einer Welt der Farben und der Sinneseindrücke.“

Mike erzählte ihr, dass er sich Zahlen farbig vorstelle – Siebenen seien grün, Fünfen blau und so weiter – und dass er Additionen in rasantem Tempo durchführen könne, weil sich die Zahlen in seinem Geist farblich unterschieden. Niemand hatte sich bislang über so etwas mit ihr unterhalten.

Nach dem Abendessen bot Jennifer Mike an, ihn nach Hause zu fahren. Er schlug stattdessen vor, einen Abstecher ins Enchanted-Hills-Camp zu machen, das in der Nähe lag und jetzt, in der Vorsaison, noch keine Gäste hatte. Er beschrieb ihr genau den Weg, und kurze Zeit später befanden sie sich im Haus der Campverwaltung – was nicht sehr verwunderlich war, da Mikes Mutter, Ori Jean, kürzlich die Leitung des Camps übernommen hatte.

Drinnen zündete Mike ein Feuer an, packte seine Gitarre aus und spielte Jennifers Lieblingslieder. Sie waren die einzigen Menschen auf dem 126 Hektar großen Gelände. „Du siehst toll aus“, versicherte er ihr, und sie war überzeugt davon, dass er sie sah.

Am Morgen fragte Mike Jennifer, ob sie vielleicht Lust habe auszureiten, und sie erzählte ihm, sie reite seit ihrer Kindheit. Sie ritten in schnellem Tempo die Pfade entlang. Jennifer beobachtete Mike, wie er sich unter Bäumen duckte, vom Pferd sprang, um stacheldrahtbewehrte Zauntore zu öffnen, und wie er schwierige Anhöhen und Schluchten überquerte. Als ihr Tempo sich verlangsamte, nahmen sie den Gesprächsfaden vom Vorabend wieder auf. Hier draußen, getragen von ihrer augenblicklichen Stimmung, wollte Jennifer, dass Mike alles über sie erfuhr, auch über ihre Schwächen und Mängel; denn wenn er sie auch dann noch zu lieben vermochte, konnte sie sich eine lange, lange Liebesbeziehung zu ihm vorstellen.

JENNIFER SMITH war acht Jahre alt, als sie das komplizierte Wort *otolaryngologist* (Hals-, Nasen- und Ohrenarzt) auszusprechen lernte, aber womit ihr Vater seinen Lebensunterhalt verdiente, das wusste sie schon lange. Als einer der herausragenden Fachchirurgen für das Innenohr entwickelte und praktizierte er Operationsmethoden, um tauben Menschen ihr Gehör wiederzugeben.

Jennifer hatte 1957 als Tochter von Mansfield und Charlotte Smith das Licht der Welt erblickt, und ein paar Jahre später, als sich die Familie im kalifornischen Saratoga niedergelassen hatte, waren zwei Geschwister hinzugekommen. Jedes Jahr zog Mansfield mit der Familie rucksackbepackt in die Sierras, wo er von den Kindern verlangte, dass sie topografische Karten lesen lernten und sich die notwendigen Orientierungstechniken aneigneten, selbst wenn das zur Folge hatte, dass sie sich unterwegs verirrten, was auch regelmäßig geschah.

Jennifer und ihre Schwester Wendy kletterten auf Bäume, rasten auf Fahrrädern herum und rannten jeden Tag kilometerweit durch die Gegend. Auf den Fotos jener Zeit ist Jennifer knapp 1,60 Meter groß, wiegt gut 50 Kilo, ist sonnengebräunt und hat langes blondes Haar, aber es sollte noch Jahre dauern, ehe sie beim Blick in den Spiegel mehr sah als ein schlichtes Mauerblümchen.

Hätte sie bessere Noten gehabt, wäre Jennifer auf die elitäre private Highschool gegangen, die sich die Familie für ihre Kinder ausgesucht hatte. Jedermann wusste, dass sie ein helles Kind war und sich Mühe gab, aber Schularbeiten lagen ihr nicht; es war, als kenne sie die Antworten, könne sie aber aus irgendeinem Grund nicht zu Papier bringen. Ohne den Kunstunterricht – ihre größte Leidenschaft – und die paar anderen Fächer, in denen man nicht schreiben musste, wäre sie vielleicht völlig aus dem akademischen Milieu herausgefallen.

Während ihre Freunde die Zulassung zu führenden Universitäten erhielten, schrieb sich Jennifer an einem örtlichen Junior-College ein und schwor sich, besser zu werden. Aber es lief wie gewohnt – sobald sie schreiben sollte, gelang es ihr nicht, die Gedanken aus dem Kopf aufs Papier zu bringen. Sie brach ab und versuchte es an einem anderen Junior-College. Dort traf sie mit einer Zimmergenossin, die Wäschewaschen hasste, eine Vereinbarung: Dafür, dass Jennifer ihre Wäsche wusch, erbot sich die Zimmergenossin, Jennifers Hausaufgaben zu tippen. Jennifer war einverstanden und begann, sich ihre Hausaufgaben von der Zimmergenossin niederschreiben zu lassen. Sofort wurden ihre Noten besser. Sie wechselte an das Lewis and Clark College in Oregon, wo sie sich für das Hauptfach Geschichte einschrieb und in die Skimannschaft eintrat.

Kaum war sie im College, verschlechterten sich ihre Noten wieder, woraufhin sie in eine Depression verfiel. Sie ging in ein studentisches Beratungszentrum, wo man eine Reihe von Tests mit ihr durchführte und feststellte, dass sie trotz ihrer Intelligenz über die orthografischen Fähigkeiten einer Zweitklässlerin verfügte. Man diagnostizierte eine Behinderung auf dem Gebiet der Schreibfähigkeit und riet ihr, die Examen mündlich abzulegen. Sie brachte es auf Einsen.

Nach dem Examen unterzog sich Jennifer weiteren Tests, die ergaben, dass sie an Agrafie litt, einer Beeinträchtigung der Schreibfähigkeit. Ihr war klar, dass Büroarbeit sie vor Probleme stellen würde, deshalb sah sie sich in anderen Tätigkeitsbereichen um, wie etwa in der Beschäftigungstherapie oder im Kunstunterricht an der Grundschule und in diversen Bereichen der spirituellen Bewegung. Im Jahr 1985, als sie und ihr damaliger Freund Kirkwood besuchten, überredete er sie, zusammen mit ihm im Programm für blinde Skiläufer als freiwillige Helferin mitzuarbeiten. Bei dieser Gelegenheit lernte sie die beiden Begründer des Programms kennen, einen langhaarigen Hippie namens Ron Salviolo und einen gut aussehenden Blinden namens Mike May.

Im Lauf der Unterhaltung, die sie während ihres Ausrittes in Kirkwood führten, erzählte Jennifer Mike von ihrer Lernbehinderung, ihrer Depression und ihrer Suche nach spirituellen Dingen, mit denen sie sich noch immer beschäftigte, obwohl manche sie als Quacksalberei abtaten.

„Ich tue das nicht ab“, sagte Mike.

„Was ist mit meiner Lernbehinderung? Ich kann nach wie vor nicht schreiben.“

„Ich kann nach wie vor nicht sehen. Na und?“

Die beiden ritten noch mehrere Stunden lang. Am Abend waren sie erschöpft und packten ihre Sachen, um nach Hause zu fahren. Jennifer fragte Mike, wie er zu dem Restaurant gekommen sei, in dem sie sich am Abend zuvor getroffen hatten. Er habe zuerst den Zug, dann einen Bus, dann ein Taxi genommen, erklärte er ihr.

„Du lieber Himmel!“, sagte Jennifer. „Wie lang war die Strecke?“

„Ungefähr 120 Kilometer“, antwortete Mike. „Nicht der Rede wert.“

„Ich fahre dich heim.“

Als sie bei Mike zu Hause ankamen, wollte sich keiner der beiden vom anderen trennen. Er lud sie zum Abendessen ein, und das Essen endete erst zu vorgerückter Stunde. Als Mike mit dem Abwasch fertig war, bat er Jennifer, über Nacht zu bleiben, und sie war einverstanden.

Am Montagmorgen trennten sich Mike und Jennifer schließlich. Ihr Freitagabend-Rendezvous hatte sich über zweieinhalb Tage erstreckt.

Danach konnten die beiden nicht genug voneinander bekommen. Die Zeit mit Mike bereicherte Jennifer von Anfang an. Viele Blinde, die sie kennen lernte, waren abhängig davon, dass Sehfähige sie betreuten, Stühle für sie suchten, ihnen das Glas füllten, an Büfetts die Teller für sie zurechtmachten.

„Ich bin nicht gerade von der schnellen Truppe, wenn es darum geht, dir Appetithäppchen zu besorgen", bemerkte sie bei einer Party zu Mike. „Ich hoffe, du hältst mich nicht für kaltherzig."

„Ich möchte keinen, der mich ständig umsorgt", sagte Mike. „Aber für ein gutes Fleischbällchen bin ich immer zu haben."

„Klar doch", sagte Jennifer, zog auf der Suche nach einem Fleischbällchen los, ließ sich durch ein interessantes Gespräch ablenken und vergaß Mikes Auftrag. Auch das gefiel ihm.

Mike und Jennifer verliebten sich immer mehr ineinander. Nur selten kam Jennifer in den Sinn, dass der Mann, mit dem sie ausging, blind war. Dennoch empfand sie hin und wieder Sehnsucht nach kleinen Dingen, deren Bedeutungslosigkeit sie sich stets von Neuem klarzumachen versuchte. Wenn sie sich zum Essen im Lokal verabredeten, war sie es, die die Tür aufhalten, den Tisch aussuchen, die Speisekarte lesen und ein Taxi rufen musste. Sie wusste, dass Mike ihre innere Schönheit sah, und sie kannte nichts Schöneres, als ständig von ihm versichert zu bekommen, wie toll sie aussehe. Aber hin und wieder hätte sie sich schon gewünscht, ihren Freund von ihrem Anblick hingerissen zu sehen. Stattdessen musste sie sich damit zufriedengeben, vor dem Spiegel zu stehen und Mike, während er sich rasierte, ihr Aussehen zu schildern.

„Mann, ich sehe in diesem Kleid richtig klasse aus", erklärte sie dann.

IM JAHR 1986 sah es so aus, als würden die Männer, die Finial Technology auf die Beine gestellt hatten, mit ihrem Laser-Plattenspieler Millionen verdienen können. Ende 1987 begannen ihre Träume, sich in nichts aufzulösen, und daran waren zwei Buchstaben schuld: CD.

Anfangs schien die Compact Disc noch keine große Bedrohung für Finial zu sein. Aber dann setzte die CD sich durch. Die Abspielgeräte kosteten nur ein paar Hundert Dollar im Unterschied zu den dreitausend Dollar, die die Herstellung eines Finial-Plattenspielers verschlang. In dem Maß, wie CDs an Verbreitung gewannen und in Massen produziert wurden, sanken die Produktionskosten. Und so ereilte Finial das Ende.

Jennifer hatte Mike noch nie so niedergeschlagen erlebt. „Das hat wirklich wehgetan", erklärte er ihr.

IM MÄRZ 1988 bereitete Mike sich darauf vor, unter Ausschaltung der ihm verbliebenen Sinneswahrnehmungen die Welt zu erobern.

Er und Salviolo hatten im Trendsport Skischnelllauf trainiert, wo es darum ging, ein hundert Meter langes Stück Steilhang so rasch wie möglich zu durchfahren: keine Tore, keine Kurven und Schwünge, einzig und allein Tempo. Sehende Konkurrenten waren mit einer Geschwindigkeit von über 150 Stundenkilometern gemessen worden. Blinde Wettbewerber gab es keine. Als Mike damit anfing, verstand er auch warum.

Die Teilnehmer trugen kompakte, geschweifte Helme, die die Ohren bedeckten und jedes Geräusch ausschlossen. Die Skier, die breiter und dicker waren als die für normale Abfahrtsrennen, schluckten die Bodenvibrationen, tilgten fast völlig das Gefühl von Verbundenheit mit der Erde. Die tiefe Hockstellung der Skiläufer verringerte nicht nur den Luftwiderstand, sondern auch die Bewegungsempfindung. Dass er in Bewegung war, wusste der sehende Skischnellläufer tatsächlich nur, weil er es sehen konnte. Der blinde Skischnellläufer, der so gut wie aller Sinnesempfindungen beraubt war, hatte das Gefühl zu schweben, während er mit einem Tempo fuhr, das ihn das Leben kosten konnte.

„Nicht hören zu können vermittelt mir ein Gefühl unvorstellbarer Hilflosigkeit. Alles in mir sträubt sich dagegen“, erklärte Mike Salviolo. „Es ist ein Gefühl, als wären Beine und Kopf voneinander getrennt. Von meinen anderen Sinneswahrnehmungen abgeschnitten zu sein ist für mich absolut grauenvoll.“

Mike und Salviolo montierten eine Funkverbindung an ihre Helme und bestückten Salviolos Skistock mit einem Mikrofon, sodass er Mike durch die hundert Meter lange Messstrecke dirigieren konnte. Aus aerodynamischen Gründen würde Salviolo diesmal hinter Mike fahren. Sobald Mike die Messzone verließ, würde Salviolo „Hoch mit dir!“ brüllen, und Mike würde sich aufrichten und sich der heftigen Bremswirkung des Luftwiderstands aussetzen.

Das Paar trainierte zwei Jahre lang. Anfang 1988 erfuhren sie von einem einwöchigen Wettbewerb, der im Skiort Les Arcs in den französischen Alpen stattfinden sollte; der Ort verfügte angeblich über die beste Skischnelllaufpiste der Welt. Als blinder Skiläufer war Mike von der Teilnahme am Wettbewerb ausgeschlossen. Er und Salviolo beschlossen, trotzdem hinzufahren, und zwar einzig und allein zu dem Zweck, ihren eigenen Weltrekord aufzustellen.

Heftige Schneefälle hinderten das Paar daran, die Abfahrt hoch oben auf dem Berg zu beginnen, eine entscheidende Voraussetzung für das Erreichen von Spitzengeschwindigkeiten. Am letzten Veranstaltungstag erreichten sie bei einem Trainingslauf ein Tempo von knapp hundert

Mike bei einem Spaziergang mit seinem Freund Bryan Bashin, dem Leiter der Blindengesellschaft in Sacramento

Mike liebt herausfordernde Sportarten wie Skirennen.

Stundenkilometern, die höchste je bei einem blinden Skiläufer gemessene Geschwindigkeit. Damit hatte er seinen Weltrekord, den ihm über Jahrzehnte niemand streitig machen würde. Als er nach Kalifornien zurückkehrte, versicherte ihm Jennifer, sie traue ihm alles zu.

DA FINIAL nun Geschichte war, konnte Mike sich niederlassen, wo er wollte. Er und Jennifer beschlossen, den Sprung nach San Francisco zu wagen; dort bezogen sie eine Wohnung in der Nähe des Golden Gate Parks und lebten in einem gemeinsamen Haushalt. Jennifer studierte Kunsttherapie, während Mike nach seiner nächsten unternehmerischen Chance Ausschau hielt. Eines späten Abends, Jennifer war von ihrer letzten Abschlussprüfung heimgekehrt, schenkte Mike ihr ein Glas Wein ein und bat sie, am offenen Kamin Platz zu nehmen.

„Heiratest du mich?“, fragte er.

„Ja, ich heirate dich“, sagte sie.

Sie hatten über eine Eheschließung noch nicht gesprochen, aber gingen schon lange mit dem Gedanken schwanger. Sicher, es gab auch Ärger zwischen ihnen: Jennifer schien unverbesserlich unordentlich, für einen Blinden mit Bewegungsdrang, der nicht ständig über liegen gelassene Schuhe stolpern wollte, eine kleine Katastrophe! Mike schien ständig auf Achse zu sein und machte manchmal Pläne für sie beide, ohne sich mit ihr abzusprechen. Aber das nahmen sie als lästige Begleiterscheinungen hin, als Reibungspunkte, mit denen jedes Paar sich abfinden muss, wenn es zusammenleben will. Die Motive, die sie bewogen, einander das Jawort zu geben, wogen weit schwerer.

ANFANG 1989 fragte Mikes Freundin Sheri bei ihm an, ob er und Jennifer Lust hätten, in ihr Haus in Ashland, Oregon, zu ziehen. Sie ging für ein Jahr ins Ausland und brauchte jemanden, der sich um ihre Hunde kümmerte. Die Miete war gering und die Aussicht von dem auf einem Hügel gelegenen Haus, das von einem vierzig Hektar großen Grundstück umgeben wurde, grandios. Sie verabschiedeten sich von ihren Familien, packten ihre Sachen und fuhren nach Oregon.

Ashland war nicht San Francisco. In der ersten Nacht ihres Aufenthalts ließen sie ein Tor offen und entdeckten beim Aufwachen, dass die Kühe ihres Nachbarn auf ihrem Rasen weideten. Von ihren Erfahrungen mit Pferden her wusste Jennifer, dass man Tiere durch Rufen verscheuchen konnte; also schickte sie Mike los, um die Kühe zu vertreiben.

„Ich kann nicht, ich bin nackt!“, erklärte ihr Mike.

„Schnell, du musst das machen!“, sagte sie.

Also ging Mike nur mit Hausschuhen an den Füßen hinaus und fing an, zu muhen und mit den Armen zu fuchteln. Keine der Kühe rührte sich von der Stelle. Sie glotzten ihn einfach an, während sich Jennifer in der Küche vor Lachen bog.

Bei einer anderen Gelegenheit hörten die beiden, während sie auf der hinteren Veranda ihren Morgenkaffee tranken, neben sich das unverkennbare Rasseln einer Klapperschlange. Da sprang Jennifer vom Stuhl auf, rannte auf die andere Seite des Hauses, packte eine Schaufel, kam zurückgerannt und trennte noch im Laufen der Schlange mit einem einzigen Schlag den Kopf ab. Sie brauchte einen Augenblick, um wieder zu Atem zu kommen.

„Mann“, sagte sie, „ich fasse es nicht, dass ich das getan habe.“

Solche Abenteuer erlebten die Mays während ihrer ersten Wochen in Oregon. Sie befreiten Ziegen, die in Zauntoren feststeckten, rutschten Hänge hinunter, die glitschiger waren als vermutet, und erlösten ein Reh, das sich beim Sprung in ihren Garten den Hals gebrochen hatte, von seinen Qualen.

Den Mays gefiel Ashland so gut, dass sie dort ein Haus kauften.

1991 gründeten Mike und ein blinder Freund aus Oregon ein Unternehmen, das sie Custom Eyes nannten und das PCs für Blinde vertreiben sollte. Sie glaubten sich imstande, Computer herzustellen und zu verkaufen, die sprechen, in Blindenschrift ausdrucken und Text in Gesprochenes konvertieren, kurz, einem Blinden rundherum nützlich sein konnten.

Custom Eyes erwies sich als Senkrechtstarter, und es ging kontinuierlich bergauf. Von Blinden überall im Land wurden die Computer schneller bestellt, als die Firma sie bauen konnte. Aber was den Käufern am meisten gefiel, war der Kundendienst, den Mike und sein Partner leisteten – ihre ebenso unbegrenzte wie kundenfreundliche technische Hilfestellung, das genaue Gegenstück zu den zweistündigen Wartezeiten am Telefon, die bei den großen Computerherstellern gang und gäbe waren.

Im Jahr 1992 kam Mikes und Jennifers erstes Kind zur Welt, ein Sohn, dem sie den Namen Carson gaben. In der Klinik ließ sich Mike von den Kinderschwestern zeigen, wie man Windeln wechselt und das Fläschchen fertig macht, und als sie wieder zu Hause waren, trug er Carson im Arm, badete ihn, ließ ihn Bäuerchen machen und tröstete ihn, wenn er nachts schrie. Am Tag, sogar während der Arbeit, trug er das Baby in einem Tragegurt auf der Brust, und zwar so, dass es ihm das Gesicht zuwandte. Er erzählte ihm Geschichten und berichtete ihm von seinen neuen Geschäftsplänen. Als Carson zu laufen anfing, setzte Mike all die Bewegungsmethoden ein, die er sich im Lauf seines Lebens angeeignet hatte, um mit dem Kind Schritt zu halten.

Custom Eyes gedieh zwar gut, aber Mike brauchte die Einnahmen, um das Unternehmen zu vergrößern und die Angestellten zu bezahlen. Das Geld wurde knapp. Mike reagierte allergischer auf Jennifers Unordnung – er konnte sich nicht mehr damit abfinden, dass er immer wieder Weingläser umstieß, die sie aus Unachtsamkeit mitten auf einem Schreibtisch hatte stehen lassen, oder dass er eine Dreiviertelstunde warten musste, während Jennifer vergeblich nach ihren Autoschlüsseln suchte. Immer häufiger fühlte sich Jennifer von Mike unter Druck gesetzt, der ständig weg, weg, weg wollte – auf Geschäftsreise, zu einer weiteren Wanderung, zu einer achtstündigen Autofahrt nach Kirkwood – und der zornig oder empört war, wenn sie Nein sagte. Sie machte keinen Hehl daraus, dass ihr die Art und Weise missfiel, wie er seinen Willen durchzusetzen suchte und so lange Druck ausübte, bis sie nachgab.

Für Mike war in Bewegung zu sein etwas Elementares. Und was sollte er tun? Er konnte nicht ins Auto springen und eigenhändig nach Kirkwood fahren. Zunehmend gewann Mike den Eindruck, dass ihm seine Ehe weniger den offenen Erfahrungshorizont erschloss, den er liebte, sondern vielmehr seinen natürlichen Bedürfnissen zuwiderlief. Auf Geschäftsreisen sonnte er sich in der Aufmerksamkeit, die ihm attraktive Frauen schenkten, die sich nicht über die Mühen des Einkaufens und der Kinderbetreuung beklagten. Er blieb Jennifer treu, aber begann doch, an der Haltbarkeit seiner Ehe zu zweifeln.

„Das funktioniert nicht“, erklärte Mike schließlich. „Ich glaube, wir müssen uns neu orientieren.“

Jennifer war sprachlos. „Du meinst Scheidung?“, fragte sie.

Scheidung bedeutete, dass der eine mit dem anderen nichts mehr zu tun haben wollte. Jennifer konnte es nicht fassen. Wie war es möglich, dass er mit ihr nichts mehr zu tun haben wollte?

„Wir sind nicht glücklich. Findest du nicht, dass es das Richtige wäre?“

„Nein, ich weiß, dass es nicht das Richtige ist“, erklärte Jennifer.

Ihre Stimme klang plötzlich auf eine Art gefasst und sicher, wie Mike sie noch nie gehört hatte. Sie verriet Jennifers felsenfeste Überzeugung, dass ihre Beziehung nicht am Ende war. „Wir müssen noch einiges lernen, Mike“, sagte sie. „Wir haben uns nicht grundlos füreinander entschieden. Wenn wir jetzt das Handtuch werfen, schaffen wir es nicht.“

„Aber so geht es nicht weiter.“

„Dann müssen wir daran arbeiten. Wir müssen zur Beratung gehen. Das mag unangenehm sein, aber es ist die Sache wert. Wir haben ein Ziel verfolgt, seit wir uns vor sieben Jahren kennen gelernt haben. Ich möchte das fortsetzen, egal wohin es uns führt.“

Die Beratungsgespräche als solche brachten wenig. Aber immerhin war das Ehepaar auf diese Weise genötigt, sich mit seinen Problemen auseinanderzusetzen und sie anzugehen.

Mike sah ein, dass er seine finanziellen Probleme und die mit Jennifer verquickt hatte. Er erkannte, dass er in seine alte Neigung zurückverfallen war, in Liebesangelegenheiten kurzen Prozess zu machen – eine Neigung, die er loszuwerden versucht hatte. Ihm wurde klar, dass er ungeheure Unruhe in das Leben seiner Frau gebracht hatte. Und er begriff, dass die lebendigen, unkomplizierten Frauen, die er auf seinen Geschäftsreisen kennen lernte, manchmal ebenfalls ihre Autoschlüssel verlegten und das Autofahren satthatten.

Sie beschlossen, sich fortan Mühe zu geben. Binnen ein, zwei Monaten war der Sturm vorübergezogen, auch dank dem wachsenden Erfolg von Custom Eyes. Mikes Einschätzung nach hatte das Unternehmen hervorragende Wachstumschancen, die aber nur zu realisieren waren, wenn es seinen Sitz nach Portland, die Hauptstadt von Oregon, oder nach Kalifornien verlegte. Sein Geschäftspartner indes wollte von einem Umzug nichts wissen. Mike war klar, dass er eine Entscheidung treffen musste.

1994 brachte Jennifer einen zweiten Sohn zur Welt, der den Namen Wyndham erhielt. Wo immer die Familie auftauchte, sah man Jennifer den einen Sohn und Mike den anderen tragen. Er mobilisierte alle ihm verfügbare Konzentration und Intelligenz, um mit den Kindern Schritt zu halten, wenn er mit ihnen in den Park ging; Josh, seinen Blindenhund, richtete er ab, ihm dabei zu helfen.

Nicht lange nach Wyndhams Geburt flog Mike nach Chicago, um an einer Tagung teilzunehmen. Im Flugzeug lernte er zufällig Jim Fruchterman kennen, den geschäftsführenden Direktor von Arkenstone, einer kalifornischen Firma, die Lesesysteme für Blinde herstellte. Als Fruchterman erwähnte, dass sein Unternehmen mit dem Gedanken spielte, ein Navigationssystem zu produzieren, das Blinden helfen sollte, sich unterwegs zu orientieren, horchte Mike auf. Gegen Ende des Fluges erklärte Fruchterman Mike, er suche nach einem stellvertretenden Leiter für die Verkaufsabteilung, und bat ihn anzurufen, wenn er sich entschließe, bei Custom Eyes auszusteigen.

Ein paar Wochen später flog Mike nach Kalifornien, um sich genauer zu informieren. Fruchterman machte ihm ein verblüffendes Angebot. Mike würde eine siebenköpfige Mannschaft bekommen, ein vierzig Händler umfassendes Vertriebsnetz und ein unbegrenztes Reisebudget. Und das Beste von allem war, dass Arkenstone beschlossen hatte, das „Projekt Navigationssystem" in Angriff zu nehmen. Mike dankte Fruchterman und erklärte, er werde die Sache mit seiner Frau besprechen.

Das Angebot war zu reizvoll, als dass Jennifer sich dagegen hätte sperren können. Die Aussicht freilich, Ashland verlassen zu müssen, wo die Familie in einer Bauernhof-Idylle lebte, aufs Tal blickte und ihre besten Freunde hatte, traf sie ins Mark. Dies war der Ort, an dem für immer zu bleiben sie und Mike sich gelobt hatten. Er erklärte ihr, das Navigationssystem sei eine grundlegend neue Perspektive. „Na, dann los!", sagte Jennifer.

Durch seine Arbeit bei Arkenstone kam Mike in der ganzen Welt herum. Jennifer hingegen litt unter dem einsamen Leben, das sie in San José, wohin die Familie gezogen war, führte. Nicht nur dass Mike oft unterwegs war, er hatte auch kein Ohr für ihre Sorgen, wenn er zu Hause weilte. Jennifer brauchte seine Zuwendung und Hilfe, aber irgendwie klappte es damit nie – er war einfach zu müde und zu beschäftigt, und dann war er wieder weg. Sie konnte spüren, wie sich Ressentiments und Ärger in ihr aufstauten.

Was Mike betraf, so bemühte er sich, seine Karriere voranzutreiben und die Lebensverhältnisse seiner Familie zu verbessern. Auch er fühlte sich erschöpft und hatte eher das Bedürfnis zu entspannen, als Besorgungen zu machen und einkaufen zu gehen – was Jennifer mit schöner Regelmäßigkeit von ihm verlangte, sobald er durch die Tür trat.

Erneut brachte Mike das Thema Scheidung zur Sprache. Und erneut erklärte ihm Jennifer, sie sei überzeugt, dass es noch nicht vorbei sei, dass sie beide noch einen gemeinsamen Weg vor sich hätten. Sie kamen überein weiterzumachen.

Nach einiger Zeit wurden Mikes Reisetermine weniger, und parallel dazu verringerten sich auch die Eheprobleme. Arkenstone hingegen, das

Unternehmen, das so viel für die Entwicklung eines Navigationssystems für Blinde getan hatte, beschloss, sein Engagement zu beenden. Mike setzte sich leidenschaftlich dafür ein, diesen Beschluss zu überdenken, aber er sah sich im Verwaltungsrat überstimmt. Das Navigationssystem erschien Mike nach wie vor wie ein phänomenales Produkt. Er unterbreitete Fruchterman einen Alternativplan. Er würde aus der Firma ausscheiden und sein eigenes Unternehmen gründen, und zwar auf Basis eines Lizenzvertrags für die bei Arkenstone entwickelte Software. Fruchterman gefiel die Idee, aber er wollte einen Geschäftsplan sehen. Mike machte sich an die Arbeit.

Die Familie, der es jetzt freistand, in eine ruhigere Umgebung zu ziehen, fand ein Haus im kalifornischen Davis, einer Universitätsstadt, die Mike von seinen ersten beiden Studienjahren her vertraut war und die in ihrer Freundlichkeit und Schlichtheit an Ashland erinnerte. Man schrieb April 1998. Mike wagte erneut den Sprung ins kalte Wasser – mit einem Gerät, das noch nicht in der Produktionsphase war.

Das passt zu mir, dachte Mike. Ich bin wieder da.

Kapitel sieben

Der Termin für den Eingriff, zu dem sich Mike angemeldet hatte, war nur noch drei Wochen entfernt, aber alle seine Gedanken richteten sich gen Osten. Ein Geschäftsmann in Colorado war bereit, eine große Summe in das Sendero-Projekt zu investieren. Mike ließ die Telefone heiß laufen, feilte an seinem Prospekt und nutzte die Pausen dazwischen, um ein bisschen Schlaf zu bekommen.

Wie stets fand er auch Zeit für seine Söhne, den siebenjährigen Carson und den fünfjährigen Wyndham. Die drei veranstalteten nach der Schule Ringkämpfe, durchforsteten das Internet nach Bildern von seltsam aussehenden Tieren, statteten sonntags dem Süßigkeitenladen einen Besuch ab und erzählten sich vor dem Schlafengehen endlose verschlungene Fortsetzungsgeschichten. Normalerweise ging Mike in diesen Aktivitäten auf, aber in letzter Zeit kam ihm dabei des Öfteren der Gedanke, wie es wohl wäre, wenn er sehen könnte. Er warf etwa die Frisbeescheibe und fragte sich dabei: Wüsste ich dann, dass Wyndham sie elegant gefangen hat, noch ehe er selbst es hinausposaunt? Oder er fuhr mit den Fingern über eine von Carsons Arbeiten aus dem Kunstunterricht und dachte: Wüsste ich dann auf den ersten Blick, warum diese Collage einen Schulpreis gewonnen hat?

Er und Jennifer hatten ihren Söhnen erzählt, dass ein Arzt in San Francisco ihrem Dad vielleicht dazu verhelfen konnte, dass er wieder sah, dass der Doktor dazu aber eine neue Art von Operation durchführen müsse, die vielleicht keinen Erfolg habe, und dass sich ihr Vater nicht sicher sei, ob er sie machen lassen wolle.

„Wie fändet ihr es, wenn ich sehen könnte?", fragte Mike die Jungen.

Sie wollten wissen, was sie davon haben würden: Könne er sie dann zu neuen Vergnügungsparks bringen, neue Sportarten mit ihnen betreiben, ihnen neue Fahrradtouren zeigen? Er war von ihrer Reaktion begeistert. Dann gab er warnend zu bedenken: „Ihr werdet nicht mehr so viel unbemerkt herumschleichen können, klar?" Und ihre besorgten Äußerungen klangen ihm süß in den Ohren, weil sie ihm verrieten, dass sie sich keineswegs um ihn sorgten.

Still und heimlich hielt der November Einzug in Davis. Es blieben Mike gerade einmal zwanzig Tage, um sich hinsichtlich der Augenoperation zu entscheiden. Als wäre die Zeit nicht schon knapp genug bemessen, musste er auch noch in zwei Tagen zu einer einwöchigen Geschäftsreise in die Schweiz aufbrechen.

Mike ging die Liste von Risiken durch, die mit dem Versuch, sein Sehvermögen wiederzuerlangen, verknüpft waren. Jennifer konnte nichts dagegen vorbringen. Sie stimmte ihm auch darin zu, dass Sendero sich in einer kritischen Phase befand und all seine Aufmerksamkeit verlangte. Sie räumte ein, dass Ehen Beziehungen seien, die fein ausbalanciert sein müssten und dass diese Balance durch plötzliche Veränderungen empfindlich gestört werden könnte. Sie erwähnte sogar scherzhaft die Liste von Gefahrenfaktoren, die Psychiater so gern ins Feld führten. „Die sagen, wenn man zwei von diesen Faktoren ausgesetzt ist, bewegt man sich auf gefährlichem Terrain", sagte sie. „Ich schaue mir unser Leben an und komme auf sechs … sieben … acht."

Mike lachte, aber er wusste, dass ihre scherzhafte Bemerkung ein Körnchen Wahrheit enthielt. Wenn überhaupt möglich, waren seine Bedenken in Bezug auf die Wiederherstellung der Sehfähigkeit in den letzten Tagen noch gewachsen, und zwar in dem Maße, wie er angefangen hatte, sich Gedanken über ein weiteres Risiko zu machen – eines, das ihn mit der Frage konfrontierte, wer er eigentlich war.

Jahrzehntelang hatte Mike in der Überzeugung gelebt, dass Blindheit etwas war, worauf man stolz sein konnte, dass ein Leben ohne Sehvermögen um nichts schlechter war, dass es immer Lösungen gab. Diese Überzeugungen bildeten den Kernpunkt seines Selbstverständnisses, das, was ihn zu Mike May machte. Was aber sagte es über ihn aus, wenn er nun der Sehfähigkeit hinterherhetzte, kaum dass ein Arzt ihm eröffnet hatte, dass sie erreichbar war, zumal sie auch noch solch große Risiken barg? Was verriet das darüber, wie er in Wahrheit seiner Blindheit gegenüberstand? Der Gedanke ließ ihn schaudern, dass er sich selbst belogen hatte, sowohl was seine Einschätzung des Sehvermögens als auch sein Bild von der eigenen Person betraf. Aber er konnte auch nicht umhin, sich an seine langjährige Überzeugung zu erinnern – dass, gleichgültig welches Bild ein Mensch von sich selbst hatte, letztlich nur das, was er tat, darüber entschied, wer er war.

Über die Frage, wer er war, begann Mike intensiv nachzudenken. Angesichts des möglichen Verlustes seiner Blindheit konnte er sich eine Welt vorstellen, in der zur Selbstverständlichkeit wurde, was vorher eine besondere Leistung war. So viel Wunderbares die Sehfähigkeit einem angeblich auch erschloss, sie machte einen zugleich zu einem gewöhnlichen Menschen, und Mike kam der Gedanke, dass er nicht unbedingt gewöhnlich sein wollte.

Und was geschah mit seiner Blindenwelt? Jahrelang hatte Mike einer Gemeinschaft blinder Freunde und Kollegen angehört. Dass er nach Sehfähigkeit strebte, kam ihm wie eine endgültige Trennung vor.

Und selbst wenn die Blindengemeinschaft ihm die Treue hielt, war sich Mike nicht sicher, ob er sich selbst würde treu bleiben können. Nach allgemeiner Einschätzung zählte das Sehvermögen zu den grundlegendsten Gaben im Leben der Menschen, die darüber verfügten. Er zweifelte nicht daran, dass die Fähigkeit zu sehen ihn verändern würde, aber wie, konnte er nicht einmal ansatzweise ermessen. Diese Risiken waren neu für Mike, es waren existenzielle Risiken.

„Das sind richtige Hämmer", erklärte er Jennifer. „Fügt man sie zu der Liste von Risiken, die wir schon aufgestellt haben, hinzu, kann einem wirklich angst und bange werden."

AM NÄCHSTEN MORGEN rief Mikes Schwester Diane an. „Dad ist gestorben", sagte sie. „Ich habe ihn in seiner Wohnung gefunden."

Mike hatte diesen Anruf seit Jahren erwartet, und doch konnte er kaum glauben, dass es passiert war. Der Alkohol hatte seinen Vater schon ein Dutzend Mal um ein Haar umgebracht, aber immer war er wieder auf die Beine gekommen. Mike hatte zu seinem Vater eine herzliche, aber nicht enge Beziehung unterhalten, doch als er den Hörer auflegte, tat er das mit dem Gefühl, dass er seinem Dad noch viel hätte sagen wollen und sein Vater keinen guten Zeitpunkt gewählt hatte, aus dem Leben zu scheiden.

„Mein Dad ist tot, dabei hatte ich mit ihm noch viel zu bereden", erklärte Mike Jennifer. „Es klingt merkwürdig ... aber ich wollte ihm von meiner Entscheidung berichten, was den Eingriff betrifft. Und falls ich es mache, wollte ich ihm erzählen, wie es ist, wenn man sehen kann."

Jennifer wollte wissen, wie es um seine Reise in die Schweiz stehe, die für den nächsten Tag geplant war. Er werde trotzdem fahren, sagte er, und nach der Rückkehr eine Gedenkfeier für seinen Vater abhalten.

Mike kehrte am 11. November 1999 aus der Schweiz zurück. Am nächsten Tag nahm er seine Gitarre mit nach Chico, einer rund 150 Kilometer von Davis entfernten Stadt, wo im bewaldeten Teil eines Parks die Gedenkfeier für seinen Vater stattfand. Die Gäste saßen auf Klappstühlen inmitten einer Baumgruppe. Ori Jean, die jetzt in Florida lebte, war nicht gekommen. Sie hatte zu ihrem Exmann seit Jahren keinerlei Kontakt mehr gehabt.

Mike hatte keine Ahnung, was er sagen konnte beziehungsweise welchen Verlauf die Feier nehmen würde. Er wusste nur, dass er innerlich aufgewühlt war von vielerlei Gefühlen – das Leben, die Frage der Sehfähigkeit, das Generationenverhältnis, der Fluss der Zeit beschäftigten ihn –, und er spürte, dass es richtig war, anstelle eines förmlichen Nachrufs diesen Gefühlen freien Lauf zu lassen. Er bat die Mitglieder der Familie, ihre schönsten Erinnerungen miteinander zu teilen, und als die letzte Geschichte erzählt war, trat Mike vor und ließ seinen Worten freien Lauf, so wie er seinen Vater losließ. Dieses verlorene Leben, sagte er, sei ein Weckruf, eine Mahnung an alle, die auf bessere Zeiten warteten, um ein Leben zu leben, das doch keinem ewig bleibe, jetzt zuzupacken.

Anschließend griff er zur Gitarre und sang ein Lied von Kathy Mattea, das „Seeds" betitelt war und das er liebte, weil es darin um den Unterschied ging zwischen denen, die träumen, und denen, die handeln.

Wieder daheim, bat Mike zwei Tage nach der Gedenkfeier für seinen Vater Jennifer, sich zu ihm zu setzen. Bis zum geplanten Eingriff waren es noch acht Tage. Er hatte die Fallgeschichten nach wie vor nicht gelesen, war immer noch nicht zu einer Entscheidung gelangt.

„Es ist Zeit, sich festzulegen, so oder so. Ich habe alle Faktoren aufgelistet und in zwei Spalten, Für und Wider, aufgeteilt. Die Spalte mit den Argumenten dagegen quillt über: Da sind die gesundheitlichen Risiken, die fünfzigprozentige Chance, dass der Eingriff erfolglos bleibt, die Gefahr, dass mir die Sehkraft ohne Vorwarnung wieder verloren geht, die Ungewissheit, wie gut ich werde sehen können, das Risiko für meine Lichtwahrnehmung, die Tatsache, dass ich niemanden kenne, der dasselbe durchgemacht hat, die Belastung für das Sendero-Projekt, die mögliche Belastung unserer Ehe, die Fragen, wer ich eigentlich bin, ganz zu schweigen davon, dass das Leben auch ohne Sehvermögen schon großartig ist."

Jennifer hörte einfach nur zu.

„Und dann sieh dir die Spalte an mit den Argumenten, die dafür sprechen, und da gibt es nur ein einziges. Und das ist meine Neugier. Es ist die Chance, zu erfahren, was es mit dem Sehvermögen auf sich hat. Und egal wie ich die Sache betrachte, dieser eine Faktor wiegt schwerer als der ganze Haufen von Gründen, die dagegen sprechen."

Monatelang hatte Jennifer Neutralität gewahrt, weil sie ihrem Mann den Freiraum lassen wollte, diese höchst persönliche Entscheidung ohne fremdes Zutun zu treffen. Jetzt klang er anders. Jetzt war er bei sich angekommen. „Ich finde, du solltest es machen", sagte sie. „Ich finde, du solltest die Sache in Angriff nehmen."

AM NACHMITTAG des folgenden Tages versammelte Mike seine Söhne am Küchentisch.

„Ich muss mit euch Jungs reden", sagte er. „Ihr wisst, dass ich überlege, eine Operation machen zu lassen, die mir vielleicht dazu verhilft, sehen zu können, stimmt's?"

„Stimmt."

„Also, ich habe jetzt lange darüber nachgedacht. Wie sich herausgestellt hat, ist es kompliziert. Es gibt viel dabei zu bedenken. Was ich toll finde, ist die Chance herauszufinden, was an dieser ganzen Geschichte mit dem Sehen dran ist. Könnt ihr euch was Interessanteres vorstellen, als sehen zu können, wie es ist, sehen zu können?"

„Stimmt, das muss cool sein", sagte Carson.

„Ja, dann kannst du uns mit dem Auto fahren!", sagte Wyndham.

„Ich werde die Operation also nächste Woche machen lassen. Ich weiß nicht, wie es laufen wird, aber nicht zuletzt ist das ja auch das Spannende an der Sache. Und das Schönste daran wird sein, es zusammen mit euch Jungs durchzustehen. Ihr zwei werdet mir doch dabei helfen, es durchzustehen, egal wie es läuft, oder?"

Carson und Wyndham musterten ihren Vater. Draußen war es hell. Zu Abend gegessen wurde erst in einer Stunde.

„Los, Dad, komm", sagten sie. „Werfen wir noch ein paar Körbe."

MIKE MAY war viel gereist und beim Kofferpacken nie von Nervosität befallen worden. Jetzt, in seinem Schlafzimmer, in der letzten Nacht vor dem ersten der beiden Eingriffe, die ihm das Sehvermögen wiedergeben sollten, ging ihm das Packen schwer von der Hand. Sorgenvolle Gedanken gingen ihm durch den Kopf: Werden Stammzellen verfügbar sein, wenn ich ins Krankenhaus komme? Warum lasse ich mir die Augen aufschneiden, wenn doch mein Leben in bester Ordnung ist?

Jennifer legte den Arm um ihren Mann und half ihm, seinen Koffer zu packen. Dann gingen sie in die Küche, um mit ihren Kindern zu reden. „Wir werden heute Nacht in Manpas Haus schlafen; es ist ganz nah bei der Klinik", sagte Jennifer und meinte damit das Haus ihres Vaters in Menlo Park. „Morgen früh hat Dad seine erste Operation."

„Ihr Jungs seid brav zu Grandma Ori Jean", sagte Mike. Seine Mutter war gekommen, um auf die Kinder aufzupassen. „Morgen Abend sind wir zurück. Ich werde wahrscheinlich mit all den Verbänden über dem Gesicht wie eine Mumie aussehen, also macht euch auf was gefasst."

Mike und Jennifer trafen am frühen Abend im Haus von Jennifers Vater ein. Um sechs Uhr am nächsten Morgen wurden sie im St Mary's Hospital in San Francisco erwartet. Sie gingen früh ins Bett, aber Mike konnte nicht einschlafen.

Am nächsten Morgen erreichten sie die Klinik früher als nötig. Während der Anmeldung erfuhren sie, dass tatsächlich Stammzellen zur Verfügung standen. Mike wurde für die Operation fertig gemacht.

Ein paar Minuten später betrat Dr. Goodman den Raum, begrüßte das Ehepaar und rekapitulierte noch einmal den bevorstehenden Eingriff. Als Erstes werde er die Bindehautzellen abschaben, die Mikes Hornhaut überwuchert hatten – die Zellen also, die sich ausgebreitet hatten, weil Mikes Stammzellen zerstört worden waren und deshalb nicht die Tochterzellen erzeugen konnten, die dafür sorgten, dass die Hornhaut durchsichtig blieb. Dann werde er, während Mike betäubt auf dem Operationstisch liege, vom äußeren Rand der Hornhaut des Spenders einen Gewebering abnehmen – den Ring, der die Stammzellen enthalte –, ihn auf Mikes eigener Hornhaut platzieren und dort mit einer Naht arretieren. Der heikelste Teil dabei sei, dass der Ring unter dem Mikroskop so weit abgeschabt werden müsse, dass er nicht mehr rund einen Millimeter, sondern nur noch ein Drittelmillimeter stark sei. Wenn alles gut gehe, könne der Eingriff in neunzig Minuten vorbei sein.

Dr. Goodman wünschte dem Ehepaar viel Glück und verschwand.

Der Eingriff verlief problemlos. Als Mike im Aufwachraum erwachte, hatte er Schmerzen, und ihm war übel.

Dr. Goodman kam ein paar Minuten später ins Zimmer. „Es ist toll gelaufen, Mike“, sagte er. „Die Sache sieht gut aus.“ Es werde drei oder vier Monate dauern, bis die transplantierten Stammzellen genügend Tochterzellen produzierten, um die Hornhautoberfläche zu überziehen und für die künftigen Tochterzellen das Terrain zu bereiten. Sobald das geschehen sei, könne eine neue Hornhaut in Mikes Auge verpflanzt werden, die dann geschützt und rein erhalten werde. Er unterwies Jennifer darin, wie sie die postoperativen Medikamente verabreichen müsse, und ermahnte Mike, den Nephrologen aufzusuchen, den er ihm empfohlen hatte.

„Die Hälfte ist geschafft“, sagte Dr. Goodman. „Jetzt heißt's weiter die Daumen drücken.“

Kurz nach der Operation fuhr Jennifer Mike nach Sacramento zu seinem Termin beim Nephrologen, einem Facharzt für Funktionen und Erkrankungen der Nieren. Dr. Goodman hatte Mike dahin überwiesen, weil Nephrologen sich besser als Augenärzte auf den Einsatz immunsuppressiver Medikamente verstehen, um Abstoßungsreaktionen bei Transplantationen zu verhindern.

Der Arzt hielt sich nicht mit Plaudereien auf. Mike werde Cyclosporin nehmen müssen, um zu verhindern, dass sein Körper die neuen Stammzellen abstieß, wie auch die neue Hornhaut, die er in ein paar Monaten bekommen sollte. „Bei einem so massiven Medikament wie Cyclosporin besteht die Gefahr von Nebenwirkungen“, sagte er. „Die müssen Sie in Betracht ziehen.“ Der Arzt zählte die Risiken in der Reihenfolge ihrer Gefährlichkeit auf: Appetitlosigkeit, Durchfall, Zittern, Übelkeit, Erbrechen, Haarausfall, erhöhte Anfälligkeit für Erkältungen und Grippe, hoher Blutdruck, steigender Cholesterinspiegel, erhöhtes Infektionsrisiko, Geschwüre, Nierenversagen, Leberversagen. Und dann: Krebs.

Mike und Jennifer waren von Dr. Goodman bereits über diese Risiken informiert worden. Aber sie hatten seine Informationen beiseitegeschoben. Mike brachte nur die Frage heraus: „Wie hoch sind die Chancen, dass ich die ... ernsthaften Nebenwirkungen kriege?"

„Das ist schwer zu sagen. Die Leute, die ich behandle, sind gewöhnlich schwer krank – bei ihnen müssen entscheidende Organe transplantiert werden, ihr Leben steht auf dem Spiel. Wenn sie dann tatsächlich erkranken, fällt es schwer, zu sagen, was aufs Konto der Arzneimittel geht und was auf ihre bereits existierende Krankheit zurückzuführen ist. Aber diese Leute sind in einer anderen Situation als Sie. Die Risiken sind für sie vertretbar, weil sie sich in Lebensgefahr befinden. Sie hingegen sind die Gesundheit in Person."

Der Arzt schrieb ein Rezept aus und gab Mike Termine für die Kontrolle seiner Blutwerte. Auf der Heimfahrt drehte sich die Unterhaltung um die Frage, wie es möglich war, dass sie die Ernsthaftigkeit der Risiken nicht zur Kenntnis genommen hatten. In den folgenden Tagen fragten sie sich immer wieder, ob es wirklich lohne, den Tod zu riskieren, um sehen zu können. Stets endeten die Gespräche auf die gleiche Weise: Mike erklärte Jennifer, er habe gewichtige Gründe dafür gehabt, die Sache in Angriff zu nehmen, und diese Gründe hätten sich nicht geändert. Und dann sagte er noch: „Ich kneife nie."

VIER MONATE blieben bis zu Mikes zweiter Operation. Er nutzte die Zeit, um sich auf das Sendero-Projekt zu konzentrieren und die Firma und das Produkt auf ein Frühjahrsdebüt bei einer der wichtigsten Leistungsschauen des Landes für Behindertentechnik vorzubereiten. In einem stürmischen Schlussspurt mit dem Ziel, den Prototyp seines Navigationssystems marktfertig zu machen, schob er jeden Gedanken an die Augenoperation – wie auch an praktisch alles andere – beiseite.

Eine Woche vor dem zweiten Eingriff – er hielt sich mit Salviolo in Telluride auf, um Ski zu fahren – reagierte sein Körper auf das Cyclosporin mit Zittern und Übelkeit. Er riss sich zusammen und schaffte es am letzten Ferientag vor der Operation bis oben auf den Berg. Dort stand er und machte sich klar, dass er diesen seinen geliebten Sport, diese seine geliebte Welt vielleicht nie wieder auf diese besondere Weise erleben würde, die seit seinem dritten Lebensjahr seine Bestimmung, sein Dasein gewesen war – diese blinde, herrliche, einzige Weise.

Das könnte es gewesen sein, dachte er. Bei Gott, es hat Spaß gemacht.

Am nächsten Tag in der Morgendämmerung meldete sich Mike zu seinem zweiten Operationstermin im St Mary's Hospital. Er beschäftigte sich nicht damit, sich bereits innerlich von seiner Blindheit zu verabschieden oder sich anderweitig Gedanken darüber zu machen, welch einschneidende Veränderung ihm vielleicht bevorstand – er wusste, es würde Wochen dauern, bis man über das Ergebnis Bescheid wusste. Man schrieb Montag, den 6. März 2000. Bis zu der großen Technikschau waren es nur noch zwei Wochen.

Dr. Goodman verpflanzte die Spenderhornhaut – sie stammte vom jungen Opfer eines Motorradunfalls – ohne Probleme. Als Mike aufwachte, war sein Auge bandagiert, aber Übelkeit wie nach der ersten Operation verspürte er nicht.

„Ich weiß, Sie sind sehr beschäftigt, Mike", sagte Dr. Goodman, „aber für zehn Minuten müssen Sie mich morgen in meiner Praxis besuchen, damit ich mich davon überzeugen kann, dass alles bestens ist."

Am nächsten Morgen kamen Mike und Jennifer in Dr. Goodmans Praxis. Eine Krankenschwester führte Mike zu einem Untersuchungsstuhl in einem kleinen Raum. Jennifer nahm ein, zwei Meter entfernt auf einem Hocker Platz.

Dr. Goodman kam herein und ging zum Waschbecken. „Guten Morgen", sagte er und wusch sich die Hände. „Wie ist die Nacht verlaufen? Irgendwelche unguten Reaktionen auf die Schmerzmittel?"

„Nein, diesmal ist alles prima gelaufen", sagte Mike. „Ich habe gut zu Abend gegessen und die ganze Nacht geschlafen."

„Ausgezeichnet. Schauen wir uns die Nähte an."

Dr. Goodman zog das Pflaster vorsichtig und zentimeterweise ab, damit Mike nicht vor Schmerz zurückzuckte, und hob dann die Gazebäusche ab, mit denen er das Augenlid bedeckt hatte. Mikes Auge blieb geschlossen; dass die Umgebung keine empfindliche Rötung aufwies, war ein gutes Zeichen. Mike erwartete, Dr. Goodmans Anweisungen für einen Verbandswechsel und die Säuberung der Wunde zu hören. Aber plötzlich redete Dr. Goodman gar nicht über einen Verbandswechsel, sondern tat etwas Seltsames und wollte etwas nicht minder Seltsames wissen, denn er zog mit Daumen und Zeigefinger das Augenlid hoch und fragte: „Können Sie ein kleines bisschen was sehen?"

WUMM! WUSCH! OOHHHH ...

Ein Sturzbach weißes Licht ergoss sich jäh in Mikes Auge, in seine Haut, sein Blut, seine Nerven und seine Zellen, es war überall, war um

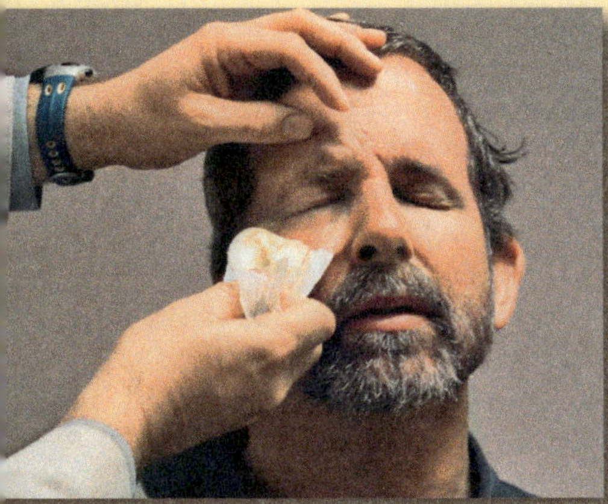

Nach der Operation entfernt Dr. Goodman die Bandage von Mikes Auge.

Zum ersten Mal seit seiner Kindheit sieht Mike sich in einem Spiegel.

Gemeinsam mit seinen Söhnen Wyndham und Carson erforscht Mike, was er mit der neu gewonnenen Sehfähigkeit zu erkennen vermag.

ihn herum und in ihm drin, in seinen Haaren, auf seinem Atem, im nächsten Zimmer, im nächsten Gebäude, klebte an Dr. Goodmans Stimme, an seinen Händen, war sagenhaft hell, aber tat nicht weh, und es stürzte auf ihn ein und umrauschte ihn, aber ohne sich zu bewegen, war ständig in Bewegung, war regungslos, kam von nirgendwoher – wie konnte etwas von nirgendwoher kommen? –, alles war weiß, und nun fragte Dr. Goodman erneut: „Können Sie irgendetwas sehen?“, und ein Lächeln breitete sich auf Mikes Gesicht aus, und er sagte: „Heiliges Kanonenrohr! Das kann ich tatsächlich!“, und diese Worte ließen Jennifers Herz schneller schlagen und schnürten ihr die Kehle zu, und sie flüsterte „O mein Gott!“ in sich hinein.

Und jetzt, nach einer Sekunde Licht, fing die Helligkeit an, eine Struktur zu gewinnen – konnte er sie anfassen? –, und eine Sekunde später hörte sie auf, von allen Seiten auf ihn einzustürzen, und jetzt schien sie von einer Stelle zu kommen, aus der Richtung des summenden Geräusches über seinem Kopf, und einen winzigen Augenblick wandte sich Mikes Geist von dem Licht ab, um sich daran zu erinnern, dass das Summgeräusch in einer Arztpraxis von Leuchtstoffröhren kam, und eine Sekunde danach war es auch nicht mehr nur Licht, vor seinem Gesicht war ein heller Umriss, der die Zimmertür sein musste, weil er gehört hatte, wie sie sich dort schloss, und um ihn herum waren Wände, das wusste er, weil das Licht von der Seite anders war als das Licht von oben, und warum es anders war, brauchte er nicht lange zu überlegen, er wusste einfach, dass die Farbe anders war – Farbe! –, seine alte Freundin Farbe, da war direkt vor ihm Farbe, und sie war eingeschaltet, er musste nicht eigens sein Gehirn zurate ziehen und darüber nachdenken, die Farbe war einfach da, und er kannte sie und konnte sie aufrufen, wann immer er wollte, und links von ihm befand sich jetzt ein schwarzer Klecks, während sich rechts eine neue Art von Weiß an seinem Arm entlangbewegte, Dr. Goodmans Kittel, das musste Dr. Goodmans Kittel sein, und – nicht zu glauben! – der schwarze Klecks links wurde schärfer und bekam Umrisse und Kanten, er wurde zu etwas, das mehr war als Farbe und mehr als Licht, er war ein Ding, er musste zur Apparatur gehören, weil Dinge in Arztpraxen Apparate sind, und da er nun wusste, dass es ein Apparat war, konnte er unter dem schwarzen Objekt eine silbrig schimmernde Linie erkennen, und das ergab einen Sinn, er war mit diesem Ding bereits früher in Berührung gekommen, und jetzt wusste er, was es war: der metallene Arm, der den Apparat trug, mit dem Dr. Goodman während der Untersuchungen in die Augen hineinsah, er konnte jetzt sehen, dass es der Arm war, er konnte es jetzt sehen.

Dr. Goodman bewegte sich nun, jeden Augenblick war er woanders, sein weißer Kittel hob sich als Streifen gegen die dunklen Wände ab, und dann trat Dunkles aus Dr. Goodman heraus, oben an ihm und an seinen Seiten – sein Kopf und seine Hände! –, Kopf und Hände genau da, wo sie hingehörten, seine Hände wieder anders gefärbt, nicht weiß, aber ähnlich wie weiß, und als Jennifer sich in Richtung ihres Mannes bewegte, konnte Mike spüren, wie sein Adrenalin sich meldete, um seine Arbeit zu tun und ihm mitzuteilen, dass etwas Überwältigendes passierte, etwas Erhabenes und Ungeheures, aber sein Instinkt ließ nicht zu, dass er sich solch einem Überschwang hingab, erlaubte ihm nicht zu sagen, was ihm in der Kehle steckte – „O Himmel, es ist so weit!" –, weil er fühlte, dass er nicht gleichzeitig seine Aufmerksamkeit auf seine Gefühle und auf diese neue Welt richten konnte, dass die Bilder verschwinden würden, wenn er anfing zu denken, dass die Bilder, um da zu sein, mehr brauchten als sein Auge, dass sie seine ganze Person in Anspruch nahmen, und er wusste, dass er diese Bilder nicht aus dem Auge verlieren wollte, selbst wenn das bedeutete, dass er die Glücksgefühle, die unter der Oberfläche brodelten, vorerst am Ausbruch hindern musste.

Über Jennifers Wangen begannen Tränen zu rinnen. Sie musste ihrem Mann nahe sein, und als sie seinen Stuhl erreichte, beugte sie sich vor, legte ihre Hände auf seine Knie, und neigte sich ganz nah zu ihm hin, um ihm in die Augen zu sehen. „Hallo Schatz!", sagte sie.

Bei diesen Worten sah Mike eine leuchtende, üppige, gesättigte Farbe, die von unterhalb der Stimme seiner Frau kam, einen Lichtblitz von einer Million Kerzenstärken, anders als alle anderen Lichtformen im Zimmer, und sein Herz raste, weil er von irgendwoher den Namen für dieses Licht kannte, das von Jennifer kam, weil er spontan wusste, warum es in Verbindung mit ihr so herrlich aussah.

„Das ist Blau", sagte er sich. „O Himmel, das ist Blau."

Eine Sekunde später tauchten im Raum um den blauen Fleck andere Umrisse auf, von denen er wusste, dass sie der Oberkörper, die Arme, die Beine, die Hände, der Hals und der Kopf Jennifers sein mussten. Dies war seine Frau. Dies war seine schöne Frau. Sie musste heute einen blauen Pullover angezogen haben.

Er sah nach ihrem Gesicht oberhalb des Blaus, und da war es, genau dort, wo es sein sollte, rosafarben und anders als das Blau, und eine perfekte Form, das Gesicht seiner Frau, die Gestalt seiner Frau, ihr Gesicht, und er musste mehr sehen, also konzentrierte er sich darauf, dass über dem Gesicht das Haar sein musste, und er neigte den Kopf nach hinten, und da war eine andere, neue Farbe, ein weiches Weiß, nicht wie das Neonlicht darüber, ein Weiß mit etwas Gelb darin, und tausend frühe Obsessionen und Jugendträume wallten in ihm auf, während er dachte: So sieht also Blond aus.

Mike lenkte den Blick wieder zurück auf Jennifers Gesicht. Alles war dort, wo es sein sollte, ihre Augen, Ohren, Nase, Mund, alles. Er fand ihre Augen, und sie fand seines, und Jennifer wusste, dass er sie sehen konnte, sie wusste es, weil sein Auge nicht herumirrte und wegdriftete oder sonst was tat, außer sie anzublicken, und sie sah zum ersten Mal, dass sein Auge, befreit von dem blauweißen Narbengewebe, das ihn blind gemacht hatte, von einem tiefen, schönen Braun war – die Farbe, die das Auge vor dem Unfall gehabt hatte.

Dr. Goodman rieb Mikes Schulter und kämpfte mit den Tränen. Mike wollte mehr von Jennifer. Er beugte sich näher zu ihr hin und kniff das Auge zusammen, um besser sehen zu können.

„Oha", sagte Jennifer. „Du machst vielleicht ein komisches Gesicht."

Ein Lächeln erhellte Mikes Gesicht. Er griff nach ihren Schultern und fand sie auf Anhieb und zog Jennifers Lippen an seine heran.

Er küsste seine Frau. Sie lachten, während sie sich umarmten.

„Kannst du mein Gesicht sehen?", fragte Jennifer.

Mike konnte sehen, wie ihre Wangen sich zusammenzogen und wölbten. Gewölbte Wangen, das wusste er, bedeuteten ein Lächeln.

„Ich kann dich lächeln sehen", sagte er.

„Oh, toll!", schrie Jennifer leise auf. „Oh, das ist unglaublich."

Mike musste mehr von diesem Lächeln sehen. Instinktiv freilich verlangte es ihn ebenso sehr danach, das Lächeln zu berühren, wie es zu sehen. Er hob die Hände und schob sie in die Richtung von Jennifers Gesicht. Er strich mit seinen Fingern an ihren gewölbten Wangen entlang. So als hätte jemand in seinem Gehirn einen Kontakt hergestellt, erschloss sich ihm in diesem Augenblick Jennifers Lächeln auf eine Weise, wie es das kurz zuvor, als er nur geschaut hatte, noch nicht getan hatte.

„Donnerwetter!", sagt er.

Da entdeckte Mike etwas über Jennifers Schulter, das schimmerte. „Was ist da drüben, auf der anderen Seite des Zimmers?“, wollte er wissen.

„Das ist ein Spiegel“, antwortete Dr. Goodman. „Wollen Sie mal reinschauen?“

Mike stand von seinem Stuhl auf und ging zielstrebig auf das schimmernde Objekt zu. Er hatte sich das letzte Mal mit drei Jahren gesehen.

Vor dem Spiegel beugte er sich vor, bis er nur noch etwa dreißig Zentimeter entfernt war. Einen Augenblick lang sah er nur eine dunkle Masse, aber diese Masse organisierte sich rasch zum Bild eines Mannes, einschließlich rosa Klecks, wo das Gesicht zu sein hatte, und dunklen Flecken, wo Haare und Bart hingehörten.

Der Kerl sieht groß aus, dachte er. Aber ich bin ihm zu nah. Ich dringe in seine Privatsphäre ein. Das ist zu intim. Das sollte ich nicht machen, wenn andere zusehen.

„Oje, was für ein hässlicher Kerl!“, scherzte er laut.

„Was siehst du?“, fragte Jennifer. „Siehst du deinen Bart?“

„Ich kann meine Backen sehen, wie sie sich wölben“, sagte Mike und deutete auf sein Gesicht. „Meinen Bart, dunkles Hemd ...“

„Das ist Marineblau“, sagte Jennifer.

Mike starrte weiter. Er wollte den Spiegel berühren, hatte aber immer noch das Gefühl, seinem Gegenüber zu nahe zu treten.

Das bin ich, sagte er sich. Nur zu. Ist schon in Ordnung.

Er streckte die Hand aus und berührte das Spiegelbild. Obwohl er wusste, wie Spiegel funktionieren, fand er es doch überraschend, nach einem menschlichen Wesen zu greifen und stattdessen Glas zu berühren, und war sprachlos, dass jemand so echt aussehen konnte – ebenso echt wie Jennifer wenige Augenblicke zuvor ausgesehen hatte – und doch irgendwie absolut flach war.

Mike ging zu seinem Stuhl zurück, wo Dr. Goodman eine Untersuchung begann, die vielleicht zehn Minuten lang dauerte. Er inspizierte Mikes Auge, das gesund wirkte. Dann trat er vor Mike hin, hielt einige Finger der rechten Hand hoch und bat Mike, sie zu zählen. Wie alles, was Mike im Zimmer erblickte, sah er auch die Finger scharf und nicht verschwommen. Die Vorstellung von Verschwommenheit konnte Mike verstehen, weil er Dinge kannte, die sich bei Berührung verschwommen, konfus anfühlten.

„Ich sehe drei Finger“, sagte er.

„Das ist richtig“, erklärte Dr. Goodman. „Ausgezeichnet.“

Dr. Goodman gab Anweisungen zur Pflege des Auges und schärfte Mike ein, es vor Schlägen und Stößen zu schützen. Jennifer, die immer noch von Staunen erfüllt und halb benommen war, bekam nur die Hälfte seiner Anweisungen mit. Mike beobachtete das Gesicht des Arztes, einen rosa Klecks mit wenig Details, und ihm war klar, dass er nicht perfekt sah. Und doch war das Augenlicht etwas so Aufregendes, so Unverhofftes, so allgegenwärtig und aufwühlend, dass es ihm gar nicht in den Sinn kam, sich Gedanken über die Zukunft seiner Sehfähigkeit zu machen. Er wusste nur, dass es eine Zukunft gab und dass in dieser Zukunft alles möglich war und es immer einen Weg gab.

Dr. Goodman erklärte, sie seien hiermit entlassen. Mike hätte ihm gern angemessen gedankt, aber er hatte nichts weiter im Kopf als den Wunsch, hinaus auf die Straße zu stürzen und alles anzuschauen. Stattdessen nutzte er seine Sehkraft, um Dr. Goodmans weißen Kittel zu finden, trat auf den Arzt zu, umarmte ihn und sagte: „Danke, Dan.“

IM EMPFANGSBEREICH blieb er schon nach einem einzigen Schritt jäh stehen. Was für ein grandioser Ort war das? Welche herrlichen Dinge umgaben ihn hier? Farben und Gestalten leuchteten ihm von überall her entgegen, geschäftige Menschen liefen durcheinander, die Dinge schienen selbst darüber zu entscheiden, wie groß sie sein wollten. Er drehte den Kopf hin und her, ließ sein Auge die Pracht des Wartezimmers in vollen Zügen genießen. Er deutete auf den Boden. „Schau dir diese Formen an! Sieh nur, diese Farben! Sind sie auf dem Teppich?“

„Sie sind das Teppichmuster“, sagte Jennifer.

Mike sah, dass im Wartezimmer Leute saßen. Alle saßen still da, und keiner schien im Mindesten aufgeregt. Er konnte nicht glauben, dass sie einfach dasaßen und diesem Teppich keine Beachtung schenkten – wie konnte jemand einfach dasitzen, während sich solch ein Teppich ereignete?

Jennifer lenkte Mikes Augenmerk auf die Flurtür. Wieder konnte er sie mit dem Auge perfekt wahrnehmen, auch wenn er feststellen musste, dass er Hörreize wie das Echo zu Hilfe nahm, um ihre Entfernung abzuschätzen. Im Flur verlagerte sich sein Augenmerk auf einen farbigen rechteckigen Klecks an der Wand.

„Was ist das?“, fragte er.

„Das ist ein Gemälde“, sagte Jennifer.

Mike ging zur Wand und beugte sich vor, bis sein Auge etwa dreißig Zentimeter von dem Bild entfernt war. Das Grün in dem Gemälde hielt er für Gras oder Bäume, und das Blau für den Himmel. Aber was die anderen Farben beziehungsweise Gestalten bedeuteten, wusste er nicht zu sagen, und auch nicht, ob er auf Glas oder Leinwand blickte. Er verspürte den unwiderstehlichen Drang, das Gemälde zu betasten, und fuhr mit den Händen über die Oberfläche. Augenblicklich wurde ihm klar, dass er auf eine Leinwand blickte, die jetzt auch wie eine Leinwand aussah. Aber darüber, welche Objekte das Bild zeigte, verriet ihm die Berührung nichts; sie ließ ihn im Unklaren, ob es sich bei dem roten Klecks in der Mitte um eine Kaffeetasse, einen Fuchs oder eine Scheune handelte, und einen Augenblick lang kam er sich ziemlich dumm vor – natürlich konnte man ein Objekt nicht durch Berührung erkennen, wenn das Objekt gar nicht wirklich da, sondern nur ein auf die Leinwand aufgebrachter Klecks Farbe war.

„Was ist auf diesem Bild?“, fragte er.

„Es ist ein Druck mit einer Naturszene“, antwortete Jennifer. „Man sieht Gras, Bäume, einen Bach, eine kleine rote Brücke und eine Sonnenblume. Siehst du die Sonnenblume? Sie ist braun und gelb.“

Das Braun und Gelb gewann plötzlich für Mike mehr Sinn. Dennoch hatte er immer noch das Gefühl, die Sache berühren zu müssen, um sie richtig sehen zu können.

Wo immer Mike sich hinwandte, stieß er auf neue Wunder, und über alle befragte er Jennifer.

„Ist die blaue Stelle dort ein Durchgang?“

„Ja.“

„Was ist das für eine blaue und rote Form, die so leuchtet?“

„Ein Notausgang-Schild.“

„Sind das da weitere Bilder an der Wand?“

„Ja.“

„Ist das da eine Person … da auf der Tür?“

„Das ist das ‚Frauen‘-Symbol für die Damentoilette.“

„Sind das da Zahlen auf der Tür?“

„Ja.“

Der Lift war vielleicht dreißig Meter von Dr. Goodmans Praxis entfernt. Nach fünf Minuten hatten sie noch nicht einmal die Hälfte des Weges zurückgelegt. Mike wollte alles sehen, alles wissen, alles berühren. Jennifer kam gar nicht nach, seine vielen Fragen zu beantworten.

Sie beobachtete ihn, wie er ganz nah an die Dinge herantrat, und bemerkte, dass er Objekte am besten sah, wenn sie sich stark von ihrem Hintergrund abhoben, aber sie dachte sich nichts dabei – er lernte eben zu sehen.

Jedes Mal wenn Mike etwas Neues sah, stand er vor einer herrlich schweren Entscheidung: Sollte er weiter hinschauen, oder sollte er sich dem nächsten faszinierenden Anblick zuwenden? Ungeachtet seiner Erregung scheute er sich nach wie vor, seine Gefühle zur Kenntnis zu nehmen.

Schließlich erreichte Mike das Ende des Flurs. Dort sah er ein großes silbernes Rechteck und daneben zwei runde Formen. Mit breitem Grinsen streckte er die Hand aus und drückte auf den unteren Kreis, der mit seinem hellen weißen Licht den Finger beleuchtete und Mikes Verdacht bestätigte: Das hier war ein Lift.

Er und Jennifer fuhren darin hinunter und gingen dann zum Ausgang des Gebäudes. Er richtete seinen Stock aus, sie stieß die Tür auf, und … WUSCH!

Strahlend blaue, grüne, rote, gelbe Flächen überzogen die frische Luft, die seinen Körper umwehte, mit einer ganz anderen Leuchtkraft, als er sie im Gebäude erlebt hatte. Objekte in der Form von Puzzlestücken, lodernd von Licht und Farbe, fielen kaleidoskopartig in sein Auge ein, gleichzeitig aus nächster Nähe und aus kilometerweiter Entfernung, jedes von ihnen auf die Erde, in den Himmel und überallhin gestanzt.

Dunkelheit tauchte unter seinen Füßen auf, ein Grau, dem er mit dem Auge nach vorn folgte, bis plötzlich der Boden hell wurde, aber immer noch grau war. Er sann einen Augenblick darüber nach, wie der Boden in zwei so verschiedenen Grautönen erscheinen konnte, und begriff, dass er – na klar! – im Schatten des Gebäudes stand.

„Wir sind im Schatten“, verkündete er.

„Stimmt haargenau“, sagte Jennifer. „Großartig, Mike.“

„Überall ist Farbe“, sagte Mike und wandte den Kopf nach oben. „Ist das eine strahlende Helligkeit! Ich kann es gar nicht erwarten, das gemeinsam mit den Jungs zu erleben.“

Mike griff nach Jennifers Schulter, streckte seinen Stock vor und marschierte los. Obwohl er die Bilder der Objekte nur eines nach dem anderen verarbeiten konnte – so, als würden ihm Dias vorgeführt –, war es bei den Dingen, die sich bewegten, doch so, dass ihre Bewegung sanft und natürlich erschien, ob es sich nun um einen fliegenden Vogel oder um Bäume handelte, die sich im Wind wiegten. Diese bewegten Dinge ließen sich leicht wahrnehmen, so als wären sie Farben.

An den Kreuzungen mussten sie vom Gehsteig auf die Straße wechseln. Jennifer bestätigte ihm, dass die weißen Streifen unter seinen Füßen einen Übergang für Fußgänger markierten. Kamen sie auf die andere Straßenseite, zeigte Mikes Stock ihm einen Bordstein an, aber wenn er nach unten sah, nahm er keinen Höhenunterschied des Gehsteigs zur Fahrbahn wahr, sondern nur einen Schatten, der eine leicht andere Farbe hatte als die Fahrbahn.

Das wird noch besser, tröstete er sich.

„Kannst du den Himmel sehen?“, wollte Jennifer wissen.

Mike blickte nach oben. Er versank in einem Blau, das so kräftig und allumfassend war, dass er nichts weiter herausbrachte als: „Ich seh ihn.“

„Du lächelst“, sagte sie.

Einen Augenblick später sah Mike nach vorn und erblickte ein hellrotes Objekt, ähnlich den Autos, die er hatte vorbeifahren sehen – nur war es größer. Er wusste sogleich, dass dies ihr Wagen sein musste. Er ging darauf zu, packte den Türgriff und stieg ohne Hilfe ein.

Während Jennifer in ihrer Tasche nach einer Sonnenbrille suchte, drehte Mike den Kopf so weit nach links, dass er sie mit seinem funktionierenden Auge erfasste.

„Du bist schön“, sagte er und nahm ihre Hand.

„Vielen Dank“, sagte sie. „Du auch.“

Jennifer fuhr die Straßen entlang, die zur Autobahn führten. Wo Mike hinsah, erblickte er Verkehrszeichen, deren Farben ihn freilich mehr faszinierten als ihre Botschaft. Er fand es toll, wenn bei den Autos die Bremslichter aufleuchteten, und er sorgte sich um Fußgänger, die an Kreuzungen zu dicht vor ihrem Wagen die Straße überquerten. Wie merkwürdig erschien es ihm, aus diesem Auto heraus so viel zu sehen und doch nichts davon berühren zu können!

Jennifer erreichte die Auffahrt zur Autobahn, trat aufs Gaspedal und reihte sich in den Verkehr ein. Mike wurde angst und bange – Autos in allen Formen und Größen rasten, drängelten rings um den Wagen, bewegten sich mit einer Geschwindigkeit, die das Tempo, über das sich Mike in der Stadt Gedanken gemacht hatte, weit übertraf, rasierten ihrer Großraumlimousine fast die Stoßstangen ab, während sie Fahrbahnwechsel vollzogen, die absolut unnötig wirkten – wieso blieb Jennifer so ruhig?

„Sag mal, Jen, warum hast du gerade die Fahrbahn gewechselt?“, fragte Mike. „Es war doch gar kein Auto vor uns!“

„Ein paar Kilometer weiter stockt der Verkehr immer“, sagte sie. „Ich wollte mich rechtzeitig in die richtige Spur einordnen.“

Das gab Mike reichlich Stoff zum Nachdenken.

Mike fand schön, wie sich draußen die Dinge bewegten. Fahrbahnmarkierungen flogen vorbei, während sich rechts Straßenschilder wie auf einem Fließband ablösten. Autos kamen so nahe, dass Mike den Eindruck hatte, er könne sie berühren, und mehr als einmal ertappte er sich dabei, wie er die Hand nach ihnen ausstrecken wollte, ehe sein Gehirn seiner Hand „Ausgeschlossen!“ meldete.

„Jen, Vorsicht, das war knapp!“, rief er, als ein kleiner Wagen dicht vor ihnen einschwenkte.

„Möglich, dass ich die erste Ehefrau bin, die je so etwas äußert“, bemerkte Jennifer, „aber es ist herrlich zu hören, wie mein Mann meinen Fahrstil kritisiert.“

Als sie über die Bay Bridge fuhren, konnte Mike das Wasser unter ihnen sehen; dass es Wasser war, verriet ihm die Art und Weise, wie es sich bewegte und schimmerte. Er stellte Jennifer zahllose Fragen – nach den weißen Flecken in der Bucht, nach einem schwimmenden Baukran, nach der Stadt jenseits der Straße. Jetzt war er wieder der Siebenjährige, der Ori Jean bat, ihm alles zu beschreiben, was sie von genau dieser Brücke aus sah, ohne zu ahnen, dass sie an nebligen Tagen Antworten erfand, um seine Wissbegier zu befriedigen.

Auf einer anderen Brücke wollte Mike von Jennifer wissen, ob es sich bei den Objekten in der Mitte der Autobahn um Büsche handelte.

„Nein, das sind Pfeiler“, sagte sie. „Sie sind zu regelmäßig und eckig, um Büsche sein zu können. Büsche haben unregelmäßigere Formen.“

Mike speicherte die Information *Büsche sind unregelmäßiger* ab. Und er starrte staunend auf die Fetzen von Sonnenlicht, die wie ein Morsecode durch das graue metallene Tragegestänge der Brücke blitzten. Niemand hatte ihm je etwas von gebrochenen Lichtstrahlen erzählt.

Am Anblick der anderen Autos konnte er sich gar nicht sattsehen. Es gelang ihm mühelos nachzuvollziehen, wie sie beschleunigten oder ihre Fahrt verlangsamten. Aber wenn ein Auto seinem Blickfeld entschwand und er seine Aufmerksamkeit einem anderen zuwandte, dauerte es fünf bis zehn Sekunden, ehe er das neue Auto visuell „verstand“, bis er wirklich erfasst hatte, worum es sich handelte. Und er hatte die vage Ahnung, dass er sehr, sehr lange brauchen würde, ein Auto als solches zu erkennen, wenn es jemand an einer Stelle platzierte, wo er es nicht erwartete – sagen wir, in einer Baumkrone.

Er fing an, sich verschiedene Autotypen einzuprägen, um sie wiedererkennen zu können. Er suchte nach typischen Merkmalen – offene Kleintransporter hatten im Unterschied zu Personenwagen lange, flache Hinterteile, während Großraumlimousinen im Vergleich zu Kleintransportern eher quadratisch wirkten –, und bald schon beeindruckte er seine Frau mit seiner Fähigkeit, die Typen der Fahrzeuge zu benennen, die zusammen mit ihnen ostwärts fuhren.

Als Nächstes bemühte sich Mike darum, Verkehrsschilder zu lesen. Bei den an einem Pfahl befestigten Schildern entlang der Straße erschien das hoffnungslos – sie waren zu klein und flogen zu rasch vorbei. Die großen grünen Autobahnschilder, die über den Köpfen hingen und sich quer über die Fahrbahn erstreckten, wirkten vielversprechender. Mike beobachtete, wie die grünen Schilder näher kamen. Er wusste, dass Dinge größer aussahen, je näher sie heranrückten, aber aus seiner Sicht wurden die Schilder bei der Annäherung nur deutlicher und detaillierter erkennbar, nicht aber größer.

Bevor Mike sich freilich an die Lektüre machen konnte, musste er sich erst einmal davon überzeugen, dass ihr Wagen unter den Schildern durchpasste und nicht in sie hineinraste – bis zum letzten Augenblick machte jedes der Schilder für ihn den Eindruck, direkt auf der Straße zu stehen. Als er sicher sein konnte, dass Zusammenstöße nicht zu befürchten waren, konzentrierte er sich darauf, sie zu lesen. Aber das Auto war immer schon unter dem Schild durchgefahren, bevor es ihm gelang, die Buchstaben zu erkennen.

Bei Lastwagen hatte Mike weniger Mühe mit dem Sehen. Mit Jennifers Hilfe konnte er erkennen, dass es sich bei den riesigen Formen, die an den Seiten der Anhänger aufgemalt waren, um Buchstaben handelte, selbst wenn er nicht gleich erkennen konnte, welche Buchstaben es waren. Den visuellen Eindruck, den der Lastwagen vermittelte, im Gedächtnis zu behalten, fiel ihm leichter. Der große gelbe Anhänger mit den schwarzen Buchstaben war, wie Jennifer ihn informierte, ein Ryder-Mietlaster. Der rote mit den verschlungenen weißen Buchstaben an der Seite transportierte Coca-Cola. Informationen dieser Art nahm sein Gedächtnis mühelos auf.

„Das ist sagenhaft“, erklärte er Jennifer. „Es macht mir so viel Spaß.“

Sie erinnerte ihn daran, dass die Tropfen für die Tränendrüsen fällig waren, die Dr. Goodman ihm verschrieben hatte und die er halbstündlich anwenden musste. Mike fand die Flasche, legte den Kopf zurück und drückte. Glitzernde Kleckse spritzten auf sein Auge zu, klatschten nass und kalt auf, und einen Augenblick lang erschien alles verwischt, ehe sich die Dinge wieder normalisierten.

Sie ließen staunend die Ereignisse des Tages Revue passieren: Erst eine Stunde war es her, dass sie nichts weiter als einen simplen Verbandswechsel erwartet hatten, und jetzt konnte er sehen. Sie überlegten, was sie anders gemacht hätten, wäre ihnen klar gewesen, dass heute *der* Tag war. Er hätte, erklärte Mike, seine Söhne mitgenommen, damit sie das Erlebnis mit ihm teilen könnten, hätte für die Freunde und die Familie eine Party gegeben und irgendeinen kernigen Ausspruch vorbereitet, wie ihn Neil Armstrong parat hatte, als er den Mond betrat.

Was sie betreffe, sagte Jennifer, hätte sie andere Kleider angezogen. „Etwas Helles, Farbiges, Aufreizendes. Zum Beispiel einen richtig engen gelben Pullunder, so etwas in der Art."

Mike grinste wie ein kleiner Junge. Und er war gerührt – er konnte einen Hauch Nervosität in ihrer Stimme erkennen, wie sie laut über ein eindrucksvolleres, weniger alltägliches Outfit nachdachte.

Mike hatte Jennifer bislang noch nicht genauer angesehen. Sein funktionierendes Auge befand sich auf der dem Fahrersitz abgewandten Seite, und er fand es unziemlich, sich herumzudrehen und sie anzustarren. Gleichzeitig war er auch nicht besonders erpicht darauf, sich selbst zu beschauen; er beließ es bei einem gelegentlichen Blick auf die Muster seiner Hose und seines Hemdes. Die genauere Selbstbetrachtung verschob er auf später, wenn er allein war.

In der Gegend von Napa bemühte sich Mike, das schöne Hügelland zu erkennen, das er Leute hatte bewundern hören. Er fand die Hügel auf Anhieb, dunkle Massen, die sich in den blauen Horizont hoben. Er war überrascht, so viel Natur zu sehen – er hatte sich vorgestellt, dass die Autobahn von mehr Bauten und Industrieanlagen umgeben war. Aber kilometerweit sah er nichts als grasbewachsene Hügel, in deren Hänge ab und an eine rote Scheune gestanzt war, und das erschien ihm herrlich, so viel Natur an einem Ort, der doch als so betriebsam galt.

Hinter Napa fing Mike an, sich müde, geradezu erschöpft, zu fühlen. „Ich muss meine Augen zumachen", erklärte er Jennifer.

Langsam schlossen sich seine Lider. Sofort überkam ihn ein Gefühl großer Erleichterung. Es hat etwas Unerbittliches, dachte er bei sich. Es ist faszinierend, aber ich bin fix und fertig.

Mike schaffte es nicht, seine Augen lange geschlossen zu halten. Trotz seiner Erschöpfung konnte er die Vorstellung nicht ertragen, dass er sich etwas vom Leben entgehen ließ. Er schaute weiter.

Ein halbe Stunde später bog Jennifer in die Ausfahrt nach Davis ab. Bis nach Hause waren es nur noch fünf Minuten. Mike sah sich um und erblickte die Stadt, in der er aufs College gegangen war und in der er sich niedergelassen hatte, um seine Kinder großzuziehen. Er konnte es nicht erwarten, seine Söhne zu begrüßen, die in einer Stunde aus der Schule heimkommen würden. Dabei ging ihm auf, dass er sich die ganze Zeit über danach gesehnt hatte, seine Söhne endlich sehen zu können, ohne sich ein einziges Mal zu fragen, wie sie wohl aussehen mochten.

Jennifer bog in die Auffahrt ein. Plötzlich wurde Mike klar, dass er im Begriff stand, seine Mutter zu sehen, die auf die Jungs aufgepasst hatte; die Frau, die an ihn geglaubt hatte, die ihm erlaubt hatte, im Hinterhof ihres Hauses seinen eigenen, 27 Meter hohen Amateurfunkmast aufzustellen, obwohl sie wusste, dass er dabei zu Schaden kommen konnte; in einer Minute würde er ihr sagen, dass alles gut gelaufen war.

Kapitel acht

Mike holte seine Reisetasche aus dem Kofferraum und ging ins Haus. Als er die Küche betrat, raste ein gelber Wirbelsturm auf ihn zu. Ehe er auch nur die Arme hochreißen konnte, um den Aufprall abzufangen, prallte der Sturm gegen sein Bein und … begann seine Hand zu lecken.

„He, Josh!“, sagte Mike zu dem Hund. „Ich bin froh, dass du es bist!“ Mike kniete sich hin und sah seinem Hund ins Gesicht. Im Sonnenlicht glänzte Joshs goldenes Fell. Mike strich Josh über Kopf und Körper. Sofort verwandelte sich das, was er vor sich sah, von einer unbestimmten goldgelben Masse in ein eindeutig als Hund erkennbares Wesen.

„Ich sehe dich, Josh“, sagte Mike.

Mike hörte, wie sich jemand leichten Schrittes näherte, und spürte eine Hand auf seiner Schulter. Als er aufstand, konnte er eine weiße Mähne sehen und wusste, es war der Haarschopf seiner Mutter. Er trat auf sie zu und streckte die Arme nach ihr aus. „Es geht mir gut, Mom“, sagte er. „Ich kann sehen.“

Einen Augenblick lang hielt Mike Ori Jean in den Armen, dann trat er einen Schritt zurück. Er sah sie an und dachte: Sie sieht klein aus. Erneut starrte er auf den weißen Haarschopf, der ihr rosiges Gesicht umrahmte. Er konnte sehen, dass sie leicht nach vorn gebeugt stand.

„Ich bin alt“, sagte Ori Jean lächelnd.

Einen Augenblick lang schwiegen beide. Dann drückte Mike sanft ihre Hände. „Danke für alles, Mom“, sagte er.

Carson und Wyndham würden in Kürze aus der Schule nach Hause kommen. Jennifer ging ihnen entgegen. Mike beobachtete durch das Küchenfenster, wie sie hinter dem Zaun verschwand.

„Genießt du es?“, fragte Ori Jean.

„Es ist unglaublich“, sagte er, unverwandt aus dem Fenster blickend.

Ein paar Minuten später sah Mike das Zauntor aufgehen. Zwei kleine Menschen mit blondem Haar sprangen in den Garten; der eine trug ein langärmeliges dunkelgrünes Hemd und hatte einen Stock in der Hand, der andere hatte ein buntes kurzärmeliges Hemd an und schwenkte einen Schulranzen. Mike war vor Aufregung fast außer sich – er konnte es gar nicht erwarten, seine Kinder zu berühren, ihnen alles zu berichten, zu sehen, wie sie sich bewegten, ihnen zu schildern, wie der Verband abgenommen worden war, ihnen von dem Gedränge auf der Autobahn zu erzählen. Er stieß die Tür auf.

„Hallo!“, sagte er und breitete die Arme aus.

„Tag, Dad!“, sagten sie, ließen ihre Sachen fallen, sausten an Mike vorbei und die Treppe hinauf, um spielen zu gehen. Er hatte nicht einmal Gelegenheit gehabt, ihre Gesichter anzuschauen. Ori Jean und Jennifer brüllten vor Lachen, aber am lautesten lachte Mike selbst. Er ging an den Fuß der Treppe und rief nach oben: „He! Ich kann sehen! Kommt wieder runter! Ich möchte euch Jungs mal näher ansehen!“

Carson kam zuerst herunter. Er setzte sich am Esszimmertisch auf Mikes Knie, grinste und blickte in das neue braune Auge seines Vaters. Mike näherte sein Gesicht dem seines Sohnes bis auf wenige Zentimeter. Ihm war immer erzählt worden, Carson habe dunkelblaue und Wyndham blassblaue Augen, und er wollte sehen, was es mit diesen Blautönen auf sich hatte.

Carson hielt seinem Vater zuliebe still, was diesem erlaubte, die Farbe der Augen zu studieren, ein Blau, das sich sowohl vom Marineblau als auch von der Farbe des Himmels unterschied, ein lebendiges, warmes Blau, ein Carson-Blau. Während ihre Nasen sich fast berührten, starrte Mike unentwegt seinem Sohn in die Augen und bestaunte den Lichtschimmer, der auf der Farbe tanzte. Er hatte immer wieder von funkelnden Augen gehört, in Carsons Augen aber konnte er es sehen, hier ein Blitzen und dort ein Zwinkern, mit jedem Blinzeln ein etwas anderes Auge, ein Auge, das wirkte, als bewege es sich, um mit seinem in Verbindung zu treten.

„Dein Blau spricht“, sagte er.

Normalerweise betastete Mike nicht die Gesichter anderer Leute – das war ihm zu intim und zudringlich –, aber das hier war sein Sohn, der auf seinem Schoß saß, und so fuhr er Carson durchs Haar, zog ihn an den Ohrläppchen, strich ihm über die Nase. Auch hier schien die Berührung wieder das visuelle Bild zu stimulieren und leichter fasslich zu machen. Jetzt konnte er erkennen, dass Carsons Haar von einem einheitlicheren Blond war als das von Jennifer und dass seine Gesichtszüge so fein waren, wie sie sich immer angefühlt hatten. Dann machte Mike eine Entdeckung. „Carson, du hast ja Sommersprossen“, sagte er.

Jennifer konnte nur mit Mühe die Tränen zurückhalten.

Mike war nie gesagt worden, dass Carson Sommersprossen hatte. Er betrachtete die braunen Punkte, versuchte sie zu ertasten, spürte aber nichts als Haut und fand sie wunderschön, weil sie zu seinem Sohn gehörten. Er kam sich als der glücklichste Mann der Welt vor, weil es ihm vergönnt war, nach sieben Jahren, in denen er seinen Sohn über alles geliebt hatte, noch etwas Weiteres zu finden, was er an ihm bewundern konnte.

Carson lächelte seinen Vater an. In seinem Mund blitzte es weiß auf – fast ganz weiß.

„He!“, sagte Mike. „Da drin ist eine Lücke!“

„Da fehlt mir ein Zahn!“, sagte Carson.

Mike legte seinen Finger auf die Lücke, während Ori Jean im Hintergrund lachte.

„Carson, geh rauf und hol ein paar von den Bildern, die du gezeichnet hast“, bat Mike. „Ich möchte mir so gern deine Kunstwerke ansehen.“

In dem Moment, als Carson vom Schoß seines Vaters herunterkrabbelte, kam Wyndham angesaust. Sofort wandte sich Mike Wyndhams Augen zu, die einen helleren, weicheren Farbton als die seines Bruders hatten. „Das ist also Blassblau", sagte Mike. „Deine Augen sind bildschön, Wyndham."

Mike wandte sich Wyndhams Haar zu, das so blond war, dass es fast so weiß aussah wie das von Ori Jean. Er konnte es kaum fassen, dass all seine Familienangehörigen als blond bezeichnet wurden, obwohl ihre Haare doch so verschiedenfarbig waren.

Mike strich mit den Händen über Wyndhams Gesicht. Er suchte nach Sommersprossen, fand aber keine.

„Du hast keine Sommersprossen", sagte er.

„Nee!", erwiderte Wyndham.

„Also gut, lauf nach oben und hol ein paar interessante Sachen, die du mir zeigen kannst."

Wyndham sprang vom Schoß seines Vaters und schoss die Treppe hinauf, wobei er fast mit Carson zusammenstieß, der mit einer Ladung selbst gemalter Bilder und Bilderbücher heruntergesaust kam.

„Hier ist ein Bild, das ich gemalt habe", sagte Carson.

Mike beugte sich vor und hielt sein Auge nahe an das große Zeichenblatt. „Das ist toll, Carson", sagte er. „Es hat richtig schöne Farben – das Gelb ist grandios. Aber was stellt es dar?"

Carson nahm die Hände seines Vaters, wie er es immer tat, wenn er ihn etwas sehen lassen wollte, und strich mit ihnen über die Buntstiftzeichnung. „Der gelbe Teil ist eine Blume", sagte er.

Er zeigte Mike andere Zeichnungen – von einem steinernen Mann, einem Kürbis und einem Gesicht. Mike konnte keines der Motive erkennen. Carson störte das nicht.

Nachdem er ihm seine Malereien gezeigt hatte, legte Carson ein großformatiges Bilderbuch mit Tieren auf den Küchentisch. Er schlug das Buch auf der ersten Seite auf. „Weißt du, was das ist?", fragte er.

Mike betrachtete das Bild. Er konnte den Umriss und die Farben erkennen, und das Bild erschien ihm auch scharf, aber was es darstellte, konnte er nicht sagen.

„Es ist ein Tier", half Carson nach.

Mike suchte nach Beinen und fand nach ein paar Sekunden gleich aussehende Körperteile, die aus einer Hauptmasse herausragten. „Also, es hat offenbar vier Beine, demnach könnte es ein Hund sein", sagte er.

„O nein", sagte Carson und schüttelte den Kopf. „Das ist ein Bär."

„Wieso ist es ein Bär? Woran erkennt man den Unterschied?", wollte Mike wissen.

„Es ist dick, es hat kurze Ohren … und, äh … einen dichten Pelz.“

Mike betrachtete das Foto. „Also gut, stimmt, ein bisschen was davon kann ich sehen.“

Wyndham gesellte sich zu ihnen an den Tisch. „Was ist das hier?“, fragte er und blätterte mehrere Seiten weiter.

Wieder konnte Mike das Tier nicht erkennen, nicht einmal, dass es überhaupt ein Tier war. Er brauchte mehrere Sekunden, um herauszubekommen, welcher Teil des Bildes das Tier darstellte und was zum Hintergrund gehörte. Am meisten aber machte ihm zu schaffen, dass die Tiere irgendwie platt auf der Seite ausgebreitet erschienen, und das gab ihm Rätsel auf, weil er bis dahin Objekte ausschließlich dreidimensional erlebt hatte.

„Ich weiß nicht, was das hier ist“, sagte Mike. „Ist es eine Katze?“

„Nein!“, sagte Wyndham. „Das ist ein Elefant!“

Carson zeigte ihm den Rüssel, den dicken Bauch und die großen Ohren und erklärte, es handle sich um eine Seitenansicht des Elefanten. Mike begriff das nicht – in seiner Vorstellung konnte man von einem Elefanten, der im Profil gezeigt wurde, nur ein Ohr sehen, während auf diesem Bild auch ein Teil des anderen Ohrs sichtbar war.

Die Jungen zeigten ihm ein anderes Tier. Mike suchte angestrengt nach Anhaltspunkten, die ihm Aufschluss geben konnten, worum es sich handelte; er überlegte, warum auf einem Teil des Bildes etwas Langes, Schmales und auf einem anderen etwas Runderes und Fülligeres zu sehen und warum beides braun gefleckt war. Schließlich äußerte er eine Vermutung. „Ist das eine Giraffe?“, fragte er.

„Ja!“, riefen die Jungen lachend. Mike freute sich, das Richtige getroffen zu haben. Aber er verspürte die ersten Anflüge von Enttäuschung über seine Sehfähigkeit – warum konnte er die Giraffe nicht einfach sehen? –, und ihm schoss der Gedanke durch den Kopf, dass dies nicht die Art sein konnte, wie Menschen im Normalfall sahen – so viel Anstrengung konnte das nicht erfordern. Einen Augenblick lang überlegte er, wie lange er wohl brauchen würde, bis er in dieser Hinsicht besser wurde.

Die Jungen rasten nach oben, um noch mehr Sachen zu holen und ihm zu präsentieren: Legofiguren, Comicbücher, Modellautos, einen Basketball – alles, was sie auftreiben konnten. Mike sah sie gern rennen. Bewegung zu beobachten fiel dem Auge leicht. Von Fröhlichkeit getragene Bewegung war ein schöner Anblick.

Kurz darauf wollten die Jungen wissen, ob Mike lesen könne. Sie fanden ein Buch mit großen Buchstaben auf dem Umschlag und legten es vor ihn hin. Mike betrachtete den ersten Buchstaben. Er wusste, wie sich Buchstaben anfühlen, weil er bei seinen Kindern aus Holz geschnitzte Buchstaben betastet und vor Jahren ein Optikon benutzt hatte, einen Apparat, bei dem sich aus einem Feld von 144 Nadeln unter dem Finger einer Hand erhabene Buchstaben bildeten, während der Benutzer mit der anderen Hand einen optischen Sensor über eine Druckseite bewegte.

„Das ist ein P", sagte er.

„Stimmt", sagte Carson. „Und was ist das hier?"

„Ist das ein R?"

„Nein, das ist ein A!"

Die nächsten drei Buchstaben erkannte Mike. Aber als er beim letzten Buchstaben, einem Y, angekommen war, hatte er die ersten drei schon wieder vergessen. Er brauchte eine ganze Minute, um das Wort „Party" zusammenzubringen. Ihn verblüffte, dass ein einfaches Wort zu lesen so viel Anstrengung erforderte. Aber er hielt sich mit diesem Gedanken nicht lange auf. Er war zu sehr mit der vergnüglichen Aufgabe beschäftigt, seinen Kindern als neues Lieblingsspielzeug zu dienen.

Nun machten Carson und Wyndham sich daran, Mike die Welt draußen vorzuführen. Sie schlugen einen Spaziergang durch den Schulhof und zum Einkaufszentrum an der Universität vor, eine Besichtigungstour, die neben anderen Sehenswürdigkeiten auch Fluffy's, ihre geliebte Bäckerei, einschloss. Die Familie zog sich Jacken an und bedankte sich bei Ori Jean dafür, dass diese sich ums Abendessen kümmerte.

Die Jungen rannten voraus, auf der Suche nach Dingen, die sie ihrem Vater zeigen konnten. Obwohl sieben und fünf Jahre alt, waren sie praktisch gleich groß. Mike konnte die beiden jedoch leicht an der Farbe ihrer Kleider und an Wyndhams weißblondem Haar unterscheiden.

Das Schulgelände kannte Mike von tausend Spaziergängen in- und auswendig, und als er sich nach den Toiletten umsah, erblickte er an genau der Stelle, an der er es erwartet hatte, ein Gebäude mit zwei bunten Türen. „Da sind die Toiletten!"

Er wusste, dass die Picknicktische aus Beton etwa dreißig Schritte nach rechts stehen mussten. Er blickte in die Richtung und sah graue Kreise und Rechtecke. „Da sind die Picknicktische!"

Als sie um die Ecke bogen, strebte Mike auf den niedrig hängenden Ast zu, vor dem die Kinder ihn jedes Mal warnten. Ehe sie ein Wort herausbrachten, duckte er sich unter ihm weg, ohne seinen Schritt zu verlangsamen.

„Wow! Cool!", riefen die beiden Jungen.

Während sie die Straße entlanggingen, deutete Carson nach oben und fragte: „Dad, weißt du, was das ist?" Mike sah ein rotes Schild über Carsons Kopf.

„Das ist wahrscheinlich ein Schild mit dem Namen der Straße."

„Nein! Es ist ein Stoppschild."

Mike stand völlig überrascht da. Stoppschilder waren doch gelb! „Von wegen", sagte er. „Du veräppelst mich."

„Wirklich, Dad!", sagte Wyndham.

„Und wo sind die gelben Stoppschilder?", fragte Mike.

„Es gibt keine!", riefen die Kinder und lachten quietschvergnügt.

Mike konnte es nicht fassen. Ein Leben lang hatte er geglaubt, Stoppschilder seien gelb. Gelb war ihm immer als die leuchtendste – und deshalb sicherste – Farbe erschienen. Schulbusse waren gelb, seine Schülerlotsenkelle aus der vierten Klasse war gelb. Folglich mussten auch Stoppschilder gelb sein.

Mike war noch damit beschäftigt, Rot und Stoppsignal in Einklang zu bringen, da stieß er schon auf das nächste seltsame Objekt. Er berührte es und erkannte es auf Anhieb als einen Hydranten. Aber der Hydrant war gelb. „Ich dachte, Hydranten wären rot!", rief er.

„Viele von ihnen sind rot", erklärte Carson. „Aber manchmal sind sie gelb."

Da wartet noch viel Arbeit auf mich, dachte Mike.

Den restlichen Spaziergang war er damit beschäftigt, die vielen Fragen zu beantworten, mit denen die Jungen ihn bombardierten. Sie wollten wissen, ob er hier die Zeitungsverkaufsbox, dort das Tankstellenschild, da drüben die roten Beeren sah. Alles war faszinierend für Mike, staunenswert, neu. Aber es stürmte auch von allen Seiten und alles auf einmal auf ihn ein, und als sie sich wieder ihrem Zuhause näherten, sehnte er sich danach, hineinzugehen und sich von der Aufregung zu erholen, an einem Ort zu sein, wo er die Augen schließen konnte.

Seit Stunden hatte Mike nichts mehr gegessen; er war daher bereit, beim Abendessen richtig zuzulangen. Er betrachtete die farbigen Teller, die vor ihm standen, und versuchte, sich darüber klar zu werden, ob es sich bei ihren Mustern um Essen oder um Dekoration handelte. Er fand seine Gabel und stieß sie in Richtung des größten Objekts, weil er annahm, dass dies der Hackbraten war, dessen Duft er bei der Zubereitung bereits gerochen hatte. Als er in Kontakt damit kam, wusste er, dass er sich nicht getäuscht hatte. Er führte einen Bissen zu seinem Mund und fragte sich: Wie habe ich gezielt, als ich noch nicht sehen konnte?

„Bitte, Dad, kann ich noch etwas Milch haben?", fragte Wyndham.

Mike sah sich um und fand ein Objekt, das sich als Kandidat für die Milchtüte anbot. Er streckte die Hand danach aus, nahm die Milchtüte auf und reichte sie seinem Sohn.

„Meine Güte", flüsterte Jennifer. „Das war unglaublich."

ALS DIE JUNGEN im Bett waren, beschlossen Mike und Jennifer, ebenfalls schlafen zu gehen. Mike wartete, bis Jennifer mit ihrer Abendtoilette fertig war, und ging dann seinerseits ins Badezimmer. Er schaltete das Licht ein und fing an, sich im Spiegel zu betrachten. Jetzt, wo er allein war, konnte er sich richtig anschauen.

Er trat näher heran, und der Mann, der ihn aus dem Spiegel ansah, wurde deutlicher sichtbar und in den Details genauer wahrnehmbar. Mike bewegte sich rückwärts, und der Mann im Spiegel war wieder unschärfer. Eine Minute lang spielte er mit diesem wandlungsfähigen Gesellen, bewegte sich vorwärts und rückwärts, bis er den Mut fand, sich richtig vorzubeugen und genau hinzuschauen, woraufhin ihm eine Vielzahl von Einzelheiten auffiel. Hautflecken, Falten, Sommersprossen, ein Leberfleck, das Grau in seinem Bart – all das erschien ihm unglaublich intim und persönlich. Wenn er diese Spuren in seinem Gesicht lesen konnte, dann konnten das andere auch, überlegte er. Die Vorstellung machte ihm zu schaffen, dass sich all die Jahre hindurch so viel von ihm den Leuten offen dargeboten und über ihr Wohlgefallen oder Missfallen ihm gegenüber entschieden hatte.

Mike ging ins Schlafzimmer. Auf dem Bett sitzend, hielt Jennifer seinen Hinterkopf und führte die andere Hand an sein Auge, um das Medikament einzuträufeln. Dann umschlangen sie einander zärtlich. Einer von beiden sagte: „Was für ein Tag. Wer hätte gedacht …" Aber noch ehe der Satz zu Ende war, schliefen beide bereits tief und fest.

EINE REIHE von vertikalen Linien lag in Mikes Blickfeld, als er am Morgen aufwachte. Er wusste, dass er an die Decke schaute, und überlegte deshalb, was eine Linienzeichnung an einer Zimmerdecke zu suchen hatte. Er stupste Jennifer an, die gerade wach wurde. „Jen, ist das dort oben das Lüftungsgitter?“

Jennifer blickte in die Richtung, in die Mike deutete. „Ja, Schatz. Toll, dass du das sehen kannst.“

Mike sah sich im Zimmer um. Alles war noch da; er hatte den gestrigen Tag nicht nur geträumt – es ging weiter, genau da, wo es gestern aufgehört hatte.

Gähnend ging Mike ins Badezimmer. Er trat in die Duschkabine und drehte das Wasser auf. Glitzernde Stränge flogen vom Duschkopf auf seinen Hals und seine Schultern herab. Er blickte zum Duschkopf hinauf und konnte die winzigen Löcher sehen, aus denen das Wasser strömte; er sah zu, wie sich aus diesen Löchern ein Sprühregen ergoss, bis der Raum vor ihm ein einziger grauer Wirbel war. Er streckte die Hand aus, um den Wirbel zu berühren, und seine Hand ging mitten hindurch. Einen Augenblick stand er da, den Arm versenkt in dieser schäumenden, stumpfen Farbe, bis ihm aufging, dass er Wasserdampf vor sich hatte. Die nächsten zwei Minuten beobachtete er den Dampf, eine grandiose Erscheinung, die ihm niemand vollständig zu erklären vermocht hätte, dieses Phänomen, dass etwas da sein und gleichzeitig doch nicht da sein konnte, dass man etwas deutlich vor Augen hatte und zugleich mit der Hand hindurchfahren konnte.

Mike griff nach seinem Haarwaschmittel. Er wusste, dass es sich um eine blaue Flasche handelte. Er sah das Blau und nahm es. Hier verlieh Sehen Macht.

Nachdem er sich abgetrocknet hatte, ging Mike zum Kleiderschrank, um sich etwas zum Anziehen auszusuchen. Er fand eine Hose und ein, wie er sicher war, dazu passendes Hemd – die meisten seiner Sachen waren neutral genug, um sich nicht zu beißen. Er schaute sich an, ob die Farben zusammen einen angenehmen Eindruck machten. Er fand, er habe gut gewählt.

In der Küche rasten die Jungen mit einer Schachtel Müsli herbei und wollten wissen, ob er den Namen lesen könne. Die Buchstaben auf der Schachtel waren erfreulich groß, aber lesen konnte er sie trotzdem nicht sofort. Immerhin erkannte er den ersten großen Buchstaben als ein R, und mithilfe einiger logischer Schlussfolgerungen gelang es ihm, sein erstes längeres Wort zu lesen: Rosinenmüsli. Die Jungen jubelten.

Wie meistens brachte Mike auch an diesem Morgen die Jungen zu Fuß zur Schule. Aber ohne ihre Kleidung und ihren unterschiedlichen

Blondton hätte er sie nicht auseinanderhalten können. Auf dem Schulhof fiel einigen der Mütter auf, dass Mike um sich blickte. Sie wussten, dass er sich einer Operation unterzogen hatte, und wollten wissen, ob er wieder sehen könne.

„Also, ich sehe, dass Sie einen hübschen roten Pullover anhaben", sagte Mike.

„Das stimmt! Toll!"

„Und ich kann erkennen, dass Sie beide umwerfend schlank sind."

„Sie sollten unseren Männern beibringen, wie man richtig sieht!"

Tatsächlich konnte Mike erkennen, dass die Frauen zierlich waren, weil sie neben einer Reihe breiter gebauter standen.

Nach Hause zurückgekehrt, setzte sich Mike zum ersten Mal seit dem Eingriff wieder an die Arbeit. Er tätigte geschäftliche Anrufe, tippte E-Mails und versuchte gar nicht erst, auf seinem Computerbildschirm zu lesen – es war viel einfacher, der Stimme seines Leseprogramms zuzuhören, wie er das seit Jahren tat. Zwischendurch beschrieb er Kim Burgess, einer jungen Studentin von der Universität in Davis, die er seit Kurzem als Hilfskraft beschäftigte, wie sich ihm seine neue Sehfähigkeit darstellte. Burgess hatte lange blonde Haare und konnte sich in jeder Hinsicht sehen lassen. Er war hingerissen von ihrem Haar und sah selbstvergessen zu, wie es zur Seite wogte, wenn sie einen Anruf annahm, oder nach hinten flog, wenn sie es zu einem Pferdeschwanz band.

Beim Mittagessen auf der hinteren Terrasse genoss Mike es, dass er imstande war, mithilfe der Augen nach der Milchtüte zu greifen und seine Serviette wiederzufinden, als sie auf den Boden fiel. Burgess und Jennifer konnte er dank der Länge ihres Haares und der Farbe ihrer Kleider leicht voneinander unterscheiden. Wenn die Frauen redeten, hüpften ihre Köpfe, gingen ihre Lippen auf und zu und gestikulierten ihre Hände. Dieses Bewegungschaos amüsierte ihn und lenkte ihn gleichzeitig ab; so viel Mühe er sich auch gab, er konnte sich auf das, was sie sagten, nicht konzentrieren.

Mike streckte sich und sah hinauf in den Himmel. „He, Jen, was ist das Weiße, das sich in dem Baum da bewegt?"

Jennifer blickte in die Richtung, in die er deutete. Sie sah nichts. Schließlich sah sie in einem weit entfernten Baum den weißen Schwanz eines Drachen flattern. Sie selbst konnte ihn nur mit Mühe erkennen – aus dieser Entfernung erschien er dünn wie ein Faden.

„Mann, kannst du das wirklich sehen?", fragte sie.

„Ja“, sagte Mike.

Eine Minute zuvor hatte Mike das Auge dicht an die Milchtüte halten müssen, um den Buchstaben M lesen zu können. Jetzt erspähte er einen Stofffetzen in einem weit entfernten Baum. Sie hatte angenommen, was sie gestern an Interessantem erlebt hatten, sei nicht mehr steigerungsfähig. Sie hatte sich wohl geirrt.

AM SPÄTEN NACHMITTAG streckte Wyndham den Kopf durch die Tür von Mikes Büro. „Komm und spiel Ball mit mir, Dad!“

Mikes Herz begann wild zu klopfen. Viele seiner glücklichsten Stunden hatte er damit verbracht, Bälle zu jagen, zu werfen und zu treten. In dem Jahr aber, in dem er über die Aussicht, seine Sehfähigkeit wiederzugewinnen, nachgegrübelt hatte, war ihm kein einziges Mal der Gedanke gekommen, dass er dann auch einen Ball würde sehen können.

„Großartige Idee“, sagte er.

Wyndham rannte los, holte einen rot-weißen Fußball und kam damit zu seinem Vater, der im Garten wartete. Sie stellten sich in einem Abstand von etwa siebzehn Metern auf.

„Bist du so weit, Dad?“

„Ich bin so weit.“

Wyndham trat gegen den Ball. Mike sah ihn sofort auf sich zurollen; mit seinem strahlenden Weiß beschrieb er eine deutlich erkennbare Bahn auf dem Untergrund des hellgrünen Grases. Ohne zu überlegen trat er nach links und stoppte den Ball unter seiner Schuhsohle. Einen Augenblick lang stand Mike da, über sich selbst verblüfft.

„Gut gemacht, Dad!“, rief Wyndham. „Jetzt kick ihn zu mir zurück!“

Jennifer sah vom Küchenfenster aus zu, wie Mike einen Schritt zurücktrat, auf den Ball hinuntersah, dann den Fuß nach vorn schwang, genau den Ball traf und ihn zurück zu Wyndham sausen ließ, der ihn, ohne sich groß bewegen zu müssen, seinerseits mit dem Fuß stoppte.

Wyndham schickte Mike ein paar weitere Flachschüsse. Der bewegte sich entsprechend und fing alle ab. Dann ließen sich beide ohne Absprache etwas Neues einfallen: Wyndham legte den Ball auf den Rasen, ging zwei Schritte zurück, rannte dann nach vorn und kickte den Ball in Richtung seines Vaters in die Luft. Mike sprang zurück und nach rechts, streckte die Arme aus und fing den Ball im Flug.

„Toll gefangen, Dad! Sagenhaft!“

Mike hielt inne und blickte auf seine Hände, die nach wie vor den mit einem roten Muster bedruckten weißen Ball festhielten, als gehöre er dorthin.

Bald schon fing Mike vier von fünf Bällen, die auf ihn zugeflogen kamen. Wenn er den Ball nicht erwischte, rannte er ihm nach, als wäre er wieder vier Jahre alt. Eine Stunde lang verloren er und Wyndham sich darin, ihr Spiel zu spielen. Die Spielkameraden hatten es Mike nie leicht gemacht, wenn er als Junge mit ihnen Sport getrieben hatte, und während er ein ums andere Mal die schwierigen Bälle, die ihm entgegenflogen, zu erhaschen suchte, empfand er es als das Schönste an der Sache, dass auch Wyndham nicht im Traum daran dachte, ihn zu schonen.

NACHDEM am Abend die Kinder im Bett lagen und das Geschirr abgetrocknet war, zogen sich Mike und Jennifer ins Schlafzimmer zurück. Jennifer wollte ins Badezimmer und ihre Abendtoilette machen. Er griff nach ihrer Hand. „Ich möchte dich anschauen", sagte er.

Jennifer trat an ihn heran, nahm seine Hände in die ihren und küsste ihn, zuerst leicht auf die Wange, dann leidenschaftlicher auf die Lippen.

„Ich bin richtig nervös", sagte sie. „Aber ich will, dass du mich anschaust."

Jennifer ging zur gegenüberliegenden Wand und drehte das Deckenlicht an; danach schaltete sie die Nachttischlampen ein, sodass der Raum hell erleuchtet war. Jennifer zog die Jeans aus. Einen Augenblick später war sie vollständig nackt.

„Bist du ganz ausgezogen?", fragte er.

„Ja", sagte Jennifer. „Jetzt gibt es nur noch mich."

Mike streifte seine Kleider ab. „Prima", sagte er. „Jetzt kann ich dich endlich angaffen."

Jennifer lachte und spürte, wie sie errötete. Sie stieg ins Ehebett und legte sich flach auf den Rücken. „Okay, ich bin fertig", sagte sie. Sie hatte sich schon lange nicht mehr so nervös gefühlt.

Mike kniete sich neben das Bett und rückte heran, um sie aus nächster Nähe zu betrachten. Er musste sich beherrschen, seine Hände von Jennifers Körper fernzuhalten. Aber er wollte herausfinden, was die bloße Sehkraft zutage förderte, wie ihm dieses umwerfendste Geschöpf, das es in der Welt gab, seine Frau, erschien, wenn er sie ausschließlich mit den Augen berührte.

Mike rutschte auf den Knien zum oberen Ende des Bettes. Plötzlich konnte er Jennifers blondes Haar mit seinen verschieden getönten Strähnen sehen, das sich jetzt wie ein fächerförmig ausgebreitetes Kartenspiel über das Kissen ergoss.

„Sieh mich an“, sagte Mike, immer noch neben dem Bett kniend.

Jennifer drehte den Kopf nach rechts. Jetzt konnte er ihren Mund sehen – die schwachen vertikalen Linien in ihrer Oberlippe, die Hügel, die sich in ein Tal mitten über ihrer Oberlippe senkten, ein rötliches Rosa, wie er noch keines gesehen hatte.

Mike kletterte aufs Bett und kniete neben seiner Frau. Dann legte er sich auf die Seite, streckte sich aus und machte sich daran, das ins Auge zu fassen, worum schon seit Langem seine Gedanken kreisten.

„Wie schön du bist“, sagte Mike. Jennifer kämpfte mit dem Drang, unter die Decke zu schlüpfen – sie war noch nie auf diese Weise inspiziert worden –, aber während sie beobachtete, wie er sich bemühte, sie zu verstehen, wurde ihr klar, dass sie eine Art von Geburt erlebte.

Mike schob seinen Arm unter Jennifers Nacken, und sie kuschelte sich an ihn. „Also, ich sehe mir alles an“, sagte er. „Ich schau genau hin.“

„Na gut … wenn du meinst“, antwortete Jennifer.

Als Mike schließlich bei Jennifers Zehen ankam, war das Paar mit seiner Selbstbeherrschung am Ende; Jennifer zog Mike an ihre Brust, sie fingen an, sich zu küssen, und der Rest vollzog sich mit einer Vehemenz und Leidenschaft, die sie beide überraschte.

Kapitel neun

Nur zehn Tage blieben bis zu der Leistungsschau für Behindertentechnik, auf der Mike sein tragbares Navigationssystem für Blinde vorstellen wollte. Tagsüber steckte er bis zum Hals in den Vorbereitungen, abends gab er das neue Spielzeug für seine Jungen ab. Zwischendurch unternahm er Ausflüge, um sein Sehvermögen zu testen.

In einem italienischen Restaurant der Stadt, wohin er die Familie eines Abends zum Essen ausgeführt hatte, erkannte er in dem weißen Etwas in der Mitte des Tisches den Brotkorb und in dem braunroten Etwas nicht weit entfernt davon sein Weinglas und ergriff beides mit sicherer Eleganz. Bei der Vorspeise erspähte er eine Zitronenscheibe und ein Petersiliensträußchen auf seinem Tellerrand. Endlich begriff er, warum Köche die Speisen mit Sachen garnieren, die nicht zum Essen da sind, sondern als Farbtupfer dienen. Und was am besten war: endlich konnte er die störenden Elemente zur Seite schieben und krönte so den Kampf, den er jahrzehntelang mit den Garnierungen geführt hatte, mit einem Sieg. Nie wieder, dachte er, wird mir Petersilie in der Kehle stecken bleiben.

Dann wurden Carson Spaghetti serviert – ein wundersames Gericht: Dampf stieg vom Teller auf, umwogte Carsons Gesicht und wirbelte davon, sobald der Junge auf die Nudeln pustete. Spaghettifäden tanzten in der Luft umher, ehe sie in den dunklen Klecks hineingesogen wurden, bei dem es sich um Carsons Mund handeln musste.

Zu Hause konnte Mike nicht genug darüber staunen, wie leicht es ihm fiel, am unteren Ende der Auffahrt die Zeitung zu finden; er genoss das Machtgefühl, das ihn erfüllte, weil er problemlos nach der Kaffeetasse greifen konnte. Wenn der Abend dämmerte, konnte er auf die freie Fläche hinter seinem Haus gehen und den Sonnenuntergang betrachten.

Etwa um die gleiche Zeit suchte er eine nahe gelegene Arztpraxis auf, um dort seinen Cyclosporin-Spiegel überprüfen zu lassen. Eine Schwester wischte seinen Arm mit Alkohol ab und schob eine Nadel in eine Vene. Mike sah zu, wie eine dicke purpurne Flüssigkeit in das Glasröhrchen drang. Für einen Augenblick wusste er die Farbe nirgends unterzubringen, aber dann ging ihm auf, dass es sich um Blut handelte, um sein Blut, und der Gedanke, dass er zusah, wie so ein lebenspendender Teil von ihm dahinschwand, ließ ihn schwindlig werden.

Das hat mir doch nie etwas ausgemacht, sagte er sich. Jetzt bloß nicht in Ohnmacht fallen.

Aber als Mike die Praxis verließ, tat er das im Bewusstsein, dass es ihm sehr wohl etwas ausgemacht hatte. Und er fragte sich, wie viel es wohl gab, was ihn bis dahin unberührt gelassen hatte und was ihn jetzt nicht mehr unberührt lassen würde.

EINE WOCHE nachdem Mike seine Sehfähigkeit wiedererlangt hatte, wollte seine Schwester Diane ihn mit einem Besuch überraschen. Auf der Fahrt nach Davis machten Diane und ihre kleine Nichte Courtney einen Abstecher zu einem Kostümladen, wo sie eine Groucho-Marx-Maske, bestehend aus Brille, Nase und Schnurrbart, kauften. In der Auffahrt zu Mikes Haus legte Diane die Verkleidung an und klingelte dann an der Haustür.

Mike, der in seinem Büro gearbeitet hatte, kam zur Tür.

„Tag, Onkel Mike, ich bin's, Courtney!“, sagte das kleine Mädchen und brach in Lachen aus. „Errätst du, wer das da mit dem komischen Gesicht ist?"

Mike dachte sich sofort, dass die größere Person in Courtneys Begleitung Diane sein müsse. „Diane!", sagte er. „Du hast dich kein bisschen verändert!"

Alle lachten, während Mike Diane umarmte. Sie hatte er vor seinem Unfall als Letzte gesehen.

Diane trat einen Schritt zurück und betrachtete ihren Bruder. Sie wollte wissen, ob ihm ihre Verkleidung gefalle, aber er mochte sich noch so sehr Mühe geben, er konnte nicht erkennen, dass sie eine trug. Er sah den rosigen Farbton ihres Gesichts, sah Gesichtszüge, die sich dort befanden, wo sie zu sein hatten, sah ihren Haaransatz, aber der ganze Bereich fügte sich nicht zu einem Bild zusammen, das ihm etwas gesagt hätte. Und so ging es Mike offenbar mit allen Gesichtern – sie präsentierten sich ihm klar und deutlich, aber waren mit allen anderen austauschbar.

Darin werde ich noch besser, sagte er sich.

Diane saß auf dem Sofa und schwelgte mit ihrem Bruder in Erinnerungen. Sie kämpfte mit den Tränen, während sich die beiden an die Fahrräder erinnerten, die sie gemeinsam benutzt hatten, und an sein Abenteuer mit ihrem Datsun 510. Dann, fast beiläufig, erklärte sie Mike, wie sehr sie immer darunter gelitten habe, dass sie es gewesen sei, die ihm das Glas mit dem Pulver gab, dessen Explosion ihn blind hatte werden lassen.

„Du hast mir das nicht gegeben", sagte Mike. „Ich habe es selbst gefunden."

„Wie bitte?", fragte Diane.

„Tatsache, Diane. Ich habe das absolut selbst verbrochen. Ich erinnere mich daran so deutlich, als wäre es gestern passiert. Du hattest nichts damit zu tun."

Eine Zeit lang sagte keiner ein Wort.

„Wie lange denkst du schon, dass es deine Schuld war?", wollte Mike wissen.

„Seit es passiert ist", antwortete seine Schwester, während ihr Tränen über die Wangen liefen.

„Und du hast mir nie etwas davon gesagt?"

„Nein, Michael. Ich habe einfach ein so schlechtes Gewissen gehabt."

Als Diane wieder fort war, zog Mike sich eine Jacke an, um einen Gang zur Konditorei zu machen. Er dachte daran, seinen Blindenhund Josh zu

Hause zu lassen, aber dieses wichtige Mitglied der Familie im Stich zu lassen, nur weil er sehen konnte – das wollte er nicht. Mike entschied sich für einen anderen, ihm weniger vertrauten Weg, um etwas Neues zu sehen.

Zu Beginn ihres Spaziergangs verhielt Josh einen Augenblick lang den Schritt, um eine Stufe nach oben anzuzeigen. Mike sah keine Bordkante oder Schwelle vor sich, nur eine glatte Oberfläche, weshalb er Joshs Warnung unbeachtet ließ und weiterging. Einen Moment später stieß er mit dem Fuß gegen den Bordstein und wäre fast hingefallen. Er sah hinunter. Seinem Auge erschien der Bordstein immer noch eben und von gleicher Farbe wie die Straße.

Ein paar Minuten später zeigte Josh durch seinen zögerlichen Gang Stufen an. Mike blickte auf den Boden vor sich und sah nichts als eine Reihe von horizontalen Linien, die auf den Weg gemalt schienen. Er hielt inne und näherte sich dann mit kleinen Schritten den gemalten Linien. Als sein Fuß von der ersten Linie abrutschte, wusste er, dass Josh abermals Recht behalten hatte.

Den Rest des Spaziergangs verbrachten Mike und Josh mit einem Wettstreit darum, wer über die bessere Sehkraft verfügte. Als sie aber vor der Konditorei anlangten und Josh eine Stufe nach unten anzeigte, sah Mike diese Stufe und fragte sich, ob er sie deshalb so klar erkannte, weil sie die einzige auf dem ganzen Weg war, mit deren Vorhandensein er gerechnet hatte.

Eine Schachtel mit Donuts unter dem Arm, machte sich Mike auf den Heimweg. Ihm war klar, dass Josh mitbekam, dass sich bei ihm etwas geändert hatte. Mike kniete sich hin und kraulte Josh im Nacken. „Du leistest vorzügliche Arbeit, Josh. Ich bin es, der im Augenblick ein bisschen spinnt, aber wir kriegen das sicher bald in den Griff."

Zu Hause angekommen, ging Mike nach oben zu den Jungen, und die Treppe in seinem Haus sah ganz und gar nicht aus, als wäre sie flach oder bestünde nur aus ebenen Linien.

Am nächsten Abend rief Mike Bryan Bashin an. Als Mikes engster Freund und als jemand, der selbst Nutzen aus einer Stammzellentransplantation ziehen konnte, war Bashin natürlich erpicht darauf zu erfahren, wie die Operation gelaufen war.

„Und?", fragte Bashin.

„Wo soll ich anfangen?", erwiderte Mike lachend.

„Na, erzähl mir mal, wie es dir körperlich geht", sagte Bashin. „Wird die Hornhaut angenommen? Kannst du klar sehen? Hast du Schmerzen? Welche Medikamente nimmst du? Lass mich hören, wie es um die elementaren Dinge steht."

„Die Hornhaut macht offenbar keine Probleme", sagte Mike. „Ich sehe klar und scharf. Ich muss allerdings nahe herangehen, um Einzelheiten zu erkennen. Ich habe keinerlei Schmerzen. Um die Infektionsgefahr zu vermindern, nehme ich morgens und abends Augentropfen; jede halbe Stunde nehme ich Tränentropfen, um das Auge feucht zu halten; das Cyclosporin nehme ich zweimal täglich oral und mittels Augentropfen ein."

Bashin wollte wissen, wo Mikes Sehkraft am besten funktioniere. Die Frage brachte Mike in Fahrt: Er berichtete Bashin ausführlich von seinen Ballspielen mit Wyndham, davon, dass er jetzt imstande war, Dinge wiederzufinden, die er fallen gelassen oder verlegt hatte, und von den Farben in Carsons Bildern.

„Wie steht es mit Lesen?", fragte Bashin.

„Ich erkenne die Buchstaben, und ich kann Wörter lesen, wenn ich mich richtig konzentriere", sagte Mike. „Aber Lesen als solches entzieht sich mir irgendwie. Ich weiß nicht genau warum. Mit Gesichtern ist es das Gleiche. Ich bin nicht sicher, ob ich sie erfasse, obwohl das schwer zu sagen ist, weil ich eigentlich gar nicht weiß, wie Gesichter aussehen müssen. Ich glaube, das alles braucht einfach Zeit."

MIKE ging zweimal in der Woche in Davis zur Blutabnahme und suchte dreimal wöchentlich Dr. Goodman in San Francisco zu Kontrolluntersuchungen auf.

Dr. Goodman überprüfte Mikes Sehkraft mittels der Sehprobentafel von Snellen, die oben mit einem riesigen E beginnt. Aus der üblichen Entfernung von sechs Metern konnte Mike das E nicht einmal sehen – es war einfach nicht da. Als Dr. Goodman ihn bis auf eine Entfernung von knapp zwei Metern an die Tafel herankommen ließ, konnte Mike das E und die nächsten beiden Zeilen lesen. Dr. Goodman schätzte Mikes Sehschärfe auf 6/240, was bedeutet, dass Mike auf sechs Meter Entfernung so viel sehen konnte wie eine Person mit bester natürlicher Sehkraft oder mit (durch Brille oder Kontaktlinsen) korrigierter Sehschärfe auf eine Entfernung von 240 Metern. Menschen gelten amtlich als blind, wenn ihre Sehkraft bei 6/60 oder darunter liegt.

Dr. Goodman ließ Mike außerdem die Zeilen von einer Karte ablesen, die er ihm mit der Hand vorhielt. Aus wenigen Zentimeter Entfernung war seine Sehkraft viel besser und lag bei etwa 6/30.

„Was stimmt also nicht mit meinem Auge?“, fragte er.

„Mit Ihrem Auge ist alles in Ordnung“, sagte Dr. Goodman. „Tatsächlich ist es ein fast perfektes Auge. Optisch liegen Sie bei 6/12, würde ich sagen. In Kalifornien reicht das für einen Führerschein. Ich bin kein Experte auf diesem Gebiet, aber ich bin ziemlich sicher, dass Ihr Problem in der Sehrinde liegt.“

„In meinem Gehirn?“

„Ich glaube ja. Ich kann Ihr gesamtes optisches System überblicken, und es befindet sich in einem hervorragenden Zustand. Ein Auge, das so ausgezeichnet sieht wie Ihres, müsste die Tafel bis ganz nach unten lesen können. Bleibt also nur das Gehirn.“

Dr. Goodmans Überlegung leuchtete Mike ein. Natürlich brauchte das Gehirn eine gewisse Zeit, um sich auf das Sehen einzustellen, zumal nach 43 Jahren Blindheit. Welche Mängel er sonst auch haben mochte, auf sein Gehirn hatte er sich immer verlassen können. Mit Sicherheit war es nur eine Frage der Zeit, dass sich sein Sehvermögen in jeder Hinsicht wiederherstellte.

Nur noch eine Woche blieb, bis Mike auf der Leistungsschau der University of California in Los Angeles sein Produkt vorstellen sollte. 18 Stunden am Tag war er damit beschäftigt, Prospekte herzustellen, Preise festzulegen und dem Navigationssystem den letzten Schliff zu geben. In Los Angeles würde Sendero der Weltöffentlichkeit vorgestellt werden.

Am Tag vor der Präsentation fuhr Jennifer Mike und Josh nachmittags zum Flughafen von Sacramento. Sie würde am nächsten Tag nachkommen, um ihm bei der Dekoration seines Messestands und bei den Kundengesprächen zu helfen.

Mit Josh zu seinen Füßen nahm Mike im Flugzeug seinen gewohnten Fensterplatz ein und begann, sich umzusehen. Er war schon Hunderte Male geflogen, und doch erschien ihm alles wie eine Offenbarung: die farbig getüpfelten Sitze, die kleinen weißen Deckchen auf der Kopfstütze, die Bodenleuchten, die Uniformen des Flugpersonals. Was für eine Erleichterung, dachte er, wenn man sehen kann, ob die Stewardess dich anspricht oder den vor dir Sitzenden und ob die Leute vor der Toilette Schlange stehen.

Mike legte seinen Sicherheitsgurt an, während das Flugzeug donnernd der Startlinie entgegenrollte. Als der Pilot anzeigte, dass wieder zugelassene elektronische Geräte benutzt werden durften, klappte Mike seinen Laptop auf und fing an zu arbeiten. Nach einer halben Stunde Flug sah er vom Bildschirm auf.

Augenblick mal, dachte er, ich kann ja aus dem Fenster schauen.

Er wandte seinen Kopf nach links und näherte sich mit dem Auge der Fensterscheibe. Grüne Rechtecke krochen unten vorbei, an manchen Stellen durchbrochen von einem Zickzackmuster dunkler Linien, das ihn an die Adern in seiner Hand erinnerte. Graue, von weißen Streifen durchzogene Wattebäusche und hingekleckste blaue Flächen lagen über den vorübergleitenden Rechtecken. Mike setzte das Räderwerk seines Gehirns in Gang. Bei dem Grün handelte es sich vermutlich um Ackerland. Die dunklen Linien konnten Straßen oder vielleicht auch Flüsse sein – durchaus denkbar, dass es Flüsse waren. Da das Blau sich bis an den Rand seines Gesichtsfeldes erstreckte, war es wohl eher Himmel als Wasser. Aber was war mit dem Weiß dort – konnte das Schnee sein? Er hatte gehört, dass in den Tehachapi-Bergen Schnee gefallen war …

„Verzeihung“, sagte Mike zu der Frau, die neben ihm saß, „ich habe in der letzten Woche meine Sehfähigkeit wiederbekommen, nachdem ich 43 Jahre absolut blind war. Könnten Sie mir dabei helfen herauszufinden, was ich sehe?“

Die Frau bewegte sich unruhig auf ihrem Sitz, sagte aber nichts.

„Sind die weißen Linien da drüben Berge?“, fragte er.

„Nein, Schätzchen“, antwortete sie schließlich, „das ist Dunst.“

Während der nächsten halben Stunde lieferte die Frau eine so detailgenaue und begeisterte Beschreibung der Szenerie, dass man hätte meinen können, sie sei die Person mit der wiedererlangten Sehfähigkeit. Als das Flugzeug landete, hatte die Luftfahrt für Mike an Unheimlichkeit verloren. Jahrzehntelang war ihm ein Flugzeug wie eine Art Zeitmaschine vorgekommen, in die man hineinstieg, um sich ein paar Stunden in ihr aufzuhalten und dann an einem anderen Ort wieder aufzutauchen. Der Anblick der unten vorüberziehenden Welt bestätigte, dass man sich von einem Ort zum anderen bewegt hatte, und das fand er eine packende Erfahrung. Während er seine Tasche nahm und nach Joshs Geschirr griff, kam ihm der Gedanke, dass hoffentlich das Navigationssystem, das er im Begriff stand, der Öffentlichkeit vorzustellen, den Blinden Zugang zu einer vergleichbaren Erfahrung eröffnete.

An der Gepäckausgabe sah Mike zu, wie Dutzende von Gepäckstücken auf dem Transportband an ihm vorbeiglitten. Viele wirkten kaum unterscheidbar, zumal wenn sie von ähnlicher Farbe waren. Er drückte auf seine Miniaturfernbedienung und aktivierte damit einen Signalgeber am Griff seines Koffers. „Das nächste Mal", erklärte er Josh, „bringe ich etwas leuchtend Grünes am Koffergriff an, damit ich den Pieper nicht brauche." Eine Moment lang überlegte Mike, ob Leuchtendgrün wohl seine Lieblingsfarbe war. Aber als er darüber nachdachte, ging ihm auf, dass es nicht so sehr das Grün, sondern das Leuchtende war, was ihn ansprach. Für den Augenblick jedenfalls war „leuchtend" seine Lieblingsfarbe.

Er fand den Fahrstuhl zu dem im Flughafen von Los Angeles gelegenen Marriott-Hotel, dem Veranstaltungsort der Leistungsschau der Universität. Als sich die Fahrstuhltür öffnete, trat er in die Hotellobby und blickte sich um. An einer Stelle konnte er Gruppen von Menschen versammelt sehen – ein Anzeichen dafür, dass sich dort die Rezeption befand. Während er sich der Stelle näherte, sah er, dass die Leute in einer Schlange standen, und stellte sich ans Ende. Normalerweise bewegte er sich in einer Schlange so, dass er auf das Geräusch der Füße lauschte beziehungsweise sich mit seinem Stock vorantastete. Wenn sich diesmal die Schlange voranbewegte, sah er das und bewegte sich mit ihr vorwärts. Er nahm sich vor, Jennifer von dieser Großtat zu erzählen. Dann ging er in sein Hotelzimmer und legte sich schlafen.

Am Morgen stellte er Josh Wasser hin und machte sich ohne Stock auf den Weg zum Veranstaltungsort. Mike bewegte sich zaghaft, denn ohne Hund und Stock fühlte er sich verloren.

Neue sorgenvolle Gedanken schossen ihm durch den Kopf. Was, wenn er einem Hotelangestellten oder Gast begegnete, der ihn für voll sehfähig hielt und zu viel von ihm erwartete? Was, wenn Leute an ihn herantraten und damit rechneten, dass er ihr Gesicht erkannte oder ihr Namensschildchen las? Was, wenn ihn blinde Besucher der Leistungsschau für einen Angeber hielten?

Die Ausstellungshalle empfing Mikes Auge mit einer Sinfonie optischer Reize; farbige Transparente, labyrinthische Gänge und raffiniert gestaltete Firmenlogos lagen miteinander im Wettstreit um seine Aufmerksamkeit. Nichts davon vermochte er auf Anhieb zu erkennen.

Unterwegs zu seinem Stand sah Mike Leute mit Stöcken und Hunden. Er hatte noch nie zuvor einen Blinden gesehen. Er fand sofort bestätigt, was er von jeher gewusst hatte: Blinde bewegten sich verschieden. Einige gingen tastend, andere schlurften, wieder andere schritten forsch aus; all diese Gangarten konnte er deutlich unterscheiden.

Als Mike zum Stand kam, war Jennifer dort schon bei der Arbeit; auf Zehenspitzen auf einem Stuhl stehend, hängte sie Ballons und Transparente auf. Sie kletterte vom Stuhl, gab ihrem Mann einen Kuss und trug ihm auf, Prospektstapel auszulegen.

Am Sendero-Stand gaben sich mögliche Kunden, Händler, Zulieferer, ja sogar Medienvertreter die Klinke in die Hand, um mit Mike über sein Produkt zu sprechen. Dennoch begrüßte er die Leute mit einem Gefühl der Nervosität. Ihm war klar, dass sich die Nachricht von seiner Operation in Blindenkreisen herumgesprochen hatte. Dies war also die erste Gelegenheit zu erfahren, wie die Gemeinschaft der Blinden auf seine Entscheidung reagierte. Wenn diese Menschen der Ansicht waren, dass er ihre Sache verraten und die erste Gelegenheit ergriffen hatte, sich mit den „Sichtlern", wie sie von manchen genannt wurden, „rumzutreiben", dann konnte ihn das sein Geschäft und den Respekt kosten, den er sich im Lauf so vieler Jahre erworben hatte. Er hatte Angst, das Wort „Verräter!" entgegengeschleudert zu bekommen.

Niemand nahm das Wort in den Mund. Tatsächlich reagierten die Leute durchweg positiv, waren voll Begeisterung und Interesse. Es regnete Glückwünsche. Bis Mittag hatte nicht ein Einziger, auch keines der Mitglieder der einflussreichen Blindenorganisationen, den geringsten Zweifel geäußert – weder an seiner Person noch an seinem Bemühen um Sehfähigkeit oder an Sendero.

Ihre Gesichter freilich waren eine Sache für sich. Besonders wenn sie sprachen. Münder klappten auf und zu, Augenlider flatterten, Köpfe ruckten hin und her. Dieses wilde Treiben wollte verstanden sein, aber in dem Augenblick, in dem Mike zu überlegen anfing – warum wird der Mund der Frau kreisrund, sobald sie überrascht klingt? –, bekam er nicht mehr mit, was sie sagte, und hatte dann Mühe, ins Gespräch zurückzufinden.

„Es ist merkwürdig", erklärte er Jennifer in einer Pause. „Die Gesichter lenken mich ab. Es ist, als spräche man und hörte das Echo der eigenen Stimme. Jemanden sprechen zu sehen hat auf mich genau diesen Effekt. Ich habe das Bedürfnis, beim Zuhören die Augen zu schließen."

„Schließ sie doch", sagte Jennifer. „Lass mich eine Weile mit den Leuten reden."

„Nein, das kann ich nicht", antwortete er. „Es ist alles so interessant. Ich möchte nichts versäumen."

Am Nachmittag desselben Tages führte Mike sein Produkt im Freien vor. Es funktionierte tadellos und führte Leute zu einem Hoteleingang, zu einem nahe gelegenen Restaurant, zu jedem gewünschten Zielort. Einige kamen zu seinem Stand zurück, um Bestellungen aufzugeben oder Vertriebsvereinbarungen mit ihm zu treffen. Viele erkannte er an der Farbe ihres Haars oder ihrer Kleider wieder und begrüßte sie mit Namen, noch ehe sie den Mund aufmachen konnten.

Auf dem Rückflug überließ ihm Jennifer im Flugzeug den Fensterplatz. Diesmal hielt er bereits beim Abheben das Gesicht ans Fenster gepresst, begierig danach, aus einer anderen, neuen Perspektive die Welt vorüberziehen zu sehen.

ETWA EINEN MONAT nach der Leistungsschau ging Mike mit seinen Söhnen zum Picnic Day, einem großen Umzug, den die Studenten der University of California in Davis alljährlich veranstalteten und an den sich ein Straßenfest anschloss. Jennifer, die geschäftlich unterwegs war, trug ihnen auf, sich alles genau einzuprägen, damit sie ihr davon berichten konnten.

Als der Umzug begann, fanden die drei auf einem Bordstein hervorragende Zuschauerplätze. Ein riesiges, dürres Geschöpf kam schlenkernd die Straße entlang.

„Mann! Was ist denn das?", fragte Mike seine Söhne.

„Das ist ein Stelzenläufer!", antwortete Carson.

Auch als ein mit den Armen fuchtelndes, nach allen Seiten ausschlagendes Etwas vorbeikam, das auf einem Rund hockte, anhielt und sich dann auf dem gleichen Rund rückwärts bewegte, wollte Mike Näheres wissen. „Was ist das da?"

„Das ist ein Einradfahrer!", riefen die Jungen.

„Winkt er uns zu?"

„Nein!" Carson und Wyndham lachten. „Er balanciert!"

Eine Stunde lang passierte eine Prozession merkwürdiger Gestalten Mikes Auge: große Clowns mit Schirmhüten, kleine Kinder, die riesige Ballons hielten, Hula-Hoop-Tänzer, Männer als Tiere verkleidet. Und Festwagen. Unmengen von Festwagen.

Mike hätte diese grandiosen farbigen Erscheinungen liebend gern erkannt, aber wo sollte er anfangen? Welche Teile waren wichtig und welche zu vernachlässigen? Welche Teile versprachen, Aufschluss zu liefern, worum es sich handelte? Bis er diese Fragen geklärt hatte, war an die Stelle des alten schon ein neues Objekt getreten.

Gegen Ende des Umzugs trat eine Marching Band in Aktion. Vor Mike und seinen Jungen stoppte sie. Mike konnte ihre hellen Uniformen bewundern und sich in Ruhe ihre Blasinstrumente ansehen, von denen einige größer wirkten als die Personen, die sie trugen. Jemand brüllte ein Kommando, und die Kapelle stimmte eine neue Weise an. Knie hoben und senkten sich, Trommelstöcke wirbelten, Posaunenzüge ruckten – Mike kam aus dem Staunen nicht heraus, und als er zu seinen Jungen hinübersah, waren auch sie in Bewegung, deuteten auf Sachen, die er sich ansehen sollte, und Mike konnte spüren, wie ihm Tränen übers Gesicht liefen, und er fand es merkwürdig, dass er vor der Marching Band in Tränen ausbrach, wo er doch an dem Tag, als ihm der Verband abgenommen worden war, keine Träne vergossen hatte.

Eines Nachts, nicht lange nach dem Festumzug, lagen Mike und Jennifer wach im Bett. Sie fragte ihn, wie er sich mit seiner neuen Sehkraft fühle. Er sei hingerissen davon, erklärte er, jede Ritze im Bürgersteig, jede Tür mit einem neuen Farbton begeistere ihn.

„Ich muss mich jeden Tag kneifen, um es glauben zu können", sagte er. „Das Sehen ist eine viel überwältigendere Sache, als ich dachte. Es ist einfach unglaublich interessant."

„Es wirkt aber auch wie ein ganz schön hartes Geschäft", sagte Jennifer. „Manchmal siehst du mitgenommen aus. Bist du sicher, dass es dir gut geht?"

„Es ist tatsächlich ein hartes Geschäft", stimmte Mike zu. „Wie es scheint, bleibt mir nichts anderes übrig, als jede Kleinigkeit bewusst zu verarbeiten, um zu verstehen, was ich sehe."

„Was meinst du mit ‚ich muss die Dinge verarbeiten'?"

„Du weißt doch, wenn man eine Sprache lernt, dann gehen einem die Sätze nicht ohne Weiteres von den Lippen. Man muss sich die Wörter zusammensuchen, die man braucht. Dann muss man die Verben konjugieren. Dann muss man sich überlegen, wie man die Wörter anordnet. So ähnlich geht es mir beim Sehen. Auf die ein oder andere Weise, durch Betasten, Überlegen, Erschließen oder wie auch immer, muss ich das, was ich sehe, einer gedanklichen Arbeit unterziehen. Nur dann verstehe ich, was ich sehe."

„Du siehst nicht fließend."

„Nein, ich sehe nicht fließend. Außer bei Farben und Dingen, die sich bewegen – die erschließen sich mir von selbst. Es ist, als wären Farben und bewegliche Sachen meine Muttersprache."

„Machst du dir deswegen Sorgen?"

„Nein. Das alles ist noch neu – es sind erst ungefähr sechs Wochen vergangen. Ich bin sicher, es wird mit der Zeit leichter werden. Ich meine, wer lernt schon eine fremde Sprache in sechs Wochen?"

Jennifer kuschelte sich an ihren Mann und gab ihm einen Kuss. Ein paar Augenblicke später war sie eingeschlafen. Mike lag wach an ihrer Seite. Seit der Entfernung des Verbands hatte er Dr. Goodman mehrmals aufgesucht. Die Überprüfung seines Sehvermögens ergab stets den gleichen Befund. „Keine Veränderung", erklärte Dr. Goodman jedes Mal.

Ich stehe noch am Anfang, sagte sich Mike. Gut Ding will Weile haben. Wer sagt, dass es das Leben lang so bleiben wird?

Kapitel zehn

Ende April fragte Mike Dr. Goodman, ob er Ski laufen dürfe. Kirkwood war einer der Orte, die Mike liebend gern sehen wollte, und die Skisaison neigte sich dem Ende zu. Dr. Goodman war nicht begeistert von der Idee: Was, wenn Mike etwas ins Auge flog und es verletzte? Letztlich aber überließ er die Entscheidung seinem Patienten.

Während der dreistündigen Fahrt nach Kirkwood wandte Mike keinen Moment lang das Auge vom Fenster; er war völlig versunken in den Anblick der kleinen Goldsucherstädte und der matschigen S-Kurven, die er seit mehr als zwanzig Jahren aus Erzählungen und seinem Fahrgefühl kannte. Zum ersten Mal in seinem Leben sah er Schnee.

Jennifer fuhr langsam in den Skiort hinein, sodass Mike alles betrachten konnte. Jede Nebenstraße befand sich dort, wo er sie erwartete, und jede Bodenwelle auf der Straße wirkte vertraut.

Die Familie richtete sich in der gemieteten Ferienwohnung ein und machte sich dann auf den Weg zu Piste eins, einem sanften Anfängerhügel. Auf der Fahrt im Sessellift beobachtete Mike, wie unter ihm der Boden wegsackte. Jennifer sah in ihrem Skianzug wie eine Wolke aus, nur der hellorangefarbene Latz auf ihrer Brust mit der Aufschrift FÜHRER stach hervor – ein Hinweis für die anderen, dass sie einen Skifahrer als

Helferin begleitete. Kurze Zeit später waren sie oben und fingen an, den Hang hinabzugleiten. Mike verschlug es den Atem, als er die Durchfahrt durch die Bäume entdeckte, die er erwartet hatte, und sah, wie der Schnee an seinen schimmernden gelb-roten Skiern vorbeiströmte. Jennifer rief ihm Richtungsanweisungen zu, aber bei diesem mäßigen Tempo brauchte er das gar nicht. Und als er zum Himmel hinaufblickte, sah er auf dem blauen Hintergrund eine Krone aus kantigen Zacken. Und er dachte: Das sind die Berge. Das ist mein persönlicher Rundblick im Gebirge.

Jennifer sah voraus, was als Nächstes kommen musste, und sie wusste, dass es keinen Zweck hatte zu protestieren.

„Gehen wir zu Piste sechs", sagte Mike. „Packen wir's an."

Piste sechs, die als schwarze Piste eingestuft war, war die vielleicht schwierigste und gemeinste Abfahrtsstrecke in Kirkwood, eine Buckelpiste, überzogen von Wellen vereisten Schnees, die die Beine des Abfahrers in stampfende Kolben verwandelte. Während der Fahrt erreichte man Geschwindigkeiten bis zu fünfzig Stundenkilometern, und wer stürzte, überschlug sich unter Umständen mehrfach.

Der Lift schien über die Berge hinaus steigen zu wollen, und zum ersten Mal in zwanzig Jahren merkte Mike, wie er die Sperrstange umklammerte, weil er hinauszufallen fürchtete.

Oben ließ der Ausblick Mike auf seinen Skiern erstarren. Der Berg erstreckte sich, bedeckt von einem Meer aus Bäumen, hinab in ein Tal und stieg auf dessen anderer Seite wieder empor, stieg und stieg, bis er zu einer gewaltigen Felswand wurde, die in den Wolken verschwand. Er hätte sehnlichst gern die Hand ausgestreckt und diesen Anblick betastet, so nah erschien ihm das alles, aber er wusste natürlich, dass das alles kilometerweit weg war. Als er sich diese Entfernung bewusst machte, schien sie plötzlich deutlich zu wachsen, und er begriff, dass er dorthin hätte fliegen müssen, wenn er das, was er sah, hätte berühren wollen – und einen Augenblick lang hatte er das Gefühl, das zu können.

Er dachte: Bewahre dieses Erlebnis in dir. Deshalb bist du hergekommen.

Unmittelbar vor Beginn der Abfahrt erinnerte Mike Jennifer daran, dass er sich diesmal auf ihre Anweisungen konzentrieren musste, und bat sie, nicht zu vergessen, dass sie „Verkehr!" rufen musste, wenn andere Skifahrer in ihre Nähe kamen. Sie setzten die Schneebrillen auf und fuhren los, den Hügel hinab.

Der harte weiße Schnee zischte unter Mikes Skiern. Das war jetzt eine ganz andere Bewegung als vorher, das hier war rasendes Tempo, vielleicht vierzig Stundenkilometer, und als er aufblickte, sausten aus allen Richtungen dunkle Linien auf ihn zu. Waren das Leute? Ja, das mussten andere Skifahrer sein, die zu nahe herankamen. Wo war Jennifer, warum sagte sie nichts? Dort ist sie, da ist der orangefarbene Latz, aber hier kommt schon ein weiterer Skifahrer. Jen! Er kommt direkt auf mich zu!

Mike fuhr durch den Skifahrer hindurch. „Jennifer! Halt!", brüllte er.

Jennifer kam schleudernd zum Stehen. Mike fuhr an ihre Seite.

„Jennifer!", brachte er keuchend heraus. „Du sollst doch ‚Verkehr!' rufen."

„Da war gar kein Verkehr."

„Die Person … die dunkle Gestalt, die so schnell auf uns zuraste."

Jennifer blickte sich um. „Das ist der Schatten des Sessellifts."

„Warum hast du mich nicht davor gewarnt?"

„Ich habe ihn überhaupt nicht bemerkt, Mike."

Mike sah den Hügel hinunter. Dunkle Linien ragten in die weiße Fläche des Hangs hinein. Manche bewegten sich, andere nicht. Ein Skiläufer flitzte an ihnen vorbei, sein dunkler Anzug war von den Schatten, die der Sessellift warf, nicht zu unterscheiden.

„Jetzt kommen Buckel, Mike. Kannst du sie sehen?"

„Ich glaube nicht. Vielleicht wenn ich näher rankomme."

„Du solltest abbrechen, Mike. Wir können hier aufhören."

„Lass uns weiterfahren", sagte er.

Die beiden setzten die Abfahrt fort. Bald hatten sie wieder Tempo aufgenommen. Mike konzentrierte sich mit ganzer Kraft auf die Schatten – und das hier vor ihm, das war wohl bloß ein Schatten, weil …

WUMM!

Mikes Skier pflügten durch einen Buckel, seine Beine verloren den Halt und er ruderte wild mit den Armen. Er versuchte aufrecht zu bleiben, aber sein nach vorn kippender Oberkörper drückte ihn in den Schnee. Als seine Rutschfahrt zu Ende war, blickte er zurück auf den Buckel, der ihn zu Fall gebracht hatte. Er sah nichts als planen weißen Schnee.

Mike stand auf und setzte die Fahrt fort. Er sah einen Haufen Schnee auf sich zurasen, und ihm kam der Gedanke, das könne ein Buckel sein und …

RUMMS!

Der Buckel brachte Mike aus dem Gleichgewicht und schleuderte ihn mit dem Gesicht voran in den Schnee. Er rappelte sich auf und stellte sich wieder auf die Skier. Er musste das alles schneller erfassen, musste Schatten von Bäumen, Menschen von Buckeln, hell von ziemlich hell unterscheiden, aber die Vorstellung, all das bei solchen Geschwindigkeiten verarbeiten zu müssen, führte dazu, dass sich sein Magen verkrampfte und dass sich seine Arme regelrecht verknoteten, gerade das Gegenteil der kühlen Geschmeidigkeit, die er bei der Olympiade am Berg Jahorina bewiesen hatte. Wieder stieß er sich mit den Stöcken ab und setzte die Abfahrt fort. Diesmal dauerte es nicht einmal zehn Sekunden, bis ihm ein weiterer unklarer Schatten die Beine wegzog.

Mike hielt Ausschau nach Jennifers orangefarbenem Latz. Der einzige orangefarbene Fleck, den er sah, war weit weg. Das Gesicht von Schnee und Tränen gerötet, begann er, sich aufzurappeln und dachte: Ich bin erledigt. Den restlichen Weg schaffe ich nicht mehr.

Er schloss seine Augen und die Welt um ihn wurde still. Hier war er geborgen. In der Dunkelheit konnte er sein Herz schlagen hören. Kein anderer Laut war auf dem Berg zu vernehmen.

Mike atmete so tief ein, wie seine Lungen nur konnten, und hievte sich dann empor, zuerst auf ein Knie, dann auf die Füße.

„Es muss zu schaffen sein", sagte er. Er öffnete die Augen. „Alles lässt sich schaffen. Wenn es nicht anders geht, dann eben mit Gewalt."

Er schob sich mit den Stöcken an und bewegte sich bergab. In den folgenden zwanzig Minuten stürzte er noch dreißigmal. Als er das Tal erreichte, konnte er kaum noch stehen.

Jennifer rannte zu ihrem Mann. „Du lieber Himmel!", rief sie. „Geht's dir gut?"

„Ich glaube, für heute bin ich bedient", sagte er.

EIN PAAR WOCHEN nach dem Skiurlaub in Kirkwood sprach Mike in der Nähe von San Francisco auf Einladung eines Freundes vor Viertklässlern über sein Sehvermögen und was daran ungewöhnlich war. Die Kinder stellten ihm Fragen, wie er sie besser kaum je zu hören bekommen hatte.

„Können Sie Ihren Hund mit dem Schwanz wedeln sehen?"

„Eindeutig ja. Sachen, die sich bewegen, sehe ich sehr gut."

„Können Sie seinen Schwanz sehen, wenn er nicht damit wedelt?"

„Ja, aber nur weil ich weiß, dass Hunde einen Schwanz haben."

„Können Sie sehen, wenn Ihre Kinder Unsinn machen?“

„Ja. Und ich kann auch sehen, wenn ihr Zimmer nicht aufgeräumt ist.“

„Hat man mit Nadeln in Ihr Auge gestochen?“

„Ich glaube, ja. Ich bin dort genäht worden.“

„Was halte ich hier hoch?“

„Kann ich nicht sagen; ich muss die Sachen betasten, ehe ich sie richtig sehe.“

„Können Sie Auto fahren?“

„Würdest du jemanden Auto fahren lassen, der Sachen berühren muss, ehe er sie sieht?“

„Werden Sie je imstande sein, ein Auto zu fahren?“

„Also, ich versuche, meinem Hund beizubringen, durch die Scheibe zu gucken und mir beim Lenken zu helfen. Und meinen Kindern versuche ich beizubringen, das Lenkrad zu halten, während ich Gas- und Bremspedal bediene. Was gibt's da zu lachen?“

In dem Sommer, in dem Mike seine Sehfähigkeit zurückerhielt, feierte das Ferienlager Enchanted Hills sein fünfzigjähriges Jubiläum. Hier hatte er die Abenteuer seiner Kindheit erlebt, hier hatte er um Jennifer geworben. Am Wochenende fuhr er mit seiner Familie hin, um das Ereignis zu feiern.

Am Samstag wanderten sie zum oberen Camp und traten spätabends den langen Rückweg zu ihrer Hütte an. Der Himmel war tiefschwarz, und Carson und Wyndham erklärten, sie fürchteten sich. Mike wollte seine Söhne auf andere Gedanken bringen, bis sie das untere Camp erreicht hatten. Aber stattdessen waren sie es, die für Ablenkung sorgten.

„Dad, kannst du die Sterne sehen?“, fragte Carson.

„Ja, sie sind sehr hell!“, fügte Wyndham hinzu.

Um die willkommene Ablenkung nicht dadurch zu stören, dass sie stehen blieben, stellte Mike den Jungen beim Weitergehen alle möglichen Fragen über die Sterne, sodass ihnen die Zeit wie im Flug vergangen war, als sie die Hütte erreichten.

Als die Jungen und Jennifer eingeschlafen waren, ging Mike gemeinsam mit Josh zu einer Lichtung im Wald. Dort hatte er viele Male die Nacht verbracht, nachdem er zugehört hatte, wie die Betreuer den funkelnden Nachthimmel schilderten. Heute wollte er die Sterne mit seinen eigenen Augen sehen.

Er wickelte sich Joshs Leine um das Bein, legte sich flach auf den Rücken und schloss die Augen. Im Geist konnte er die Stimmen von Betreuern hören, wie sie vor Jahrzehnten vom Sternenhimmel erzählten.

Mike öffnete die Augen. Silberweiße, wie elektrisch leuchtende Punkte breiteten sich über ihm in alle Welt aus, und als er versuchte zu erkennen, wohin sie sich erstreckten, war da gar keine Welt mehr, sie erstreckten sich überallhin, über ein Tuch aus Nacht, das ohne Ränder war, und einen Augenblick lang wusste Mike nicht mehr, wo in diesem Sternenmeer er sich befand, ob er darunter, daneben oder darüber lag.

Er lag dort eine Stunde oder vielleicht zwei. Er wusste nach wie vor nicht, warum sich seine Sehfähigkeit nicht verbesserte, konnte sich keinen Reim auf ihre Eigenart machen. Doch während eine Million Sterne sein Auge umtanzten, konnte er nur daran denken, was für ein Glück es war, dass das Drängen seiner Kinder ihn dazu gebracht hatte, in den Nachthimmel zu blicken.

Kapitel elf

Vier Monate waren seit der ersten Präsentation des Navigationssystems von Sendero vergangen. So fasziniert die Kunden von dem Produkt auch sein mochten, außer für Betuchte war der Preis – 995 Dollar zuzüglich des Preises für einen Laptop – einfach zu hoch. Nach einem anfänglichen Ansturm sanken die Verkaufszahlen wieder. Mike musste sich einer Tatsache stellen, die für ihn nicht überraschend kam – dass die Firma nur Überlebenschancen hatte, wenn es gelang, Rehabilitationszentren und andere Organisationen dazu zu bringen, das Produkt für ihre blinden Klienten zu kaufen. Mike rechnete aus, dass er sechs Monate Zeit hatte, sein Unternehmen zum Laufen zu bringen.

Eines späten Nachmittags fuhren Jennifer und er in den Supermarkt. Sie ging in die Feinkostabteilung und überließ Mike sich selbst. Er sah die Schachteln in den Regalen klar und deutlich und konnte doch nicht sagen, wo die eine endete und die nächste begann. Mitgefühl für Kunden aufzubringen, die sich nicht zwischen Mayonnaisemarken zu entscheiden vermochten, fiel ihm schwer: Allein die einzelnen Gläser mit Mayonnaise sehen zu können, hätte ihn schon glücklich gemacht.

Zu Hause oder in Peet's Café oder an den paar anderen Orten, mit denen Mike vertraut war, hatte er diese Probleme nicht. Für ihn war entscheidend, dass er sein Umfeld kannte und Dinge einschätzen konnte.

Umgebungswissen und Vorannahmen waren für ihn buchstäblich Quellen der Sehkraft. Wenn er auf dem Couchtisch in seinem Wohnzimmer einen langen silbernen rechteckigen Umriss erspähte, erblickte er darin die Fernbedienung für den Fernsehapparat, die er dort vorzufinden erwartete. Aber wenn jemand dieselbe Fernbedienung genommen und auf ein Speisekammerregal gelegt hätte, wäre sie ihm als buntes flaches Etwas erschienen, das ihm nicht das Geringste sagte. Mikes Problem war, dass es neben den paar Plätzen, die er so genau kannte wie den Couchtisch im Wohnzimmer, zahllose Orte in der Welt gab – wie zum Beispiel diesen Supermarkt –, die ihm unbekannt waren.

Mike musste also auf andere Weise herausbekommen, was er sah. Dabei bediente er sich eines Repertoires von Informationsquellen – Berührung, Farbe, Umgebungswissen und Vorannahmen sowie andere Sinneseindrücke –, deren Hinweise er zu einem einheitlichen Befund zusammenführen musste.

Im Lauf der folgenden zehn Minuten, die er in diesem Supermarkt verbrachte, griff er wiederholt auf diese Informationsquellen zurück.

Mikes erster Impuls war es, die Artikel auf den Regalen zu berühren; mehr als alles andere gab ihm der Tastsinn Aufschluss darüber, worum es sich bei einem Objekt handelte. Dinge wie Brot, Eier, Tiefkühlpizza und Obst konnten seine Hände mühelos unterscheiden. Vieles andere, vor allem Dinge in nichtssagenden Verpackungen wie Keksschachteln oder Konservendosen, blieb geheimnisumwittert.

In Fällen, wo der Tastsinn versagte, kam die Farbe ins Spiel. Eine Zweiliterflasche mit dunkler Flüssigkeit wurde durch die roten und weißen Spirallinien auf dem Etikett zu Coca-Cola. Das dunkelgrüne Markenzeichen von Heineken zeigte an, dass er sich in der Bierabteilung des Ladens befand. Eine purpurfarbene Schachtel mit schwarzer Beschriftung war ein sicheres Zeichen für Kellogg's Rosinenflocken.

Dennoch gaben bei vielen Artikeln auch die Farben keinen Aufschluss darüber, worum es sich handelte. In solchen Fällen waren Umgebungswissen und Vorannahmen gefragt. Das schwere braune Glas, das er in der Brotabteilung in die Hand nahm, war vermutlich keine Spaghettisoße, denn die fand man bei den Teigwaren, nicht beim Brot. Es konnte sich aber um Erdnussbutter handeln, die in das Umfeld von Brot gehörte.

Wenn ihm sein Repertoire von Informationsquellen bis dahin immer noch keine Klarheit verschafft hatte, griff er auf andere Sinneseindrücke zurück. Kaffee roch man schon drei Gänge vorher. Nichts klang so wie Spaghetti, wenn man sie in ihrer Schachtel schüttelte. Und wenn alles nichts fruchtete, hatte er noch die Möglichkeit, sich einen Artikel ganz dicht vors Auge zu halten, um die Aufschrift zu lesen – wofür er freilich eine Minute oder mehr brauchte, wenn es ihm überhaupt gelang.

So sah die kognitive Schwerstarbeit aus, die Mike praktisch überall und ständig abverlangt wurde. Spontan konnte er fast nichts mit dem Auge identifizieren.

Jennifer spürte ihn auf, und zusammen gingen sie zur Kasse.

„Wie geht's dir?", wollte sie wissen. „Wie ich sehe, hast du die Rosinenflocken gefunden. Toll."

„Wenn die Welt nur aus Schachteln mit Rosinenflocken bestünde", meinte er, „könnte ich vom Sehen gar nicht genug kriegen."

JENNIFER musste noch zu einem Großmarkt. Mike war schon lange fasziniert von diesem Riesensupermarkt, der unter einem gigantischen Dach praktisch alles verkaufte, wofür ein Mensch Verwendung haben konnte, und zwar gewöhnlich in riesigen Vorratsmengen und in Stapeln, die drei Stockwerke hoch sein konnten. Seit seiner Operation hatte er den Großmarkt noch nicht wieder besucht; er war gespannt darauf, ihn in Augenschein zu nehmen.

Er und Jennifer nahmen sich einen der überdimensionierten Einkaufswagen und begannen durch die Gänge zu wandern. Die Artikel in den Regalen präsentierten sich Mikes Blick als ein ununterscheidbares Gemenge. Wie stets sehnte er sich danach, die Sachen anzufassen. Viele von ihnen steckten allerdings in neutralen Kartons oder in Blisterverpackungen, sodass seine Bemühungen, den Gegenstand zu ertasten, vereitelt wurden. Bei vielen der Blisterverpackungen befand sich auf der Schachtel eine Abbildung des Produkts, aber Mike konnte Abbildung und Gegenstand nicht unterscheiden. Sein Tastsinn war also faktisch ausgeschaltet.

Er versuchte es mit seinen anderen Informationsquellen. Er hielt nach aufschlussreichen Farben Ausschau, aber in diesem Großmarkt waren die Verpackungen eher neutral gehalten und nicht darauf angelegt, Kunden anzulocken. Er bemühte sich, mit Umgebungswissen und Vorannahmen weiterzukommen, aber die Abteilungen wirkten willkürlich angeordnet, und das Sortiment war unüberschaubar – Flanellhemden fand man unter Umständen in einem Gang, in dem sich auf der gegenüberliegenden Seite Spielzeug stapelte.

Mike verdoppelte seine Anstrengungen, fühlte sich aber schon bald erdrückt. Und ihm ging auf, dass vieles in der Welt diesem Großmarkt glich – einem vollgestopften Ort, an dem die wahre Natur der Dinge seinem Gesichtskreis einfach entzogen blieb. Ihm war klar geworden, dass die Welt ihm vielleicht nie anders als auf diese Weise erscheinen würde. Und auf Jennifers Frage, wie er sich fühle, erwiderte er: „Ich bin müde."

Fast ganz hinten in der Halle erspähte Mike am Ende eines Ganges ein großes Objekt. Es bewegte sich nicht, war groß und quadratisch und befand sich in der Nähe der Paletten. „Ist das ein Gabelstapler?", fragte er Jennifer.

Jennifer erbleichte. Dann beugte sie sich zu Mikes Ohr. „Nein", flüsterte sie. „Das ist eine sehr, sehr dicke Frau. Sie könnte durchaus vier Zentner wiegen."

Mike konnte es nicht glauben. Dann streckte das Objekt den Arm aus, um etwas vom Regal herunterzunehmen. Ihm erschien die schwergewichtige Frau wie zwei zusammenhängende Personen.

Mike konnte das Bild nur schwer mit seinen Vorstellungen vereinbaren. Normalerweise hätte er das Bedürfnis verspürt, näher heranzugehen, um sich den neuen Eindruck einzuprägen. Diesmal verspürte er den Wunsch, sich zu entfernen, weil der Anblick der dicken Frau seinen Abscheu erregte. Nein!, rief er sich zur Ordnung. So darfst du nicht empfinden! Sie ist ein Mensch, und dass sie so dick ist, spielt keine Rolle. Es gelang ihm indes nicht, das Gefühl zu unterdrücken, dass ihre Fettleibigkeit sie als faul und träge brandmarkte, dass ihre Erscheinung ihr Wesen ausdrückte.

Auf dem Nachhauseweg gestand Mike Jennifer, dass er sich schäme. „Es macht mich krank", sagte er. „Ich habe eine emotionale Reaktion auf diese Person gezeigt, die ausschließlich durch ihre Erscheinung bedingt ist. Das passiert auch gegenüber Blinden. So ein Mensch wollte ich nie sein, Jen. Und ich habe auch nie gedacht, dass ich so einer bin."

„So bist du auch nicht, Mike."

„Vielleicht doch, Jen."

„Hast du gegenüber dicken Menschen immer so empfunden?", wollte Jennifer wissen.

„Das ist es ja gerade", sagte Mike. „Als Blinder habe ich nie so empfunden."

Im Lauf des Sommers verstärkte Mike seine Anstrengungen, das Navigationssystem staatlichen Stellen schmackhaft zu machen. Dennoch hatte er auch sechs Monate nach Beginn seiner Werbekampagne noch kein einziges Produkt an sie verkauft.

Mittlerweile hatte sich die Kunde von Mikes bahnbrechender Operation in den Medien herumgesprochen und ein gewisses Aufsehen erregt. Ein Fernsehteam fragte bei Mike an, ob es in seinem Haus ein kurzes Interview mit ihm machen könne, und er erklärte sich einverstanden. Die Kameras wurden aufgebaut, und die Aufnahmen begannen. Die erste Frage kannte Mike bereits, noch ehe sie ihm gestellt worden war, weil jeder sie als erste stellte: „Wie war es für Sie, Ihre Frau und Ihre Kinder sehen zu können?"

Er wusste, was sie zu hören erwarteten. Er sollte erklären, dass der Anblick seiner Frau und seiner Kinder der wichtigste und schönste Moment seines Lebens gewesen sei. Stattdessen erzählte er, was er stets auf diese Frage antwortete: „Meine Familie sehen zu können war etwas Wunderbares, aber aus anderen Gründen, als Sie vielleicht vermuten. Wir hatten diesem besonderen Moment entgegengefiebert, und als der Verband abgenommen wurde, hatte ich die Möglichkeit, diesen Augenblick mit ihnen zu teilen. Aber ich kannte sie bereits besser als irgendetwas sonst in der Welt, und deshalb spielte das Sehen für meine Kenntnis von ihnen und meine Liebe für sie keine Rolle. Auch als Blinder hatte ich bereits das Gefühl, sie zu sehen. Und Tränen vergoss ich zum ersten Mal beim Anblick eines Festwagens in einem Umzug."

Diese Antwort sorgte stets für verblüfftes Schweigen im Raum, so auch diesmal. Der Interviewer formulierte seine Frage noch einmal um, doch Mike wiederholte seine Antwort.

Später wollte der Reporter wissen, ob Mike, seit er seine Sehfähigkeit wiedererlangt hatte, etwas vor Augen gekommen sei, was ihn gestört habe. Mike berichtete, wie sehr es ihn erschüttert habe, einen Obdachlosen zu sehen, und dass der Anblick von Müll und Durcheinander ihm zu schaffen mache. Seine Reaktion auf fettleibige Menschen traute er sich nicht zu erwähnen.

Danach wurde Jennifer interviewt. Gleich als Erstes fragte der Reporter sie, ob sie sich durch Mikes neues Sehvermögen und seine Fähigkeit, nun auch andere Frauen zu sehen, in stärkerer Konkurrenz zu ihnen fühle. Sie verneinte. Mit einem wissenden Lächeln beugte der Mann sich zu ihr hin und wiederholte seine Frage. Sie gab die gleiche Antwort. Er versuchte es ein drittes Mal. Mike hörte aus dem Nebenzimmer aufmerksam zu. Er wusste, dass Jennifer ein Interview vor laufender Kamera ausgesprochen unangenehm war.

„Ich weiß nicht, worauf Sie hinauswollen", erklärte sie schließlich dem Reporter. „Ich finde es toll. Ich möchte, dass Mike andere Frauen sehen kann. Ich möchte, dass er alles sehen kann."

Sie hat Selbstbewusstsein, dachte Mike. Und sie liebt mich.

ANFANG JULI fuhr Mike zu einem weiteren Arzttermin nach San Francisco. Dr. Goodman kam zu dem gleichen Ergebnis wie immer: keine Veränderung. Bei früheren Terminen hatte Mike wissen wollen, ob mit einer Verbesserung seiner Sehfähigkeit in ein paar Wochen oder einem Monat zu rechnen sei. Diesmal lag ihm die Frage auf der Zunge, ob seine Sehfähigkeit vielleicht immer so bleiben werde, aber stattdessen fragte er gar nichts.

Am Abend schüttelte er eine Cyclosporin-Tablette in seine Hand. Und wie jeden Abend, wenn er dieses Medikament einnahm, fragte er sich, wie wohl die langfristigen Folgen aussehen würden, ob er für seine Reise ins Licht würde bezahlen müssen.

Mike hätte Jennifer gern erzählt, was ihm in letzter Zeit durch den Kopf ging: dass über vier Monate vergangen waren und sich sein Sehvermögen allmählich normalisiert haben müsste; dass ihn in gewisser Weise das Sehen mehr statt weniger anstrengte; dass sich in seinem Kopf die Wörter „lebenslang" und „unaufhörlich" eingenistet hatten. Er unterdrückte sein Verlangen, sich mitzuteilen. Er war Mike May. Er hatte noch immer einen Weg gefunden. Stattdessen grübelte er darüber nach, wie merkwürdig es war, keine Antworten zu haben, keinen zu kennen, der einem erklären konnte, was mit ihm passierte, der einem sagen konnte, ob das immer so weitergehen würde.

Ein paar Tage danach klingelte bei Mike zu Hause das Telefon. Eine lebhafte junge Frau mit britischem Akzent wollte Michael May sprechen.

„Ich bin Michael May."

„Guten Tag, Mike", sagte die Frau. „Ich heiße Ione Fine. Ich treibe Forschungen an der University of California in San Diego. Mein Kollege hat Sie im Fernsehen gesehen. Ich weiß nicht, ob Ihnen das bekannt ist, aber Fälle wie Ihrer sind außerordentlich selten. Und genau in diesem Bereich forsche ich. Ich würde Ihnen gern ein paar Fragen stellen und könnte mir denken, dass auch Sie einige Fragen haben, die Sie mir gern stellen würden. Wären Sie wohl bereit, sich ein paar Minuten mit mir zu unterhalten?"

Dr. Ione Fine schlug Mike vor, für drei Tage nach San Diego zu kommen, um sich dort wissenschaftlichen Beobachtungen und Tests zu unterziehen. Er willigte ein. Vielleicht fand er in San Diego jene Antworten, die er unbedingt haben wollte.

Ende Juli holte ihn Dr. Fine am Flughafen von San Diego ab. Von dem Moment an, wo sie sich die Hand schüttelten, war Mike klar, dass er stark gefordert werden würde. Bei ihrem ersten Gespräch sprang Fine wie eine Kugel in einem Flipperautomaten von einem Thema zum anderen – von der Schilderung ihres Laboratoriums für Sehexperimente zu ihrer Begeisterung für Hunde, von dort zum Aufbau des Gehirns und dann zu einem mexikanischen Restaurant in der Gegend, das sie toll fand.

Auf dem Weg zum Laboratorium lieferte sie Mike einige Informationen über sich selbst. Sie war 29 Jahre alt und arbeitete an der Universität mit Professor Donald MacLeod, einem renommierten Forscher auf dem Gebiet des Sehvermögens, zusammen. Ihr Interesse an den Auswirkungen eines langzeitigen Verlusts der Sehkraft war geweckt worden, als sie an einem Fall gearbeitet hatte, bei dem ein Patient seine Sehfähigkeit wiedererlangt hatte. Allerdings war bei diesem Fall die Sehfähigkeit zwar stark eingeschränkt gewesen, aber von vollständiger Erblindung konnte bei dem Betreffenden nicht die Rede sein.

„Sie meinen, ich bin was Besonderes", scherzte Mike.

„Sie sind etwas so Besonderes, dass ich Sie fast gar nicht angerufen hätte", erklärte Dr. Fine. „Mein Lebensgefährte Geoff – er forscht ebenfalls über das Sehvermögen – hat einen kurzen Bericht über Sie im Fernsehen gesehen. ‚Ione', sagte er, ‚du musst unbedingt kommen und dir das ansehen!' Nun sind diese Fälle eigentlich nie echt, und ich gab spitz zurück: ‚Nein, danke vielmals.'"

„Wie kam's dann zu dem Anruf bei mir?"

„Don, mein Vorgesetzter, und ein anderer Kollege haben den gleichen Bericht gesehen und mir damit so lange in den Ohren gelegen, bis ich gedacht habe: Also gut, um sie loszuwerden, rufe ich diesen Mike May an und lasse mir bestätigen, dass es sich bei ihm um keinen Fall von lebenslanger Blindheit handelt. Dann habe ich wieder meine Ruhe."

„Wieso dachten Sie, dass mein Fall nicht echt sei?"

„Weil man jemanden wie Sie, der seit seiner frühen Kindheit vollständig blind war und so viele Jahre später erst die Sehfähigkeit zurückbekommen hat, unglaublich selten findet. Wahrscheinlich sind weniger als zwanzig Fälle Ihrer Art bekannt."

Mike saß sprachlos da. Er hatte bereits geahnt, dass er auf seiner Reise allein war. Jetzt wusste er es sicher.

Dr. Fine ihrerseits erwähnte nicht die tiefen Depressionen, in die Mikes Vorgänger – offenbar zwangsläufig – verfallen waren, obgleich sie dank ihrer Beschäftigung mit der Literatur darüber Bescheid wusste. Sie nahm sich aber vor, bei ihm auf Anzeichen dafür zu achten.

Sie befragte Mike nach seinem Leben. Er erzählte ihr von seinem Unfall, von dem prägenden Vorbild, das seine Mutter ihm geliefert hatte, und von seinem neuen Produkt, dem Navigationssystem.

„Halten Sie immer noch den Geschwindigkeitsrekord in der Skiabfahrt?", fragte sie.

„Tu ich", sagte Mike.

Er erkundigte sich nach Dr. Fines Herkunft. Sie erzählte ihm, dass sie in Edinburgh zur Welt gekommen und aufgewachsen und mit siebzehn aufs College in Oxford gegangen war. Sie war die Tochter von Kit Fine, einem angesehenen Philosophen, und von Anne Fine, der Verfasserin beliebter Kinderbücher, darunter „Mrs. Doubtfire, das stachelige Kindermädchen".

„Das ist einer meiner Lieblingsfilme", sagte Mike.

„Das Buch ist sogar noch besser", erwiderte Dr. Fine.

Dr. Fine parkte das Auto und ging mit Mike in ihr Büro. Dort erklärte sie ihm, was sie während seines Aufenthalts mit ihm vorhatte. Sie wollte ihn einer ganzen Reihe von Tests unterziehen, die die Beschaffenheit und Natur seiner Sehfähigkeit ermitteln und Antworten auf folgende Fragen finden sollten: Welche Auswirkungen hat ein fast lebenslanger Entzug des Sehvermögens auf das Gehirn? Warum könne Mike bestimmte Sehleistungen gut erbringen und andere nur schlecht? Lasse sich Mikes Sehfähigkeit verbessern? Die Fragen stießen bei Mike auf große Resonanz. Seit Monaten hatte er sie sich selbst gestellt.

Als Allererstes wollte Dr. Fine Mikes Sehschärfe messen – seine Fähigkeit, die Welt detailliert zu sehen. Sie hatte mit Dr. Goodman gesprochen und wusste, dass Mikes Auge und dessen optische Funktionen fast perfekt waren, seine Sehschärfe aber mangelhaft war. Wie mangelhaft, das wollte sie feststellen.

Sie ließ ihn mit einer Armeslänge Abstand vor einem Computermonitor Platz nehmen und versuchte dann festzustellen, wie genau Mike in einem etwa einen Zentimeter breiten Feld des Bildschirms Streifen, die abwechselnd schwarz und weiß waren, unterscheiden konnte. Normalsichtige Personen können das Muster so lange erkennen, bis die Zahl der Streifen auf zwischen sechzig und hundert ansteigt. Mike konnte nur einen schwarzen und einen weißen voneinander unterscheiden. Jeder weitere Streifen ließ das Ganze grau erscheinen. Andere Tests erbrachten ähnliche Resultate. Seine Fähigkeit, Einzelheiten zu erkennen, war ihm abhandengekommen. Deshalb musste er ganz nah an die Dinge herangehen, um Einzelheiten ausmachen zu können.

„Ihre Detailwahrnehmung ist entsetzlich schlecht", sagte Dr. Fine.

„Liegt es an meinem Auge?"

„Nein. Mit an Sicherheit grenzender Wahrscheinlichkeit ist das Gehirn schuld daran."

Mike wollte wissen, warum er so schlecht im Erkennen von Einzelheiten sei, wo er doch die Dinge durchaus nicht verschwommen sehe. Sie erklärte ihm, dass bei einer Umrandung die so genannten Ortsfrequenzen besonders hoch seien und dass das Gehirn sie von sich aus zu einer scharfen Kante verdichte. Diese scharfe Form sei im Grunde eine Illusion, erzeugt vom Gehirn, und jedes Gehirn arbeite so.

„Aber die Details innerhalb der Umrandung sehe ich ja auch nicht, Sie hingegen schon."

Sein Gehirn, erklärte sie, funktioniere wie eine Kamera, die Fotos mit sehr geringer Auflösung mache und schlechtere Bilder liefere als die billigste Überwachungskamera in einem Kaufhaus. Wenn ein Foto aus solch einer Kamera retuschiert werde, seien die Umrisse in dem Foto wahrscheinlich noch zu ergänzen, weil sie sich erraten ließen. Die übrigen Einzelheiten hingegen – das Gesicht des Einbrechers etwa oder das Muster seines Hemdes – seien unmöglich herauszuarbeiten, weil die Kamera schon bei der Aufnahme keine dafür ausreichende Detailgenauigkeit besessen habe.

Mike saß einen Augenblick schweigend da. „Das ist genau die Art, wie ich sehe", sagte er schließlich. „Vielen Dank für die Information."

Als Nächstes wollte Dr. Fine testen, wie gut Mike einfache Formen erkennen konnte. Mit geringer Mühe vermochte er, Buchstaben des Alphabets zu benennen, zu erkennen, ob sich etwas links, rechts, oberhalb oder unterhalb von etwas anderem befand, zu bemerken, dass ein Streifen in eine andere Richtung wies, und einfache Formen wie Vierecke, Kreise und Dreiecke auszumachen.

Dr. Fine zeigte ihm als Nächstes eine Reihe von alltäglichen Dingen, unter anderem einen Stiefel, eine Gitarre, einen Eimer und einen Frosch. Instinktiv versuchte er, die Dinge zu betasten, obwohl er wusste, dass es sich nur um Abbildungen auf einem Bildschirm handelte. Er hatte mit allen große Mühe, und tatsächlich erkennen konnte er nur ein Viertel der Objekte, die normalsichtige Menschen auf Anhieb erkennen. Fine fiel auf, dass die wenigen Dinge, die er identifizieren konnte, wie die Gitarre und der Stiefel, eine Form besaßen, die sich fast aus jedem Blickwinkel wiedererkennen ließ, wohingegen es bei den Objekten, an denen er scheiterte – Eimer und Frosch –, auf den Blickwinkel ankam, aus dem sie aufgenommen wurden. Mühe bereiteten Mike alle Bilder, die ein Gefühl nicht nur für den Umriss, sondern auch für die Raumtiefe des Abgebildeten erforderten.

Auffällig fand Dr. Fine nicht nur Mikes Unvermögen, ein Objekt in seiner räumlichen Tiefe wahrzunehmen, sondern auch die ungeheure Anstrengung, die ihn der Versuch kostete, diese Objekte zu erkennen.

„Wie kommen Sie zurecht, Mike?“, fragte sie.

„Ich bin ein bisschen erschöpft, aber sonst geht es mir gut“, sagte er.

Da es mittlerweile spät geworden war, fuhr Dr. Fine mit Mike zum Abendessen in ein Restaurant, wo sie sich mit ihrem Ehemann in spe, Geoff Boynton, trafen, der im nahe gelegenen Salk Institute ebenfalls Forschungen zum Sehvermögen betrieb. Außerdem gesellte sich Don MacLeod zu ihnen, ein Schotte von gewinnendem Wesen, der als Wissenschaftler einen hervorragenden Ruf genoss und unter dessen Aufsicht Dr. Fine an der Universität arbeitete. Im Verlauf des Gesprächs unterhielten sie sich über Mikes Navigationssystem, ihre gemeinsame Begeisterung für Hunde und die merkwürdige Beschaffenheit von Mikes Sehvermögen. Keiner von ihnen wirkte überrascht, als Mike die Ungleichheiten in seiner Sehfähigkeit schilderte. Keiner schien seine Äußerung, Gesichter sagten ihm wenig, als schockierend zu empfinden. Mit Menschen zusammen zu sein, die in gewisser Hinsicht bereits wussten, wie es um ihn stand, bedeutete für ihn eine Entlastung.

Gegen Ende des Essens wollte Dr. Fine von Mike wissen, ob er von einem Mann namens Molyneaux gehört habe. Mike verneinte.

„Er war ein Dubliner und mit dem großen Philosophen John Locke befreundet“, erklärte Dr. Fine. „Seine Frau erlitt einen plötzlichen Krampfanfall und war binnen eines Jahres vollständig erblindet. Gegen Ende des 17. Jahrhunderts legte Molyneaux Locke eine Frage vor, die den großen Philosophen der damaligen Zeit Diskussionsstoff bot. Er forderte Locke auf, sich einen Mann vorzustellen, der sein Leben als Blinder zugebracht und gelernt hatte, allein durch den Tastsinn einen Würfel von einer Kugel zu unterscheiden. Wenn dieser Mann die Sehfähigkeit erhielte, so Molyneaux' Frage, würde er dann allein mithilfe des Gesichtssinnes entscheiden können, was der Würfel und was die Kugel war? Locke und andere verneinten das."

„Ich konnte den Unterschied zwischen Quadrat und Kreis sofort erkennen", sagte Mike.

„Vielleicht sind Sie ja die Antwort auf Molyneaux' Frage, Mike", sagte Dr. Fine. „Aber das zu behaupten, könnte in der ein oder anderen Hinsicht problematisch sein. Erstens sind Sie nicht blind zur Welt gekommen. Wir wissen nicht, ob Ihre drei Jahre Sehfähigkeit Ihnen nicht dabei geholfen haben, Umrisse zu unterscheiden, nachdem der Verband entfernt war. Zweitens wäre es möglich, dass Sie Würfel und Kugel wegen ihrer dreidimensionalen Form unterscheiden konnten – wie Sie ja auch einen Kreis von einem Viereck unterscheiden können. Aber was, wenn Molyneaux' Frage lautete, ob dem Betreffenden sein neues Sehvermögen erlaubte, ein Dreieck von einer Pyramide zu unterscheiden? Oder ein Viereck von einem Würfel? Mit anderen Worten, wäre der nunmehr sehfähige Mann imstande, die Pyramide und den Würfel in ihrer Raumtiefe zu erkennen?"

„Das könnte die Sache ändern", gab Mike zu. „Ich weiß nicht, ob ich dazu in der Lage wäre."

„Wir müssen wohl noch eine ganze Menge weitere Tests machen", sagte Dr. Fine und hob ihr Glas, um anzustoßen. „Auf gutes Gelingen."

Mike verbrachte die Nacht in MacLeods Haus und fuhr am nächsten Morgen mit Dr. Fine in ihr Laboratorium. Als sie ankamen, erklärte ihm Dr. Fine, sie werde ihn auf Gesichter testen.

„Oje", sagte Mike.

Dr. Fine ließ ihn etwa dreißig Zentimeter von einem großen Computerbildschirm entfernt Platz nehmen. „Ich zeige Ihnen eine Reihe von Porträtfotos", erklärte sie, „und Sie müssen mir jeweils sagen, ob es sich um einen Mann oder eine Frau handelt."

Die Bilderschau begann. Mike sah sich jedes einzelne Foto sorgfältig an. Auch jetzt wieder schien er sehr damit beschäftigt, bewusst und gezielt Anhaltspunkte zu sammeln. Das Geschlecht der Personen zu identifizieren, gelang ihm nur zu siebzig Prozent. Normalsichtige Personen schaffen es zu hundert Prozent. Da Dr. Fine den Verdacht hatte, dass er Merkmale wie langes Haar und Schmuck nutzte, um das Gesicht geschlechtlich zuzuordnen, zeigte sie ihm eine andere Fotoserie, bei der Haar und Schmuck entfernt waren. Seine Erkenntnisleistung sank nahezu auf das Niveau von Zufallstreffern.

Als Nächstes sollte er beurteilen, ob die Person auf dem Foto froh, neutral oder traurig aussah. Wie zuvor hatte Mike große Mühe und kam nur auf eine Trefferquote knapp über Zufallstrefferniveau. Dann zeigte Dr. Fine Mike kurze Filmsequenzen von lächelnden Personen, um zu sehen, ob er einen Gesichtsausdruck leichter erkennen konnte, wenn Bewegung im Spiel war. Das war nicht der Fall.

Schließlich zeigte sie ihm eine Reihe von Fotos, auf denen das Gesicht der Person durcheinandergebracht oder auf den Kopf gestellt erschien – so sah man etwa die Augen, die Nase oder den Mund verkehrt herum oder an der falschen Stelle. Auf normalsichtige Menschen wirken solche Bilder fast immer irritierend.

Mike betrachtete die Gesichter ein paar Sekunden lang. Nach einer Weile erklärte er, offenbar stimme irgendetwas nicht mit ihnen, aber was es war, konnte er nicht sagen. Eine emotionale Reaktion riefen sie nicht in ihm wach.

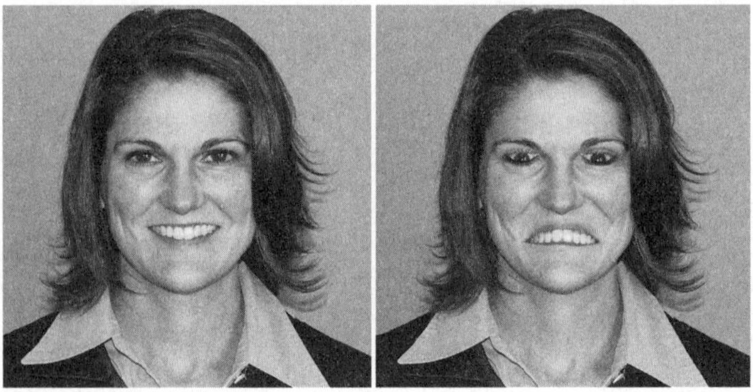

Mike kann nicht ohne Weiteres zwischen dem ersten (normalen) und dem zweiten Gesicht unterscheiden, das Augen und Mund verkehrt herum zeigt. (Man beachte, dass das zweite Bild, wenn man es auf den Kopf stellt, normaler aussieht und weniger irritierend wirkt.)

Dr. Fine beobachtete Mikes Körpersprache. Er machte einen erschöpften Eindruck. Sie erinnerte sich daran, dass sie sich vorgenommen hatte, auf Anzeichen von Niedergeschlagenheit zu achten.

„Geht es Ihnen gut, Mike?“, fragte sie. „Wie fühlen Sie sich?“

„Ich bin frustriert. Ich würde wirklich gern zurande kommen mit den Gesichtern.“

Als Nächstes testete Dr. Fine Mikes Fähigkeit, Bewegung wahrzunehmen. In einem Test nach dem anderen schnitt Mike tadellos ab; er erkannte und beschrieb die Bewegungen spontan und ohne sich merklich anstrengen zu müssen. Seine Ergebnisse glichen denen bei normalsichtigen Versuchspersonen. Bei Dr. Fine löste dieser Befund Verblüffung aus. Ein Ergebnis faszinierte sie besonders – sie hatte Mike eine Anordnung von Leuchtpunkten vor einem dunklen Hintergrund gezeigt, von der Art des folgenden Bildes:

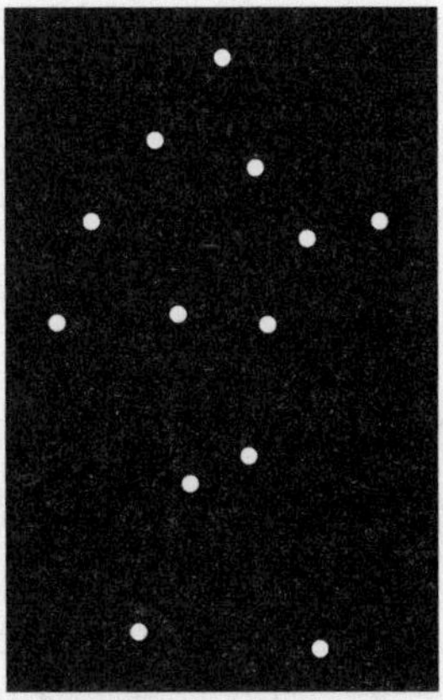

Als sie von Mike wissen wollte, ob die Punkte ihm etwas sagten, verneinte er. Dann setzte sie die Punkte in Bewegung. Mike reagierte augenblicklich. „Das ist ein Mensch, der geht“, sagte er. Damit hatte er Recht. Dr. Fine hatte ihm einen „Leuchtpunkt-Wanderer“ gezeigt, eine Person, die man im Dunkeln gefilmt hatte, wobei an einigen entscheidenden Gelenkstellen des Körpers kleine Lämpchen befestigt waren.

Dr. Fine zeigte ihm noch weitere Leuchtpunkt-Wanderer. Oft war er sogar imstande, das Geschlecht der Person zu bestimmen.

„Das ist wirklich eindrucksvoll“, sagte Dr. Fine. „Da vollbringen Sie ein ganz schön kompliziertes Stück visueller Datenverarbeitung, Mike.“

„Ja, auf Bewegungen verstehe ich mich“, erwiderte Mike. „Und um der wissenschaftlichen Wahrheit willen muss ich zugeben, dass ich mich der Beobachtung von Frauen schon ausführlich gewidmet habe.“

Beim nächsten Test ging es um Messungen der Farbwahrnehmung. Wie schon bei der Bewegung erfüllte Mike die ihm gestellten Aufgaben ebenso hervorragend wie schnell. MacLeod, ein Fachmann auf dem Gebiet der Farbwahrnehmung, meinte, Mike erkenne Farben vielleicht sogar besser als er selbst. Mike freute sich.

Die nächste Testreihe, bei der es um die Messung der Tiefenwahrnehmung ging, würde sich, so Dr. Fines Vermutung, als prekärer erweisen. Bei einem der ersten Tests – es ging um Verdeckungsphänomene – schnitt Mike gut ab. Anhand der Art und Weise, wie ein Objekt ein anderes verdeckte, vermochte er zu beurteilen, welches das hintere und welches das vordere war. Als er allerdings sagen sollte, welche von drei Kugeln eine Ausstülpung nach außen hatte (die beiden anderen waren nach innen gestülpt), konnte er das nicht – so wenig, wie er das bei den Buckeln in Kirkwood gekonnt hatte. Dann zeigte ihm Dr. Fine die folgende Figur und wollte von ihm wissen, was sie darstelle:

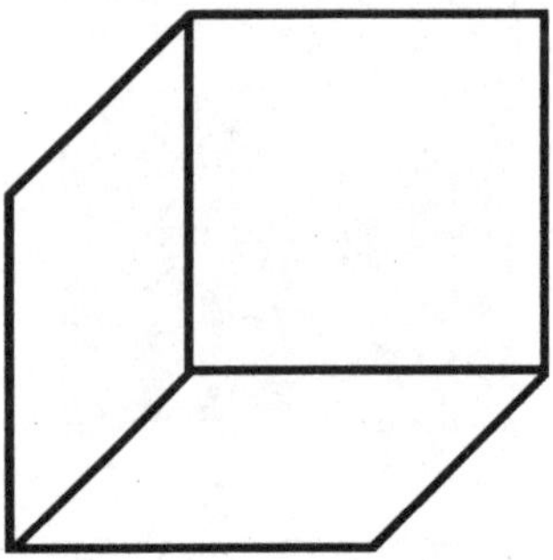

Mike betrachtete das Bild. „Ein Quadrat mit Linien“, sagte er.

Diese vier knappen Worte waren allem Anschein nach die Antwort auf Dr. Fines Abwandlung der Molyneaux'schen Frage. Sie hatte wissen wollen, ob der Mann mit dem neu gewonnenen Sehvermögen ein Viereck von einem Würfel würde unterscheiden können. Mike war dazu offenbar nicht in der Lage, obwohl er schon seit sechs Monaten wieder sehen konnte. Er sah nichts weiter als ein zweidimensionales Quadrat mit zusätzlichen Linien.

Ohne sich viel dabei zu denken, bewirkte Dr. Fine durch einen Knopfdruck am Computer, dass sich die Figur in Bewegung setzte und immer wieder vor und zurück rotierte.

Mike saß plötzlich kerzengerade auf seinem Stuhl. „Das ist ein Würfel!“, sagte er.

Dr. Fine konnte gar nicht fassen, was sich vor ihren Augen abspielte. Bis dahin hatte sie geglaubt, Mike sei praktisch außerstande, dreidimensional zu sehen. Auf irgendeine Weise aber hatte die Bewegung einen Sinn für Tiefe in ihm geweckt.

„Das ist völlig unglaublich“, sagte sie. „Ich glaube, das werde ich nie vergessen, Mike. Und ich glaube, es ist wirklich wichtig.“

Für den Abend hatten Dr. Fine und Boynton Mike und MacLeod zu sich nach Hause zum Essen eingeladen. Vor Mikes Eintreffen berichtete Dr. Fine ihrem Freund von den faszinierenden Testresultaten des Tages und erzählte ihm, wie frustriert Mike gewirkt habe, als es ihm nicht gelang, Gesichter zu erkennen. Dr. Fine machte sich Sorgen – in einer solch verwirrenden visuellen Welt zu leben, müsse ja schrecklich sein, meinte sie. Wenn sie nur wüsste, wie sie helfen könne!

Nach der Ankunft der Gäste servierte Dr. Fine Wein und Käse. Die Gesprächsthemen reichten von Baseball über Studenten im Aufbaustudium bis zur Lokalpolitik.

„Übrigens, Mike“, sagte Dr. Fine in einer kurzen Gesprächspause, „wie geht es Ihnen? Wie fühlen Sie sich?“

„Mir geht's gut“, antwortete er. „Aber etwas wüsste ich gern. Warum fragen Sie mich immer wieder, ob es mir gut geht?“

Dr. Fine wusste nicht, was sie sagen sollte. „Also“, sagte sie schließlich, „bei anderen Personen, die ihr Sehvermögen wiedererlangt haben, sind Depressionen eine häufige Begleiterscheinung. Wir wollen einfach sicher sein, dass es Ihnen gut geht.“

Mike lächelte. „Machen Sie sich keine Sorgen um mich“, sagte er.

Sie habe, sagte Dr. Fine, Boynton und MacLeod von den Ergebnissen der Tests zur Gesichtserkennung berichtet.

„Hat sie Ihnen erzählt, wie hundsmiserabel ich war?“, fragte Mike.

Das habe sie, bestätigten die beiden.

„Wissen Sie, dass vielleicht einer von hundert in der Bevölkerung Gesichter nicht erkennen kann?“, fragte Boynton.

„Was meinen Sie? Warum können die das nicht?“, wollte Mike wissen.

„Man nennt das Phänomen Prosopagnosie oder ‚Gesichtsblindheit'. Man hört nicht viel darüber, weil es den Betroffenen häufig unangenehm ist, darüber zu reden, während andere gar nicht wissen, dass sie das Problem haben."

„Wie kann jemand dieses Problem haben, ohne davon zu wissen?"

„Die Betreffenden haben in diesem Fall immer schon andere Erkennungszeichen benutzt – den Gang, den jemand hat, die Farbe seines Haars, seine Kleider, solche Sachen."

„Das mache ich auch. Meinen Sie, ich gehöre zu dieser Gruppe?"

„Sie leiden zweifellos an Prosopagnosie, aber die ist offenbar Teil umfassenderer Schwierigkeiten, die Sie damit haben, die visuelle Welt zu verstehen."

Nach dem Abendessen setzten sie das Gespräch noch lange fort. Mike genoss die Unterhaltung. Und er mochte diese Leute. Aus ihrem Ton, ihrem Lachen, ihrer Ungezwungenheit konnte er heraushören, dass sie ihn nicht bloß als Versuchsobjekt betrachteten. Er konnte hören, dass sie für ihn das Beste wollten.

Sein Rückflug war für den Vormittag des folgenden Tages gebucht. Auf dem Weg zum Flughafen wollte Dr. Fine wissen, ob Mike bereit sei, sich einigen Folgetests zu unterziehen – er könne dazu wieder nach San Diego kommen, sie könne ihn aber auch in Davis aufsuchen.

„Wie Sie wollen", sagte er. „Ich bin dabei."

WÄHREND der nächsten paar Wochen fuhr Mike für weitere Tests nach San Diego, oder aber Dr. Fine kam nach Davis. Die Ergebnisse waren immer die gleichen: Mit Bewegung und Farbe kam er hervorragend zurecht, entsetzlich schlecht hingegen war er im Interpretieren von Gesichtern, in der Wahrnehmung von Raumtiefe (außer wenn Bewegung im Spiel war) und im Erkennen von Objekten.

Für Mike blieb diese Aufspaltung im Sehvermögen rätselhaft wie eh und je. Für Dr. Fine hingegen gewann die Sache allmählich Hand und Fuß. Während sie weiter über die Testresultate nachgrübelte und Fallgeschichten studierte, die bis ins 18. Jahrhundert zurückreichten, begann sie nicht nur zu verstehen, warum Mike die Welt so sah, wie er sie sah, sondern auch, was das für die Frage der Verbesserung seiner Sehfähigkeit bedeutete. Ihre Erkenntnisse basierten auf einem neuartigen Verständnis davon, wie das Sehvermögen funktioniert.

Kapitel zwölf

Vor der Mitte des 19. Jahrhunderts betrachtete man das Sehen durchweg als ein passives Erleben, bei dem die zu sehenden Objekte schlicht und einfach „da" waren. Zur Beschreibung des Vorgangs gab es verschiedene Vorstellungen. Sie gingen davon aus, dass sich die Welt und ihre Objekte von selbst verstanden; sie zu sehen verlangte vom Gehirn keine Urteilskraft oder Problemlösungstätigkeit oder sonstige, ihm eigene Erkenntnisleistung. Das Sehen erschien als ein müheloser und automatischer Prozess.

Seit der Mitte des 19. Jahrhunderts, beginnend mit dem renommierten deutschen Naturforscher Hermann von Helmholtz und fortgesetzt von dem Psychologen Richard Gregory und anderen bis in die Mitte des 20. Jahrhunderts hinein, entwickelte die Wissenschaft eine überraschend neue Vorstellung von der Rolle des Gehirns beim Sehen. Die Menschen, so hieß es jetzt, seien beim Sehen in einem hohen Maß abhängig von ihrem Wissen, das es ihnen erst ermögliche, den „gespenstischen Schemen", wie Gregory die Bilder auf der Netzhaut unserer Augen nannte, eine Bedeutung abzugewinnen.

Auf den ersten Blick schien diese Vorstellung abenteuerlich. Wie sollte Wissen Sehen ermöglichen können? Dass der ungebildetste Mensch genauso gut sehen konnte wie der höchstgebildete, stand doch wohl außer Zweifel! Indes meinten Helmholtz, Gregory und die anderen, wenn sie von Wissen sprachen, nicht das Fakten- und Zahlenwissen, das man in Enzyklopädien versammelt findet. Unter Wissen verstanden sie ein System von Annahmen über die Beschaffenheit der Welt und der in ihr existierenden Dinge. Dieses System von Annahmen, so ihre Überlegung, sei im menschlichen Gehirn so tief verwurzelt, dass die Menschen es augenblicklich, automatisch und ohne sich dessen bewusst zu sein dem durch die Augen hereinströmenden visuellen Datenfluss aufnötigten.

An überzeugenden Beweisen für die Stützung dieser Theorie fehlte es nicht. Zu den beweiskräftigsten Phänomenen zählten die optischen Täuschungen. Falls es sich tatsächlich so verhielt, dass die Dinge draußen sich von selbst dem Blick darboten, dann konnten optische Täuschungen nicht vorkommen – die Menschen sahen dann die Dinge so, wie sie tatsächlich waren. Optische Täuschungen aber gab es in großer Zahl. Was rief sie hervor?

Laut Gregory und anderen kamen optische Täuschungen dadurch zustande, dass bei der betreffenden Person ihr vorhandenes Hintergrundwissen den Sieg über die anders beschaffenen Informationen davontrug, die das Auge lieferte.

Die Tiefenumkehr bietet ein überzeugendes Beispiel für diese Dynamik. Sie lässt sich einem Beobachter mittels einer einfachen Plastikmaske vorführen – hier einer Charlie-Chaplin-Maske. Wie zu erwarten, nimmt der Beobachter das Gesicht als konvex wahr – Chaplins Gesichtszüge wölben sich nach außen. Wird nun aber die Maske im Kreis gedreht, um die Rückseite sichtbar zu machen, dann macht auch das hohle – konkave – Innere der Gesichtsmaske Chaplins den Eindruck, sich nach außen zu wölben; die Gesichtszüge wirken von hinten genauso massiv und konvex, wie sie das von vorn taten.

Wie erklärt sich diese Täuschung? Gregory – mittlerweile mit Zustimmung sämtlicher Fachleute auf dem Gebiet – führt sie zurück auf das Wissen in Bezug auf Gesichter, über das der Beobachter verfügt: Jedes Gesicht, das er jemals gesehen hat, war konvex. Der optischen Information zum Trotz muss er deshalb das hohle Gesicht so wahrnehmen, als sei es nach außen gewölbt. Die ihm eigene Kenntnis von Gesichtern ist so beherrschend, dass er sich der Illusion nicht entziehen kann – selbst wenn er sich der Tatsache bewusst ist, dass er eine hohle Maske sieht.

Schauen wir uns ein anderes Trugbild an, „Terror Subterra" von Roger Shepard. Welches Monster auf dem Bild ist größer?

Fast alle Beobachter nehmen das hintere Monster als viel größer wahr. Tatsächlich sind beide gleich groß. Auch hier wieder spielt das Wissen – das System von Annahmen über die Welt und ihre Gegenstände – eine entscheidende Rolle bei der Wahrnehmung. Aber welcher Art ist das Wissen, das uns dazu bringt, das eine Monster im Vergleich mit dem anderen für so viel größer zu halten?

In der menschlichen Erfahrung hängt die wahrgenommene Größe eines Objekts von zwei Faktoren ab: von seiner Größe auf der Netzhaut und von seiner wahrgenommenen Entfernung. Daraus ergibt sich eine einfache Formel: *wahrgenommene Größe = Größe auf der Netzhaut × wahrgenommene Entfernung.*

Wären diese Monster von gleicher Größe, müsste dasjenige, das weiter weg zu sein scheint, ein kleineres Abbild auf die Netzhaut werfen. Da dies nicht der Fall ist, gelangt das Gehirn zu der Annahme, dass das entferntere Monster größer ist als das nähere. Und diese Annahme ist so zwingend, dass der Beobachter es tatsächlich so sieht.

Aber das ist nicht das einzige Wissenselement, das vom Gehirn in die Szene eingeschleust wird. Schauen wir uns einmal die Gesichter der Monster an. Das gejagte Monster wirkt schreckerfüllt. Das Monster, das hinterherjagt, macht einen aggressiven, wütenden Eindruck. In Wahrheit haben beide das gleiche Gesicht. Unserer Erfahrung nach erscheinen Menschen, die gejagt werden, fast immer angsterfüllt, wohingegen die Jäger fast immer aggressiv oder wütend erscheinen. Unser Gehirn zwingt dieses Wissen der Szene auf und „sieht“ deshalb, was es zu sehen erwartet.

Die Vorstellung, dass Wissen und Sehen eng miteinander verknüpft sind, lässt sich an einer Vielzahl von Beispielen demonstrieren, die nichts mit optischer Täuschung zu tun haben. Was sieht der Betrachter in dem folgenden Bild?

Manche sehen eine Ente, andere ein Kaninchen. Dann wechselt plötzlich die Wahrnehmung – wer die Ente sah, sieht jetzt das Kaninchen und umgekehrt. Was das Gehirn von diesen Tieren weiß, seine Annahmen über sie veranlassen es zu zwei das Bild betreffenden Hypothesen. Da beide Hypothesen gleich wahrscheinlich sind, erhält das Gehirn sie beide aufrecht, mit dem Ergebnis, dass abwechselnd die Ente und das Kaninchen gesehen wird.

Jüngste Fortschritte bei der Messung spezifischer Hirnaktivitäten bestätigen, dass Wissen und Sehen einen engen Zusammenhang bilden. Man nimmt heute an, dass über ein Drittel des Gehirns am Sehen beteiligt ist. Mittlerweile teilt praktisch jeder auf dem Gebiet des Sehvermögens arbeitende Wissenschaftler, Forscher oder Psychologe die Ansicht, dass ohne unser Wissen über die sichtbare Welt unsere Fähigkeit, ebendiese sichtbare Welt zu verstehen, in die Brüche ginge.

Für Mikes Fall spielte dieses neue Verständnis des Sehvermögens eine bedeutsame Rolle. Wenn Mikes Auge nichts fehlte, dann sprach ebendiese enge Verknüpfung von Wissen und Sehen eindeutig dafür, dass Mike ein Problem mit dem Wissen hatte.

Um uns klarmachen zu können, wie dieses Problem beschaffen ist, müssen wir erst einmal verstehen, auf welche Weise die Menschen diese Art von Wissen erwerben. Die Augen eines Neugeborenen werden von visuellen Informationen überflutet – Farben, Bewegungen und Formen, die von den Objekten in der Welt ringsumher stammen. Das Neugeborene aber hat noch keine Erfahrung mit all diesen Dingen.

Wie mag es sein, Dinge zu sehen, die man noch nicht kennt und über die man kein Wissen besitzt? Wir können uns das kaum vorstellen – im Erwachsenenalter haben wir bereits Erfahrungen über so gut wie alles gesammelt. Doch wenn uns etwas vor Augen kommt, was uns vollkommen fremd anmutet, ist es uns nahezu unmöglich, diese Erscheinung zu interpretieren und ihr eine Bedeutung beizulegen.

Schauen wir uns dieses Foto an. Worum handelt es sich?

Nur sehr wenige Menschen wären imstande zu erklären, dass auf dem Foto ein Fossil zu sehen ist. Noch weniger dürften wissen, dass es sich um eine Wasserschildkröte aus der Grube Messel bei Darmstadt handelt. Bestimmte Archäologen freilich wüssten das auf Anhieb. Dank ihrem Wissen können sie beim Blick auf das Bild eine vergleichsweise detaillierte und zuverlässige Erfahrung einbringen. Wir können uns vorstellen, dass für den Säugling all seine visuelle Erfahrung unserem Erleben beim Betrachten dieses Fossils gleicht.

Dem Kleinkind muss das Universum als eine riesige Sammlung aus farbigen, sinnlosen Formen erscheinen. Wie soll es diesem Wirrwarr visueller Daten einen Sinn abgewinnen? Wie soll es jenes Wissen über die Welt und ihre Gegenstände schaffen, das so entscheidend ist für das Sehen? Da es unmöglich ist, dass jemand ihm die Gegebenheiten erklärt, gibt es für das Kleinkind nur einen Weg, solches Wissen zu erwerben: Es muss mit den Dingen, die es sieht, experimentieren, sie erforschen, ausprobieren, mit ihnen spielen, sie berühren, schmecken, riechen und hören. Es muss sein Kinderzimmer zu einem Labor machen, wo es sich durch eine endlose Erprobung und Erforschung der Dinge – insbesondere mithilfe des Tastsinns – Wissen über ihre materiale Beschaffenheit, ihre Formen, ihre Verwendungsmöglichkeiten und ihre Funktionen aneignet. Ohne dieses ständige Experimentieren mit den Dingen bleibt es dem Betreffenden verwehrt, sein System von Annahmen über die Welt und ihre Gegenstände auszubilden. Solange er ein Glas Wasser nicht berührt hat – es nicht umgekippt, nicht fallen gelassen, nicht zerbrochen, nicht verschüttet, nicht geschüttelt hat und nicht gesehen hat, wie es zum Trinken zum Mund geführt wird –, kann er darin nicht mehr erkennen als einen bloßen Umriss, ein beliebiges „Fossil". Wenn das kleine Kind in seinem Labor auf dem Teppich herumkaut, dann hat das einen Sinn, weil es eine weitere Methode ist, die visuelle Beschaffenheit des Teppichs zu ergründen.

Die aktive Beschäftigung mit der Welt und ihren Gegenständen ist für die frühkindliche Entwicklung so entscheidend, dass der Betreffende ohne sie vielleicht nie würde richtig sehen können. In einem bahnbrechenden Experiment zogen Richard Held und Alan Hein am Massachusetts Institute of Technology zwei junge Katzen in absoluter Dunkelheit auf. Jeden Tag wurden die Kätzchen für kurze Zeit in Körbe gesteckt, die an den beiden Enden einer Stange unmittelbar über dem Boden hingen. In den einen Korb wurden unten Löcher geschnitten, sodass die Pfoten des Kätzchens den Boden erreichten, in den anderen hingegen nicht. Die Apparatur war so konstruiert, dass beide Körbe sich im Gleichtakt bewegten, wenn die Stange sich drehte.

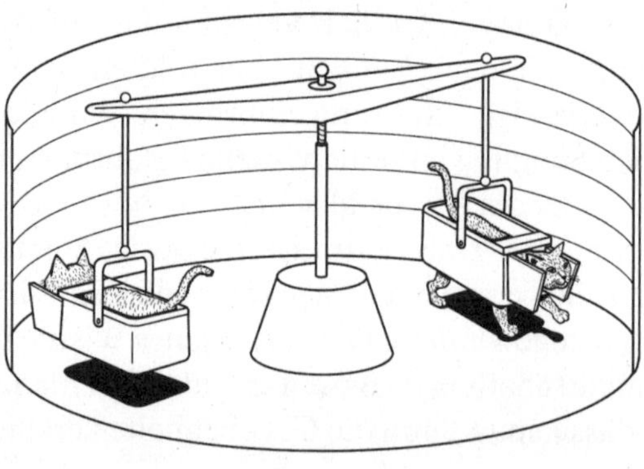

Sobald das Licht eingeschaltet war, ließ man das Kätzchen in dem Korb mit Löchern loslaufen, wodurch sich sein Korb und der seines Gegenübers gleichermaßen bewegten und beiden die gleichen Seherfahrungen vermittelt wurden.

Am Ende des Experiments konnte sich nur das Kätzchen, dem man ermöglicht hatte, seinen Korb zu bewegen, mittels seines Sehvermögens in der Welt zurechtfinden. Das Kätzchen, das passiv geblieben war, hatte zwar die gleichen visuellen Erfahrungen gemacht, war aber, was den Einsatz seiner Sehkraft anging, blind. Für den Gebrauch des Sehvermögens spielte die aktive Beschäftigung eine entscheidende Rolle.

Mike May stand in dieser überaus wichtigen aktiven Beziehung zur Welt. Er hatte sich sein Wissen geschaffen und besaß sein System von Annahmen. Zur Zeit seines Unfalls, im Alter von drei Jahren, hatte er bereits fast so gut sehen können wie ein Erwachsener. Dennoch fand er sich nach seiner Stammzellentransplantation mit einer merkwürdigen, anderen Art von Sehen konfrontiert. Bewegungen und Farben konnte er nahezu perfekt erkennen, hingegen vermochte er Gesichter nicht zu entschlüsseln, verfügte über keinerlei Tiefenwahrnehmung (beziehungsweise nur, wenn die Dinge sich bewegten) und hatte Schwierigkeiten, Objekte zu identifizieren. Wie erklärt sich diese Diskrepanz? Gibt es einen Unterschied zwischen der Wahrnehmung von Bewegung und Farbe einerseits und der Wahrnehmung von Gesichtern, Raumtiefe und Objekten andererseits? Und wie hängt das mit dem Wissen zusammen?

Um eine Antwort auf diese Fragen zu finden, wandte sich Dr. Fine einer genaueren Betrachtung der Art und Weise zu, wie Menschen diese Dinge wahrnehmen. Die Antwort, davon war sie überzeugt, versprach weitreichende Aufschlüsse über Mikes Art zu sehen. Und vielleicht konnte sie ihm auch dabei helfen, seine Sehfähigkeit zu verbessern.

GESICHTSWAHRNEHMUNG

Den meisten von uns erscheint ein menschliches Gesicht als etwas ganz und gar Einzigartiges. In Wirklichkeit sind menschliche Gesichter einander außerordentlich ähnlich. Unterschiede von gerade einmal ein oder zwei Millimetern in der Symmetrie oder beim Abstand der Augen, in der Wölbung der Augenbrauen, des Steigungswinkels der Wangenknochen oder der Höhe der Stirn lassen unter Umständen zwei Gesichter, die einander ganz ähnlich sind, völlig verschieden aussehen. Tiergesichter unterscheiden sich durch die gleiche Art von winzigen Abweichungen. Und doch erscheinen uns Schimpansengesichter zum Verwechseln ähnlich und die Gesichter von Schafen austauschbar. Warum nehmen wir bei menschlichen Gesichtern, im Gegensatz zu Tiergesichtern, die Unterschiede so stark wahr?

Die Antwort liegt in dem Lernprozess, den wir durchlaufen. Durch intensives Üben, das in der frühen Kindheit beginnt, verwandeln wir uns in Experten für menschliche Gesichter. Schäfer können ihre Schafe am Gesicht erkennen – sie haben ihr Leben lang an Schafsgesichtern geübt und sind zu Experten geworden.

Die Übung mit menschlichen Gesichtern ermöglicht uns auch, das Geschlecht einer Person zu bestimmen, ihren Ausdruck zu deuten, ihr Interesse an uns zu beurteilen, ihre Stimmung vorherzusagen. Oft entscheidet eine winzige Veränderung des Mundwinkels darüber, ob es sich um ein Lächeln oder einen Ausdruck des Unmuts handelt. Menschen wären niemals in der Lage, solchen winzigen Unterschieden Bedeutung beizumessen, wenn sie nicht über die Erfahrung aus intensiven Übungen verfügen könnten. Um dergleichen zu lernen, benötigt man jahrelange Übung; noch mit fünf oder sechs Jahren sind Kinder damit beschäftigt, ihre Fähigkeiten im Erkennen von Gesichtern auszubilden.

TIEFENWAHRNEHMUNG

Wenn wir unsere Augen öffnen, fällt ein zweidimensionales Abbild auf unsere Netzhaut. Und doch nehmen wir die Welt dreidimensional wahr; ihre Tiefendimension empfinden wir als absolut real, keineswegs als einen Trick unseres Gehirns. Wie kommt es dazu?

Allem Anschein nach gibt es drei Anhaltspunkte, die das optische System nutzt, um Raumtiefe wahrzunehmen: bildhafte Indizien, Bewegungsindizien und stereoskopisches Sehen.

Bildhafte Indizien für Raumtiefe

Solche bildhaften Indizien sind Eigenschaften, die bei einem Foto, einem Gemälde oder einer sonstigen zweidimensionalen Darstellung den Eindruck von Tiefe erzeugen. Es sind jene Phänomene, die zu Beginn der Renaissance von italienischen Malern entdeckt wurden. Die wichtigsten sind:

Verdeckung

Wenn ein Objekt ein anderes verdeckt, erscheint es räumlich näher.

Schattenwurf

Schatten können ein Hinweis auf die räumliche Tiefe eines Objekts sein. (Die beiden Fotos sind identisch bis auf die Hinzufügung des Schattens im rechten Foto.)

Relative Größe

Je weiter entfernt ein Objekt ist, umso weniger Raum nimmt es im Vergleich mit Objekten identischer Größe im Gesichtsfeld ein.

Wissen über die Größe

Unser Wissen bezüglich der Größe eines Objekts wirkt sich darauf aus, als wie weit entfernt wir es wahrnehmen beziehungsweise wie wir die Entfernung und Größe anderer Objekte in seiner Umgebung einschätzen.

Dass wir mit den Delfinen auf dem Foto eine Größenvorstellung verbinden, wirkt sich darauf aus, als wie weit entfernt wir sie wahrnehmen. Die meisten von uns würden diese Entfernung auf etwa drei Meter schätzen.

Hätten Delfine hingegen die Größe von Fußballfeldern, würden wir vielleicht annehmen, dass sie sich auf dem Foto einen Kilometer weit weg befänden; hätten sie die Größe von Insekten, würden wir sie auf dem Foto nur wenige Zentimeter entfernt vermuten.

Relative Höhe

Je näher ein Objekt dem Horizont ist, umso weiter entfernt erscheint es.

Strukturgefälle

In dem Maß, wie sich eine Oberfläche von uns entfernt, wird ihre Struktur kleinteiliger und wirkt glatter.

Atmosphärischer Dunst

Die Luft enthält winzige Partikel von Wasser, Staub und Schmutz. Je weiter entfernt ein Objekt ist, desto mehr Partikel muss unser Blick durchdringen und desto verschwommener erscheint deshalb das Objekt. (Übrigens existiert auf dem Mond mangels Atmosphäre und mangels Luftpartikeln keine atmosphärische Perspektive. Die Astronauten hatten Mühe, Entfernungen auf dem Mond abzuschätzen.)

Lineare Perspektive

Parallele Linien nähern sich in dem Maße, wie sie in den Hintergrund verlaufen, einander an.

Umrissform durch Schattenbildung

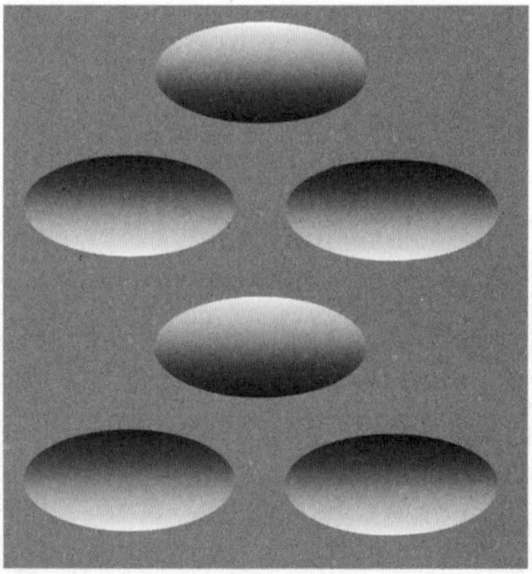

Wenn ein Objekt eine dreidimensionale Form hat, erscheinen einige Oberflächen beleuchtet und andere beschattet.

Hierbei zeigt sich, dass diese bildhaften Hinweise auf Raumtiefe ihrerseits auf Wissen gründen – Wissen darüber, wie die Welt im Normalfall beschaffen ist. Solche Wissenselemente werden als „Aprioris" bezeichnet. Hier ein paar Beispiele für solches Vorwissen: Erwachsene sind zwischen 1,50 und 2,10 Meter groß, Licht kommt im Zweifelsfall von oben, körperliche Dinge werfen Schatten, bestimmte Objekte haben eine bestimmte Farbe, in unserer Kultur bilden Linien häufig rechte Winkel miteinander (wie etwa im Fall von Gebäuden). Schauen wir uns das folgende Foto an:

Dass die Fotografie eine Scheune, ein Boot und einen Wasserlauf einschließt, ist uns eine wesentliche Hilfe beim Bemühen, die Größe und Entfernung der Windmühle abzuschätzen. Das ist deshalb so, weil wir über Aprioris verfügen – die übliche Größe von Scheunen, Booten und Wasserläufen betreffend. Wäre die Windmühle das einzige Objekt auf dem Foto, könnten wir sie für ein Spielzeug halten, oder wir könnten sie uns um ein Mehrfaches größer vorstellen, als sie tatsächlich ist.

Wie geht jemand vor, wenn er diese bildhaften Indizien und Aprioris erlernt?

Wir haben bereits gesehen, dass sich ein großer Teil der visuellen Lerntätigkeit in der frühen Kindheit durch ständige aktive Beschäftigung und fortlaufendes Experimentieren mit der Welt vollzieht. So verhält es sich auch beim Erlernen der Tiefenwahrnehmung. Ein Kleinkind ist damit beschäftigt, zu greifen, zu krabbeln, zu beobachten, zu testen und immerfort seine optischen Anhaltspunkte mit den Befunden seines Tastsinns abzustimmen, bis sich das zweidimensionale Abbild auf der Netzhaut automatisch in ein visuelles Erleben von Raumtiefe übersetzt. Bis zum Alter von sechs Monaten – dem Alter, in dem sie anfangen, nach Dingen zu greifen – sind Säuglinge für die bildhaften Hinweise auf Raumtiefe nicht sehr empfänglich. Danach brauchen sie Jahre, um ihr Verständnis jener Hinweise und den Umgang mit ihnen zu perfektionieren. Diese Aufgabe ist ungeheuer schwierig. Das Kind aber schafft das ohne Hilfe vonseiten der Eltern binnen weniger Jahre – allein aufgrund der aktiven Beschäftigung mit seiner Umgebung.

Bewegungsindizien für Raumtiefe

Erinnern wir uns daran, dass bildhafte Indizien nur eines der Hilfsmittel darstellen, um Raumtiefe wahrzunehmen. Eine weitere Reihe von Anhaltspunkten ergibt sich, wenn der Beobachter oder das Objekt in Bewegung sind. Das sind die so genannten Bewegungsindizien.

Parallaktische Verschiebung

Wenn man etwa aus einem fahrenden Auto heraus die vorbeigleitende Szenerie betrachtet, scheinen nahe gelegene Objekte – wie Häuser am Straßenrand – vorbeizufliegen, während sich entferntere Objekte – wie Berge am Horizont – allem Anschein nach kaum bewegen. Die sich rascher bewegenden Objekte nehmen wir im Vergleich mit den sich langsamer bewegenden als näher wahr.

Kinetischer Tiefeneffekt

Der kinetische Tiefeneffekt trat auf, als Mike sah, wie ein Viereck auf Dr. Fines Computerbildschirm zu rotieren begann und sich dabei in einen dreidimensionalen Würfel umsetzte.

Bewegungsindizien stützen sich ebenfalls auf Aprioris, die freilich viel simpler sind. Bereits binnen weniger Wochen können Säuglinge sich bewegende Objekte wahrnehmen. Die bewegungsvermittelte Tiefenwahrnehmung stellt sich schon im Alter von vier Monaten oder vielleicht sogar früher ein.

Stereoskopisches Sehen

Stereoskopisches Sehen erzeugt einen Eindruck von Tiefe, indem es die kleinen Unterschiede in den Abbildungen der beiden Augen miteinander abgleicht.

Sehen wir uns ein nahes Objekt an. Decken wir ein Auge ab, dann das andere, dann wieder das erste. Das Objekt scheint sich vor und zurück zu bewegen. Das Gehirn vergleicht die zwei leicht verschiedenen Bilder, um die Tiefe des Objekts abzuschätzen – und dann wahrzunehmen.

Stereoskopisches Sehen findet sich natürlich nur bei Menschen, die zwei funktionierende Augen haben, also nicht in Mikes Fall.

OBJEKTERKENNUNG

Die Menschen müssen Objekte erkennen, um mit ihnen interagieren zu können. Das allein erfordert eine gewaltige Lernleistung. Aber die Sache ist sogar noch schwieriger. Wir müssen imstande sein, diese vielen Objekte aus jedem nur denkbaren Blickwinkel zu erkennen. Wie lässt sich das schaffen? Betrachten wir das folgende Bild.

Wir erkennen einen Elefanten in dem Objekt. Es ist die am leichtesten zu identifizierende Ansicht eines Elefanten – manche sprechen von der „kanonischen" (eindeutigen) Ansicht.

Betrachten wir jetzt das nächste Bild.

Auch dieses Objekt erkennen wir als einen Elefanten. Warum erscheint es uns nicht als ein Objekt, das von dem Objekt auf dem ersten Bild verschieden ist?

Es wird angenommen, dass ein wesentlicher Grund für unsere Fähigkeit, ein Objekt aus unterschiedlichen unkanonischen Perspektiven zu erkennen, darin liegt, dass wir bereits über die Raumtiefe des Objekts bei kanonischer Ansicht Bescheid wissen. Hat sich das Gehirn einen Begriff von der dreidimensionalen Beschaffenheit des Objekts gemacht, so kann es daraus erschließen, wie das Objekt aus anderen Blickwinkeln aussehen wird.

Diese Fähigkeit ist entscheidend, weil die meisten Objekte, denen wir im Alltag begegnen, sich uns nicht einfach in ihrer kanonischen Ansicht darbieten. Und selbst wenn sie das zufällig tun, ändert sich doch ihre Form, sobald sie oder wir uns bewegen. Unsere Fähigkeit, dreidimensional zu sehen, erlaubt uns, Objekte aus praktisch jeder Perspektive zu erkennen.

Noch viele weitere Faktoren spielen bei der Objekterkennung eine Rolle, aber ohne Tiefenwahrnehmung steht alles infrage. Auch die Objekterkennung entwickelt sich im vorgerückten Kleinkindalter und braucht unter Umständen Jahre, bis sie abgeschlossen ist.

BEWEGUNG

Kleinkinder nehmen Bewegung bereits zwei Wochen nach der Geburt wahr. Mit zehn oder zwölf Wochen können sie Objekten, die sich bewegen, bereits kontinuierlich mit dem Blick folgen. Offenbar sind sie fast von Natur aus dazu imstande, ohne viel mit der Außenwelt experimentieren oder sich mit ihr aktiv beschäftigen zu müssen. Wie es scheint, erschließt sich die Bewegung der Wahrnehmung wie von selbst.

FARBE

Mit ungefähr zwei Monaten verfügen Kleinkinder bereits über eine beachtliche Farbwahrnehmung. Die Entwicklung der Farbwahrnehmung scheint keiner aktiven Beschäftigung des Kleinkindes mit der Welt zu bedürfen.

AUS DIESER ERÖRTERUNG der verschiedenen Bereiche des Sehvermögens ergibt sich eine wichtige Frage: Besteht ein Unterschied zwischen den Dingen, die Mike May gut wahrzunehmen vermag (Bewegung und Farbe), und den Dingen, die er nur mangelhaft wahrnimmt (Gesichter, Raumtiefe und Objekte)?

Das ist allem Anschein nach eindeutig der Fall.

Bewegung und Farbe sind einfacher. Bewegung ist schlicht die Ortsveränderung eines Objekts im zeitlichen Verlauf. Grün ist grün. Bewegung und Farbe setzen kein kompliziertes Verständnis der Welt voraus, um wahrgenommen zu werden. Kleinkinder erwerben ein Verständnis von Bewegung und Farbe innerhalb der ersten Monate ihres Lebens.

Gesichter, Raumtiefe und Objekte sind komplexer. Oft sind winzige und subtile Abweichungen maßgebend für sie, Anhaltspunkte und Kennzeichen, die häufigem Wandel unterworfen und abhängig vom jeweiligen Zusammenhang sind. Gesichter, Raumtiefe und Objekte setzen für ihre Wahrnehmung ein umfängliches und vielschichtiges Wissen über die Welt voraus.

Die Unterschiede zwischen den beiden Wahrnehmungsbereichen sind massiv und grundlegend. Gleichzeitig spricht angesichts der Unterscheidung einiges dafür, dass die defekten Partien in Mikes Sehvermögen reparabel – und unter Umständen vielleicht sogar vollständig wiederherstellbar – sind.

Vergessen wir nicht, dass Wissen und Sehvermögen hochgradig miteinander verknüpft sind. Wenn Mike Gesichter, Raumtiefe und Objekte nicht wahrzunehmen vermag, dann vielleicht deshalb nicht, weil er das dafür erforderliche Wissen vergessen oder auf andere Art eingebüßt hat. Das leuchtet als Erklärung unmittelbar ein. Gesichter, Raumtiefe und Objekte wahrzunehmen zählt zu den kompliziertesten Aufgaben, die das visuelle System bewältigen muss.

Ebenso einleuchtend ist, dass Mike das auf die Wahrnehmung von Bewegung und Farbe bezügliche Wissen bewahrt; Bewegung und Farbe wahrzunehmen zählt zu den leichtesten Aufgaben für das visuelle System – zu jener Art von grundlegenden Dingen, die sich dem Gehirn für alle Zeit einprägen.

Das klingt sehr hoffnungsvoll, was Mikes Fall betrifft. Wenn er das Wissen darüber, wie man Gesichter, Raumtiefe und Objekte wahrnimmt, vergessen oder sonstwie eingebüßt hat, bestehen gute Aussichten, dass er es wieder erlernen kann. Wer wäre besser für einen anspruchsvollen Lernprozess gerüstet als Mike May?

Dr. Fine freilich war sich nicht so sicher, dass er die nötige Lernfähigkeit mitbrachte. Um ihre Zweifel zu verstehen, muss man etwas wissen über Neuronen – die Zellen, die all unser Wissen prozessieren und speichern – und darüber, wie sie im Gehirn funktionieren.

Das menschliche Gehirn enthält ungefähr hundert Milliarden Neuronen. Neuronen sind eine bestimmte Art von Nervenzellen mit der Aufgabe, elektrische Impulse zu verarbeiten und weiterzuleiten. Einige dieser Neuronen übermitteln Signale aus der Außenwelt und transportieren sie aus den Augen, den Ohren, den Fingern, sogar von den Magenwänden („Puh – ich hab mich überfressen“) ins Gehirn. In der Mehrzahl indes empfangen, modifizieren und übermitteln die Neuronen Signale von anderen Neuronen. Jedes Neuron steht mit etwa tausend anderen Neuronen in Verbindung, was bedeutet, dass die Zahl möglicher Kombinationen zwischen ihnen größer ist als die Anzahl der Elementarteilchen im gesamten Universum. Man nimmt an, dass die Gehirne der höheren Primaten und ihr Neuronensystem zu den komplexesten Strukturen im Universum gehören.

Spezifische Verbindungen zwischen den Neuronen rufen alles hervor, was ein Mensch erlebt, woran er sich erinnert und was er fühlt. Wenn ich eine Banane sehe, dann infolge elektrischer Impulse, die zuerst vom Auge zum Gehirn geschickt werden und anschließend durch ein sehr spezifisches Neuronensystem, das dazu da ist, Bananen zu erkennen und auf sie zu reagieren. Diese „Bananenneuronen“, wie man sie nennen könnte, werden durch die Erfahrung, die wir mit Bananen machen, erzeugt und verstärkt. Die Neuronen und neuronalen Verbindungen, die nötig sind, um Onkel Hans zu erkennen, werden durch unsere Erfahrung mit Onkel Hans erzeugt und verstärkt. Für sämtliche Erfahrungen mit der Welt bilden wir eigene Neuronensysteme heraus. Ihre Ausbildung ist das, was wir Lernen nennen.

Um etwas so ungeheuer Komplexes wie das Sehen zu lernen, braucht es eine gigantische Menge von verfügbaren und für diesen Zweck bereitstehenden Neuronen. Aber wer besitzt einen solchen verfügbaren Überfluss an Neuronen?

Kinder.

Schauen wir uns an, zu welchen enormen Lernleistungen Kinder fähig sind. Verglichen mit Erwachsenen, lernen sie zum Beispiel Sprachen umwerfend schnell. Eine solche Lernfähigkeit wird dadurch ermöglicht, dass bei ganz jungen Kindern ein riesiger Vorrat von Neuronen zur Verfügung steht, die darauf warten, eine Aufgabe zugewiesen zu bekommen. Tatsächlich besitzen Kinder einen gewaltigen Überfluss an Neuronen, die fürs Lernen bereitstehen.

Erwachsene hingegen verfügen nicht über einen derart reichlichen

Vorrat an Neuronen, die für Lernprozesse verfügbar wären. Und offenbar gehen bei Erwachsenen die Neuronen auch nicht mehr so leicht und rasch mit anderen Neuronen Verbindungen ein, wie das beim Kleinkind der Fall ist. Deshalb fällt Erwachsenen das Lernen auch nicht mehr so leicht wie Kindern.

Ein überzeugendes Beispiel dafür liefern Fälle von frühen Gehirnschädigungen. Nicht selten werden bei kleinen Kindern wegen Tumoren oder epileptischen Erscheinungen erschreckend große Stücke des Gehirns entfernt. Diese Art Verlust würde bei Erwachsenen ernsthafte Beeinträchtigungen zur Folge haben; die betreffende Person würde etwa nicht mehr richtig gehen oder sprechen können. Bei kleinen Kindern hingegen kann sich das Gehirn so reorganisieren, dass es aus den verbleibenden Neuronen den bestmöglichen Nutzen zieht. Oft merkt man nach ein paar Jahren diesen Kindern nicht mehr an, dass ein großer Teil ihres Gehirns fehlt.

Für Mike bedeutete dies allem Anschein nach nichts Gutes. Wenn er komplexe Aktivitäten des Sehvermögens, die er während seiner langjährigen Blindheit vergessen oder verloren hatte, neu erlernen musste, dann brauchte er dazu den massiven Vorrat an Neuronen, der Kindern für solche Lernprozesse zur Verfügung steht.

Dr. Fine bezweifelte, dass Mike über die für die Erkennung von Gesichtern, Raumtiefe und Objekten nötigen Neuronen noch verfügte. Durch neuere Forschungen war sie darüber informiert, dass Neuronen, wenn ihnen die Daten aus der Außenwelt, die sie bis dahin verarbeitet haben, nicht mehr zufließen, wenn sie also der Tätigkeit, die sie bis dahin ausgeübt haben, nicht mehr nachgehen können, „den Beruf wechseln" und andere Leistungen erbringen. Die Fähigkeit eines Neurons, seine Darstellungsinhalte zu wechseln, bezeichnet man als seine Plastizität.

Was entscheidet darüber, ob ein seines Eingabematerials beraubtes Neuron eine andere Funktion übernimmt? Was entscheidet darüber, wie plastisch es sich verhält, wenn die gewohnten Signale nicht mehr eintreffen – wie es bei Sehneuronen der Fall ist, wenn die Person erblindet?

Wie sich zeigt, sind Neuronen beim Verlust ihres Eingabematerials eher darauf eingestellt, andere Darstellungsaufgaben zu übernehmen, wenn es a) in der Kindheit – besonders der frühen Kindheit – zu dem Eingabeverlust kommt, wenn b) eine Nachfrage nach ihren Diensten in anderen Teilen des Gehirns besteht und wenn c) die Neuronen der Erfüllung komplexer Aufgaben dienen.

Einige von Mikes Sehneuronen – nämlich diejenigen, die mit der Verarbeitung von Gesichtern, Raumtiefe und Objekten befasst sind – erfüllten alle drei Kriterien und waren damit erstklassige Anwärter auf die Übernahme anderer Darstellungsfunktionen. Andere von Mikes Sehneuronen – nämlich die mit der Verarbeitung von Bewegung und Farbe befassten – erfüllten nur die ersten zwei Kriterien, und entsprechend geringer war die Wahrscheinlichkeit, dass sie sich anderen Darstellungsfunktionen zuwandten. Auf das dritte Kriterium kam es offenbar entscheidend an.

Falls die Sache sich so verhielt, dann stand es nach Dr. Fines Ansicht schlecht für Mike. Dann sprach alles dafür, dass die Neuronen und Systeme, die er als kleines Kind benutzt hatte, um Gesichter, Raumtiefe und Objekte wahrzunehmen, jetzt für andere Aktivitäten genutzt wurden, etwa um Blindenschrift zu lesen oder die Orientierung mittels Gehör zu unterstützen oder ihm dabei zu helfen, sich Telefonnummern zu merken, die er sich nicht aufschreiben konnte. Zur Zeit seiner Erblindung waren sie plastisch genug gewesen, um andere nützliche Aktivitäten zu lernen; jetzt, wo er erwachsen war, würden sie sich nicht erneut dem Sehvermögen zur Verfügung stellen lassen. Falls sich dies bei Mike so verhielt, würde er wahrscheinlich niemals Gesichter, Raumtiefe oder Objekte normal erkennen können, weil er wie alle Erwachsenen nicht mehr über die nötigen Neuronensysteme verfügte, um diese Fähigkeiten zu lernen.

Dennoch wusste Dr. Fine nicht mit Sicherheit, ob ihre Vermutung zutraf. Fast alle Forschungen über die Auswirkungen des Verlusts des Sehvermögens waren nur an Tieren vorgenommen worden, Dr. Fines Vermutung war also reine Spekulation. Nächtelang wälzte sie Mikes Fall im Kopf. Wie sollte irgendjemand herausfinden, ob sich Mikes Sehneuronen unwiderruflich anderswo engagiert hatten?

Doch es gab nach Dr. Fines Ansicht eine Möglichkeit, das herauszufinden.

Sie rief Mike an und fragte, ob er bereit sei, sich als Versuchsperson für einen Test zur Verfügung zu stellen, der höchst ungewöhnlich und ganz neu sei.

Kapitel dreizehn

Dr. Fine erläuterte Mike während ihres Telefongesprächs, wie eng Wissen und Sehvermögen miteinander verknüpft seien. Sie beschrieb ihm, was für eine gewaltige Menge an Wissen für richtiges Sehen nötig sei. Sie schilderte, wie sich die Sehfähigkeit in der frühen Kindheit, wenn das Gehirn noch zu solch umfänglichem Lernen imstande sei, allmählich ausbilde, und wie diese gigantische Menge unbewussten Wissens unmittelbar dem visuellen Bild aufgepfropft werde. Er habe, erklärte sie Mike, dieses Wissen einmal besessen, müsse es aber nach seinem Unfall vergessen oder auf andere Weise verloren haben. Ohne dieses Wissen, meinte sie, könne ein Mensch nicht normal sehen, egal wie gut seine Augen seien.

Sechs Monate lang war seine Art zu sehen Mike ein Rätsel geblieben. Jetzt fing die Sache an, ihm begreiflich zu werden. Wenn ein Mensch diesen großen Wissensspeicher nicht für das, was er sah, zur Verfügung hatte, dann stand zu erwarten, dass er an Wissen aufbot, was immer er konnte. Deshalb das große Bedürfnis, alles zu berühren. Deshalb dieses krampfhafte Bemühen um die Herstellung von Zusammenhängen, der massive Rückgriff auf Farbe, Bewegung und die anderen Sinne.

„Aus diesem Grund ist es so anstrengend für mich", schlussfolgerte Mike. „Ich muss alles mit Bewusstsein tun. Ich muss darüber nachdenken. Sie müssen das nicht."

„Genau", bestätigte Dr. Fine.

Dr. Fine brauchte keine Kristallkugel, um Mikes nächste Frage vorherzusehen.

„Also gut, ich habe vergessen, wie man sieht. Wie kann ich das jetzt wieder lernen?"

Sie erklärte ihm die Sache mit den Neuronen und der Plastizität, informierte ihn darüber, dass manche Neuronen, wenn sie kein Eingabematerial mehr bekämen, sich anderen Aktivitäten zuwendeten, während andere offenbar bereitwillig auf ihren ursprünglichen Posten ausharrten. Es sei durchaus möglich, berichtete sie ihm, dass die Neuronen, die er für die Wahrnehmung von Gesichtern, Raumtiefe und Objekten brauche – die er so dringend benötige, um normal sehen zu können –, unwiederbringlich für diesen Zweck verloren seien.

Mike saß da und staunte darüber, wie einfach Dr. Fines Erklärung war.

Diese simple Vorstellung – dass sein Gehirn vielleicht für einige Bereiche des Sehens gerüstet war, für andere hingegen nicht – erklärte seine Welt. Deshalb hatten Treppen für ihn das Aussehen von Linien, während er im vollen Lauf einen Ball fangen konnte. Deshalb konnte er die Gesichter seiner Kinder nicht erkennen, wohl aber ohne Mühe die Wäsche sortieren.

„Lassen sich diese Sehneuronen wiederbeschaffen?“, fragte er.

„Wenn sie weg sind, dann wird das unserer Meinung nach nicht mehr möglich sein“, sagte Dr. Fine. „In der Anfangszeit des Lebens lassen sie sich leicht umwidmen, aber später passiert das viel seltener.“

Mike schnürte sich der Hals zu. Er begriff, was Dr. Fines Erklärung in seinem Fall bedeutete. Wenn seine Sehneuronen sich auf Dauer anderen Darstellungsaufgaben zugewandt hatten, kam für ihn eine Besserung nicht mehr infrage.

„Heißt das, dass keine Besserung mehr möglich ist?“, fragte er.

„Ich bin mir nicht sicher“, sagte Dr. Fine. „Wir wissen nicht, ob die Teile Ihres Gehirns, die früher einmal Gesichter, Raumtiefe und Objekte wahrnahmen, noch für diese Aufgaben gerüstet sind. Es gibt aber eine relativ neue Technik, mit der wir eine ganze Menge darüber herausfinden können, was in Ihrem Gehirn passiert.“

Dr. Fine berichtete ihm von einer speziellen Methode, das Gehirn zu scannen, die als „funktionelle Kernspintomografie“ bezeichnet werde. Mithilfe einer solchen funktionsbezogenen kernspintomografischen Abtastung des Gehirns könne man feststellen, ob bestimmte Hirnbereiche auf bestimmte Reize reagierten. Ermöglicht werde das, weil aktive Hirnbereiche Sauerstoff verbrauchten, was ihnen geringfügig andere magnetische Eigenschaften verleihe als inaktiven Bereichen. Mittels Kernspintomografie ließen sich diese minimalen Unterschiede registrieren.

Dr. Fine erklärte Mike, wie die Sache ablaufen werde: Sie und einige Kernspin-Experten würden ihn in einen großen Tomografen schieben. Während er sich in dem Apparat befände, bekomme er Fotos von Gesichtern gezeigt. Wenn der für die Gesichtserkennung zuständige Teil seines Gehirns beim Anblick der Bilder Aktivität aufweise, dann würde Dr. Fine wissen, dass Mike noch über Neuronen und neuronale Systeme, die für die auf Gesichter bezogene Datenverarbeitung nötig waren, verfüge. Reagiere die Gehirnregion nicht, dann wisse sie, dass Mikes Gehirn auf Gesichter einfach nicht mehr anspreche. Das Gleiche werde dann mit Objekten, einfachen Formen und Bewegungen gemacht. Das eröffnete den Wissenschaftlern beste Chancen, zu verstehen, was in Mikes Gehirn ablief.

„Wann geht's los?", fragte Mike.

Für den Scan bekam Mike an der kalifornischen Stanford University einen Termin für Ende September. Das bedeutete eine Wartezeit von zwei Wochen. Einen Großteil der Zeit verbrachte er mit der Suche nach neuen Investoren für Sendero; außerdem fing er an, sich um die Bewilligung von staatlichen Zuschüssen zu bewerben. Sein mit Sprechfunktion ausgestattetes Gerät bewährte sich nach wie vor bestens, aber Mike war klar, dass die staatlichen Stellen sich nicht dazu durchringen würden, mehrere Tausend Dollar für einen solchen Apparat auszugeben. Mehr und mehr gelangte er zu der Überzeugung, dass das Überleben seiner Firma von neuen Investitionen beziehungsweise staatlichen Zuschüssen abhing, die ihm erlauben würden, das Gerät zu verkleinern und seinen Preis zu verringern. Viel Zeit blieb ihm nicht mehr.

Ende September zwängte sich Mike in Dr. Fines Mietwagen, um sich zu dem 150 Kilometer weit entfernten Tomografiezentrum der Neurologie an der Stanford University fahren zu lassen. Nach ihrer Ankunft gesellten sich zu ihnen ein wissenschaftlicher Mitarbeiter namens Alex Wade, Professor Brian Wandell und Alyssa Brewer, Studentin im Aufbaustudium. Mithilfe eines riesigen Magneten wollte diese Gruppe von Wissenschaftlern die Tiefen von Mikes Gehirn sondieren.

Dr. Fine und ihre Kollegen machten sich eifrig daran, Material zur Erzeugung von Sinnesreizen und Computerdisketten aufzutreiben. Und für schmutzige Witze zu sorgen. Mike würde lange Zeit im Scanner verbringen müssen, oft ohne dass er beschäftigt war. Ihn in den Leerlaufzeiten mit anzüglichen Witzen zu unterhalten, war das Mindeste, was Dr. Fine tun konnte, um ihm die Zeit zu vertreiben.

Mike wurde von Wandell in den Aufnahmeraum geführt, und er erfuhr, dass er im Tomografen nichts weiter tun musste, als still dazuliegen, wach zu bleiben und sich die Bilder anzusehen, die ihm durch Projektion auf einen schräg über seinem Auge befindlichen Spiegel gezeigt wurden.

Mike blickte auf den Tomografen, ein massiges weißes Rechteck, das den größten Teil des Raumes einzunehmen schien. Der Patient legte sich auf einen mit dem Apparat verbundenen Rolltisch, der dann durch eine enge runde Öffnung an der Vorderseite des Apparats in diesen hineingeschoben wurde. Bedient wurde die Apparatur von einem nahe gelegenen Raum aus. Mike hatte gehört, dass der Tomograf bei manchen Menschen Klaustrophobie auslöste.

„Kann ich ihn berühren?“, fragte er Wandell.

„Klar. Nur zu!“

Mike ließ die Hände über die runde Öffnung, den dort befestigten Projektor und den Rolltisch gleiten. Die Wissenschaftler hatten den Eindruck, dass er nach dieser Tasterfahrung erleichtert aufatmete.

Mike legte sich auf den Tisch und bereitete sich seelisch auf seinen Transport ins Innere vor. Er bekam Kopfhörer aufgesetzt, durch die er Anweisungen hören konnte. Ein Projektor, ein Bildschirm und ein Spiegel wurden in Höhe seines Halses angebracht. Dann machte sich das Wissenschaftlerteam auf den Weg in den Beobachtungsraum.

„Moment noch!“, rief Dr. Fine. „Wo sind meine Witze?“

Brewer kam herein und brachte mehrere Seiten mit schlüpfrigen Wortspielen, Limericks und Blondinenwitzen. Dr. Fine überflog sie.

„Nein, nein, nein!“, sagte sie. „Die sind zu lustig! Er wird so lachen müssen, dass er den Kopf nicht still halten kann. Ich brauche welche, die nicht ganz so lustig sind. Und beeilen Sie sich!“

Der Rolltisch setzte sich in Bewegung, und in kürzester Frist befand sich Mike im Tomografen. Metall klirrte, und die Magneten surrten, während Dr. Fine Mike als Erstes Filmaufnahmen zeigte, auf denen ruhende und sich bewegende Punkte zu sehen waren. Als Nächstes zeigte sie ihm eine Reihe von menschlichen Gesichtern – eins pro Sekunde, zwanzig Sekunden lang – und anschließend zwanzig Sekunden lang einen leeren Bildschirm. Dann führte sie Mike eine Palette von Abbildungen alltäglicher Gegenstände vor. Nach einer Mittagspause zeigte sie ihm verschiedene Bewegungsreize. Die ganze Zeit über beobachteten die Wissenschaftler Mikes Gehirn, um Veränderungen im Sauerstoffverbrauch zu registrieren, und zeichneten die Ergebnisse auf.

Zwei Stunden später bedankten sie sich bei Mike dafür, dass er ihnen die Möglichkeit zu solch bahnbrechender Arbeit gegeben hatte. Es werde, erklärten sie ihm, ein paar Tage dauern, bis sie ihre erste Sichtung der Daten abgeschlossen hätten.

„Kann ich Sie zum Schluss noch etwas fragen?“, sagte er.

„Natürlich“, antwortete Dr. Fine.

„Haben Sie noch ein paar Witze übrig, die ich mir mitnehmen kann?“

DIE SPEZIALISTEN für Kernspintomografie nahmen sich Mikes Aufnahmen vor. Die Ergebnisse waren unmissverständlich. Die für Bewegung zuständigen Regionen seines Gehirns leuchteten in Reaktion auf Bewegungsreize wie ein Flipperautomat auf – sie waren ebenso intakt wie bei einem normalsichtigen Menschen. Die Gehirnregionen hingegen, die für die Gesichtserkennung zuständig waren, zeigten keinerlei Reaktion auf Gesichter. Ebenso wenig reagierten die für das Erkennen von Gegenständen zuständigen Regionen. Die für die Wahrnehmung einfacher Formen zuständigen Regionen reagierten zwar – wenn auch nur schwach –, aber sie wirkten merkwürdig desorganisiert, und zwar auf eine Art, die den Wissenschaftlern völlig neu war. Dr. Fine holte tief Luft und bereitete sich darauf vor, Mike die Nachricht zu überbringen.

In Mikes Büro klingelte das Telefon. Er hatte zwar an diesem Tag schon Dutzende von Geschäftsanrufen erledigt, aber irgendetwas sagte ihm, dass dies Dr. Fine war, die anrief. Und er hatte Recht.

Mit gedämpfter Stimme übermittelte sie ihm die Ergebnisse des Hirnscans. Es lief darauf hinaus, dass Mike offenbar die für ein normales Sehen nötige neuronale Struktur nicht besaß – sie war einfach nicht mehr vorhanden. Das bedeutete, dass er höchstwahrscheinlich nie so spontan würde sehen können wie Normalsichtige. Der Sehvorgang bei Mike, so Dr. Fines Vermutung, werde wohl immer kognitive Schwerstarbeit bleiben, ein mühsamer Prozess des Indiziensammelns und Zusammenreimens, ein Fertigwerden mit ständiger Reizüberflutung und der daraus resultierenden Erschöpfung.

Mike war wie betäubt. „Wollen Sie damit sagen, dass ich vorläufig nicht normal sehe oder dass ich nie normal werde sehen können?“, fragte er.

„Wie sehr Sie auch an Ihrer Sehfähigkeit arbeiten mögen, Mike, ich glaube nicht, dass Sie je so flüssig werden sehen können wie normale Menschen.“

Mike dankte Dr. Fine für das, was sie herausgefunden hatte, und für ihre und ihrer Kollegen Freundlichkeit und Mühe. Er erklärte sich bereit, für weitere Tests wiederzukommen, nahm aber kaum seine eigenen Worte wahr.

In der Küche fragte ihn Jennifer, wie sein Tag verlaufen sei. Er berichtete ihr, dass Dr. Fine ihm die Testergebnisse übermittelt und ihm mitgeteilt habe, sein Gehirn sei für normales Sehen nicht eingerichtet und werde es auch vermutlich niemals sein.

Jennifer nahm seine Hand. „Mike, es ist schon in Ordnung …“

„Die müssen einen Fehler gemacht haben“, sagte er. „Ein, zwei Jahre Geduld, und alles wird sich einrenken.“

Am nächsten Tag rief Mike Dr. Fine in ihrem Büro an. Er fragte, ob sie sich hinsichtlich der Ergebnisse sicher sei. Sie sei sich sicher, antwortete sie.

Einen Tag später rief er wieder an. Diesmal wollte er wissen, ob sich das „nie“ in der Prognose auf das Erkennen von Gesichtern beziehe.

„Ihr Fall ist absolut einmalig, Mike“, sagte sie. „Aber ich halte es für sehr unwahrscheinlich, dass Sie jemals Gesichter auf normale Weise werden erkennen können.“

Am nächsten Tag rief er erneut an, um zu fragen, ob auch seine schlechte Raum- und Objektwahrnehmung endgültig sei. Dr. Fine bestätigte, auch das sei der Fall.

Mike rief seine engen Freunde Bryan Bashin und Jerry Kuns an, zwei der nüchternsten Köpfe, die er kannte. Er schilderte die Ergebnisse der Gehirntomografie und hoffte, von ihnen in seiner Ansicht bestärkt zu werden, dass den Wissenschaftlern ein Fehler unterlaufen war. Stattdessen hörten sie schweigend zu und erklärten Mike dann in unterschiedlicher Art, es klinge so, als habe Dr. Fine den Nagel auf den Kopf getroffen.

In dieser Nacht lag Mike wach im Bett und starrte auf das Lüftungsgitter an der Decke, das er am ersten Morgen nach Wiedererlangung seiner Sehfähigkeit betrachtet hatte. Was er sah, war nichts weiter als eine Reihe von Linien. Ione hat Recht, dachte er. Es ist endgültig.

EIN LEBEN LANG war Mike immer in steter Bereitschaft gewesen, aufzubrechen und ohne Gedanken an eventuelle Hindernisse loszupreschen. Jetzt wirkte es plötzlich so, als bewege er sich im Zeitlupentempo. Mit Jennifer wechselte er kaum mehr ein Wort, die Anrufe bei Dr. Fine oder seinen Freunden stellte er ein. Wenn er aus dem Fenster sah, schenkte er dem Indiziengewirr, das ihm die Welt präsentierte, keine Beachtung mehr.

Ungefähr eine Woche nachdem er die Testresultate erfahren hatte, ging Mike spätabends ins Badezimmer, um seine Cyclosporin-Tablette einzunehmen. Doch statt die Verschlusskappe zu öffnen, starrte er auf das Fläschchen und fragte sich: Warum mache ich das überhaupt noch? Er wusste, dass er nur die restlichen Pillen ins Klo zu schütten und die

Spülung zu betätigen brauchte; seine Hornhaut würde nicht lange danach von seinem Körper abgestoßen, und er konnte zu dem sinnvollen und erfüllten Leben zurückkehren, das er vorher geführt und das er geliebt hatte. Doch schließlich schüttelte er eine Tablette aus der Flasche, steckte sie in den Mund und schluckte sie hinunter.

Die folgende Woche über lag Mike im Bett bis tief in die Nacht wach. Mit seinem Entschluss, die Reise in die Welt des Sehens anzutreten, war er seinen Grundsätzen treu geblieben: Hör auf deine Neugier, stürz dich in Abenteuer, scheu dich nicht, hinzufallen oder dich zu verirren, es gibt immer einen Weg! Und so hatte er sich ein Bild davon gemacht, was es mit dem Sehen auf sich hatte.

Aber er hatte noch mehr getan. Er hatte die Antwort auf Fragen gefunden, Fragen, die das Leben und die eigene Person betrafen, Fragen, die zu beantworten nur wenigen Menschen vergönnt war. Er hatte sich gefragt, ob seine Entscheidung, die Sehfähigkeit anzustreben, nicht bedeutete, dass er mit seiner Blindheit weniger zufrieden war, als er immer angenommen hatte. Er hatte sich gefragt, ob ihn die Sehfähigkeit nicht zum Durchschnittsmenschen machen, ob die Welt ihn noch wahrnehmen würde. Und er hatte sich gefragt, ob ihn die Gemeinschaft der Blinden noch akzeptieren würde.

Diese Fragen waren nun beantwortet. Das Sehvermögen hatte nichts daran geändert, wie er sich selbst beziehungsweise seine Blindheit sah. Er konnte jetzt aus Erfahrung sagen, dass ein Leben ohne Sehvermögen uneingeschränkt lebenswert war, weil er auch ein Leben als Sehfähiger geführt hatte. Dadurch, dass er Sehkraft gewonnen hatte, war er nicht zum Durchschnittsmenschen geworden – er war seinem Selbstgefühl nach immer noch haargenau der, der er stets gewesen war. Und die Gemeinschaft der Blinden war weit davon entfernt, ihn zu verstoßen, sie hatte ihm vielmehr Solidarität bewiesen.

Und eine weitere Antwort hatte er gefunden. Er war immer der Überzeugung gewesen, dass man eine Person nicht sehen können musste, um sie zu kennen und zu lieben. Er hatte den Menschen versichert, dass er keine Sehkraft brauche, um seine Frau und seine Kinder zu sehen. Jetzt, da er sie sehen konnte, wusste er, dass er sich nicht geirrt hatte.

Seine Antworten hatte er also bekommen. Nun wurde ihm gesagt, seine merkwürdige Art zu sehen werde sich niemals bessern. Er würde also niemals Auto fahren können. Er würde niemals imstande sein zu lesen. Er würde sein Leben lang zu Schwerstarbeit und Erschöpfung verurteilt sein, die Welt seines Gesichtssinnes würde stets ein Verwirrspiel für ihn bleiben. Und zu allem Überfluss musste er für diese Sehfähigkeit auch noch das Risiko eingehen, an Krebs zu erkranken.

Eines Abends, etwa zwei Wochen nach seinem Telefonat mit Dr. Fine, stand Mike erneut mit dem Fläschchen Cyclosporin in der Hand über der Toilette. Er hatte sein Abenteuer bestanden. Er war sich treu geblieben. Seinen Söhnen konnte er sagen, dass er sich der Herausforderung gestellt hatte.

Mike starrte auf das Tablettenfläschchen in seiner Hand. Langsam hob er den Kopf und fand sein Abbild im Spiegel. Ein hochgewachsener Mann erwiderte seinen Blick.

Ein Leben lang hatte sich Mike vor allem von einem Grundsatz leiten lassen: Es gibt immer einen Weg. Dieser Grundsatz hatte ihn als Jugendlichen auf einen knapp sechzig Meter hohen Amateurfunkmast getrieben, ihn zu einem Weltmeister in der Skiabfahrt werden lassen, ihn in ein Lehmhüttendorf in Ghana gebracht und zu seinen Geschäftsgründungen bewogen. In dem, was er leistete, fand er sich selbst.

Aber das Unmögliche hatte er nie von sich verlangt. Wenn er jetzt seine Sehfähigkeit preisgäbe, wäre das verzeihlich, weil er ja wusste, dass für ihn eine echte Sehfähigkeit nicht möglich war. Hier gab es keinen Weg.

Mike sah auf die Gestalt im Spiegel. Er fand die dunklen Flecke, die, wie er wusste, die Augen waren. Er hatte immer wieder sagen hören, Augen könnten sprechen; was das hieß, hatte er freilich nie verstanden. Diesmal sprachen die beiden Flecke. Sie sagten ihm: Es gibt immer einen Weg.

Mike schraubte den Deckel von der Flasche.

Nach einem Weg zu suchen, wenn etwas doch unmöglich war, erschien ihm verrückt. Und doch sehnte sich ein kleiner Teil von ihm danach, einen Weg zu finden und das Unmögliche zu schaffen, um sehen zu können, wie dieser Mann im Spiegel dann aussehen würde – vorausgesetzt, er sah dann irgendwie anders aus.

Er schüttelte eine Tablette in seine Hand, steckte sie in den Mund und schluckte sie mit etwas Wasser hinunter.

Zwischen geschäftlichen Treffen, Konferenzschaltungen und Gutenachtgeschichten begann Mike darüber nachzudenken, wie sich ein Mensch, dem die fürs Sehen erforderlichen Teile seines Gehirns nicht zur Verfügung standen, beibringen konnte, dennoch zu sehen. Annähernd eine Woche verging, ohne dass ihm eine zündende Idee kam. Dann entwarf er einen Plan. Er beschloss, sich stärker auf die visuellen Informationen zu konzentrieren, die in sein Auge strömten. Wenn er mit dem gleichen Elan an seine Sehfähigkeit heranging, mit dem er seine geschäftlichen Unternehmungen anpackte, dann war vielleicht eine Besserung möglich, und vielleicht schalteten sich andere Teile des Gehirns ein, um bei der Seharbeit mitzuhelfen. Wenn er, um sehen zu lernen, vierzehn Stunden am Tag arbeiten musste, dann war er bereit, das zu tun.

Mike fing an, den visuellen Szenen all seine Aufmerksamkeit zu schenken, und bemühte sich, die restliche Welt auszublenden, sodass den Bildern vor ihm gar nichts anderes übrig blieb, als sich zu enthüllen und ihre Bedeutung offenzulegen. Die Ergebnisse waren katastrophal. Die Objekte verschmolzen noch stärker miteinander. Die Gesichter wurden noch nichtssagender.

Er ersann einen neuen Plan, der ebenfalls fehlschlug, genauso der nächste. Jedes Mal versuchte er, sich eine bessere Methode zur Bearbeitung der visuellen Daten auszudenken und auf diese Weise der Verwirrung zuvorzukommen. Doch jedes Mal erwies er sich als zu langsam dafür.

Dann fing er an umzudenken. Acht Monate lang hatte er sich gefragt: Wie erreiche ich eine bessere Sehfähigkeit? Was, wenn er sich stattdessen fragte: Worin bin ich bereits gut?

Ich bin gut im Betasten, dachte er. Ich bin gut im Hören von Geräuschen und Halleffekten. Ich verfüge über gute andere Sinneswahrnehmungen. Ich komme gut mit einem Hund und einem Blindenstock zurecht.

Wie wäre es, dachte Mike, wenn er beim Sehen den Spieß herumdrehte? Wie wäre es, wenn er, statt sich erst auf das Visuelle zu konzentrieren und dann mithilfe seiner gut funktionierenden Sinne die Lücken zu füllen, zuerst seine gut funktionierenden Sinne einsetzte, um dann mithilfe des Sehvermögens den Rest zu ergänzen? Wie wäre es, fragte sich Mike, wenn ich, um sehen zu können, wieder blind würde? Er überlegte sich, wie er verfahren sollte.

Er würde hinaus in die Welt gehen und sein Sehvermögen veranlassen, sich auf die Unterstützerrolle zu beschränken, während die anderen Sinne ihre Tätigkeit entfalteten. Nicht dass er die Augen schließen würde; er würde nur seine Aufmerksamkeit zuerst seinen Händen, seinen Ohren, seinem Hund und seinem Stock zuwenden.

Auf dem Weg zu einem Geschäftstermin bekam er in der Halle des Flughafens eine erste Gelegenheit, seinen Einfall zu erproben. Statt sich beim Eintritt in die Halle sogleich der Flut von visuellen Eindrücken zu stellen, die mit Sicherheit auf sein Auge einstürzen würde, nahm er sich vor, erst einmal durch die Halle zu gehen und sich dabei auf Berührungsempfindungen und Halleffekte zu konzentrieren. Erst danach wollte er schauen, wie weit die visuellen Daten mit diesen zuverlässigeren Eindrücken übereinstimmten.

Er trat in die Halle. Wie stets sprangen Formen und Farben sein Auge an. Er befahl seiner Sehkraft, Geduld zu üben und in Wartestellung zu bleiben, aber sie wartete nicht – ehe er etwas berühren beziehungsweise hören konnte, stürmte es schon auf ihn ein.

Versuch's weiter, sagte er sich.

Den nächsten Versuch unternahm er im Konferenzraum des Hotels, in dem das Treffen stattfand. Beim Eintritt in den Raum fuhr er mit seinem Stock über den Teppich, über die Stühle, die Tische und die Wände entlang. Er strich mit den Händen über Telefone, Stifte und Schreibblocks. Er streichelte Telefonkabel und lauschte dem Widerhall seiner Stimme. Und er bemühte sich, dies alles zu tun, ohne dabei auf die visuellen Eindrücke zu achten, die auf sein Auge einströmten. Er ließ einfach seine anderen Sinne walten, und rasch erschien ihm seine Umgebung nicht mehr bloß als ein von Formen und Farben erfülltes Behältnis, sondern als ein Raum, ein Konferenzraum, und er spürte, wie ihn Hochstimmung erfasste, weil er sich beim Sehen nicht sonderlich angestrengt hatte.

Im Lauf der nächsten Wochen übte sich Mike weiter in der Kunst, seine Sehfähigkeit zurückzunehmen und den anderen Sinnen bei der Informationsbeschaffung den Vortritt zu lassen. Er fing an, Dinge rascher und genauer wahrzunehmen. Manchmal kam er bei seinen Bemühungen ins Stolpern. Das Sehen funktionierte nicht automatisch, und er war von Normalsichtigkeit weit entfernt. Aber er machte Fortschritte. Und er machte sie, wie er Jennifer eines Abends verriet, auf die unglaublichste Weise – er verhalf sich dadurch zur Sehfähigkeit, dass er wieder blind wurde.

„Du klingst wie ein kleiner Junge", erklärte sie ihm.

„So fühle ich mich auch", sagte er. „Und ich bin stolz darauf."

Solange Mike sein Sehen mit seinen anderen Sinneswahrnehmungen zusammenbringen konnte, verbesserte sich sein Sehvermögen. Aber da blieb immer noch eine ganze Welt von Gegenständen, die er nur mit den Augen erreichen konnte. Wie sollte er die merkwürdigen Phänomene dingfest machen, die etwa bei Festumzügen an ihm vorüberzogen? Wie sollte er herausbekommen, welche Verkaufsartikel in den Plastikverpackungen im Großmarkt steckten?

Erneut bot Mike seinen ganzen Verstand auf. Erneut fragte er sich: Worin bin ich gut?

Mit seinen ersten Antworten konnte er wenig anfangen. Er war gut im Skilaufen, aber das half ihm nicht weiter. Er war gut im Gitarrespielen, aber auch das war nicht sehr hilfreich. Er war gut in vielen Dingen, die ihm aber alle nicht dabei helfen konnten, Dinge zu sehen, die er mit seinen anderen Sinnen nicht erreichen konnte.

Während er eines Tages innerlich kochte, weil er mal wieder auf Jennifer warten musste, die ihre Autoschlüssel suchte, kam ihm ein neuer Gedanke. Ich bin gut darin, Ordnung zu halten. Und ich habe ein gutes Gedächtnis.

Ordnungssinn und Merkfähigkeit hatten ihm im Wesentlichen ermöglicht, im Geist jene Orientierungskarten anzulegen, die er als Blinder so effektiv hatte nutzen können. Warum, so fragte er sich, sollten ihm Ordnungssinn und Merkfähigkeit nicht auch dabei helfen können, die Dinge, die er sah, im Geist zu kartografieren?

Er stellte sich das folgendermaßen vor: Traf er auf ein wichtiges Objekt, würde er sich einige für die Identifizierung des Objekts nützliche Anhaltspunkte oder Merkmale einprägen, die ihm in Zukunft dabei helfen konnten, das Objekt wiederzuerkennen. Dr. Fine hatte ihm erklärt, dass sein Gehirn für das Sehen nicht mehr einwandfrei funktionierte, aber dass er nicht mehr imstande sein sollte, sich Sachen zu merken und zu katalogisieren – das konnte ihm niemand erzählen. Darin war er besser als jeder andere, den er kannte. Das Vorhaben war gewaltig – es gab unzählige Objekte in der Welt, die es zu erkennen galt –, aber wenn er sich an diejenigen hielt, die für ihn eine Rolle spielten, mochte es ihm gelingen, sich in der Welt, die seinem unmittelbaren Zugriff entzogen war, besser zurechtzufinden.

Mit diesem Plan im Kopf fuhr Mike sein Navigationssystem hoch und begab sich in ein nahe gelegenes Einkaufsviertel. In einem Haushaltswarengeschäft fing er an, die Sachen zu betasten und Anhaltspunkte zu sammeln. Er wusste, dass Taschenlampen häufig in der Mitte des Griffes einen Knopf besaßen, um sie an- und auszuschalten, aber erst jetzt bemerkte er, dass diese Schaltknöpfe oft quadratisch und von anderer Farbe waren als die Taschenlampe selbst. Diese Information speicherte er unter der Rubrik „Taschenlampen" in seinem Gehirn ab. In der Werkzeugabteilung sah er sich ein Sortiment Sägen an. Er hatte bereits Sägen benutzt, aber noch keine betrachtet, seit er sein Sehvermögen wiedererlangt hatte. Er studierte die Anordnung der gezackten Zähne, die breiten Rechtecke der Sägeblätter und die silberne Farbe des Werkzeugs und legte die Informationen unter dem Stichwort „Sägen" ab.

In der Nähe der Kasse betastete er ein kleines, schweres, in Plastik gehülltes Päckchen. Er erkundigte sich bei einem Angestellten nach dem Inhalt. Der erklärte ihm, es handle sich um Batterien. Mike betrachtete sie. Die meisten Batterien hatten die gleichen Farben – die unteren zwei Drittel schwarz, das obere Drittel rötlich braun.

Manche Batterien sind unten schwarz und oben von einem rostigen Orange, prägte er sich ein. Nicht vergessen!

Damit hatte Mike die erste Seite seines Merkbuchs geschrieben. Sein nächstes Ziel war, das Buch zu füllen, bis es den Umfang eines Versandhauskatalogs hatte. Wenn Jennifer ein Objekt erwähnte, das ihm interessant oder wichtig erschien, fragte er: „Woran hast du das Ding erkannt?" oder „Was ist daran besonders typisch?" Bei Wyndhams Fußballspielen merkte er sich, wie sich die anderen Eltern typischerweise kleideten. Es dauerte nicht lange, da musste er seine Söhne gar nicht mehr fragen: „Woran erkennst du das?" – sobald sie etwas Interessantes erblickten, informierten sie ihn über die charakteristischen Merkmale.

Er zögerte auch nicht, für seine Zwecke Fremde einzuspannen. Auf einem Flug zu einer Geschäftskonferenz stellte er fest, dass er nach wie vor einen Flugbegleiter nicht von einem normalen Passagier unterscheiden konnte. Also bat er den neben ihm sitzenden Mann um Hilfe. „Woran erkennen Sie, bei welchen Personen es sich um Flugbegleiter handelt?"

„Wie bitte?"

„Ich sehe schlecht, deshalb versuche ich herauszufinden, wer wer ist. Worauf muss man achten?"

Der Mann dachte eine Weile nach. „Also, warten Sie mal. Die Flugbegleiter sitzen mit dem Gesicht zu uns gewandt, wenn das Flugzeug startet. Sie sind die Einzigen, die während der Sicherheitshinweise stehen. Und sie tragen alle die gleiche Uniform."

„Prima", sagte Mike. „Das sind ausgezeichnete Tipps. Vielen Dank."

Während der Sicherheitshinweise hielt Mike nach Personen Ausschau, die aufrecht standen. Er entdeckte eine zwei Reihen weiter vor ihm und merkte sich ihre Kleider. Während des Starts blickte er zum vorderen Teil des Flugzeugs und entdeckte eine Person, die mit dem Gesicht zu ihm gewandt dasaß. Sie trug die gleiche Kleidung wie diejenige, die aufrecht gestanden hatte. Später während des Fluges stand er von seinem Sitz auf, marschierte den Gang entlang und fand jemanden, der ebenfalls diese Kleidung trug.

„Wann werden wir in Chicago landen?", fragte er.

„Wir kommen ein paar Minuten früher an, um 18.45 Uhr", antwortete die Flugbegleiterin.

Während er zu seinem Platz zurückging, musste Mike an sich halten, um nicht in ein Triumphgeschrei auszubrechen.

Die nächsten Wochen brachte Mike damit zu, sich Anhaltspunkte zu merken und seinen Katalog aufzubauen. Eines Tages lud Jennifer ihn ein, mit ihr in den Großmarkt zu fahren. In der Verkaufshalle wirkten viele der Artikel immer noch wie miteinander verschmolzen, und die meisten steckten in nichtssagenden Verpackungen. In der Elektroabteilung sah er eine rechteckige Schachtel – genau die Art von Behältnis, worin so ziemlich alles stecken konnte. Diese Schachtel indessen sagte ihm etwas – unten war sie zu zwei Dritteln schwarz, oben kupferfarben.

Das sind Batterien!, dachte er.

Er nahm die Schachtel in die Hand. Die darin befindlichen Objekte waren schwer und machten ein klapperndes Geräusch. „Heute kaufe ich Batterien", verkündete er.

Während sie an der Kasse warteten, berichtete Mike Jennifer von seinem Erfolg. „Es dauerte keine Sekunde, Jen. Es war erstaunlich. Ich musste nicht im Mindesten darüber nachdenken – ich habe es sozusagen einfach gesehen."

„Mike, das ist toll. Warum, meinst du, hat es so lange gedauert, auf diese neue Art des Sehens zu verfallen?", wollte Jennifer wissen.

„Ich weiß den Grund", sagte Mike und legte seine Batterien auf den Kassentisch. „Ich habe die ganze Zeit nur darauf gewartet, dass meine

Sehfähigkeit sich besserte. Ich habe darauf gewartet, dass all die Teile, die nicht funktionierten, das Niveau der funktionierenden Teile erreichten. Das erschien mir damals noch sinnvoll. Aber jetzt habe ich das Warten aufgegeben."

MIKE flog nach San Diego zu einem Treffen mit Dr. Fine. Sie plante, einen Artikel über seinen Fall zu schreiben, und hatte ihn gebeten, sich noch weiteren Tests zu unterziehen. In ihrem Labor berichtete er ihr, was er unternommen hatte, um auf andere Weise sehen zu lernen, und wie glücklich er sich gefühlt hatte, als es gelungen war.

„Ich freue mich sehr für Sie, Mike", sagte Dr. Fine. „Das ist eine echte Pionierleistung."

„Ich finde, wir haben das gemeinsam geschafft", sagte er. „Damit, dass Sie mir reinen Wein eingeschenkt haben, haben Sie mir einen großen Gefallen getan. Ich brauchte das, um weiterzukommen."

Mike erzählte Dr. Fine, dass er auch versucht habe, seine Lesefähigkeit und seine Tiefenwahrnehmung zu verbessern. Nach reiflicher Überlegung aber habe er entschieden, dass er in dieser Hinsicht bereits über bessere Methoden als die Sehkraft verfüge. „Mit der Blindenschrift und meinen Leseprogrammen werde ich immer viel schneller sein, als wenn ich mit den Augen lese", sagte er. „Und mein alter Stock und mein Hund sind mir, was die Raumtiefe angeht, weit überlegen."

„Wie ist es mit den Gesichtern?", wollte Dr. Fine wissen.

„Darüber wollte ich mit Ihnen reden", sagte Mike. „Ich weiß, dass ich Gesichter als Ganzes beziehungsweise automatisch nie werde erkennen können. Aber welche Anhaltspunkte kann ich auf Basis meiner Fähigkeiten in Gesichtern finden, die mir etwas über sie verraten?"

Dr. Fine platzierte Mike auf einem Stuhl, etwa dreißig Zentimeter von einem Computerbildschirm entfernt. Während der nächsten Stunden saß sie neben ihm, zeigte ihm sämtliche Fotos von Gesichtern, die sie besaß, und wies ihn auf geschlechtsspezifische Merkmale hin: auf den Unterschied zwischen gezupften und nicht gezupften Augenbrauen, zwischen Schattierungen durch Lippenstift und natürlicher Färbung der Lippen, auf den stärkeren Schwung der Oberlippe bei Frauen, auf den vielsagenden Neigungswinkel der Wangenknochen. Zum Schluss testete sie ihn. Er erzielte eine Trefferquote von neunzig Prozent. Danach arbeitete Dr. Fine mit Mike daran, normale Objekte zu erkennen, und half ihm auch hier dabei, neue Anhaltspunkte aufzuspüren.

Am Flughafen verabschiedete sich Mike von Dr. Fine mit einer Umarmung. „Danke, dass Sie an meinem Abenteuer teilgenommen haben", sagte er.

Nach Davis heimgekehrt, rief Mike Dr. Goodman an. Seit dem ersten Eingriff vor fast einem Jahr hatte er sich wegen der möglichen Nebenwirkungen des Cyclosporins Sorgen gemacht. Dr. Goodman hatte ihm erklärt, er werde vielleicht irgendwann das Medikament absetzen können. Mike fragte den Arzt, ob es vielleicht jetzt so weit sei.

„Ich frage den Nephrologen und melde mich dann wieder", erklärte Dr. Goodman.

Einen Tag später rief Dr. Goodman an und teilte Mike mit, er könne das Cyclosporin absetzen.

„Fantastisch", erklärte Mike Jennifer, nachdem er aufgelegt hatte. „Es läuft alles bestens."

Auch wenn er sich gern voll und ganz seiner neuen Vorgehensweise in Sachen Sehvermögen gewidmet hätte, fand sich Mike doch durch sein Geschäftsunternehmen in Anspruch genommen. Sendero musste weiterhin darum kämpfen, staatliche Stellen zum Kauf des Produkts zu bewegen. Doch dann erfuhr Mike von einem möglichen Zuschuss in Höhe von einer Million Dollar und machte sich mit seiner Assistentin Kim Burgess und einigen Kollegen daran, einen Bewilligungsantrag zu schreiben. Andere Aussichten auf Unterstützung waren nicht mehr in Sicht. Für Sendero begann es brenzlig zu werden.

Die Arbeitspausen nutzte Mike zur Verfeinerung seiner neuen Sehmethode. Mehr und mehr gelang es ihm, sich beim Erkennen von Objekten auf seinen wachsenden Katalog von Anhaltspunkten zu stützen. Und das Beste daran war, dass er das von Tag zu Tag automatischer machte.

Als er eines Tages in die Stadt ging, um sich die Haare schneiden zu lassen, war Mike auf Anhieb imstande, die vorbeiziehende visuelle Szene zu beobachten, ohne einen Gedanken an seine Fortbewegung zu verschwenden, und war freudig erregt darüber, wie gut seine Sinne zusammenwirkten.

Darin bin ich gut, dachte er. Richtig gut …

WUMM!

Mike stürzte vornüber und knallte mit dem Gesicht auf die Erde. Er war über eine Betonbank gestolpert, die die gleiche Farbe hatte wie der

Gehsteig. Er hatte sie schlicht und einfach nicht gesehen. „O Mann, ich blute ganz schön“, sagte er laut.

Er hinkte in den Friseursalon, wo sein Anblick der Dame am Empfang die Sprache verschlug. Von Stirn und Lippe floss das Blut an seinem Stock und seinem Bein herab und bildete eine Pfütze auf dem Boden. Jemand führte ihn zu einem Waschbecken, wo er zusah, wie die rote Flüssigkeit herumwirbelte, ehe sie im Ausguss verschwand.

Das ist eine Mahnung zur rechten Zeit, sagte er sich. Ich darf nicht übermütig werden.

Mike hatte bei Dr. Goodman einen Termin für eine Kontrolluntersuchung. Er freute sich darauf, Dr. Goodman von seiner Arbeit mit den Wissenschaftlern und von seinem Programm zur Verbesserung seiner Sehfähigkeit zu berichten.

Dr. Goodman hielt Mikes Auge offen und fing an, die jüngsten Spiele der Footballmannschaft San Francisco 49ers zu kommentieren. Doch mitten im Satz brach er ab.

Mithilfe des Biomikroskops konnte er sehen, dass Mikes Transplantat geschwollen war und dass von der Rückseite der Augenoberfläche weiße Blutkörperchen das Transplantat attackierten. Mikes Immunsystem stieß die Hornhaut ab. Er war dabei zu erblinden. Und zwar rasch.

„Mike, ich stelle gerade eine sehr heftige Abstoßungsreaktion fest“, erklärte er. „Ich habe schon viele gesehen, aber die hier ist wahrscheinlich die schlimmste, die ich je zu Gesicht bekommen habe.“

Mike saß da wie versteinert. Mehrere Sekunden lang konnte er gar nicht erfassen, was Dr. Goodman da sagte. „Verliere ich meine Sehfähigkeit?“, stieß er hervor.

„Es sieht schlimm aus“, antwortete Dr. Goodman.

Mikes Herz pochte gegen seinen Brustkorb. „Passiert das, weil wir das Cyclosporin abgesetzt haben?“, wollte er wissen.

„Höchstwahrscheinlich“, erwiderte Dr. Goodman. „Diese Abstoßungsreaktion wütet wie ein Orkan.“

Mike konnte kaum ein Wort herausbringen. Wie war das möglich? Weder sah er verschwommen, noch verspürte er Schmerzen. „Was lässt sich dagegen tun?“, fragte er.

„Ich will Ihnen nichts vormachen“, antwortete Dr. Goodman. „Es ist sehr unwahrscheinlich, dass sich noch etwas ausrichten lässt; der ganze

Das Leben nach der Operation: Mike May mit seiner Familie – Carson (links), Jennifer, Wyndham – und dem neuen Blindenhund Miguel im Jahr 2006

Aktivitäten mit der Familie spielen für Mike unverändert eine große Rolle, ob nun bei einem gemeinsamen Fahrradausflug …

… oder bei einer Achterbahnfahrt mit Wyndham.

Vorgang wirkt weit fortgeschritten. Es gibt Methoden, darauf zu reagieren, aber sie erfordern drakonische Maßnahmen, und sie sind alles andere als angenehm. Und wahrscheinlich werden sie trotzdem nicht greifen."

„Maßnahmen welcher Art?", fragte Mike.

Dr. Goodman sagte, um gegen diese Art von Abstoßung anzugehen, würde Mike Folgendes tun müssen: massive Dosen immunsuppressiver, also das Immunsystem unterdrückender Medikamente einnehmen, das Auge lokal mit immunsuppressiven Arzneien behandeln, Steroide schlucken, Steroide ins Auge träufeln und sich Steroide mehrfach direkt ins Auge spritzen lassen.

Jede dieser Maßnahmen barg beträchtliche Risiken. Mike musste sowohl Cyclosporin als auch ein zusätzliches Immunsuppressivum einnehmen – beides in höheren Dosen als bisher, beides mit der entsprechend erhöhten Gefahr unter Umständen tödlicher Nebenwirkungen. Die oral eingenommenen Steroide riefen möglicherweise blutende Geschwüre hervor, die zu Schäden oder gar zum Tod führen konnten. Die Steroidinjektionen konnten Erblinden zur Folge haben.

Mike holte tief Luft. „Wollen Sie sagen, dass ich die Injektionen direkt ins Auge bekommen muss, nicht nahe dem Auge, sondern ins Auge selbst?"

„Ja."

„Ist das schmerzhaft?"

„Ja."

„Besteht die Chance einer Selbstheilung bei dem Abstoßungsvorgang?"

„Nein. Es ist hundertprozentig sicher, dass die Hornhaut, wenn man sie sich selbst überlässt, abgestoßen wird und Sie wieder blind werden."

„Habe ich Zeit, darüber nachzudenken? Diese Nachricht ist nicht leicht zu verdauen."

„Ich fürchte nein", sagte Dr. Goodman. „Wenn wir den Kampf aufnehmen wollen, dann muss das sofort geschehen."

DIE SILBERN GLITZERNDE NADEL an Dr. Goodmans langer Spritze senkte sich auf Mikes Auge herab, er sah Metall, zu kalt und hart, um in ein Auge gestoßen zu werden, aber Dr. Goodman ließ nicht zu, dass er blinzelte, ließ seine Augenlider nicht los, und die Nadel kam näher, wurde größer und heller.

Die Nadel stach durch die Oberfläche seines Auges und stieß dann tiefer hinein. Mike umklammerte die Armlehnen seines Stuhls, während eine Schmerzwoge durch seinen Kopf raste, den Nacken hinunter und durch den ganzen Körper. Mehrere Sekunden lang stockte ihm der Atem.

„Geschafft“, sagte Dr. Goodman.

Mike brachte kein Wort heraus. Dieser Schmerz ging bis an die Wurzel der Existenz.

Dr. Goodman ließ Mike kurz Zeit, sich zu sammeln, und erklärte dann, wie es weiterging. Mike musste eine Reihe von starken Medikamenten zur Verhinderung der Abstoßung und zur Unterdrückung von Immunreaktionen einnehmen. Und er musste wiederkommen, um weitere Injektionen zu erhalten.

„Wie viele weitere?“, schaffte es Mike zu fragen.

„Das wissen wir noch nicht. Es können drei, fünf, vielleicht mehr sein. Das hängt von den Fortschritten ab.“

„Wann ist die nächste fällig?“, fragte Mike.

„Morgen“, sagte Dr. Goodman.

„Ich fliege in wenigen Stunden nach Phoenix“, sagte Mike. „Morgen muss ich zurück sein?“

„So früh wie möglich“, antwortete Dr. Goodman.

„Wie lange wird es dauern, bis wir wissen, ob es funktioniert?“, wollte Mike wissen.

„Etwa zwei Wochen“, sagte Dr. Goodman. „Aber das Ganze ist ein riskantes Unternehmen, Mike. Vergessen Sie das nicht.“

Kim Burgess fuhr ihn zum Flughafen. Er sollte an diesem Abend bei einem geschäftlichen Treffen die Eröffnungsrede halten. Sie wusste, dass er sehr mitgenommen war, und fragte ihn, ob er überhaupt reisen könne. Er nickte, schwieg aber. Auf dem Weg zum Flughafen rief er Jennifer an und berichtete ihr, was passiert war – erzählte ihr von der Abstoßung, den riskanten Medikamenten, den Injektionen und der schlechten Prognose.

Eine Zeit lang war das einzige Geräusch im Auto der blecherne Rhythmus von Jennifers Stimme, der aus Mikes Handy drang. Kim Burgess fragte sich, ob bei Jennifer vielleicht der Punkt gekommen war, wo sie einfach nicht mehr konnte.

Als sie schon fast den Flughafen erreicht hatten, kam von Mike die kurze Antwort. „Danke, Jen“, sagte er ins Handy. „Ich wusste, du würdest mich nicht im Stich lassen.“

Auf dem Flug nach Phoenix hielt sich Mike nicht damit auf, seine Sehfähigkeit in die Gesamtwahrnehmung zu integrieren oder Anhaltspunkte zu sammeln. Stattdessen blickte er aus dem Fenster und dachte: Das war's wohl. Präg dir die Äcker da unten ein. Behalte die Umrisse der Wolken dort und das Blau des Himmels im Gedächtnis, vielleicht siehst du das alles nie wieder.

Hart traf ihn der Gedanke, dass er gut beraten war, die großen Dinge in der Welt zu besichtigen, all die Sachen, von denen er irgendwie angenommen hatte, sie würden schon nicht weglaufen, bis sein neues Auge sie gesehen hatte. Er war nie auf die Idee gekommen, sich die Galapagosinseln anzuschauen, das Dorf in Ghana, wo er mitgeholfen hatte, eine Schule zu bauen, die Cheopspyramide in Ägypten, den Taj Mahal, einen Weißkopfseeadler, einen Elefanten.

Mike hielt an diesem Abend seine Rede und nahm am Morgen den ersten Flug zurück nach San Francisco. Er konnte an nichts anderes denken als an Dr. Goodmans schimmernde Nadel und wie sie durch sein Auge drang. Er hatte das Krebsrisiko in Kauf genommen, um sein Abenteuer in Sachen Sehvermögen fortzusetzen, aber während das Flugzeug landete, war er sich seiner Bereitschaft, noch eine von diesen Injektionen zu ertragen, nicht mehr sicher. In seinen Ohren klang es, als teilte ein anderer als er dem Taxifahrer Dr. Goodmans Adresse mit.

Mike saß in dem Untersuchungsstuhl, und diesmal umklammerte er schon im Voraus die Armlehnen des Stuhls. Dr. Goodman schob seine Augenlider hoch und bewegte die Nadel auf sein Auge zu. Mike sah zu, wie sie sich in sein Auge hineinbewegte, bis der stechende Schmerz durch seine Nasenhöhle fuhr, in den Knochen hinten in seinem Kopf, und dann sein Rückgrat zu einer S-Kurve verbog. Wenn überhaupt möglich, war diese Injektion noch schlimmer als die erste.

Dr. Goodman klopfte Mike auf die Schulter. „Morgen um die gleiche Zeit", sagte er.

Zu Hause erzählte Mike Jennifer von seinem Besuch in Dr. Goodmans Praxis. Es werde zwei Wochen dauern, erklärte er ihr, ehe Dr. Goodman beurteilen könne, ob es gelungen sei, den Abstoßungsprozess rückgängig zu machen, aber die Chancen stünden äußerst schlecht. Und er berichtete von seinem instinktiven Bedürfnis, loszuziehen und sich die bedeutenden Sehenswürdigkeiten der Welt anzuschauen, bevor er das nicht mehr konnte. Ein paar Minuten später kamen die Kinder durch die Küchentür gesaust. Mike umarmte sie, begutachtete die Sachen, die sie in der Schule gemacht hatten, und ließ sie dann am Küchentisch Platz nehmen.

„Ich bin früher aus Phoenix zurückgekommen, weil Dr. Goodman entdeckt hat, dass es Probleme mit meinem Transplantat gibt“, sagte er. „Ich kriege nun also Spritzen ins Auge, um die Sache wieder in Ordnung zu bringen. Aber es ist durchaus möglich, dass ich wieder blind werde.“

„Spritzen?“, fragte Wyndham.

„Direkt in den Augapfel?“, fragte Carson.

„Ja, direkt da rein.“

„Wie weh hat das getan?“

„Erinnert ihr euch, wie ich erzählt habe, dass ich einmal Zahnfüllungen ohne Betäubung gekriegt habe? Es war noch schlimmer als damals.“

„Schlimmer als deine Explosion?“

„Ja.“

„Wenn du wieder blind wirst“, wollte Carson wissen, „kriegst du dann dein Geld zurück?“

Mike musste so heftig lachen, dass er beinahe vom Stuhl fiel. Dann schaute er seine Söhne lange an und ermahnte sich: Präg dir den Anblick ein!

Mikes nächste Spritze, die er am folgenden Morgen bekam, war sogar noch schmerzhafter als die ersten zwei. Er saß in der Fähre, die ihn zurückbrachte, und fühlte sich wie das Opfer eines Schlägertrupps. Er musste sich zusammenreißen. Wenn er die wichtigsten Sehenswürdigkeiten der Welt besichtigen wollte, dann tat er gut daran, umgehend Reisepläne zu schmieden.

Zu Hause machte Jennifer ihm ein belegtes Brot und fragte, wie es beim Arzt gelaufen war. Er schilderte ein paar Einzelheiten, war aber hauptsächlich damit beschäftigt, sie zu beobachten, wie sie sich in der Küche bewegte und wie ihr Haar mit seinen gefärbten Strähnen wippte, als sie herumwirbelte, um etwas in den Mülleimer zu werfen.

„Lust, ins Café zu gehen?“

Mike hatte vor, Reisebüros anzurufen. Seine Assistentin wartete mit den Telefonnummern in seinem Büro auf ihn.

„Klar“, sagte er. „Auf geht’s.“

An diesem Abend klopften Carson und Wyndham an die Tür seines Büros. Sie sahen, dass er beschäftigt war, fragten aber trotzdem, ob er bereit sei, mit ihnen zum „Graduate" zu gehen, einer Restaurantbar mit Spielhalle.

„Muss ich eine Jacke anziehen?", fragte er.

Den Jungen machte es nichts aus, dass Mike den Schritt verlangsamte, um Wildpflanzen zu betrachten, dass er anhielt, um das hellrosafarbene Haus in der Nähe des Einkaufszentrums anzuschauen, oder dass er gar eine Minute brauchte, um sich den Vogelkot auf dem Gehsteig außerhalb des Graduate genauer zu besehen.

„Das ist eklig", sagte Carson. „Komm weiter, Dad."

Mike und die Jungen spielten Poolbillard, sahen zu, wie auf einem drei Meter großen Bildschirm Basketballspieler den Ball im Korb versenkten, und erholten sich an einem Holztisch, dessen Platte ein Wirbelmuster aufwies. Mike musste eigentlich dringend zurück an die Arbeit, aber als sie hinten im Saal ein neues Videospiel entdeckten, waren sich alle einig, dass man noch nicht gehen konnte.

Die nächsten vier Tage hatte Mike keinen Termin bei Dr. Goodman. Den größten Teil der Zeit nutzte er, um liegen gebliebene Arbeit zu erledigen. In einer der Arbeitspausen ging er auf das große Schulgelände hinter seinem Haus, um zuzusehen, wie die Kinder auf dem Karussell herumwirbelten, um mit dem Fuß an den aufgemalten Begrenzungslinien des Basketballfelds entlangzufahren und die Bahnen zu verfolgen, die ein ferngesteuertes Modellflugzeug in den Himmel schrieb. In der Nähe seines Hauses blickte er über die riesige Grasfläche vor seinen Augen und fand die Vorstellung fabelhaft, dass er über eine Minute lang in diese Wiese hätte hineinlaufen können, ohne auf ein Hindernis zu prallen. In einer anderen Arbeitspause warf er Josh einen Ball zu und beobachtete seine munteren Sprünge.

MIT DER FÄHRE fuhr Mike zu seinem nächsten Termin beim Augenarzt. In seiner Praxis stieß Dr. Goodman wie schon die Male zuvor die Nadel in Mikes Auge. Diesmal war der Schmerz in seiner Schrecklichkeit ein bisschen maßvoller.

„Kommen Sie in einer Woche wieder", verabschiedete ihn Dr. Goodman. „Ich denke, wir werden dann Genaueres wissen."

Mike nahm weiterhin in großen Mengen die Medikamente, die eine Abstoßung verhindern sollten. Jennifer betete zum Himmel, dass er keine weiteren Injektionen mehr brauchte. Eines Abends fand Mike, dass sie zerstreut wirkte.

„Was ist los, Jen?“, fragte er.

Tränen begannen ihr über die Wangen zu laufen. „Ich war nicht dankbar genug.“

„Dankbar wofür?“

„Dafür, dass du sehen kannst. Ich habe alles für zu selbstverständlich gehalten. Ich habe einfach so weitergelebt, als wäre es für die Ewigkeit da.“

„Ich auch“, sagte Mike. „Ich auch.“

Einige Tage später hatte er seinen Termin beim Augenarzt. Er war zu früh und nutzte die Zeit, um durch die Straßen zu wandern und San Francisco zu bewundern. Als er dann in der Praxis an der Reihe war, führte ihn die Sprechstundenhilfe in einen Untersuchungsraum.

Dr. Goodman trat wenige Minuten später ein. „Schauen wir mal“, sagte er.

Mit Daumen und Zeigefinger hielt er Mikes Auge offen. Dadurch fühlte sich Mike wieder an Dr. Max Fine, den Augenarzt seiner Kinderzeit, und an seinen ersten Tag in Dr. Goodmans Praxis erinnert, den Tag, an dem Dr. Goodman ihm von den Stammzellen erzählt und erklärt hatte: „Es könnte funktionieren.“

Dr. Goodman spähte durch sein Biomikroskop. Er drehte am Apparat und blickte erneut hindurch. Mehrere Sekunden lang hörte Mike nichts als Dr. Goodmans Atem. Dann hörte er ihn gerade einmal zwei Worte sagen. „Mein Gott!“

Mikes Herz begann zu klopfen. „Wie sieht's aus?“

Dr. Goodman schob seinen Stuhl vom Apparat weg. „Ich benutze solche Begriffe nicht oft, Mike. Aber das hier ist ein Wunder. Das Auge ist klar. Sie haben den Prozess umgedreht. Sie haben es geschafft. Das ist die dramatischste Rückbildung, die ich je erlebt habe. Sie haben es geschafft.“

Mike saß regungslos da. Neun Monate zuvor war er von diesem Stuhl zum Spiegel gegangen, wo er sich zum ersten Mal nach 43 Jahren gesehen hatte. Er blickte durch das Zimmer. Der Spiegel befand sich immer noch dort. Er stand auf und suchte nach seinem Spiegelbild. Er konnte dort hinten einen Mann stehen sehen.

Der Kerl sieht groß aus, dachte er. Das bin ich.

Epilog

Mehrere Tage nachdem die Gefahr einer Abstoßung der Hornhaut gebannt war, brach Mike auf, um Piste sechs in Kirkwood zu meistern, jene Abfahrtsstrecke, die ihm die Glieder regelrecht zusammengefaltet hatte, als er sich nach Wiedererlangung der Sehfähigkeit an sie herangewagt hatte. Diesmal kam er ausgerüstet mit seiner neuen Sehmethode: dem intensiven Bemühen, die anderen Sinneswahrnehmungen mit den visuellen Informationen zu verschmelzen. Er sauste den Berg hinunter, lauschte dem Spurgeräusch seiner Skier im Schnee, orientierte sich an Jennifers Stimme vor ihm, zwang sich dazu, eher die Welt sein Auge erfüllen als sein Auge die Welt erfassen zu lassen. Er stürzte auch diesmal, aber weit weniger häufig.

Ein paar Wochen später konnte er Weihnachten in Augenschein nehmen. Er hatte oft von funkelndem Weihnachtsschmuck reden hören, aber erst als er Lichterketten an ihrem Weihnachtsbaum hängen und sich um die Häuser der Nachbarn winden sah, hatte er das Gefühl, wirklich zu wissen, was funkeln bedeutete.

In einem Kaufhaus wollte er von seinen Söhnen wissen, warum sich in einem Gang so viele Menschen drängten. Er erfuhr, dass die Menschen den Weihnachtsmann sehen wollten. „Es ist der Typ im roten Anzug", sagten die Jungen. Mike ging langsam auf den roten Mann zu, bis er kaum einen Meter von ihm entfernt stand. Er starrte auf das rosige Gesicht des Mannes, seinen rundlichen Leib, seine rote Mütze. Am längsten aber betrachtete er den buschigen weißen Bart des Weihnachtsmannes, ein an den kleinen rosigen Fleck des Gesichts geheftetes Gewölk, so ausladend, dass man einen ganzen Himmel damit hätte füllen können. Seine Söhne wählten sich in aller Eile ein Geschenk bei ihm aus, aber ihr Vater ließ sich bei seiner Betrachtung des Weihnachtsmannes alle Zeit der Welt.

Anfang 2001 erhielt Sendero die Mitteilung, dass auch der letzte Antrag auf Bezuschussung abgelehnt worden war. Das Unternehmen befand sich nun in ernsthaften Schwierigkeiten. Nur eine größere Zuwendung konnte die Firma jetzt noch retten. Mike und seine Assistentin Kim Burgess verdoppelten ihre Bemühungen um staatliche Fördermittel, die nach ihrer Überzeugung durchaus vorhanden waren.

Am Morgen des 7. März 2001 machte sich Mike auf den Weg zu einer

Kontrolluntersuchung bei Dr. Goodman in San Francisco. Es war genau ein Jahr vergangen seit dem Tag, als Dr. Goodman Mikes Verband entfernt hatte. Bei der Untersuchung erklärte Dr. Goodman das Auge für vollständig gesund.

„Mein Ziel war es immer, ein Jahr zu schaffen", sagte Mike.

„Ein Jahr ist gut", erwiderte Dr. Goodman. „Trotzdem werden wir Sie alle paar Monate kontrollieren müssen."

Im Frühjahr war Mike zu einem Vortrag vor Ophthalmologie-Studenten an der University of Minnesota eingeladen. Die Studenten hatten sich mit den klassischen Fallgeschichten von Richard Gregory und Oliver Sacks auseinandersetzen müssen, die Mike nach wie vor nicht gelesen hatte. Im Flugzeug ließ er sich von seinem Laptop die Fallbeschreibungen vorlesen.

Im Versammlungsraum drängten sich Studenten und Professoren. Gleich zu Beginn forderte jemand Mike auf, seine Erfahrungen mit denen von Bradford, der Bezugsperson Gregorys, und von Virgil, der Bezugsperson von Sacks, zu vergleichen. Ihm habe sich der Eindruck aufgedrängt, sagte Mike, dass der entscheidende Unterschied zwischen ihm und diesen Männern in der Art von Leben liege, die sie vor der Operation geführt hatten – darin also, wer sie zu dem Zeitpunkt waren, als sie sich dem Eingriff unterzogen. „Ich habe mich nicht operieren lassen, um sehen zu können", erklärte er seinen Zuhörern. „Ich habe es getan, um zu sehen, wie es ist, wenn man sehen kann."

MITTE 2001 erfuhren Mike und Kim Burgess von Fördermitteln, die vielleicht für Sendero infrage kamen und die sich auf mehr als zwei Millionen Dollar beliefen, also ein richtiger Volltreffer, falls es gelang, sie an Land zu ziehen. Dieses Geld war Senderos letzte Chance. Als Mike und Burgess mit der Ausarbeitung des Bewilligungsantrags fertig waren, hatte er den Umfang des Telefonbuchs von Davis.

Mike kehrte wieder an die Arbeit zurück, nämlich zu den Verhandlungen, die er gerade mit einer in Neuseeland ansässigen Firma namens HumanWare führte. Er wollte die Navigationssoftware von Sendero in ein BrailleNote genanntes Gerät jener Firma integrieren, eine kleine, leichtgewichtige Digitalhilfe für den privaten Gebrauch. Die Vorteile des Geräts waren gewaltig: geringeres Gewicht, besser zu tragen, technisch umstandslos einsetzbar, längere Batterielaufzeit, kein Laptop erforderlich.

Am Morgen des 11. September war er früh aufgewacht und grübelte über diese Fragen nach, als er im Radio hörte, dass Flugzeuge ins World Trade Center gekracht waren. Er hörte über eine Stunde lang zu, bevor ihm aufging, dass er die Ereignisse ja im Fernsehen beobachten konnte. Er war sich aber nicht sicher, ob er imstande war, sich so etwas anzusehen.

Zögernd ging er zum Fernseher im Wohnzimmer, schaltete ihn an und näherte sich mit dem Gesicht dem Bildschirm bis auf wenige Zentimeter. Er konnte sehen, wie die Flammen seitlich aus den zwei Türmen schlugen. Da sind Menschen drin, dachte er. Mike hatte sich schon lange gefragt, ob er visuelle Erinnerungen zurückbehalten würde, falls er wieder erblindete. Nach dem 11. September wusste er, dass dies der Fall war.

Zwei Wochen später klingelte das Telefon in Mikes Büro. Aus der Küche hörte Jennifer ihn sagen: „Sind Sie sicher? Sind Sie sicher?“ Dann kam Mike in die Küche.

„Du wirst es nicht glauben“, verkündete er Jennifer. „Wir haben den Zuschuss. Er beläuft sich auf 2,25 Millionen Dollar. Wir können's schaffen.“

Jennifer umarmte ihren Mann. Das sei nicht einfach nur eine Zuwendung für Sendero, erklärte sie ihm. Er bekomme das auch für den Laser-Plattenspieler und die Computer mit Sprechfunktion. Es sei eine Zuwendung für ihn persönlich. Als seine Söhne aus der Schule heimkamen, verkündete er ihnen die frohe Botschaft – dass dieser Zuschuss ihre letzte Chance gewesen und dass es gut gegangen sei.

„Wann dürfen wir dir den Bart abrasieren?“, wollten die Jungen wissen.

„Was soll das heißen?“, fragte er.

Nun fiel es Mike wieder ein. Vor Monaten, als er den Antrag abgeschickt hatte, hatte er seinen Söhnen erklärt, der Zuschuss sei so wichtig, dass, falls Sendero ihn erhielt, sie ihm den Bart abnehmen dürften. Darüber hatten die Jungen seitdem kein Wort mehr verloren. Jetzt aber standen sie da und forderten, dass er sein Versprechen einlöste.

„Meinen Bart trage ich seit meiner Rückkehr aus Ghana“, sagte Mike. „Eure Mom hat mich noch nie ohne Bart gesehen. Er gehört zu mir. Ich trage ihn seit 25 Jahren.“

„Darf ich zuerst?“, fragte Carson.

„Nein, ich will zuerst!“, sagte Wyndham.

„Reden wir morgen darüber", entgegnete Mike.

Am nächsten Morgen kam Mike ins Schlafzimmer seiner Söhne mit einem elektrischen Rasierer in der Hand. „Packen wir's an, Jungs", sagte er.

Im Badezimmer kniete sich Mike auf den Boden und reichte Carson den Rasierapparat. „Ich weiß nicht mal, wie man sich einen Bart abrasiert", sagte er. „Ich glaube, man muss es langsam machen. Macht es bitte nicht so, als müsstet ihr den Rasen vor dem Haus mähen."

Carson führte den Apparat mit sanften, runden Streichbewegungen über Mikes Wangen. „Ich mache ein C für Carson", erklärte er.

Wyndham versuchte es mit einem W, aber auf der Wange seines Vaters war dafür nicht genug Platz. Ein paar Minuten später hatten die Jungen das Werk beendet.

„Du siehst aus wie ein Außerirdischer!", meinte Carson. „Mom soll es sehen!"

Die Männer gingen in die Küche, wo Jennifer Frühstück machte. Sie warf einen Blick auf Mike und fiel fast in Ohnmacht. „Ich fass es nicht!", rief sie. „Wer ist das?"

Die Jungen hielten sich den Bauch vor Lachen.

„Du grüne Neune", sagte Jennifer. „Meine Güte! Wer sind Sie?"

„Das ist Dad!", riefen die Jungen.

„Er sieht aber nicht aus wie Dad", widersprach Jennifer lachend. Sie ging zu ihm hin und strich mit der Rückseite ihrer Hand über Mikes Wange. „Er scheint's doch zu sein", räumte sie ein. „Hast du dich schon gesehen, Mike?"

Mike ging auf, dass er das noch gar nicht hatte. Er ging zurück ins Badezimmer der Jungen und erblickte sein Abbild im Spiegel. Der dunkle Klecks, der ihm immer dabei geholfen hatte, den Umriss seines Gesichts zu orten, war verschwunden und durch helle Flächen von Haut ersetzt. Mike hatte sich nie ohne Bart gesehen – nicht einmal auf alten Familienfotos aus der Zeit vor seinem Aufenthalt in Ghana. Er blieb ein bisschen länger vor dem Spiegel stehen und staunte das veränderte Gesicht an, das ihn anstarrte.

Einige Tage später schloss Mike einen Vertrag mit HumanWare über die Eingliederung des Navigationssystems von Sendero in deren Digitalhilfe. Das war ein fast so bedeutender Durchbruch wie die Bewilligung der Fördermittel. Sendero befand sich jetzt auf Erfolgskurs. Die Verkaufszahlen stiegen. Mike stellte noch mehr Leute ein. Mit der Firma ging es aufwärts.

Im November 2002 starb Josh, Mikes Blindenhund, im Alter von elf Jahren. Der Verlust ging Mike sehr nahe. Josh hatte einige der wichtigsten Ereignisse in Mikes Leben miterlebt: den Umzug nach Oregon, die Geburt und das Aufwachsen seiner Kinder, den Beginn von Sendero, den Umzug nach Davis, die Wiedererlangung der Sehfähigkeit. Mehr als einmal hatte er Mike vor Autos gerettet, die scheinbar aus dem Nichts angerast kamen. Mike fragte sich, ob seine wiedererlangte Sehfähigkeit Josh wohl zu schaffen gemacht und ihm das Gefühl gegeben hatte, weniger unentbehrlich zu sein als in den Tagen, da Mike noch blind gewesen war und sie ein unzertrennliches Paar gebildet hatten. Einem weiteren Verlust wie diesem fühlte sich Mike nicht gewachsen. Er beschloss daher, sich keinen neuen Blindenhund anzuschaffen.

Seit der Hornhautabstoßung hatte Mike sehr hohe Dosen immunsuppressiver Medikamente eingenommen. Mitte 2002 begann er nach Rücksprache mit Dr. Goodman, die Dosen allmählich zu verringern, und Anfang 2003 hörte er ganz mit der Einnahme auf. Diesmal blieben das Transplantat und das Auge gesund. Zwecks regelmäßiger Kontrolluntersuchungen blieb er bei Dr. Goodman weiter in Behandlung.

Die ganze Zeit über arbeitete Mike an seiner neuen Art, das Sehen zu praktizieren; das heißt, er bemühte sich, seine anderen Sinneswahrnehmungen mit den visuellen Informationen zu verschmelzen, und baute im Geiste ganze Register aus Anhaltspunkten auf, die ihm dabei helfen konnten, Objekte zu erkennen. Situationen, die ihn völlig überforderten, wurden immer seltener. Dinge zu identifizieren schaffte er immer schneller.

Nachdem Mike zwei Jahre lang die Wärme und Kameradschaft eines Blindenhundes entbehrt hatte, suchte er im Jahr 2005 die Hundeschule Seeing Eye in Morristown, New Jersey, auf und holte sich dort einen neuen Hund namens Miguel, eine Kreuzung aus Golden Retriever und Labrador. Er war von einem anderen Kunden kürzlich zurückgebracht worden, weil er zu heftig zog und zu viel Eigeninitiative bewies. „Wir werden gut zusammenpassen", erklärte Mike Miguel. Seitdem sind die beiden unzertrennlich.

Im Sommer des Jahres 2006 reisten Mike und Jennifer nach London, wohin sie von Richard Gregory eingeladen worden waren, um vor einer Versammlung führender Akademiker zu sprechen. Im Tagungsraum drängte sich die Elite der britischen Visualitätsforschung, Psychiatrie, Philosophie, Ophthalmologie, Neurologie und Psychologie. Gregory war

82 und emeritierter Professor für Neuropsychologie an der University of Bristol. In einer einleitenden Rede erinnerte er an seine berühmte Fallstudie über Sidney Bradford und schilderte Mikes Fall; danach konnten die Anwesenden Mike befragen.

Nach der Versammlung strahlte Mike. Wie er Jennifer erklärte, empfand er es als ein sehr eindrucksvolles Erlebnis, mit so vielen klugen Köpfen zusammen zu sein und im Mittelpunkt ihrer Aufmerksamkeit zu stehen. In der Eingangshalle unterzog Gregory Mike dem Illusionstest mit der hohlen Maske, indem er vor ihm eine große Maske von Albert Einstein rotieren ließ. Für die Umstehenden stülpte sich die hohle Innenseite des Gesichts nach außen und wirkte ebenso konvex wie die Außenseite. Für Mike existierte diese optische Täuschung nicht.

Gregory und einige seiner Kollegen luden Mike und Jennifer zum Abendessen in das älteste indische Restaurant Londons ein. Danach nahm Gregory die Mays als seine Gäste in den legendären Athenaeum Club mit, zu dessen ehemaligen Mitgliedern der Herzog von Wellington, Charles Darwin, Charles Dickens und einer von Gregorys alten Professoren in Cambridge, der Philosoph und Mathematiker Bertrand Russell, zählten. In der Bibliothek des Clubs unterhielten sie sich über ihre Lebensläufe. Gregory fuhr das Ehepaar in ihr Hotel am Hyde Park zurück. Mike und Jennifer bedankten sich bei Gregory und verabschiedeten sich.

„Dieser Mann steht mitten im Leben“, sagte Mike, während sie ins Hotel gingen.

Die Jahre seit Mikes erfolgreichem Kampf gegen die Hornhautabstoßung waren für viele wichtige Menschen in seinem Leben ausgesprochen betriebsam. Jennifer und ihre Freundin Penny Lorain gründeten 2002 unter dem Namen Lorain & May ihre eigene Designfirma, die sich mit allen Aspekten privater und geschäftlicher Inneneinrichtung befasst. Mike leitet nach wie vor Sendero.

Dr. Daniel Goodman arbeitet weiterhin in San Francisco als Fachchirurg für Hornhautverpflanzungen und operative Refraktionskorrekturen. Mike kommt weiterhin alle drei Monate zu Kontrolluntersuchungen zu ihm.

Bryan Bashin arbeitet derzeit als Berater für Firmen und Privatleute, häufig im Bereich von Fortbildung und Schulung. Er hält sich immer noch auf dem Laufenden, was die wissenschaftlichen und technischen

Fortschritte bei der Wiederherstellung von Sehvermögen angeht, hat sich aber dafür entschieden, mit seiner eigenen Operation so lange zu warten, bis die immunsuppressiven Medikamente kein so großes Risiko mehr in sich bergen und bis die Operation selbst keinen so gravierenden Eingriff ins normale Leben mehr darstellt. „Ich stehe dem Gedanken nach wie vor aufgeschlossen gegenüber", erklärt er, „aber der Zeitpunkt und der Stand der Wissenschaft entsprechen noch nicht so ganz meinen Vorstellungen."

Dr. Ione Fine hat Mike weiteren Tests unterzogen; die Ergebnisse sind unverändert geblieben. Im Jahr 2003 veröffentlichte sie in der Zeitschrift *Nature Neuroscience* einen Artikel über Mikes Fall. Am Tag, als der Artikel erschien, nahm Dr. Fine gerade an einer kleinen Tagung im ländlichen Norden Kaliforniens teil. Ihr Handy fing an zu klingeln und hörte über Stunden nicht mehr damit auf. Medien in aller Welt wollten mehr über Mike Mays Geschichte wissen. Dr. Fine verbrachte den Tag auf einem nahe gelegenen Hügel – der einzigen Stelle, wo das Mobiltelefon Empfang hatte – mit der Schilderung der seltsamen visuellen Welt, in der ihr Proband lebt.

Aufgrund ihrer Arbeit mit Mike May erhielt Dr. Fine ein Fünfjahresstipendium, um über die Auswirkungen eines langfristigen Verlustes der Sehfähigkeit und die Probleme in Zusammenhang mit deren Wiedererlangung zu forschen. Eine direkte Folge ihrer Arbeit war außerdem eine Professur in der Abteilung für Ophthalmologie an der University of Southern California. 2003 heiratete sie ihren langjährigen Freund und Forschungskollegen Dr. Geoff Boynton.

Im Jahr 2006 übernahmen Dr. Fine und Boynton Professuren im Psychologischen Fachbereich der University of Washington. Dr. Fine testet Mike auch weiterhin, weil sie noch genauer verstehen will, wie und warum Teile seiner Sehrinde nach seiner Erblindung andere Darstellungsaufgaben übernahmen.

BEI EINER ROUTINEUNTERSUCHUNG im Jahr 2006 entdeckte Mikes Hausarzt einen farblich veränderten Fleck auf Mikes Brust. Bei früheren Untersuchungen hatten solche Flecke den Arzt nicht weiter beunruhigt. Diesmal aber erklärte er: „Das gefällt mir nicht, Mike."

Er entnahm der Brust eine Gewebeprobe und schickte sie zur Untersuchung ein. Eine Woche später rief er an, weil die Ergebnisse vorlagen. „Es ist bösartig. Sie müssen umgehend herkommen."

In seiner Praxis nahm der Arzt eine örtliche Betäubung der Stelle vor und schnitt den Rest des Flecks heraus. Er erklärte Mike, dass bei Erwachsenen über fünfzig solche Arten von Hautkrebsbefall häufig vorkämen, und solange sie in einem frühen Stadium entdeckt und entfernt würden, stellten sie gewöhnlich keine weitere Bedrohung dar.

„Ich habe lange Zeit Cyclosporin bekommen", teilte Mike dem Arzt mit. „Ich habe mich immer gefragt, ob es irgendwann so weit sein würde."

Ob das Cyclosporin den Krebs verursacht habe, meinte der Arzt, könne niemand sagen. Aber ausschließen wollte er es nicht.

Zu Hause berichtete Mike Jennifer von der Neuigkeit.

„Glaubst du, dass es das Cylosporin war?", fragte Jennifer.

„Das würde ich wirklich gern wissen", sagte Mike. „Aber weißt du, ich finde, andererseits ist es letztlich egal. Ich würde das alles genau so wieder machen."

Deborah Rodriguez

Kabuls Schule der schönen Frauen

„‚Kabuls Schule der schönen Frauen‘ beweist, dass man mit einer gehörigen Portion Naivität, noch mehr Tatkraft und einem ungebremsten Optimismus Berge versetzen kann. Auch in Afghanistan.“

Augsburger Allgemeine

Erstes Kapitel

Die Frauen kommen erst kurz vor acht in den Salon. An jedem anderen Tag würde ich jetzt noch im Bett liegen und versuchen, ein bisschen zu schlafen. Wahrscheinlich würde ich den Hahn meiner Nachbarn verfluchen, weil er mich im Morgengrauen geweckt hat. Vielleicht würde ich auch über die Gemüsehändler stöhnen, die um drei Uhr morgens mit ihren Pferdewagen durch die Straßen poltern, oder über den Mullah, der um halb fünf zu seinem endlosen, schwermütigen Gebetsruf ansetzt. Aber heute findet Roshannas Verlobungsfeier statt, und deswegen bin ich fertig angezogen und einsatzbereit. Ich habe schon vier Zigaretten geraucht und zwei Tassen Instantkaffee getrunken, den ich mir selbst aufbrühen musste, weil die Köchin noch nicht da ist. Das ist eine größere Herausforderung, als man meinen sollte, denn ich habe gerade erst gelernt, wie man in Afghanistan Wasser zum Kochen bringt. Ich lege auf beide Brenner des alten, wackligen Gasherds ein brennendes Streichholz, dann drehe ich das Gas auf, mache einen Satz nach hinten und warte ab, auf welcher Seite sich ein Flammenkranz bildet. Anschließend setze ich einen Kessel mit Wasser auf und bete, dass die Bakterien, die im Wasser von Kabul schwimmen, durch das Kochen abgetötet werden.

Die Schwiegermutter kommt als Erste in den Salon, und wir begrüßen uns auf traditionelle Weise, fassen uns an beiden Händen und küssen einander dreimal auf die Wangen. Roshanna steht hinter ihr, ein winziges, unbeholfenes blaues Gespenst in einer Burka, dem Ganzkörperschleier, der sie von Kopf bis Fuß bedeckt. Das Gesichtsgitter ist verrutscht, sodass sie nichts sieht und gegen den Türrahmen stößt. Als sie unter ihrer wallenden Burka kichernd mit den Händen nach Halt tastet, eilen ihr zwei Schwägerinnen zu Hilfe. Kaum ist sie im Salon, reißt Roshanna sich die Burka vom Leib und hängt sie über eine Trockenhaube.

„Das war wie in den Taliban-Zeiten“, sagt sie, denn seit die Taliban im Herbst 2001 aus Kabul vertrieben wurden, hat sie die Burka nicht mehr übergezogen. Normalerweise trägt Roshanna Kleidung, die sie sich selbst näht, prächtige Hosen aus schwarzem Baumwolltuch oder Saris in leuchtend bunten Farben. Roshanna fällt auf wie ein Schmetterling in dem staubigen Grau der Straßen von Kabul. Heute jedoch kleidet sie sich so, wie es die Tradition von einer Braut bei ihrer Verlobungs- oder Hochzeitsfeier verlangt. Verborgen unter einer Burka hat sie das Haus ihrer Eltern verlassen, und wenn sie in sechs Stunden aus dem Salon tritt, wird sie geschmückt sein mit pfundweise Lidschatten, falschen Wimpern, einer monumentalen Frisur und Kleidern mit mehr Glanz und Glitter als bei einer Karnevalsprinzessin. Aus Gründen, die ich noch nicht durchschaut habe, verleiht dieses Aussehen den Frauen hier in Kabul den geheimnisvollen Nimbus einer Jungfrau.

Gleich nach den Frauen kommen die Köchin, die mir zuflüstert, dass sie Tee kochen wird, und die drei Friseurinnen Topekai, Basira und Bahar. Sie alle legen ihre Kopftücher ab, und dann beginnt die stundenlange vergnügliche Tortur, die die zwanzigjährige Roshanna in eine traditionelle afghanische Braut verwandeln wird. Die meisten Friseursalons würden allein für das Zurechtmachen der Braut um die 200 Dollar verlangen – etwa die Hälfte des durchschnittlichen Jahreseinkommens in Afghanistan –, aber ich bin nicht nur Roshannas ehemalige Lehrerin, sondern auch ihre beste Freundin, obwohl ich zwanzig Jahre älter bin als sie. Und weil sie mir sehr am Herzen liegt, stellt meine Arbeit eins meiner Hochzeitsgeschenke dar.

Wir beginnen mit den Bereichen von Roshannas Körper, die außer ihrem Ehemann heute Abend niemand zu Gesicht bekommen wird. Da jegliche Körperbehaarung bei den Afghanen als hässlich und unrein gilt, muss die junge Frau zunächst gänzlich davon befreit werden. Ausgenommen sind nur ihr seidiges, langes braunes Kopfhaar und ihre Augenbrauen. Wir führen Roshanna durch den Flur ins Wachszimmer – das Einzige in Afghanistan, wie ich hinzufügen möchte –, und sie verzieht das Gesicht, als sie sich auf die Liege setzt.

„Wenigstens weißt du, dass dein Mann gerade das Gleiche durchmacht“, bemerkt Topekai mit einem schadenfrohen Grinsen. Meine Mädchen kichern bei dem Hinweis auf den Bräutigam, der sich ebenfalls von seiner Körperbehaarung befreien lassen muss.

„Aber er braucht sich bloß zu rasieren!“, jammert Roshanna, dann errötet sie und senkt den Blick. Ich weiß, sie möchte sich in Anwesenheit ihrer Schwiegermutter nicht abfällig über ihren Ehemann äußern, dem sie noch nie begegnet ist. Sie möchte der Frau keinen Grund geben, einen Makel an ihr zu finden.

Doch die Schwiegermutter, die im Nebenzimmer mit einer ihrer Töchter flüstert, scheint Roshannas Bemerkung gar nicht mitbekommen zu haben. Als sie ins Zimmer tritt, betrachtet sie Roshanna mit dem stolzen Blick der neuen Besitzerin.

Etwa ein Jahr nachdem Roshanna im Herbst 2003 den ersten Teil ihrer Ausbildung abgeschlossen und ihren eigenen Schönheitssalon eröffnet hatte, hatte die Schwiegermutter sie für ihren Sohn ausgesucht. Die Frau, eine entfernte Cousine, die in den Salon gekommen war, um sich eine Dauerwelle machen zu lassen, war sehr beeindruckt gewesen von der hübschen, tatkräftigen jungen Frau, die ihre Eltern und Verwandten unterstützte, seit diese vor den Taliban nach Pakistan geflohen waren. Sie begann Erkundigungen über Roshanna einzuziehen, und was sie zu hören bekam, gefiel ihr.

Roshannas Vater war Arzt, und die Familie hatte bis zu ihrer Flucht im Jahr 1998 ein privilegiertes Leben geführt. In Pakistan, wo es dem Mann verboten war, als Arzt zu praktizieren – ein typisches Flüchtlingsschicksal –, musste er sich als Schuhputzer durchschlagen. Als er mit seinen Angehörigen nach Kabul zurückkehrte, war er so krank, dass er seinen Beruf nicht mehr ausüben konnte. Dennoch erfüllte er standhaft seine väterlichen Pflichten und begleitete Roshanna überallhin, um sie zu beschützen. Die Schwiegermutter hatte nicht den Hauch eines Skandals an Roshanna entdecken können und war entschlossen, sich Roshanna als Erstfrau für ihren Sohn zu sichern, einen Ingenieur, der in Amsterdam lebte. Das war durchaus nichts Ungewöhnliches. Fast alle ersten Ehen in Afghanistan werden arrangiert, und es ist die Aufgabe der Mutter des Mannes, die richtige Frau für ihn auszusuchen. Später mag er sich eine zweite oder dritte Frau nehmen, aber das erste jungfräuliche Lamm gehört beinahe ebenso ihr wie ihm.

Als ich sehe, wie Roshanna durch den Blick der Schwiegermutter verunsichert wird, führe ich alle anderen Frauen aus dem Enthaarungszimmer nach vorn. „Wollen Sie sich nicht ein paar hübsche Strähnchen machen lassen?“, schlage ich der Schwiegermutter vor. „Meine Mädchen sind die besten Friseurinnen der Welt.“

„Besser als in Dubai?“, fragt sie.

„Besser als in Dubai“, antworte ich. „Und wesentlich billiger.“

Ich vergewissere mich, dass im vorderen Raum sämtliche Vorhänge zugezogen sind, damit kein vorbeigehender Mann die Frauen barhäuptig sehen kann. Ein solcher Fehler könnte dazu führen, dass man nicht nur meinen Lehrsalon, sondern die komplette Schule schließt. Ich bitte die Schwiegermutter und die anderen Frauen, Platz zu nehmen. Eine bekommt eine Maniküre, die zweite eine Pediküre, und der dritten werden die Haare gewaschen. Nachdem ich sie alle mit Tee und den neuesten, aber doch schon veralteten Modemagazinen aus den USA versorgt habe, ziehe ich mich zurück, um eine Zigarette zu rauchen. Der Blick, mit dem Roshanna mich angesehen hat, als ich die Tür zum Enthaarungszimmer schloss, hat mich in Panik versetzt. Denn Roshanna hat ein schreckliches Geheimnis, und ich bin die Einzige, die es kennt. Bis jetzt.

Verlobungen und Hochzeiten werden in Afghanistan mit verschwenderischem Pomp gefeiert. Die Familien sparen über Jahre hinweg und machen sogar Schulden, um diese Feste so prächtig wie möglich zu begehen. Das mag unter anderem daran liegen, dass in diesem Land keine nennenswerte Kultur des öffentlichen Lebens existiert. Es gibt keine Nachtklubs, keine Konzerte, kaum Restaurants – und in den wenigen, die seit dem Abzug der Taliban eröffnet wurden, trifft man fast nur Ausländer an. Es gibt so gut wie keinen Ort, an dem afghanische Männer und Frauen, fein gemacht, miteinander in Kontakt kommen können. Das gilt selbst für Hochzeits- und Verlobungsfeiern. Sehr große Feste mit mehreren Hundert Gästen finden auf zwei Etagen statt, es werden zwei Musikkapellen angeheuert, Männer und Frauen feiern getrennt. Bei kleineren Festen, die in einem einzigen Saal stattfinden, trennt ein Vorhang Männer und Frauen.

Als ich nach Kabul kam, war ich erstaunt über all die Geschäfte, die Hochzeitskleider anbieten – mindestens zwei in jeder Straße. In den Fenstern stehen lebensgroße Schaufensterpuppen mit stolz erhobenen Köpfen und präsentieren die farbenprächtigen, mit reichlich Strass und Tüll geschmückten Kleider. In meiner ersten Zeit in Kabul dienten sie mir als Führerinnen, die mir halfen, den Weg zurück zu meiner Pension zu finden.

Als die Mutter des Bräutigams Roshannas Eltern zum ersten Mal ihre Aufwartung machte, beladen mit Kuchen und anderen Geschenken, und um die Hand ihrer Tochter anhielt, lehnten diese zwar ab, waren aber geschmeichelt. Die Ablehnung gehört zum Ritual. Damit machen die Eltern deutlich, dass es ihnen widerstrebt, ihre geliebte Tochter aus dem Haus zu geben. Und sie ist der erste Schritt in einem langwierigen Verhandlungsprozess. Während der folgenden Monate feilschten die beiden Väter um das Brautgeld, die Anzahl der Kleider, die die Familie des Bräutigams für Roshanna schneidern lassen würde, und um den Wert des Goldschmucks, der Roshanna zustand. Ihr Vater hatte gut verhandelt: Das Brautgeld betrug 10000 Dollar, und sie würde Goldschmuck im Wert von 5000 Dollar erhalten. Nichts von alldem wurde mit Roshanna besprochen. In Afghanistan ist eine erste Heirat eine rein geschäftliche Sache, eine Transaktion zwischen zwei Vätern. Dennoch konnte sie es kaum erwarten zu heiraten. Ja, sie ist eine der wenigen Frauen, denen ich in Kabul begegnet bin, die überhaupt heiraten wollten.

SEIT ICH Roshanna im Frühjahr 2002 bei meinem ersten Besuch in Kabul kennen gelernt hatte, dem ersten Frühling nach der Vertreibung der Taliban, zerbrach ich mir den Kopf über ihre unterschwellige Traurigkeit. Warum berührte sie mich so sehr, wo es doch in Kabul zahllose traurige Geschichten gibt? Es gibt so viele Menschen, die während der 27 Jahre, die in Afghanistan Krieg herrschte, Angehörige verloren haben, Menschen, deren Häuser und Existenz vernichtet wurden, Menschen, deren Dörfer dem Erdboden gleichgemacht wurden, deren gesamte Familie getötet wurde, deren Träume zerstört wurden. Warum also stach Roshanna aus dieser ganzen Trauer so heraus? Ich glaube, es war ihre Fröhlichkeit, Warmherzigkeit und Überschwänglichkeit. Sie gab sich solche Mühe glücklich zu sein, dass es mir jedes Mal einen Stich versetzte, wenn ihre Traurigkeit wieder zum Vorschein kam.

Es dauerte mehrere Wochen, bis sie mir ihre Geschichte erzählte. Mir war aufgefallen, dass sie jedes Mal aufblühte, wenn ein bestimmter junger Mann in das Gebäude kam, in dem sie als Sekretärin arbeitete und ich für eine gemeinnützige Organisation tätig war. Zuerst nahm ich an, sie wäre traurig, weil er sich nicht für sie interessierte, doch dann sah ich dasselbe Leuchten in seinen Augen. Ich begann, sie damit aufzuziehen. Wenn ich ihr zuflüsterte: „Hast du einen Freund?“, wandte sie sich errötend ab.

„Hier heiratet man nicht aus Liebe“, erklärte sie mir, nachdem ich sie zum wiederholten Mal geneckt hatte. „Ich muss den Mann heiraten, den meine Eltern für mich aussuchen.“

Ich wusste, Roshanna und der junge Mann konnten einander ihre Gefühle nicht eingestehen, denn in Kabul gibt es keine Möglichkeit für junge Frauen und Männer, sich zu treffen oder zu verabreden. Aber ich dachte, vielleicht könnte seine Mutter mit ihrer Mutter sprechen, und dann könnte eine Ehe aus Liebe arrangiert werden. Als ich Roshanna eines Tages davon erzählte, zog sie mich in einen dunklen Flur.

„Das geht nicht, Debbie“, sagte sie. „Ich war schon mal mit einem anderen verlobt. Die Eltern dieses jungen Mannes würden ihm niemals erlauben, mich zu heiraten.“

Ich lehnte mich gegen die Wand. „Warum ist es ein Problem, dass du schon mal verlobt warst? Darfst du es dir denn nicht anders überlegen?“

„Das verstehst du nicht“, erwiderte sie. „Bei der Verlobungsfeier haben wir den *Nika-Chat* unterschrieben, den Ehevertrag.“

Diese Beinahe-Hochzeit hatte stattgefunden, als die Taliban noch an der Macht waren. Roshannas Familie hatte damals ein erbärmliches Leben in einem Flüchtlingslager in der Nähe der pakistanischen Grenze geführt. Roshanna war sechzehn und so intelligent, dass sie es geschafft hatte, Englisch zu lernen und einen Posten als Sekretärin bei einer internationalen Hilfsorganisation zu ergattern. Im Auftrag der Organisation musste sie sich häufig über die Grenze nach Afghanistan begeben – selbstverständlich in Begleitung ihres Vaters.

Dabei geriet sie in gefährliche Nähe zu den Taliban, die damals auf dem Höhepunkt ihrer Macht standen und nicht selten junge, unverheiratete Frauen aufgriffen und sie in eine Ehe mit einem ihrer Männer zwangen. Aus Angst vor den Taliban ließen viele afghanische Familien ihre Töchter während jener Zeit gar nicht aus dem Haus.

Roshannas Familie steckte also in einem Dilemma. Einerseits waren sie auf das Geld angewiesen, das sie verdiente, andererseits fürchteten sie, sie könnte ihnen entrissen und gezwungen werden, einen Mann zu heiraten, den sie verabscheute. Wie viele Afghanen hatten sie die Taliban mit vorsichtigem Optimismus willkommen geheißen, als diese 1996 die Stadt besetzt hatten. Vor der Ankunft der Taliban war Kabul von den Mudschaheddin in Schutt und Asche gelegt worden, die, nachdem sie die Sowjets vertrieben hatten, in blutigen Gemetzeln um die Vorherrschaft im Land kämpften. Roshannas Eltern waren zwar keine tiefgläubigen Muslime, aber sie sehnten sich nach normalen Verhältnissen in ihrem Land, und die Taliban schienen entschlossen, diese wiederherzustellen. Wenig später jedoch waren Roshannas Eltern entsetzt über den Terror, den die Taliban verbreiteten, um ihre Vorstellungen von Ordnung durchzusetzen.

Um für Roshannas Sicherheit zu sorgen, handelten ihre Eltern wie viele afghanische Familien damals auch. Sie suchten unter den Angehörigen ihres Stammes verzweifelt nach einem passenden Ehemann, in der Hoffnung, sie verheiraten zu können, ehe die Taliban herausfanden, dass sie noch zu haben war. Sie glaubten ihr Ziel erreicht zu haben, als sie von einem entfernten Verwandten hörten, der in Deutschland lebte und Junggeselle war. Man wurde sich schnell einig, und es wurde nur ein geringes Brautgeld verlangt. Da beide Familien auf eine schnelle Heirat drängten, kam der Bräutigam gleich nach Afghanistan, damit die Verlobungsfeier stattfinden konnte. Und da die eigentliche Hochzeit erst Monate später in Deutschland vollzogen werden sollte, unterschrieben sie noch in derselben Nacht den Nika-Chat.

Der Nika-Chat ist der nach islamischem Recht gültige Ehevertrag, durch den die Brautleute zu rechtmäßigen Ehepartnern werden. In normalen Zeiten wird der Nika-Chat erst Monate nach der Verlobungsfeier unterzeichnet, um der Familie des Bräutigams Zeit zu geben, das Geld für die Hochzeit aufzubringen. Um zu verhindern, dass Roshanna ihr Eheversprechen zurücknehmen könnte, wenn ihr Sohn nach Deutschland zurückkehrte, bestanden die Eltern des Bräutigams darauf, den Nika-Chat am Tag der Verlobungsfeier zu unterschreiben, anstatt die Hochzeit abzuwarten, und Roshannas Eltern ließen sich darauf ein. Zudem waren sich alle darin einig, dass es für sie als verheiratete Frau leichter sein würde, nach Deutschland auszuwandern. Aber wenige Tage nach der Verlobung verschwand der frischgebackene Ehemann – ohne ein Wort und ohne Roshanna. Zwei Wochen später teilte man ihr mit, dass ihr Ehemann sich nach seiner Rückkehr nach Deutschland von ihr hatte scheiden lassen.

„Für einen Mann ist es so einfach“, sagte Roshanna. „Er braucht nur vor Zeugen dreimal zu sagen: ‚Ich verstoße dich‘. Später haben wir erfahren, dass er in Deutschland schon eine Ehefrau oder eine Geliebte hatte. Nach seiner Rückkehr hat er sich entschlossen, gegen den Willen seiner Eltern bei dieser anderen Frau zu bleiben.“

Nachdem Roshanna ihre Geschichte zu Ende erzählt hatte, brach sie in Tränen aus, und ich hielt sie in den Armen, so wie ich früher meine Kinder gehalten hatte. Ich war zwar noch nicht lange in Afghanistan, doch ich wusste, dass es kaum etwas Schlimmeres gab, was einer jungen Frau zustoßen konnte. In Afghanistan wird eine Scheidung nicht leichtgenommen. Wenn ein Mann eine Frau verstößt, wird allgemein angenommen, dass mit ihr etwas nicht stimmt. Die Leute tuscheln über sie, sie sei faul oder eine schlechte Köchin oder – der schlimmste Vorwurf – keine Jungfrau gewesen. Roshanna erzählte, viele afghanische Männer, denen sie begegnet war, als sie noch als Sekretärin gearbeitet hatte, hätten jede Gelegenheit genutzt, um sie in eine dunkle Ecke zu stoßen oder zu betatschen, was sie sich einer „anständigen“ jungen Frau gegenüber niemals erlauben würden. Ihr Vater hatte sie daraufhin angefleht, ihre Stelle zu kündigen, und als ich ihr erzählte, dass ich in Kabul vielleicht eine Friseurschule eröffnen würde, ergriff sie die Gelegenheit beim Schopf. Damals, 2002, bedrückte mich der Gedanke, dass diese wunderbare junge Frau wahrscheinlich nie wieder als Erstfrau eines Mannes auserwählt, sondern höchstens als zweite oder dritte Ehefrau eines wesentlich älteren Mannes für würdig befunden werden würde. Auch sie selbst war sich dessen sicher, und jedes Mal wenn wir darüber sprachen, musste sie weinen.

Zumindest dachte ich damals, dass sie aus diesem Grund weinte.

Dann, zwei Jahre später, hatte die Mutter dieses Ingenieurs Roshannas Salon betreten, und ihr Schicksal wendete sich. Ich war gerade in Amerika, hatte jedoch vor, so bald wie möglich nach Kabul zurückzukehren. Roshanna und ich waren per E-Mail in Kontakt geblieben, und plötzlich änderte sich der Ton ihrer Nachrichten – es war beinahe, als wären sie von Musik begleitet, wenn sie in meiner Mailbox landeten. Sie hatte immer davon geträumt, einen Mann aus einer guten Familie zu heiraten und Kinder zu bekommen. Jetzt schien ihr Wunsch in greifbare Nähe zu rücken. Ich freute mich für sie und wagte nicht, sie auf das Problem mit ihrer ersten Verlobung anzusprechen. Vielleicht handelte es sich ja um eine fortschrittliche Familie, die Roshanna nicht verurteilen würde, weil ein Mistkerl von einem Vetter sein übles Spiel mit ihr getrieben hatte. Vielleicht hatten sie auch erkannt, dass Roshanna die beste Frau war, die sie für ihren Sohn finden konnten. Jedenfalls hoffte ich das.

VOR DER VERLOBUNGSFEIER hatte bereits ein Fest stattgefunden, mit dem der glückliche Abschluss der Verhandlungen gefeiert wurde. Roshanna hatte mich als ihren Ehrengast eingeladen, und da ich inzwischen wieder in Kabul war, freute ich mich darauf, den großen Tag meiner Freundin mit ihr gemeinsam zu begehen. Das Fest fand in einem großen Haus in einem von Kabuls Altstadtvierteln statt. Männer und Frauen aus beiden Familien trafen ein, wobei die Männer im Erdgeschoss blieben, während die Frauen in den ersten Stock gingen, wo bergeweise köstliche Speisen bereitstanden. Als die Schwiegermutter kam, küsste sie Roshanna und ihre Mutter und anschließend mich und Roshannas Schwestern dreimal auf die Wange. Dann hängte sie Roshanna eine riesige goldene Kette um. Jede Schwester und jede Tante des Bräutigams steckte Roshanna einen Ring an einen ihrer zarten Finger, bis das Gold ihr bis zu den Fingerspitzen reichte. Von unten, wo die Männer feierten, hörte ich lautes Lachen, dann wurde geklatscht. „Jetzt unterschreiben sie die Papiere", erklärte mir eine Schwester des Bräutigams. Wahrscheinlich hatte ihr Vater gerade Roshannas Vater den dicken Umschlag mit dem Brautgeld überreicht.

Die weiblichen Verwandten des Bräutigams begannen in die Hände zu klatschen, während eine von ihnen eine kleine Trommel schlug. Die Schwiegermutter und eine ihrer Töchter klappten etwas auf, was aussah wie ein riesiger Regenschirm aus zartem, mit Blumen besticktem Tüll. Sie hielten den Baldachin hoch, während die anderen Frauen den Tüll am Rand fassten, über Roshannas Kopf zogen und singend und im Rhythmus der Trommel klatschend um sie herumtanzten. Ganz still stand sie da, inmitten des bunten Karussells. Ihr Gesicht hob sich blass gegen die bunten Kleider der anderen Frauen ab, ihre Lippen waren fest zusammengepresst. An der hinteren Wand des Raums standen ihre Mutter und ihre Schwestern, hielten sich fest umschlungen und schauten dem Treiben traurig zu.

Wenn ich damals gewusst hätte, was ich heute weiß, hätte mich Roshannas verzagter Gesichtsausdruck sicherlich nicht so beunruhigt. Von einer afghanischen Braut wird nicht erwartet, dass sie bei solchen Festen glücklich aussieht. Ebenso wie die Eltern das erste Angebot des Bräutigams ablehnen, um zu zeigen, wie viel ihre Tochter ihnen wert ist – und bei allen Hochzeitsfestlichkeiten traurige Mienen machen –, so soll auch die Tochter den Eindruck erwecken, dass es sie traurig macht, sich von ihrer Familie trennen zu müssen. Die Trauer ist eine Respektsbezeugung gegenüber den Eltern. Doch obwohl ich das heute alles weiß, glaube ich nicht, dass all die Traurigkeit gespielt ist. Schließlich verlässt die Braut die sichere Geborgenheit ihrer Familie, um in eine andere aufgenommen zu werden, wo sie sowohl Glück als auch Kummer erwarten kann. Eine Schwiegermutter entpuppt sich nicht selten als Tyrannin und erwartet von der Frau ihres Sohnes, dass sie sich als kostenlose Hausmagd betätigt. Auch Ehemänner können zu Tyrannen werden. Oder zu Schattenwesen, die ihre Zeit bei der Arbeit oder mit Freunden verbringen und nur zum Abendessen nach Hause kommen. Eine frischgebackene Ehefrau setzt ihrem Mann das Essen vor, ohne zu erwarten, dass er sich mit ihr unterhält oder die Mahlzeit mit ihr zusammen einnimmt.

Aber damals wusste ich das alles noch nicht, und so ging ich, nachdem die Frauen zu tanzen aufgehört hatten, zu der verzagt dreinblickenden Roshanna. Sie sah mich entsetzt an, und während die Frauen weiterhin sangen und klatschten, flüsterte sie mir zu: „O Gott, ich kann nicht fassen, dass es wirklich passiert. Was soll ich bloß tun?"

In diesem Augenblick erriet ich ihr Geheimnis. Sie war keine Jungfrau mehr.

In jener Nacht konnte ich nicht schlafen, weil ich immer daran denken musste, was sie durchmachte. Als sie am nächsten Tag in die Schule kam, gingen wir nach draußen, hinter das Haus. Sie lehnte sich gegen die Gartenmauer und weinte. „Mein erster Mann, der in Deutschland, er hat mich am Tag nach unserer Verlobungsfeier gezwungen!", schluchzte sie. Sie hatte nie den Mut aufgebracht, ihren Eltern davon zu erzählen. Sie wären schockiert und verzweifelt gewesen, denn für den Vollzug der Ehe gibt es einen festgelegten Ablauf: Während die frisch vermählten Eheleute ihre erste Nacht miteinander verbringen, warten die Angehörigen draußen auf den Beweis dafür, dass die Braut tatsächlich Jungfrau ist. Ihr Vetter hatte sich Roshanna bei der erstbesten Gelegenheit geschnappt – und anschließend das Weite gesucht.

Roshanna hatte sich so sehr dafür geschämt, dass sie selbst mir erst jetzt davon erzählen konnte.

Und nun sollte sie wieder mit einem Mann verheiratet werden, der im Ausland lebte. Erneut würden der Bräutigam und ein Vertreter ihrer Familie den Nika-Chat während der Verlobungsfeier unterzeichnen, weil ihr neuer Ehemann – den sie immer noch nicht kennen gelernt hatte – wenige Tage nach dem Fest nach Amsterdam fliegen würde. Er hatte nicht vor, zur Hochzeitsfeier nach Afghanistan zurückzukehren – etwas, was ziemlich häufig vorkommt, so seltsam es klingen mag –, und seine Familie hatte verkündet, sie wünsche, dass die Vollzugszeremonie gleich nach der Verlobungsfeier stattfinden sollte.

Ich hatte das alles in den Monaten, seit die Vertragsunterzeichnung gefeiert worden war, zwar nicht vergessen, aber wahrscheinlich hatte ich es ebenso wie Roshanna verdrängt, weil ich sowieso nichts dagegen unternehmen konnte. Die Familie des Mannes würde sie niemals als dessen Erstfrau akzeptieren, wenn sich herausstellte, dass sie keine Jungfrau mehr war. Und auch keine andere Familie. Und so sprachen wir, wenn sie mich während jener Monate besuchte, nur über das Kleid, das sie zu ihrer Verlobungsfeier tragen würde, über ihre Frisur, über das Festessen oder über die Gäste, die eingeladen werden sollten.

Doch heute ist nun der Tag der Verlobungsfeier, auf die die Zeremonie folgen soll. Im Friseursalon überprüfe ich die Strähnchen bei Roshannas Schwiegermutter. Dann gehe ich ins Enthaarungszimmer, doch die Liege ist leer, und die Tücher liegen säuberlich gefaltet am Fußende. Ich finde Roshanna im Kosmetikraum unter einer Lupenlampe und Topekais prüfendem Blick. Topekai hat bereits eine von Roshannas Augenbrauen zu einem perfekten Bogen geformt und betrachtet gerade die überflüssigen Härchen in der anderen, die sie mithilfe der Fadentechnik ausrupfen wird, einer uralten Methode zur Entfernung von Gesichtsbehaarung, bei der ein Baumwollfaden benutzt wird.

Als Roshanna schließlich nach unten kommt, ist ihre Haut makellos. Die anderen Frauen applaudieren, als sie hereinkommt. Bahar beginnt mit Roshannas Pediküre und macht dann mit der Maniküre weiter. Nachdem Basira ihr die Haare gewaschen und geföhnt hat, fange ich mit Roshannas Frisur an. Ich teile einzelne Strähnen ab und befestige sie mit Klammern. Dann tauche ich eine Hand in einen Tiegel mit Glittergel und forme die erste Strähne zu einer riesigen Locke auf ihrem Kopf. Einen Moment lang scheinen alle Frauen im Salon den Atem anzuhalten, aus Angst, die Locke könnte in sich zusammenfallen, aber sie hält. Nacheinander drehe ich die anderen Strähnen mithilfe des Glittergels zu großen Locken, bis sie sich auf Roshannas Kopf türmen wie lauter goldene Armreife. Als Nächstes forme ich mit rotem, grünem und blauem Glittergel kleinere Löckchen um die großen goldenen Locken herum.

Zum Schluss sehen mir alle gespannt dabei zu, wie ich Roshanna schminke. Es ist üblich, das Gesicht der Braut mit einer dicken weißen Make-up-Schicht zu bedecken, fast wie bei einer Geisha, aber ich mag das nicht, und heute widerstrebt es mir regelrecht, denn es kommt mir vor, als würde ich das Gesicht meiner Freundin ausradieren. Ich trage das Make-up also nur sehr sparsam auf, und Roshannas Blick sagt mir, dass es ihr gefällt. Die Augenlider schminke ich mit grünem, farblich zu ihrem Kleid passendem Lidschatten. Darüber appliziere ich ein wenig pfirsichfarbenen Glitzerlidschatten, dann ziehe ich die Brauen mit einem schwarzen Stift nach.

Für den nächsten Schritt sind meine Hände heute nicht ruhig genug, und so reiche ich Basira Roshannas Fläschchen mit Kajalpulver. Sie lässt Roshanna das Stäbchen ablecken, es in das Fläschchen tauchen und das überschüssige Pulver wegpusten. Dann legt Basira das Stäbchen an Roshannas Augenwinkel an, fordert sie auf, die Augen zu schließen, und fährt mit dem Stäbchen zwischen den Lidern hin und her, sodass das Pulver die inneren Lidränder schwarz färbt. Wenn man das richtig macht, gleitet das Stäbchen zwischen den Lidrändern durch, ohne den Augapfel zu berühren. Roshanna hält die Augen weiterhin geschlossen, damit Basira die langen falschen Wimpern anbringen kann.

Zum Abschluss umrande ich Roshannas Lippen mit einem dunklen braun-roten Konturenstift und male sie mit leuchtend rotem Lippenstift aus. Nachdem ich noch etwas Rouge auf ihren Wangenknochen verteilt habe, trete ich zurück, um mein Werk zu begutachten. Die Schwiegermutter nimmt Roshannas Kinn in die Hand und begutachtet sie prüfend. Ich ziehe mich zurück, um mich in aller Eile umzuziehen und zu schminken.

Kurz darauf ertönt lautes Hupen vor dem Haus, Männer rufen durcheinander, und der Wachmann klopft an die Tür des Salons. Wir gehen alle zusammen hinaus, Roshanna in der Mitte. Die Schwestern des Bräutigams schützen mit den Händen Roshannas Locken gegen den Wind. Auf der Straße zeigen die Vettern des Bräutigams stolz auf den Brautwagen. Den ganzen Tag lang haben sie ihn mit Blumen und Tüllschleifen geschmückt, sodass er aussieht wie eine riesige Sahnetorte. Wir Frauen drängen uns alle hinein.

Als wir im Festsaal eintreffen, wird Roshanna von der Schwiegermutter und den Schwestern des Bräutigams sofort zum Fotografen bugsiert. Der lässt sie alle möglichen Haltungen einnehmen. Sie soll unschuldig und gleichzeitig verführerisch wirken, etwa so wie die Filmstars auf den Fotos aus den Vierzigerjahren, während ihre schwitzenden älteren Schwestern ihr einen Koran über den Kopf halten. Als der Fotograf endlich fertig ist, sieht Roshanna ihn an, als wundere sie sich, dass der Spaß tatsächlich schon vorbei ist. Ihre Mutter und ihre Schwestern plappern aufgeregt durcheinander, dann öffnet eine der Schwestern die Tür zum Saal, und der Lärm der Festgäste dringt in den Raum. Roshanna schaut mich mit ihrem bleichen Gesicht an. „Komm mit mir", bittet sie, und so nehme ich ihre ausgestreckte Hand und wir gehen zusammen durch die Tür.

Im Saal glitzert es so, dass selbst mir schwindlig wird. Von opulenten Kronleuchtern tropfen kristallene Tränen auf Hunderte von Frauen, die alle in Samt, Goldbrokat, Klunker, Perlen und bestickte Seide gekleidet sind.

Als wir an einem weißen Tuch entlang auf ein mit Rosen umwundenes Tor zugehen, sehe ich die Frauen von Kabul, die sich normalerweise kleiden, als gingen sie zu einer Beerdigung, von einer ganz anderen Seite. Hier zeigen sie freizügig, was sie zu bieten haben, mit geschlitzten Röcken, tiefen Dekolletés und Stilettoabsätzen. Bei solchen Gelegenheiten finden viele Mütter die Frauen für ihre Söhne. Roshanna hält den Blick auf das weiße Tuch gesenkt, und ihre Mutter und Schwestern, die uns folgen, streuen Rosenblütenblätter. Eine der Schwestern hält immer noch den Koran über Roshannas Kopf, aber allmählich werden ihr die Arme lahm, sodass der Koran beinahe Roshannas goldene Locken zerdrückt. An einer Seite des Saals spielt eine Kapelle.

Als wir durch das Tor treten, sehe ich, dass der Saal durch einen Vorhang in zwei Hälften geteilt ist – da alle Frauen sich auf dieser Seite befinden, nehme ich an, dass die Männer sich auf der anderen Seite aufhalten. Wie um meine Vermutung zu bestätigen, streckt ein Mann seinen Kopf durch einen Schlitz im Vorhang und starrt die Frauen lüstern an, bis ihn jemand zurückzieht und der Vorhang sich wieder schließt. Wir gehen auf der Frauenseite auf eine Bühne zu, wo zwei goldene Thronsessel stehen; davor ein Tisch mit etwas, das aussieht wie eine Schatztruhe. Die leeren Sessel werden von einem Scheinwerfer beleuchtet. Als wir uns nähern, raschelt der Vorhang, und plötzlich steht ein Mann auf der Bühne. In dem grellen Licht kann ich sein Gesicht nicht erkennen. „Ich glaube, das ist der Bräutigam", sage ich zu Roshanna, doch sie blickt nicht auf. Während wir weiter auf die Bühne zugehen, schwillt der Lärm im Saal an, die Musik spielt lauter und schneller, und Roshanna zittert so heftig, dass es mir schwerfällt, ihre Hand zu halten.

Schließlich ist der Mann auf der Bühne deutlich zu sehen, bleich und benommen sieht er aus – und plötzlich steht die Schwiegermutter neben ihm. Sie streckt eine Hand aus und zieht Roshanna auf die Bühne. Als sie die Hand ihres Sohnes nimmt und sie in Roshannas legt, zuckt Roshanna zurück, als stünde die Hand des Mannes in Flammen. Dann drängen alle Familienangehörigen auf die Bühne. Blitzlichter zucken, Kameras klicken und surren. Ich stelle mich auf die Zehenspitzen und recke den Hals, um zu sehen, wie es Roshanna geht. Ebenso wie ihre Mutter und ihre Schwestern blickt sie immer noch traurig drein. Der Bräutigam dagegen wirkt nicht traurig, sondern versteinert.

Endlich führen die beiden Mütter Roshanna und ihren Mann von der Bühne und geleiten sie durch die Menge auf eine Tür am anderen Ende des Saals zu. Einige Frauen an den Tischen in meiner Nähe stehen auf und bedeuten mir, mich zu ihnen zu gesellen.

„Wo sind sie hingegangen?“, frage ich eine Frau mit einem mit Strass besetzten Kopfschmuck, die ein wenig Englisch spricht.

„Die beiden werden sich jetzt kennen lernen“, antwortet sie. „Und die Familienangehörigen auch.“

„Werden sie wieder zurückkommen und mit uns essen?“

„Nein, nicht vor all den Leuten. Das ist ihre erste gemeinsame Mahlzeit als Mann und Frau.“

Die Kapelle beginnt erneut zu spielen. Alle stehen auf, um zuzusehen, wie die Mutter und die Schwestern des Bräutigams den Tanzboden betreten. Mit langsamen, anmutigen Schritten bewegen sie sich im Kreis, kommen in der Mitte zusammen und gehen wieder auseinander wie das Muster in einem Kaleidoskop, das sich immer neu zusammensetzt. Roshannas Angehörige, die etwas abseits sitzen, bilden mit ihren traurigen Gesichtern einen krassen Kontrast zu all der Ausgelassenheit.

Dann wird das Essen aufgetragen. An jedem der mit rotem Damast gedeckten Tische haben zwanzig Personen Platz, aber das Essen würde für doppelt so viele Gäste reichen. Platten mit bergeweise Kebab, mit Porree gefüllten Nudeln in Fleischsoße, auf jede erdenkliche Art zubereiteten Auberginen, Reis mit Nüssen und Rosinen. Es gibt weder Geschirr noch Besteck auf den Tischen, gegessen wird mit den Händen. Ich bin voller Bewunderung für die Frauen, die nicht einen Tropfen Soße, nicht ein Reiskorn auf die Damastdecke fallen lassen. Nach einer Weile habe ich mehr von meinem Essen auf meinem Kleid als im Magen. Kaum ist unser Tisch leer, stehen die Frauen auf, küssen mich auf die Wange und verabschieden sich.

Eine von Roshannas Schwestern kommt auf mich zu. Roshanna wünsche, dass ich mit einigen Ehrengästen und den Angehörigen des Bräutigams zum Haus ihrer Eltern komme, sagt sie. Also quetsche ich mich zusammen mit sechs anderen Frauen zu der benommen wirkenden Roshanna in den Brautwagen. Bei Roshannas Elternhaus angekommen, ziehen wir unsere Schuhe aus und gehen ins Wohnzimmer. Roshanna und ihr frisch angetrauter Gatte thronen auf den einzigen Sesseln im Raum, wir anderen lassen uns auf Kissen nieder. Wie zwei als Braut und Bräutigam verkleidete Schaufensterpuppen sitzen die beiden nebeneinander, ohne sich zu berühren, ohne zu lächeln. Roshannas Schwester nimmt mich an der Hand, führt mich zu Roshanna und zeigt auf das Kissen neben ihr, und so nehme ich neben meiner Freundin Platz, die mir nur einen flüchtigen Blick zuwirft, um gleich darauf wieder ins Leere zu starren. Als Nächstes steht, wie ich weiß, die Vollzugszeremonie auf dem Plan. Ich sehe, dass sie starr vor Angst ist, und es scheint, als ob sie nicht atmen würde.

Man serviert uns Tee und Süßigkeiten. Unter den Gästen wird eifrig geplaudert. Ich verstehe kaum etwas, da mein Dari – das in Afghanistan gesprochene Persisch – nicht ausreicht, und Roshanna, der einzige Mensch im Raum, der fließend Englisch spricht, schweigt. Nach einer Weile beginnen die Gäste, sich zu verabschieden, und auch ich stehe auf. Aber erneut fasst ihre Schwester meinen Arm. Dann kommt auch die Mutter und nimmt meinen anderen Arm. Ich verstehe überhaupt nichts, bis Roshanna sich mir zuwendet. „Bitte, bleib", flüstert sie und legt ihre kalten Finger auf mein Handgelenk.

Roshannas Mutter wendet sich den Brautleuten zu und bedeutet ihnen, sich zu erheben. Die beiden folgen der Mutter den Flur entlang, Roshanna ist ein bisschen unsicher auf den Beinen. Sie wankt, als wäre sie betrunken, dabei war es eine nach muslimischer Sitte streng alkoholfreie Feier. Ich werde mit vier weiteren Frauen in ein Gästezimmer geführt. In unserer festlichen Kleidung legen wir uns auf die Kissen und Polster und schlafen nach und nach ein, ich als Letzte.

Plötzlich werde ich von jemandem aus dem Schlaf gerissen. Roshannas Mutter steht über mir, ein weißes Taschentuch in der Hand. Den Koran an die Brust gepresst, redet sie atemlos auf mich ein. Verwirrt schaue ich zu einer von Roshannas Schwestern hinüber, die das Gesicht verzieht. „Kein Blut", flüstert sie. Das soll der Beweis für Roshannas Jungfräulichkeit sein, fällt mir ein: ein blutbeflecktes Taschentuch, das durch die Tür des Schlafzimmers nach draußen geworfen wird.

Roshannas Mutter packt mich am Arm. Zusammen mit Roshannas

Schwester zerrt sie mich zum Schlafzimmer. Dort sehe ich Roshanna im Halbdunkel auf den Kissen an der Wand hocken. Ihr Mann sitzt auf dem Bett. Er wendet sein Gesicht von der Tür ab, und im nächsten Augenblick packt die Mutter Roshanna am Arm und zieht sie aus dem Zimmer.

„Es klappt nicht“, sagt der Mann plötzlich. Ich bin überrascht, dass er Englisch spricht. „Es klappt einfach nicht.“

Ich bin mir nicht sicher, was er meint, aber er klingt eher besorgt als wütend. Kann es sein, dass er, obwohl er schon vierzig ist, nicht weiß, was hier von ihm erwartet wird?

„Manchmal blutet eine Frau nicht, obwohl sie noch Jungfrau ist“, sage ich. „Wenn sie sehr hart arbeitet oder wenn sie mal eine Treppe runtergefallen ist, kann es sein, dass sie beim ersten Mal nicht blutet.“

Er nickt, die dunklen Augen gesenkt.

„Manchmal ist es schwierig, den Geschlechtsakt zu vollziehen, wenn die Frau zu aufgeregt ist“, fahre ich fort. „Sie müssen sanft sein, damit sie sich entspannen kann.“

„Das weiß ich alles!“, sagt er plötzlich ungehalten. „Aber es klappt nicht.“

Roshannas Mutter klopft an die Tür, dann führt sie Roshanna wieder ins Zimmer. Sie glättet die Haare ihrer Tochter und lächelt mich an, als hätte ich alles in Ordnung gebracht. „Auf Wiedersehen, auf Wiedersehen“, sagt die Mutter, während sie mich aus dem Zimmer zieht. Eine von Roshannas Schwestern führt mich zurück ins Gästezimmer, während die Mutter sich direkt vor der Tür des Schlafzimmers auf einem Stuhl postiert.

Die anderen Frauen sind inzwischen alle aufgewacht und schauen mich erwartungsvoll an. Ich mache eine abwiegelnde Geste, wie um zu sagen, dass das Problem nicht der Rede wert sei, und mache es mir auf den Kissen bequem. Die Frauen tuscheln miteinander, doch ich schenke ihnen keine Beachtung, und schließlich schlafe ich tatsächlich wieder ein.

Noch einmal werde ich wach gerüttelt. Roshannas Mutter ist wieder da, wedelt mit dem sauberen weißen Taschentuch, küsst den Koran, drückt ihn sich an die Brust, redet erneut auf mich und die Schwestern ein, bis diese mich auf die Beine ziehen. Diesmal wirkt die Mutter noch verzweifelter, wenn das überhaupt möglich ist. „Ich möchte mit Roshanna allein sprechen“, sage ich.

Der Ehemann verlässt das Zimmer und ich nehme meine zitternde Freundin in die Arme. „Ich hab solche Angst", flüstert sie. „Es tut so weh, wenn er in mich eindringt, dass ich jedes Mal zurückzucke. Ich kann nichts dagegen machen."

„Versuch einfach, dich zu entspannen", sage ich ihr. „Atme tief durch. Wenn du dich entspannst, tut es nicht so weh." Dann sage ich ihr, dass es meistens nur beim ersten Mal wehtue, dass sie vielleicht mit der Zeit Vergnügen am Sex finden werde. Sie sieht mich an, als versuchte ich ihr weiszumachen, dass es mit der Zeit Spaß macht, Glasscherben zu kauen. „Und noch etwas", fahre ich fort. „Wenn es wieder schiefgeht, sag, dass du noch einmal mit mir allein sprechen möchtest. Aber pass auf, dass deine Mutter diesmal nicht das Taschentuch in die Finger bekommt." Dann küsse ich sie auf die Wange und gehe.

Diesmal finde ich keinen Schlaf. Wie erwartet, kommt Roshannas Mutter eine halbe Stunde später erneut ins Zimmer, weint und küsst den Koran und fleht mich an, noch einmal mit Roshanna zu sprechen. Diesmal bin ich vorbereitet und nehme meine Handtasche mit, die ich unter meinem Kleid verberge. Als ich mit Roshanna allein bin, lasse ich mir das weiße Taschentuch geben und hole eine Nagelschere aus meiner Handtasche.

„Was hast du vor?", fragt sie.

Mit zusammengebissenen Zähnen ritze ich mir eine Fingerkuppe auf, bis sie blutet, wische das Blut mit dem Taschentuch ab und gebe es ihr zurück. „Hier, der Beweis für deine Jungfräulichkeit", sage ich. „Versteck es unter deinem Kopfkissen und zieh es hervor, wenn er das nächste Mal in dich eindringt. Und dann sorg dafür, dass deine Mutter es findet."

Sie bedeckt ihr Gesicht mit den Händen und ich verlasse das Zimmer.

Im Gästezimmer schlafe ich wieder ein. Als ich aufwache, hat es schon angefangen zu dämmern, und im Haus ist das Chaos ausgebrochen. Irgendwo höre ich Roshannas Mutter kreischen. Türen werden geschlagen, Leute laufen auf dem Flur herum und reden durcheinander. Voller Angst raffe ich mich von meinem Schlaflager auf.

Doch als ich auf den Flur hinaustrete, sehe ich, dass Roshannas Mutter vor Freude kreischt. „Jungfrau!", ruft sie triumphierend und wedelt glücklich mit dem blutbefleckten Taschentuch. „Jungfrau!"

Zweites Kapitel

Im Mai 2002, dem ersten Frühling nach der Vertreibung der Taliban, reiste ich nach Afghanistan. Damals ahnte ich noch nicht, dass ich fünf Jahre später noch immer hier sein würde, damit beschäftigt, Dauerwellen zu legen und die Kunst der Enthaarung mithilfe von Wachs einzuführen. Zwei Monate vor dem 11. September hatte ich bei einer gemeinnützigen Organisation namens Care for All Foundation (CFAF) einen Kurs für zivile Katastrophenhelfer absolviert und einen Platz im ersten Team ergattert, das nach Afghanistan geschickt wurde. Ich stellte mir vor, ich würde dort einen Monat lang Wunden verbinden, Knochenbrüche schienen, über Schuttberge kraxeln und Menschen, die sich immer noch vor den Taliban versteckten, dabei helfen, sich wieder ans Tageslicht zu wagen. Und da ich annahm, ich würde die ganze Zeit über in einem Zelt wohnen und keine Möglichkeit haben zu duschen, hatte ich den halben Koffer voll mit feuchten Tüchern, um mich täglich hinter einem Baum waschen zu können.

Kaum etwas an dieser Reise sollte meinen Erwartungen entsprechen.

Die anderen Mitglieder meines Teams traf ich am Flughafen von Chicago, von wo aus wir nach Pakistan flogen und von dort weiter mit einem UNO-Flugzeug nach Kabul. Über den Bergen, die emporragten wie löchrige braune Zähne, wirkte das Flugzeug klein und zerbrechlich. Als wir endlich Kabul anflogen, reckten alle neugierig die Hälse. Unter uns erstreckte sich inmitten der Berge ein riesiger Kessel, in dem die Stadt lag, eine weite grüne Ebene – 2000 Meter über dem Meeresspiegel –, von der sich die bewohnten Gebiete wie riesige braune Kleckse abhoben. Von oben sah Kabul aus, als bestünde es wie ein Kreuzworträtsel aus lauter kleinen Quadraten.

Als wir auf der Landebahn aufsetzten, war von Grün nichts mehr zu sehen. Nicht einmal die Berge konnte ich noch erkennen in der staubigen Luft, doch jetzt sah ich die Verwüstung, die den Flughafen umgab. Die Landebahn war auf beiden Seiten von Bombenkratern gesäumt, und in der Nähe befand sich ein Schrottplatz, auf dem sich zerstörte Flugzeuge und rostige Panzer türmten. An der Fassade des Flughafenhauptgebäudes hing ein offenbar handgemaltes Schild mit der Aufschrift: *Willkommen in Afghanistan*. Das Gebäude selbst jedoch machte mit seinen zerborstenen Fenstern, den Löchern im Mauerwerk und den Schutthaufen neben dem Eingang nicht den Eindruck, als hätte es in den vergangenen Jahren Besucher willkommen geheißen.

Wir Frauen zogen uns hastig die auf Anweisung der Organisation mitgebrachten Tücher über den Kopf, dann stiegen wir aus. Auf der Landebahn gingen wir an Dutzenden von grimmig dreinblickenden Männern mit Maschinenpistolen vorbei. Ich streckte meinen schmerzenden Rücken und folgte den anderen Freiwilligen in das Gebäude. Ich hatte keine Angst. Noch heute werde ich oft gefragt, ob ich mir darüber Sorgen gemacht hätte, wie die Menschen in Afghanistan uns empfangen würden. Ob sie uns mögen würden, weil wir die Taliban vertrieben hatten, oder uns hassen, weil wir ihre Hauptstadt und ihr Land in Schutt und Asche gebombt hatten, um unser Ziel zu erreichen. Ob sie von demselben Fanatismus beseelt sein würden wie die Terroristen, die am 11. September in New York dreitausend Menschen in den Tod gerissen hatten, oder ob sie die Terroristen noch mehr fürchteten als wir. Aber an all das habe ich damals überhaupt nicht gedacht. Ich fand es einfach nur aufregend, in Afghanistan zu sein.

Vor dem Flughafen wurden wir von einem Kleinbus erwartet, und dann ging es los über die holprige Straße, die vom Flughafen wegführte. Mein erster Eindruck von Kabul war – grau. Eine graue Stadt, von den zerfallenen Mauern der Lehmziegelhäuser bis zu der Kleidung der Menschen und der stauberfüllten Luft. Aber zwischen all den Grautönen gab es auch Buntes. Bereits auf dem Weg nach Kabul war die Straße gesäumt von kleinen Läden – in alten Schiffscontainern, in ausgebrannten Lastwagen, unter Planen, die über Metall- oder Holzkonstruktionen gespannt waren. Selbst die armseligsten Läden waren geschmückt mit bunten Ladenschildern und Namenszügen in elegant geschwungenem Dari – und hier und da sogar auf Englisch. In den ersten Ladenzeilen gab es Autoreifen und große Rollen Dämmwolle zu kaufen. Dann plötzlich, als wir in eine andere Straße einbogen, gab es nur Lebensmittelläden. Unser Fahrer wich einer Gruppe von Männern aus, die mitten auf der Straße standen und plauderten, und wäre beinahe mit einem toten Schaf kollidiert, das an einem der Läden baumelte. Darunter, auf dem Boden, lagen Kopf und Fell. Neben dem toten Schaf war ein lebendes Schaf angebunden. Am Straßenrand standen lauter bunt bemalte Karren, auf denen sich Obst und Gemüse stapelte. Wir fuhren an roten, goldenen, braunen und konisch zulaufenden Haufen von Gewürzen und Nüssen vorbei – und an Läden, in denen Hunderte von Gegenständen von der Decke baumelten, die aussahen wie Schneeschuhe. Später erfuhr ich, dass es sich dabei um das Fladenbrot handelte, das die Afghanen zu jeder Mahlzeit essen.

Obwohl die Afghanen leuchtende Farben zu lieben schienen – die handgemalten Schilder, die bunten Auslagen –, zeigte sich das nicht an ihrer Kleidung. Diese war durchweg entweder fast weiß oder fast schwarz. Die Einzigen, die sich durch ihre Kleidung farblich abhoben, waren die Frauen in ihren blauen Burkas. Erst nach einer Weile fiel mir auf, dass außer den wenigen Gestalten in Burkas fast keine Frauen in den Straßen zu sehen waren. Selbst in den geschäftigsten Gegenden, wo Hunderte von Männern herumliefen, gab es kaum Frauen. Dieser sichtbare Beweis für die Abwesenheit von Frauen im öffentlichen Leben war beunruhigend.

Wir bogen in eine Straße ein, in der die Hälfte der Häuser zerbombt war. Einige waren immer noch bewohnt, zumindest der untere Teil. Beim Weiterfahren fielen mir mehr und mehr Lücken zwischen den Gebäuden auf, und ich fragte mich, warum die vielen Kinder nicht dort spielten anstatt auf der Straße und auf den Gehwegen. Später erfuhr ich, dass auf diesen Flächen die Minen noch nicht geräumt waren.

Schließlich ließen wir die Gegend mit den Läden und den vielen Menschen hinter uns und fuhren durch Straßen, die eher an Schluchten erinnerten: Die Häuser hier waren umgeben von riesigen Mauern aus Lehmziegeln. Ich musste an all die kleinen Quadrate denken, die ich vom Flugzeug aus gesehen hatte, lauter von hohen Mauern umgebene Grundstücke, wie mir jetzt klar wurde. Sie wirkten alle gleich und unterschieden sich nur durch die bunten Metalltore. Einige der Mauern waren mit Stacheldrahtrollen bewehrt, und oft flatterten Plakate an den Mauern mit Fotos von grimmig dreinblickenden bärtigen Männern. Neben den meisten Toren standen kleine Häuschen, kaum größer als eine Telefonzelle, an denen ein mit einer Maschinenpistole bewaffneter Wachmann lehnte. Schließlich hielt unser Fahrer vor einem der ummauerten Anwesen, das Tor schwang auf. Ich würde also nicht in einem Zelt wohnen, sondern in einem Gästehaus für die ausländischen Mitarbeiter der Hilfsorganisationen.

„Hat jemand was zu waschen?!", rief ich, als meine Teamkollegen sich nach einem ihrer endlosen Strategiegespräche erhoben. „Ich lasse gerade heißes Wasser in eine Wanne ein, und ich habe sogar etwas Waschpulver."

Nachdem wir uns im Gästehaus eingerichtet hatten, lernte ich endlich meine sechs Kollegen besser kennen. Es waren lauter sympathische Leute – und sie alle hatten irgendeine Art von medizinischer Ausbildung. Wahrscheinlich fragten sie sich, wie die CFAF auf die Idee gekommen war, eine Friseurin herzuschicken. Allmählich fing ich an, mich das selbst zu fragen. Im Lauf der ersten Tage, während die anderen über die dringendsten Gesundheitsprobleme diskutierten und Pläne für ein Krankenhaus machten, versuchte ich mich nützlich zu machen. Anfangs fiel mir nichts Besseres ein, als für alle die Wäsche zu waschen. Später, als sie begannen, ambulante Sprechstunden abzuhalten – es würde noch lange dauern, bis sich ein Haus fand, in dem sie ein Krankenhaus würden einrichten können –, fuhr ich mit und maß allen Patienten den Blutdruck.

Als eine Frau aus dem Team mir erklärte, sie hätte eine Aufgabe für mich, war ich begeistert. Dann stellte sich heraus, dass ich bloß Willkommensschilder für die neuen Teammitglieder basteln sollte, die demnächst eintreffen würden. Ich fühlte mich zunehmend enttäuscht und ratlos und fragte mich, ob ich je Gelegenheit bekommen würde, etwas Sinnvolles zu tun.

Wenige Tage nach unserer Ankunft fuhren wir zu einem Treffen mit anderen Ausländern, die schon seit einer Weile – einige von ihnen seit Jahren – in Kabul lebten. An unserem Bestimmungsort wuselten etwa 150 Leute herum, tauschten Visitenkarten aus und erklärten einander, an welchen Projekten sie arbeiteten. In mir wuchs das bedrückende Gefühl, dass alle über irgendeine Ausbildung verfügten, die sie zur Erfüllung einer konkreten und dringlichen Aufgabe befähigte. Seit der Vertreibung der Taliban waren Hunderte von Ausländern und Dutzende von Nichtregierungsorganisationen (NGOs) ins Land geströmt – große wie das Rote Kreuz und kleine wie die CFAF. Überall hörte ich, wie Leute sich als Lehrer, Ingenieure, Agrarwissenschaftler vorstellten, lauter Experten auf den unterschiedlichsten Gebieten. Keiner jedoch war Friseur.

Gegen Ende des Treffens wurde unser Gruppenleiter Allen gebeten, sein Team vorzustellen. Er trat nach vorn und erklärte unser Vorhaben, ein offenes Gesundheitszentrum einzurichten, woraufhin alle applaudierten. Dann stellte er unsere Teammitglieder einen nach dem anderen vor: Arzt, Krankenschwester, Zahnarzt, Hebamme. Schließlich stellte er mich vor: „Und dann haben wir hier noch Debbie Rodriguez“, sagte er. „Sie ist Friseurin und stammt aus Holland, Michigan, wo sie eine Ausbildung …"

Weiter kam er nicht, weil ich den größten Applaus des Abends bekam. Ein paar Frauen machten Luftsprünge vor Freude. Allen sagte noch ein paar Worte über das Gesundheitszentrum, dann war die Sitzung beendet – und alle stürzten auf mich zu.

„Ist das schön, dass du da bist!", rief die Frau aus, die mich als Erste bestürmte. „Hier in Kabul kriegt man nirgendwo einen anständigen Haarschnitt."

„Wir haben buchstäblich schon unser Leben riskiert, um uns Strähnchen machen zu lassen", sagte eine andere. „Einmal bin ich zehn Stunden über den Khaiberpass zu einem Friseur nach Pakistan gefahren."

„Gibt es denn in Kabul keine Salons?", fragte ich.

„Ich glaube, früher gab es viele", sagte die erste Frau. „Aber unter den Taliban waren sie verboten. Angeblich haben jetzt wieder einige Salons aufgemacht, aber die sind nicht sehr vertrauenerweckend."

Alle Leute bedrängten mich und wollten Termine vereinbaren. Sie wollten wissen, was ich in den nächsten Tagen vorhätte, wie lange ich in Kabul bleiben wolle und wie sie zu meinem Gästehaus fänden. Sie fragten mich noch nicht einmal, ob ich mein Handwerkszeug überhaupt mitgebracht hätte, aber ich hätte sie beruhigen können. Wenn ich reise, habe ich immer meine Scheren, meine Kämme, einen Frisierumhang und einiges an Haarpflegemitteln im Gepäck. Das gehört ganz einfach zu mir.

Gleich am nächsten Tag kamen die ersten Kunden zum Gästehaus. In Kabul sprach sich herum, dass eine Friseurin aus Amerika in der Stadt war, und schon bald nahmen alle möglichen Leute Kontakt zu mir auf: Journalisten, Diplomaten, Missionare, Mitarbeiter von Hilfsorganisationen. Obwohl es kein Telefon gab, schafften sie es irgendwie mir mitzuteilen, dass sie kommen würden. Jedes Mal wenn ich von einem Einsatz mit meinem Team zurückkehrte, warteten im Hof eine Handvoll Ausländer auf mich. Ich nahm sie mit auf mein Zimmer und schnitt ihnen die Haare.

In diesen ersten Wochen freundete ich mich mit den Afghanen an, die in unserem Komplex arbeiteten. Während die anderen Teammitglieder mit den medizinischen Tätigkeiten beschäftigt waren, die nur sie ausüben konnten, vertrieb ich mir die Zeit mit Roshanna, der liebenswerten jungen Frau, die mir half, heißes Wasser zu bekommen oder Telefonkarten aufzutreiben, mit Daud, dem schüchternen, gut aussehenden jungen Mann, der unseren Kleinbus lenkte, dem Koch Muqim und verschiedenen anderen. Im Garten hingen Schaukeln, auf denen Daud, Muqim und ich saßen und plauderten und immer höher schaukelten, bis wir über die Mauer sehen konnten. Daud und Muqim machten sich einen Spaß daraus, von der Schaukel zu springen, wenn sie ihren höchsten Punkt erreicht hatte. Bei dem Gedanken, dass dies die Afghanen waren, vor denen die halbe Welt zitterte, musste ich laut lachen.

Auch sie ließen sich von mir die Haare schneiden. Sie hatten beobachtet, wie ich einigen Ausländern die Haare geschnitten hatte – bei schönem Wetter machte ich das im Garten –, und so fragte ich Muqim, ob er auch einen Haarschnitt wolle. Nach minutenlangem Grübeln willigte er ein. Ich wusste, dass Afghanen sich nicht von Frauen die Haare schneiden lassen – sie besuchen den Barbier, keine Friseurin –, denn Berührungen zwischen unverheirateten Männern und Frauen sind nicht erlaubt. Ich ging also sehr behutsam vor und vermied so weit wie möglich jeden Körperkontakt, denn ich wollte nicht, dass er mit dem Gefühl nach Hause ging, gesündigt zu haben. Aber als ich fertig war, sah er mich an wie ein verliebter Schuljunge.

„Ich liebe dich", krächzte er. „Ich liebe dich!"

Schließlich zeigte ich mit meiner Schere auf Daud. Er trug einen für afghanische Männer typischen Haarschnitt, eine Art Pompadour-Frisur – im Nacken kurz und über der Stirn eine Riesentolle. Es war eine Frisur, wie Elvis sie in seinen Zeiten der Geschmacksverirrung getragen hatte. Ich fand sie abscheulich. Daud wich vor mir zurück, aber Muqim, Roshanna und ein paar andere Afghanen, die um uns herumstanden, beschlossen ihn einzufangen. Ich legte meine Schere weg und schloss mich dem Spiel an, und wir alle rannten lachend und kreischend im Garten herum. Schließlich gelang es den anderen, Daud zu erwischen. Sie schleiften ihn zu meinem Stuhl, fesselten ihm die Füße und stopften ihm einen Knebel in den Mund. Nach all dem Zirkus stutzte ich ihm sein Haar nur ein ganz klein wenig, aber als ich gerade dabei war, kam Roshanna mit einer Videokamera angelaufen, und wir fingen an, für die Kamera Faxen zu machen: Auf dem Film sieht man mich mit drohend erhobener Schere über Daud stehen.

Wer weiß, vielleicht taucht das Video ja eines Tages bei Al-Dschasira auf, als Beweis, dass amerikanische Friseurinnen afghanische Männer foltern.

Einmal, als ich aus meinem Zimmer kam und die Treppe hinunterlief, stieß ich beinahe mit Allen zusammen. Nachdem er sein Gleichgewicht wiedergefunden hatte, starrte er mich an. „Stimmt was nicht?“, fragte ich.

Er errötete und räusperte sich. „Musst du unbedingt so leuchtend roten Lippenstift tragen? Und so auffälligen Lidschatten?“

Ich stemmte die Hände in die Hüften. „Hast du dir schon mal die Afghaninnen angesehen? Die schminken sich wesentlich greller als ich.“

„Stimmt eigentlich“, räumte er ein und ging weiter.

Offensichtlich machte mein Verhalten einige von den CFAF-Leuten nervös. Allen schien mich für eine tickende Zeitbombe zu halten. Er ist ein intelligenter Typ, der in der Welt herumreist und Gutes tut, und ich glaube nicht, dass er viel mit Leuten wie mir zu tun gehabt hatte. Allein schon meine äußere Erscheinung irritierte ihn. Während alle anderen Frauen im Team ordentliche, konservative Frisuren trugen, waren meine Haare knallrot gefärbt und zu einer wilden Kurzhaarfrisur gegelt. Es war zwar das erste Mal, dass er mich auf mein Make-up ansprach, aber manchmal spürte ich regelrecht, wie er bei meinem Anblick zusammenzuckte.

Als eine weitere Gruppe von CFAF-Helfern eintraf, wuchs unser Team von sieben auf fünfzehn Personen an. Das Gästehaus war jetzt überfüllt, und Allen fragte, ob einige von uns für den Rest des Monats ins Hotel Mustafa umziehen könnten. Dabei hatte er sicher nicht in erster Linie an mich gedacht, denn er meinte, dass er zu meiner eigenen Sicherheit ein Auge auf mich haben müsste, und hatte bereits eine andere Frau angesprochen, eine ernste, verantwortungsbewusste Hebamme, die er unbesorgt ohne Aufsicht lassen konnte. Wer uns beide kannte, wäre nie auf die Idee gekommen, dass wir zu Komplizinnen werden könnten, aber wir hatten uns bereits angefreundet, und ich bat sie, mich als ihre Zimmergenossin vorzuschlagen. Sie versprach Allen, auf mich aufzupassen, und so zogen wir zusammen ins Hotel Mustafa, und ich wurde auf Kabul losgelassen.

So hatte Allen sich das natürlich nicht vorgestellt. Im Team gab es immer noch nicht viel für mich zu tun, weil es mir einfach an der nötigen Ausbildung mangelte, und so erfanden Allen und die anderen eine neue Aufgabe für mich. Als gute Christen meinten sie, da ich ja so viel Zeit zur Verfügung hätte, könnte ich im Hotelzimmer sitzen und für sie beten. Ich bin eine gute Christin, aber es gibt Dinge, die ich nicht besonders gut beherrsche, und dazu gehört das Herunterleiern von Fürbitten. Doch ich hab's versucht. Aber wenn ich in meinem Hotelzimmer saß und betete und draußen einen afghanischen Händler vorbeigehen und seine Rüben oder was auch immer anpreisen hörte, musste ich einfach hinausgehen und mir das ansehen. Schließlich sagte ich mir, dass ich von Natur aus eine Schnellbeterin sei. Anstatt drei Stunden dafür zu brauchen, rasselte ich mein Gebet in drei Minuten herunter. Dann zogen Roshanna und ich Arm in Arm los.

Und wo gingen wir hin? Um die Ecke in die Hühnerstraße.

Früher wurden hier Hühner verkauft, genauso wie man in der Klempnerstraße immer noch Küchenspülen und Kupferrohre und in der Vogelstraße Kanarienvögel und Wellensittiche kaufen kann. Heute wird in der Hühnerstraße traditionelles afghanisches Kunsthandwerk feilgeboten. Roshanna und ich klammerten uns aneinander, um uns in dem Gedränge nicht zu verlieren. Da waren Jungen auf dem Weg zur Schule, Männer, die mit Apfelsinen beladene Karren schoben, Frauen in Burkas, die um ein paar Münzen bettelten.

Wir machten einen Schaufensterbummel. Prächtige Teppiche in tausend verschiedenen Rottönen, Kamel- und Eselsatteltaschen von solcher Schönheit, dass ich mir nicht vorstellen konnte, dass sie tatsächlich auf Kamel- oder Eselrücken gelegt wurden, bis ich es mit eigenen Augen sah. Kunstvoll bemalte Möbel aus Nuristan, einer Region im Nordosten von Afghanistan. Wundervoll bestickte Stoffe, von Vorhängen, mit denen der Frauenbereich eines Hauses von den der Öffentlichkeit zugänglichen Räumen abgetrennt wird, bis hin zu Teekannenwärmern. Wasserpfeifen, Kochtöpfe, Pferdepeitschen, bunte Bänder zum Einflechten in die Haare – all das und mehr findet man in der Hühnerstraße.

Ich liebte die Hühnerstraße. Die Ladenbesitzer hatten während des Krieges mit der Sowjetunion, während des Krieges mit den Mudschaheddin und dann während der düsteren Zeit der Herrschaft der Taliban ihre Geschäfte unbeirrt weitergeführt. Jetzt freuten sie sich, dass wieder Ausländer ins Land kamen und sich für ihre Waren begeisterten. Sobald Roshanna und ich in einen Laden hineinlugten, sprang der Besitzer auf, lächelte uns freundlich an und bat uns einzutreten. Meistens blieben wir eine Weile und tranken zusammen Tee. Nach etwa einer Woche kannten die meisten Ladenbesitzer auf der Hühnerstraße mich mit Namen. „Miss Debbie!", riefen sie, wenn ich vorbeiging. „Wie wär's mit einem Tee?"

Natürlich hätte ich mich nicht auf dieser Straße herumtreiben sollen, denn die Sicherheitsbestimmungen waren seit unserer Ankunft strenger geworden. Zum ersten Mal seit der Vertreibung der Taliban tagte die *Loja Dschirga*, der Große Rat aus gewählten Vertretern aller afghanischen Stämme, der im Juni 2002 die Übergangsregierung bestimmen sollte. Deshalb klebten überall in Kabul Bilder von grimmigen bärtigen Männern an den Mauern. Es handelte sich um Wahlplakate, die man nicht abgenommen hatte. Weil es immer noch Taliban-Sympathisanten gab und Leute, die die Loja Dschirga verhindern wollten, waren die Sicherheitsmaßnahmen in der ganzen Stadt verschärft worden.

Man hatte eine Ausgangssperre verhängt, ab zwanzig Uhr wurde scharf geschossen, und schon um halb acht beeilten sich die Leute, nach Hause zu kommen. Die Lage war zusätzlich gespannt, weil im Konflikt zwischen Indien und Pakistan der Einsatz von Atomwaffen zu befürchten war.

Ich sollte also nicht auf der Hühnerstraße bummeln gehen, sondern auf meinem Zimmer bleiben und beten, aber das kam mir vor wie Hausarrest. Ich weiß, dass unsere Teamleiter nur versuchten, mich zu schützen. Sie dachten, ich sei zu freundlich und es fehle mir die angemessene Portion Angst vor der Gefahr, in der wir uns befanden. Und das stimmte sogar. Ich hatte Angst um andere Leute, aber nicht um mich selbst.

Schließlich flog ich auf. Gegen Ende unseres Aufenthalts kamen ein paar Mitglieder unseres Teams auf die Idee, einen Ausflug in die Hühnerstraße zu machen. Sie hatten mittlerweile so viel davon gehört, dass sie diese berühmte Straße unbedingt sehen wollten. Sie fragten herum, ob jemand sie begleiten wolle, und natürlich schloss ich mich ihnen an. Und so gingen wir wenige Tage später in die Hühnerstraße, die Frauen wie Mumien in Kopftücher gehüllt, die Männer mit afghanischen Halstüchern und Mützen, um nur ja nicht als Fremde aufzufallen. Plötzlich kam einer der Händler aus seinem Laden gerannt und rief: „Miss Debbie!“ Auch die anderen streckten den Kopf aus ihrer Tür und winkten mir lächelnd zu.

„Jetzt wissen wir also, was du die ganze Zeit treibst“, bemerkte einer aus unserer Gruppe. Von da an versuchte niemand mehr, mich einzusperren.

„DA!“ ROSHANNA zeigte auf ein mit einer schmuddligen Gardine verhängtes Schaufenster, dessen Scheibe einen Sprung hatte. „Ich glaube, da ist es.“

Daud scherte so plötzlich in Richtung Gehweg aus, dass ich beinahe auf Roshannas Schoß gefallen wäre. Ich setzte mich wieder auf und schaute mir das Fenster an. Darin stand ein Übungskopf mit einer hochtoupierten blonden Perücke, flankiert von mehreren Vasen mit knallroten Plastikrosen. „Sieht ziemlich dunkel aus", sagte ich. „Vielleicht hat der Laden geschlossen."

Roshanna schüttelte den Kopf. „In Kabul ist alles dunkel, Debbie. In diesen Läden wird der Generator nur eingeschaltet, wenn es unbedingt notwendig ist."

Ich brauchte einen Augenblick, um meinen Kopf für die paar Schritte vom Auto in den Laden angemessen zu verhüllen. Dann machte Roshanna die Tür auf, und ich betrat zum ersten Mal einen afghanischen Friseursalon.

Mit der Zeit waren mir Roshanna und meine anderen afghanischen Freunde immer mehr ans Herz gewachsen. Die Vorstellung, sie bald verlassen zu müssen, setzte mir richtig zu. Ich hatte mich sozusagen in das afghanische Volk als Ganzes verliebt – in diese liebenswürdigen, humorvollen, gastfreundlichen und mutigen Menschen. Ich suchte nach einer Möglichkeit, nach Afghanistan zurückzukehren und irgendwie zu helfen. Und allmählich formte sich in meinem Kopf eine Idee.

Seit ich im Hotel Mustafa wohnte, war es für die Ausländer, die einen Haarschnitt brauchten, viel leichter, mich zu finden. Im Hotel gingen ständig Journalisten, Mitarbeiter von Hilfsorganisationen und Reisende ein und aus, die heilfroh darüber waren, dass es eine Friseurin im Haus gab. Einmal kam eine Afghanin, die 25 Jahre in Kanada gelebt hatte. Sie gehörte ebenso wie ich zu einer Hilfsorganisation, und im Gegensatz zu anderen, die im westlichen Ausland gelebt hatten, war sie voller Erinnerungen an das alte Kabul unter der Herrschaft des letzten Königs, das sie Anfang der Siebzigerjahre als junges Mädchen erlebt hatte.

„Damals liefen die Frauen auf der Hühnerstraße in Miniröcken herum!", erzählte sie mir. „Können Sie sich so etwas im heutigen Kabul vorstellen?" In den Siebzigerjahren, so berichtete sie, habe es in Kabul Dutzende von gut gehenden Friseursalons gegeben. „Afghanische Frauen haben immer viel Wert auf ihre Frisuren und ihr Make-up gelegt, auch unter diesen grässlichen Burkas."

Roshanna erklärte mir, dass die Taliban Friseursalons ebenso verboten hatten wie Musik, Tanz, weiße Schuhe, Abbildungen von Menschen und anderen Lebewesen, außerdem durfte man keine Drachen mehr steigen lassen und keinen Wein anbauen. Mit einem Mal fiel mir auf, dass ich in Afghanistan noch keinen einzigen Friseursalon gesehen hatte, und ich fragte Roshanna und Daud, ob sie mich zu einem hinbringen könnten. Sie waren einverstanden, aber es hatte mindestens eine Woche gedauert, bis wir einen gefunden hatten, der tatsächlich geöffnet war. Jetzt, als Roshanna die Tür aufmachte, stieg mir der Geruch von Dauerwellenflüssigkeit in die Nase. Als ich ihr gegenüber bemerkte, es sei mir unangenehm, Daud draußen warten zu lassen, schüttelte sie entschieden den Kopf. „Hier darf kein Mann rein", erklärte sie. „Das ist bei uns nicht gestattet, weil die Frauen beim Friseur keine Kopfbedeckung tragen."

„Aber Daud und die anderen afghanischen Männer sehen dich im Gästehaus doch jeden Tag ohne Kopfbedeckung."

„Im Gästehaus ist das etwas anderes – da ist es ein bisschen so, als wären wir in Amerika", antwortete sie. „Und was die Friseursalons angeht, so herrschen hier sehr strenge Regeln. Wenn der Ehemann der Besitzerin des Salons Daud da drin erwischt, verprügelt er ihn – oder womöglich tötet er ihn sogar."

Ich schaute sie ungläubig an.

„Es ist wahr, Debbie", sagte Roshanna. „Deswegen hängt ein Vorhang im Eingang, damit, wenn die Tür offen ist, kein Mann in den Laden schauen und eine Frau sehen kann."

Roshanna zog mich in den winzigen Vorraum, schloss die Tür und schob den pinkfarbenen Vorhang zur Seite. Der Salon war kleiner und dunkler als amerikanische Salons, kaum größer als ein Badezimmer. Statt einer Spiegelwand gab es nur einen einzigen, noch dazu gesprungenen Spiegel. Als Empfangstresen diente ein grob gezimmertes Brett. Abgesehen von diesen Unterschieden jedoch verspürte ich dieselbe warme, einladende Atmosphäre, in der ich mein halbes Leben verbracht hatte: Frauenstimmen, Frauenlachen und eine vertraute Umgebung, in der Frauen sich entspannen und einander von ihrem Leben erzählen. Ich fragte mich, ob das der eigentliche Grund dafür war, dass die Taliban alle Friseursalons verboten hatten. Nicht weil Frauen darin wie Huren zurechtgemacht wurden oder die Salons als Tarnung für Bordelle dienten, wie die Taliban behaupteten, sondern weil sie Frauen einen eigenen Ort boten, an dem sie frei waren von der Herrschaft der Männer.

Das Gespräch verstummte, als Roshanna und ich den winzigen Salon betraten. Die beiden Friseurinnen und ihre einzige Kundin begrüßten uns mit einem verblüfften, wenn auch höflichen *„As-salam alaikum"* – Friede sei mit euch –, als sie bemerkten, dass ich Ausländerin war. Roshanna unterhielt sich ein paar Minuten lang mit ihnen. „Sie sind Schwestern", sagte sie. „Die jüngere heißt Nadia und die ältere Raksar. Sie wohnen mit ihrer Familie gleich hinter dem Laden." Als sie ihnen erklärte, ich sei eine Friseurin aus Amerika, die sich afghanische Salons ansehen wolle, strahlten die beiden Schwestern mich entzückt an. Ihre einzige Kundin sprang sofort auf und bestand darauf, dass ich auf ihrem Stuhl Platz nahm, während Raksar sie zu Ende frisierte. Nadia brachte mir Tee.

Raksar, die ältere der beiden, erzählte Roshanna etwas. „Sie sagt, sie hat den Salon eröffnet, als die Russen gekommen sind", übersetzte Roshanna. „Während der Taliban-Jahre musste sie ihn schließen. Den Spiegel und ihre Werkzeuge hat sie solange im Garten vergraben."

„Seit wann ist der Salon denn wieder offen?"

„Seit zwei Monaten. Zuerst wollte ihr Mann es ihr verbieten. Aber dann hat er seine Arbeit verloren und ihr doch seine Erlaubnis gegeben."

„Ist es schwierig, Werkzeug zu bekommen?"

Raksar zeigte stolz auf die wenigen Kämme, Bürsten und Scheren auf dem Brett, die alle von äußerst minderwertiger Qualität waren. Nachdem wir uns eine Weile mit den Frauen unterhalten hatten, wurde mir klar, dass sie nicht nur mit schlechtem Arbeitsmaterial zurechtkommen mussten, sondern auch nur über rudimentäre Kenntnisse in ihrem Fach verfügten. Raksar hatte das Haareschneiden in den Achtzigerjahren von einer Freundin gelernt und es dann später Nadia beigebracht. Aber trotz ihrer mangelhaften Ausbildung verdienten sie gut. Raksar nahm etwa achtzig Dollar pro Monat ein, mindestens das Doppelte eines durchschnittlichen Monatslohns in Afghanistan.

Dann tuschelten die Schwestern miteinander, und Roshanna klatschte in die Hände. „Sie wollen wissen", übersetzte Roshanna, „ob du Lust hättest, ein paar traditionelle afghanische Methoden kennen zu lernen. Sie wollen sie dir gern zeigen, weil du ihre amerikanische Schwester bist."

„Gerne", antwortete ich und nahm mein Kopftuch ab. Die beiden Frauen erstarrten beim Anblick meiner kurzen, gegelten Haare. Vorsichtig befühlten sie meine Frisur, dann sagten sie etwas zu Roshanna. Ich meinte Verwunderung aus ihren Stimmen herauszuhören und schaute Roshanna fragend an.

„Sie sagen, du siehst aus wie eine Katze", sagte sie. *„Paschak."*

„Miau!", machte Raksar.

Ich lehnte mich in meinem Stuhl zurück und entspannte mich. Als

Nadia mit einem langen Faden auf mich zukam, den sie um ihre Finger gewickelt hatte, fuhr ich hoch, doch sie drückte mich sanft zurück und begann, mein Gesicht mit der Fadentechnik zu bearbeiten. Sie zupfte mir nicht nur die Augenbrauen bis auf wenige Härchen aus, sondern auch einen Damenbart, von dessen Existenz ich bis dahin gar nichts geahnt hatte. Dann erbot sich Raksar, mir zu zeigen, wie sie ein Make-up im afghanischen Stil machte, wie sie eine Frau schminken würde, die zu einer Hochzeit eingeladen war. Sie strich mir das Gesicht mit weißer Paste ein, trug Lidschatten in vier verschiedenen Farben auf, zog mit einem dunklen Stift meine Brauen nach, ließ sie bis an meinen Haaransatz auslaufen und schminkte mir die Lippen kirschrot. Das Kajal war das Schlimmste. Sie leckte das Stäbchen ab, tauchte es in das Gläschen, pustete darauf und überzog die Innenränder meiner Lider mit dem schwarzen Pulver. Unwillkürlich fragte ich mich, wie viele Augen sie mit diesem Stäbchen wohl schon schwarz umrandet hatte. Mit tränenden Augen erhob ich mich schließlich und tastete nach meinem Kopftuch. Sie führten mich vor den Spiegel, damit ich mich bewundern konnte. Es war, als würde eine Fremde mich anschauen.

Doch ich bedankte mich überschwänglich bei den Schwestern. *„Taschakur, taschakur"*, sagte ich in gebrochenem Dari, verbeugte mich und drückte ihnen die Hände. Dann stolperte ich blind nach draußen, wo Daud mich mit bewundernden Blicken bedachte. Meine Augen tränten noch drei Tage lang von dem schwarzen Kajal, woraufhin die Ausländer unter meinen Bekannten, die schon seit Jahren in Kabul lebten, wissen wollten, wie ich es so schnell geschafft hätte, zu einer afghanischen Hochzeit eingeladen zu werden.

Aber abgesehen davon, dass mir die Augen tränten, war ich fasziniert. Ich hatte eine Möglichkeit gefunden, den Menschen in Afghanistan etwas Gutes zu tun, etwas, was nur ich konnte: Ich würde den afghanischen Frauen dabei helfen, ihre Friseursalons zu professionalisieren, sodass sie mehr Geld verdienten. Aus eigener Erfahrung wusste ich, dass ein Salon eine gute Verdienstmöglichkeit für eine Frau darstellt – vor allem wenn sie einen üblen Kerl als Ehemann hat.

Leider wusste ich das nur allzu gut. Ich war immer noch mit einem derart bösartigen Mann verheiratet, dass mir Afghanistan, das damals vielen als der gefährlichste Ort auf der Welt galt, wie das Paradies erschien. Während meiner Ehe mit diesem Mann hatte meine einzige Rettung darin bestanden, dass er keine Ahnung hatte, wie viel Geld ich tatsächlich verdiente. Ich versteckte mein Geld und sparte für meine Freiheit. Und ich vermutete, dass ein solches Geschäft in Afghanistan, wo die Männer einen Friseursalon nicht betreten durften, den Frauen noch mehr Vorteile bieten würde. Die Männer würden das Geld, das dort verdient wurde, gar nicht zu Gesicht bekommen, und sie würden ihren Frauen zumindest dort nichts vorschreiben können. Ich nahm mir vor, nach Afghanistan zurückzukehren, ein paar Koffer mit gutem Friseurwerkzeug und Haarpflegeprodukten mitzubringen und in die Salons zu gehen, um den Frauen alles beizubringen, was ich konnte. Ich könnte ihnen erklären, wie sie ihr Angebot erweitern und ihre Einnahmen steigern könnten, und sie lehren, was ich über Hygiene wusste. Ich sagte mir, wenn eine Frau bei einer Hochzeit schon Tränen vergoss, dann sollte sie das lieber vor Rührung tun und nicht weil sie mit Bakterien verseuchtes Kajal in den Augen hatte.

Als ich einem amerikanischen Freund, der seit mehreren Jahren in Kabul für eine gemeinnützige Organisation arbeitete, von meinen Plänen berichtete, lachte er mich nicht etwa aus, sondern erklärte mir, ich würde nicht weit genug denken! Er meinte, ich solle in Kabul eine Kosmetikschule gründen.

Als ich Roshanna von dem Plan erzählte, fiel sie mir um den Hals. „Ich werde deine erste Schülerin sein", sagte sie. „Mein Vater möchte, dass ich aufhöre für NGOs zu arbeiten, weil die afghanischen Männer mir Ärger machen. Aber wenn ich einen eigenen Schönheitssalon hätte, wäre alles anders."

MIT DER IDEE für die Kosmetikschule schienen meine kühnsten Träume in Erfüllung zu gehen. Ich war nie damit zufrieden gewesen, nur Friseurin zu sein. Ich wollte schon immer Teil von etwas Größerem sein, meinen Teil dazu beitragen, die Welt zu retten.

Friseursalons habe ich seit je geliebt. Als ich sieben Jahre alt war, eröffnete meine Mutter ihren ersten Salon direkt neben unserem Haus. Mit seinen hellen Möbeln und den vergoldeten Spiegeln war er für mich der schönste Ort der Welt. Und die Friseurinnen in ihren grünen Hotpants und den weißen Stiefeletten fand ich einfach umwerfend. Ich konnte den Tag kaum erwarten, an dem ich auch solche Arbeitskleidung würde tragen dürfen.

Das war in den Sechzigerjahren in Holland, Michigan, und die Kundinnen meiner Mutter hatten hochtoupierte, mit Haarspray fixierte Frisuren.

Manchmal durfte ich im Salon helfen, dann verteilte ich Zeitschriften, faltete Handtücher und schenkte Kaffee ein. Mit der Zeit führte sie mich in den Beruf ein. Als Erstes durfte ich ihr an einem Übungskopf zur Hand gehen. Später dann ließ sie mich bei den Kundinnen mithelfen. Wenn sie zum Waschen und Legen kamen, durfte ich ihnen die Haarklammern entfernen. Erstaunlicherweise passierte dabei überhaupt nichts, denn die Frauen benutzten derart viel Haarspray, dass ihre Frisuren auch ohne die Klemmen hielten.

Mit fünfzehn fing ich meine Ausbildung zur Friseurin an, denn ich sagte mir, wenn ich Haare schneiden konnte, würde ich mir damit mein Studium finanzieren können. Damals hatte ich noch keine Ambitionen, Friseurin zu bleiben. Ich liebte Musik, und so schrieb ich mich am John Brown College in Arkansas für das Hauptfach Gesang ein. Doch am College, wo es von guten Sängern nur so wimmelte, kam ich zu der Einsicht, dass ich nicht zur Sängerin geboren war.

Und so kehrte ich nach Michigan zurück und arbeitete im Salon meiner Mutter. Ich heiratete meine College-Liebe, und wir bekamen zwei wunderbare Jungs, Noah und Zachary. Aber mein Mann und ich waren beide jung und dumm, und es dauerte nicht lange, bis wir unzufrieden wurden. Ich erinnere mich noch, wie ich mit 26 Jahren weinend bei meiner Mutter im Wohnzimmer saß und sie fragte, was mit mir nicht stimme. Ich hatte alles – einen netten Mann, Kinder, einen Beruf, der mir Spaß machte, ein Haus und ein Auto, und trotzdem war ich unglücklich. Es ist wohl kein Wunder, dass ich wenig später eine alleinerziehende Mutter war.

Eines Tages erzählte eine Kundin, dass in der Nähe ein Gefängnis errichtet werden sollte. Ich hatte schon oft überlegt, wie es wohl sein würde, irgendwo fest angestellt zu sein, mit Krankenversicherung und anderen Vergünstigungen. Also bewarb ich mich im Gefängnis. Haareschneiden konnte ich nebenbei. Es würde schon nicht so schlimm werden, dachte ich.

Es wurde mehr als schlimm.

Anfangs fand ich es gar nicht so unangenehm. Ich wurde zwei Monate lang angelernt und verstand mich gut mit den anderen Wärtern und auch mit den Gefangenen. Den Gefangenen erklärte ich von vornherein, dass ich nicht vorhätte, ihnen das Leben noch schwerer zu machen, als sie es sich schon selbst gemacht hatten. Meine Aufgabe sei es, dafür zu sorgen, dass sie sich an die Regeln hielten. Ich ging respektvoll mit ihnen um und wurde im Gegenzug von ihnen mit Respekt behandelt. Ich glaube, es gefiel ihnen auch, dass ich mich nicht wie ein Mann aufführte, bloß weil ich als Gefängniswärterin arbeitete. Ich schminkte mich, legte Parfum auf, trug eine modische Frisur und lackierte meine Nägel knallrot. Als einmal in einem Treppenhaus eine Prügelei ausbrach, rief ich Verstärkung herbei. Wir Wärter waren alle mit Funkgeräten ausgerüstet, trugen jedoch keine Waffen, denn die Gefahr bestand, dass meuternde Gefangene uns die Dienstwaffe entreißen und gegen uns richten könnten. Das Ganze artete in eine schlimme Schlägerei aus. Drei Wärter trugen Platzwunden davon, und einige der Gefangenen wurden in Isolationszellen gesteckt. Einem der an der Schlägerei beteiligten Insassen war es sehr peinlich, als er hörte, dass auch ich involviert gewesen war.

„Ich hab gar nicht mitbekommen, dass Sie da waren, Miss Debbie", sagte er. „Sie sind doch nicht verletzt worden, oder?" Mir sei nichts zugestoßen, erwiderte ich, aber ich hätte gemordet, wenn mir ein Fingernagel abgebrochen wäre.

Nach einigen Monaten fühlte ich mich restlos überfordert. Ich war einfach zu zart besaitet, um in einem Gefängnis zu arbeiten. Einige der Insassen waren wirklich nett – ja, sie gehörten zu den nettesten Menschen, denen ich je begegnet war –, und manche Wärter waren brutale Typen. So wollte ich nicht werden. Eines Tages ging ich an der Zelle eines Lebenslänglichen vorbei, der noch nie ein Wort mit irgendjemandem gewechselt hatte. Er drückte sein Gesicht an die Gitterstangen.

„Das hier ist kein Ort für Sie, Miss Debbie", flüsterte er mir zu. „Sie wollen doch nicht so werden wie die anderen hier."

Als ich einmal, etwa ein Jahr nach Antritt der Stelle, widerwillig durch heftigen Regen zur Arbeit fuhr, ging mir meine ganze Situation durch den Kopf. Ich arbeitete in der Spätschicht und an den Wochenenden, bekam meine Kinder kaum noch zu Gesicht und hatte das Gefühl, meine Seele an den Teufel zu verkaufen, bloß weil ich eine Krankenversicherung und bezahlten Urlaub haben wollte. Nach Dienstschluss marschierte ich ins Büro des Gefängnisdirektors und kündigte. An meinem letzten Arbeitstag traten die Gefangenen in Reih und Glied an, um mich zu verabschieden. Einige von ihnen hatten Tränen in den Augen. „Viel Glück, Miss Debbie", sagten sie. „Von jetzt an werden Sie ein gutes Leben haben."

Aber ich wusste nicht, wie ich dieses gute Leben finden sollte. Ich arbeitete wieder im Friseursalon meiner Mutter, war allerdings häufig niedergeschlagen und kam zu dem Schluss, dass ich etwas brauchte, was mir mehr Spaß machte. Ich hatte so jung geheiratet und Kinder bekommen, dass die Zeit der rauschenden Partys an mir vorbeigegangen war. Und so beschloss ich, die begehrteste Partybiene in Holland, Michigan zu werden. Nach wenigen Monaten holte die Wirklichkeit mich ein. Ich war so sehr mit meinen Partys beschäftigt, dass ich meine Kinder vernachlässigte. Und die meisten Leute, mit denen ich zu tun hatte, waren eigentlich gar keine Freunde.

Dann versuchte ich es mit der Religion. Zwar war ich nie Atheistin gewesen, aber ich gehörte keiner Religionsgemeinschaft an. Also trat ich einer christlichen Kirchengemeinde bei – und zwar einer mit Halleluja-Singen, Erweckungsgottesdiensten und allem Drum und Dran. Schon bald hatte ich keine Zeit mehr, niedergeschlagen herumzusitzen. Auch wenn mir einiges an der Gemeinde suspekt erschien, begegnete ich dort doch auch Menschen, die mir beibrachten, die Welt mit ganz anderen Augen zu sehen. Ich bin immer schon gern gereist, und nun lernte ich einen Rentner namens Herb Stewart kennen, der viel in der Welt herumkam und sich in humanitären Projekten aller Art engagierte. Er lud mich ein, mit ihm für einen Monat nach Indien zu fahren.

Schon seit einer ganzen Weile hatte ich in unserer Stadt den Spitznamen „Verrückte Deb". Verrückte Deb mit den ausgeflippten Frisuren und dem ausgefallenen Schminkstil. Verrückte Deb mit den nächtelangen Partys. Verrückte Deb, die im Gefängnis arbeitete. Jetzt nannte man mich Verrückte Deb, weil ich in der Welt herumreiste und an humanitären Missionen teilnahm. Damals in Indien fuhren Herb und ich von Dorf zu Dorf und halfen den Leuten, neue Brunnen zu bauen. In einem Dorf litten die Menschen unter einer schrecklichen Hungersnot, und die Leute erzählten mir, dass es während der dreimonatigen Trockenperiode am schlimmsten sei. Als ich sie fragte, womit ihnen geholfen werden könnte, sagten sie, mit Reis. Also suchte ich mir jemanden, der einen Lastwagen besaß, ließ mich von ihm zu einem Markt in einer Gegend fahren, wo die Dürre nicht ganz so extrem gewesen war, und wir füllten den Lastwagen mit Reis. Zurück im Dorf, kippten wir den Reis auf einen betonierten Platz und riefen mit einem Megafon die Leute zusammen. Für rund hundert Dollar konnte ich den Familien genug Reis für drei Monate schenken.

Während dieser Zeit heiratete ich einen Wanderprediger, der zur selben Kirche gehörte wie ich. Ich wusste, dass wir sehr verschieden waren, aber ich wollte einfach wieder einen Mann haben. Da er so religiös war und ich mich auf dem Weg dahin befand, nahm ich an, dass es schon funktionieren würde. Aber kurz nach der Hochzeit wurde er jähzornig und mürrisch und dann regelrecht boshaft – und krankhaft eifersüchtig. Wenn ich eine Viertelstunde später als erwartet vom Einkaufen nach Hause kam, stand er wutschnaubend in der Tür und folgte mir durchs ganze Haus, um mich zur Rede zu stellen. Einmal, als er anfing mich anzubrüllen, wollte ich das Haus verlassen, doch da packte er mich an den Haaren, zerrte mich wieder herein und rammte mich gegen die Wand. Ich stieß ihn weg, aber das machte es nur noch schlimmer. Er schlug mich hart ins Gesicht.

Von da an bemühte ich mich, alles zu unterlassen, was ihn in Rage versetzte, und machte mir gleichzeitig die größten Vorwürfe, weil ich mich selbst in diese Situation gebracht hatte. Meine Mutter hatte mich zu einer starken, selbstbewussten Frau erzogen, wie hatte mir das also passieren können? Die Stimmung im Haus war so angespannt, dass meine Kinder so viel Zeit wie möglich bei ihren Großeltern verbrachten. Eines Tages gingen wir beide zusammen mit einem seiner Freunde nach dem Gottesdienst zum Frühstück zu McDonald's. Sein Freund und ich lachten über irgendeine Geschichte, und ich weiß noch, wie ich dachte, dass ich mich schon lange nicht mehr so amüsiert hatte. Aber als wir nach Hause kamen, drehte mein Mann durch.

„Ich hab genau beobachtet, wie du ihn angesehen hast!“, tobte er. „Du bist ein Flittchen!“ Er scheuchte mich bis ins Schlafzimmer, wo er mir so hart ins Gesicht schlug, dass ich hintenüberfiel und mit dem Kopf gegen die Bettkante knallte. Als ich die Augen wieder öffnete, sah ich meine Mutter in der Tür stehen, die die Kindern zurückbrachte, die bei ihr übernachtet hatten. Ich weiß noch genau, wie schrecklich ich es fand, dass meine Mutter und die Kinder das mitbekommen hatten. Als meine kleine, schmächtige Mutter versuchte, zwischen uns zu gehen, schubste mein Mann sie gegen die Wand.

Das war zu viel. Plötzlich war ich so wütend, dass es mir gelang, ihn aus dem Haus zu stoßen. Hastig packte ich die Koffer für mich und die Kinder, und meine Mutter nahm uns alle drei mit zu sich.

Am liebsten wäre ich für immer dort geblieben, aber mein Mann fing an, meine Mutter zu belästigen – als hätte sie nicht schon genug Sorgen gehabt mit meinem dementen Vater, der obendrein unheilbar herzkrank war. Mein Mann rief sie zu Hause und bei der Arbeit an, er verfolgte sie mit dem Auto oder blockierte ihre Einfahrt. Er verlangte, dass sie mir befahl, mit ihm zu reden. Schließlich wurde mir klar, dass ich nicht bei meiner Mutter bleiben konnte. Ich brachte also meine Kinder zu ihrem Vater und zog zurück zu meinem Mann, entschlossen, es so lange mit ihm auszuhalten, bis ich genug Geld gespart hatte, um mich auf eigene Füße stellen zu können.

Dann hörte ich von einer Organisation in Chicago, die Kurse für zivile Katastrophenhelfer anbot. Als ich meinem Mann erklärte, ich wolle an einem solchen Kurs teilnehmen, war er zu meiner Überraschung damit einverstanden. Er meinte, die Ausbildung würde mir nützlich sein, wenn ich ihn auf seinen Reisen in Dritte-Welt-Länder begleitete. So fuhr ich also im August 2001 nach Chicago, um den zweiwöchigen Kurs bei der Care for All Foundation zu absolvieren. Ich lernte, wie man sich bei einem Brand verhält, bei einem Erdbeben, einer Überschwemmung, einem Hurrikan und einem Bombenangriff. Ich erfuhr von den Krisen, die in verschiedenen Teilen der Welt herrschten. Und ich erfuhr, wo Afghanistan liegt. An unserem letzten Tag gab es eine Prüfung anhand einer simulierten Krisensituation. Im Rückblick betrachtet war es wirklich unheimlich: Es war gerade mal drei Wochen vor den Anschlägen auf New York und Washington, und man präsentierte uns ein Szenario, bei dem Chicago von Terroristen angegriffen wurde, die Selbstmordattentäter und chemische Waffen einsetzten. Wir mussten in Teams arbeiten, Zelte aufbauen, Opfer nach dem Triage-System einteilen (einem standardisierten Verfahren, um die Behandlungsdringlichkeit bei Notfallpatienten einzuschätzen) und sie zu den entsprechenden Notaufnahmestellen schaffen. Es war alles sehr realistisch – und beängstigend.

Dann jagten Terroristen mit Flugzeugen ins World Trade Center und ins Pentagon. Kurze Zeit später hatte ich eine Nachricht auf meinem Anrufbeantworter – jemand fragte mich, ob ich bereit sei, mit einem Katastrophenhelferteam nach New York zu fahren. Ohne meinen Mann zu fragen, sagte ich zu und reiste bei der nächsten Gelegenheit ab.

Die nächsten zwei Wochen gehörten zu den schwersten meines Lebens. Zusammen mit vielen freiwilligen Helfern kümmerte ich mich um die Feuerwehrleute, die die Bergungsarbeiten am World Trade Center durchführten und die Leichen fortschafften – häufig die ihrer Kameraden. Ich war zuständig für Massage- und Traumatherapie. Ich hielt die Feuerwehrmänner in den Armen, wenn sie weinten, und wusch ihre stinkenden, verbrannten Füße, wenn sie sich nach stundenlanger Arbeit in dem heißen Schutt die Stiefel auszogen. Manchmal versteckte ich mich in einer mobilen Toilette, um zu weinen, weil ich nicht vor den Augen dieser Leute zusammenbrechen wollte. Mein Mann rief mich so oft auf meinem Handy an, dass ich es schließlich einfach abschaltete.

Nach meiner Rückkehr versank ich wieder in Angst. Und aus dieser Angst wuchs mein Interesse für Afghanistan. Ich konnte nicht aufhören, mir alles anzusehen, was im Fernsehen über dieses Land und die Taliban gezeigt wurde. Besonders schockiert war ich, als im Stadion von Kabul Frauen hingerichtet wurden. Während ich ein Buch nach dem anderen über Afghanistan las, hatte ich das Gefühl, ein ähnliches von Angst bestimmtes Leben zu führen wie die Frauen dort. Dann erfuhr ich, dass die CFAF im kommenden Jahr ein Team für einen Monat nach Kabul schicken wollte. Ich rief jeden Tag dort an und bat darum, in das Team aufgenommen zu werden. Als ich endlich die Zusage erhielt, bekam mein Mann prompt Wind davon und verbot mir die Teilnahme an der Hilfsaktion. Daraufhin schloss ich meinen Pass und meine Tickets bei meiner Mutter im Safe ein, damit er die Papiere nicht in die Finger bekam. Nichts und niemand hätte mich aufhalten können. Zum ersten Mal in meinem Leben wusste ich, dass ich zum richtigen Zeitpunkt am richtigen Ort sein würde.

An dem Tag, als meine Freunde kamen, um mich zum Flughafen zu bringen, stand mein Mann an die Wand gelehnt da und sah zu, wie ich meine Koffer aus dem Haus trug. „Ich hoffe, du stirbst in Afghanistan", sagte er.

„Lieber würde ich sterben, als weiter mit dir zusammenzuleben", erwiderte ich. In meinem Herzen öffnete sich eine Tür, und der winzige Krümel, der mein Mann war, purzelte hinaus. Ich flog nach Afghanistan, wo mein Herz sich bald mit neuen Menschen füllen würde, denen ich meine Liebe schenken konnte.

Drittes Kapitel

Eine dicke Frau, auf deren Kopf Strähnenfolien raschelten, tippte mit einem langen, blau lackierten Fingernagel auf Roshannas Gesicht. „Ist das deine afghanische Freundin?", wollte sie wissen.

„Lass mich auch mal sehen!" Eine andere Frau griff nach dem Stapel Fotos.

Meine amerikanischen Kundinnen hatten alle auf mich gewartet, sodass ich mich in den ersten Monaten nach meiner Rückkehr vor Arbeit kaum retten konnte. Ich erzählte meine Geschichten und zeigte meine Fotos. Und ich erzählte allen, dass ich nach Afghanistan zurückkehren würde, um dort einen Lehrsalon zu eröffnen, in dem ich Ausländerinnen meine Dienste anbieten und afghanische Lehrlinge ausbilden konnte. Meine Kundinnen daheim fanden meine Pläne ebenso aufregend wie ich selbst.

Aber ich hatte keine Ahnung, wie ich diese Pläne in die Tat umsetzen sollte. Zunächst würde ich in Kabul Räume anmieten müssen – und von den NGOs hatte ich gehört, dass die Mieten dort gerade sprunghaft anstiegen, weil die Hausbesitzer glaubten, sie könnten von Ausländern Preise verlangen wie in New York. Dann fiel mir der Salon ein, in dem ich mit Roshanna gewesen war, und ich dachte an die zehn Jahre alte Wellflüssigkeit, die sie dort verwendeten, und an die Scheren, die die Größe von Heckenscheren hatten. Ich würde eine Menge Haarpflegemittel und Werkzeug mit nach Kabul nehmen müssen, vor allem wenn ich die Frauen nach der Ausbildung gut ausgestattet entlassen wollte.

Ich überlegte, ob ich Firmen um Spenden bitten konnte. Auf der Rückseite einer Flasche Haargel von Paul Mitchell fand ich eine Achthunderter-Nummer und rief an. Ich wurde mehrmals weiterverbunden, bis ich schließlich bei einem Anrufbeantworter landete. Ich erklärte dem Tonband, wer ich war und was ich in Afghanistan erlebt hatte. Dass die Frauen versuchten, die Friseursalons wieder zu eröffnen, die unter den Taliban verboten gewesen waren, und wie ich ihnen dabei zu helfen gedachte.

Zwei Tage später klingelte das Telefon im Salon. „Hallo, hier spricht JP“, sagte jemand am anderen Ende der Leitung.

„Wer, bitte?“

„John Paul DeJoria, der Eigentümer der Firma Paul Mitchell. Erzählen Sie mir von dieser Schönheitsschule, die Sie in Afghanistan eröffnen wollen.“

Und so erklärte ich ihm, umgeben vom Lärm des Friseursalons, was ich vorhatte. Er fand meine Idee hervorragend und meinte, ich solle seinen Geschäftsführer Luke Jacobellis anrufen. „Sagen Sie Luke einfach, was Sie brauchen.“ Nachdem ich aufgelegt hatte, stieß ich einen Freudenschrei aus.

Später am Nachmittag suchte ich mir ein ruhiges Plätzchen und rief

Luke an. Er bat mich, eine Wunschliste zusammenzustellen. Ich nahm mir also einen Katalog von Paul Mitchell vor und zählte auf – na ja, vielleicht zwölf Flaschen hiervon und drei Dutzend davon. Ehe wir unser Gespräch beendeten, nannte Luke mir noch eine Latte von anderen Firmen in der Kosmetikbranche, an die ich mich mit meinem Anliegen wenden könnte: Takara Belmont, eine Firma, die Saloneinrichtungen anbietet, Redken, ein weiterer Hersteller von Haarkosmetik und Friseurbedarf, Orly und O.P.I., Firmen, die Nagelpflegemittel vertreiben, und so weiter. Fast alle waren sofort bereit, mein Projekt mit Spenden zu unterstützen.

Etwa drei Wochen nach meinem Gespräch mit Luke hielt ein Lastwagen mit Paul-Mitchell-Produkten vor unserem Haus. Der Fahrer wirkte verwirrt, als ich die Tür öffnete. Offenbar war er davon ausgegangen, dass er seine Ladung bei einem Warenhaus oder zumindest am Hintereingang eines riesigen Friseursalons abliefern sollte. „Haben Sie jemanden, der das Zeug abladen kann?“, fragte er, wobei er mit dem Daumen auf den Lastwagen zeigte, der in meiner Einfahrt stand und gewaltige Abgaswolken ausstieß.

„Ich bin die Einzige hier“, erwiderte ich.

Er musterte mich seufzend.

Ich entfernte die Autos, den Schneepflug und den Rasenmäher aus der Garage, dann trugen wir gemeinsam die zahllosen Kisten hinein, während mein Mann vom Wohnzimmerfenster aus zusah. Am Ende war unsere Doppelgarage bis unters Dach vollgestopft.

Im Lauf der folgenden Monate rollten weitere Lastwagen an und brachten Waschbecken, Stühle, Kämme, Föhne, Handspiegel, Lockenwickler und alles, was man in einem Friseursalon braucht. Inzwischen hatte ich allerdings einen Lagerraum gemietet, denn mein Mann hatte Verdacht geschöpft und mir gedroht, falls ich versuchte, ihn zu verlassen, würde er die Garage mitsamt ihrem Inhalt abfackeln. Und wo in Kabul sollte meine so genannte Schönheitsschule überhaupt sein? Also hielt ich still und wartete ab. Ich gab mir alle Mühe, ihn möglichst nicht zu verärgern, mietete heimlich eine Wohnung und suchte mir einen Anwalt.

Immer noch hatte ich keine Ahnung, wie ich die ganzen Sachen nach Afghanistan schaffen sollte. Dann, eines Tages, rief ich bei einer der Firmen an, die Luke mir genannt hatte. Zu meiner Überraschung sagte mir die Frau am Telefon, ich sei bereits die Zweite, die um eine Spende für eine Schönheitsschule in Afghanistan bitte. Ich ließ mir die Telefonnummer der anderen Frau geben und rief sie an. So hörte ich zum ersten Mal von der legendären Mary MacMakin, einer Amerikanerin, die inzwischen seit fast vierzig Jahren in Afghanistan lebt.

Mary MacMakin hatte 1996 eine Frauenhilfsorganisation namens PARSA gegründet, um den afghanischen Kriegerwitwen zu helfen, die durch das Arbeitsverbot für Frauen zum Betteln gezwungen waren – eine neue, schreckliche Entwicklung, da Betteln in Afghanistan bis dato praktisch unbekannt war. Im Jahr 2001 veröffentlichte die Zeitschrift *Vogue* einen Artikel über diese heldenhafte Frau. Terri Grauel, eine Friseurin und Visagistin aus New York, machte Mary für die Fotos zurecht, und die beiden Frauen blieben miteinander in Kontakt. Als nach der Vertreibung der Taliban viele Friseurinnen in Afghanistan möglichst bald Salons eröffnen wollten, erkannte Mary schnell, dass sie große Probleme hatten, weil es ihnen an Produkten und Fertigkeit mangelte. Sie sprach mit Terri darüber, dass amerikanische Friseurinnen den afghanischen Frauen dabei helfen könnten, sich mit einem Salon selbstständig zu machen, woraufhin Terri die New Yorker Kosmetikindustrie dazu aufrief, den Aufbau einer Schule mitzufinanzieren. Sie sollte den Namen *Beauty Without Borders – Kabul Beauty School*, „Schönheit ohne Grenzen – Die Kosmetikschule von Kabul“ tragen, und sie sollte von Mary MacMakins Frauenhilfsorganisation PARSA betrieben werden.

Ich war erleichtert, als ich erfuhr, dass jemand mit mehr Einfluss und mehr Verbindungen bereits dieselbe Idee gehabt hatte wie ich und schon dabei war, die Pläne in die Tat umzusetzen, denn mir war klar geworden, dass ich so ein riesiges Projekt nicht allein auf die Beine stellen konnte. Also stellte ich PARSA die Produkte im Wert von einer halben Million Dollar zur Verfügung, die sich inzwischen in meiner Garage und in meinem Lagerraum angesammelt hatten. Die Schule sollte im Juli 2003 in Räumen des afghanischen Ministeriums für Frauenfragen eröffnet werden, einem Ort, den Mary vorgeschlagen hatte, weil sie glaubte, dass die Frauen dort in Sicherheit sein würden. Sie wusste, dass es immer noch reichlich Leute in Kabul gab, die ebenso wie die Taliban alles für verwerflich hielten, was Frauen dazu verhalf, aufzufallen oder sich auf eigene Füße zu stellen. Ich erbot mich, in der Schule als Ausbilderin zu arbeiten.

Die Frauen von PARSA waren gerade dabei, einen Container mit Pflegeprodukten zusammenzustellen, der im Dezember per Schiff nach

Kabul transportiert werden sollte. Ich musste meine Ausrüstung also schleunigst an die Ostküste schaffen. Eine Reederei erklärte sich bereit, alles, was ich in meinem Lagerraum gesammelt hatte, zum Hafen zu transportieren. Jetzt musste ich mir nur noch überlegen, wie ich die Kisten aus meiner Garage in den Lagerraum bekam. Dabei gab es ein Problem: Die Garage war gar nicht mehr meine Garage, denn es war mir endlich gelungen, meinen Mann zu verlassen.

An einem regnerischen Tag trommelten Noah und Zach – meine Söhne, die mittlerweile fast erwachsen waren – ein paar Freunde zusammen, mieteten einen Lastwagen und fuhren damit zum Haus meines Mannes. Meine Freundinnen und ich folgten ihnen in unseren Autos. Kaum stand der Lastwagen in der Einfahrt, erschien mein Mann vor der Tür und erklärte mir, er habe eine einstweilige Verfügung erwirkt, die mir untersagte, irgendetwas aus seiner Garage zu entfernen. Als wir ihn einfach nicht beachteten, rief er die Polizei, und wenige Minuten später fuhren zwei Streifenwagen vor.

Zwei Polizisten kamen auf mich zu, aber ich war wild entschlossen, mich von nichts und niemandem aufhalten zu lassen. „Das Zeug gehört mir, und ich werde alles mitnehmen!“, schrie ich. „Sie haben drei Möglichkeiten: Sie können mich erschießen, mich verhaften oder mich in Frieden lassen.“ Sie wichen zurück und sahen zu, wie wir sämtliche Kisten mit Haarpflegemitteln auf den Lastwagen luden. Und das war's – die letzte Hürde, ehe ich Anfang 2003 nach Afghanistan fliegen konnte, um den Container in Empfang zu nehmen.

Na ja, dann brach der Krieg im Irak aus, was viele wahrscheinlich als eine wesentlich größere Hürde betrachtet hätten.

Der Container sollte Ende Januar in Kabul eintreffen, und ich hatte vor, dort zu sein und dabei zu helfen, die Ladung in die Räume des Frauenministeriums zu schaffen. Es gab eine Menge Abschiedspartys mit meinen Freunden und tränenreiche Momente mit meiner Mutter und meinen Söhnen. Dann kam die erste Enttäuschung: Der Container hatte noch nicht einmal den Hafen verlassen. Das Auslaufdatum war verschoben worden wegen erhöhter Aktivitäten im Nahen Osten einschließlich der Manöver, die das amerikanische und britische Militär als Vorbereitung für die Invasion in den Irak im März durchführten. So flog ich also nicht nach Kabul, sondern nach New York, um bei M.A.C. Cosmetics, die Kosmetika im Wert von rund 30000 Dollar gespendet hatten, an einer einwöchigen Fortbildung teilzunehmen.

Mitte Februar erfuhr ich, dass das Schiff endlich die USA verlassen hatte. Aber knapp eine Woche vor meinem für Anfang März geplanten Abflug erreichte mich die Nachricht, dass das Schiff im Sueskanal feststeckte. Einmal mehr wurde es durch Kriegsvorbereitungen aufgehalten.

Inzwischen hielt ich es in Michigan nicht mehr aus. Zu oft hatte ich mich von meinen Freunden und meiner Familie verabschiedet, und im Salon hatte ich bis Ende April keine Termine. Ich hatte gehört, dass Hilfsorganisationen in Jordanien mit einem Ansturm von Flüchtlingen aus dem Irak rechneten. Also bot ich einer dieser Organisationen meine Hilfe an und flog Ende März nach Jordanien. Wenige Tage nach meiner Ankunft erfuhr ich jedoch, dass unser Container bereits in Kabul abgeliefert worden war. Unverzüglich machte ich mich auf den Weg nach Afghanistan, um meinen Traum zu verwirklichen.

ALS ICH im März 2003 in Kabul eintraf, konnte ich nicht glauben, wie sehr sich die Stadt seit meinem ersten Besuch vor knapp einem Jahr verändert hatte. Zwar lag immer noch viel in Trümmern, aber überall entstanden neue Gebäude. Die Straßen, in denen es zuvor von Fußgängern, Radfahrern, Lastkarren, Eseln und Wasserbüffeln gewimmelt hatte, waren jetzt zusätzlich verstopft mit Autos, Geländewagen und Panzern. Sie waren in keinem wesentlich besseren Zustand als noch vor einem Jahr – ungepflastert und voller Schlaglöcher –, doch alle rasten die Straßen in einem Tempo entlang, als wären sie auf der Flucht. Es schien überhaupt keine Verkehrsregeln zu geben. Als ich endlich vor dem Gebäude ankam, in dem Mary MacMakins Frauenhilfsorganisation untergebracht war, fühlte ich mich, als wäre mein ganzer Körper auseinandergerüttelt und stümperhaft wieder zusammengesetzt worden.

In dem Gebäude gab es einen Aufenthaltsraum, der im traditionellen afghanischen Stil eingerichtet war: ein dicker roter Teppich auf dem Boden und an den Wänden entlang flache Sitzpolster. Im ersten Stock hatte Mary für ihre vielen Besucher Gästezimmer eingerichtet, in denen mehrere Schlafplätze durch behelfsmäßige spanische Wände abgetrennt waren. Ich warf meinen Koffer auf die Kissen in meiner Schlafnische und machte mich auf den Weg zurück ins Erdgeschoss.

Dort lernte ich endlich Mary kennen. Sie war eine hochgewachsene Frau von Mitte siebzig mit entschlossenen dunklen Augen und grauen Haaren, und sie sprach gerade auf Dari mit ein paar afghanischen Frauen, und zwar schneller, als ich Englisch sprechen konnte. Es kam mir vor, als würde sie fünfzig verschiedene Projekte gleichzeitig organisieren. Sie sagte mir, sie hätte die Räumlichkeiten für die Schule, die uns im Frauenministerium zur Verfügung gestellt würden, zwar noch nicht gesehen, man habe ihr jedoch mitgeteilt, dass die Vorbereitungen fast beendet seien. Wenig später schob sie ihr Fahrrad auf die Straße und radelte ohne Kopfbedeckung los. Ich wusste, dass sie mutig war und dass es den Taliban, obwohl sie sie ins Gefängnis gesteckt hatten, nicht gelungen war, ihren Willen zu brechen. Aber in diesen Wahnsinnsverkehr hinauszuradeln war geradezu tollkühn.

Am nächsten Morgen gab es vor dem Frauenministerium ein freudiges Wiedersehen mit Roshanna und Daud. Ich war in Begleitung einiger Leute eingetroffen, die mit dem Projekt zu tun hatten, unter anderen Noor, einem jungen Australier afghanischer Abstammung, der von Beauty Without Borders eingestellt worden war, um sich während der Abwesenheit der ausländischen Lehrkräfte um die Schule zu kümmern. Am Tor wurden wir von zwei mit Maschinenpistolen bewaffneten Männern empfangen, die jedoch sehr freundlich waren und uns gleich durchließen. Ich muss sagen, dass ich während meines gesamten Aufenthalts in Afghanistan nicht einem einzigen unhöflichen Menschen begegnet bin. Selbst wenn sie ein Gewehr auf einen richten, tun sie das auf höfliche Weise.

Der Anblick von Maschinenpistolen konnte mich inzwischen nicht mehr schrecken. Ganz Kabul schien von einem unglaublichen Optimismus erfüllt, und ich habe mich in den Straßen von Kabul nie unsicher gefühlt.

Als ich das wunderschöne Gebäude sah, in dem unsere Schule und unser Salon untergebracht werden sollten, kamen mir vor Freude die Tränen. Es war ein niedriger Bau aus karamellfarbenem Marmor, umgeben von mit Steinen eingefassten Blumenbeeten. Die Fenster mit kunstvoll geschnitzten Rahmen aus goldbraunem Holz sahen aus, als wären sie ganz neu eingesetzt worden. Die Eingangstür bestand aus dem gleichen Material.

Als wir das Gebäude betraten, mussten wir allerdings feststellen, dass die Umbauarbeiten nicht annähernd fertig waren – obwohl vorgesehen war, dass wir am nächsten Tag die Utensilien und Pflegeprodukte aus dem Container hier unterbringen sollten. Die Wände waren weiß gekalkt, aber schmutzig und fleckig. An den Decken hingen Lampen, aber die Lichtschalter fehlten. Die Fußböden waren aus rohem Beton, und von den Schränken und Tischen, die wir bestellt hatten, war keine Spur zu sehen. Noor machte sich auf die Suche nach den Handwerkern, während wir anderen uns den Kopf darüber zerbrachen, wo wir den Inhalt des Containers verstauen sollten. Die meisten Sachen konnten vorerst dort bleiben. Allerdings gab es einige Produkte, die verderben würden, wenn sie lange der Hitze ausgesetzt wären.

Es stellte sich heraus, dass Mary im zweiten Stock ihres PARSA-Hauses noch etwas Platz hatte. Zwar gefiel es uns nicht, dass wir die Sachen zweimal würden hin- und herschleppen müssen, aber wir hatten keine andere Wahl. Hinzu kam, dass jemand die beschwerliche Aufgabe übernehmen musste, alles aus dem Container zu räumen, um die verderblichen Produkte auszusortieren und den Rest wieder in den Container zu packen. Ich erbot mich, das zu übernehmen, aber natürlich brauchte ich Hilfe. Roshanna hatte sofort eine Lösung parat: „Du musst Männer von der Moschee anheuern", sagte sie.

Ich schaute sie verdutzt an. „Warum sollten die Mullahs mir helfen? Ich dachte, die hätten alle was gegen Friseursalons."

„Doch nicht die Mullahs", antwortete sie lachend. „Vor der Moschee stehen immer viele Männer, die auf der Suche nach Arbeit sind. Du wirst schon sehen."

Da Noor verschiedene Dinge zu erledigen hatte, ging ich mit Roshanna zur Moschee, wo er später zu uns stoßen würde. Ich glaube, so weit war ich in Kabul noch nie zu Fuß gegangen, und ich genoss es. Es gab so viel zu sehen! Noch nie war ich hier so vielen Menschen begegnet, und plötzlich fiel mir auf, wie viele unterschiedliche Physiognomien es unter den Afghanen gibt. Ich glaube, Amerikaner stellen sich Afghanen ausnahmslos dunkelhaarig und dunkeläugig vor, mit Turban auf dem Kopf. Sie halten die Afghanen fälschlicherweise für Araber, nur weil sie Muslime sind. Dabei war Afghanistan der erste Schmelztiegel der Welt, auch wenn es heute eines der abgelegensten und isoliertesten Länder ist. Aufgrund seiner geografischen Lage war es für zahlreiche Völker ein Durchgangsland entlang der Seidenstraße, die von Asien nach Europa führte. Die einen kamen als Händler, die anderen als Eroberer, und sie alle hinterließen ihre Spuren. Die meisten Afghanen haben türkische oder persische Wurzeln, aber es lassen sich auch andere ethnische Einflüsse feststellen. Als wir durch die Straßen gingen, sah ich so viele asiatische Gesichter, dass ich Roshanna fragte, ob es eine große Gruppe chinesischer Einwanderer in Kabul gebe. Sie schüttelte den Kopf. „Diese Leute gehören zum Stamm der Hazara", sagte sie. „Sie sind hierhergekommen, nachdem Dschingis Khan unser Land erobert hat."

„Und das war …"

„Vor achthundert Jahren."

Mit einer Kinnbewegung deutete ich auf einen Mann mit asiatischen Gesichtszügen, der vor einem Laden einen Stapel Teppiche ordnete. „Das ist also auch ein Hazara?"

„Nein, das ist ein Usbeke. Die weben und verkaufen die Teppiche, die du hier überall siehst. Sie sind alle miteinander verwandt."

Beim Weitergehen betrachtete ich die Gesichter einzelner Männer, die uns zu Fuß oder auf Fahrrädern entgegenkamen, und suchte nach Unterschieden in Gesichtszügen und Kleidung. Ich sah einen Mann in einem langen braunen Gewand mit heller Haut und einem Ziegenbärtchen. Auf dem Kopf trug er eine dunkelbraune Wollmütze mit aufgerolltem Stoffrand und einer rüschenartigen Verzierung. „Zu welchem Stamm gehört der?"

Sie schaute zu ihm hinüber. „Das ist ein Tadschike. Man sieht es an seiner Filzmütze, dem Pakol. Massud war Tadschike, und auf den Fotos, die überall von ihm hängen, trägt er auch so eine Mütze."

„Massud …"

„Unser großer Held Ahmed Schah Massud, der den Widerstand gegen die Russen angeführt hat. Kurz vor dem Angriff auf New York am 11. September haben zwei Araber ein Attentat auf ihn verübt, und wenige Tage später ist er gestorben."

Zwei Männer, die ich versuchte, nicht anzustarren, starrten im Vorbeigehen mich an. „Roshanna!" Ich hielt sie am Arm fest und machte sie mit einer Kopfbewegung auf die beiden aufmerksam. „Die beiden dort sind hellhäutig und haben blaue Augen. Sind das Amerikaner oder Europäer, die sich nach afghanischer Sitte kleiden?"

„Nein, Debbie!" Roshanna lachte. „Das sind Nuristanis aus den Bergen im Norden. Sie behaupten, sie seien Nachfahren von Alexander dem Großen."

„Welchem Stamm gehörst du eigentlich an?", wollte ich wissen. „Oder Daud?" Ich hatte die beiden vorher nie als etwas anderes als Afghanen betrachtet.

„Wir sind beide Paschtunen", sagte Roshanna. „Wir stellen die größte Bevölkerungsgruppe in Afghanistan und oft auch die führenden Männer. Der König, den wir hatten, bevor die Russen kamen, war ebenso

Paschtune, genau wie Präsident Hamid Karsai. Und die Taliban." Sie verzog das Gesicht.

Als wir endlich die Moschee erreichten, wartete Noor schon in seinem Kleinbus auf uns. Die Moschee, ein altes Gebäude mit einer blauen Kuppel, war wie fast alle Gebäude in Kabul mit Einschusslöchern übersät. Vor der Moschee gab es einen Kreisverkehr, an dessen Rand Dutzende – vielleicht auch Hunderte – von Männern hockten, die miteinander plauderten, ihre Gebetsperlen durch die Finger gleiten ließen oder aufmerksam den Straßenverkehr beobachteten. „Viele kommen vom Land hierher", sagte Roshanna. „Ihre Dörfer sind zerbombt, und es gibt dort keine Arbeit. Oder es sind Bauern, deren Ernte wegen der Dürre ausgefallen ist, sodass sie in die Stadt müssen, um Geld zu verdienen."

Nachdem Noor ausgestiegen war, gingen wir zu einer Gruppe von Männern hinüber, die uns am nächsten war, und Noor erklärte, dass wir etwa zehn Helfer brauchten, um Waren aus einem Container zu laden. Die Hälfte von ihnen sprang sofort auf und drängte sich zu unserem Auto. Nachdem wir genügend Arbeiter beisammenhatten, schlug Noor die Tür zu, und wir fuhren los, um unseren Container zu suchen. Um nur ja nicht mit uns Frauen in Berührung zu kommen, quetschten unsere Passagiere sich auf einer Seite zusammen, tuschelten miteinander und nickten mir höflich zu.

Unser Container stand neben anderen, mit Medikamenten gefüllten Containern auf dem Gelände eines Krankenhauses. Nachdem die Männer die Tür des Containers aufgehebelt hatten, standen wir vor fast zweihundert Kubikmeter Kisten voller Friseur- und Kosmetikprodukte.

Als ich nach einer der oberen Kisten griff, sprangen alle Männer mit entsetzten Gesichtern auf mich zu. Roshanna musste lachen. „Sie sind es nicht gewohnt, dass eine Frau solche Arbeiten verrichtet", sagte sie.

„Wir werden hier alle solche Arbeiten verrichten müssen." Ich zog an der Kiste, die mir prompt entglitt und zu Boden fiel, sodass der Inhalt herauspurzelte. Eilig sammelten die Männer die vielen Shampooflaschen ein, dann fragten sie Roshanna etwas. Sie lachte wieder. „Sie wollen wissen, warum du dir die Haare nicht einfach in Amerika gewaschen hast!"

Ein paar Freunde von einer NGO stellten mir ihre Wagen samt Fahrern zur Verfügung. Die Fahrt vom Container zu Mary dauerte etwa eine Dreiviertelstunde, und wir mussten fünfzehn Fuhren machen. Aber wir schafften es, sämtliche Kisten an einem Tag bei Mary in den zweiten Stock zu verfrachten. Und das war ein Glück, denn am nächsten Tag fing es an zu regnen.

Als der Regen einsetzte, waren alle in Kabul begeistert. Sieben Jahre lang hatte Dürre geherrscht, und die ungepflasterten Straßen Kabuls, durch die lange Trockenheit hart wie Beton, waren von den zahllosen Autos, Fußgängern und Wasserbüffeln in Staubpisten verwandelt worden. Zuerst freute ich mich wie alle anderen über den Regen, denn der Staub verursachte mir einen ständigen Hustenreiz. Aber der Regen machte alles nur schlimmer. Die Straßen verwandelten sich in üble Schlammpisten, aus den Gullys quoll stinkendes Abwasser und Schlimmeres. Wenn es mal einen Tag nicht regnete, trockneten die Straßen sofort wieder aus und der Staub war noch unerträglicher als zuvor. Mein Husten wurde von Tag zu Tag schlimmer.

Außerdem fürchtete ich, dass wir wegen des Regens das wichtigste Ereignis auf unserer Tagesordnung würden verschieben müssen: ein Treffen mit zukünftigen Schülerinnen. Wir hatten uns entschlossen, als Erstes die Friseurinnen anzusprechen, die bereits Salons betrieben, und diesen Frauen zu größerem Erfolg zu verhelfen. Noor hatte vor meiner Ankunft tagelang sämtliche Salons der Stadt abgeklappert und Einladungen zu einem Treffen in Marys Haus verteilt. Aber selbst bei trockenem Wetter war auf die öffentlichen Verkehrsmittel kein Verlass und wir fragten uns, wie viele Frauen es wohl durch den Regen und den Schlamm zu uns schaffen würden. Zudem konnten wir nicht einschätzen, ob die Frauen von ihren Ehemännern und Vätern überhaupt die Erlaubnis erhalten würden, an einer so außergewöhnlichen – und damit verdächtigen – Veranstaltung teilzunehmen: einem Treffen von Friseurinnen.

ICH STAND auf dem Dach von Marys Haus und spähte nach unten. Auf der schlammigen Straße näherten sich lauter Frauen. Die Friseurinnen waren doch gekommen! Die meisten trugen blaue Burkas, einige auch ganz normale Straßenkleidung, nur die Haare unter einem dunklen Kopftuch verborgen. Überglücklich rannte ich hinunter.

Etwa dreißig Frauen betraten das Haus. Sie setzten sich auf die Sitzpolster im Aufenthaltsraum und schlugen ihre Burkas zurück, sodass sie ihre Gesichter wie schwere Vorhänge umrahmten. Ich ging herum und verteilte Gebäck. Eine der jüngeren Frauen, eine umwerfende Schönheit mit großen grünen Augen und braunen Haaren, nahm einen Keks und lächelte mich an.

„Vielen Dank“, sagte sie.

„Wie heißt du?“, fragte ich. Dann versuchte ich mich zu erinnern, wie man das auf Dari sagt. *„Namet tschest?“*

„Basira.“ Sie wiederholte ihren Namen langsam, damit ich ihn nachsprechen konnte.

„Gut“, sagte sie lachend, als ich es versuchte.

Da die Frauen nicht mehr verschleiert waren, durfte Noor nicht mehr dabei sein. Mary dolmetschte für mich. Zuerst stellte ich mich vor, erläuterte ihnen, was wir mit unserem Projekt vorhatten, und bat sie, mir von sich zu erzählen.

Es war, als hätte ich eine Sektflasche entkorkt – die Geschichten kamen nur so herausgesprudelt. Mary bat die Frauen, eine nach der anderen zu erzählen, während sie für mich übersetzte.

Eine Frau, die aussah, als wäre sie etwa in meinem Alter, die tatsächlich jedoch wesentlich jünger war – etwas, was mir häufiger auffiel –, berichtete, sie habe vor den Taliban als Friseurin gearbeitet und erst im vergangenen Jahr wieder damit angefangen. Sie hatte fünfzehn Jahre lang eine Burka getragen. Als sie sie zum ersten Mal abgelegt hatte, war sie vom Sonnenlicht so geblendet gewesen, dass sie drei Tage gebraucht hatte, um sich daran zu gewöhnen.

Eine andere Frau erzählte, sie habe acht Jahre lang das Haus nicht verlassen dürfen. Sie war ohne Wissen ihres Mannes zu dem Treffen gekommen, meinte jedoch, ihr Mann würde ihr vielleicht erlauben, die Ausbildung zur Friseurin zu machen, wenn er erführe, wie viel Geld sie damit verdienen könnte.

Ich sprach Basira an, die mich mit großen Augen ansah. „Möchtest du uns auch deine Geschichte erzählen?“, fragte ich.

Sie nickte, und Mary übersetzte: „Die junge Frau ist seit acht Jahren Friseurin, und selbst während der Herrschaft der Taliban hat sie mit Haareschneiden Geld verdient.“

Basira war die Einzige in ihrer Familie, die überhaupt Geld verdiente, seit ihr Mann, der für die Regierung gearbeitet hatte, unter den Taliban seine Stelle verloren hatte. Zu ihren Kundinnen hatten sogar einige Ehefrauen von Taliban gehört, und sie waren zu ihr ins Haus gekommen, um sich für Hochzeitsfeste zurechtmachen zu lassen, obwohl das verboten war. Die Männer hätten ihre Frauen höchstpersönlich zu ihr gebracht und so getan, als würden sie sie zum Besuch bei einer Freundin abliefern. Beim Verlassen von Basiras Haus hatten die Frauen ihre Frisuren und das Make-up unter Burkas verborgen. Dann hatte sie jemand gewarnt, die Taliban planten eine Hausdurchsuchung bei ihr. Sie hatte alle ihre Spiegel zerschlagen und die Scherben zusammen mit den Haarpflegemitteln und Werkzeugen im Garten vergraben. Als die Taliban kamen, stellten sie ihr gesamtes Haus auf den Kopf, verprügelten ihren Mann und sperrten Basira für zwei Tage ins Gefängnis. Während sie all das erzählte, liefen ihr Tränen über die Wangen, und ich musste sie in die Arme nehmen, um sie zu trösten. Sie war 29 Jahre alt, aber mir erschien sie eher wie ein Kind.

Dann wollte ich wissen, wie sie arbeiteten und was sie wussten, sodass wir unseren Lehrplan entsprechend gestalten konnten. Am Ende waren alle begeistert von der Aussicht, eine Ausbildung bekommen zu können. Und ich war wahrscheinlich noch aufgeregter als alle anderen, weil ich daran denken musste, wie sehr wir ihre Situation verbessern konnten. Bevor sich die Frauen auf den Heimweg machten, zogen sie ihre Burkas und Tücher wieder über den Kopf. Viele küssten mich zum Abschied auf die Wange. Als Basira sich von mir verabschiedete, traf Roshanna ein und die beiden unterhielten sich kurz.

„Ich würde gern mehr über diese Frau erfahren“, sagte ich zu Roshanna. „Könntest du sie bitten, noch ein paar Minuten zu bleiben?“

Und so machten wir drei es uns in Marys Aufenthaltsraum bequem, und Roshanna begann Basira auszufragen. „Sie stammt aus Masar-e Scharif im Norden von Afghanistan“, sagte sie. Dann hörte sie zu und übersetzte, während ich Basiras Hand hielt, weil sie wieder angefangen hatte zu weinen.

Ende der Siebzigerjahre, so Basira, wütete in der Nähe von Masar der Krieg gegen die Sowjets. Neben der Schule waren Bomben eingeschlagen. Basiras Vater, ein fortschrittlich denkender Mann, wollte, dass seine Töchter – sie selbst war damals erst drei – weiter zur Schule gingen, und so zog die ganze Familie nach Kabul, wo der Bruder von Basiras Mutter lebte. Der Vater fand ein schönes Haus, und er vereinbarte eine Art Mietkauf, was in Afghanistan üblich ist: Man zahlt eine hohe Summe für ein Haus, und nach fünf Jahren kann man entweder einen Teil des Geldes zurückhaben oder das Haus behalten. Nachdem die Familie sich in Kabul eingerichtet hatte, fuhr der Vater noch einmal nach Masar, um etwas Geschäftliches zu erledigen, kehrte jedoch nie wieder zurück. Voller Sorge wartete Basiras Mutter monatelang auf ihren Mann und musste schließlich annehmen, dass er entweder von den Russen oder den Mudschaheddin getötet worden war, auch wenn seine Leiche nie gefunden wurde. Sie nahm eine Stelle als Putzfrau in der Schule an, die ihre drei Töchter besuchten. Als sie sich nach fünf Jahren entscheiden musste, ob sie in dem Haus bleiben wollte, beschloss die Mutter, das Geld zu nehmen und sich nach einer bescheideneren Bleibe umzusehen, denn sie verdiente nicht viel und lebte inzwischen mit ihren Kindern in Armut. Ihr Bruder erbot sich, das Geld für sie in Empfang zu nehmen, eine Aufgabe, die ihm als ältestem männlichen Verwandten oblag. Doch als Basiras Mutter ihren Bruder dann um das Geld bat, weigerte er sich, es herauszurücken, und warf sie mitsamt ihren Kindern aus dem Haus. Und so hatte die Familie weder Geld noch ein Dach über dem Kopf.

Als Basira zwölf Jahre alt war, verlobte ihre Mutter sie mit einem 29-jährigen Regierungsbeamten. Da sie keinen Ehemann und auch kein Geld hatte, fürchtete die Mutter, die Leute könnten schlecht über ihre Töchter denken und sie womöglich für Prostituierte halten. Außerdem ging in Kabul das Gerücht um, dass junge Mädchen entführt und ins Ausland verkauft würden. Basira begriff von alldem überhaupt nichts. Sie spielte noch mit Puppen und gab nichts auf das Gerede. Selbst auf ihrer Verlobungsfeier tollte sie in ihrem samtenen Kleid mit den anderen Kindern im Saal herum.

Während der folgenden zwei Jahre kam Basiras Verlobter häufig zu Besuch und brachte ihr Präsente mit, doch sie schenkte ihm keine Beachtung. Eines Tages bekam sie plötzlich starke Schmerzen im Unterleib. Als sie das Blut erblickte, das an ihren Schenkeln hinunterlief, erklärte ihr die Mutter, dass sie nun alt genug sei, um zu heiraten. Und so wurde Basira im Alter von vierzehn Jahren verheiratet. Es war ein furchtbarer Tag! Sie weinte vor Angst vor dem, was ihr bevorstand. Ihre Mutter hatte ihr gesagt, dass ihr Ehemann nach der Hochzeit etwas mit ihr tun würde, wovon sie wieder bluten würde. Später erfuhr ich, dass Mütter ihren Töchtern nichts darüber sagen, was in der Hochzeitsnacht passiert, um keinen Zweifel an der Unschuld der Mädchen aufkommen zu lassen.

Als Basira gegen Mitternacht von ihrer Mutter zu ihrem Ehemann ins Zimmer gebracht wurde, drückte sie sich in eine Ecke und schrie wie am Spieß. Drei Tage lang ließ ihr Mann sie in Frieden, aber am vierten Tag bestand er darauf, die Ehe zu vollziehen, und präsentierte seiner Mutter das blutige Laken.

Als Basira mit ihrem ersten Kind im neunten Monat schwanger war, herrschte immer noch Krieg, allerdings nicht mit den Sowjets, sondern zwischen verschiedenen Fraktionen der Mudschaheddin. Viele Menschen flohen aus Kabul, und ihr Mann wollte, dass sie ebenfalls flohen. Doch noch ehe sie die Stadt verlassen konnten, setzten die Wehen ein und sie fuhr zusammen mit ihrem Mann und ihrer Schwägerin zum Krankenhaus. Sämtliche Ärzte und Krankenschwestern waren fort, und es war stockdunkel im Krankenhaus, weil es schon seit Tagen keinen Strom gab. Basira bekam ihr erstes Kind auf dem blanken Betonfußboden in einem dunklen Krankenhausflur. Es war ein Mädchen. Ihr Mann war sehr glücklich darüber, aber weder seine Familie noch Basira selbst freuten sich.

Während des Bürgerkriegs bekam Basira eine zweite Tochter und eine dritte während der Terrorherrschaft der Taliban. Bei der dritten Geburt setzten ihre Wehen nach der Ausgangssperre um elf Uhr abends ein und niemand wagte es, sie ohne offizielle Erlaubnis ins Krankenhaus zu bringen. Weil die Wehen zu schmerzhaft wurden, ging sie nach draußen, wo sie auf und ab gehen konnte. Ihre Angehörigen legten für sie Kissen vor das Haus, und sie gebar ihr drittes Kind unter freiem Himmel. Vor einigen Monaten dann brachte sie endlich einen Sohn zur Welt. Sie wollte die Ausbildung bei uns machen, weil sie nicht wie ihre Mutter in Armut enden wollte.

Inzwischen liefen uns allen dreien Tränen über die Wangen. Es war das erste Mal, dass mir eine Afghanin so ausführlich ihre traurige Geschichte erzählte. An jenem Abend war ich mehr denn je entschlossen, unserem Ausbildungsprojekt zum Erfolg zu verhelfen, um Basira und andere Frauen wie sie unterstützen zu können. Allerdings wussten wir noch nicht, wie wir Kontinuität gewährleisten konnten, wenn die amerikanischen Friseurinnen, die jeweils für mehrere Monate kommen und die Frauen unterrichten sollten, wieder abreisten. Es gab keine Frau in Kabul, die qualifiziert gewesen wäre, die Leitung des Projekts zu übernehmen. Abends im Bett überlegte ich, ob ich länger bleiben konnte, sechs Monate vielleicht. Ob meine Kundinnen mir treu blieben, ob ich es aushalten würde, so lange von meiner Mutter und meinen Söhnen getrennt zu sein, und ob ich in Kabul zurechtkommen würde. Ich hatte meine Zweifel, ob ich das Zeug dazu hatte, die Leitung der Schule zu übernehmen. Aber mir war klar, dass jemand vom Team in Kabul bleiben musste, wenn unser Projekt Erfolg haben sollte.

Viertes Kapitel

Die Frauen, alle in hellblaue Hosen und Kittel gekleidet, schauten mir mit ernsten Augen zu, als ich an die Staffelei trat und einen großen roten Kreis auf ein Blatt Papier malte. „Rot“, verkündete ich.

Anisa übersetzte, und die Frauen nickten. Von hinten nickte mir Roshanna aufmunternd zu.

Nach fünf quälend langen Monaten war ich endlich wieder nach Kabul zurückgekehrt, um Farblehre zu unterrichten, mein Spezialfach auf dem Stundenplan des Ausbildungsprogramms von Beauty Without Borders. Anisa, eine afghanisch-kanadische Friseurin, gehörte ebenfalls zum Team der freiwilligen Helferinnen.

Ich holte tief Luft und malte unter den roten je einen blauen und gelben Kreis, sodass ein Dreieck entstand. Dann mischte ich die Farben und setzte einen orangefarbenen Kreis zwischen den roten und den gelben, einen grünen zwischen den gelben und den blauen und einen violetten zwischen den blauen und den roten Kreis. Ich hatte vor, den Frauen mithilfe meiner drei Töpfe mit Primärfarben beizubringen, wie sie aus einer Brünetten eine Rothaarige mit blonden Strähnchen machen konnten. Oder auch mit grünen Strähnchen, je nach Geschmack der Kundin.

Ich war erst vor wenigen Tagen wieder in Kabul eingetroffen. Noor hatte mich am Flughafen abgeholt und sich gleich dafür entschuldigt, dass kein Zimmer für mich reserviert war. Aber ich sagte ihm, er solle mich einfach in die Schule bringen, ich würde mir schon selbst ein Zimmer suchen. Noch am selben Tag entdeckte ich eine Pension in der Straße, in der das Frauenministerium lag, ein großes, sauberes weißes Haus, durch den Garten hoppelten Kaninchen und ein Hahn stolzierte umher. Als ich am Abend unter die Dusche ging, gab es zwar kein heißes Wasser, aber damit hatte ich eigentlich auch nicht gerechnet.

Am nächsten Morgen ging ich zu Fuß zur Schule, und alles war so schön, wie ich es mir vorgestellt hatte: cremeweiße Wände, überall farbenprächtige Bilder und mit Kosmetika gefüllte Regale. Die Räume waren erfüllt von den Stimmen der Frauen, die miteinander lachten und sich umeinander kümmerten. Eine der afghanisch-amerikanischen Friseurinnen war gerade dabei, Schneidetechniken an den Haaren einer Schülerin zu demonstrieren, und alle drehten sich lächelnd zu mir um, als ich eintrat. Roshanna kam auf mich zugelaufen und fiel mir um den Hals. Vergeblich schaute ich mich nach Basira um und erfuhr später, dass Noor sie nicht in die erste Gruppe aufgenommen hatte.

Ich sagte den Frauen, wie sehr ich mich darauf freute, mit ihnen zu arbeiten, dann blieb ich im Hintergrund und sah zu. Am Nachmittag arbeitete ich im Salon von Beauty Without Borders, umringt von den Schülerinnen, die mir zuschauten. Eine Frau aus dem Ministerium kam, um sich die Haare schneiden zu lassen, und als ich zum Schluss nach einem Föhn griff, starrte sie mich an, als würde ich sie mit einer Schusswaffe bedrohen. Sie hatte noch nie einen Föhn gesehen und begriff nicht, was das für ein Ding war, mit dem ich auf ihren Kopf zielte. Als ich den Föhn einschaltete und die heiße Luft herauskam, sprang die Frau kreischend auf.

Wenige Tage später fand die erste Unterrichtseinheit im Fach Farblehre statt. Zunächst verteilte ich Kärtchen mit Farbspektren an die Schülerinnen. Während Anisa übersetzte, begann ich, den Frauen die Grundlagen der Farbenlehre nahezubringen. Ich sprach über Primär-, Sekundär- und Komplementärfarben. Ich erklärte, dass die Komplementärfarben einander auf dem Farbenrad gegenüberliegen, Rot gegenüber von Grün, Orange gegenüber von Blau und so weiter. Sie nickten.

„Weiß eine von euch, was das alles mit Haaren zu tun hat?“, fragte ich.

Sie hatten keine Ahnung. „Nein“, sagten einige schüchtern.

Ich erläuterte ihnen, dass sich im Haar jedes Menschen ein zusätzliches, die Farbe bestimmendes Pigment befindet. Wenn man zum Beispiel schwarze Haare bleicht, kommen möglicherweise orangefarbene Pigmente zum Vorschein. Wenn man also die Haarfarbe verändern will, muss man diese Pigmente mit in Betracht ziehen, indem man eine Farbe von der gegenüberliegenden Seite des Farbspektrums wählt. Wenn nun das Pigment orange ist und die Kundin keine orangefarbenen Haare wünscht, muss man ein Färbemittel mit blauem Pigment – zum Beispiel blond – auswählen, um das Orange zu neutralisieren. Zur Demonstration trug ich etwas Blau auf meinen orangefarbenen Kreis auf und zeigte ihnen, wie Braun daraus entstand. „Seht ihr?“, sagte ich. „Ich habe die Komplementärfarbe benutzt, um das Orange wegzubekommen. Alles klar?“

Ja, natürlich, versicherten sie mir höflich. Sie hatten alles verstanden.

Am nächsten Tag wollte ich meinen Unterricht mit einer Wiederholung des Stoffes vom Vortag beginnen. Ich trat zu einer jungen Frau, hob eine Strähne ihres langen braunen Haars an und sagte: „Was macht ihr, wenn ihr dieses Haar blond färben wollt?" Keine meiner Schülerinnen machte auch nur den Versuch zu antworten. Sie rutschten nervös auf ihren Stühlen herum und ließen ihre kajalumrandeten Augen überallhin schweifen, um mich nicht ansehen zu müssen. Ich versuchte es mit einigen anderen Themen, die wir am Vortag besprochen hatten. Das Farbspektrum? Die bestimmenden Pigmente? Sie machten alle Gesichter, als hätte ich von ihnen verlangt, sie sollten mir erklären, wie man eine Rakete baut. Am Ende des Unterrichts war ich erschöpft und frustriert und fragte mich, ob ich wirklich unterrichten konnte.

Am dritten Tag dasselbe in Grün: Sie sahen alle kreuzunglücklich aus und ich wahrscheinlich nicht minder. An jenem Abend lag ich weinend im Bett. Ich hatte mich so sehr auf das Projekt gefreut, aber jetzt kam es mir vor, als würde ich meine Schülerinnen nur quälen. Was ich ihnen erklärte, erschien mir so simpel, aber sie begriffen es einfach nicht. In den anderen Unterrichtsfächern gab es keine Probleme, also konnte es nur an mir liegen. Ich wusste einfach nicht mehr, was ich tun sollte. Zum Glück klopften Val und Suraya an meine Tür.

Als ich fünf Tage zuvor mein Zimmer in der Pension bezogen hatte, war mir aufgefallen, dass dort lauter Afghanen wohnten, die jahrelang in Europa, Amerika oder Australien gelebt hatten. Ich war begeistert gewesen, denn das war für mich die denkbar beste Situation – unter Afghanen zu leben, die Englisch sprachen. Leider stellte sich heraus, dass die meisten kein großes Interesse daran hatten, sich mit mir zu unterhalten, denn sie hatten viel zu sehr mit sich selbst und ihrer Heimkehr nach Kabul zu tun und waren glücklich, endlich wieder ihre Muttersprache sprechen zu können. Es war schwer für mich, Freunde zu finden. Ich fühlte mich schrecklich einsam, bis ich jemanden entdeckte, der den Eindruck machte, als fühle er sich ebenso fehl am Platz wie ich. Und das war Val, ein serbisch-amerikanischer Fotograf und Ehemann einer wunderschönen afghanisch-amerikanischen Journalistin namens Suraya. Wir drei wurden schnell gute Freunde und einander unentbehrlich.

„Nach drei Tagen Unterricht sehen sie mich an, als würde ich mit ihnen Chinesisch sprechen", klagte ich.

„Du musst Geduld haben, Debbie", sagte Suraya. „Diese Frauen sind traumatisiert. Sie haben mehrere Kriege durchgemacht, und sie sind immer noch von Chaos umgeben. Und vergiss nicht, dass viele von ihnen jahrelang das Haus nicht verlassen haben."

„Ja, das weiß ich alles", erwiderte ich. „Aber genau deswegen dachte ich, sie würden darauf brennen, etwas Neues zu lernen."

„Hast du nicht eine Ausbildung in Katastrophenhilfe gemacht?", fragte Val. „Kann posttraumatischer Stress nicht auch zum Verlust des Kurzzeitgedächtnisses führen?"

Nach unserem gemeinsamen Abendessen dachte ich an den Kurs für zivile Katastrophenhelfer, an dem ich 2001 teilgenommen hatte, ehe ich überhaupt gewusst hatte, wo Afghanistan auf der Landkarte liegt. Und plötzlich leuchtete mir ein, dass diese Frauen an posttraumatischem Stresssyndrom litten. Nach allem, was die Frauen durchgemacht hatten, und angesichts ihrer noch immer schwierigen Situation musste es ihnen ja schwerfallen, sich auf etwas Neues zu konzentrieren. Ich schöpfte wieder Mut und entschloss mich, es erneut zu versuchen.

Und am folgenden Tag kam der Durchbruch. Ich war gerade dabei, meinen Schülerinnen noch einmal zu erklären, dass man, um den gewünschten Farbton zu erhalten, die zugrunde liegenden Pigmente in Betracht ziehen muss. Während sie mich mit höflicher Verständnislosigkeit anschauten, suchte ich verzweifelt nach einem passenden Bild. „Stellt sie euch einfach vor wie kleine Teufel!", sagte ich schließlich und zeigte auf einen orangefarbenen Klecks. „Diese kleinen Teufel in den Haaren müsst ihr bekämpfen, damit sie nicht die Herrschaft übernehmen."

Plötzlich schaute mich eine Schülerin an, als wäre der Groschen endlich gefallen. Es war Topekai, eine junge Frau mit intelligenten dunklen Augen. Ich bat Anisa zu dolmetschen und stellte Topekai eine Reihe von Fragen, um mich zu vergewissern, dass sie die Zusammenhänge tatsächlich verstanden hatte. Vor lauter Begeisterung küsste ich sie auf beide Wangen und führte sie auf ihren Platz zurück.

„Sag ihr, sie soll es den anderen erklären", bat ich Anisa. „Sie wird die richtigen Worte finden, sodass sie es verstehen." Noch einmal erläuterte ich die Sache mit den Pigmenten, Anisa übersetzte, und dann erklärte Topekai es den anderen in ihren eigenen Worten. Anschließend verkündeten zwei weitere Schülerinnen, sie hätten es jetzt verstanden. Ich teilte die Klasse in kleine Gruppen auf, damit die drei Frauen es allen anderen klarmachten. Von da an lief der Unterricht wie geschmiert. Ich stellte den Schülerinnen Fragen – zum Beispiel: „Wenn eine Frau von Natur aus eine hellbraune Haarfarbe hat und auf der Farbskala vier Töne heller werden möchte, wie erreicht ihr das?" –, und die Antworten kamen wie aus der Pistole geschossen.

Inzwischen empfand ich es jeden Tag aufs Neue als Glück, in die Schule zu gehen und mit den Schülerinnen zu arbeiten. Es war unglaublich, wie fleißig und motiviert sie waren. Ich wusste, dass die meisten sich mit mehreren Kindern, mit häufig gewalttätigen Ehemännern und mit Schwiegermüttern herumplagten, dass sie in Häusern ohne Strom und fließend Wasser lebten, dass sie den Spott und die Skepsis von Menschen ertragen mussten, die der Meinung waren, dass Frauen im Haus zu bleiben hatten. Aber sie waren jeden Morgen pünktlich zur Stelle, entschlossen, mehr aus ihrem Leben zu machen, und sie machten schnell Fortschritte. Ich war mir sicher, dass sie am Ende der Ausbildung in der Lage sein würden, erfolgreich einen eigenen Salon zu führen.

Es war auch beglückend zu erleben, dass sie Freude daran hatten, einander zu frisieren, Haare zu schneiden und zu färben. Kurz vor dem Ende des täglichen Unterrichts schalteten sie manchmal das Radio ein. Wenn sie ein passendes Musikprogramm fanden, zeigten sie mir, wie man auf Hochzeiten tanzt. Einige erzählten mir, dass sie sich zum ersten Mal seit Jahren richtig amüsierten. Die Friseurschule und der Lehrsalon waren wie ein Treibhaus, und diese Frauen waren wie Pflanzen, die gestutzt und niedergetreten worden waren. Jetzt blühten sie vor meinen Augen auf. Ich genoss es, mit ihnen zusammen zu sein.

Wir blieben draußen vor der roten Eingangstür stehen und schnupperten. „Riecht nicht nach einem Restaurant", sagte ich.

„Gehen wir einfach rein", sagte Val. „Wenn sie uns eine Massage anbieten statt Wan-Tan-Suppe, dann verziehen wir uns eben wieder."

Laut Schild über der Tür handelte es sich um ein chinesisches Restaurant, aber das musste nichts heißen. Die meisten Restaurants, die auf Ausländer ausgerichtet waren – was bedeutete, dass dort Alkohol ausgeschenkt wurde und Männer und Frauen gemeinsam essen konnten –, hüteten sich davor, mit einem Schild auf sich aufmerksam zu machen, während die Bezeichnung „China-Restaurant" oft eine Tarnung für ein Bordell war. Aber als Val, Suraya und ich hineingingen, fanden wir tatsächlich Tische vor, an denen Leute saßen. Das war ein gutes Zeichen, auch wenn die Kellnerinnen ganz gegen afghanische Sitten hochgeschlitzte Röcke trugen. Jemand am Nebentisch sagte uns, dass sie früher Miniröcke getragen hätten, was jedoch dazu geführt habe, dass vor dem Haus ständig Trauben von afghanischen Männern versuchten, einen Blick durch die Tür zu erhaschen. Offenbar war das in Kabul die übliche Reaktion auf Frauen, die sich zu auffällig kleideten.

Während des Essens sprach ich mit Val und Suraya darüber, dass ich die ursprünglichen Pläne von Beauty Without Borders für nicht durchdacht genug hielt. Wir hatten vor, für jeden Ausbildungsblock Friseurinnen aus den USA einzufliegen, aber das war sehr teuer. Für die Flugtickets der ersten Gruppe von Ausbilderinnen hatten wir mehr als 25 000 Dollar ausgegeben, und die Frage war, woher wir das Geld jedes Mal nehmen sollten. Nach dem anfänglichen Desaster mit meinem Unterricht war ich zu dem Schluss gekommen, dass es besser wäre, afghanische Friseurinnen zu Lehrerinnen auszubilden, anstatt Ausländerinnen herzuholen, die wieder vor dem Problem stehen würden, alles übersetzen zu lassen. Zwar konnten die amerikanischen Friseurinnen ihren afghanischen Kolleginnen einige todschicke neue Trends und Techniken zeigen, aber Tatsache war, dass sich die afghanischen Kundinnen gar nicht dafür interessierten. Zudem war ich der Meinung, dass eine Vertreterin von Beauty Without Borders ständig vor Ort sein sollte, um den Kontakt zu unseren Unterstützern und unseren Gastgebern im Frauenministerium aufrechtzuerhalten. Mary MacMakin konnte diese Aufgabe nicht übernehmen, weil sie mit anderen PARSA-Projekten schon fast überlastet war. Und Noor war auch nicht der Richtige, da er als Mann die Schule nicht einmal betreten durfte, wenn die Schülerinnen anwesend waren.

„Wärst du denn bereit, die ganze Zeit hierzubleiben?“, fragte Suraya.

„Ich habe schon darüber nachgedacht“, antwortete ich. „Aber es wäre nicht leicht, allein zurechtzukommen.“

„Du brauchst einen Ehemann“, bemerkte Val so beiläufig, als würde er mir eine weitere Frühlingsrolle anbieten.

„Ich habe mich gerade von meinem Mann getrennt“, erinnerte ich ihn. „Und ich brenne nicht darauf, mir einen neuen zuzulegen.“

„Val hat Recht, Debbie!“, sagte Suraya. „Hier ist es sehr schwer für eine Frau, allein zu leben, selbst für eine Ausländerin. Du brauchst einen Mann, der dich unterstützt, während du dich um die Schule kümmerst.“

Ich verdrehte die Augen. „Falls es euch noch nicht aufgefallen ist – ich bin nicht gerade gut darin, mir einen Mann auszusuchen.“

„Kein Problem“, erwiderte Suraya. „Hier werden Ehen arrangiert. Wir müssen nur den Richtigen für dich finden.“

Unter viel Gekicher diskutierten wir darüber, was für einen Mann ich heiraten sollte. Wir waren uns schnell einig, dass keiner der hier lebenden Ausländer infrage kam. Sie waren entweder nur für einen begrenzten Zeitraum in Afghanistan, oder sie waren Missionare, die schon seit zwanzig Jahren mitsamt Frau und Kindern hier lebten, oder sie waren Alkoholiker, die in einer Botschaft oder für eine der NGOs arbeiteten. Aber einen passenden Afghanen zu finden würde sich auch als schwierig erweisen, denn die meisten wollten eine Frau, die unterwürfig war, ihnen das Essen kochte, Tee servierte und ihrer Mutter die Füße massierte. Im Grunde war es ein aussichtsloses Unterfangen. Dennoch gelobte Suraya, als wir uns verabschiedeten, einen passenden Ehemann für mich aufzutreiben. Auch wenn das Ganze mir wie ein Riesenwitz vorkam, erschien mir die Idee auf verrückte Weise doch als brauchbare Lösung. Afghanistan war großartig, wenn ich mit meinen Schülerinnen oder meinen Freunden zusammen war, aber wenn sie wieder zu Hause waren, fühlte ich mich einsam. Die afghanische Kultur ist sehr familienorientiert, aber ich gehörte zu keiner Familie. Und ich gehörte auch zu keiner der NGOs, bei denen alle Mitarbeiter in einem Gebäude zusammenleben und mit der Zeit zu einer Art Familie werden. Ich wollte gern in Afghanistan bleiben, zumindest länger als für die Dauer eines Unterrichtsblocks, aber ich hatte das Gefühl, dass ich das allein nicht durchstehen würde.

In der Schule lief alles bestens, aber in der Pension wurde das Leben nach und nach unerträglich. Der verflixte Hahn weckte mich jeden Morgen, sobald ich nach dem Gebetsruf des Mullah wieder eingeschlafen war. Außerdem gab es nie heißes Wasser, wenn ich duschen wollte. Eines Sonntagmorgens schnappte ich mir mein Waschzeug und ging zum Duschen in die Schule hinüber, wo es, wie ich wusste, warmes Wasser gab. Aber als ich mich gerade eingeseift hatte, entdeckte ich einen Skorpion in der Dusche und schrie wie am Spieß, woraufhin einer der Wachmänner, die Maschinenpistole im Anschlag, hereingestürmt kam, weil er glaubte, jemand hätte mich angegriffen. Als er sah, dass es sich bei dem Eindringling um einen Skorpion handelte, ließ er sich lachend gegen die Wand sinken, dann nahm er eine Shampooflasche und zerquetschte das Tier.

Aber das kalte Wasser und der Hahn waren nur Lappalien im Vergleich zu dem Mann, dem die Pension gehörte. Er war ein fieser alter Kerl, der seine fünfzehnjährige Tochter in eine Ehe mit einem Mann von über vierzig zwang. Der Bräutigam war sehr reich. Ich fand die Tochter dauernd weinend im Badezimmer vor, und sie erzählte mir, dass sie nicht heiraten, sondern zur Schule gehen wolle. Es machte mich ganz krank.

Außerdem hatte sich die Pension zum Partyzentrum für Afghanen aus dem Ausland entwickelt, und das hing mir bald zum Hals heraus. Der Aufenthaltsraum war ständig voll mit Leuten, die tanzten, plaudernd auf den Polstern herumsaßen und Platten mit Reisbällchen und Süßspeisen herumreichten. An einem Freitagabend stieg eine besonders rauschende Party. Ich machte mich fein und ging nach unten. Aber die verwestlichten Afghanen wollten wie immer unter sich bleiben, und der Alte war betrunken und widerlicher denn je.

Eine Weile plauderte ich mit einem seiner Freunde, der nicht ganz so penetrant war wie die anderen. Ali, ein Afghane mit aschblondem Haar, hatte jahrelang in Deutschland gelebt. Ich habe nie herausgefunden, womit er seinen Lebensunterhalt verdiente, aber er war immer gut gekleidet und hatte stets reichlich Geld in der Tasche. Er war charmant und sah gut aus, aber an dem Abend war ich nicht in Stimmung. Schließlich verabschiedete ich mich von ihm und fuhr mit einem Taxi zu Roshanna. Als ich nach einigen Stunden zurückkam, war die Party noch immer in vollem Gang. Auch Val und Suraya hatten sich unter die Tanzenden gemischt, aber ich winkte ihnen nur flüchtig zu, stieg über einen betrunkenen Afghanen, der am Fuß der Treppe zusammengeklappt war, und ging auf mein Zimmer.

Eine Woche später klopfte jemand an meine Tür. Ich lag im Bett und las, also rief ich nur: „Wer ist da?"

„Wir sind's!", rief Suraya. „Wir haben einen Mann für dich gefunden."

„Wo?"

„Wir haben ihn letzten Freitag hier auf der Party kennen gelernt und dann einen ganzen Tag mit ihm verbracht. Komm runter, wir stellen ihn dir vor!"

Ich legte mein Buch weg. „Hoffentlich ist es nicht der Typ, der neulich volltrunken vor der Treppe gelegen hat."

Ich hörte die beiden flüstern, dann lachte Suraya. „Kann sein, dass es der ist, aber keine Sorge, jetzt ist er nüchtern."

„Vergiss es", sagte ich.

„Er ist genau der Richtige für dich", beharrte Suraya. „Schnell, zieh dir was Verführerisches an und komm nach unten!"

Also zog ich mich an und ging in den Aufenthaltsraum, um Samer Mohammad Abdul Khan kennen zu lernen.

Es war tatsächlich der Mann, der am Fuß der Treppe seinen Rausch ausgeschlafen hatte, aber in nüchternem Zustand fand ich ihn auch nicht attraktiver. Er hatte schwarzes Haar, einen kleinen schwarzen Schnurrbart und eine gezackte Narbe auf einer Wange. Mit der Narbe und seiner dunklen Sonnenbrille sah er aus wie ein Mafioso. Aber er trug auch einen schwarzen Peran Tumban – eine weite Hose mit einem langen, weiten Hemd darüber –, und ich bezweifelte, dass ein Mann, der sich so traditionell kleidete, liberale Ansichten hatte. Als Suraya verkündete, dass wir aufbrechen würden, drehte Samer – oder Sam, wie wir ihn nannten – sich um und ging vor mir her aus dem Haus. Es begeisterte mich nicht gerade, dass er mich hinter sich herlaufen ließ.

Ich kam nicht einmal dazu, Sam zu begrüßen. Wir stiegen in seinen Wagen – ebenfalls schwarz –, Ali setzte sich neben ihn auf den Beifahrersitz, und Val, Suraya und ich stiegen hinten ein. Suraya stellte mich Sam als seine Braut vor, Ali stellte mir Sam als meinen Bräutigam vor, und dann brachen sie alle in schallendes Gelächter aus. Ich kam mir vor, als säße ich in einem Auto voller Betrunkener. Eine Viertelstunde später betraten wir ein türkisches Restaurant. Sam zeigte auf einen Tisch in der hinteren Ecke. Mit konspirativen Mienen arrangierten die drei Ehevermittler die Stühle so, dass ich Sam gegenübersaß. Endlich nahm er seine Sonnenbrille ab, und plötzlich erwachte mein Interesse. Er hatte warme braune Augen, die mich an die meines Vaters erinnerten, aber er hielt den Blick abgewandt. Mir wurde plötzlich klar, dass er schüchtern war.

Dann begannen die Verhandlungen.

„Ich vertrete Debbies Mutter", erklärte Suraya. „Was hast du als Brautpreis zu bieten?"

Er gab ihr lächelnd eine Antwort, doch sie schüttelte nachdrücklich den Kopf. „Was hat er gesagt?", fragte ich Ali.

„Er bietet zwei Kamele."

Inzwischen redete Suraya in Dari auf Sam ein. Ich sei ihre geliebte Tochter, sie verlange Gold, ein Haus und ein Auto.

Sam warf die Hände in die Luft, wie um Schläge abzuwehren. Im selben Augenblick brachte der Kellner die Pizza, und Sam reichte Suraya ein Stück davon, ehe er zu einem längeren Vortrag in Dari ansetzte. „Er sagt, er bietet Gold, ein Grundstück und ein Auto, alles kein Problem“, übersetzte Ali. Danach sagte er etwas zu Sam und Suraya, woraufhin mich alle erst verdutzt ansahen und dann schon wieder anfingen zu lachen.

„Worüber redet ihr?“, rief ich.

„Ali fällt mir in den Rücken“, sagte Suraya. „Er sagt, ich muss mit dem Preis runtergehen, weil du keine Jungfrau mehr bist.“

So ging es eine Stunde lang weiter. Zum Glück wurde mir das Wesentliche übersetzt: Sam besaß eine Ölbohrfirma mit Sitz in Kabul, lebte jedoch zusammen mit seinen Angehörigen seit 27 Jahren in Saudi-Arabien. Er war einer der usbekischen Mudschaheddin, die unter General Dostum – einem berüchtigten afghanischen Kriegsherrn – gegen die sowjetischen Besatzer gekämpft hatten. Er sprach fließend Arabisch, Dari, Türkisch, Usbekisch und Paschtu, einigermaßen Hindi und gebrochen Englisch. Und er war zehn Jahre jünger als ich.

Nach dem Essen lud Sam uns auf eine Tasse Tee zu sich nach Hause ein. Wir quetschten uns alle wieder in seinen Wagen und fuhren zu ihm. Dort setzte er sich so weit wie möglich von mir entfernt auf ein Polster. Dann verhandelten die vier endlos weiter über meinen Brautpreis. Ich hielt es irgendwann nicht mehr aus. „Ich bezweifle, dass du weißt, wie sich das Eheleben in der westlichen Welt abspielt“, sagte ich zu Sam, „aber auf etwas anderes lasse ich mich gar nicht ein. Ich möchte einen Partner und Geliebten. Auf keinen Fall werde ich die ganze Zeit im Haus bleiben und dir Tee servieren.“

„Solche modernen Ehefrauen kenne ich aus dem Fernsehen, und genau so eine möchte ich haben“, erwiderte Sam. „Ich will keine Frau, die nie aus dem Haus geht.“

„Ich werde dir weder die Wäsche waschen noch für dich kochen und putzen. Und Kinder kannst du dir gleich aus dem Kopf schlagen.“

Er verzog das Gesicht. „Keine Sorge, ich habe bereits sieben Töchter.“

Suraya erklärte, er habe eine Ehefrau und sieben Kinder in Saudi-Arabien. „Ihr seid vollkommen verrückt“, sagte ich, doch dann erzählte sie mir die ganze Geschichte. Es war eine arrangierte Ehe mit einem Mädchen, dem er noch nie zuvor begegnet war. Er liebte sie nicht, konnte sich jedoch auch nicht scheiden lassen, denn damit hätte er sie in Schande und wahrscheinlich auch in Armut gestürzt, weil geschiedene

Frauen üblicherweise nicht zu ihren Eltern zurückkehren können, und sie hätte auch keinerlei Chance, eine Arbeit zu finden. Sie weigerte sich, aus Saudi-Arabien fortzugehen, wo sie bei seinen Eltern wohnte, und diese hatten ihm die Erlaubnis gegeben, sich eine Zweitfrau zu nehmen. Er hielt sich also für einen attraktiven Heiratskandidaten, aber eine Ehefrau samt sieben Kindern und dazu eine Vergangenheit als Mudschaheddin-Kämpfer – das war mir einfach ein bisschen zu viel.

Zum ersten Mal an diesem Abend schaute Sam mich direkt an. „Wenn du es nicht ernst meinst, spiel nicht mit meinen Gefühlen."

„Ich hab dich doch gerade erst kennen gelernt", erwiderte ich.

„Du meinst es also nicht ernst?", ließ er durch Suraya fragen.

„Ich weiß es nicht!"

Er ging nach oben und kam mit einem Paket zurück. Es enthielt einen Ballen lavendelfarbene Seide mit aufgestickten Margeriten und Pailletten. Das war ein Werbungsritual – die Familie des Bräutigams schenkt der Familie der Braut Stoff für ihr Hochzeitskleid –, aber damals war ich völlig ahnungslos. Ich saß einfach da, starrte auf den scheußlich grellbunten Stoff auf meinem Schoß und wusste nicht, was ich damit tun sollte. Aber Suraya schrie: „Mrs Sam!"

Eine Woche später hatten Val, Suraya und ich genug von der Pension. Als wir Sam, der nun täglich zu uns kam, erzählten, dass wir uns eine neue Bleibe suchen wollten, bot er uns zwei Zimmer in seinem Haus an. Val und Suraya teilten sich das eine Zimmer, und ich nahm das andere, und so sahen Sam und ich uns von da an jeden Tag.

Allerdings hatten wir so gut wie keine Gelegenheit, allein zu sein. Verabreden, Ausgehen, um sich näher kennen zu lernen – davon hat man in Afghanistan keine Ahnung. Wenn man mich mit Sam oder irgendeinem anderen Mann allein erwischte, würde man mich für ein Flittchen halten. Jeden Tag kam Sam zum Frauenministerium, wo wir unter den argwöhnischen Blicken der Wachmänner eine Weile zusammen draußen standen. Den Abend verbrachten wir gemeinsam, aber stets umgeben von all den Leuten, die bei ihm herumhingen, seit er beschlossen hatte, in seinem Haus offiziell eine Pension zu betreiben. Hin und wieder gelang es uns, ein paar Minuten allein zu sein, aber es war ziemlich frustrierend, da er kaum Englisch sprach und ich kein Dari. Ich fand ihn nett, und er schien viel Humor zu haben, denn er hatte ein herzhaftes Lachen und die anderen Afghanen amüsierten sich immer gut mit ihm. Je länger ich ihn erlebte – im Büro oder unterwegs mit Freunden –, umso weniger konnte ich mir vorstellen, dass er etwas Schlimmes zu verbergen hatte, denn er wirkte stets gelassen und ausgeglichen. Mit der Zeit wurde er mir immer sympathischer, aber verliebt war ich nicht.

Währenddessen redeten alle anderen so, als würden wir in Kürze heiraten. Ich ließ sie reden. Eines Tages erklärte mir Ali, er würde jetzt die Papiere für unsere Eheschließung beantragen, und ging mit mir zu einem Gebäude, wo ich fotografiert wurde und meine Fingerabdrücke abgenommen wurden. Wenige Tage später sagten Val und Suraya, ich solle mich fein machen, wir würden jetzt den Richter aufsuchen wegen der Heirat. Sam trug seinen schwarzen Peran Tumban und ich ein Kleid aus rosafarbenem besticktem Stoff mit rosafarbenem Kopftuch, das Suraya mir geliehen hatte, weil sie der Meinung war, dass keins von meinen Kleidern den Ansprüchen genügte. Zusammen mit Ali fuhren wir zu einem heruntergekommenen zweistöckigen Haus und gingen einen langen Korridor hinunter. Schließlich gelangten wir in ein Zimmer, in dem ein Mann mit grauem Bart und grauem Turban – der Richter, vermutete ich – an einem Tisch saß. Rechts und links neben ihm saßen zwei weitere Männer, die Tee tranken. Alle drei beäugten mich neugierig.

Der Richter las die Papiere, die Ali ihm vorlegte, langsam und sorgfältig, wobei er mit dem Zeigefinger über die einzelnen Zeilen fuhr. Anschließend musterte er abwechselnd mein Gesicht und das Foto, das wir wenige Tage zuvor aufgenommen hatten. Dann sagte er etwas zu mir, und Suraya übersetzte: „Wir haben hier noch nie eine Ausländerin gehabt."

Ich nickte feierlich.

Der Richter klopfte mit seiner Zigarette auf die Tischplatte. „In Afghanistan kann eine Frau sich nicht scheiden lassen, ist Ihnen das bekannt?"

„Keine Sorge", erwiderte ich, „wenn ich ihn nicht leiden kann, verlasse ich ihn einfach."

Ich weiß nicht, ob Suraya das korrekt übersetzte, aber der Richter schien zufrieden zu sein. „Also gut", sagte er. „Sprechen Sie mir nach."

Während ich seine Worte nachsprach, wurde mir plötzlich bewusst, dass er den Nika-Chat vorlas – den Vertrag, der uns vor dem Gesetz zu Mann und Frau machte. Aber obwohl es mir ziemlich absurd erschien, einen Mann zu heiraten, mit dem ich nicht einmal reden konnte, wiederholte ich brav die Worte des Richters. Wenige Minuten später war der Vertrag unterschrieben. Anschließend fuhren wir an der Schule vorbei, um den Schülerinnen die Neuigkeit zu überbringen. Alle waren begeistert. Roshanna fiel mir so stürmisch um den Hals, dass wir um ein Haar auf dem Fußboden gelandet wären. „Jetzt bist du eine echte Afghanin!" Sam stellte Val und Suraya als seine Schwiegereltern vor.

Ich nahm mir vor, unsere Ehe geheim zu halten, zumindest vorerst. Es widerstrebte mir, meinen Freunden und Angehörigen daheim zu erzählen, dass ich erneut geheiratet hatte, weil meine bisherigen Beziehungen kaum jemals die Lebenserwartung eines Goldfischs gehabt hatten. Und ich wollte auch nicht, dass es sich in Kabul herumsprach. Da wir kurz davorstanden, unsere ersten Schülerinnen mit einem Abschlussdiplom zu entlassen, scharwenzelten in letzter Zeit jede Menge Journalisten um unsere Schule herum, und ich wollte nicht, dass meine Mutter, meine Großmutter und meine Söhne aus der Zeitung oder aus dem Fernsehen erfuhren, dass ich wieder verheiratet war.

Und so blieb zunächst alles mehr oder weniger, wie es war, zumindest nach außen hin. Ich teilte mir ein Zimmer mit einer anderen Frau, und Sam blieb in seinem Zimmer. Wenn wir mit den anderen zusammen waren, begnügten wir uns mit sehnsüchtigen Blicken. Ab und an, wenn niemand im Haus war, zogen wir uns für herrlichen, wenn auch flüchtigen Sex in sein Zimmer zurück. Aber obwohl diese Ehe, in die ich so überstürzt geraten war, mir gefiel, hatte ich immer noch vor, einen Monat nach der Abschlussfeier in die Staaten zurückzukehren. Allerdings stellte ich mir vor, dass ich regelmäßig nach Afghanistan kommen würde, auch außerhalb der Zeiten, in denen die Schule geöffnet war.

NUN STANDEN die Abschlussprüfungen kurz bevor. Alle, die mit der Schule zu tun hatten, waren entschlossen, aus der Abschlussfeier das größte Fest zu machen, das die afghanischen Frauen je erlebt hatten. Ich erklärte mich bereit, es zu organisieren – in der Annahme, dass die Planung nicht mehr als drei Tage in Anspruch nehmen würde.

Welch ein Irrtum!

Zwei Tage brauchte ich allein dafür, überhaupt einen Saal zu finden, der groß genug war für zweihundert Personen plus Medienvertreter. Wir wollten jeden Politiker und Würdenträger der Stadt einladen, aber diese Leute gingen natürlich nur zu Veranstaltungen, bei denen ihre Sicherheit gewährleistet war. Ich sah mir zig Orte an, aber immer gab es irgendein Problem – zu klein, zu schmuddlig, zu unsicher, zu teuer. Schließlich kam ich auf die Idee, dass das türkische Restaurant, in dem

Val und Suraya meinen so genannten Brautpreis ausgehandelt hatten, infrage kommen könnte. Sam und Suraya begleiteten mich, um die Einzelheiten zu besprechen, und dann brauchte ich nur noch die Gäste einzuladen. Ich stellte also eine Gästeliste zusammen, die etwa so aussah:

Präsident Hamid Karsai und Anhang
Außenminister und Anhang
Frauenminister und Anhang
Minister für die Pilgerfahrt der Frauen (also der islamische Frauenminister – sehr wichtig)
Vertreter der USA, von Großbritannien, Kanada, den Niederlanden, Deutschland und der Türkei
General Zai

In Holland, Michigan hätte ich mir einfach die Adressen dieser Leute besorgt und ihnen eine Einladung geschickt. Aber in Afghanistan gab es kein Postsystem und keine Möglichkeit, eine Adresse ausfindig zu machen. Weil uns nichts Besseres einfiel, nahmen Sam, Roshanna, Suraya und ich uns kurzerhand einen Stadtplan vor und kennzeichneten die Areale, in denen wir die Wohnsitze der Minister und Botschafter vermuteten. Am nächsten Tag machte ich mich, dezent in mein konservativstes Outfit gekleidet, auf den Weg, um handgeschriebene Einladungen zu verteilen. Vor jedem Haus wurde ich von bewaffneten Wachmännern begrüßt, die keine Anstalten machten, mich ohne Termin eintreten zu lassen. So begnügte ich mich damit, ihnen die Einladungen zu überreichen, war jedoch geistesgegenwärtig genug, um mir die Telefonnummern der Sekretäre der Würdenträger geben zu lassen.

Nach drei Tagen hatte sich noch niemand gemeldet. Als ich sämtliche Sekretäre anrief und erfuhr, dass keine einzige Einladung weitergereicht worden war, wickelte ich mich wieder in ein Kopftuch ein und lieferte neue Einladungen ab, diesmal mit Erfolg. Wir bekamen eine Menge Zusagen, auch von den wichtigsten Persönlichkeiten Kabuls. Die Frauen gerieten so außer sich vor Begeisterung, dass ich drauf und dran war, zu ihrer eigenen Sicherheit alle Scheren zu konfiszieren.

Der große Tag kam und die Schule war das reinste Tollhaus. Alle liefen mit rosafarbenen und grünen Lockenwicklern auf dem Kopf herum, schminkten sich gegenseitig und klebten einander falsche Wimpern an. Ich selbst legte hastig mein Make-up auf und machte mich vor den anderen auf den Weg, um mich zu vergewissern, dass in dem türkischen

Restaurant alles vorbereitet war – und stellte fest, dass überhaupt nichts fertig war. Kaum hatte ich alles so angeordnet, wie wir es geplant hatten, stand auch schon der Sicherheitsoffizier des niederländischen Botschafters vor der Tür. Er warf einen einzigen Blick in die Runde und erklärte mir, so gehe das nicht. Die Tische stünden zu nah an den Fenstern, das sei geradezu eine Einladung, auf Gäste zu schießen. Und wo die Sicherheitsleute seien, wollte er wissen.

Tja, wo waren die verflixten Sicherheitsleute? Als Sam eintraf, schrie ich gerade den Restaurantbesitzer an. Glücklicherweise war Sam mit dem Leiter der türkischen Friedenstruppen befreundet, der uns freundlicherweise über dreißig seiner Soldaten schickte, die denn auch wenige Minuten vor den Gästen eintrafen. Die Musiker begannen zu spielen, wir schenkten Getränke aus – natürlich ohne Alkohol –, und kurz bevor ich in Panik geriet, weil ich fürchtete, die Schülerinnen wären gekidnappt worden, rauschten sie in den Saal wie eine Parade von Debütantinnen in den Fünfzigerjahren. Es war ein umwerfender Anblick. General Zai, der einzige weibliche General in Afghanistan, hielt eine Ansprache. „Meine Schwestern, ich grüße euch!“, rief sie aus der Mitte des Raumes. „Ich bin stolz darauf, euch meine Schwestern nennen zu dürfen, denn dank eurer harten Arbeit und Beharrlichkeit steht Afghanistan eine leuchtende, farbenfrohe Zukunft bevor!“

Es war ein wundervoller Abend. Besonders freute es mich zu sehen, wie all diese Männer und Frauen sich gemeinsam vergnügten. Nachdem etwa die Hälfte der Gäste gegangen war, hatte ich Lust zu tanzen. Ich nahm ein paar unserer Schülerinnen bei der Hand und sagte, wir sollten tanzen, um unseren Erfolg zu feiern, doch sie wichen alle zurück. Schließlich fasste ich Topekai an beiden Händen und zog sie mit auf die Tanzfläche.

Topekai war nicht nur diejenige gewesen, die mir im Unterricht zum Durchbruch verholfen hatte, sie war insgesamt anders als die anderen Frauen. Sie stammte aus einer armen Familie, die wie viele andere während des Krieges nach Pakistan geflüchtet war. Aber der Bruder ihres Mannes war in die USA ausgewandert und schickte regelmäßig Geld, sodass die Familie nie in so extremer Armut hatte leben müssen wie andere meiner Schülerinnen. Als sie nach Afghanistan zurückkehrten, schickte ihr Schwager derart viel Geld, dass ihr Mann einen Handel mit Brennholz eröffnen konnte. Der Ehemann war sehr liebevoll. Er kümmerte sich mit um die Kinder und wusch sogar die Wäsche, wenn sie den ganzen Tag in der Schule war. Topekai strahlte stets eine mit Gelassenheit gepaarte Entschlusskraft aus, sodass ich annahm, sie ließe sich von den Verhaltensmaßregeln ihrer Kultur nicht so sehr einschränken wie alle anderen. Als ich sie zum Tanzen aufforderte, schaute sie ihren Mann an, der ernst nickte. Und so tanzten wir, wenn auch äußerst zurückhaltend. Schon bald hatte sich ein Kreis von Zuschauern um uns gebildet, und Topekai errötete.

Wenn ich damals gewusst hätte, was ich heute weiß, hätte ich sie niemals zum Tanzen aufgefordert. Es war ein kultureller Fauxpas. Topekais Mann hatte nicht etwa zugestimmt, weil er es in Ordnung fand, dass seine Frau in Gegenwart anderer Männer tanzte; im Gegenteil, es beschämte ihn zutiefst. Er hatte nur zugestimmt, weil er mir keine Schande bereiten wollte.

Aber das wurde mir erst viel später klar. An jenem Abend schwelgte ich einfach nur im Gefühl der Hoffnung. Ich blieb bis spät in die Nacht und gab mir alle Mühe, die Honoratioren zu bezaubern. Ich tauschte sehnsüchtige Blicke aus mit dem schönen Fremden, der mein Ehemann war, und freute mich schon auf die kommenden Tage, wenn all die anderen Amerikaner abreisen und die Journalisten abziehen würden und wir endlich ein bisschen Privatsphäre würden genießen können. Ich war so glücklich, dass ich erst zu Hause, als ich meine goldenen Schuhe auszog, bemerkte, dass meine Füße bluteten.

Fünftes Kapitel

Die Schultern eingezogen, um mich nicht schmutzig zu machen, betrat ich das verkohlte Haus. Es gab keine Innenwände mehr. Die Novemberluft war kalt und beißend vom Rauch. Als ich meine Taschenlampe auf ein Loch in der Decke richtete, konnte ich bis in den Dachboden sehen. Dann trat ich auf etwas, was unter meinen Füßen knirschte. Meine Mutter bückte sich, um es aufzuheben – es war eine meiner alten Puppen.

„Mach dir keine Sorgen, Liebes“, sagte meine Mutter, als redete sie mit einer Sechsjährigen. „Die kriegen wir schon wieder hin.“

Ich hatte das Gefühl, wieder in Afghanistan zu sein anstatt in Michigan. Erst wenige Wochen zuvor hatte ich mir mit einem afghanisch-amerikanischen Freund ein Haus angesehen, das seine Familie während der Kriege hatte verlassen müssen. Riesige Einschusslöcher klafften in den Wänden, und überall huschten Ratten herum. Man konnte es sich nur schwer bewohnt und belebt vorstellen, aber mein Freund erzählte mir, es sei einmal eines der vornehmsten Häuser Kabuls gewesen. Damals konnte ich das Ausmaß des Verlusts gar nicht ermessen, doch jetzt begann ich zu begreifen, wie man sich fühlt, wenn das Haus, in dem man aufgewachsen ist, den Flammen zum Opfer fällt. Nichts erinnerte mehr an unser gemeinsames Leben. Wo war der Sessel meines Vaters? Wo war der Schrank, in dem wir unseren Weihnachtsschmuck aufbewahrt hatten?

Es war wenige Tage nach der Abschlussfeier und eine Woche nach meiner Hochzeit mit Sam gewesen. Wir waren kaum dazu gekommen, uns als Mann und Frau kennen zu lernen, da hatte ich die E-Mail von meiner Mutter erhalten, in der sie mir von dem Brand berichtete, und war am nächsten Tag nach Michigan geflogen.

Meine Mutter war bereits in das Ferienhaus am Ufer des Macatawasees gezogen, das ich nach meiner Scheidung gemietet hatte. Es war mein Traumhaus: ein kleiner blauer Bungalow mit einer Veranda und Blick auf den See. Es war der perfekte Ort für meine Mutter, meine Söhne und mich, um uns von dem Schrecken des Brands zu erholen. Aber meine Mutter war furchtbar mitgenommen. Wenige Tage später begannen wir zwar wieder mit unserer Arbeit im Salon, aber ich sah ihr an, dass es ihr schwerfiel, ihre Tränen zurückzuhalten.

Obwohl ich Sam noch kaum kannte, fehlte er mir sehr. Wir telefonierten täglich miteinander, wobei die Gespräche äußerst knapp ausfielen, weil keiner die Sprache des anderen beherrschte: „Hallo, ich liebe dich, du fehlst mir, mach's gut, bis bald.“ Offenbar vermisste Sam mich ebenso wie ich ihn. Er war nach Saudi-Arabien zurückgekehrt, um dort einige Probleme im Familienbetrieb zu klären. Kurz darauf war die Zeit des Hadsch angebrochen, in der Hunderttausende Muslime nach Mekka pilgern, und er konnte unmöglich nach Kabul zurückkehren, weil sämtliche Flüge seit Monaten ausgebucht waren. Er blieb also bei seiner Familie – seinen Eltern, seinen Brüdern und deren Familien, seiner ersten Frau und den Kindern.

Er hatte seiner Familie noch nichts von mir erzählt, weil ich eine Mischung aus drei Dingen darstellte, die seine Eltern verabscheuten: Ich war Amerikanerin, Christin und Friseurin. Außerdem wollte er seiner ersten Frau das Leben nicht noch schwerer machen, als es ohnehin schon für sie war. Seine Eltern hielten sie nicht für vollwertig, weil sie immer noch keinen Sohn geboren hatte, und behandelten sie wie eine Dienerin. Womöglich würden sie sie noch schlechter behandeln, wenn sie sich der Hoffnung hingäben, seine zweite Frau könnte ihm einen Sohn schenken. Wie er sagte, reagierte seine Familie bereits argwöhnisch auf all seine Telefonate.

Auch meiner Mutter kamen die vielen Telefongespräche verdächtig vor. Eigentlich hätte ich ihr von der Heirat erzählen können, aber ich tat es nicht. Ich wollte immer noch nicht, dass jemand davon erfuhr, weil ich mir einfach nicht sicher war, ob ich womöglich den größten Fehler meines Lebens begangen hatte – oder zumindest einen weiteren großen Fehler –, indem ich Sams Frau geworden war. Außerdem fühlte ich mich wohl in Michigan. Es tat gut, wieder bei Familie und Freunden zu sein. Meine Kinder waren wohlauf, ich wohnte in meinem Traumhaus, und meine Kundinnen waren in Scharen in den Salon gekommen, nachdem sie von meiner Rückkehr erfahren hatten. So fehlte es mir nicht an Geld. Ehe ich mich's versah, waren drei Monate vergangen. Mir schien das die perfekte Lösung zu sein: drei Monate in den Staaten inmitten meiner Lieben und zwei Monate in Afghanistan mit meinem heimlichen Ehemann und der Arbeit in der Schule.

Aber gegen Ende meines Aufenthalts wurde ich unruhig. Wenn nicht bald einer von uns Organisatoren nach Kabul zurückkehrte, fürchtete ich, würden die zwanzig Schülerinnen, die bereits ihre Abschlussprüfung bestanden hatten, die Einzigen bleiben, die von unserer ganzen schweren Arbeit profitierten. Ich wusste jedoch, dass es noch Hunderte gab, die unsere Schule besuchen wollten, denn oft hatten Frauen vor dem Gebäude gestanden und um einen Platz in der nächsten Klasse gebettelt. Und ich wusste nur zu gut, dass schöne Gebäude in Kabul nicht lange leer standen, egal wem sie gehörten. Noor hatte mir mitgeteilt, dass in Kabul kein Geld mehr da sei, um unsere Unkosten zu bestreiten, und dass im Frauenministerium Beschwerden über unbezahlte Rechnungen laut wurden. Die anderen Organisatoren sagten mir, auch in New York sei kein Geld mehr vorhanden. Irgendjemand musste nach Afghanistan fliegen und dafür sorgen, dass uns die Schule erhalten blieb, bis es uns gelang, neue Mittel aufzutreiben. Es sah aus, als würde ich diese Aufgabe übernehmen müssen. Als ich es meiner Mutter sagte, lächelte sie verständnisvoll. „Wir haben alle damit gerechnet, dass du so bald wie möglich wieder zurückkehren würdest", sagte sie.

Also verkaufte ich mein Auto und handelte mit meinem Exmann aus, dass er mir meinen Anteil an unserem gemeinsamen Haus auszahlte. Mit dem Geld und Spenden von unseren Kundinnen kaufte ich Material für die Schule. Und fast einen ganzen Koffer stopfte ich voll mit Dingen, die ich in Kabul vermisst hatte, wie Deodorant, Tampons, feuchte Tücher und Klebeband. Einen weiteren Koffer packte ich voll mit Enthaarungswachs – insgesamt zwanzig Kilo –, denn ich war mir sicher, dass das bei den afghanischen Bräuten der Hit sein würde. Ich hoffte, dass wir nach dem Unterricht genug Geld in unserem Salon verdienen konnten, um die laufenden Kosten zu bezahlen, bis wir neue Quellen anzapfen konnten. Für mich selbst packte ich nur das Wesentliche ein: die Plüschfrösche, die mein Vater mir über die Jahre geschenkt hatte, mein Lieblingskopfkissen, ein paar Flaschen Tequila und Zutaten für Margarita-Cocktails.

Als ich in Islamabad aus dem Flugzeug stieg, tauchte ich in ein vertrautes Menschenmeer ein. Nachdem wir uns unter einigem Geschubse und Gedränge in zwei Reihen durch die Zollkontrolle geschoben hatten, bat ich zwei Männer, meine Koffer zu tragen, und begab mich in den Wartebereich. Ich ließ meinen Blick über die vielen bärtigen Gesichter schweifen, bis ich den freundlichen Diamantenschmuggler aus der Pension entdeckte, der, einen Gedichtband unter dem Arm, dort auf mich wartete.

Es mag merkwürdig erscheinen, dass ich mich mit einem Schmuggler anfreundete, aber während der Kriegsjahre hatten sich viele Afghanen aufs Schmuggeln verlegt, um irgendwie zu überleben. Obwohl wir ihn noch nicht lange kannten, war der Mann Sam und mir während meines letzten Aufenthalts in Kabul ans Herz gewachsen. Er war durch Schmuggel reich geworden und besaß zwei Häuser in Pakistan – eins in Islamabad und eins in Peschawar –, und obwohl sein Reichtum inzwischen ziemlich geschrumpft war, weil die Zollfahndung im Iran eine seiner Diamantenlieferungen konfisziert hatte, bewirtete er mich fürstlich während meines Aufenthalts in Islamabad. Er brachte mich in einem wunderschönen Hotel unter und bestand darauf, alles für mich zu bezahlen.

Nachdem wir uns über die Preise für Flüge nach Kabul informiert hatten, beschloss ich, über Land zu fahren. Zwar hatte ich mein Auto verkauft, aber mein Exmann hatte mich noch nicht ausbezahlt, sodass ich, nachdem ich das Flugticket nach Pakistan und all das Material für die Schule gekauft hatte, nicht mehr viel Geld übrig hatte. Ein normaler Flug würde mich mehrere Hundert Dollar kosten, plus noch einmal so viel für das Übergepäck. Ich kam zu dem Schluss, dass ich mir wohl oder übel ein Auto besorgen musste.

Wenn man mit dem Auto von Pakistan nach Afghanistan fährt, muss man über den Khaiberpass. Diese enge Straße durch den Hindukusch wird zwar schon seit Jahrhunderten von Reisenden benutzt, aber sie ist so abgelegen und so weit entfernt vom Einfluss staatlicher Autorität, dass sie von jeher als gesetzlose Zone berüchtigt ist. Den Khaiberpass zu überqueren ist sicherlich für jedermann gefährlich, aber ganz besonders für eine Amerikanerin ohne Begleitung ihres Ehemannes, und so fuhr mich der Diamantenschmuggler nach Peschawar, das etwa fünfzig Kilometer entfernt von der afghanischen Grenze liegt. Dort ließ er mich in der Obhut eines Mannes zurück, den ich zutiefst verabscheute, einem alten Taliban, der mir aus Kabul bekannt war und der sich dadurch auszeichnete, dass er nicht nur Frauen, sondern auch Männer bei jeder Gelegenheit betatschte. Nicht genug damit, der Alte soff auch noch wie ein Loch. In Peschawar hingegen gab er sich gottesfürchtig und führte ein strenges Regiment in seinem Haus. Er hieß mich in seiner Villa willkommen, einem der größten Häuser, die ich je gesehen hatte. Dann zeigte er auf eine in ein schwarzes Kopftuch gehüllte Frau, die sich im Hintergrund hielt. „Sieh dir bloß meine alte Ehefrau an“, sagte er, während er sich über den Bart strich. „Ich brauche eine Hübsche, Junge, vielleicht eine Amerikanerin wie dich.“

Ich stand verlegen im Wohnzimmer und nahm mein Kopftuch ab, aber kaum hatte der Alte das Zimmer verlassen, kam eine seiner Frauen angeschossen und warf mir das Tuch wieder über den Kopf. Ich hatte noch nie erlebt, dass Frauen ihr Haar sogar im Haus bedecken mussten.

Eigentlich hatte ich gehofft, gleich am nächsten Tag weiterreisen zu können, aber jeden Tag sagte der Alte: „Morgen, morgen.“ So verbrachte ich also ziemlich viel Zeit mit den Frauen des Hauses. Sie waren einfach nur traurig. Ihr Leben war todlangweilig: sie kochten, putzten oder hielten sich im Frauentrakt auf, wo sie sich gegenseitig die Handflächen und Fußsohlen mit Henna bemalten. Als ich endlich abreisen konnte, war ich so mit Henna bedeckt, dass ich mir vorkam wie eine Zirkusattraktion. Wenn niemand in Hörweite war, fragten die Frauen mich, wie sie aus Pakistan wegkommen könnten.

Endlich eröffnete mir der Alte, sein Schwiegersohn sei bereit, mich über den Khaiberpass zu begleiten, allerdings zu einem ansehnlichen Preis. Ich willigte ein, denn inzwischen hätte ich alles getan, um aus diesem Haus fortzukommen.

Am nächsten Tag fuhr der Schwiegersohn mit einem großen weißen Auto vor und herrschte die Diener an, meine sechs Koffer in den Wagen zu laden. In Windeseile trugen sie das Gepäck nach unten, sodass ich nicht einmal dazu kam, mein Lieblingskopfkissen einzupacken, und mir nichts anderes übrig blieb, als es unter den Arm zu nehmen. Er verlangte, dass ich mir meinen schwarzen Schleier um den Kopf wickelte, sodass nur die Augen zu sehen waren, und befahl mir, die nächsten acht Stunden kein Wort zu sagen, weil niemand merken dürfe, dass ich Ausländerin war. Schließlich machten wir uns auf in Richtung Khaiberpass. Nach kurzer Zeit wurde der Verkehr immer dichter, die Straße wurde steiler und holpriger, und die Berge schienen uns wütend anzustarren.

Der Schwiegersohn schwitzte, obwohl wir durch Schneetreiben fuhren. „Sag kein Wort!“, wies er mich an. „Du darfst noch nicht mal jemanden ansehen. Hier haben die Taliban, die Opiumhändler und die Banditen das Sagen. Hier gilt kein Gesetz, weder das pakistanische noch das afghanische.“ An einer Stelle war die Passstraße nur noch gut zehn Meter breit, dann kam ein Abschnitt, der von Läden gesäumt war und von Menschen nur so wimmelte. In einem Schaufenster baumelten Maschinenpistolen, in einem anderen wurden Handgranaten angeboten. Schließlich gelangten wir an die Grenze.

Außer in Katastrophenfilmen hatte ich so etwas wie diese Grenze noch nie gesehen. Wir mussten den Wagen parken und aussteigen. Als ich mit meinen hohen Absätzen in den Schlamm einsank – niemand hatte mir gesagt, dass ich die Grenze zu Fuß würde überqueren müssen –, kam ein kleiner Junge mit einer Schubkarre auf uns zu. Wir luden meine Koffer auf, dann band der Junge sie mit Seilen fest, damit sie nicht herunterfielen. Der Schwiegersohn schritt vor mir her, und ich hatte Mühe, ihm zu folgen, mein Kopfkissen immer noch unterm Arm. Die ganze Zeit betete ich, dass ich keinen Schuh verlieren würde, denn ich fürchtete, von der Menschenmenge zertrampelt zu werden, sobald ich mich bückte, um ihn aus dem Dreck zu ziehen. Und ich fürchtete, dass der Schwiegersohn mir in dem Meer aus dunklen Jacken und Turbanen abhandenkommen würde, sobald ich ihn aus den Augen verlor.

Endlich gelangten wir an einen Kontrollpunkt, an dem ein Grenzer meinen Pass verlangte, den ich ihm schweigend reichte. Als er ihn in Augenschein nahm, hob er die Brauen. „Es ist Ihnen nicht gestattet, ohne bewaffneten Begleiter hierherzukommen“, sagte er. „Diese Straße ist sehr gefährlich.“

„Verzeihen Sie“, erwiderte ich mit gesenktem Blick. „Beim nächsten Mal werde ich mich an die Regeln halten.“

Er wedelte mit dem Pass vor meiner Nase herum. „Sind Sie das auch wirklich?“

Ich nickte, immer noch in den schwarzen Schleier gehüllt, der nur meine Augen frei ließ. Er stempelte meinen Pass, und ich stolperte nach Afghanistan hinein.

Der Schwiegersohn war verschwunden, aber es gelang mir, ein Taxi zu finden, das mich nach Kabul brachte. Es saßen bereits drei Männer darin, aber der Fahrer lud meine Koffer ein und befahl seinen Passagieren, ein Stück zu rücken. Die nächsten fünf Stunden drückte ich mich, Kopf und Gesicht immer noch verhüllt, gegen die Wagentür und sagte kein Wort. Als wir nach Kabul kamen und durch Straßen fuhren, die mir vertraut waren, riss ich mir den Schleier vom Kopf und zündete mir eine Zigarette an. Wie die Männer da schauten! Ich musste laut lachen.

Das Taxi setzte mich vor Sams Pension ab. Sofort erschien Ali in der Tür, gekleidet wie ein Amerikaner, und half mir, mein Gepäck ins Haus zu tragen. Dann ging er in die Küche und brachte mir Tee. Wir machten es uns im Wohnzimmer bequem.

„Möchtest du mit deinem Mann sprechen?“ Er wählte eine Nummer und grinste, als Sam sich meldete. Ich hörte seine Stimme am anderen Ende der Leitung. Dann, nachdem ich selbst meine üblichen paar Worte mit Sam gewechselt hatte, bat ich Ali, ihn zu fragen, wann er zurückkommen würde. Wieder hörte ich einen Wortschwall am anderen Ende der Leitung. Dann schüttelte Ali den Kopf. Es war Sam immer noch nicht gelungen, einen Flug nach Kabul zu bekommen. Zurzeit versuchten etwa 30000 Mekka-Pilger, in ihre Heimat zurückzufliegen, und es gab pro Tag nur einen Flug nach Afghanistan. Seine Chancen, bald nach Hause zu kommen, standen schlecht.

„As-salam alaikum!“, sagte ich zu einer Frau, die an einer alten Schreibmaschine saß und verblüfft aufblickte. Dann reichte ich ihr ein Pröbchen mit Haargel und ging weiter den Korridor entlang zum nächsten Büro.

Nach meiner Rückkehr machte ich als Erstes eine Runde durchs Frauenministerium, um alle wissen zu lassen, dass ich zurück war und den Unterricht bald wiederaufnehmen würde. Anschließend führten Noor und ich für den nächsten Ausbildungsblock zwei Tage lang Gespräche mit Bewerberinnen im Alter zwischen 14 und 48. Eine der ersten war Basira, die in einer Burka erschien. „Willkommen in Afghanistan", sagte sie auf Englisch und lächelte stolz.

Ich freute mich riesig, sie zu sehen, und erklärte Noor sofort, dass ich ihre Geschichte bereits kannte. „Ich möchte sie unbedingt aufnehmen", sagte ich.

Es gab so viele herzerweichende Geschichten. Die nächste Frau war ungefähr zwanzig. Ihre Mutter war tot, und ihr Vater hatte durch eine Landmine beide Beine verloren. Jetzt war sie die Einzige, die ihre Familie ernährte. Wie hätte ich sie ablehnen können?

Schließlich hatten wir 27 Frauen für den nächsten Unterrichtsblock ausgewählt, der Ende März 2004 beginnen sollte. Wir hatten allen Frauen gesagt, dass wir am folgenden Tag eine Liste mit den Namen derjenigen, die wir aufnehmen wollten, an die Eingangstür hängen würden. Einige Frauen tanzten vor Glück, andere wiederum weinten oder liefen mir hinterher. Ich hätte sie alle aufgenommen, wenn das Geld gereicht hätte, denn sie alle brauchten diese Chance. Aber ich wusste nicht einmal, ob wir genug Geld hatten, um die 27 ausgewählten Frauen auszubilden.

Als ich an diesem Abend nach Hause kam, fühlte ich mich hundeelend. Diese traurigen Gesichter ließen mich nicht mehr los. Ich wollte mich nur noch mit einem Buch ins Bett legen, aber als ich die Tür öffnete, saß ein junges Mädchen von vielleicht vierzehn Jahren auf dem Sofa. Sie sprang sofort auf, und im selben Augenblick kam Ali die Treppe heruntergerannt. Einen Moment lang sah er mich verlegen an, dann kam er auf mich zu und nahm mir den Karton ab, den ich trug.

„Das ist meine Nichte Hama", sagte er.

Schüchtern trat sie neben ihn, den Kopf gesenkt, dann lächelte sie mich durch ihre kastanienbraunen Locken hindurch an und reichte mir die Hand. Sie war klein und zierlich, ihre Hände waren winzig, mit Nägeln nicht größer als Tränen.

„Sie hat sich in eurer Schule beworben, aber ihr habt sie nicht aufgenommen", sagte Ali vorwurfsvoll. „Ich hatte dir doch gesagt, dass sie sich vorstellen würde."

Daran konnte ich mich nicht erinnern, und ich schüttelte den Kopf. „Sie ist zu jung, Ali. Sie soll erst mal eine normale Schule besuchen."

„Sie ist zwanzig", erwiderte er. „Ihr Vater ist zu krank zum Arbeiten, und ihre Mutter ist auch krank. Sie möchte auf eure Schule gehen."

„Sie ist keine zwanzig!"

„Doch, zwanzig", beharrte er, konnte mir jedoch nicht in die Augen sehen.

Ich hob das Kinn des Mädchens an. „Wie alt?", fragte ich. So viel Dari hatte ich immerhin während der Vorstellungsgespräche gelernt.

Hama spreizte dreimal die Finger der rechten Hand. Ich schüttelte den Kopf. „Fünfzehn ist zu jung, Ali. Sag ihr, sie soll zur Schule gehen."

Sie schaute abwechselnd Ali und mich an, dann ergriff sie meine Hand und begann zu weinen. „Bitte", flehte sie. „Bitte Kosmetikschule."

Ich wischte ihr die Tränen von den Wangen. Sie war so jung. Andererseits konnte ich nicht von ihr verlangen, dass sie sich noch drei Jahre Zeit ließ, um erwachsen zu werden. So verzweifelt, wie sie wirkte, fragte ich mich, ob sie die Zeit überhaupt noch haben würde.

„Ich werde darüber nachdenken", versprach ich ihr schließlich.

NACHDEM ich mir eine Zigarette angezündet hatte, löschte ich die Flamme in dem Kondenswasser, das sich an meinem Margarita-Glas gebildet hatte. Als ich gerade dabei war, die Salzkruste vom Rand des Glases zu knabbern, merkte ich, dass Sam mich vom anderen Ende des Zimmers aus mit unverkennbarer Missbilligung anstarrte.

„Glaub ja nicht, dass ich meine Cocktails aufgebe, bloß weil du plötzlich deine religiöse Ader entdeckt hast", murmelte ich vor mich hin, als er das Zimmer verließ.

Sam war endlich zurück in Kabul. Wir waren überglücklich, uns wiederzusehen, aber bei dem Theater, das in den nächsten Wochen folgte, war von Glück bald keine Rede mehr. Zunächst einmal war der Mann, der aus Saudi-Arabien zurückgekommen war, nicht mehr der, den ich geheiratet hatte. Er war in Mekka zu lange unter zu vielen Pilgern gewesen. Neuerdings betete er fünfmal täglich und durchbohrte mich mit Blicken, wenn er mich rauchen oder trinken sah. Das Ganze war ziemlich beängstigend, aber Roshanna versicherte mir, alle Hadschis seien so, wenn sie aus Mekka zurückkämen, das würde sich bald wieder legen. Es gab aber auch noch andere, viel schlimmere Probleme. Während seiner Abwesenheit hatte sein Partner, mit dem er die Ölbohrgesellschaft betrieb, die Geschäftskonten geplündert und sich ins Ausland abgesetzt. Drei seiner Arbeiter waren entführt worden. Während ich damit beschäftigt war, alles für die Schule zu organisieren, versuchte er, seinen Betrieb zu retten. Die kulturellen Unterschiede, die wir beide mit in die Ehe gebracht hatten, entwickelten sich zu schier unüberwindlichen Hürden. Wir würden viel Geduld füreinander aufbringen müssen, doch die hatten wir beide einfach nicht, weil wir sie anderweitig dringend brauchten.

Eigentlich hatte ich mich darauf gefreut, Sam als Verbündeten neben mir zu wissen, während ich den zweiten Ausbildungsblock vorbereitete. Er hatte unser Projekt immer nach Kräften unterstützt, aber jetzt war er so reizbar, dass er mir den letzten Nerv raubte. Zudem wurde es von Tag zu Tag schwieriger, ins Frauenministerium zu gehen, denn die Sekretärin des Ministers wollte dauernd wissen, ob unser Geld inzwischen eingetroffen sei, und ich versicherte ihr, dass es jeden Tag eintreffen müsste. Topekai und drei meiner besten Schülerinnen aus dem ersten Kurs kamen täglich, um mir zu helfen. Ich war ihnen sehr dankbar, hatte aber ständig ein schlechtes Gewissen, weil ich sie nicht bezahlen konnte. Ich wusste, dass sie alle Geldsorgen hatten. Ich hatte vor, sie als Lehrerinnen einzustellen, sobald ich die Mittel dazu hatte, nur leider gab es immer noch keine Nachricht aus New York darüber, ob weitere Spenden eingegangen waren – und auch kein Geld.

Natürlich merkten die Frauen, dass ich mir Sorgen machte, und eines Tages erschienen sie mit großen, vollgestopften Taschen in der Schule und strahlten mich stolz an. Sie ließen mich auf einem der Friseurstühle Platz nehmen, und dann packten sie wundervoll bestickte Servietten, Schürzen und Kissenbezüge aus – lauter Handarbeiten, die sie abends zu Hause gefertigt hatten. „Das kannst du alles verkaufen", sagte Topekai, „und das Geld für die Schule verwenden." Ich brach in Tränen aus. Ich war nach Afghanistan gekommen, um ihnen zu helfen, und jetzt war ich so mittellos, dass sie ihre Handarbeiten verkaufen wollten, um *mir* zu helfen.

Mein einziger Trost in dieser schwierigen Zeit war Hama, die mich erwartete, wenn ich heimkam. Sie war die Einzige im Haus, die ein Lächeln für mich übrighatte, denn Sam war immer noch völlig außer sich wegen seiner geschäftlichen Probleme und der entführten Arbeiter. Er hatte sich an alle möglichen Regierungsstellen gewandt, aber niemand schien sich für die drei Männer zu interessieren. Das Haus war dauernd voller Leute, es war zum Verrücktwerden. Ali war mittlerweile bei uns eingezogen und hatte es übernommen, sich um die Zimmervermietung zu kümmern. In einem Zimmer hatte er tatsächlich eine siebenköpfige Familie untergebracht. Die anderen Mieter waren lauter Männer, die die Nächte durchfeierten. Es gefiel mir nicht, wie sie Hama anstarrten, und ihr ebenso wenig. Wenn die Männer anfingen Alkohol zu trinken, wich sie nicht mehr von meiner Seite. Schließlich nahm ich sie mit in mein Zimmer, um sie vor den Männern in Sicherheit zu bringen, wo sie sich auf meinen Schoß setzte wie ein kleines, verängstigtes Kind. Um uns abzulenken, spielten wir Karten oder lackierten uns gegenseitig die Zehennägel.

Aber es war gar nicht so einfach, die Männer zu ignorieren. Wenn ich mich nicht gerade in der Schule aufhielt, sah ich überall nur Männer. Da ich zum ersten Mal nicht mit Leuten aus dem westlichen Ausland zusammenlebte, fühlte ich mich mehr und mehr isoliert. Wenn ich morgens zum Frauenministerium ging, war mir stets bewusst, dass ich eine der wenigen Frauen auf der Straße war. Topekai und die anderen Frauen ließen sich immer mit dem Auto zur Schule bringen, und sie wurden stets pünktlich um halb vier abgeholt, lange vor Sonnenuntergang. Ich blieb häufig länger, um jemandem die Haare zu schneiden oder noch aufzuräumen. Wenn ich nach Einbruch der Dunkelheit nach Hause aufbrach, war ich die einzige Frau, die unterwegs war.

Eines Abends verabschiedete ich mich von den Wachmännern des Frauenministeriums. Kaum war ich um die nächste Ecke gebogen, wurde ich von fünf jungen Männern umringt. Ich beachtete sie nicht und ging einfach mit gesenktem Kopf weiter, bis zwei von ihnen mich an den Armen packten und festhielten. Weit und breit war kein einziger Fußgänger in Sicht. Aber mit derartigen Situationen umzugehen, hatte ich geübt, als ich in Michigan im Gefängnis gearbeitet hatte, und ich konnte mich relativ mühelos aus dem Griff der Männer befreien. Als sie daraufhin anfingen zu schreien und mich auf ein Tor zuzuschubsen, wusste ich, dass es brenzlig werden würde, wenn ich nicht schnell handelte. Ich schickte all meine Wut in meine Faust und schlug einem von ihnen so hart in den Solarplexus, dass er hintenüberfiel. Die Männer wichen tatsächlich zurück. Ich ließ ihnen keine Zeit nachzudenken und stürmte auf sie los, sodass sie die Flucht ergriffen und zum Glück nicht mitbekamen, wie ich über einen Stein stolperte und stürzte.

Als ich nach Hause kam, betrachteten Sam und Ali meinen zerrissenen

Rock sowie die Schramme in meinem Gesicht und wollten wissen, was passiert war. Kaum hatte ich ausgeredet, schnappten sie sich ihre Pistolen – alle Männer schienen Pistolen zu besitzen – und rannten aus dem Haus. Wahrscheinlich hätte es Sam gutgetan, seine Wut an jemandem auslassen zu können, aber ich war doch sehr erleichtert darüber, dass sie die Kerle nicht fanden.

Dann, völlig unerwartet, lösten sich meine finanziellen Probleme in Wohlgefallen auf. Eine deutsche Organisation, die Frauenprojekte unterstützte, war bereit, die nächsten beiden Ausbildungsblöcke zu finanzieren. Die Mittel waren so großzügig bemessen, dass es nicht nur für die Gehälter der Lehrerinnen sowie deren Reise- und Verpflegungskosten reichte, sondern auch, um allen unseren Schülerinnen ein Stipendium zu gewähren.

An der Eingangstür zu unserer Schule klebte ein großer Zettel, der die Tür versiegelte. Ich beugte mich vor, um zu lesen, was darauf stand, aber es war auf Dari. Als ich mich wieder aufrichtete, spürte ich etwas in meinem Rücken. Langsam drehte ich mich um – und blickte direkt in eine Maschinenpistole, die einer der Wachmänner des Ministeriums auf mich gerichtet hielt. Er senkte seine Waffe ein wenig und stotterte etwas auf Dari.

„Er sagt, es tut ihm leid, aber er muss dich erschießen, wenn du die Schule betrittst“, übersetzte eine unserer neuen Schülerinnen, die Englisch sprach. Alle anderen Schülerinnen und Lehrerinnen standen um uns herum mit Gesichtern, als wären sie auf einer Beerdigung.

„Sag ihm, ich muss meine Sachen da rausholen.“ Ich verschränkte die Arme vor der Brust und grub meine hohen Hacken in den Lehmboden.

Dann rief jemand etwas aus einem Fenster des Ministeriums. Eine Schülerin übersetzte: „Er sagt, alles in dem Haus gehört dem Ministerium.“

„Diese Sachen wurden der Kosmetikschule gespendet, und ich werde sie nicht hierlassen!“, schrie ich quer über den Hof. Inzwischen hatte sich eine kleine Menschenmenge eingefunden. Alle wollten die Amerikanerin sehen, die so einen Aufruhr veranstaltete. Dann ging die Tür zum Ministerium auf und die Sekretärin des Ministers kam auf mich zu.

Ich hatte mit einer derartigen Konfrontation gerechnet. Einen Tag nachdem ich die Zusage über eine neue Finanzierungshilfe erhalten hatte, war ich mit Roshanna zum Ministerium gegangen, um die gute

Neuigkeit zu überbringen. Während Roshanna berichtete, beobachtete ich das Gesicht der Sekretärin in der Erwartung, dass ihre Miene sich aufhellen würde. Stattdessen antwortete sie in einem äußerst scharfen Ton. Roshannas Lächeln verschwand. „Der Minister ist wütend, weil du fünf Monate gebraucht hast, um mit dem zweiten Kurs anzufangen", übersetzte Roshanna.

Nach einem erneuten zornigen Wortschwall aus dem Mund der Sekretärin nickte Roshanna. „Außerdem versteht der Minister nicht, warum es überhaupt Geldschwierigkeiten gegeben hat, wo die Schule doch so viel öffentliche Aufmerksamkeit gehabt hat."

Und wieder ein Wortschwall. Roshanna nahm einen tiefen Atemzug, ehe sie übersetzte. „Es haben sich auch Leute beim Minister beschwert, dass in der Schule zu viel gelacht wurde. Und dass man manchmal einen Blick durch die Fenster erhaschen und die Frauen ohne Kopfbedeckung sehen konnte."

Während der folgenden Wochen hatte ich alles versucht, um den Minister zu beschwichtigen. Dreimal suchte ich seine Sekretärin auf, um ihr zu sagen, dass wir noch mehrere Plätze frei hätten, und falls das Ministerium einige Frauen vorschlagen wolle, würden wir sie gern aufnehmen. Ich erbot mich, allen im Ministerium kostenlos die Haare zu schneiden. Beim letzten Mal begleitete mich Roshanna. Ich sah, wie ihre Augen sich weiteten, als ihr Blick auf ein Schreiben fiel, das auf dem Tisch der Sekretärin lag. Als wir wieder draußen waren, flüsterte sie: „Die wollen euch rauswerfen! Auf dem Zettel stand, dass sie euch das Gebäude wegnehmen und alles behalten werden, was sich darin befindet!"

Ich nahm Kontakt zu allen Leuten auf, die ich in Kabul kannte. Eine unserer Kundinnen versprach, ihre Kontakte zu bemühen, doch als sie mich zurückrief, sagte sie nur voller Bedauern: „Es hat keinen Zweck."

Ich warf mich aufs Bett und weinte. All die harte Arbeit war umsonst gewesen. Dann schlug meine Verzweiflung in blanke Wut um. „Nur über meine Leiche werden sie mir meine Schule wegnehmen!", knirschte ich in mein Kopfkissen.

Es war Freitag, und die Schule sollte am Samstag anfangen. Ali und ich bestellten fünf Taxis, die vor dem Haus hielten, als Sam gerade von einer Besprechung nach Hause kam. Ich unterbreitete ihm meinen Plan. „Du bist völlig verrückt!", sagte er aufgebracht. „Du kannst dich nicht mit dem Frauenministerium anlegen! Sie werden dich verhaften lassen!" Aber auch er war ein Kämpfer; in dieser Hinsicht passten wir gut zusammen. Ich bat ihn, einen Lastwagen zu besorgen, ein paar Männer zusammenzutrommeln und sich mit mir in der Nähe des Ministeriums zu treffen. Er organisierte also einen Lastwagen, fuhr zur Moschee und sammelte dort Männer ein. Dann trafen wir uns alle in einer Straße vor dem Ministerium, parkten jedoch außer Sichtweite der Wachmänner.

Mein Plan basierte auf der Tatsache, dass die Schule zwei Ausgänge hatte. Die eine Tür, die wir normalerweise benutzten, führte auf das Gelände des Ministeriums, aber es gab noch eine zweite, kleinere, die in etwa zehn Meter Entfernung vom Eingangstor auf die Straße führte. Diese Tür benutzten wir nur, wenn das Tor verschlossen war. Ich schloss die kleine Tür auf, und wir schlichen alle hinein. Drinnen breitete Ali Laken und Decken auf dem Boden aus, wir legten alles, was wir an Haarpflegemitteln hatten, darauf, trugen es nach draußen und verteilten es auf die Taxis und den Lastwagen. Dann nahm ich meine Übungsköpfe von den Regalen und reichte sie den Männern, die sich je zwei unter die Arme klemmten und sie aus dem Haus schmuggelten. Die einzigen Dinge, die wir zurücklassen mussten, waren ein Tresen, ein Fernseher mit eingebautem Videorekorder und die Wandspiegel.

Sam lieh sich von allen seinen Freunden und Verwandten Geld und machte sich auf die Suche nach einem Haus, das wir mieten konnten. Wir wollten alles unter einem Dach unterbringen: die Schule samt Lehrsalon, sein Büro und unsere Wohnung. Das Haus, das wir derzeit bewohnten, bot keinen Platz dafür; außerdem waren wir die vielen Leute leid, die wir dort dauernd um uns hatten. Unser einziges Problem war wie immer das liebe Geld. In Kabul wird in der Regel die Miete für ein halbes Jahr im Voraus verlangt, und wir wussten nicht, ob wir so schnell ein Haus finden würden, das für uns bezahlbar war. Hinzu kam, dass die Kosmetikschule mehr Geld verschlingen würde, wenn sie nicht mehr im Frauenministerium untergebracht war. Als Gegenleistung dafür, dass die Leute von Beauty Without Borders das Gebäude für 50 000 Dollar hatten renovieren lassen, hatte das Ministerium die Kosten für Strom, Wasser, Heizung und den Wachschutz übernommen.

Am Samstagmorgen ging ich mit Hama – ich hatte mich überreden lassen, sie in die Schule aufzunehmen – Arm in Arm zum Frauenministerium, als wäre nichts gewesen. Basira, Topekai und die anderen Schülerinnen und Lehrerinnen erwarteten uns bereits lächelnd vor dem Eingang zur Schule. Sie sagten nichts dazu, dass die Räume so gut wie leer waren.

Nun war die Katastrophe eingetreten. Die Sekretärin des Ministers kam auf mich zu, frostig, aber höflich. Wir brachten die formelle Begrüßung hinter uns – drei Wangenküsse –, denn das gehört in Afghanistan dazu, selbst unter Todfeinden, dann begann sie mit ihrer Tirade, laut genug, dass alle Umstehenden es hören konnten. Die Schülerin, die für mich übersetzte, kam kaum mit. Plötzlich schauten mich alle mit großen, entsetzten Augen an.

„Was hat sie gesagt?“, wollte ich wissen.

„Sie sagt, dass du keine gute Lehrerin bist und dass das Ministerium eine eigene Friseurschule einrichten wird. Sie sagt, du hättest nicht nur die ausländischen Kosmetikfirmen, sondern auch die afghanische Regierung bestohlen. Sie sagt, dass sie dich an den Haaren hinauszerren wird und dass du verhaftet und aus dem Land geworfen wirst.“

Die Sekretärin blickte mich hasserfüllt an. „Wie kommt es, dass das Schicksal dieser Frauen mir mehr am Herzen liegt als Ihnen, obwohl ich Amerikanerin bin?“, fragte ich sie mit Tränen in den Augen. Sie trat auf mich zu, als wollte sie mich ohrfeigen.

Dann, wie aus dem Nichts, stand plötzlich Sam neben mir. Mein edler Retter! Nachdem er sich von meinen Schülerinnen kurz hatte erklären lassen, was vor sich ging, führte er mich auf die Straße. Er zündete uns beiden erst einmal Zigaretten an. Anschließend suchten wir praktisch jeden in Kabul auf, der in der Lage sein könnte, uns zu helfen. Schließlich gab der Minister nach. Wir durften die restlichen Sachen aus dem Gebäude holen, und ich entschuldigte mich für jeden kulturellen Fauxpas, der dazu beigetragen haben könnte, dass es zu diesem Eklat gekommen war. Letztlich lief es darauf hinaus, dass das Frauenministerium das Gebäude zurückhaben und die Kontrolle über unsere Schule übernehmen wollte. Das Gebäude gehörte ihnen natürlich, und ich habe es nie wieder betreten.

Eigentlich war Sam hergekommen, um mir mitzuteilen, dass er ein Haus für uns gefunden hatte, eine geräumige, mit Stuck verzierte Villa mit einem kleinen Nebengebäude an der Straße, das perfekt geeignet wäre für meine Schule. Allerdings würde die Miete für ein halbes Jahr 22000 Dollar betragen. Aber Ali, Noor, Sam und ich legten zusammen und unterschrieben den Mietvertrag für ein Jahr. Wir würden wieder eine Pension betreiben und waren überzeugt, dass die Investition sich lohnte. Ali, Sam und ich würden selbstverständlich auch in dem Haus wohnen.

Bevor wir einzogen, inspizierten Sam und ich das Nebengebäude, in dem die Schule untergebracht werden sollte. Als ich einen alten Schuh aufhob, der zwischen Schuttbrocken auf dem Boden lag, und ihn in eine kleine Kammer warf, streckte eine Frau den Kopf aus der Tür und sah uns verblüfft an. Sie war breitschultrig und kräftig gebaut, aber so schmutzig, dass ich sie für eine Obdachlose hielt. Doch nachdem Sam ihr auf den Zahn gefühlt hatte, stellte sich heraus, dass sie offenbar zum Inventar gehörte.

„Er heißt Shaz", sagte Sam; er warf immer die Personalpronomen durcheinander. „Er kann Gästezimmer und Schule putzen."

„Und wie viel müssen wir ihr dafür bezahlen?"

„Wahrscheinlich acht Dollar im Monat."

„As-salam alaikum", sagte ich zu Shaz. „Ich heiße Debbie."

Sie starrte mich nur an und zog sich wortlos in die kleine Kammer zurück.

Am nächsten Tag heuerte Sam ein paar Männer von der Moschee an, die Wände herausreißen, Rohre verlegen, Regale bauen und mir beim Anstreichen zur Hand gehen sollten. Auch Shaz, die eine erstaunliche Energie an den Tag legte, packte mit an. Aber die Wände waren überall rissig, und die Farbe schien alles nur noch schlimmer zu machen. Schließlich schickte ich Shaz mit einem Eimer los, um etwas Sand von einer Baustelle gegenüber zu holen, den ich kurzentschlossen in die Farbe schüttete. Ich rührte alles gut um, machte einen Probeanstrich und trat zurück, um den Effekt zu begutachten. Meine Helfer starrten mich an, als hätte ich den Verstand verloren, aber Shaz lächelte zum ersten Mal.

Sechstes Kapitel

Roshanna, Topekai, die beiden anderen Lehrerinnen und ich hatten uns in unserer neuen Schule um den Übungskopf herumgruppiert. Basira, Hama und die anderen Schülerinnen saßen artig auf grünen Klappstühlen vor uns. Ich legte einen Finger auf den Haaransatz des Kopfes. „Das nennen wir den Haaransatz", verkündete ich.

Roshanna übersetzte für die Lehrerinnen, die meine Erklärungen wiederum in ihren eigenen Worten an die Schülerinnen weitergaben. Nacheinander bezeichnete ich die einzelnen Kopfpartien. „Ehe ihr anfangt,

Dauerwellen zu wickeln oder Haare zu schneiden, müsst ihr den Kopf genau kennen, damit ihr später, wenn ich euch bitte, die Haare vom Haaransatz bis zum Nacken zu teilen, wisst, was ich meine."

Lächelnd und mit anmutigen Handbewegungen erklärte Topekai, was ich gesagt hatte. Die anderen Lehrerinnen gaben ihren Kommentar dazu, und die Schülerinnen nickten. Ich flüsterte Roshanna zu, dass mein Plan gelingen würde. Ich hatte mich nämlich entschlossen, während ich die neuen Frauen unterrichtete, meine besten Schülerinnen aus dem vorherigen Kurs gleichzeitig zu Lehrerinnen auszubilden. Noch zwei, drei Kurse, sagte ich mir, und Topekai und die anderen würden weder mich noch eine Dolmetscherin brauchen.

Die Schülerinnen hörten aufmerksam zu, bis auf Hama, die ständig nach ihrem Handy schielte. „Bitte lass dein Handy in deiner Tasche", bat ich sie und schwor mir im Stillen, dass ich keine Fünfzehnjährige mehr in die Schule aufnehmen würde. Topekai, die Hama einen vernichtenden Blick zuwarf, dachte wahrscheinlich dasselbe.

Während dieses zweiten Kurses führte ich noch andere Veränderungen ein. Neben dem Unterrichten sollten die zukünftigen Lehrerinnen auch Verantwortung übernehmen, denn ich war der Meinung, dass sie besser den Weg in die Selbstständigkeit finden würden, wenn sie auch etwas über Organisation und Geschäftsführung lernten. Sie sollten also rechtzeitig in der Schule eintreffen, um sich zu vergewissern, ob genügend Benzin für den Generator vorhanden war, den wir unbedingt brauchten, weil es meistens nur vier Stunden Strom pro Tag gab. Außerdem mussten sie nachsehen, ob genug Wasser in den Tank auf dem Dach gepumpt worden war, damit es uns nicht mitten im Unterricht ausging. Und an kalten Tagen brauchten wir ausreichend Brennholz. Wenn es doch einmal vorkam, dass wir unverhofft ohne Benzin, Wasser oder Brennholz dastanden, waren die Lehrerinnen dafür verantwortlich, Nachschub zu beschaffen.

Es dauerte eine Weile, bis sie diese Aufgaben selbstständig bewältigen konnten, aber als in jenem Sommer der dritte Ausbildungsblock anfing, waren die Lehrerinnen so weit. Ich beschloss, ihnen noch etwas mehr Verantwortung zu übertragen, und gab ihnen zu Beginn des Kurses eine bestimmte Summe Geld, mit der sie alles kaufen sollten, was in der Schule gebraucht wurde, Handseife, neue Handtücher und dergleichen. Zusätzlich trug ich ihnen auf, sämtliche Quittungen aufzubewahren. So lernten sie mit der Zeit immer mehr dazu, und als im Herbst der vierte Kurs anfing, sagte ich ihnen, sie dürften mich jetzt nur noch rufen, wenn das Haus in Flammen stünde, denn alles andere könnten sie allein bewältigen.

Inzwischen hatte ich auch den Lehrplan geändert, sodass die Absolventinnen sich besser auf die Bedürfnisse ihrer afghanischen Kundinnen einstellen konnten. In dem ursprünglichen Lehrplan, den wir Anfang 2002 erstellt hatten, waren zwei Wochen zum Erlernen von Schminktechniken vorgesehen. Aber ich brauchte nicht lange, um zu begreifen, dass unsere Vorstellungen vom Schminken mit denen in Afghanistan nichts zu tun hatten. In den Augen der Afghaninnen tragen amerikanische Frauen so wenig Make-up, dass sie aussehen wie Männer.

Im zweiten Kurs ging ich also dazu über, meinen Schülerinnen bessere Schminktechniken für ein Make-up im afghanischen Stil beizubringen. Einmal demonstrierte ich an Basira, wie man mithilfe von ein paar Tricks erreichen konnte, dass ihre grünen Augen wie Jade funkelten, ihre kupferfarbenen Haare wie Feuer leuchteten und ihre roten Lippen nicht vulgär, sondern weich und sinnlich wirkten.

Außerdem ermutigte ich meine Schülerinnen, mit eigenen Ideen zu experimentieren, aber das fiel ihnen unglaublich schwer. Sie glaubten, jeder Braut das gleiche Make-up und die gleiche Frisur verpassen zu müssen. Ich war jedoch der Meinung, dass sie sich mit ein bisschen Individualität nicht nur einen Namen machen, sondern auch mehr Geld verdienen würden. Ich widmete dem Thema Kreativität einen ganzen Tag. „Ihr seid nicht nur Friseurinnen", beschwor ich sie. „Ihr seid Künstlerinnen!" Dann verteilte ich Übungsköpfe an die Frauen und erteilte ihnen die Aufgabe, Haar und Make-up möglichst fantasievoll zu gestalten und dabei nicht in erster Linie auf Schönheit zu achten. „Später werde ich eine Jury auswählen, die den kreativsten Kopf prämiert", verkündete ich. „Und die Schöpferin wird beim Abschluss des Kurses einen besonderen Preis erhalten." Nachdem Roshanna meine Worte übersetzt hatte, ging ein derartiges Geschnatter los, dass Topekai und die anderen Lehrerinnen erst einmal gar nicht dazu kamen, noch etwas dazu zu sagen.

Als wir einmal zum Markt gingen, fiel mir auf, dass mich noch mehr Männer als gewöhnlich anstarrten. Ich überlegte, ob ich nicht züchtig genug gekleidet war oder ob ich meine Arme zu locker schwingen ließ und mich zu unbefangen umsah. Männer in schwarzen Turbanen bedachten mich mit verächtlichen Blicken. Dann hörte ich jemanden vom Eingang eines Hauses rufen: *„Fescha! Mordagah!"*

Ich hatte keine Ahnung, was die Wörter bedeuteten, aber Sam wirbelte herum wie von einem Pfeil getroffen und kämpfte sich durch die Menge auf die Männer zu, die das Geschrei veranstalteten. Einer verdrückte sich rechtzeitig, aber den anderen bekam Sam zu fassen. Er warf ihn gegen die Hauswand und schlug ihn so heftig ins Gesicht, dass seine Nase blutete. Ich stand mittendrin und schrie, er solle aufhören. Als er schließlich von dem Mann abließ, führten zwei andere Männer den Verletzten fort, und die Menge teilte sich, um Sam durchzulassen.

„Komm, wir gehen", sagte er, während er sein Haar wieder in Ordnung brachte und so tat, als wäre das nur ein lästiger Zwischenfall gewesen.

„Du hättest den Kerl beinahe umgebracht!"

„Das musste ich tun." Missmutig betrachtete er die Schwellung an seiner Hand. „Er hat dich als Hure und mich als deinen Zuhälter beschimpft."

Während ich Sam zu unserem Wagen folgte, musste ich an die Geschichten denken, die er mir erzählt hatte, aus der Zeit, als er gegen die Sowjets gekämpft hatte. Er hatte Menschen getötet, allerdings hatte es ihn beim ersten Mal so mitgenommen, dass er am nächsten Tag im Lager geblieben war und gebeten hatte, als Koch arbeiten zu dürfen. Bis zu jenem Tag hatte ich ihn nicht ein einziges Mal gewalttätig erlebt. Er verhielt sich Fremden gegenüber stets gastfreundlich, Armen und Schwachen gegenüber großzügig und mir gegenüber aufmerksam. Er liebte seine Maschinenpistole – andererseits kannte ich kaum einen Afghanen, der keine Schusswaffe besaß. An Sams Vergangenheit als Mudschaheddin-Kämpfer hatte ich also nie einen Gedanken verschwendet, aber jetzt jagte er mir doch ein bisschen Angst ein. Sogar sein Auftritt unter all den Männern mit Turbanen und Sandalen wirkte beängstigend. In seinem schwarzen Anzug und mit Sonnenbrille sah er aus wie ein Typ aus einem Gangsterfilm.

Er drehte sich zu mir um und sagte teilnahmslos: „Ich kann nicht mit dir auf den Markt gehen. Es gibt zu viel Ärger, und am Ende muss ich noch jemanden töten."

Aus der romantische Traum von gemeinsamen Stadterkundungen! Ich war rund um die Uhr beschäftigt mit meiner Schule und mit der Pension, aber in meinen wenigen Mußestunden fühlte ich mich einsam und sehnte mich nach Gesellschaft. Ich brannte darauf, Kabul besser kennen zu lernen, und ich hatte mich so sehr darauf gefreut, auf den riesigen Markt zu gehen, der sich am Fluss entlangzieht.

„Ich kann also nie wieder auf den Markt gehen?"

„Du kannst meinen Wagen haben. Nimm Roshanna mit."

Sam hielt sein Versprechen und gab mir seinen Wagen. Ich traute mich nicht recht, allein in der Stadt herumzufahren, und nahm beim ersten Mal ein paar Ausländer mit, die sich in der Pension eingemietet hatten. Wir kreischten jedes Mal, wenn ich haarscharf an einem Karren oder einem Esel oder einem Fußgänger vorbeischrammte. Manche Männer fielen vor Schreck fast von ihren Fahrrädern. „Ich liebe dich, Mister!", riefen sie. Als ich das zum ersten Mal hörte, dachte ich, jemand hätte mich trotz Wimperntusche, Ohrringen und Kopftuch für einen Mann gehalten. Dann wurde mir jedoch erklärt, dass im Dari keine unterschiedlichen Personalpronomen für die verschiedenen Geschlechter existieren – für „er", „sie", „es" gibt es nur ein einziges Wort. Deshalb also warf Sam ständig die persönlichen Fürwörter durcheinander.

Das Autofahren in Kabul war etwa so geruhsam wie eine Fahrt auf einer entgleisenden Achterbahn, und ich kam zu dem Schluss, dass es nichts für mich war. So bat ich Sam, einen Fahrer für mich anzuheuern.

Ich wollte unbedingt einmal auf den großen Markt am Fluss gehen, traute mich aber nicht allein hin. Alle möglichen Leute hatten mir versichert, es sei nicht ganz ungefährlich für mich, allein zu gehen, und ich beherrschte nicht einmal genug Dari, um mit den Händlern zu feilschen. Schließlich überredete ich Roshanna, die, wenn sie nicht unterrichtete, gerade dabei war, einen eigenen Salon zu eröffnen. Um nur ja nicht als Ausländerin erkannt zu werden, trug ich meinen längsten, dunkelsten Rock und dunkle Schuhe und zog mir sogar eine Burka über.

Der Fahrer setzte uns in der Nähe des Ufers ab, einer Gegend, in der die verfeindeten Mudschaheddin sich so heftige Gefechte geliefert hatten, dass die Gebäude auf beiden Seiten des Flusses immer noch von Einschusslöchern übersät waren. Roshanna und ich machten uns Arm in Arm auf den Weg, gefolgt in einigem Abstand von dem Fahrer, der für unsere Sicherheit sorgen sollte. Wir überquerten eine schmale Brücke, und kaum hatten wir das andere Ufer erreicht, waren wir auch schon auf dem Markt. Überall wurden Waren feilgeboten – auf Tischen, auf Decken, die auf dem Boden ausgebreitet waren, auf Handwagen und Schubkarren, an Ständen und in Läden. Sogar der eigene Körper diente als Verkaufsstand – ein Mann zum Beispiel war von oben bis unten mit Schlüsselketten behängt. Am liebsten wäre ich überall stehen geblieben, doch Roshanna zog mich weiter. „Es ist besser, wenn wir zügig gehen“, sagte sie.

Aber ich konnte mich unmöglich beeilen. Um uns herum herrschte ein Menschengewimmel wie nach einem gigantischen Karnevalsumzug. Es wurden derart viele Waren angeboten, als wären sie nach der Explosion eines riesigen Kaufhauses vom Himmel geregnet. Da ich durch die Burka nur eine Art Tunnelblick hatte, musste ich jedes Mal stehen bleiben und mich hin und her drehen, wenn ich mir etwas ansehen wollte. Der Markt war grob nach Warengruppen aufgeteilt. Roshanna zeigte mir einen von dreistöckigen Läden umgebenen Hof, in dem gigantische Rosen, Girlanden aus Mohnblumenblüten und sogar Weihnachtsbäume aus Plastik verkauft wurden. In einer Gasse gab es nichts als Messer und Scheren, in einer anderen konnte man alle Arten von Babypflegeprodukten kaufen.

Als wir an einem Stand vorbeigingen, an dem reihenweise an Schnüren aufgezogene getrocknete Datteln hingen, spürte ich, wie etwas meinen Po berührte. Anfangs dachte ich mir nichts dabei, denn bei dem Gedränge, das auf dem Markt herrschte, konnte man leicht aus Versehen mit jemandem zusammenstoßen. Dann spürte ich es wieder – diesmal fühlte es sich eindeutig an wie eine Hand. „Ich glaube, jemand hat meinen Hintern betatscht“, flüsterte ich Roshanna zu. Sie zog mich weiter.

Dann fühlte ich die Hand noch mal. Als ich mich umdrehte, sah ich einen dicken, widerlichen Kerl, der mir an den Hacken klebte. Ich funkelte ihn durch das kleine Gitter in meiner Burka wütend an, in der Hoffnung, dass er das als Warnung verstehen würde. Aber kaum hatte ich mich umgedreht, war seine Hand wieder da. Ich wirbelte herum, riss mir die Burka vom Kopf und schlug ihm ins Gesicht.

Roshanna fiel fast in Ohnmacht vor Schreck, und mehrere Händler kamen aufgeregt aus ihren Läden gerannt. Ich schrie wie am Spieß und versuchte in gebrochenem Dari zu erklären, dass dieser Typ mich betatscht habe und ich mir das nicht gefallen ließe. Der Mann war zu Boden gegangen, und alle standen um ihn herum. Ich hörte, wie Roshanna sagte, der Kerl hätte mich am Ärmel gezupft.

„Er hat mich nicht am Ärmel gezupft“, fauchte ich. „Er hat mir an den Hintern gegriffen, Roshanna!“ Aber sie schämte sich, so etwas auszusprechen, und blieb bei der Version mit dem Ärmel. Vorsichtig zog sie mich weiter.

„So etwas passiert oft auf dem Markt“, sagte sie. „Bitte, beruhige dich, wir gehen einfach nach Hause.“

„Ich dachte, es wäre Männern verboten, Frauen anzufassen, mit denen sie nicht verheiratet sind?“

„Stimmt, aber sie tun es trotzdem.“

„Und was machst du, wenn es passiert?“

„Nichts“, antwortete sie. „Es ist zu peinlich.“

Schweigend setzten wir unseren Weg fort. Aber ich war viel zu wütend, um mich noch für das bunte Treiben um mich herum zu interessieren. Es machte mich rasend, dass Roshanna und all die anderen Frauen diesen Grapschern hilflos ausgesetzt waren. Wieso durften die Männer auf dem Markt ungestraft die Regeln brechen?

Als wir an einem Stand stehen blieben, um Toilettenpapier zu kaufen, spürte ich schon wieder eine Hand an meinem Hintern. Ich drehte mich um und stellte fest, dass es der hässliche Fettwanst von vorhin war. In einiger Entfernung entdeckte ich einen Polizisten. Ich packte den Kerl am Kragen und zerrte ihn in die Richtung, wo der Polizist stand – wieder in meinem gebrochenen Dari lauthals schreiend, dass er meinen Hintern angefasst habe. Der Polizist hörte sich meine Beschwerde an, dann riss er seinen Stock aus dem Gürtel und begann, auf den Dicken einzuprügeln. Zufrieden sah ich zu, als könnte dieses kleine bisschen Rache dazu beitragen, das Gleichgewicht zwischen Männern und Frauen wiederherzustellen. Doch dann packte Roshanna mich am Arm und führte mich entschlossen in Richtung Auto.

„Tut mir leid, Debbie, aber ich werde dich nie wieder auf den Markt begleiten“, sagte sie. Und egal wie oft ich sie danach bat, sie lehnte jedes Mal ab – höflich, aber bestimmt.

SHAZ, meine Putzfrau, und ich knieten neben dem *bokhari*, einem Holzofen, der etwa so aussieht wie ein kunstvoll verzierter schmiedeeiserner Mülleimer. Dieser Ofen heizte das Badezimmer und das Wasser, und ich hatte gerade die ganze obere Etage der Pension eingeräuchert bei dem Versuch, mir ein heißes Bad zu bereiten. Shaz öffnete ein Fenster, um den Rauch entweichen zu lassen, dann machte sie die kleine Tür an dem Bokhari auf, stopfte noch mehr Zeitungspapier zwischen das Holz und spritzte etwas Benzin darüber. Als sie ein brennendes Streichholz in die Öffnung warf, zog ich mich in die hinterste Ecke des Bads zurück. Dann kam ich vorsichtig wieder näher. Das Feuer brannte. Shaz arbeitete fleißig. Wenn es ums Schrubben ging, schuftete sie wie eine Maschine, aber an manchen Stellen ging sie mit solchem Ingrimm zu Werke, dass sie regelrecht Löcher in den Boden schmirgelte, während sie andere Stellen einfach übersah. Wenn sie die Gästezimmer aufräumte, hinterließ sie eine Spur aus zerbrochenen Tassen oder gar Lampenschirmen. Eigentlich sollte sie auch unsere Kleidung bügeln, was sie jedoch meist geflissentlich vergaß. Shaz war außerdem dafür zuständig, täglich die Toiletten in der Schule und im Salon zu putzen, aber sooft ich es ihr auch sagte, immer wieder kamen Kundinnen mit leicht säuerlichem Blick aus dem Bad.

Ich kam zu dem Schluss, dass Shaz mit den vielen Aufgaben einfach überfordert war. Als wir eingezogen waren, hatte sie in erster Linie die Gästezimmer sauber gehalten, aber nach der Eröffnung der Schule hatte sich ihr Pensum verdoppelt. Also bat ich Sam, ihr zu erklären, dass wir eine Frau einstellen würden, die ihr zur Hand gehen konnte. Am nächsten Tag brachte Shaz eine ältere Frau mit, die ihr so auffallend ähnlich sah, dass ich Sam fragte, ob es sich um ihre Schwester handelte.

Nach kurzer Rücksprache mit Shaz sagte Sam: „Das ist ihre Mutter."

Ich war schockiert. Die andere Frau wirkte nur wenig älter als Shaz. „Wie alt ist Shaz?", fragte ich.

„Fünfundzwanzig", antwortete er.

Ich hatte Shaz auf mindestens fünfzig geschätzt – älter als mich! „Ich will mehr über die beiden wissen", sagte ich zu Sam.

„Da musst du Roshanna fragen", sagte er. „Einem Mann wird Shaz die Einzelheiten nicht erzählen, die du hören willst."

Als Roshanna am späten Nachmittag vorbeikam, rief ich Shaz zu mir und nahm die beiden mit auf mein Zimmer.

Shaz und ihre Mutter waren Hasara. Die Taliban, in der Mehrheit Paschtunen, verachteten die Hasara und hielten sie für so dumm, dass sie nur für niedere Arbeiten zu gebrauchen waren. Als die Taliban kamen, war Shaz' Familie in die Berge geflüchtet, aus Angst, die neuen Machthaber würden alle Hasara abschlachten. Ein Jahr lang hielten Shaz und ihre Angehörigen sich in einer Höhle versteckt und ernährten sich von dem, was sie in der Natur fanden oder auf Feldern stehlen konnten.

Es wunderte mich, dass Shaz das alles mit einem Lächeln erzählte. Sie erklärte mir, dass sie damals mit einem Mann verheiratet gewesen war, den sie sehr geliebt hatte. Dann war ihr Mann eines Tages einigen

Taliban über den Weg gelaufen, die ihn getötet hatten. Als die Familie von der Vertreibung der Taliban hörte, wagte sie sich aus ihrem Versteck und fand in Kabul ein paar hilfsbereite Verwandte. Kurz darauf verheirateten Shaz' Eltern sie mit einem Mann, dessen erste Frau ihm bisher noch keinen Sohn geboren hatte, doch als Shaz von diesem Mann nicht schwanger wurde, verstieß er sie. Daraufhin wurde sie die Frau eines Mannes, der mit seiner ersten Frau in Kundus lebte, einer Stadt nördlich von Kabul. Er wollte nicht, dass sie zusammen mit seiner ersten Frau in seinem Haus wohnte, daher blieb sie bei ihrer Mutter, wo der Mann, der sich einen Sohn wünschte, immer wieder auftauchte, um mit ihr zu schlafen. Außerdem verlangte er Geld von ihr, ein Problem, das sie löste, indem sie alle ihre Ersparnisse in goldene Ringe und Armbänder umsetzte, die er nicht entdeckte. Von diesem Mann wurde Shaz ebenfalls nicht schwanger, und sie fürchtete die ganze Zeit, auch von ihm verstoßen zu werden.

Ich beschloss also, Shaz unter allen Umständen in meinen Diensten zu behalten. Schließlich hatte ich ein Programm ins Leben gerufen, das Frauen zugutekommen sollte, und ich wollte nicht nur Friseurinnen unterstützen.

Aber es wurde einfach nicht besser mit ihr. Dauernd zerbrach sie irgendetwas, immer wieder verschwanden Dinge, und dann wusste ich nie, ob sie sie weggeworfen hatte, weil sie ihr kaputtgegangen waren, oder ob jemand sie gestohlen hatte. Dass Shaz mich bestahl, konnte ich mir einfach nicht vorstellen. Doch eines Tages verschwand ein goldener Ring von meinem Nachttisch, und ich wollte wissen, was damit passiert war. Shaz, ihre Mutter, unser Wachmann und die Köchin beschuldigten sich gegenseitig, doch dann verkündete Shaz' Mutter, sie habe den Ring in der Friseurschule auf dem Fußboden gefunden. So habe ich nie erfahren, was wirklich passiert ist.

Bald gab es ein neues Problem. Eines Tages kam eine meiner Schülerinnen weinend in den Salon gelaufen, die Arme über der Brust verschränkt. Als Topekai und Basira mit ihr redeten, erzählte sie ihnen, Shaz habe ihre Brüste betatscht. „Nein“, widersprach ich. „Ich glaube nicht, dass Shaz so etwas tun würde.“ Doch dann berichteten zwei weitere Schülerinnen, Shaz habe sie ebenfalls angefasst, und zwar nicht nur an den Brüsten, sondern auch zwischen den Beinen. Eine von ihnen hob ihre Tunika hoch, um mir die blauen Flecken auf einer ihrer Brüste zu zeigen.

Ich rief Roshanna an und bat sie um Hilfe. Als sie am nächsten Tag kam, bat ich Shaz zu mir und konfrontierte sie mit den Klagen der Schülerinnen. „Das ist sexuelle Belästigung“, sagte ich. „Wenn du ein Mann wärst, könntest du dafür ins Gefängnis kommen.“

Shaz schüttelte völlig verblüfft den Kopf. „Sie sagt, sie tut so was nicht“, übersetzte Roshanna. „Sie sagt, die anderen erzählen Lügen über sie.“

Ich wusste nicht, was ich davon halten sollte. Ich wollte das einfach nicht glauben, weil es mich so an den hässlichen Dicken erinnerte, der mich auf dem Markt betatscht hatte. Aber eines Tages sah ich mit eigenen Augen, wie Shaz sich von hinten an eine Schülerin heranschlich und ihr an die Brüste fasste. Die junge Frau zuckte zusammen und brach in Tränen aus. Im selben Augenblick stürzte ich auf Shaz zu und drückte sie gegen die Wand. „Das reicht“, sagte ich. „Du bist gefeuert.“

Es machte mich traurig, dass ich sie entlassen musste, und selbst die Schülerinnen und Lehrerinnen reagierten betroffen. Mittlerweile gehörte Shaz sozusagen zur Familie, wie ein unartiges Kind, das trotz allem geliebt wird. Schließlich erkundigte sich eine Kundin, was los sei, und ich erklärte ihr die Situation. „Wahrscheinlich ist sie selbst ihr Leben lang von jemandem so behandelt worden“, sagte die Frau, eine Psychologin. Kurz darauf war Shaz zurück. Sie stand den ganzen Tag vor dem Haus herum und schaute jedes Mal, wenn der Wachmann das Tor öffnete, traurig herüber. Schließlich hielt ich es nicht mehr aus, holte sie herein und nahm sie in die Arme. Wir mussten beide weinen. „Versprich mir, dass du das nie wieder tust“, sagte ich.

Irgendwie schien der Rauswurf Shaz verändert zu haben. Plötzlich putzte sie regelmäßig die Toiletten und machte kaum noch etwas kaputt. Ich war sehr erleichtert, denn ich hatte sie lieb gewonnen und freute mich zu sehen, dass ihr Leben sich ebenso wie das der Friseurinnen zum Guten wenden konnte.

Dann stieß Sam eines Tages mit Shaz' Mutter zusammen, die gerade durch das Tor schlüpfen wollte. Dabei fiel ihr etwas aus der Tasche – und zwar eine der Taschenlampen, die wir immer neben dem Bett liegen hatten, damit wir nachts den Weg zum Bad fanden. Sam feuerte die Frau auf der Stelle, und alles Betteln und Flehen von Shaz konnte ihn nicht umstimmen.

„Wenn sie kleine Dinge stiehlt, wird sie eines Tages auch große Dinge stehlen“, sagte er.

Siebtes Kapitel

Gegen Ende des Frühjahrs strich mir die Organisation plötzlich die Hälfte des Geldes, mit dem ich den zweiten und dritten Kurs finanzieren wollte. Die deutsche Regierung hatte der Organisation die Mittel gekürzt, und ich gehörte zu den Leidtragenden. Ich hatte bereits 25 Frauen für den nächsten Kurs angenommen, doch das Geld reichte jetzt nur für zwölfeinhalb. Ich weiß nicht, wie man Gelder auftreibt, ich habe keine Ahnung, wie man Projektbeschreibungen erstellt und Geldgeber dazu überredet, ein Projekt zu finanzieren. Also verlegte ich mich auf die einzige Geldbeschaffungsmethode, die ich kannte: Ich beschloss, das Salongeschäft zu erweitern und Topekai und einige meiner besten Schülerinnen, unter ihnen Basira, zu bitten, nach dem Unterricht ein paar Stunden mit mir im Salon zu arbeiten. Da die meisten Ausländerinnen in Kabul ohne jeden Luxus auskommen müssen und sich gern einmal verwöhnen lassen, hoffte ich, mit dem Gewinn aus dem Salon den nächsten Kurs finanzieren zu können.

Ich ließ Handzettel drucken, die ich in Restaurants und Läden auslegte, in denen hauptsächlich Ausländer verkehrten. Und ich bat meine Kundinnen, sie an ihre Freundinnen und Bekannten weiterzugeben. Schon bald riefen zahlreiche Frauen an und baten um einen Termin. Da es in Kabul immer noch keine Straßenschilder und Hausnummern gab, war es ziemlich schwierig, ihnen zu erklären, wie sie uns finden sollten, und meine Wegbeschreibung fiel etwa so aus:

> Fahren Sie zu dem Internetcafé am Kreisverkehr im Stadtteil Schar-i-nau, der in der Nähe der rot-weiß angestrichenen Notfallklinik liegt, und biegen Sie rechts ab. Fahren Sie an der Straße mit den toten Kühen vorbei und weiter bis zum ehemaligen Hauptquartier der Mudschaheddin, dahinter biegen Sie links ab. Mein Salon befindet sich hinter der Mauer mit dem blauen Tor. Wenn Sie mir sagen, wann Sie kommen, werde ich an der Pumpe nach Ihnen Ausschau halten. Ich werde ein gelbes Kopftuch tragen und ein Handy an mein Ohr halten. Und wahrscheinlich stehen einige Leute um mich herum.

Immer mehr Kunden kamen, und ich beschloss, das Angebot zu erweitern. Ganz hinten in unserem Schiffscontainer, den ich noch immer jede Woche aufsuchte, um Nachschub an Haarpflegeprodukten zu holen, hatte ich einen Gynäkologenstuhl entdeckt. Ich hatte keine Ahnung, was er da zu suchen hatte, kam jedoch irgendwann auf die Idee, dass ich ihn für Massagen, Gesichtsmasken und Pediküren benutzen konnte. Innerhalb kürzester Zeit machte unser Verwöhnprogramm Furore, vor allem die Pediküren. Wir behandelten Füße aus Bosnien, Australien, London, den USA, Deutschland, Frankreich, Russland und den Philippinen.

Aber gerade als diese zusätzlichen Angebote sich zu rentieren begannen, verschlechterte sich die Sicherheitslage in Kabul extrem. Wieder standen Wahlen an, nur ging es diesmal um wesentlich mehr. Im Oktober sollte in geheimer Abstimmung ein neuer Präsident gewählt werden. Fast zwanzig Kandidaten stellten sich zur Wahl, und es gab viel Streit zwischen den einzelnen Parteien. Außerdem ging das Gerücht um, die Vereinigten Staaten würden die Wahlen manipulieren, um den von ihnen favorisierten Kandidaten durchzusetzen, den amtierenden Präsidenten Hamid Karsai. Und die Taliban waren natürlich aus Prinzip gegen die Wahlen, egal wer gewinnen würde. Es gab vermehrt Entführungen und Bombenattentate, es herrschte eine Atmosphäre der Gewalt, und die amerikanische Botschaft hatte allen amerikanischen Bürgern geraten, sich nicht in der Öffentlichkeit zu bewegen.

Die Vereinten Nationen hatten ein Warnsystem für ihre eigenen Mitarbeiter eingeführt, das die meisten NGOs und die Botschaften übernahmen. Grüne Stadt bedeutete, dass man sich gefahrlos überall bewegen konnte; Weiße Stadt hieß, dass man nur einige wenige stark gesicherte Orte aufsuchen durfte; und Rote Stadt bedeutete die Aufforderung, Kabul nach Möglichkeit zu verlassen. Während jener Monate lautete die Parole meist Weiße Stadt.

Ich selbst kümmerte mich nicht um das Warnsystem. Solange man vorsichtig war und die afghanische Kultur respektierte, schien es mir übertrieben, solche Angst zu verbreiten. In erster Linie ärgerte ich mich über die Alarmstufe Weiße Stadt, denn sie war schlecht fürs Geschäft. Viele meiner Kunden waren aufgrund des Alarms stark in ihrer Bewegungsfreiheit eingeschränkt, sie riefen an, um ihre Termine abzusagen, und nachdem ich eine Reihe derartiger Anrufe erhalten hatte, kam ich auf eine glänzende Idee.

„Wie wär's, wenn wir zu Ihnen kämen?", fragte ich. „Wenn Sie ein paar Kunden zusammentrommeln können, lade ich alles, was wir brauchen, in Sams Auto, und wir veranstalten bei Ihnen zu Hause einen Haarschneidenachmittag."

Es dauerte nicht lange und wir machten regelmäßig „Hausbesuche" bei den verschiedenen NGOs. Unsere Kunden und Kundinnen waren so dankbar für den Service – und die Unterhaltung –, dass sie meine Friseurinnen großzügig mit Trinkgeld bedachten. Nach einem dieser Ausflüge jauchzten die Frauen auf dem Rücksitz vor Freude über das viele Geld, das sie verdient hatten – und zwar zusätzlich zu dem, was ich ihnen bezahlte. Ich fragte Basira, wie viel Trinkgeld sie eingenommen habe.

„Fünfzig Dollar!", antwortete sie mit leuchtenden Augen. „So viel verdient mein Mann in zwei Wochen nicht!"

Sam beobachtete mich schon die ganze Zeit, während ich versuchte, ein Buch zu lesen. Der Fernseher lief, doch er schenkte dem Bollywooddrama keine Beachtung, sondern starrte mich an, auch wenn er es jedes Mal leugnete, wenn ich ihn dabei erwischte.

„Was ist los?", fragte ich ihn zum wiederholten Mal. „Wieso siehst du mich so an?"

Er seufzte. „Ich muss Geld nach Hause schicken", sagte er schließlich.

„Wieso?"

„Er muss zum Arzt."

„Dein Vater?"

„Nein, sie. Meine Frau."

„Ist sie krank?"

Er schüttelte den Kopf und seufzte erneut. „Sie ist schwanger."

Ich fühlte mich, als wäre ich gerade aus einem Flugzeug geworfen worden.

Ich hatte in jenem Frühjahr so schwer gearbeitet, dass ich jeden Abend in der Hoffnung ins Haus gewankt war, mein lieber Gatte würde mich ein bisschen verwöhnen. Aber ich begriff bald, dass ich ihn sozusagen fesseln und knebeln musste, wenn ich Zuwendung von ihm wollte, und das entsprach natürlich nicht meinen Vorstellungen. Auch als es mit seinem Geschäft wieder bergauf ging, änderte sich Sams Verhalten nicht. Zwischen uns türmten sich kulturelle Hürden auf, die so schwer zu überwinden waren wie der Hindukusch. Und keiner von uns beiden hatte eine Ahnung, wie wir das Problem lösen sollten.

Wir stritten uns viel. Abends gab es häufig Geschrei und Tränen, weil ich ihm einen Kuss gab, wenn ich ins Zimmer kam, und er sich daraufhin genervt abwandte. Es stellte sich heraus, dass er gerade das Reinigungsritual vor seinem Abendgebet durchgeführt hatte und wegen des Kusses noch einmal Wasser aufwärmen und die komplette Prozedur wiederholen musste.

Aber selbst wenn ich darauf achtete, mich ihm zu nähern, bevor er sein Reinigungsritual absolviert hatte, reagierte er kaum. Er begriff überhaupt nicht, weshalb ich Händchen halten oder kuscheln wollte. Ich glaube, Sam hatte noch nie erlebt, dass ein Afghane solche Dinge mit einer Frau tat. Einmal, als Sam und ich im Auto unterwegs waren, streichelte ich seinen Arm. Er zog den Arm weg. „Das ist kein Zeitpunkt für Sex, Debbie!“, zischte er.

„Ich will doch im Moment keinen Sex!“, sagte ich. „Ich will nur ein bisschen kuscheln.“

„Kuscheln? Was soll das denn sein?“, fragte er entgeistert.

Wie die meisten Frauen wünschte ich mir einen Mann, der mir seelenverwandt war und sich für meine geheimsten Gedanken und tiefsten Gefühle interessierte. Zu Hause lief ich mit meinem Dari-Wörterbuch hinter Sam her und versuchte herauszufinden, wie man sagte: „Ich bin so traurig“ oder „Zurzeit vermisse ich meinen Vater ganz besonders“. Irgendwann kam er zu dem Schluss, dass er ein paar Ausländer auftreiben musste, um meinen überschüssigen Gesprächsbedarf zu befriedigen. Einer davon war ein junger Fotograf namens David, der sich in unsere Pension einmietete. Sam bot ihm vier Dollar pro Stunde, damit er mit mir redete. Ich glaube, nach Sonnenuntergang legte er sogar noch ein paar Dollar drauf.

Manchmal – eher selten – konnten wir über diese kulturellen Gegensätze scherzen. Aber ich weiß nicht, ob Sam und ich diese schwierige Phase überstanden hätten, wenn Val und Suraya nicht nach Kabul zurückgekehrt wären. Sie zogen bei uns ein, und allmählich begann Sam zu begreifen, wie ich mir einen Ehemann vorstellte. Wir vier verbrachten viel Zeit miteinander. Wenn wir im Aufenthaltsraum plauderten und lachten, merkte ich, wie Sam Val beobachtete und nachahmte. Wenn Val Surayas Schulter streichelte, streichelte Sam meine Schulter. Wenn Val Surayas Hand hielt, nahm Sam auch meine. Als wir ihn einmal damit aufzogen, ignorierte er Val stundenlang, aber als Suraya sich auf Vals Schoß setzte, stand Sam auf und pflanzte sich auf meinen Schoß.

Allmählich gewöhnte sich Sam an seine freimütige, emotionale, unabhängige Ehefrau und entspannte sich zusehends. Ich wiederum verstand mehr und mehr die Kultur, in die ich eingeheiratet hatte, und nahm Sams Defizite als Ehemann nicht mehr so persönlich – oder ich versuchte es zumindest. Trotz seiner schroffen Art wuchs meine Liebe zu ihm. Und so problematisch unsere Ehe auch sein mochte, ich wusste, dass ich meine Schule niemals ohne Sams Hilfe hätte am Laufen halten können. Das sagte ich mir jedes Mal, wenn ich drauf und dran war, ihm irgendeinen Gegenstand an den Kopf zu werfen. Und so verlor der „afghanisch-amerikanische Krieg", wie Sam es nannte, immer mehr an Schärfe – zumindest eine gewisse Zeit lang. Unsere Beziehung wurde partnerschaftlicher, sowohl auf sexuellem Gebiet als auch im Alltag, so wie ich es mir erhofft hatte, als Val und Suraya diese Ehe arrangierten.

Aber als Sam mir sagte, dass seine erste Frau schwanger sei, brach für mich eine Welt zusammen. Ich hatte mich immer bemüht, diese andere Frau einfach zu ignorieren. Ich hatte die Vorstellung verdrängt, dass er mit ihr schlafen könnte, wenn ich mich in Michigan aufhielt und er in Saudi-Arabien. Jetzt fühlte ich mich betrogen. „Wie weit ist sie denn?", fragte ich.

„Im fünften Monat."

Im Stillen rechnete ich nach. Das bedeutete, dass das Kind im Oktober zur Welt kommen würde. Im Oktober konnten wir unseren ersten Hochzeitstag begehen, und ich hatte Ende Oktober Geburtstag. Die Vorstellung, dass diese Frau mir den ganzen Monat voller Ereignisse, die mir so wichtig waren, mit ihrem Baby vermasseln würde, machte mich rasend.

In den folgenden Nächten schlief ich im Aufenthaltsraum. Aber irgendwie standen Sam und ich auch das durch. Es gelang uns, unser kleines Glück wiederzufinden, auch wenn ich den Gedanken an den Oktober kaum ertragen konnte.

SCHON BALD wurde ich daran erinnert, dass Glück in Afghanistan nur von kurzer Dauer ist. Das scheint dort ebenso zu den Bedingungen des Lebens zu gehören wie der Staub und der Wind. Irgendein neuer Schrecken lauert immer hinter der nächsten Ecke, wenn man gerade aufgeatmet hat und die schöne Aussicht genießt. Aber ich ahnte nicht, dass der Schrecken mir in meinem eigenen Haus auflauern würde.

Als ich eines Tages aus der Schule zurückkam, saß Sam auf dem Bett, den Kopf in die Hände gestützt. Er stammelte irgendetwas von Ali und der kleinen Hama, aber ich musste immer wieder nachfragen, was denn los sei.

„Er küsst ihn", sagte er. „*Sie*. Ali küsst sie."

Ich verstand nicht, warum er über einen Kuss so aus dem Häuschen geriet. „Als ich klein war, hat mein Onkel mich auch geküsst. Das war vollkommen harmlos."

„Kein Onkelkuss!" Er sprang auf, drückte mich gegen die Wand und küsste mich. „So küsst Ali sie."

Sam war wie üblich ohne anzuklopfen in Alis Zimmer gegangen und hatte die beiden so vorgefunden, wie er es mir demonstriert hatte, und jeglicher Zweifel an der Natur des Kusses wurde von Alis Hand zerstreut, die sich unter Hamas Bluse befand, und von Hamas entsetztem Gesichtsausdruck.

Ich setzte mich verdattert aufs Bett. Es hatte mich schon immer beunruhigt, wie Hama ständig hinter Ali herlief, aber nur weil ich nicht wollte, dass sie sich allein mit ihm und seinen Freunden in einem Zimmer aufhielt. So gut es ging versuchte ich, sie in meiner Nähe zu halten. Ali hatte nichts dagegen, er ermunterte sie sogar, bei mir zu bleiben, und sagte, ich sei wie eine Tante.

„Hast du ihm gesagt, dass du ihn umbringst, wenn er sie noch einmal anrührt?"

Er schüttelte den Kopf. „Ali gehört nicht zur Familie und Hama auch nicht. So etwas kann ich nur zu Familienangehörigen sagen."

Ich stürmte los, um Ali zur Rede zu stellen, aber er war nicht in seinem Zimmer. Gegen elf Uhr kam er – mit Hama im Schlepptau. Als sie mich auf dem Sofa sitzen sah, hellte sich ihre Miene auf, und sie gesellte sich zu mir. Ich streichelte ihre Wange. Sie hatte knallroten Lippenstift aufgelegt und war so übertrieben geschminkt, dass sie aussah wie ein als Varieté-Tänzerin verkleidetes Kind. Ich bat sie, in die Küche zu gehen und Tee für uns zu kochen, woraufhin sie sofort aus dem Zimmer huschte.

„Was machst du mit diesem kleinen Mädchen, Ali?", fragte ich. „Bist du wirklich ihr Onkel? Ist sie blutsverwandt mit dir?"

„Nein, wir sind nicht verwandt", sagte er, während er seine Taschen nach seinen Zigaretten durchsuchte. „Ich bin ein Freund der Familie."

„Ihr Freund bist du jedenfalls nicht, wenn du sie küsst und betatschst.

Du wirst nur ihren Ruf ruinieren, und dann wird sie nie einen Ehemann finden."

„Aber Debbie!" Er breitete lächelnd die Arme aus. „Ich werde Hama heiraten."

Mir wurde übel vor Wut. Ich war mir sicher, dass er log. „Du bist mindestens dreißig Jahre älter als sie, Ali. Du bist viel zu alt. Und selbst wenn du vorhast, sie zu heiraten, ist es dir nicht erlaubt, sie vor der Hochzeit so anzufassen, wie Sam es gesehen hat. Ich mag vielleicht eine dumme Amerikanerin sein, aber so viel weiß selbst ich."

Er errötete. „Was ich mit Hama tue, tue ich mit dem Segen ihrer Eltern."

„Ich möchte nicht, dass du sie noch einmal mit ins Haus bringst. Sie geht künftig nicht mehr mit in dein Zimmer, auch nicht wenn deine Freunde zu Besuch sind. Ich möchte, dass sie nach der Schule auf direktem Weg zu ihren Eltern nach Hause geht."

Es war nicht zu übersehen, dass Ali sauer war, aber er legte sich nicht mit mir an. Als im nächsten Augenblick einer unserer Pensionsgäste ins Zimmer kam, wirbelte Ali herum und schrie ihn auf Dari an.

„Bring sie heim!" Ich ging in die Küche. Dort stand Hama an der Spüle, verängstigt von den lauten Stimmen. Ich befahl ihr, nach Hause zu gehen und sich von Ali fernzuhalten. Dann rief Ali aus dem Aufenthaltsraum nach ihr, und sie eilte zu ihm.

Sam und ich kamen zu dem Schluss, dass wir mehr über Ali in Erfahrung bringen mussten. Und nachdem wir erst einmal angefangen hatten, Erkundigungen einzuziehen, bekamen wir eine Horrorgeschichte nach der anderen zu hören. Es gab alle möglichen Gerüchte über seine zwielichtigen Aktivitäten, die manches erklärten, was uns bis dahin rätselhaft gewesen war. Zum Beispiel warum er überall in Europa und im Nahen Osten einflussreiche Afghanen kannte.

Leider gab es nicht viel, was wir tun konnten. Ali war unser Geschäftspartner, und wir mussten uns mit ihm arrangieren, bis der Mietvertrag für die Pension auslief. Er brachte Hama nicht mehr mit ins Haus. Ich sah sie jeden Tag in der Schule, sie war sehr anhänglich und suchte weiterhin meine Nähe. Einmal nahm ich sie zur Seite und bat Roshanna, für mich zu dolmetschen. „Fasst Ali dich immer noch unzüchtig an?", fragte ich sie.

Sie verbarg ihr Gesicht in den Händen.

„Sag's mir, Hama. Erzähl mir, was er mit dir macht."

Sie brach in Tränen aus und zeigte auf ihre Brüste und ihren Schritt. „Lass nicht zu, dass er das tut, auch wenn er ein Freund der Familie ist."

Schluchzend fiel sie mir um den Hals. Nachdem sie wieder in den Unterrichtsraum gegangen war, bat ich Roshanna, den anderen nichts von alldem zu erzählen.

„Das wissen sie längst, Debbie", sagte sie. „Sie wissen, dass sie schlimme Dinge mit dem Mann tut."

„Woher denn?"

„Es gibt genug untrügliche Anzeichen", erwiderte Roshanna. „Zum Beispiel geht sie spätabends mit ihm aus. Sie zupft sich die Brauen. Das machen nur erwachsene Frauen. Und er hat ihr ein Handy geschenkt, damit er sie immer erreichen kann. Sie hat sich noch nie eine Karte gekauft, um mit anderen telefonieren zu können. Es ist nur für ihn."

Mitten in der Nacht klingelte unser Satellitentelefon. Sam meldete sich auf Usbekisch, wechselte jedoch ins Englische. Mit klopfendem Herzen setzte ich mich auf. Wenn jemand aus meiner Familie mir etwas so Wichtiges mitzuteilen hatte, dass er die neuneinhalb Stunden Zeitunterschied nicht beachtete, konnte es sich nur um etwas Schlimmes handeln.

„Hallo Mom", sagte mein Sohn Zachary. „Es geht mir in letzter Zeit so schlecht, und ich wollte dich fragen, ob ich zu dir kommen und bei dir wohnen kann."

„Sicher", gähnte ich und ließ mich erleichtert auf mein Kissen sinken. „Komm nach Afghanistan!"

Ich hoffte, dass Afghanistan denselben Einfluss auf ihn haben würde wie auf mich, dass er seine eigenen Probleme nicht mehr so wichtig nehmen, sondern sich um andere Menschen kümmern würde. Ich buchte also einen Flug für ihn, und er machte sich auf den Weg. Inzwischen wusste meine Familie von meiner Ehe mit Sam. Wie befürchtet, hatten sie es aus der Zeitung erfahren. Ich glaube sogar, meine Mutter war ganz froh, dass ich nicht mehr allein war. Schon bald zog Zach zu uns in die Pension und begann, in einem Waisenhaus für Jungen Englisch und Kunst zu unterrichten. Ich war so begeistert, meinen Sohn um mich zu haben, dass ich für eine Weile ganz vergaß, mir um Hama Sorgen zu machen. Zach war kaum angekommen, als Jungs in seinem Alter aufkreuzten und ihn einluden, mit ihnen Fußball zu spielen oder ins Kino zu gehen. Wahrscheinlich hatten sie alle noch nie einen amerikanischen Jungen gesehen und waren neugierig. Er kam auch zu einer Party in der Schule, obwohl Männer einen Friseursalon eigentlich nicht betreten durften. Nach der Party erzählte er mir begeistert von einem hübschen Mädchen mit roten Haaren. Es war Hama.

Am nächsten Tag zog ich Hama ein bisschen auf und sagte ihr, Zach würde sie schön finden. Auch ein paar andere Frauen neckten sie, doch dann sah ich Topekai mit Roshanna tuscheln. „Was hat sie gesagt?“, fragte ich Roshanna leise.

„Sie meint, du weißt vielleicht nicht, dass Hama kein Mädchen mehr ist. Sie findet, du solltest deinem Sohn nicht erlauben, dass er sich für sie interessiert.“

Quer durch den Raum beobachtete Topekai uns mit ernster Miene. Sie runzelte die Stirn und schüttelte den Kopf.

Aber es war nicht zu übersehen, dass Hama sich geschmeichelt fühlte. Meiner Meinung nach war es wichtig für sie zu wissen, dass andere Männer sie hübsch fanden. Sie sollte nicht glauben, dass sie auf Gedeih und Verderb an Ali gebunden war.

Aber einige Wochen später tauchte Hama mit einem blauen Auge und einer aufgeplatzten Lippe in der Schule auf. Die Hände vors Gesicht haltend berichtete sie, Ali hätte von Zach gehört und sie geschlagen. Hamas Mutter, eine zierliche Frau mit einem blauen Kopftuch, hatte Hama zur Schule begleitet. Sie flehte mich an, Hama vor Ali zu retten, der ihrem Mann seit einem Jahr Geld für ihre Tochter gebe. Die Mutter sagte, sie wisse nicht, wie die Familie über die Runden kommen solle, wenn Ali ihnen kein Geld mehr gebe, doch er sei ein schlechter Mann und sie wolle Hama vor ihm in Sicherheit bringen. Weinend ergriff sie meine Hände und fragte, ob mein Sohn ihre Tochter nicht heiraten und mit nach Amerika nehmen könne.

Wie erklärt man einer verzweifelten Mutter, dass so etwas in dem Land, aus dem man kommt, einfach nicht möglich ist? Ich konnte ihr meinen Sohn nicht versprechen, aber ich versprach ihr, auf Hama aufzupassen.

Als Sam jedoch davon hörte, fand er, eine Ehe mit Hama wäre genau das Richtige für Zach. Er war sowieso der Meinung, mein Sohn sei – wie alle jungen Amerikaner – zu verweichlicht und sich eine Frau zu nehmen würde ihm guttun.

„Du solltest Hama heiraten“, sagte er zu Zach. „Sie wäre eine gute

Frau für dich. Sie hat ja sogar schon fortschrittliche westliche Vorstellungen."

Ein, zwei Tage lang dachte mein Sohn über Sams Worte nach, dann verkündete er beim Abendessen: „Ich werde Hama heiraten."

Es wunderte mich eigentlich nicht, dass der großherzige Zach sich darauf einließ. Er fand die Vorstellung unerträglich, dass die süße kleine Hama von ihrem eigenen Vater an Ali verschachert wurde. Er wusste noch nicht, dass Hunderttausende süße kleine Mädchen an brutale Männer verkauft werden. Aber er konnte sie nicht alle heiraten.

Nachdem Zach erklärt hatte, er werde Hama heiraten, hörte Ali nicht etwa auf, sie zu schlagen; im Gegenteil, es wurde eher noch schlimmer. Zach war verzweifelt. Nachdem er sich edel gezeigt und bereiterklärt hatte, Hama zu heiraten, musste sie noch mehr leiden als zuvor. Wir wohnten immer noch alle zusammen in der Pension, und Ali kam jeden Abend so nonchalant wie immer herein. Ich begriff nicht, wie ich ihn je hatte charmant oder auch nur attraktiv finden können.

Dann hatte ich eine Idee, wie wir Hama vielleicht retten konnten, ohne zu so drastischen Maßnahmen wie einer Heirat greifen zu müssen. Meine Freundin Karen hatte von Michigan aus per E-Mail Hamas Geschichte verfolgt. Sie empfand großes Mitgefühl für Hama, da sie selbst als junge Frau in einer Beziehung mit einem wesentlich älteren, gewalttätigen Mann gelebt hatte. Wir überlegten, Hama in die USA zu schicken, wo sie bei Karen wohnen könnte. Wir würden zusammenlegen, um das Flugticket zu bezahlen, und Geld sammeln, damit sie eventuell aufs College gehen konnte.

Als ich Hama eines Tages nach der Schule von dem Plan erzählte, führte sie einen Freudentanz auf. „Ich bin eine Amerikanerin!", sang sie. Ich schärfte ihr ein, mit niemandem über den Plan zu sprechen, vor allem nicht mit Ali. Und ich befahl ihr, sich von ihm fernzuhalten und das Handy, das er ihr geschenkt hatte, in einen Brunnen zu werfen.

NACHDEM der zweite Kurs im Juli beendet war, nahm ich mir vor, das Salongeschäft anzukurbeln. Ich wollte nicht nur genug Geld verdienen, um die nächsten beiden Kurse finanzieren zu können, sondern auch, um uns von Ali unabhängig zu machen. Wir waren immer noch durch den gemeinsamen Mietvertrag für die Pension an ihn gebunden, aber nichts hinderte uns daran, die Schule und den Salon in anderen Räumlichkeiten unterzubringen und unsere Zimmer anderweitig zu vermieten.

Außerdem wollte ich Geld für Hamas Flugticket zur Seite legen, während Karen und ich überlegten, wie wir ihr ein Visum beschaffen könnten.

Topekai, Basira und Bahar übernahmen mehr Arbeitsstunden im Salon, und ich stellte sogar Hama ein, obwohl ihre Qualitäten als Friseurin zu wünschen übrig ließen. Ich erlaubte ihr, an Shaz zu üben, die oft in der Tür stand und den Frauen bei der Arbeit zusah. Shaz sah von Woche zu Woche besser aus. Ich hatte ihr ein paar Kleider geschenkt, damit sie nicht mehr in ihren alten Lumpen herumlaufen musste. Sie war noch immer keine begnadete Putzfrau, aber ich gab die Hoffnung nicht auf, und es machte mich glücklich zu sehen, wie Hama ihr dazu verhalf, sich ein bisschen weiblicher zu fühlen.

Eines Tages, als Hama gerade dabei war, etwas Rouge auf Shaz' Wangen aufzutragen, klingelte ein Handy, das ich noch nie gehört hatte. Hama ließ das Rouge fallen, nahm das Handy aus ihrer Handtasche und zog sich damit in die hinterste Ecke des Salons zurück.

„Hast du ein neues Handy?", fragte ich sie, als sie zu Ende telefoniert hatte. Sie senkte nur den Kopf und arbeitete weiter an Shaz' Make-up, aber das Ganze kam mir verdächtig vor. Topekai und Basira redeten in scharfem Ton auf Hama ein. Schließlich gestand sie, dass Ali ihr ein neues Handy geschenkt hatte.

Von da an tauchte Hama immer wieder in der Pension auf, meist dann, wenn sie annahm, dass ich entweder außer Haus war oder noch im Bett lag. Einmal sah ich sie am frühen Morgen in Alis Zimmer, wo sie gerade dabei war, sich zu schminken. Ein andermal kam sie mitten in der Nacht in einem Glitzerkleid und hochhackigen Schuhen mit ihm nach Hause. Oder sie saß mit Ali und dessen Freunden in Alis Zimmer, rauchte und lachte auf eine Weise, die nicht zu ihr passte. Wenn sie am nächsten Tag zur Arbeit kam, redete ich ihr ins Gewissen, sie solle sich von Ali fernhalten. Dann nickte sie, konnte mir jedoch nicht in die Augen sehen.

Es wurde immer schlimmer. Einmal hörte ich ihre Stimme aus Alis Zimmer und öffnete die Tür. Hama und ihr zwölfjähriger Bruder hockten halb nackt in einer Ecke. Ich sah, wie Hama blitzschnell ihre Hand unter dem T-Shirt ihres Bruders wegzog und zitternd hinter ihrem Rücken verbarg. „Lass sie in Ruhe!", schrie ich Ali an, der auf seinem Sofa lag und die beiden beobachtete, schnappte mir die Kinder und bestellte ihnen ein Taxi.

Und dann krümmte Hama sich jeden Tag vor Schmerzen, wenn sie zur Arbeit kam. Ich versuchte sie zu überreden, einen Arzt aufzusuchen, denn ich vermutete, dass Ali sie entweder prügelte oder dass sie schwanger war. Schließlich bat ich Roshanna zu übersetzen, weil ich unbedingt wissen wollte, was los war. „Zwingt er dich zum Sex?“, fragte ich. „Hama, steckt er seinen Penis in deine Vagina?“

Sie schüttelte den Kopf und zeigte auf ihren Po. Ich brach in Tränen aus. So zierlich und so zerbrechlich, wie sie war, musste das furchtbar schmerzhaft für sie sein. Ali war ein großer, kräftiger Mann.

„Das bedeutet nichts Gutes“, sagte Roshanna. „Wenn Ali sie nicht selbst entjungfert, hat er bestimmt vor, sie an jemand anderen zu verkaufen.“

„Du kannst immer noch von ihm wegkommen, Hama“, versicherte ich ihr. „Karen bereitet alles vor, damit du zu ihr nach Amerika ziehen kannst.“

Aber diesmal hellte sich Hamas Miene nicht auf, als ich ihr von unserem Plan erzählte. Sie war schon dabei, sich von mir zu lösen, auch wenn ich nie begriffen habe warum. Ich weiß nicht, ob sie sich vor Ali fürchtete oder ob sie glaubte, dass ihr Verhältnis mit ihm ihr eine andere Zukunft verbaut hatte. Vielleicht liebte sie ihn auch auf eine Weise, die ich nicht nachvollziehen konnte, so wie Kinder, die von ihren Eltern geschlagen werden, diese trotz allem lieben. Ständig tauchte sie in Begleitung von Ali und seinen Freunden in der Pension auf. Inzwischen versuchte sie gar nicht mehr, sich vor mir zu verstecken, und ich hörte auf, sie mit meiner Wut zu quälen.

Aber sie schleppte sich weiterhin Tag für Tag zur Arbeit in den Salon. Ich freute mich, sie zu sehen, denn ich hatte die Hoffnung noch nicht aufgegeben, aber Topekai und Basira begegneten ihr zunehmend feindselig, und Basira kam irgendwann nicht mehr zur Arbeit. Nach einigen Tagen besuchte ich sie zusammen mit Roshanna, um mich zu erkundigen, was los war. Als ich sie fragte, warum sie nicht mehr zur Arbeit komme, fing sie an zu weinen, und dann sprudelten die Worte nur so aus ihr heraus.

„Sie möchte gern arbeiten“, sagte Roshanna. „Aber sie traut sich nicht mehr in den Salon. Und ihr Mann hat ihr verboten, in den Salon zu gehen. Es ist alles wegen Hama.“

Mir wurde klar, dass Hamas Anwesenheit im Salon alle dort arbeitenden Frauen – und die Schule selbst – in Gefahr brachte. Alles Mögliche konnte passieren – dass extremistische Moralhüter den Salon stürmten und allen Frauen Säure ins Gesicht schütteten oder dass die Behörden mir den Laden dichtmachten, wenn bekannt wurde, dass ich eine Prostituierte beschäftigte. Wenn ich den guten Ruf von all den Frauen, die versuchten, als Kosmetikerin ihren Lebensunterhalt zu verdienen, nicht schädigen wollte, durfte ich Hama nicht länger im Salon dulden. Wochenlang zerbrach ich mir den Kopf. Dann las ich im Internet einen Bericht darüber, wie die aufgebrachten Bewohner eines Dorfes in der Nähe von Kabul eine Prostituierte gesteinigt hatten.

Ich erklärte Hama, dass sie sich zwischen Ali und mir entscheiden müsse. Ich sagte ihr, dass ich demnächst umziehen würde, dass ich ihr in dem neuen Haus ein Zimmer einrichten und unseren Wachmann anweisen würde zu schießen, falls Ali versuchte, das Haus zu betreten.

Nach dem Umzug strich ich die Wände des Zimmers, das für Hama bestimmt war, pfirsichfarben und hängte passende Vorhänge auf. Ich wartete darauf, dass sie kommen würde, denn sie hatte es versprochen, und ihre Augen hatten aufgeleuchtet, als wir darüber geredet hatten. Doch sie blieb bei Ali in der Pension. Seitdem habe ich sie nur noch einmal auf einer Party gesehen. Sie trug ein ärmelloses, tief ausgeschnittenes Kleid, trank Alkohol, rauchte und ließ sich von den Männern ungeniert anfassen. Ich konnte den Anblick nicht ertragen und ging.

Achtes Kapitel

Ich war allein in unserem neuen Haus und freute mich auf ein ausgiebiges Schaumbad bei Kerzenlicht. Die Badezimmertür war zu, was nicht unbedingt bedeuten musste, dass jemand im Bad war. Als ich die Tür öffnete, erblickte ich einen Mann, der mit nacktem Oberkörper über das Becken gebeugt dastand. Als er sich aufrichtete und mir zuwandte, tropfte schmuddliges Wasser aus seinem Bart, der ihm bis an den Nabel reichte.

„Raus hier!", fauchte ich. „Das ist mein Haus!"

„As-salam alaikum." Hastig zog er sein Hemd über und sagte etwas in versöhnlichem Ton, dann wickelte er seine Zahnbürste und ein Seifenstück in ein schmuddliges Handtuch und verzog sich. Vom Fenster im ersten Stock aus sah ich ihm nach. Beim Weggehen blickte er zurück, ob ich ihm folgte, dann verschwand er in einem der Nebengebäude. Ich nahm mir vor, Sam zu bitten, den Mann hinauszuwerfen.

Während ich die Badezimmertür verriegelte, ermahnte ich mich, nicht allzu wütend auf den Mann zu sein. Schließlich hatten wir ihm zu verdanken, dass unsere Miete so niedrig war.

Sam und ich hatten unbedingt in ein neues Haus ziehen wollen. Es sollte groß sein, aber wir wollten keine Pension mehr betreiben, sondern im ersten und zweiten Stock die Schule und den Salon unterbringen und oben zwei Zimmer für uns privat reservieren. Ich ging davon aus, dass ich auf diese Weise den Salon vergrößern und genug Geld verdienen konnte, um die Schule zu finanzieren. Aber seit die Hausbesitzer in Kabul mitbekommen hatten, dass ausländische Organisationen einen großen Bedarf an Räumlichkeiten hatten, waren die Mieten in astronomische Höhen geschossen. Meine Ersparnisse reichten bei Weitem nicht für einen Umzug. Hinzu kam, dass ich meine Freundin Chris überredet hatte, für zehn Tage nach Afghanistan zu kommen, um mir beim Renovieren von Salon und Schulräumen zu helfen, die ich noch nicht einmal hatte. Und sie hatte bereits für Anfang Dezember einen Flug gebucht.

Drei Tage vor ihrer Ankunft lag ich abends schluchzend im Bett, verzweifelt über das Durcheinander, das ich verursacht hatte. Chris würde in Kabul sein und nichts zu tun haben, außer mir beim Jammern zuzuhören. Ich hatte alles getan, um Geld zusammenzubekommen. Ich brauchte 9000 Dollar für Miete und Renovierung, und ich hatte nur etwas über 1000. Als ich jedoch am nächsten Morgen meine E-Mails abrief, geschah ein kleines Wunder. Ich fand eine Nachricht von Mary MacMakin vor, die mir mitteilte, dass Clairol und die *Vogue* Spenden für die Kosmetikschule überwiesen hatten, und zwar insgesamt genau 9000 Dollar.

Als Chris ankam, hatte ich also das Geld, aber kein Haus. Sam hatte noch immer nichts Passendes gefunden, das ich bezahlen konnte. Ich war mit den Nerven am Ende, doch am zweiten Tag von Chris' Aufenthalt kam er mit einem neuen Vorschlag an: Es handelte sich um ein großes weißes Haus mit einem von einer soliden Mauer umgebenen Grundstück, das für Kabuler Verhältnisse ziemlich billig war. Der Eigentümer suchte dringend neue Mieter, denn ein alter Taliban – der Mann, der mich im Bad erschreckte – hatte sich im Haus eingenistet und den Strom angezapft, sodass dem Eigentümer jeden Monat hohe Rechnungen ins Haus flatterten. Ich bat Sam, den Mietvertrag sofort zu unterschreiben, und am nächsten Tag begannen wir mit dem Umzug.

Außer dem Hausbesetzer, der immer noch hin und wieder aufkreuzte, gehörte zum Inventar des neuen Hauses ein lächelnder Klempner namens Zilgai. Ihm und Chris übertrug ich die Aufgabe, Handwerker aufzutreiben und mit den Renovierungsarbeiten anzufangen, während ich mich um Scharen von ausländischen Kundinnen kümmerte, die noch schnell frische Strähnchen, einen Haarschnitt, Gesichtsmasken, eine Maniküre, Pediküre und eine Epilation der Bikinizone brauchten, ehe sie in den Weihnachtsurlaub aufbrachen. Ich hatte so viel zu tun, dass ich mich im neuen Haus nur alle paar Stunden kurz blicken lassen konnte, aber jedes Mal wenn ich dort eintraf, war Chris von staunenden Männern umringt, die es offenbar nicht fassen konnten, dass eine Frau die Zimmerdecke streichen konnte, ohne auf einen Stuhl zu steigen. Wahrscheinlich hatten sie noch nie eine so große Frau gesehen. Es war Chris, die den alten Taliban schließlich endgültig verscheuchte. In einer Zimmerecke hatte sie ein paar von seinen Sachen gefunden, die sie ihm wortlos überreichte. Bei ihrem Anblick ergriff er die Flucht, und wir haben ihn seitdem nie wieder gesehen.

Als ich einmal zum Haus kam, sagte Chris, sie brauche für Spezialeffekte einen Staubwedel aus Federn. Mithilfe meines Dari-Wörterbuchs versuchte ich den Malern das Ding zu beschreiben, während Chris mit den Ellbogen Flügelbewegungen wie ein Huhn machte, um ihnen auf die Sprünge zu helfen. Schließlich nickte einer der Männer und versprach, uns zu beschaffen, was wir brauchten. Anderthalb Stunden später erschien er mit einem lebenden Huhn. Chris seufzte ratlos, dann tat sie so, als würde sie sich ein Messer ins Herz stoßen, um zu erklären, dass sie kein lebendiges Huhn gemeint hatte. Kein Problem: Der Mann ging nach draußen, schlachtete das Huhn und brachte es ihr wieder. Als sie dem Vieh ein paar Federn ausrupfte und an einen Stock hielt, verstand er endlich, worum es ging. Er rupfte das Huhn vollends und befestigte eine Handvoll Federn mit Draht an dem Stock. Als ich Chris später mit dem Staubwedel hantieren sah, fielen mir dunkle Spuren am Griff auf. Ich fragte sie, was sie denn rot angestrichen hätte. „Das ist Blut", antwortete sie. Die Männer und Chris hatten das Huhn zum Mittagessen verspeist.

Die arme Chris! Sie war zur schlimmsten Jahreszeit hier. Zum Glück war es außerhalb der „Terroristensaison", wie es hier heißt – denn wenn die Temperaturen fallen, kehren die Terroristen nach Pakistan zurück –, aber davon abgesehen ist der Dezember schrecklich ungemütlich. Es ist kalt, es gibt nirgendwo Zentralheizung. Chris fror die ganze Zeit. Doch obwohl sie so leiden musste, konnte ihr Werk sich sehen lassen: Schule und Salon konnten mit allem, was es zu Hause gab, mithalten. Für den Hauptraum wählte sie ein ägyptisches Thema und malte Frauengestalten im Stil von Kleopatra, die die großen Spiegel umrahmten. Im Raum für Maniküre und Pediküre hatte sie ein Podest mit eingelassenen Becken für die Pediküren eingebaut und den Platz um die Becken herum mit afghanischen Teppichen belegt. Die Decke hatte sie mit Tüchern verhängt, sodass man sich vorkam wie in einem prächtigen Zelt. Den Rest des Raums hatte sie so gestaltet, dass er wie ein luftiger Pavillon wirkte, in den vom Meer reflektiertes Sonnenlicht fiel – türkis gehaltene Wände mit aufgemalten Säulen und Spalieren.

Als wir den Umzug kurz vor Weihnachten hinter uns gebracht hatten, gaben wir dem Salon einen neuen Namen: Oase. Da wir in den größeren, schöneren Räumlichkeiten mehr Kundinnen bedienen konnten, bot ich Topekai, Basira und Bahar Vollzeitstellen als Friseurinnen im Salon an. Im Gegenzug sollten sie mir bei der Ausbildung neuer Lehrerinnen für den nächsten Kurs helfen. Von da an war an vier Tagen der Woche der Salon geöffnet, und an den anderen drei Tagen wurde unterrichtet.

Außerdem stellten wir Dienstpersonal ein: eine liebenswerte junge Köchin namens Maryam, ein aufgekratztes junges Ding namens Laila als Dolmetscherin und einen freundlichen jungen Wachmann namens Achmed Zia. Mithilfe von ein paar Freunden legte Achmed Zia ein Stromkabel ins Wachhäuschen und besorgte einen Fernseher. Dort hockten sie dann zusammen, bis es dunkel wurde. Es kam vor, dass ich Sam abends auf dem Handy anrief, um mich zu erkundigen, warum er noch nicht zu Hause sei, und er antwortete, er sei schon seit einer Stunde da und sehe sich im Wachhäuschen ein Fußballspiel an. Manchmal saßen bis zu acht Männer in dem Häuschen, das kaum groß genug war für zwei.

KURZ VOR THANKSGIVING erzählte mir Sam, dass seine andere Frau einen Jungen geboren habe. Ich war am Boden zerstört, denn ich wusste, wie wichtig Söhne für einen Afghanen sind. Meine Freunde trösteten mich damit, dass ich Sams Lieblingsfrau sei, diejenige, mit der er zusammenlebte. Ich fragte mich jedoch manches Mal, wie lange das noch so bleiben würde. Sam hatte seinen Eltern unsere Ehe verschwiegen, aber seine Mutter hatte über einen Verwandten in Kabul davon erfahren, woraufhin sie ihn wutentbrannt angerufen und ihm vorgehalten hatte, er habe eine ältere Amerikanerin geheiratet. Daraufhin hatte er sie angelogen und behauptet, ich sei erst 32. Ich wünschte, Sam hätte den Mut aufgebracht, vorbehaltlos zu mir zu stehen.

Jetzt verbrachte ich mein erstes Weihnachten in Afghanistan, und ich hatte noch nie solches Heimweh verspürt. Zach war nach Michigan zurückgekehrt, und er fehlte mir schrecklich. Sam wusste, wie viel mir das Fest bedeutete, aber er schien es vergessen zu haben. Der 24. Dezember war kalt und grau, ein ganz normaler Wintertag in Kabul.

Doch irgendjemand musste Sam angerufen und ihm gesagt haben, wie unglücklich ich war, denn plötzlich kam er zur Tür hereingeeilt. Er tätschelte mir liebevoll den Kopf. „Natürlich werden wir in diesem muslimischen Land Weihnachten feiern", sagte er. „Wir werden das schönste muslimische Weihnachtsfest aller Zeiten feiern."

Sam rief alle Bediensteten zusammen und verkündete, dass wir eine Party veranstalten würden. Er erklärte, dass Amerikaner immer Truthahn zu Weihnachten essen, und Achmed Zia erhielt den Auftrag, einen Puter zu beschaffen. Am 25. kamen Zilgai und sein Bruder, ein Florist, und halfen mir, das Haus weihnachtlich herzurichten. Sie schmückten die Türen mit Bögen aus Plastikölzweigen, und im Wohnzimmer bauten sie kleine Wäldchen aus Plastikorangenbäumchen auf. Dann konnte die Party losgehen. Alle Frauen – die Friseurinnen, die weiblichen Bediensteten, die Ehefrauen, Mütter und Schwestern der männlichen Bediensteten – strömten nach oben ins Wohnzimmer, während die Männer sich unten im Salon einfanden. Wir legten afghanische Musik auf und tanzten.

Ich sah gerade Maryam und ihrer Schwester zu, wie sie sich umeinander drehten, da stand plötzlich Sam mit einem Blumenstrauß und einer riesigen Geschenkschachtel neben mir. „Das ist für dich!", sagte er. Alle Frauen drängten sich neugierig um mich und klatschten, während ich das Geschenk auspackte. Als ich vorsichtig das Seidenpapier entfernte und etwas leuchtend Rotes zum Vorschein kam, hielten alle gespannt den Atem an. Es war ein traditionelles afghanisches Kleid, über und über bestickt mit winzigen Spiegeln, Perlen und Pailletten. „Wow", sagte ich. „Was für ein Kleid!"

„Probier es an!", forderte Sam mich mit einer Geste in Richtung Schlafzimmer auf.

Es dauerte eine Weile, bis ich das Kleid anhatte. Ich kam mir vor wie eine mittelalterliche Königin, die zwei, drei Zofen braucht, um sich anzuziehen, nur dass niemand da war, um mir zu helfen. Als ich es endlich geschafft hatte, stakste ich zurück ins Wohnzimmer, wo Sam mich mit einer Nikolausmütze auf dem Kopf erwartete. Obwohl immer noch laute afghanische Musik aus dem CD-Player dröhnte, versuchte er, mit mir einen Walzer zu tanzen. In dem neuen Kleid konnte ich mich kaum bewegen, aber trotzdem weinte ich vor Freude darüber, dass Sam mir ein Weihnachtsgeschenk gemacht hatte. „Er liebt dich so sehr!“, rief eine der Frauen, als ich in den Armen meines Mannes an ihr vorbeitaumelte.

MINA schlug die Haustür zu, aber sie trällerte nicht wie üblich ihr fröhliches „Guten Morgen“, sondern zog sich mit gesenktem Kopf in ein Hinterzimmer zurück. Bald darauf hörte ich sie leise schluchzen. Laila, die Dolmetscherin, und ich sahen uns fragend an, dann zog ich sie auf den Flur, um herauszufinden, was mit Mina los war. Sie hatte sich in unserem wunderschönen Maniküre-Pediküre-Zimmer versteckt. Als sie aufblickte, sahen wir, dass sie schon seit Stunden geweint haben musste. Laila redete eine ganze Weile mit ihr, dann sagte sie: „Mina braucht jemanden, der auf ihren kleinen Sohn aufpasst.“

„Ich dachte, sie bringt ihn jeden Morgen zu ihrer Mutter.“

„Das geht nicht mehr.“

„Weil …?“

„Weil die Familie sich von ihr losgesagt hat. Wegen eines Streits mit ihrem Mann über die Mitgift.“

Sam hatte Mina nach Weihnachten hergebracht. Sie war eine schöne junge Frau mit schwarzem Haar, schwarzen Augen und dem strahlendsten Lächeln Afghanistans.

„Meine Cousine Mina“, sagte Sam. „Gib ihr Arbeit.“

„Ich kann es mir nicht leisten, noch jemanden einzustellen.“

„Stell sie ein, Debbie! Sie sitzt den ganzen Tag ohne Strom und Heizung mit ihrem Kind zu Hause.“

Also stellte ich Mina ein. Sie brachte ihr Kind jeden Morgen zu ihrer Mutter und machte sich mit der Zeit unentbehrlich.

Jetzt, da wir die Schule und den Salon vergrößert hatten, fiel auch viel mehr Arbeit an. Mina wischte jeden Morgen die Regale im Salon ab und polierte die Spiegel. Sie war mir eine große Hilfe, denn es war mir immer noch nicht gelungen, die Friseurinnen davon zu überzeugen, dass es nicht unter ihrer Würde war, unseren Arbeitsplatz sauber zu halten. Zusätzlich half Mina der Köchin bei der Zubereitung der Mahlzeiten für unsere Bediensteten, die Schülerinnen und die Lehrerinnen. Ich hörte die beiden oft in der Küche singen, wenn sie Auberginen schälten oder den Teig für *auschak* kneteten, eine Art afghanische Maultaschen, die mit Porree und Zwiebeln gefüllt werden. Und jedes Mal wenn eine Kundin den Salon betrat, erschien Mina mit einem Tablett und servierte liebenswürdig lächelnd Tee.

Mit ihrer gut gelaunten, übermütigen Art war Mina eine Bereicherung für den Salon, und das war genauso unentbehrlich wie ihre Putzdienste. Da sie eine – wenn auch entfernte – Cousine von Sam war, nahm sie sich im und ums Haus größere Freiheiten heraus als die anderen Frauen. Einmal half sie Shaz dabei, vor dem Haus die Teppiche auszuschütteln und anschließend die Terrasse zu schrubben, und ehe ich mich's versah, hatten sie eine Wasserschlacht angefangen. Ich schnitt gerade einer Kundin die Haare, aber ich konnte nicht widerstehen hinauszulaufen, mir den Schlauch zu schnappen und Mina nass zu spritzen. Als sie kreischend und prustend auf mich zurannte, mir den Schlauch entriss und auf mich richtete, feuerten die Friseurinnen und die Kundinnen, die das Spektakel von drinnen beobachteten, sie an und klatschten Beifall. Dann plötzlich ging das Tor auf, und Sam erschien in Schlips und Kragen, die Aktentasche unter dem Arm. Durch seine Mafioso-Sonnenbrille musterte er uns streng – dann richtete Mina den Schlauch auf ihn und spritzte ihn von Kopf bis Fuß nass, während er versuchte, sich mit seiner Aktentasche zu schützen. Wie ein wütender Mudschaheddin stürmte er ins Haus. Selbst ich hätte es niemals gewagt, mir so einen Scherz mit ihm zu erlauben.

Doch jetzt war alles Funkeln aus Minas Augen verschwunden. Schon seit Monaten – nein, seit Jahren – hatte sich etwas zusammengebraut, und nun konnte sie es nicht mehr verbergen.

Minas Familie stammte aus dem Nordosten, aus der Nähe von Tadschikistan. Mina hatte fünf Schwestern und zwei Brüder, von denen einer älter war als sie. Ihr Vater war Lehrer, aber im Dorf hatte er sich vor allem als Säufer einen Namen gemacht. Während des Krieges gegen die Russen war die Familie nach Kabul gezogen. Aber als später der Bürgerkrieg ausbrach, trauten die meisten Leute sich nicht mehr, ihre Kinder in die Schule zu schicken, und er verlor seine Arbeit. Also zog die Familie zurück in den Nordosten und kam im Haus eines wohlhabenden

Onkels unter. Den jedoch ärgerte es, dass er seine Verwandten bei sich aufnehmen musste, und er behandelte sie schlecht. Minas Vater fand keine Arbeit, und manchmal hatte die Familie tagelang nichts zu essen, während der Onkel mit seiner Familie im Nebenraum tafelte. Hin und wieder standen Mina und ihr Bruder draußen vor dem Fenster und sahen mit knurrenden Mägen beim Essen zu. Wenn die Tante sie bemerkte, jagte sie sie fort und beschimpfte sie als Bettler.

Schließlich nahm Minas Bruder in Kabul eine Stelle als Lehrer an, und die Familie hatte genug Geld, um sich in der Stadt ein Haus mieten zu können. Der Bruder heiratete und wohnte mit seiner Frau im ersten Stock. Mina wäre gern zur Schule gegangen, aber aus Angst, die Taliban könnten sie entführen, wagten ihre Eltern nicht, sie aus dem Haus zu lassen. Dann kam eines Tages ein Mann, der Mina heiraten wollte. Er war zwar kein Taliban, doch die Eltern wiesen ihn ab, denn Mina war erst vierzehn und er Mitte vierzig und überdies in den Augen der Familie zu hässlich für das schöne Mädchen.

Drei Jahre lang hielt der Mann immer wieder um ihre Hand an, doch sie machte sich keine Sorgen, weil sie davon überzeugt war, dass ihr Vater ihn niemals akzeptieren würde. Sie hatte mehrere junge, gut aussehende Vettern, und sie hoffte, dass einer von ihnen, wenn er ins heiratsfähige Alter kam, seine Eltern davon überzeugen würde, dass sie die Richtige für ihn war.

Eines Tages lieh sich Minas Bruder von ihrem alten, hässlichen Verehrer Geld für eine Investition, die fehlschlug. Als der Bruder seine Schulden nicht begleichen konnte, verlangte der Mann Mina als Gegenleistung. Widerstrebend erklärte ihr Vater sich einverstanden und gab seine schöne Tochter fort, um die Familienehre zu retten.

Aber nach der Hochzeit entbrannte ein heftiger Streit zwischen Minas Vater und ihrem Bruder. Der Bruder hatte sich ganz entgegen afghanische Sitten entschlossen, aus seinem Elternhaus auszuziehen. Er war so vernarrt in seine Frau, dass er sich von ihr hatte überreden lassen, sich mit ihr eine eigene Wohnung zu suchen. Minas Vater geriet in Wut darüber, dass sein Sohn ihn mit seinem geplatzten Kredit um die Chance gebracht hatte, für Mina einen ordentlichen Brautpreis zu erzielen. Seine Wut erstreckte sich auch auf Minas Mann, weil der sie für einen Spottpreis bekommen hatte. Minas Mann wiederum war wütend, weil er nach der Hochzeit seine Arbeit verloren hatte und jetzt wünschte, er hätte ihrem Bruder nie einen Kredit gegeben. Und die geballte Wut traf die einzige Person, die keine Schuld hatte und die am wenigsten an der Situation ändern konnte: Mina.

Während Mina weiterschluchzte, erzählte mir Laila, dass Minas Vater zu Minas Mann gegangen war und einen Brautpreis verlangt hatte, den dieser nicht zahlen konnte. Das Ende vom Lied war, dass Minas Vater erklärt hatte, er würde sich von seiner Tochter lossagen, bis der Brautpreis bezahlt war. Er verbot ihrer Mutter jeden Kontakt mit ihr und ihrem Sohn, bis er das Geld hatte. Sowohl Mina als auch ihre Mutter waren darüber völlig verzweifelt.

„Wo ist das Kind jetzt?“ Ich hätte mich nicht gewundert, wenn Mina den Jungen unter ihrem großen schwarzen Schleier versteckt hätte.

„Bei ihrer Nachbarin, aber nur für heute“, sagte Laila.

Später setzte ich Sam die Sache auseinander. Er stöhnte bei dem Gedanken, sich in den Schlamassel einmischen zu müssen, aber da Mina eine Verwandte war, versprach er mir, es zu versuchen.

Am nächsten Tag brachte Mina ihren kleinen Sohn mit zur Arbeit. Er war ein süßer, ernster Junge mit wilden roten Haaren und kajalumrandeten Augen. „Das Kajal soll den bösen Blick abwehren“, erklärte mir Laila.

Wie hätte ich Mina verweigern sollen, das Kind mitzubringen? Aber ich wollte nicht, dass er im Salon spielte, denn dort gab es zu viele scharfe Scheren und starke Chemikalien. Der Wachmann, der Klempner und unser Fahrer erboten sich, auf den Jungen aufzupassen, sodass ich den Kleinen während der Arbeitszeit kaum jemals zu Gesicht bekam.

Es gelang Sam tatsächlich, die Krise in Minas Familie für eine Weile beizulegen. Vermutlich hat er allen drei Männern gedroht, ihnen ein paar von seinen Mudschaheddin-Freunden auf den Hals zu hetzen, wenn sie nicht aufhörten, Mina zu quälen.

Doch schon wenige Wochen später kam Mina wieder schluchzend zur Arbeit. Diesmal hatte sie einen Bluterguss über dem halben Gesicht und einen Arm voller blauer Flecken. Erneut war sie bei den Männern ihrer Familie zwischen die Fronten geraten.

Ein Onkel, der in der Nähe von Tadschikistan lebte – nicht der gemeine, bei dem ihre Familie früher gewohnt hatte –, war nach Kabul zu Besuch gekommen. Da er sich ganz besonders auf Mina gefreut hatte, wurde Mina mit Mann und Kind von ihren Eltern zum Abendessen eingeladen. Kaum waren sie dort, regte Minas Mann sich darüber auf, dass ihr Vater und ihr Onkel Alkohol tranken, und wollte sofort wieder gehen. Der Onkel bat ihn freundlich, es sich noch einmal zu überlegen, er wolle so gern noch ein bisschen mit seiner Lieblingsnichte plaudern. Als Mina eine Hand auf den Arm ihres Mannes legte, um ihn zum Einlenken zu bewegen, rastete er aus, zerrte sie nach draußen und verprügelte sie, worauf ihr Vater aus dem Haus gerannt kam und seinen Schwiegersohn von seinem Grundstück jagte. Er war aber nicht etwa aufgebracht, weil Minas Mann sie schlug, das wusste er längst, nein, es ging darum, dass nicht *er* derjenige war, der sie verprügelte. Im Elternhaus hat ausschließlich der Vater das Recht, seine Tochter zu züchtigen. So war der Ehemann grollend abgezogen und hatte seinen kleinen Sohn mitgenommen, während die völlig aufgelöste Mina die Nacht bei ihren Eltern verbracht hatte.

Ich legte meinen Arm um ihre Schultern. „Du kannst bei uns wohnen. Oder du kannst deinen Mann verlassen und bei deinen Eltern einziehen."

Da fing sie erneut an zu schluchzen. „Wenn sie das tut", sagte Laila, „verliert sie ihren Sohn. Sie kann ihr Kind nur behalten, wenn sie zu ihrem Mann zurückgeht. Aber jetzt droht ihr Vater, die Ehe aufzulösen. Dazu hat er das Recht, weil Minas Mann nie einen angemessenen Brautpreis für sie gezahlt hat." Und wieder wurde Mina nicht gefragt. Ebenso wie ihr Vater entschieden hatte, dass sie diesen Mann heiraten sollte, so war er auch der Einzige, der zu entscheiden hatte, ob die Ehe weiterbestand.

Sam verhandelte ein zweites Mal mit dem Vater und dem Ehemann, und irgendwie gelang es ihm tatsächlich, den Vater von seinem Vorhaben abzubringen. Dem Ehemann drohte er an, ihn zu töten, falls er seine Frau noch einmal schlug. Mina und ihr Sohn blieben zunächst bei ihren Eltern. Nach einer Woche kam der Ehemann und flehte den Vater um Erbarmen an, der ihm Mina daraufhin zurückgab.

Aber auch wenn die Situation sich wieder einigermaßen normalisiert hatte, war Mina immer noch unglücklich und verängstigt. Ich wusste, dass sie gern die Schönheitsschule besuchen wollte und auch außergewöhnlich talentiert war, doch hatte sie mich nie gebeten, in die Schule aufgenommen zu werden. Also lud ich sie eines Nachmittags zum Tee bei Sam und mir ein. „Ich habe eine Überraschung für dich", sagte ich in der Erwartung, dass ihre Augen wieder aufleuchten würden. „Ich habe mich entschlossen, dich in den nächsten Kurs in meiner Schule aufzunehmen."

Aber Mina schüttelte nur traurig den Kopf. „Sie sagt, es geht nicht", übersetzte Sam. „Ihr Mann hat keine Arbeit, und sie brauchen das Geld, das sie hier für das Putzen bekommt."

„Das habe ich mir alles schon genau überlegt", entgegnete ich. „Sie kann immer noch ein paar Stunden bei uns arbeiten, und sie bekommt auch weiterhin den vollen Lohn. Wenn sie fleißig ist und den Kurs als eine der Besten abschließt, kann sie nachher eine volle Stelle als Friseurin bei mir bekommen."

Als Sam ihr meinen Vorschlag übersetzte, lächelte Mina endlich wieder. Und bald lief sie zu Maryam in die Küche, und die Tränen waren vergessen.

Im neuen, fünften Kurs war Mina mit Schwung und ihrem alten Übermut dabei. Wenige Tage vor der Abschlussprüfung bat sie die anderen Schülerinnen, die Abschlusszeremonie auf Video aufzunehmen und während der Übergabe der Zeugnisse Fotos von ihr zu machen, die sie an alle Verwandten schicken wollte.

„Ich bin so glücklich!", rief sie aus. „Zum ersten Mal in meinem Leben habe ich etwas erreicht!"

Ein paar Tage später führte Mina ihre erste Pediküre an einer zahlenden Kundin durch. Sie legte die Füße der Frau in das warme Wasser, als handelte es sich um wertvolle Kunstgegenstände. Sie machte ihre Sache gut und freute sich ungemein, als sie ihr erstes Trinkgeld bekam. Sie war überglücklich, und ich nahm an, dass ihr miesepetriger Mann sich ebenso freuen würde über das Geld, das sie nach Hause brachte.

Aber eines Tages fand ich sie wieder weinend in einer Ecke. Ihre Schwiegermutter, die zu ihr und ihrem Mann gezogen war, hatte etwas dagegen, dass sie außer Haus arbeitete, und hatte ihren Sohn so lange aufgehetzt, bis er Mina erneut schlug. Am liebsten wäre sie zurück zu ihren Eltern gezogen, aber sie wusste, dass sie ihren Sohn verlieren würde, wenn ihr Vater die Ehe auflöste. Ich überredete ihren Mann, ihr zu gestatten, dass sie ihren Sohn für zwei Wochen mit zu ihren Eltern nahm. Im Stillen betete ich, dass sich alles zum Guten wenden möge, denn ich wusste nicht, was ich sonst noch tun konnte.

EINES ABENDS im späten Frühling 2005 schaute ich aus unserem Schlafzimmerfenster. Tagsüber hatte in Kabul ungewöhnlich viel Staub in der Luft gelegen, und der Himmel war grau in grau. Ich hatte das Gefühl, vor lauter Staub kaum noch Luft zu bekommen. Dann sah ich am Himmel etwas glitzern.

„Sieh mal, Sam", rief ich. „Sternschnuppen!"

Sam trat neben mich ans Fenster. „Nein, Debbie, keine Sternschnuppen", sagte er. „Das sind Raketen. Irgendwo wird wieder gekämpft."

Das warme Wetter lockte die übelsten Gestalten aus ihren Winterquartieren. Kurz nach der Abschlussfeier war in Kabul das Chaos ausgebrochen. In unserer Straße war eine Entführung nur knapp vereitelt worden. Das Internetcafé um die Ecke wurde in die Luft gesprengt. Eine junge Frau, die für einen neuen afghanischen Fernsehsender arbeitete, wurde vor ihrem Haus ermordet. Eine Italienerin namens Clementina Cantoni, die in Kabul für eine Hilfsorganisation tätig war, wurde entführt. Das Schlimmste von allem war, dass drei Afghaninnen, die für eine ausländische Hilfsorganisation gearbeitet hatten, vergewaltigt, erdrosselt und am Straßenrand aus dem Auto geworfen worden waren. Bei den Toten lag ein Zettel, auf dem stand, dasselbe würde allen Verrätern und Huren widerfahren.

Die Menschen versuchten, ihr Leben trotz der bedrückenden Vorfälle möglichst normal weiterzuführen. Ich setzte eine Werbeanzeige in eine kleine Kabuler Zeitschrift, die auf eine ausländische Leserschaft ausgerichtet war, und mein Kundenkreis vergrößerte sich weiter. Meist waren fünf oder sechs Kundinnen gleichzeitig da, um zu tratschen und sich verwöhnen zu lassen, und sie schienen jedes Mal zu wetteifern, wer die unglaublichste Geschichte zu erzählen hatte.

Diese Frauen leisteten Erstaunliches unter schwierigsten Bedingungen. Eine Kundin betreute Schwangere in Dörfern, die so abgelegen waren, dass man sie nur zu Pferd erreichen konnte. Eine andere beriet Verkehrspolizisten, wie sie Kinder dazu erziehen konnten, sich sicher durch die Straßen von Kabul zu bewegen. Ich glaubte zwar, was ich tat, sei von Bedeutung – Frauen zu befähigen, in einem der wenigen Berufe erfolgreich zu sein, die ihnen in Afghanistan offenstehen. Aber manchmal, wenn ich meine Kundinnen von ihrer Arbeit erzählen hörte, wurde ich ziemlich bescheiden.

An den Nachmittagen, wenn meine Friseurinnen nach Hause gegangen waren, empfing ich männliche Kunden aus dem westlichen Ausland, darunter einige, die man normalerweise nicht in einem Friseursalon erwarten würde, Kerle wie Kleiderschränke, die als Leibwächter für wichtige Leute arbeiteten. Ein Teil meiner Kundschaft durfte sich nur in Begleitung solcher Leibwächter in der Stadt bewegen.

Einmal sah ich vor unserem Tor einen solchen Rambo stehen, der mit finsterer Miene die Straße beobachtete. In seinem ledernen Gürtel steckten die verschiedensten Waffen und Munition. „Wollen Sie nicht lieber reinkommen und hier drinnen warten?!", rief ich ihm aus dem Fenster zu.

Er drehte sich um und schüttelte den Kopf. „Ich muss die Straße im Auge behalten." Sein Lächeln war unter den langen, schief geschnittenen Koteletten kaum zu erkennen.

„Kommen Sie nach Feierabend wieder, dann schneide ich Ihnen die Koteletten gratis!"

Nachdem alle Friseurinnen nach Hause gegangen waren, kam er tatsächlich und brachte gleich noch einen Freund mit. Und dann wurden es immer mehr. Der Anblick, der sich nun beim Betreten meines Salons nach Geschäftsschluss bot, war wirklich unglaublich. Sie kamen zu zweit oder zu dritt, legten ihre Pistolen auf einem mit Lockenwicklern beladenen Wagen ab, machten es sich auf einem Friseurstuhl bequem und ließen sich von mir widerstandslos einen pinkfarbenen Frisierumhang mit dem Bild von Marilyn Monroe umlegen. Sam mochte diese Abende sehr. Wann immer seine Lieblingsleibwächter da waren, rief ich ihn an, dann eilte er auf dem schnellsten Weg nach Hause, um sich ihre Geschichten anzuhören und mit ihnen über Schusswaffen zu fachsimpeln.

Als es wärmer wurde, schauten viele meiner ausländischen Kunden nach Feierabend vorbei, und so gab es in unserem Hof manch ein Fest unter freiem Himmel. Zilgai, der Klempner, und seine Freunde führten immer ein paar wilde afghanische Tänze vor. Ich heuerte afghanische Musiker an und ließ Maryam afghanische Gerichte für alle kochen. Sam lud seine Freunde ein, und wir tanzten bis spät in die Nacht.

VOR MEINEM TOR drängte sich eines Tages eine Schar von Männern. Sie waren herbeigeeilt, um ja nicht zu verpassen, wie ein Mann mit einem langen schwarzen Bart unserem Wachmann Achmed Zia eine Standpauke hielt. Achmed Zia warf mir einen besorgten Blick zu. Es war nicht zu übersehen, dass der Typ mit dem Bart betrunken war, aber er wirkte nicht gefährlich, eher beschränkt. „Worüber regt er sich denn so auf?", fragte ich Laila.

Sie zuckte die Achseln. „Er sagt, er bringt Achmed Zia um."

„Und warum?"

„Weil du die Hütte für den Wachmann auf die andere Seite vom Tor verlegt hast. Er behauptet, der Teil der Mauer gehört ihm."

Ich schob mich durch die Männer und stellte mich neben Achmed Zia. „Sag ihm, das ist nicht seine Mauer!"

Laila reichte dem Kerl kaum bis zu den Schultern, aber sie ging auf ihn los wie ein Racheengel. Der Bärtige musterte sie stirnrunzelnd, dann fing er wieder an zu brüllen. Laila wandte sich an mich. „Er sagt, er bringt dich um, Debbie, dich und die ganzen Ausländer, die immer hierherkommen."

„Sag ihm, ich zeige ihn bei der Polizei an!"

Dann kreuzte ein Bruder des Kerls auf, eine dürre, bleiche Gestalt mit einem verwachsenen Ohr. Er warf mir einen grimmigen Blick zu und zog seinen Bruder wortlos fort.

Wir wussten schon lange, dass diese Nachbarn schwierig waren. Sie waren im ganzen Viertel als Störenfriede bekannt. Der Gemüsehändler um die Ecke hatte mir erzählt, dass sie oft im Vorbeigehen eine Handvoll Bohnen oder einen Blumenkohl mitgehen ließen und ihn nur auslachten, wenn er protestierte. Der Besitzer eines kleinen Kurzwarenladens am Ende der Straße hatte ebenfalls berichtet, dass die Brüder ihn bestahlen. Auch meine Schülerinnen hatten sich beklagt, dass die Nachbarn beleidigende Bemerkungen machten, wenn sie ihnen auf der Straße begegneten.

Eines Abends sahen Sam und ich uns im Fernsehen gerade einen Film an.

Plötzlich hörten wir ein Geräusch, als würden dreißig Pistolen gleichzeitig gespannt. Wir liefen in ein kleines Zimmer, das wir für Massagen benutzten, und spähten aus dem Fenster. Auf allen umliegenden Dächern sahen wir dunkel gekleidete Männer, die mit gezogener Waffe auf das Haus der Brüder zuschlichen. Sie sprangen hinunter und stürmten ins Haus. Die Männer mit den Pistolen rannten auf dem Grundstück umher, wir hörten die Frauen im Haus weinen. Dann wurden ein paar Männer in Handschellen aus dem Haus geführt, in ein Auto verfrachtet und weggebracht.

Am nächsten Tag fand Achmed Zia heraus, was geschehen war. Die Polizei verdächtigte die Brüder, etwas mit der Entführung von Clementina Cantoni zu tun zu haben, und hatte in der Nacht eine Razzia durchgeführt. Clementina Cantoni wurde zwar nicht gefunden, aber ein Waffenlager und jede Menge Drogen – sowie zwei Afghanen, die entführt worden waren. Das war ein Glückstag für die beiden Männer, denn die Polizei hätte sich wahrscheinlich nie die Mühe gemacht, nach ihnen zu suchen. Aber allen, die in unserer Straße wohnten, führte dieser Vorfall vor Augen, was für zwielichtige Gestalten unsere Nachbarn waren.

Etwa eine Woche später, kurz nachdem der Kerl mit dem Bart wegen unseres Wachhäuschens ausgerastet war, hatte ich den Wecker überhört und stolperte, noch im Schlafanzug, schlaftrunken die Treppe hinunter. Da kam mir Achmed Zia mit blutig geschlagenem Gesicht und zerrissenem Hemd entgegen. „Was zum Teufel ist passiert?“, fragte ich ihn. „Wer hat dich geschlagen?“ Er zeigte nur wortlos auf das Haus der Nachbarn.

Ich bin noch nie eine Frühaufsteherin gewesen. Ich brauche meinen Kaffee, meine Zigaretten und ein bisschen Ruhe, ehe ich meinen Tag in Angriff nehme. Aber jetzt packte mich die Wut. Ich band mir mein Kopftuch um, schnappte mir Sams Maschinenpistole, rief alle meine Bediensteten zusammen, marschierte im Schlafanzug zum Nachbarhaus hinüber und trat mit dem Fuß gegen das Tor. Es gab nach und ich ging hinein.

Sofort kamen die Frauen des Hauses angelaufen, und ich fragte sie, wo ihre Männer seien. Weg, sagten sie. Ich herrschte sie an, sie sollten mir auf der Stelle sagen, wo ihre Männer seien. Inzwischen standen einige neugierige Nachbarn vor dem Tor. Ich brüllte weiter, jedes Wort, das mir auf Dari einfiel. Dann schoben sich drei Männer durch die Gaffer am Tor und traten in den Hof. Es waren die beiden, die uns wegen des Wachhäuschens schikaniert hatten, sowie ein weiterer, gut aussehender Mann, der mir schon ein paarmal in unserer Straße aufgefallen war. Ich wusste, dass sie Brüder waren. Sie standen einfach da und grinsten, was mich noch mehr in Rage versetzte.

„Wer von den dreien hat Achmed Zia geschlagen?“, fragte ich meine Leute. Niemand schien es zu wissen oder etwas sagen zu wollen. Ich packte den Gutaussehenden am Kragen und befahl meinen Leuten: „Los, geht die Polizei holen, ich sorge inzwischen dafür, dass sich keiner verdrückt.“

Dann wurde es lustig. Meine Leute hörten sich stirnrunzelnd an, was Laila übersetzte, und begannen etwas ratlos miteinander zu diskutieren. Offenbar wussten sie nicht, wie man die Polizei ruft. In Kabul ruft grundsätzlich niemand die Polizei, weil es zwecklos ist, denn sie reagiert sowieso nicht. Also machten sich alle außer Achmed Zia auf zur Polizeistation, und ich stand da mit den drei Gangstern, die ich mit meiner MP in Schach hielt. Zumindest hatten sie aufgehört zu grinsen.

Nach einer Weile kam die Polizei tatsächlich. Ich weiß nicht, ob es daran lag, dass ich Amerikanerin bin, oder daran, dass sie die Brüder sowieso im Visier hatten. Die drei finsteren Gesellen wurden abgeführt, und ich ging in den Salon zur Arbeit. Ich war gerade dabei, einer Missionarin frische Strähnchen zu verpassen, als ich einen Anruf von der Polizei erhielt. Man bat mich, aufs Revier zu kommen und ausführlich zu berichten, was vorgefallen war.

Auf der Polizeistation begrüßte mich ein Polizist, als wären wir alte Freunde. „Nehmen Sie Platz, Miss Debbie, bitte nehmen Sie doch Platz!", sagte er und wies auf einen Stuhl. Mithilfe von Laila tauschten wir die üblichen Nettigkeiten über das Wetter und den Straßenverkehr aus. Dann kam der Polizist zur Sache.

„Wir kennen diese Männer gut", sagte er. „Wir nehmen an, dass sie zu derselben kriminellen Sippe gehören, die Clementina Cantoni entführt hat. Im Haus haben wir zwar keine Beweise dafür gefunden, aber wir glauben nach wie vor, dass sie etwas damit zu tun haben."

„Sind die Männer Terroristen?"

„Ja, aber keine Taliban. Diesen Leuten geht es ausschließlich um Geld und Macht."

Ich verzog das Gesicht. „Sie werden sie also ins Gefängnis stecken?"

„Wir werden es versuchen."

Auf dem Weg zu unserem Wagen sah ich ein paar Soldaten der internationalen Friedenstruppe, die gelangweilt um ihren Panzer herumstanden. Einen von ihnen hatte ich einmal irgendwo kennen gelernt, also hielt ich an und berichtete dem Mann, was vorgefallen war. Ich sagte ihm, dass die Angehörigen der drei Gangster womöglich versuchen würden, sich an mir zu rächen. „Wenn ihr das nächste Mal auf Patrouillenfahrt seid, könnt ihr dann durch unsere Straße fahren und vor dem Haus dieser Leute anhalten? Vielleicht sogar eure Kanone kurz auf ihr Haus richten?"

Er zuckte die Achseln. „Ich werde mal mit meinem Vorgesetzten sprechen."

Als Laila und ich gerade wieder in unseren Kleinbus steigen wollten, kam einer der Polizisten angelaufen. „Ah, ich sehe, Sie haben einen Bus", sagte er.

Es stellte sich heraus, dass die Polizei kein Fahrzeug besaß, das groß genug war, um die drei Gangster ins Gefängnis auf der anderen Seite der Stadt zu schaffen. Nun wollten sie wissen, ob ich, da ich schließlich die Anzeige erstattet hätte, bereit sei, die Männer dorthin zu bringen – natürlich in Begleitung eines Polizisten. Aus unerfindlichen Gründen sagte ich Ja. Der Polizist flitzte zurück zur Polizeistation und kehrte wenig später mit den drei Kriminellen zurück, die er mit gezogener Waffe in Schach hielt. Nachdem er die drei auf die mittlere Rückbank bugsiert hatte, stieg er in den Bus und schlug die Tür zu. Er war also mein Begleitschutz!

Das war vielleicht mein verrücktestes Erlebnis in Afghanistan. Die drei Gefangenen telefonierten ungeniert die ganze Zeit per Handy mit ihren Angehörigen und drehten sich hin und wieder zu Laila und mir um, um uns freundlich anzulächeln. Schließlich reichte mir einer der drei sein Handy. „Hallo Debbie!“, sagte eine Männerstimme. „Ich höre, Sie haben Ärger mit meinen Brüdern. Was halten Sie davon, wenn Sie sie laufen lassen, dann garantiere ich Ihnen, dass sie Ihnen nie wieder Ärger machen werden.“

Ich hatte schon einmal gehört, dass es irgendwo noch einen Bruder gab – der angeblich wesentlich einflussreicher und gefährlicher war als die anderen drei. Es hieß, er sei untergetaucht, weil er von der Polizei gesucht wurde. Ich drückte das Gespräch weg und warf das Handy zurück. Der kleine Polizist diskutierte gerade mit meinem Fahrer darüber, wie man am besten zum Gefängnis gelangte. Er achtete überhaupt nicht auf die drei Gangster, die immer dreister wurden. Der Gutaussehende drehte sich zu mir um und tätschelte mir das Knie. „Wir sind gar nicht so übel. Wir haben sogar eine Ihrer Freundinnen nach Wardak gefahren, und wir haben sie nicht umgebracht!“

Schließlich rief ich Sam mit meinem Handy an und erklärte ihm die Situation. „Du bist ja völlig übergeschnappt“, sagte er. „Steig sofort aus dem Auto aus, ehe sie euch alle entführen!“

Zufällig befanden wir uns gerade in der Nähe unseres Viertels. Ich bat den Fahrer, zu uns nach Hause zu fahren und uns alle aussteigen zu lassen – Laila, mich, den Polizisten und die Gangster. Sam rief inzwischen bei der Polizei an und sagte ihnen, sie sollten sich ihre Gefangenen gefälligst wieder abholen, doch das geschah nie. Die Gangster gingen seelenruhig nach Hause, und Achmed Zia musste den Polizisten nach Hause bringen.

Wenige Tage später rumpelten fünf Panzer der internationalen Friedenstruppe durch unsere Straße und hielten rasselnd vor unserem Haus. Ich lief zum Nachbarhaus hinüber und trommelte gegen das Tor, bis einer der Brüder öffnete. Dann zeigte ich auf die Panzer und erklärte ihm, wenn sie noch einmal versuchten, irgendjemanden in der Straße zu terrorisieren, würde ich dafür sorgen, dass ihr Haus in Schutt und Asche gelegt würde. Soweit ich weiß, hat seitdem niemand mehr in der Straße Ärger mit den Brüdern gehabt. Und soweit ich weiß, ist es der Polizei nie gelungen, genug Beweise zu finden, um sie mit terroristischen Aktivitäten in Zusammenhang zu bringen.

Neuntes Kapitel

Maryam, die Köchin, war nun schon zwei Tage nicht zur Arbeit erschienen. Als die Mittagszeit nahte, sah ich einige meiner Schülerinnen sehnsüchtig zum Maniküre-Raum schielen, wo Maryam gewöhnlich das Essen servierte. Sie hatten jetzt gut zwei Stunden lang Dauerwellen an unseren langhaarigen Übungspuppen geübt, hatten 45 Zentimeter lange Strähnen auf winzige lavendelfarbene Rollen gewickelt, und manche wirkten so erschöpft, dass sie aussahen, als benötigten sie eine Armschlinge. Sie brauchten unbedingt eine Pause und etwas zu essen, also rief ich Achmed Zia und bat ihn, für uns alle Kabul-Burger zu besorgen – mit Salat, Bratkartoffeln, hart gekochtem Ei und etwas Fleisch gefüllte Fladenbrote.

Topekai und Basira saßen nebeneinander auf grünen Klappstühlen. Ich hatte sie gebeten, den Unterricht zu übernehmen, weil eine meiner Lehrerinnen erkrankt war und ich dachte, dass es den Schülerinnen guttun würde, zwei erfolgreiche afghanische Friseurinnen kennen zu lernen. „Erzähl ihnen, wie es ist, deinem Mann Geld zu geben", bat ich Basira, um die Frauen abzulenken, bis Achmed Zia mit dem Essen kam. Sie beschrieb ihnen, wie sie früher ihren Mann selbst um winzige Summen hatte anbetteln müssen. Manchmal wollte er ihr kein Geld geben, und manchmal konnte er ihr keines geben. Nachdem sie den Kurs beendet hatte und anfing, als Friseurin zu arbeiten, hörte sie auf, ihn um Geld zu bitten. Bald begriff er, dass sie mehr verdiente als er, und er schien nichts dagegen zu haben. Basira und Topekai genossen mehr Freiheiten als die meisten Afghaninnen. Sie arbeiteten jeden Tag und teilten sich die Hausarbeit und die Kindererziehung mit ihren Männern. Topekai war schon immer eine charakterstarke Frau gewesen, aber auch Basira war in den drei Jahren, seit ich sie kannte, selbstbewusster geworden.

Ich wusste nicht, wie viel Basira den Schülerinnen über ihr neues Leben erzählte. Einige schienen es gar nicht glauben zu können. Drei Frauen waren erst kürzlich nach jahrelangem Exil in Pakistan nach Kabul zurückgekehrt, und sie erlebten ihr Heimatland als rau und unwirtlich. In Pakistan hatten sie Tag und Nacht Strom und fließend Wasser gehabt, es hatte ordentliche Straßen und gute Schulen gegeben. Dort hatten sie weder ihren Kopf bedecken noch über jeden noch so kleinen Schritt Rechenschaft ablegen müssen. Aber in Pakistan hatte sich die Situation für afghanische Flüchtlinge zusehends verschlechtert, und als es immer schwieriger geworden war, Arbeit zu finden, hatten die Väter und Ehemänner der Frauen beschlossen, mit ihren Familien nach Kabul zurückzukehren. Dort gab es zwar vierzig Prozent Arbeitslosigkeit, aber niemand verwehrte den Männern, sich um eine Stelle zu bewerben, weil sie Afghanen waren. Für die Frauen jedoch bedeutete der Umzug einen grausamen Rückschritt, und die Friseurschule war für sie der einzige Lichtblick.

Endlich traf Achmed Zia mit dem Essen ein, und die Frauen eilten schwatzend und lachend in den Maniküre-Raum. Als ich hinter ihnen herging, fiel mir auf, dass der Fußboden im Flur nicht geputzt war. Auch gestern hatte Shaz ihn nicht geputzt. „Wo ist Shaz?“, fragte ich Topekai und Basira. „Sie ist doch heute gekommen, warum hat sie den Fußboden nicht geputzt?“

Die beiden tauschten verstohlene Blicke. „Nicht schon wieder bei Faruk, oder?“, stöhnte ich.

„Nein“, sagte Basira hastig. „Ich glaube, sie macht gerade eure Privaträume sauber.“ Sie zeigte auf das Nebengebäude, in das Sam und ich vor einer Weile gezogen waren.

„Faltet sie wieder Kopftücher?“ Jedes Mal wenn ich in letzter Zeit nach Shaz suchte, fand ich sie in meinem Schlafzimmer, wo sie meine Kopftücher zusammenlegte. „Warum macht sie so ein Theater um meine verdammten Kopftücher?“

Erneut bemerkte ich, wie die beiden sich ansahen. Ich machte mich auf die Suche nach Shaz, um mit ihr noch einmal über Faruk zu reden.

Vor ungefähr vier Monaten war mir aufgefallen, dass Shaz sich anscheinend auf positive Weise verändert hatte. Sie erschien mit Lippenstift, Augen-Make-up und einem hübschen grünen Paisleykopftuch zur Arbeit, und als sie es abnahm, sah ich, dass sie ihr kurzes dunkles Haar sorgfältig frisiert und mit zwei mit Strass besetzten Kämmen festgesteckt hatte. Ihr Versuch, sich zurechtzumachen, rührte mich. Ich glaubte, dass sie mehr auf sich zu halten begann, und beglückwünschte mich naiverweise, ihr dazu verholfen zu haben.

Normalerweise verließen alle unsere Bediensteten abends zur gleichen Zeit das Haus, und Achmed Zia fuhr sie in unserem Kleinbus heim. Eines Tages, als ich dachte, alle wären weg, ging ich in den Salon und traf dort auf Shaz, die dabei war, sich zu frisieren. „Hat Achmed Zia dich nicht mitgenommen?“, fragte ich.

Ich war bereit, für Shaz in die Bresche zu springen, denn ich meinte mitbekommen zu haben, dass die anderen Frauen seit einigen Wochen etwas gereizt auf sie reagierten. Mein Dari war immer noch so erbärmlich, dass ich Feindseligkeiten zwischen ihnen nur an Blicken und am Tonfall ablesen konnte. Manchmal konnte ich eine von ihnen überreden, mir zu erzählen, was los war, aber meist behielten sie es für sich, wenn Spannungen auftraten. Und nie beschwerte sich eine von ihnen über eine andere, selbst wenn die Klage berechtigt war oder etwas mit mir oder der Schule zu tun hatte.

„Warum haben die anderen nicht auf dich gewartet?“, fragte ich Shaz.

„Kein Problem, Debbie“, sagte sie und errötete. Sie zog Kopftuch und Mantel über, tätschelte mir den Arm und verschwand durch das Tor. Irgendetwas an der Art, wie sie mir den Arm getätschelt hatte – wie um zu sagen, lauf mir nicht nach –, machte mich misstrauisch, und so folgte ich ihr. Als sie meine Schritte hinter sich hörte, kam sie zurück und legte mir erneut eine Hand auf den Arm. „Kein Problem“, versicherte sie mir eindringlich. Sie ging wieder durch das Tor und winkte mir lächelnd zu.

„Was ist los?“, fragte ich. „Was soll ich nicht sehen?“

Plötzlich rannte sie los. Vor dem Tor hielt ein zerbeultes schwarzes Auto, sie stieg auf den Rücksitz und zog sich das Kopftuch übers Gesicht. Beim Losfahren nickte der Fahrer mir kurz zu. Er wirkte so lädiert wie sein Auto, mit gebrochener Nase und einem buschigen Schnurrbart, der durch eine Narbe über seiner Oberlippe etwas schief aussah.

Am nächsten Morgen schnappte ich mir Laila, als sie durch das Tor kam. „Wer war der Mann, der Shaz gestern Abend abgeholt hat?“

Laila nahm ihr Kopftuch ab. „Das war ihr Freund. Er heißt Faruk.“

Den Namen hatte ich schon einmal gehört. „Ich dachte, das sei ihr Vetter!“

„Ein Vetter kann auch ein Freund sein", erwiderte sie. „Aber Faruk ist nicht ihr Vetter."

„Wie lange geht das schon?"

„Weiß nicht. Vielleicht schon lange."

„Warum habt ihr mir nichts davon erzählt?"

Sie zuckte nur die Achseln und faltete ihr Kopftuch zu einem ordentlichen kleinen Rechteck.

Da Shaz verheiratet war, bedeutete das einen schweren Verstoß gegen die Verhaltensregeln – der sie das Leben kosten konnte. Wenn ihr Mann davon erfuhr, konnte er verlangen, dass man sie steinigte. Wie konnte Shaz nur so dumm sein? Es machte mich fuchsteufelswild. Ich postierte mich am Tor, um sie abzufangen und sie vor die Wahl zu stellen: entweder Faruk oder ihr Job. Aber als ich sie sah, tat sie mir so leid, dass ich in Tränen ausbrach. Sie hatte sich wieder geschminkt, aber das konnte ihre Traurigkeit nicht übertünchen. Ich wusste nur zu gut, wie man sich fühlt, wenn man in einer unglücklichen Ehe gefangen ist und sich nach Liebe sehnt.

Aber wir waren in Afghanistan, und ich wollte nicht, dass sie dem Mob in die Hände fiel. „Faruk, nein!", zischte ich. Ich hob einen Stein auf und tat so, als würde ich mir damit den Kopf einschlagen. „Auto mit Faruk, nein! Telefon mit Faruk, nein! Zu gefährlich!"

Sie nickte und ging mit gesenktem Kopf ins Haus. Sie nahm ihr hübsches grünes Kopftuch ab und tauschte es gegen einen grauen Lappen aus, um ihr Haar gegen den Staub zu schützen, wenn sie die Teppiche ausklopfte. Die anderen Frauen blickten mich erwartungsvoll an, als ich den Salon betrat, doch ich hütete mich, ein schlechtes Wort über Shaz zu verlieren.

Natürlich hatte meine kleine Pantomime mit dem Stein überhaupt nichts bewirkt. Ein paar Tage lang hatte ich mich vergewissert, dass Shaz zusammen mit den anderen in den Kleinbus stieg, aber ich hatte nicht die Zeit, das jeden Tag zu tun. Außerdem fand sie auch so Möglichkeiten, sich mit Faruk zu treffen. Achmed Zia berichtete mir, dass sie ihn gebeten hatte, sie an einer anderen Stelle als gewöhnlich aussteigen zu lassen, und im Rückspiegel hatte er sie in Faruks Auto steigen sehen. Inzwischen rief sie Faruk bei jeder Gelegenheit auf dem Handy an. Immer wieder erwischte ich sie in einer dunklen Ecke dabei, wie sie mit ihm telefonierte, ein schuldbewusstes Grinsen im Gesicht. Einmal benutzte sie sogar mein Handy, weil der Akku in ihrem leer war.

„Faruk, nein!“, schrie ich. Aber vorsichtshalber speicherte ich die Nummer, damit ich es merken würde, wenn sie noch einmal versuchte, ihn von meinem Handy aus anzurufen.

Als ich jetzt nach oben ins Schlafzimmer ging, rechnete ich damit, Shaz mal wieder beim Telefonieren mit Faruk zu erwischen. Stattdessen hockte sie mit einem verträumten Gesichtsausdruck auf dem Fußboden und war dabei, alle meine Kopftücher zu falten. „Hast du das nicht erst gestern gemacht?“, fragte ich.

Sie starrte mich an, als hätte sie vergessen, wer ich war. *„Nai.“*

„Geht es dir gut?“

Sie wirkte noch immer verwirrt.

„Komm nach unten und feg den Fußboden, wenn du hier fertig bist“, sagte ich, während ich so tat, als hätte ich einen Besen in der Hand. Sie nickte, wollte aufstehen und ließ sich wieder nach unten sinken. Dann nahm sie ein rotes Kopftuch und zog es gedankenverloren durch ihre Hände. „Komm, Shaz, beeil dich. Du solltest besser den Boden fegen.“

Beim Weggehen hatte ich das Gefühl, mir wäre etwas entgangen, und so wäre ich beinahe mit Maryam zusammengestoßen, als ich den Salon betrat. Sie sah aus, als wäre sie in Trauer. Normalerweise war Maryam die Unbeschwerteste und Bestgelaunte von allen. Sie sang beim Gemüseputzen, sie sang, wenn sie ein Huhn rupfte und auch beim Spülen. Sie führte eine glückliche Ehe, hatte eine liebevolle Familie und einen guten Job. Jetzt sah sie aus, als hätte sie die vergangenen zwei Tage nur geweint. „Wo ist Laila?“, rief ich, denn ich brauchte Hilfe, wenn ich verstehen wollte, was los war.

Maryam setzte sich schluchzend auf die untere Treppenstufe. Zuerst kamen Basira und Mina, dann auch Laila. „Irgendwas Schlimmes muss passiert sein“, sagte ich. „Ich möchte wissen, was es ist.“

Laila beugte sich zu Maryam hinunter, die mit geballten Fäusten atemlos zu erzählen begann.

Als Achmed Zia Maryam und Shaz vor zwei Tagen nach Hause gefahren hatte, war unterwegs ein Reifen geplatzt. Da der Ersatzreifen ebenfalls platt war, musste er die beiden Frauen allein im Wagen zurücklassen, während er sich auf den Weg machte, um den Reifen reparieren zu lassen. Daraufhin hatte Shaz sich erboten, Faruk anzurufen, damit er sie und Maryam nach Hause bringen könne. Unter dem Vorwand, ihre Karte sei leer, hatte sie darum gebeten, Maryams Handy benutzen zu dürfen. Faruk kam, und bald darauf rumpelten sie über die holprige Straße, die in das Viertel führte, in dem Shaz und Maryam wohnten. Unvermittelt hielt Faruk an einer Ecke, und Shaz sprang aus dem Auto. Ehe Maryam wusste, wie ihr geschah, raste Faruk weiter. Beim Fahren schaute er die entsetzte Maryam im Rückspiegel an und erklärte ihr, er würde sie lieben. Er sagte, er hätte sie schon oft gesehen, wenn er Shaz abholte, und beschlossen, dass er sie haben müsse. Er sagte, sie solle ihren Mann verlassen und mit ihm durchbrennen.

Ich unterbrach Laila. „Warum sollte Shaz aussteigen, damit er mit einer anderen Frau zusammen sein kann?"

„Faruk hat Shaz gesagt, sie solle es tun, um ihm ihre Liebe zu beweisen", sagte Laila. „Er hat Shaz gesagt, er habe sich in Maryam verliebt und wolle nur dieses eine Mal mit ihr zusammen sein."

„Und warum sollte Shaz sich darauf einlassen?"

Laila verzog das Gesicht. „Weil sie verrückt ist, Debbie. Verrückt vor Liebe und verrückt von Drogen."

Ich setzte mich neben Maryam auf die Treppe. „Was soll das heißen? Raucht sie etwa zusammen mit den Männern Haschisch?"

„Sie ist opiumsüchtig. Jeden Morgen schiebt sie sich eine kleine Pille unter die Zunge, und dann geht sie nach oben, um deine Kopftücher zu falten. Faruk besorgt ihr das Zeug."

„Aber sie arbeitet doch so hart! Wie kann sie drogensüchtig sein und gleichzeitig so hart arbeiten?" Ich begriff das alles nicht.

Maryam hob den Kopf und sagte etwas zu Laila. Ihre Stimme war kaum wiederzuerkennen. Alle Unbeschwertheit und Wärme war verflogen. Laila und die anderen beiden hörten mit entsetzten Gesichtern zu, dann schauten sie mich erwartungsvoll an. „Das ist noch nicht alles?", fragte ich entgeistert.

Faruk hatte die völlig hysterische Maryam schließlich aussteigen lassen, und sie war zu Fuß nach Hause gegangen. Ihre Verspätung erklärte sie ihrem Mann damit, dass der Reifen geplatzt sei und sie nicht hatte warten wollen, bis Achmed Zia mit dem reparierten Reifen zurückkehrte. Sie sagte, sie hätte nicht genug Geld für ein Taxi bei sich gehabt und ihren Mann nicht anrufen können, weil sie mit dem Handy keine Verbindung bekommen konnte. Später am Abend überprüfte ihr Mann ihr Handy, um festzustellen, ob es wieder funktionierte – und fand eine lange Nachricht von Faruk vor, der Maryam in drastischen Worten erklärte, wie sehr er sie nach diesem kurzen Zusammensein begehre. Faruk schrieb auch, er wisse, dass Maryam sich ebenso nach ihm verzehre.

Daraufhin warf Maryams Mann das Handy erbost gegen die Wand. Er brüllte, er werde sie verstoßen, wenn sie sich mit einem anderen Mann einließe, und rannte aus dem Haus.

Sie hatte gerade ausgeredet, als Shaz hereinkam. Sie wirkte immer noch ein bisschen verträumt, aber als sie Maryam sah, wich sie zurück. Laila und Basira riefen ihr etwas zu, doch sie weigerte sich hereinzukommen. Dann stieß Mina einen Schrei aus. Sie hatte sich Maryams Handy angesehen und Faruks Nummer erkannt. In letzter Zeit wurde sie dauernd mit obszönen Anrufen belästigt, und sie kamen alle von dieser Nummer. Dass ihr Mann schon wieder einen Grund finden könnte, sie zu schlagen, war das Letzte, was sie gebrauchen konnte, und sie fing an zu weinen vor Angst, Faruk könnte auch ihr eine belastende Nachricht hinterlassen. Laila und Basira nahmen ebenfalls ihre Handys aus der Tasche – und fanden dieselbe Nummer vor, und zwar im Speicher für ankommende wie auch für abgehende Anrufe. Beiden fiel wieder ein, dass Shaz sie kürzlich gebeten hatte, ihr Handy benutzen zu dürfen. Allem Anschein nach war sie Faruk so hörig, dass sie sich als Kupplerin für ihn hergab. Alle schrien und weinten durcheinander, und die Kundinnen, die noch im Salon saßen, schlichen auf Zehenspitzen an uns vorbei nach draußen.

Zwei Tage später warf ich Shaz hinaus. Ich hatte versucht, sie dazu zu bringen, dass sie uns zu Faruk führte, denn Sam wollte ihn zur Rede stellen und ihm androhen, ihn zu töten, falls er es wagte, eine unserer Frauen noch einmal zu belästigen. Aber Shaz weigerte sich. Sie schüttelte nur verstockt den Kopf und wich meinem Blick aus. Sie putzte und schrubbte, was das Zeug hielt, um mir zu beweisen, wie unentbehrlich sie war. Ich mochte sie zwar, aber ich konnte nicht zulassen, dass sie die anderen Frauen in Gefahr brachte. Als sie ging, kam es mir vor, als würde ein Teil von mir mit ihr gehen.

Ich hätte so gern mit jemandem über die ganze Sache geredet, jemandem, der mir helfen konnte, das alles zu begreifen. Als Erstes dachte ich natürlich an Roshanna, war sie doch meine Freundin, seit ich zum ersten Mal nach Afghanistan gekommen war. Aber an Roshanna konnte ich mich nicht wenden, denn sie war nicht mehr da.

Nach der schrecklichen Nacht, die auf ihre Hochzeitsfeier gefolgt war, hatte ich stundenlang zu Hause geweint. Sam war damals gerade auf Geschäftsreise gewesen und hatte mich nicht zu der Feier begleiten können, aber ich rief ihn an und berichtete ihm, was vorgefallen war.

„Es wird ihr gut gehen“, beruhigte er mich. „Diesmal hat sie einen netten Afghanen geheiratet und geht mit ihm in ein Land, in dem es nie Taliban gegeben hat.“

Also hörte ich auf, mir Sorgen zu machen. Die Vollzugszeremonie war ein Albtraum gewesen, aber Roshanna würde mit ihrem Mann ein neues Leben anfangen. Ein paar Tränen vergoss ich noch, weil ich wusste, wie sehr sie mir fehlen würde.

Ihr Mann war wie geplant drei Tage nach der Hochzeitsfeier zurück nach Amsterdam gereist. Zwei Monate später besaß Roshanna ein Visum und konnte ihm nachreisen. Zusammen mit ihren Eltern brachte ich sie zum Flughafen. Als sie im Flugzeug verschwand, brachen wir in Tränen aus.

Zwei Wochen später rief sie ihren Bruder völlig aufgelöst an. Als sie in Amsterdam angekommen war, hatte ihre Schwiegermutter sie empfangen und ihr erklärt, dass nicht alles ganz so sei, wie sie es in Kabul dargestellt habe. Roshannas frisch angetrauter Ehemann sei in Wirklichkeit kein erfolgreicher Ingenieur, sondern ein kleiner Angestellter bei einer großen niederländischen Firma. Er wohne auch nicht mit seinen Eltern zusammen, sondern sei nur zweimal im Jahr zu Besuch dort und werde erst in vier Monaten zurückerwartet. Roshanna erzählte ihrem Bruder, dass sie in den zwei Wochen seit ihrer Ankunft regelrechte Sklavenarbeit verrichtet habe. Sie habe die Fußböden schrubben, kochen und alles tun müssen, was die Schwiegermutter von ihr verlangt habe.

Ihr Bruder war so aufgebracht, dass er am liebsten das nächste Flugzeug genommen hätte. Aber er hatte keine Ahnung, wie er sie dort finden sollte. Einen Detektiv anzuheuern konnte die Familie sich nicht leisten, und so warteten sie einfach ab. Auch ich wartete und sorgte mich jeden Tag um sie.

Nach mehreren Monaten rief sie schließlich an. Sie berichtete ihren Eltern, dass sich alles zum Guten gewendet habe. Ihr Mann war zurückgekommen und hatte sie gefragt, ob sie ihn lieben könne, auch wenn er nur ein kleiner Angestellter sei und seine Familie nicht wohlhabend. Und natürlich sagte Roshanna Ja. Daraufhin lachte er laut. Er sagte ihr, er sei tatsächlich ein erfolgreicher Ingenieur und seine Familie sei wirklich wohlhabend, aber man habe sie prüfen wollen. Jetzt, da er wisse, dass sie ihn liebe, stehe ihrem Glück nichts mehr im Wege. Sie sagte ihren Eltern, sie sollten aufhören, sich Sorgen um sie zu machen, es gehe ihr gut.

Seit Roshanna Kabul verlassen hat, habe ich nicht mehr mit ihr gesprochen. Ich frage mich noch immer, ob sie ihrer Familie die Wahrheit gesagt hat oder ob sie nur ihr Gesicht wahren wollte. Ihre Eltern sagen mir, dass sie auch nichts von ihr hören. Wenn wir uns sehen, geben wir uns optimistisch und tun so, als ob kein Zweifel daran bestünde, dass es ihr gut geht.

Aber in meinen dunkelsten Momenten frage ich mich, ob ich Roshanna einen Gefallen getan habe, als ich das weiße Taschentuch mit meinem Blut befleckte. Manchmal frage ich mich, ob ich hier überhaupt etwas Gutes tue. Die Frauen hier sind so vielen Einschränkungen unterworfen, die wir mit unserem westlichen Blick nicht einmal erkennen. Man braucht unglaublich lange, um zu verstehen, wie sehr sich die Schwierigkeiten des Lebens dieser Frauen von den unsrigen unterscheiden. Und manchmal können wir selbst dann nichts ausrichten, wenn wir verstehen, worum es geht. Die Kultur ändert sich wesentlich langsamer als die Träume der Frauen.

ICH SAH, wie der Mond sich in meinem Weinglas spiegelte, und trank schnell einen Schluck. Wir hatten für eine kleine Gruppe von Freunden – Afghanen und Ausländer – ein Picknick unter dem Sternenhimmel organisiert. Es war eine fantastische Nacht. Wir hatten den Wohnzimmerteppich hinausgetragen, Kissen und Kerzen darum verteilt und Platten mit Obst und Gebäck daraufgestellt. Der CD-Player stand auf der Fensterbank und spielte leise Musik. Hin und wieder sangen wir mit.

Ich erzählte eine lustige Geschichte. Sam hatte am Abend zuvor Kebabs zum Abendessen mitgebracht, und es war eine Menge übrig geblieben. Kurz nach Mittag hatte er Achmed Zia in den Salon geschickt, der mir ausrichtete, Sam habe in seinem Büro eine Geschäftsbesprechung und wolle die restlichen Kebabs servieren. Leider hatten wir Frauen sie schon alle aufgegessen, und so rief ich Sam auf dem Handy an. Da ich gerade einer Schülerin dabei zusah, wie sie einem Übungskopf eine aufwändige Frisur verpasste, wollte ich nicht zu laut sprechen, um sie nicht zu stören. Als Sam an den Apparat ging, flüsterte ich: „Wir haben das Fleisch gegessen."

„Debbie, bist du das?", fragte die Stimme am anderen Ende.

„Ja. Ich wollte dir nur sagen, dass das Fleisch alle ist."

„Was?"

„Wir haben das Fleisch gegessen!"

Es entstand eine kurze Pause, dann sagte die Stimme: „Debbie, du machst mir Angst. Ist das eine Art Code? Soll ich die Stadt verlassen oder was?“

„Sam?“ Als ich mein Handy betrachtete, stellte ich fest, dass ich aus Versehen einen meiner Kunden angerufen hatte. „O Gott, Viani?“

Wir haben uns halb totgelacht. Ein paar Stunden später habe ich ihn noch einmal angerufen und geflüstert: „Wir haben das Fleisch gegessen.“ Darauf flüsterte er: „Der Adler ist gelandet! Mission abbrechen! Abbrechen!“

Als ich unseren Freunden die Geschichte erzählte, verstanden sie sie sofort. Wo sonst auf der Welt würde jemand, wenn man „Wir haben das Fleisch gegessen“ ins Telefon flüstert, sofort annehmen, dass es sich um einen Code für einen Evakuierungsplan handelt? Wir lachten und lachten. Dann klingelte Sams Handy, und mir rutschte das Herz in die Hose, als er vom Dari ins Usbekische wechselte, denn dann rief höchstwahrscheinlich jemand von seiner Familie an. Sam ging ein Stück von uns weg, um in Ruhe zu telefonieren. Als er zurückkam, sah ich sofort, dass etwas nicht stimmte.

„Alles in Ordnung mit deiner Familie?“

„Das war mein Vater. Er befindet sich gerade am Flughafen in Saudi-Arabien. Er wird morgen früh hier sein.“

„Wird er Anstoß daran nehmen, dass du neben einem Friseursalon wohnst?“, fragte einer unserer Freunde.

Sam stöhnte.

„Kennst du seinen Vater eigentlich?“, fragte mich jemand anders.

„Er weiß nichts von unserer Ehe“, sagte Sam. „Nur meine Mutter weiß davon.“

„Sie hat ihm nichts davon gesagt?“, fragte ich. „Er weiß immer noch nichts von mir?“

Als Sam den Kopf schüttelte, war meine ganze gute Laune verflogen. Nach fast drei Jahren Ehe verheimlichte er mich noch immer.

Aber ich versuchte, das Beste aus der Situation zu machen. Am nächsten Morgen war der Salon geöffnet. Als die Friseurinnen und Kundinnen eintrafen, erklärte ich ihnen, was los war, und als Sam anrief, um mir zu sagen, dass er und sein Vater kurz vor unserem Tor seien, stürzten wir alle in den Raum, in dem wir unsere Vorräte an Haarfärbemitteln aufbewahrten, und hielten den Atem an. Ich hörte, wie Sam mit ein paar Männern den Hof überquerte, dann, wie er das Tor zu unserem Privathof zuschlug. „Die Luft ist rein", sagte ich mit einem Lachen, als würde mir das ganze Theater einen Heidenspaß machen. „Papa Sam ist gelandet."

„Er heißt auch Sam?", fragte eine Kundin.

„Ich hab keine Ahnung, wie er heißt."

„Gott, ist das aufregend", sagte eine andere Frau. „Ich muss unbedingt nächste Woche wiederkommen, um zu hören, wie alles ausgegangen ist!"

Ich gönnte Sam einen Tag allein mit seinem Vater und traf mich mit Freunden zum Abendessen, während er mit seinem Vater in ein Restaurant ging. Später rief er mich bei meinen Freunden an und sagte mir, er sei mit seinem Vater zu Hause und werde mich jetzt abholen. Aber als wir vor unserem Tor hielten, kam Achmed Zia auf unseren Wagen zu und berichtete, dass ein paar alte Freunde aus Sams Mudschaheddin-Zeiten gekommen seien und mit Papa Sam im Hof säßen. „Bleib hier", sagte Sam zu mir. „Ich bringe meinen Vater ins Haus."

„Wirst du mich ihm denn nun vorstellen?"

„Ja, aber im Haus. Nicht vor den Leuten."

Ich blieb im Auto sitzen und kochte vor Wut. Wenn Papa Sam genauso war wie alle Afghanen, würde ich noch stundenlang im Auto hocken. Nach ungefähr zehn Minuten setzte ich mich ans Steuer und fuhr davon. Mein Handy klingelte, aber ich kümmerte mich nicht darum. Etwa zwanzig Minuten lang fuhr ich kreuz und quer in der Stadt umher. Als ich zurückkam, sah ich Sam wutschnaubend vor unserem Tor auf und ab gehen.

„Konntest du nicht warten?", herrschte er mich an.

„Stellst du mich ihm jetzt vor oder nicht? Du musst dich entscheiden: Entweder ich bin heute Abend deine Frau oder nicht!", schrie ich zurück.

Er zeigte auf mein Kopftuch, das auf den Boden geglitten war. „Zieh dein Kopftuch über und komm ins Haus!"

Als wir den Hof betraten, saß Papa Sam immer noch mit den Männern zusammen. Er war ein rundlicher, zahnloser kleiner Mann mit einem Turban, der fast so groß war wie sein Kopf. Er stand nicht auf, um mich zu begrüßen, das ist in der islamischen Kultur nicht üblich. Aber mehrere der anderen Männer erhoben sich und begrüßten mich freundlich auf Englisch und drückten mir die Hand. Sie hatten alle mit Sam zusammen unter General Dostum gekämpft, und sie waren schon häufig bei uns zu Besuch gewesen. Ich hatte es als Wendepunkt in unserer Ehe betrachtet, als Sam mich vor einem Jahr mit ihnen bekanntgemacht hatte. Seine Kameraden waren für Sam wie eine Familie. Diese Geste hatte für mich fast so eine große Bedeutung, als hätte er mich seiner richtigen Familie vorgestellt; es war etwa so, als hätte er mir vor aller Welt seine Liebe erklärt.

Nachdem die Männer sich hingesetzt hatten und ich es mir auf einem Kissen bequem gemacht hatte, nahmen sie ihr Gespräch wieder auf. Da ich kein Usbekisch verstand und in Gegenwart von Papa Sam nicht rauchen durfte, knabberte ich still an einem Gebäckstück. Ich spürte, dass Sam immer noch wütend war, weil seine Freunde wahrscheinlich unseren Streit gehört hatten und nun annahmen, er sei nicht in der Lage, seine Frau unter Kontrolle zu halten. Aber das wussten sie inzwischen sowieso, sagte ich mir.

Einer von Dostums Männern redete seit fast einer Stunde. Alte Kriegsgeschichten, dachte ich entnervt. Es war klar, dass Sam nicht plötzlich aufspringen und mich als seine Ehefrau vorstellen würde. Ebenso klar war, dass diese Männer mich noch mehrere Stunden lang ignorieren würden. Am liebsten hätte ich mich in mein Bett verkrochen, aber ich hatte keine Ahnung, welche Geschichte sich Sam ausgedacht hatte, um meine Anwesenheit zu erklären. Ich wusste nicht einmal, in welchem Bett ich zu schlafen hatte. Als ich einen Seufzer ausstieß, sah Papa Sam mich fragend an. Dann sagte er etwas zu einem der Männer, woraufhin alle mich ansahen und irgendwelche Kommentare abgaben. Einer zeigte zuerst auf Sam und dann auf mich. Sam senkte verlegen den Blick, aber Papa Sam lächelte.

„So, jetzt weiß er's", sagte einer von Dostums Männern grinsend auf Englisch. „Er heißt Sie in der Familie willkommen. Er sagt, er hätte es die ganze Zeit schon gewusst, aber er hätte darauf gewartet, dass Sam es ihm sagt."

Sam lief hochrot an, und ich brach in Tränen aus. Dann ging ich zu Papa Sam, kniete mich vor ihn, nahm seine Hand, küsste sie und legte sie auf meinen Kopf. Sam hatte mir einmal erzählt, dass seine Kinder das taten, wenn sie ihn begrüßten. „Mein Vater ist vor vier Jahren gestorben", sagte ich in schlechtem Dari. „Ich hoffe, dass du jetzt mein Vater sein wirst. Das wünsche ich mir schon, seit ich deinen Sohn geheiratet habe."

Er streichelte meinen Kopf. Als ich aufblickte, sah ich, dass auch ihm

Tränen über die stoppligen Wangen liefen. Selbst Sam und ein paar von den wettergegerbten Mudschaheddin wischten sich die Augen. Endlich war ich ganz offiziell Sams Ehefrau.

Am nächsten Morgen erwartete Sams Vater mich im Wohnzimmer. Jetzt wartete er darauf, dass die Frau seines Sohnes ihm Tee servierte. Er erzählte mir, er habe Goldschmuck für mich in Saudi-Arabien, und hoffe, ich würde bald kommen, um die ganze Familie kennen zu lernen, einschließlich Sams Erstfrau und deren acht Kinder. Vielleicht würde er sie auch alle mit nach Kabul bringen, damit sie Sams Haus sehen könnten. Er sagte, es sei eine gute Sache, dass Sam sich eine zweite Frau genommen habe, und er hoffe, dass ich ihm viele Söhne schenken würde.

Ich fuhr mit Papa Sam zum Kaffeehaus in der Nähe, und wir bestellten uns Milchkaffee mit Karamellgeschmack. Interessiert beäugte er die anderen Gäste, aber ich nahm sie gar nicht wahr, denn ich fragte mich zutiefst besorgt, was es bedeutete, eine echte afghanische Schwiegertochter zu sein.

WENIGE WOCHEN SPÄTER standen wir fast vor dem Aus. Nicht vor dem Aus unserer Ehe – dieses Drama geht immer noch weiter –, sondern um ein Haar wäre die Schule geschlossen worden.

An jenem Tag war der Salon gut besucht. Mina machte einer französischen Bäckerin, die gerade nach Kabul gezogen war, eine Pediküre. Bahar manikürte die Hände einer Afghanisch-Amerikanerin, die für die UNO arbeitete; Topekai schnitt einer Anwältin die Haare, die eine Menge Dollar dafür bekam, dass sie einen weiteren Sommer in Kabul ausharrte. Basira war oben und massierte eine Kundin, während ich versuchte, eine Missionarin zu Strähnchen zu überreden.

Plötzlich hörte ich Schritte vor dem Haus, und als ich aus dem Fenster schaute, sah ich Sam angerannt kommen. Im nächsten Augenblick riss er die Tür zum Salon auf. „Sie wollen uns ins Gefängnis stecken!", keuchte er.

Alle Friseurinnen und alle Kundinnen erstarrten vor Schreck. Sam lehnte sich gegen den Türrahmen, das Handy an die Brust gedrückt. Sein Hemd hing aus der Hose, selbst seine Sonnenbrille war ihm verrutscht.

„Wovon redest du?" Ich glaube, so aus dem Häuschen hatte ich Sam noch nie erlebt.

„Sie verlangen zwanzigtausend Dollar Steuernachzahlung von dir."

„Ich brauche keine Steuern zu bezahlen", antwortete ich. „Ich arbeite für eine NGO."

„Nicht für die Schule." Er machte eine ausladende Geste. „Für den Salon."

„Das gehört doch alles zusammen", erklärte ich. „Ich finanziere die Schule mit dem Ertrag aus dem Salon, der außerdem ein Lehrsalon ist. Ich mache keine Gewinne."

„Sie sagen, du betreibst ein Unternehmen."

„Das ist ein *gemeinnütziges* Unternehmen. So steht es in meinem NGO-Vertrag."

Hier schaltete sich die Anwältin, die gerade von Topekai bearbeitet wurde, in das Gespräch ein. „Ich schicke Ihnen per E-Mail Unterlagen über Steuergesetze, gemeinnützige Unternehmen betreffend. Aber mir scheint, dass Sie mit Ihrem Laden nicht gegen diese Gesetze verstoßen."

Sam ignorierte ihre Bemerkung. „Debbie, sie sagen, sie lassen den Salon beobachten, sie sehen jeden, der hier rein- und wieder rausgeht. Die machen keine Witze."

Wir brauchten ein paar Tage, um uns ein Bild davon zu machen, was los war. Ich verstehe immer noch nicht ganz, was sich da abgespielt hat. Offenbar hatte irgendeine Behörde meinen Gewinn auf Tausende von Dollar jährlich geschätzt. Solche Schätzungen werden in Afghanistan häufig durchgeführt, weil die Gesetze und das Steuersystem noch ganz neu sind. Außerdem wird den NGOs mittlerweile großes Misstrauen entgegengebracht, weil viele Afghanen nicht verstehen können, warum immer noch alles in Trümmern liegt, obwohl angeblich so viel Geld für den Wiederaufbau ins Land fließt. In die Schönheitsschule floss leider überhaupt kein Geld, aber ich konnte jedem, der sich dafür interessierte, beweisen, dass das Familieneinkommen unserer Schülerinnen um 400 Prozent anstieg, nachdem sie die Ausbildung beendet hatten. Aber auch wenn die Forderungen sich als gegenstandslos erwiesen, würden wir die Folgen zu spüren bekommen. Sam und ich würden vor demselben Gericht erscheinen müssen, vor dem Leute verurteilt wurden, die Pässe und Geld fälschten. Die Schule würde überall in der Stadt ins Gerede kommen. Väter und Ehemänner würden ihren Töchtern und Ehefrauen nicht mehr erlauben, unsere Schule zu besuchen. Und wenn wir kein Recht bekämen – was durchaus möglich war, obwohl wir uns streng an das Gesetz hielten –, würde ich für zwei Jahre ins Gefängnis wandern und Sam sogar für fünf.

Ich ließ mich von befreundeten Anwälten in Kabul beraten. Sie sagten übereinstimmend, dass wir, wenn wir auf eine offizielle Anklageerhebung warten würden, alles verlieren würden. Also verlegten wir uns auf die uralte Tradition und zahlten jemandem eine bescheidene Summe, damit er dafür sorgte, dass die Anklageschrift gegen uns verbrannt wurde.

Endlich atmete ich auf, aber die Erleichterung währte nicht lange.

Während ich diese Zeilen schreibe, im Mai 2006, sind sowohl die Schule als auch der Salon Oase geschlossen. In der Folge eines tragischen Vorfalls, bei dem einige amerikanische Militärfahrzeuge mit Zivilfahrzeugen zusammenstießen und mehrere Menschen ums Leben kamen, brachen in der ganzen Stadt Aufstände aus. Häuser wurden angezündet und Geschäfte geplündert. Amerikanische Soldaten und afghanische Polizisten eröffneten das Feuer auf eine wütende Menge – angeblich schossen sie über die Köpfe der Menschen hinweg, aber mehrere Zivilisten wurden getötet und zahlreiche weitere verletzt. Mehrere Gebäude von ausländischen NGOs wurden abgebrannt. Schließlich verhängte die Regierung Karsai eine abendliche Ausgangssperre, ähnlich wie vor Jahren, nachdem die Taliban vertrieben worden waren. In all den Jahren, die ich nun schon hier bin, habe ich die Stadt noch nie so angespannt und die Kabuler so wütend und verängstigt erlebt. Wir sind in Sicherheit, denn kurz nachdem die Unruhen ausbrachen, kamen General Dostums Männer. Ihre Anwesenheit verhinderte, dass unser Haus angezündet oder geplündert wurde, aber es fällt mir schwer, mich an die bärtigen Männer mit Maschinenpistolen zu gewöhnen, die jetzt in dem Haus untergebracht sind, das normalerweise vom Lachen und Schwatzen meiner Schülerinnen erfüllt ist.

Ich kann nur hoffen, dass bald Ruhe einkehrt und all die Leute, die beim Wiederaufbau dieses Landes helfen wollen, das auch wieder tun können. Der Beitrag, den die Friseurschule dazu leistet, wirkt vergleichsweise gering, aber in Wirklichkeit ist er riesengroß. Ich weiß, wie sehr sich das Leben der Frauen, die die Ausbildung bei uns gemacht haben, verändert hat. Während sie früher von Männern abhängig waren, verdienen sie jetzt ihr eigenes Geld und tragen zum Unterhalt der Familie bei. Wurden sie früher wie Sklavinnen behandelt, ernten sie jetzt Respekt und treffen eigenständig Entscheidungen. Das trifft nicht für alle zu und nicht immer, aber oft genug, um den Frauen Hoffnung zu geben.

Ich muss noch eine lustige Geschichte erzählen: Unsere Schule erhält immer wieder Sachspenden von allen möglichen Firmen. Ich mache jeden Karton auf und verteile den Inhalt. Manchmal handelt es sich um Haarpflegemittel. Manches ist aber für die Frauen selbst gedacht. Einmal bat ich Laila, einen solchen Karton zu öffnen. Kurz darauf brachte sie ihn mir und sah mich verwirrt an.

„Was sind das für Sachen?", fragte sie, während die anderen sie neugierig umringten.

Ich warf einen Blick in den Karton und erblickte – Stringtangas! Tangas aus Spitze, aus Leder, aus Satin. Ich musste so lachen, dass es eine Weile dauerte, bis ich meine Sprache wiederfand. „Das sind Unterhosen", sagte ich schließlich. „Was Damen unter ihren Kleidern tragen."

Als Laila übersetzte, sahen die Frauen mich stirnrunzelnd an. „Nein, Debbie", sagte Basira. „Das können keine Unterhosen sein."

„Doch, manche Frauen finden sie sexy."

Topekai fischte einen Tanga aus dem Karton und schwenkte ihn in der Luft. „Die bedecken doch überhaupt nichts."

„Genau darum geht es wohl. Vorne ist ein kleines Dreieck, aber hinten nur ein schmaler Streifen, damit die Unterhose sich unter der Kleidung nicht abzeichnet."

„Das hier trägt man zwischen den …?" Mina tätschelte ihre Pobacken, und ich nickte.

Noch wochenlang lachten die Frauen sich über die Tangas halb tot. Ich glaube, die Putzfrau hat sie irgendwann in den Ofen geworfen. Dies ist ein gutes Beispiel für einen missglückten Versuch, den Frauen in Afghanistan zu helfen.

Aber kürzlich war ich mit ein paar Freunden in Istalif, dem Bergdorf, in dem das wunderschöne türkisfarbene Porzellan hergestellt wird. Wir spazierten über den Markt, betrachteten die vielen Tassen und Teller und Krüge, und wir alle kauften etwas bei den Händlern, die in der Sonne saßen und auf Kundschaft warteten. Als wir ins Tal hinunterfuhren, sahen wir eine Schar Kinder, die über die schlammige Straße zu einem Fußballfeld gingen. Alle trugen nagelneue Gummistiefel in leuchtend bunten Farben. Ein Kind hatte violette, eines rote, ein anderes trug grüne, wieder andere hatten gelbe, orangefarbene oder blaue, sodass sich auf der Straße eine Art Regenbogen aus Kinderfüßen bildete. Ich wusste, dass diese Gummistiefel von wohlmeinenden Leuten irgendwo auf der Welt gesammelt und nach Afghanistan geschickt worden waren. Diese Leute hatten gewusst, dass es hier Kinder gibt, die solche Stiefel gut brauchen können. Vielleicht wussten sie sogar, dass die Kinder vor Freude Luftsprünge machen würden, weil sie so etwas Buntes an den Füßen hatten.

An guten Tagen weiß ich, dass die Friseurschule meine Frauen viel weiter tragen wird, als Gummistiefel es jemals könnten.

Wenn jemand mir vor einigen Jahren prophezeit hätte, dass ich einmal in Afghanistan leben und dort eine Friseurschule betreiben würde, hätte ich ihn ausgelacht. Aber als ich zum ersten Mal in dieses Land kam, wusste ich, dass ich endlich zu Hause war. Dieses Land hat einen neuen Menschen aus mir gemacht. Ich bin mit einer Familie gesegnet, und ich habe eine Menge Schwestern. Manchmal frage ich mich, ob ich ihnen ebenso viel gebe wie sie mir. Mit ihrer Hilfe ist mein gebrochenes Herz heil geworden; mit ihrer Hilfe habe ich gelernt, wieder an mich selbst zu glauben, und ich bemühe mich, die Liebe, die sie mir so freimütig entgegenbringen, irgendwie zu vergelten. Die Frauen in Afghanistan haben noch einen langen Heilungsprozess vor sich. Sie haben so lange im Dunkeln gelebt und in den dunkelsten Jahren mehr gelitten, als selbst ich es mir vorstellen kann. Aber die Dunkelheit hat sich ein wenig verzogen. Jetzt treten sie vorsichtig ins Licht. Und eines brauchen sie dabei: dass die ganze Welt hinsieht, über sie wacht und dafür sorgt, dass das Licht nicht wieder verlöscht.

ÜBER DIE AUTOREN

Seit dem Tod ihres Mannes ist **Terri Irwin**, die es lieber hört, wenn man sie als Steves Frau und nicht als seine Witwe bezeichnet, Eigentümerin des *Australia Zoo*. Für ihr Engagement im Naturschutz wurde die gebürtige Amerikanerin Ehrenmitglied des *Order of Australia*, mit dem der Einsatz für eine besondere Aufgabe ausgezeichnet wird.

In einem Zeitungsinterview offenbarte Terri Ende 2007, sie halte inneres Zwiegespräch mit Steve und berate sich mit ihm. Kraft ziehe sie aus einem Besuch des Dalai Lama im Zoo: „Er sagte, manches im Leben geschieht einfach, man kann es nicht ändern. Steves Tod war ein bizarrer Unfall. Aber wenigstens kann ich beeinflussen, wie ich damit umgehe."

Der 1948 geborene Historiker **Prof. Dr. Guido Knopp**, Leiter der ZDF-Redaktion Zeitgeschichte und des ZDF-Programmbereichs Zeitgeschichte/Zeitgeschehen, ist durch Fernsehdokumentationen und Buchbestseller einem breiten Publikum bekannt geworden. Populär machten ihn Fernsehfilme und -serien wie *Hitler – Eine Bilanz*, *Hitlers Helfer*, *Vatikan – Die Macht der Päpste* oder *Sie wollten Hitler töten* und die Moderation der Reihe *ZDF-History*. Zu seinen zahlreichen Auszeichnungen zählen der TeleStar, der Bayerische Fernsehpreis, die Auszeichnung des Simon-Wiesenthal-Zentrums in Los Angeles, die „Goldene Kamera" und das Bundesverdienstkreuz Erster Klasse.

Der Autor **Robert Kurson** studierte nach der Schule Philosophie und Jura, arbeitete erst als Rechtsanwalt und wandte sich dann hauptberuflich dem Journalismus zu. Auf die Frage, wie er auf Mike May aufmerksam wurde und dazu kam, ein Buch über seine ungewöhnliche Geschichte zu schreiben, antwortet Kurson: „Wenn ich auf jemanden stoße, der sein ganzes Leben damit verbracht hat, Antworten auf die Frage zu finden, wer er wirklich ist, dann macht mich das sofort neugierig."

Robert Kurson schrieb außerdem *Im Sog der Tiefe*, ein fesselndes Buch über das Schicksal eines unbekannten deutschen U-Boots, das im Zweiten Weltkrieg vor der amerikanischen Ostküste sank. Kurson lebt in Chicago.

Deborah Rodriguez wuchs in den USA auf und arbeitet seit 1979 als Friseurin. Im Jahr 2002 zog sie nach Kabul, um dort die erste Kosmetikschule Afghanistans mitzubegründen, ein Entwicklungshilfeprojekt, das von ausländischen Unternehmen und Organisationen unterstützt wurde. Mittlerweile ist die Schule jedoch geschlossen, da, zum Entsetzen der Autorin, viele der Schülerinnen nach Erscheinen des Buches in Gefahr gerieten, obwohl sämtliche Namen geändert wurden und das Buch nicht in Afghanistan veröffentlicht wurde.

Deborah Rodriguez lebt inzwischen wieder in den USA; ihre Erlebnisse sollen verfilmt werden.

EIN LEBEN FÜR DIE WILDNIS
Titel der Originalausgabe: *Steve & Me*, erschienen bei Simon Spotlight Entertainment, an imprint of Simon & Schuster, New York, N.Y. Ins Deutsche übertragen von Birgit Herbst und Michela Hecker. © 2007 by Terri Irwin. © für die Fotos: S. 43: Graham Parkes (oben), Greg Barrett (unten), alle weiteren Fotos: Privatarchiv Terri Irwin.

DER UNTERGANG DER GUSTLOFF
© 2008 by Wilhelm Heyne Verlag, München, in der Verlagsgruppe Random House GmbH. © für die Fotos: S. 118: ullstein bild; S. 131: ullstein bild (oben), Süddeutsche Zeitung Photo (Mitte), Bundesarchiv Koblenz (183/D 0810/46/1) (unten), Landsmannschaft Ostpreußen e. V. (Hintergrund); S. 136: ullstein bild (oben links und oben Mitte), Bayerische Staatsbibliothek München/Fotoarchiv Hoffmann (oben rechts); S. 136/137: ullstein bild; S. 137: ullstein bild (oben links), Bildarchiv Preußischer Kulturbesitz (oben rechts); S. 146: Bundesarchiv Koblenz (146/72/92/51) (oben), ullstein bild/akg-images (Mitte), Bildarchiv Preußischer Kulturbesitz (unten); S. 146/147: Ostsee-Archiv Heinz Schön; S. 147: Keystone (oben), Agentur Karl Höffkes (Mitte), Ostsee-Archiv Heinz Schön (unten); S. 153: Agentur Karl Höffkes; S. 155: Ostsee-Archiv Heinz Schön; S. 166: Cinetext; S. 179: Agentur Karl Höffkes; S. 189: Bundesarchiv Koblenz (146/2001/19/10) (oben), Süddeutsche Zeitung Photo (Hintergrund).

DER BLINDE, DER WIEDER SEHEN LERNTE
Titel der Originalausgabe: *Crashing Through: A True Story of Risk, Adventure, and the Man Who Dared to See*, erschienen im Verlag Random House, Random House, New York. Nach der Übersetzung von Ulrich Enderwitz. © 2007 by Robert Kurson. © für die deutschsprachige Ausgabe: Hoffmann und Campe Verlag, Hamburg 2008. © für die Fotos: S. 192 und 275: Florence Low; S. 326 mit freundlicher Genehmigung von Robert Kurson; S. 332: mit freundlicher Genehmigung von Richard L. Gregory; S. 333: mit freundlicher Genehmigung von Dr. Richard Shepard. Zuerst veröffentlicht in: Roger N. Shepard, Mind Sights, W. H. Freeman und Co., New York 1990; S. 335: mit freundlicher Genehmigung von John P. Adamek, EDCOPE Enterprises, www.Fossilmall.com; S. 336, 339: Illustrationen von Lopata Design; S. 340: Marc M. Ellis, www.h2opictures.com (oben), Illustration von Lopata Design (unten); S. 341: mit freundlicher Genehmigung von Robert Kurson (oben), mit freundlicher Genehmigung von Free High Resolution Photos, www.Pointie.com/free_photos (unten); S. 342: mit freundlicher Genehmigung von Robert Kurson (oben), Illustration von Lopata Design (unten); S. 343: Marc M. Ellis, www.h2opictures.com; S. 345: mit freundlicher Genehmigung von David Shapson; S. 367: Florence Low (Mitte); alle weiteren Fotos: Privatarchiv Mike May.

KABULS SCHULE DER SCHÖNEN FRAUEN
Titel der Originalausgabe: *The Kabul Beauty School. An American Woman Goes Behind the Veil*, erschienen bei Random House, New York. Nach der Übersetzung von Charlotte Breuer und Norbert Möllemann. © 2007 by Deborah Rodriguez. © für die deutschsprachige Ausgabe: Karl Blessing Verlag, München, in der Verlagsgruppe Random House GmbH. © für das Foto: S. 382: corbis/Anthony Redpath.

© für die Autorenfotos: S. 522: Greg Barrett (oben), Privatarchiv Guido Knopp (unten); S. 523: Matthew Gilson (oben), Privatarchiv Deborah Rodriguez (unten).

Umschlaggestaltung Softcover: Reader's Digest Deutschland: Verlag Das Beste, Stuttgart, unter Verwendung der im Folgenden aufgeführten Fotos (von oben nach unten): 1) Steve mit Krokodil: Privatarchiv Terri Irwin; 2) Gustloff: ullstein bild; 3) Spiegelbild: Florence Low; 4) verschleierte Frau: getty images/Pankaj Shah.

Umschlaggestaltung Hardcover: Reader's Digest Deutschland: Verlag Das Beste, Stuttgart, unter Verwendung der im Folgenden aufgeführten Fotos: verschleierte Frau: getty images/Pankaj Shah (oben links); Steve mit Krokodil: Privatarchiv Terri Irwin (oben rechts); Spiegelbild: Florence Low (Mitte links); Gustloff: ullstein bild (unten).

Die ungekürzten Ausgaben von „Der Untergang der Gustloff", „Der Blinde, der wieder sehen lernte" und „Kabuls Schule der schönen Frauen" sind im Buchhandel erhältlich.